Jenny Haase
Vitale Mystik

Mimesis

Romanische Literaturen der Welt

Herausgegeben von
Ottmar Ette

Band 94

Jenny Haase
Vitale Mystik

Formen und Rezeptionen mystischen Schreibens in der Lyrik von Anna de Noailles, Ernestina de Champourcin und Antonia Pozzi

DE GRUYTER

Die Veröffentlichung wurde gefördert aus Mitteln der Humboldt-Universität zu Berlin im Rahmen der Exzellenzinitiative von Bund und Ländern, aus dem Open-Access-Publikationsfonds der Humboldt-Universität zu Berlin und dem Publikationsfonds der Martin-Luther-Universität Halle-Wittenberg.

MARTIN-LUTHER-UNIVERSITÄT
HALLE-WITTENBERG

ISBN 978-3-11-152924-0
e-ISBN (PDF) 978-3-11-075355-4
e-ISBN (EPUB) 978-3-11-075362-2
ISSN 0178-7489
DOI https://doi.org/10.1515/9783110753554

Dieses Werk ist lizenziert unter der Creative Commons Namensnennung 4.0 International Lizenz. Weitere Informationen finden Sie unter http://creativecommons.org/licenses/by/4.0.

Die Creative Commons-Lizenzbedingungen für die Weiterverwendung gelten nicht für Inhalte (wie Grafiken, Abbildungen, Fotos, Auszüge usw.), die nicht im Original der Open-Access-Publikation enthalten sind. Es kann eine weitere Genehmigung des Rechteinhabers erforderlich sein. Die Verpflichtung zur Recherche und Genehmigung liegt allein bei der Partei, die das Material weiterverwendet.

Library of Congress Control Number: 2022938214

Bibliografische Information der Deutschen Nationalbibliothek
Die Deutsche Nationalbibliothek verzeichnet diese Publikation in der Deutschen Nationalbibliografie; detaillierte bibliografische Daten sind im Internet über http://dnb.dnb.de abrufbar.

©2024 Jenny Haase, publiziert von Walter de Gruyter GmbH, Berlin/Boston
Dieser Band ist text- und seitenidentisch mit der 2022 erschienenen gebundenen Ausgabe.
Dieses Buch ist als Open-Access-Publikation verfügbar über www.degruyter.com.

Satz: Integra Software Services Pvt. Ltd.

www.degruyter.com

Für Mila und Gretje

Inhaltsverzeichnis

Dank — XIII

1 **Einleitung — 1**
 Fragestellung und Ziele — 4
 Untersuchungskorpus — 13
 Anschluss an die Forschung und Vorgehen — 14

2 **Forschungskontexte und theoretische Vorüberlegungen — 21**
 2.1 Postsäkulare Perspektiven und transsäkulare Lektüren. Neubetrachtungen des Verhältnisses von Religion und Moderne — 21
  Paradigmen postsäkularer Kritik — 22
  Ein (post-) säkulares Zeitalter? — 25
  Gender und feministische Theorien — 30
  Transsäkulare Lektüren — 36
 2.2 Spannungsfelder mystischer Literatur und moderner Ästhetik — 37
  Begriffsverschiebungen — 39
  Mystik, ein 'modus loquendi' und eine literarische Tradition — 43
  Mystik als Selbstpraxis — 45
  Zwischen Unsagbarkeitstopos und transgressiver Sprachkunst. Zur Ästhetik mystischer Texte — 49
  Mystik und (moderne) Poesie — 54
  Transgressives Potenzial — 59
  Mystik und Moderne — 61
 2.3 Feministische Traditionslinien — 66
  Frauenmystik als historischer Ort weiblichen Sprechens — 67
  Mystische Rollen-Spiele. Zwei spanische Beispiele — 68
  Hélène Cixous: Mystik als Modell einer *écriture féminine* — 72
  Luce Irigaray: 'La mystérique' — 74
  Julia Kristeva: *Thérèse mon amour* — 81
 2.4 Vitaler Materialismus und neuere (feministische) Subjektivitätsmodelle — 90

New materialisms —— 91
Jane Bennett: *Vibrant Matter* —— 92
Bennetts *vital materialism* und der Vitalismus der Moderne —— 94
Rosi Braidotti: Vitaler Materialismus und postsäkulare, affirmative Subjektivität —— 97

2.5 Zusammenführung. Fluchtlinien der Lektüre —— 103
'Transsäkular' lesen —— 103
'Mystisch' lesen —— 104
'Feministisch' lesen —— 105
'Vitalmaterialistisch' lesen —— 106

3 Anna de Noailles —— 109

3.1 Anna de Noailles im Kontext der französischen Lyrik der Moderne —— 109
Poesie, Vitalismus und Mystik im ersten Drittel des 20. Jahrhunderts —— 110
'Schöne Epoche' und vergessene Generation. Lyrikerinnen der *Belle Époque* und der Zwischenkriegszeit in Frankreich —— 121
«Une reine de la IIIe république» —— 125
Lyrisches Werk —— 127
Bewertung in der Literaturgeschichte und Forschungsüberblick —— 131
Poetik —— 138
'L'inspiration' —— 143

3.2 Körper, Religion und Mystik im Roman *Le Visage émerveillé* —— 145
«Entre la nonne et la bacchante». Die Figur der Sainte-Sophie —— 148
Räume des Rückzugs —— 154
Santa Teresa und die vielen Gesichter der Mystik —— 156
«Une chère église infidèle». Hybridisierung katholischer und orientali(sti)scher Diskurse —— 162

3.3 Das poetische (Ver-) Lachen der Heiligen (noch einmal Teresa von Ávila) —— 166
Spanien —— 166
'Les journées romaines' —— 168
Gegen die Domestizierung —— 172

3.4 *Poèmes de l'amour*. Gedichte einer Liebenden —— 174
 «Il faut d'abord avoir soif» —— 175
 Paradoxien der Liebe —— 177
 «Mon âme flotte hors de moi-même». Veräußerung und Verinnerlichung —— 182
 Bücher einer Liebenden —— 186

3.5 Von der tanzenden Göttin. Oriental(ist)ische und dionysische Spuren —— 192
 'L'Orient imaginaire' —— 192
 Blendungen —— 194
 «A Sufi at heart»? —— 196
 Persische Tänzerin —— 204
 «Tu chantes la vie, et la vie !» —— 209
 Im Rausch —— 214
 Für eine lustvolle Leiblichkeit —— 217

3.6 Zwischen Gemüsegarten und Firmament. Noailles' vitalistischer Materialismus —— 218
 «La Muse potagère» —— 218
 'L'Offrande à la Nature' —— 220
 'La vie profonde' —— 226
 Meditative Schau, kosmischer Atomismus und radikale Immanenz —— 229

3.7 «Qu'est-ce qui prie en moi ?». Poetische Meditationen einer *conditio (post-) humana* —— 234
 Wie beten? —— 235
 Existenzielle Alterität —— 237
 Reflexionen einer *conditio (post-) humana* —— 240

4 **Ernestina de Champourcin** —— 245
 4.1 Ernestina de Champourcin im Kontext der spanischen Lyrik der Moderne —— 245
 Ästhetik, *poesía pura* und Mystik in der *Edad de Plata* —— 246
 Zwischen Anwesenheit und Abwesenheit. Spanische Lyrikerinnen der 1920er und 1930er Jahre —— 258
 Eine spanische Biografie des 20. Jahrhunderts —— 263
 Lyrisches Werk —— 266

      Bewertung in der Literaturgeschichte und Forschungsüberblick —— **270**
      Poetik —— **279**
      'La voz en el viento' —— **286**
4.2 Mystik, Ästhetik und Subjektivität im Briefwechsel mit Carmen Conde —— **290**
      Brief als Medium dialogischer Selbstinszenierung —— **291**
      Differenz und Identifikation —— **293**
      Rückzug, Schreiben, Mystik —— **296**
      «Vivir (sin vivir) en mí». Drinnen und Draußen —— **299**
4.3 Zueignungen an San Juan de la Cruz —— **302**
      'Huida' —— **303**
      'Iniciación' —— **308**
      La realidad y el deseo. Verhandlungen lyrischer Subjektivität —— **313**
4.4 Poetische Echos Teresa von Ávilas —— **315**
      3 sonetos —— **315**
      «Búscame en ti» —— **317**
      Der Pfeil meines Lebens —— **321**
4.5 Kelche, Wunden, Hiebe. Körperszenarien —— **325**
      Champourcins erotische Lyrik im Kontext der spanischen Avantgarden —— **326**
      'Poemas ausentes' —— **327**
      (Neo-) Platonische Schichten —— **328**
      Leibliche Verinnerlichung des Geliebten —— **330**
      Liebesmale —— **332**
      «Un látigo de niebla». Transgressives Begehren —— **340**
4.6 «Al margen de mí misma.» Verhandlungen einer Subjektivität des Randes —— **348**
      Der Welt entgegen tanzen —— **348**
      Tanz und *poesía pura* —— **351**
      Poetik des Randes —— **352**
      Ab-Grenzung —— **355**
      Zirkularität —— **357**
4.7 «Marcha hacia todo». Vitalismus, Werden und Poetik der Fülle —— **359**
      «Madre de las cosas y madre de la Vida» —— **359**
      «Todo será camino». Urbane Mystik und Semantik des Werdens —— **364**

　　　　　«Seré tuya sin ti». Liebesweisen —— 370
　　　　　'Plenitud' —— 374
　　　　　Epilog —— 379

5　Antonia Pozzi —— 383
5.1　Antonia Pozzi im Kontext der italienischen Lyrik der
　　　Moderne —— 383
　　　　　Ästhetik, Philosophie und Mystik im frühen *Novecento*
　　　　　und der *Scuola di Milano* —— 384
　　　　　«A lacuna around women's poetry of the 1920s and
　　　　　1930s». Lyrikerinnen in Zwischenkriegszeit und
　　　　　Faschismus in Italien —— 393
　　　　　Antonia Pozzi, ein 'merkwürdiger Fall' der italienischen
　　　　　Lyrik des 20. Jahrhunderts —— 400
　　　　　Lyrisches Werk —— 402
　　　　　Bewertung in der Literaturgeschichte und
　　　　　Forschungsüberblick —— 405
　　　　　Poetik —— 412
　　　　　'Preghiera alla poesia' —— 419
5.2　Religion und Mystik in den Prosaschriften (Briefwechsel,
　　　Tagebuch) —— 421
　　　　　Distanzierung von konfessioneller Religiosität —— 421
　　　　　«Mio santo compagno» —— 424
　　　　　Engelsvisionen —— 427
5.3　«L'anima bianca della notte». Lyrische Spuren mystischer
　　　Figurationen —— 431
　　　　　'Giacere' —— 431
　　　　　Nacht und Licht —— 434
5.4　Ausgesetzt auf den Bergen des Herzens oder: Wille zum
　　　Aufstieg —— 438
　　　　　Bergwelten —— 438
　　　　　'Cervino' —— 440
　　　　　'La Grangia' —— 442
　　　　　Rilkes Engel —— 444
　　　　　'Dolomiti' —— 448
　　　　　«La materia, viva e amica» —— 452
5.5　Heilige Orte und franziskanischer Traum —— 461
　　　　　Sakrale Räume —— 462
　　　　　Poetische Glockenschläge —— 463

'Largo' — 465
'Sogno sul colle' — 467
Franziskanische Ethik — 470

5.6 «Un vedere più che vedere». Zur Spannung von Sichtbarkeit und Unsichtbarkeit in Antonia Pozzis Fotografie — 473
Ein 'spirituelles Vermächtnis' — 474
Jenseits des Sichtbaren — 475
Überlagerungen, Schleier, Spiegeleffekte — 480
Kippfiguren der Modernität — 484

5.7 «L'anima delle cose». Mystik und Poetik der Materialität — 485
'Cose' — 486
'Grido' — 489
'Preghiera' — 490
'Prati' — 493
'Radici' — 497

6 Vitale Mystik — 501
Dimensionen der Mystik-Rezeption und des mystischen Schreibens moderner Lyrikerinnen — 502
Eine andere literarische Moderne — 505
Moderne *cross-pressures* — 506
Poetik der Liminalität — 507
«Spirituality through the flesh» — 508
Vieldeutiges Liebesbegehren — 509
Ethik und Ästhetik der Verbundenheit — 510
Transsäkulare Affinitäten. Mittelalterliche und frühneuzeitliche Mystik, Vitalismus der Moderne und neumaterialistische Philosophien der Gegenwart — 511
Poetisches Schreiben als transsäkulare, ethische Selbstgestaltung — 512

7 Bibliografie — 515
7.1 Untersuchungskorpus — 515
7.2 Sekundärliteratur zu den untersuchten Autorinnen — 517
7.3 Weitere Literatur — 523
7.4 Abbildungen — 539

Namenregister — 541

Dank

Die vorliegende Studie basiert auf meiner im Juni 2020 an der Humboldt-Universität zu Berlin eingereichten und im Dezember 2020 angenommenen Habilitationsschrift. Mein Dank gilt daher zunächst den drei Gutachterinnen und Gutachtern, Jörg Dünne, Marie Guthmüller und Bernhard Teuber, sowie allen weiteren Mitgliedern der Habilitationskommission für ihr Engagement und ihre wertvollen Hinweise. Jörg Dünne hat den Entwicklungsprozess der Arbeit in den letzten Jahren begleitet und mir durch eine Stelle als Wissenschaftliche Mitarbeiterin an seinem Lehrstuhl die Möglichkeit der Fertigstellung der Studie in einem wissenschaftlich anregenden Umfeld gegeben; Dieter Ingenschay verdanke ich die Unterstützung des Projektes in der früheren Phase der Arbeit und Vieles darüber hinaus. Ottmar Ette danke ich für die Aufnahme des Bandes in diese Reihe. Mein Dank gilt zudem dem Open-Access-Publikationsfonds der Humboldt-Universität zu Berlin und dem Publikationsfonds der Martin-Luther-Universität Halle-Wittenberg für die großzügige Unterstützung des Drucks und der Open Access-Publikation. Dem Centro Internazionale Insubrico der Università degli studi dell'Insubria gilt mein Dank dafür, ausgewählte Fotografien Antonia Pozzis hier abdrucken zu dürfen.

Ein Feodor Lynen-Forschungsstipendium für Postdoktoranden der Alexander von Humboldt-Stiftung an der Stanford University in Kalifornien gab mir die Möglichkeit, zwei Jahre lang konzentriert in einem inspirierenden Forschungsumfeld an der Studie zu arbeiten. Neben der Alexander von Humboldt-Stiftung gilt mein Dank hier meinem Gastgeber Joan Ramon Resina. In Stanford haben mich zudem besonders die anregenden Gespräche im Rahmen der beiden *focal groups* 'materia: Latin Americanist and Comparative Post-Anthropocentrisms' und 'Workshop in Poetics' inspiriert. Ich möchte hier insbesondere Héctor Hoyos und Ximena Briceño danken. Mein großer Dank gilt zudem Ewa Domańska für wertvolle Anregungen und inspirierende Gespräche. Für ihre enorm großzügige Gastfreundschaft danke ich in Stanford außerdem ganz besonders Sunny Scott; die Offenheit, Freundschaft und Solidarität von Inge Breichler, Benjamin Butz, Daniel Hilger, Julia Langkamp, Patricia Nowak, Stasek Nowak, Florian Rubelt, Miriam Rubelt, Satomi Okazaki und Nancy Windisch waren in Kalifornien ebenso wichtig für mich. In den USA danke ich außerdem Leila Gómez für ihre Freundschaft und den kollegialen Austausch.

Der Humboldt-Universität zu Berlin gilt mein Dank für die Gewährung einer sechsmonatigen Lehrbefreiung im Rahmen der Exzellenzinitiative von Bund und Ländern, die mir den notwendigen Freiraum für die Fertigstellung der Monografie gab. In Berlin danke ich auch den Teilnehmenden der von Jörg Dünne geleiteten 'Projektemacherei' für zahlreiche kritische Lektüren, hilfreiche Hinweise und kollegiale Diskussionen.

Für die sorgsame Lektüre einzelner Kapitel danke ich sehr herzlich Martina Bengert, Andrea Betti, Katja Jansen und Anicka Nickenig. Berthold Haase gilt mein großer Dank für das Korrekturlesen des gesamten Manuskriptes. Für die Unterstützung bei der Fertigstellung des Textes für die Drucklegung danke ich an der Martin-Luther-Universität Halle-Wittenberg genauso Tabitha Hädicke, Michael Karrer und Sarah Lehmann. Maxim Karagodin und Gabrielle Cornefert bei De Gruyter sei zudem für die umsichtige Begleitung der Publikation gedankt.

Ohne die Unterstützung der Mitarbeiterinnen und Mitarbeiter der Bibliotheken des Ibero-Amerikanischen Instituts Berlin, der Staatsbibliothek zu Berlin, der Stanford University, der Humboldt-Universität zu Berlin und der Bibliothèque Nationale de Paris wären mir viele Texte und Dokumente verschlossen geblieben; auch ihnen gilt mein Dank.

Den Kolleginnen und Kollegen am Institut für Romanistik der Martin-Luther-Universität Halle-Wittenberg sei für das freundliche und offene Arbeitsumfeld in den letzten beiden Jahren gedankt und besonders Robert Fajen für entscheidende Impulse für die Fertigstellung der Habilitationsschrift.

Tonia Aurfali Lindner, Anna Busch, Frauke Dannenberg, Valérie Gorzerino, Judith Leiß, Leila Marçot, Marlena von Rüden und Anke Thiele danke ich für ihr Interesse, zahlreiche Gespräche und ihre Freundschaft in vielen Jahren.

Schließlich gilt mein größter Dank meiner Familie: meinen Eltern, Berthold und Renate Haase, für ihren anhaltenden liebevollen Rückhalt; meinem Mann Philipp für all die Unterstützung und Liebe; und schließlich besonders unseren beiden Töchtern Mila und Gretje, denen das Buch gewidmet ist.

1 Einleitung

> «L'expérience mystique a donc souvent l'allure d'un poème,
> qu'on ‹entend›, comme on entre dans une danse.»
> Michel de Certeau: La fable mystique, S. 408.

Wer sich mit dem Verhältnis von Mystik und moderner Literatur beschäftigt, sieht sich mit einer paradoxen Spannung konfrontiert. Das Begriffspaar weist zunächst auf einen scheinbaren Gegensatz hin. So benennt Martina Wagner-Egelhaaf gleich zu Beginn ihrer wegweisenden Studie über die Präsenz mystischer Strukturen in der deutschsprachigen Literatur der Moderne die Befremdung, die die Verbindung von Mystik und Moderne auszulösen vermag, «ist man doch gewohnt, Mystik einem voraufklärerisch-religiösen Denken gleichzusetzen, das dem modernen, skeptischen Bewußtsein diametral entgegensteht.»[1] «Mystik und Moderne scheinen Gegensätze zu sein»,[2] schreiben auch K. Ludwig Pfeiffer und Karl Vondung in der Einleitung zu ihrem Band *Jenseits der entzauberten Welt. Naturwissenschaft und Mystik in der Moderne* (2006). Cartesianisches Weltbild, Säkularisierung, Positivismus und naturwissenschaftliches Denken stehen auf den ersten Blick in einem starken Gegensatz zu mystischen Wahrnehmungsweisen. Die Autoren verweisen exemplarisch auf Max Webers Überzeugung, in der Moderne trete Mystik nur noch als «Residualphänomen»[3] in Erscheinung.

In beiden Fällen wird der vermeintliche Gegensatz als Negativfolie aufgerufen, um im Anschluss daran das komplexe, widersprüchliche und gleichzeitig äußerst produktive Verhältnis von Mystik und Moderne herauszustellen und zu umkreisen. So lässt sich beobachten, dass der Topos der generellen Ausschließbarkeit von Mystik und Moderne inzwischen der These einer «prinzipiell mystische[n] Verfaßtheit des modernen Bewußtseins»[4] Platz gemacht hat. Ingo Berensmeyer spricht von einer «Konjunktur des Mystischen in der Moderne», welches «zum strukturbildenden generativen Katalysator literarischer, aber auch philosophischer Texte wer-

---

[1] Martina Wagner-Egelhaaf: *Mystik der Moderne. Die visionäre Ästhetik der deutschen Literatur im 20. Jahrhundert.* Stuttgart: Metzler 1989, S. 1.
[2] Ludwig K. Pfeiffer / Klaus Vondung: Einleitung. In: dies. (Hg.): *Jenseits der entzauberten Welt. Naturwissenschaft und Mystik in der Moderne.* München: Fink 2006, S. 7–16.
[3] Ebda., S. 8. Diesem vermeintlichen Gegensatz treten die Autoren «emphatisch entgegen», indem sie Erscheinungsweisen des Mystischen gerade auch innerhalb von Denkbewegungen und Weltbildern der 'rationalistisch entzauberten' Welt der Moderne aufzeigen.
[4] Ebda., S. 5.

den kann»;[5] Hans Dieter Zimmermann geht sogar von der «Entstehung der Moderne aus dem Geist der Mystik»[6] aus. Es sei inzwischen Konsens, Mystik nicht als Gegenpol, sondern als einen Diskurs der Moderne zu verstehen, betonen auch die Herausgeberinnen und Herausgeber des Bandes *Profane Mystik? Andacht und Ekstase in Literatur und Philosophie des 20. Jahrhunderts* (2002).[7]

Die beobachtete Verschiebung schreibt sich in eine größere wissenschaftliche Debatte um die Neubewertung des Verhältnisses von Religion und Säkularität ein, das insbesondere seit der Jahrtausendwende unter dem Begriff der 'postsäkularen Wende' auch in den Kultur- und Literaturwissenschaften kontrovers diskutiert wird. Das Narrativ einer homogenen, rationalen, säkularen Moderne hatte bis *dato* dem Religiösen in Form einer «zugleich exkludierenden wie inkludierenden Asymmetrie»[8] eine im Wesentlichen kompensatorische Funktion zugeschrieben. Als Reaktion auf den modernen Sinnverlust durch Industrialisierung, Rationalisierung und Individualisierung ließen sich dabei paradoxerweise selbst religiöse Phänomene argumentativ «in den *gran récit* der Säkularisation»[9] einfügen. Postsäkulare Ansätze dagegen stellen den genuin eurozentrisch formierten Modernebegriff grundsätzlich zur Disposition:

> Das Theorem der Säkularisierung teilt damit das Schicksal der Modernisierungstheorien im Allgemeinen, die, aus ihrer Verankerung im Evolutionsdenken und in der Geschichtsphilosophie des europäischen Kolonialismus gerissen, gewissermaßen heimatlos durch die Welt irren. Das Stichwort heißt hier: *multiple modernities*.[10]

Vor dem Hintergrund eines alternativen heterogenen Modernekonzepts erhält auch die Frage nach dem mystischen Moment in der Literatur der Moderne neues Reflexionspotenzial, denn an ihr entzünden sich gerade die Brüche, Widersprüche und Ambivalenzen modernen Erlebens: «Das Verhältnis von Mys-

---

5 Ingo Berensmeyer: Aufbrüche nach Anderswo. Zum Verhältnis von Rationalität und Mystik in der Literatur der Moderne. In: K. Ludwig Pfeiffer / Klaus Vondung (Hg.): *Jenseits der entzauberten Welt. Naturwissenschaft und Mystik in der Moderne*. München: Fink 2006, S. 139–155, hier S. 143f.
6 Hans Dieter Zimmermann: *Die Entstehung der Moderne aus dem Geist der Mystik und der Rationalität*. Buch mit Audio-Volltextlesung. Schwalmtal: Onomato 2019. Zimmermann bezieht sich mit dem Doppelbegriff «Mystik und Rationalität» auf eine Formulierung Robert Musils.
7 Vgl. Wiebke Amthor / Hans R. Brittnacher / Anja Hallacker: Einleitung. In: dies. (Hg.): *Profane Mystik? Andacht und Ekstase in Literatur und Philosophie des 20. Jahrhunderts*. Berlin: Weidler 2002, S. 9–21, hier S. 14.
8 Albrecht Koschorke: ‹Säkularisierung› und ‹Wiederkehr der Religion›. In: Helen Basu u.a. (Hg.): *Moderne und Religion. Kontroversen um Modernität und Säkularisierung*. Bielefeld: Transcript 2013, S. 237–260, hier S. 241.
9 Ebda., S. 242.
10 Ebda., S. 238.

tik, Literatur und Rationalität wird erst in der Moderne – nämlich dann, wenn Gesellschaften von einer einheitlichen Kontextur des Wirklichkeitsbegriffs umstellen auf Offenheit, Vielfalt und Polyvalenz möglicher Wirklichkeitsbezüge – zu einem interessanten, erkenntnisrelevanten Problem.»[11] In diesem Kontext sind die sehr unterschiedlichen ideologischen Implikationen hervorzuheben, die der Rekurs auf mystische Strukturen in modernen Texten annehmen kann. Diese können von der politischen Instrumentalisierung mystischer Elemente im Sinne einer rückwärtsgewandten, mitunter auch politisch verstandenen reaktionären Einheitsfantasie bis zur philosophischen Reflexion und transgressiven Auflösung aller festen Bedeutungen und positiven Identitätszeichen reichen: «Wie bei jedem Umgang mit Tradition kommt es sehr genau darauf an, aus welchem Geist und zu welchem Zweck [die Mystik] beschworen wird».[12]

Die Ambivalenz mystischer Tradition in der Moderne wird umso signifikanter, sobald es sich um eine weibliche Sprechposition handelt. Zusätzlich zur genannten Gegensatzbildung von Mystik und Moderne kommt hier die spezifische Frage nach der Formierung weiblicher Subjektivität ins Spiel, die sich insbesondere an den scheinbaren Gegensatzpaaren von mystischer Hingabe, körperlicher Askese und Weltabkehr vs. moderner Selbstbehauptung, erotischer Selbstbestimmtheit und Immanenzdenken entzündet. In Bezug auf die Sinnlichkeit spitzt Don E. Saliers den Topos der weltentsagenden Mystikerinnen und Mystiker zu und weist gleichzeitig auf dessen Brüchigkeit hin:

> Many contemporaries might find it odd, if not counter-intuitive, to learn that mystics have much to teach us about aesthetic capacities. Certainly many would be shocked by the explicit eroticism involved in their interpretation of the *Song of Songs*. The popular image of a mystic is of someone who denies the body and flees from the senses into utter wordless transcendence.[13]

«Can belief be simultaneously posited and deconstructed? Can the strong female subjectivity created in and by a mystic such as Teresa of Avila become available to women without Teresa's acceptance of a transcendent Other who is

---

11 Ingo Berensmeyer: Aufbrüche nach Anderswo, S. 154f.
12 Martina Wagner-Egelhaaf: Die mystische Tradition der Moderne. Ein unendliches Sprechen. In: Moritz Baßler / Hildegard Châtelier (Hg.): *Mystique, mysticisme et modernité en Allemagne autour de 1900 / Mystik, Mystizismus und Moderne in Deutschland um 1900.* Straßburg: Presses Universitaires de Strasbourg 1998, S. 41–57, hier S. 44.
13 Don E. Saliers: Aesthetics. In: Julia A. Lamm (Hg.): *The Wiley-Blackwell Companion to Christian Mysticism.* Oxford: Blackwell 2013, S. 74–88, hier S. 80.

the divine?»,¹⁴ fragt in diesem Kontext Nancy Frankenberry nach der Bedeutung weiblicher Mystiker in Bezug auf die veränderten epistemologischen Bedingungen im 20. Jahrhundert.

Der mystische Diskurs spielt in der Theoriebildung der feministischen Literaturwissenschaft, namentlich bei den französischen, poststrukturalistisch und psychoanalytisch geprägten Differenztheoretikerinnen, eine herausgehobene Rolle. Die Mystikerin bestätigt und unterläuft diesen Ansätzen nach zur gleichen Zeit den herrschenden, männlich dominierten Diskurs, indem sie sich einerseits gegen das Diktat einer beherrschenden Rationalität und geschlossenen Identität wendet, andererseits dabei jedoch auch immer wieder Gefahr läuft, sich selbst bis zur Subjektlosigkeit zu veräußern.¹⁵ Diese paradoxe Spannung ist in den folgenden Lektüren im Blick zu behalten.

Fragestellung und Ziele

In der vorliegenden Studie untersuche ich Mystikrezeption und Formen mystischen Schreibens in der Lyrik moderner Dichterinnen in Frankreich, Spanien und Italien aus literatur- und kulturwissenschaftlicher Perspektive. Ziel der Untersuchung ist es, die Inszenierung poetischer Subjektivität, die Bedeutung von Körperlichkeit und Materialität sowie metapoetische Implikationen in Bezug auf mystische Figuren im ersten Drittel des 20. Jahrhunderts systematisch aus der Perspektive aktueller postsäkularer Ansätze, kulturwissenschaftlicher Mystikforschung und neuerer feministischer Literaturwissenschaft zu analysieren. Diese Perspektiven ergänze ich um eine parallele Lektüre von vitalistischen Diskursen des frühen 20. Jahrhunderts und aktueller neovitalistischer Philosophie des Neuen Materialismus: Im Anschluss an ihre Affinitäten zum Vitalismus der Moderne und zum *vital materialism* der Gegenwart möchte ich die mystischen Elemente in der Lyrik der untersuchten Dichterinnen als *vital mysticism* oder 'vitale Mystik' bezeichnen. Grundsätzlich soll in der Untersuchung das Binärschema zwischen einer 'Entzauberungsmetaphorik' im Sinne Max Webers einerseits und dem Feststellen einer rückwärtsgewandten neuen Religiosität andererseits in einer differenzierten Analyse überschritten werden, indem ge-

---

14 Nancy Frankenberry: Feminist Approaches. In: Pamela Sue Anderson / Beverley Clack (Hg.): *Feminist Philosophy of Religion. Critical Readings*. London / New York: Routledge 2004, S. 3–27, hier S. 19.
15 Vgl. Lena Lindhoff: *Einführung in die feministische Literaturwissenschaft*. Stuttgart / Weimar: Metzler ²2003, S. 149–153.

rade die Brüche, Widersprüche und Konflikte mystisch inspirierter Lyrik mitgedacht werden.[16]

Die Forschungsarbeit möchte einen Beitrag zu einem differenzierten, heterogenen Verständnis von Moderne liefern, in welchem Religion nicht als alternativer Gegenpol, Ausnahme oder konservativer *backlash* zur dominanten säkularisierten Gesellschaft gedacht, sondern vielmehr selbst als zentrales, widersprüchliches und konstitutives Moment von Moderne verstanden wird. Ähnliches gilt für das Aufbrechen der antithetischen Gegenüberstellung der Ideale von Hingabe, Selbstauflösung und Unterwerfung im Diskurs der Mystik und dem modernen Verständnis von subjektiver Freiheit und Souveränität im Schreiben der Lyrikerinnen. Schließlich ist es ein Ziel, die Lyrik der hier untersuchten Dichterinnen einem größeren Publikum bekannt zu machen und auf diese Weise den Kanon moderner Poesie entsprechend zu öffnen und zu erweitern.

Vier wesentliche Analysefelder liegen meiner Lektüre zu Grunde:

– Multiple literarische Moderne(n)

Bis zur Jahrtausendwende orientierte sich der literarische Modernebegriff vorwiegend an einer westeuropäisch und US-amerikanisch, säkular sowie männlich ausgerichteten Avantgarde-Ästhetik. Shmuel Eisenstadts Kritik an dem einheitlichen eurozentrischen Modernemodell hat unter dem Schlagwort der *multiple modernities* zur Pluralisierung des Begriffs auf verschiedenen Ebenen geführt und insbesondere postkolonial fundierte Ansätze hervorgebracht.[17] Das einheitliche Verständnis der literarischen Moderne wird inzwischen in Bezug auf Religion, Kultur, Region und das Verhältnis zur Tradition immer mehr hinterfragt; die zentrale Kategorie des Geschlechts ist dabei immer noch vergleichsweise wenig untersucht.[18]

Die Moderne als literaturhistorische Kategorie, die den ungefähren Zeitraum zwischen 1850 und 1930 umreißt, verstehe ich in Folge als dezidiert heterogene Epoche, die durch eine Vielzahl koexistierender Ideologien und Ästhetiken, nationaler und regionaler Ansätze sowie unterschiedlicher Geschlechteridentitäten

---

[16] Vgl. Daniel Bogner: Das Religiöse weiter denken. Mystik als heuristische Kompetenz. In: Michel de Certeau: *Mystische Fabel. 16. bis 17. Jahrhundert.* Aus dem Französischen von Michael Lauble. Mit einem Nachwort von Daniel Bogner. Frankfurt a.M.: Suhrkamp 2010, S. 491–532, hier S. 530.
[17] Vgl. Shmuel N. Eisenstadt: Multiple Modernities. In: *Daedalus* 129, 1 (Winter 2000), S. 1–29.
[18] Vgl. zu dieser Thematik im englischsprachigen Raum u.a. Maria Bucur: *Gendering Modernism. A Historical Reappraisal of the Canon.* London / New York: Bloomsbury 2017; Geetha Ramanathan: *Locating Gender in Modernism. The Outsider Female.* London / New York: Routledge 2012.

geprägt ist.[19] In diesem Sinne möchte ich mir neuere Definitionen des anglophonen *Modernism*-Begriffes zu Nutze machen. Diese verstehen literarische Moderne nicht als «a set of specific stylistic-rhetorical options or a particular articulation of the relationship between aesthetics and politics, but rather a series of strategies to engage and come to terms with the challenges of modernity»;[20] «a term reserved for modes of representation used to narrate experiences of modernity and [not] confined to specific aesthetic modalities».[21] Die ästhetische Öffnung des Moderne-Begriffs ermöglicht es, auch Texte, die bisher wegen ihrer Ästhetik oder Haltung zu Religion und Tradition, ihrer nationalen oder ethnischen Zugehörigkeit oder des Geschlechts ihres Autors / ihrer Autorin aus dem Kanon ausgeschlossen waren, unter dem Zeichen moderner Erfahrung zu lesen. Umgekehrt bedeutet dies, dass die Lektüre zeitgenössischer nicht-kanonischer Texte wiederum die Definition des Modernebegriffs in Frage zu stellen vermag.[22] Konkret heißt das, dass ich in der Lektüre der Texte moderner Lyrikerinnen nach der Auseinandersetzung mit Spiritualität und Religion, der Inszenierung weiblicher Subjektivität und Innerlichkeit sowie alternativen ästhetischen Formen im Zeichen der Moderne frage. Der romanistische Zugang geht dabei über die häufig privilegierte nördliche 'Paris-London-Berlin-Moskau-Achse' literarischer Moderneforschung hinaus, indem neben der frankoromanistischen eine hispanistische und italianistische Perspektive eingebracht werden.[23]

Zu fragen ist u.a.: Inwiefern spiegeln, bestätigen oder unterlaufen die mystischen Elemente in den Texten die moderne Kondition von Rationalität, Technisierung, Zersplitterung und Säkularisierung? Welche Relationen, Zusammenhänge oder Widersprüche lassen sich im Verhältnis von moderner Mystik und moderner Lebenswelt erkennen? Wie lassen sich religiös-spirituelle Begehrensformationen moderner Ausprägung analytisch adäquat beschreiben? In welcher Beziehung stehen mystische Referenzen, Strukturen und Inhalte zum katholischen Dogma? Wie verhalten sich die Texte hinsichtlich dominanter zeitgenössischer religiöser Praktiken und Diskurse in den verschiedenen kulturellen Räumen? Welche Rolle

---

19 Vgl. zur historischen Eingrenzung Annette Simonis / Linda Simonis: Literaturwissenschaften. In: Friedrich Jaeger / Wolfgang Knöbl / Ute Schneider (Hg.): *Handbuch Moderneforschung*. Stuttgart: Metzler 2015, S. 154–165, hier S. 154.
20 Luca Somigli: Italy. In: Pericles Lewis (Hg.): *The Cambridge Companion to European Modernism*. Cambridge: Cambridge University Press 2011, S. 75–93, hier S. 76.
21 Geetha Ramanathan: *Locating Gender in Modernism*, S. 3.
22 Vgl. ebda., S. 10.
23 Vgl. Luca Somigli: Italy, S. 75. Die Analyse bleibt aus pragmatischen Gründen auf den europäischen Raum beschränkt. Hinweise auf Parallelen im Werk von zeitgenössischen südamerikanischen Dichterinnen wie etwa Delmira Agustini oder Juana de Ibarbourou finden sich jedoch an entsprechender Stelle.

spielen Zweifel und Agnostizimus? Konstituiert der Rekurs auf mystische Denkfiguren in Bezug auf Säkularisierungsprozesse und Skeptizismus schließlich einen heterodoxen Diskurs umgekehrten Vorzeichens im Sinne eines Abweichens von einer vermeintlich einheitlichen modernen Rationalisierungsbewegung?

– Subjektivität und Körperlichkeit

«[A] revised genealogy of mysticism suggests that women's mystical texts are one of the places in which the interiority of the subject emerges»,[24] betont Amy Hollywood in Bezug auf die Bedeutung mystischer Texte von Frauen für die Entwicklung moderner Subjektivität. Allgemeiner bestimmt auch Alois M. Haas die «Entdeckung und Verdeutlichung des ‹inneren Menschen› durch die Mystik»[25] als wesentlich für die Geschichte neuzeitlicher Subjektivität. Das Stichwort Hollywoods aufnehmend, soll in der folgenden Analyse nach den genealogischen Affinitäten zwischen mittelalterlichen und frühneuzeitlichen mystischen Texten und moderner Lyrik von Frauen gefragt werden. Dabei steht die Frage nach den Funktionen und Effekten mystischer Figurationen für die Konstruktion weiblicher lyrischer Subjektivität in der Hochmoderne im Zentrum.

Das Austesten neuer Subjektivitätsformen und die Gleichzeitigkeit konkurrierender Subjektkulturen ist für die Kultur der Moderne ein zentrales Moment.[26] Der Fokus auf die Frage nach poetischer Innerlichkeit erhält dabei gerade vor dem Hintergrund der modernen Subjektivitätskrise und der neu aufkommenden Dominanz von Massenkultur und Extroversion zu Beginn des 20. Jahrhunderts und in der Zwischenkriegszeit eine besondere Relevanz. Zudem legt das Infragestellen des dominanten, als männlich, rational und autonom definierten cartesianischen Subjekts die Frage nach der Möglichkeit der Entfaltung neuer, alternativer weiblicher Subjektpositionen nahe:

> Die Umbruchsituation der Moderne birgt also auch die Chance zur Schöpfung eines *anderen* Subjekts, womöglich eines weiblichen. Wenn bisher die Sprachmacht, der Intellekt und das (männliche) autonome Individuum für die Konstitution von Subjekthaftigkeit ausschlaggebend waren, dann birgt das ihnen Entgegengesetzte – das Schweigen, der

---

24 Amy Hollywood: *Sensible Ecstasy. Mysticism, Sexual Difference, and the Demands of History*. Chicago / London: The University of Chicago Press 1999, S. 265.
25 Alois M. Haas: *Mystik als Aussage. Erfahrungs-, Denk- und Redeformen christlicher Mystik*. Frankfurt a.M.: Suhrkamp 1996, S. 613.
26 Vgl. Andreas Reckwitz: *Das hybride Subjekt. Eine Theorie der Subjektkulturen von der bürgerlichen Moderne bis zur Postmoderne*. Weilerswist: Velbrück Wissenschaft 2006, S. 9ff.

Körper und das den Dialog suchende und sich vernetzende (weibliche) Individuum – zumindest theoretisch das Potential eines Gegenentwurfs.[27]

Mit der Frage nach Subjektivität eng verbunden ist die Untersuchung der in den Texten konstruierten und reflektierten Körperlichkeit, ist Subjektivität doch wesentlich durch körperliche Praktiken, Diskurse und Erfahrungen bestimmt.[28] Während Grace M. Jantzen vor allem frühen, spekulativen mystischen Texten von männlichen Autoren eine gewisse Körperfeindlichkeit bescheinigt, gilt dagegen die Tradition der Brautmystik (von Autoren beiden Geschlechts) als prominentes Beispiel hochgradig sinnlicher Literatur.[29] Insbesondere die mystische *Hohelied*-Exegese mit ihrer «language of passion and desire»[30] wird als Urmodell für erotisches Schreiben im westlichen Literaturkanon angesehen. Doch auch die Passions- oder Leidensmystik, deren Aufmerksamkeit auf der körperlich vermittelten Nachfolge Christi liegt, prägt Diskurse literarischer Repräsentation des meist weiblichen Körpers.

In diesem Sinne wird auch in Bezug auf Körperlichkeit, Erotik und Begehren nach einer Genealogie mystischer Strukturen bis in die moderne Lyrik gefragt. Dies ist vor allem interessant, da sich in der Literatur des beginnenden 20. Jahrhunderts ebenfalls ein relevanter Umbruch im Denken über Sexualität und Geschlecht feststellen lässt: «Projects of modernity [...] frequently involve new ideas about gender categories and intimate relations that in their turn underpin new eroticisms and forms of self realization, casting new light on received ideas about personal autonomy and freedom.»[31] Gerade die ausgeprägte Sprachkrise der Moderne begünstigt die Auseinandersetzung mit alternativen körperlichen Wahrnehmungspraktiken. Kathrina Reschka erkennt in diesem Zusammenhang im Schreiben der Mystikerinnen «Wegbereiterinnen für ein modernes Körper-Schreiben».[32]

---

[27] Kathrina Reschka: *Zwischen Stille und Stimme. Zur Figur der Schweigsamen bei Madeleine Bourdouxhe, Marguerite Yourcenar, Marguerite Duras, Clarice Lispector, Emmanuèle Bernheim und in den Verfilmungen der Romane*. Frankfurt a.M.: Peter Lang 2012, S. 15.
[28] Amy Hollywood betont unter Bezug auf Judith Butler, «that our subjectivities are constructed by bodily practices and by the body's experience when it encounters the world, with pain (together with, and often inseparable from, pleasure) playing a crucial role in the formation of the bodily ego and, thus, of subjectivity.» Amy Hollywood: *Sensible Ecstasy*, S. 260.
[29] Vgl. Grace M. Jantzen: *Power, Gender and Christian Mysticism*. Cambridge: Cambridge University Press 1995, S. 126.
[30] Ebda., S. 127.
[31] Henrietta L. Moore: Subjectivity. In: Mary Evans / Carolyn H. Williams (Hg.): *Gender. The Key Concepts*. London / New York: Routledge 2013, S. 203–208, hier S. 3.
[32] Kathrina Reschka: *Zwischen Stille und Stimme*, S. 18.

Aus der Perspektive einer feministischen Literaturwissenschaft lässt sich das spannungsvolle Verhältnis von Diskursen der Hingabe und Unterwerfung zum modernen Verständnis von Selbstbestimmtheit und Souveränität auf diese Weise neu befragen. Inwiefern werden zeitgenössische Gender-Zuschreibungen in den Texten über mystische Referenzen verhandelt? Welche Spannungen und Widersprüche entstehen aus der Dynamik zwischen traditionellem christlichem Diskurs und weiblicher Subjektkonstitution?

Mystik – nicht nur, aber besonders stark jene weiblicher Autoren – ist immer schon geprägt von einer radikalen Spannung zwischen erhöhter sinnlicher Aufmerksamkeit für den eigenen Körper einerseits und dem Begehren nach Selbsttranszendierung andererseits. So soll hier letzten Endes auch das in der Lyrik verhandelte Verhältnis von Körperlichkeit / Materialität und Spiritualität in den Blick genommen werden. Das literarische Modell der Mystik begünstigt schließlich eine vielschichtige, differenzierte Auseinandersetzung mit Subjektivität und Körperlichkeit, die binäre Denkweisen hinterfragt und unterläuft. Judith Klinger fasst die paradoxale Konstitution mystischer Subjektivität folgendermaßen zusammen:

> Das Ich der Mystikerin bildet sich in der Spannung zwischen diesseitiger und jenseitiger Realität, zwischen Leib und Seele, zwischen der Transformation des Körpers und der erleuchteten Rede, zwischen einem irdisch gebundenen Ich und dem transzendenten gänzlich Anderen. Den Rahmen dieses Prozesses bildet immer auch die Frage nach der Legitimität dieser Erfahrung und der Autorisierung so gewonnener Erkenntnis, die nicht zuletzt mit den Zuschreibungen der Geschlechterrollen verbunden ist.[33]

Lena Lindhoff spitzt das Paradox weiblicher Subjektkonstitution in der Mystik zu: «Die Imaginationen der Mystikerinnen [...] lassen sich so als ein ‹doppelter Diskurs› beschreiben, in dem weibliche Subjekte zugleich den herrschenden Diskurs bestätigen und sich einen subversiven Raum eigener Ausdrucks- und Erfahrungsmöglichkeiten, einer eigenen, anderen Erotik, schaffen.»[34] Fionola Meredith hingegen fragt nach den Möglichkeiten der Überschreitung eines solchen festschreibenden Verständnisses weiblicher Subjektivität:

> How would the [...] feminist aesthetic be challenged if we abandoned this dichotomous approach? What if decentring the self did not mean dissolving the self? What if the impossibility of the absolute coincidence of the self with itself did not mean pure absence? What if disjunctures and rifts did not preclude moments of partial coincidence? What if

---

33 Judith Klinger: ‹Als sei Ich ein Anderer›. Mystisches Subjekt, Geschlecht und Autorisierung bei Caterina von Siena. In: dies. / Susanne Thiemann (Hg.): *Geschlechtervariationen. Gender-Konzepte im Übergang zur Neuzeit*. Potsdam: Universitätsverlag Potsdam 2006, S. 83–129, hier S. 85.
34 Lena Lindhoff: *Einführung in die feministische Literaturwissenschaft*, S. 152.

the positing of self did not imply an impossible escape from the differential movement of language, but an *interplay* of singularity and alterity, of particularity and discursivity, of appropriation and distanciation, of ‹mineness› and ‹otherness›?³⁵

Die für die Mystik prägende Mehrdeutigkeit, die sich aus der Gleichzeitigkeit von buchstäblichem und allegorischem Sinn ihrer bildlichen Sprache speist, lässt sich für die Analyse der modernen lyrischen Texte fruchtbar machen. So haben Theoretiker und Theoretikerinnen wie Georges Bataille und Luce Irigaray gerade das Zusammenspiel der Gegensätze im Schreiben der Mystikerinnen positiv hervorgehoben: «[They] read these women not as pathological, emotionally excessive escapists, but as unique in their ability to bring together action and contemplation, emotion and reason, body and soul.»³⁶

Zu untersuchen ist daher, inwiefern sich die modernen Lyrikerinnen mystische Denkmodelle aneignen, um eine dynamische poetische Subjektivität zu verhandeln, die die antithetische Gegenüberstellung von Körper und Geist, Leib und Seele, Affekt und Rationalität, Immanenz und Transzendenz, Autonomie und Hingabe und schließlich auch Religion und Säkularität überschreitet. In welchem Bezug stehen hier radikale Alteritätserfahrung und moderne Identitätsentwürfe? Wie verortet sich die lyrische Subjektrolle hinsichtlich ihrer Beziehung zum Anderen, sei dieser oder dieses Andere menschlicher oder nicht-menschlicher, immanenter oder transzendenter Natur?

– Poetik

Die Nähe von Mystik und Poesie ist von der Forschung immer wieder hervorgehoben worden.³⁷ Historisch ist poetische Dichtung die beliebteste Ausdrucksform mystischer Erfahrung. Viele der großen mystischen Texte aus Mittelalter und früher Neuzeit, etwa einer Mechthild von Magdeburg, einer Marguerite Porète oder eines San Juan de la Cruz, sind große poetische Texte. Auf struktureller Ebene gibt es wesentliche Parallelen zwischen mystischer und poetischer Sprache, etwa in Bezug auf ihre Selbstreferenzialität, Sprachproduktivität, Mehrdeutigkeit und

---

35 Fionola Meredith: A Post-Metaphysical Approach to Female Subjectivity. Between Deconstruction and Hermeneutics. In: Pamela Sue Anderson / Beverley Clack (Hg.): *Feminist Philosophy of Religion. Critical Readings*. London / New York: Routledge 2004, S. 54–72, hier 56.
36 Amy Hollywood: *Sensible Ecstasy*, S. 6.
37 Vgl. u.a. Henri Bremond: *La poésie pure. Avec un débat sur la poésie de Robert Souza.* Paris: Grasset 1926 und ders.: *Prière et poésie*. Paris: Grasset 1926; Martina Wagner-Egelhaaf: Die mystische Tradition der Moderne, S. 41–57; Alois M. Haas: *Mystik als Aussage*, S. 172ff.; Daniel Bogner: Das Religiöse weiterdenken, S. 504.

jeweiligen rhetorischen Gestaltungsformen wie Bildlichkeit, Klanglichkeit oder Rhythmus, die es in der Untersuchung zu reflektieren gilt.

Gleichzeitig fällt auf, dass moderne Lyrik eine privilegierte Form der Auseinandersetzung mit Spiritualität und Religion darstellt, gerade auch in Texten von Autorinnen. «Current feminist ways of thematizing a relation between sexual difference and divine alterity are most often lyrical», schreibt Nancy Frankenberry zwar in Bezug auf die Gegenwart, diese Beobachtung ist jedoch durchaus auf die klassische Moderne auszuweiten.[38] Häufig scheint es, als habe sich das Feld des Heiligen in der Moderne insgesamt von der konfessionellen Religion und institutionalisierten Praxis bevorzugt auf das Feld der Kunst, und hier insbesondere auf die Poesie, verschoben.

So ergeben sich für die Analyse folgende Fragen: In welchem Verhältnis steht der Rekurs auf mystische Elemente zu zeitgenössischen literarischen und poetologischen Bewegungen? Fügen die poetischen Texte sich in entsprechende ästhetische Strömungen ein oder weichen sie gerade von ihnen ab? Wie verhalten sich die Gedichte in Bezug auf je spezifisch zu bestimmende zeitgenössische poetische Strömungen von *néoromanticisme* und *sensualisme*, *poésie pure / poesía pura* oder *ermetismo* etc. gerade hinsichtlich ihrer mystischen Elemente? Bilden mystische Strukturen innovative, originelle Überschreitungen von dominanten literarischen Strategien? Sind die lyrischen Texte eher als Ausnahme von der Regel oder als alternative poetische Varianten in Hinblick auf literarische Säkularisierungstendenzen zu verstehen? In welchem Verhältnis stehen mystische, metapoetische und erotische Begehrensstrukturen?

– Intertextualität

Die untersuchten lyrischen Texte schreiben sich in eine Jahrtausende alte Tradition mystischer Literatur und Spiritualität ein. Damit spannen sie einen Bogen von der Exegese alttestamentarischer Texte wie des *Hohelieds* zu modernen natur- und sprachmystischen Aneignungen alternativer Spiritualitätsbewegungen zu Beginn des 20. Jahrhunderts. Dieser dynamischen und asynchronen Verkettung wird im Folgenden nachgegangen.

Spirituelle Erfahrung ist immer sowohl subjektiv erlebbar als auch in einem je spezifisch tradierten semiotischen Feld verortbar.[39] Gleiches gilt auch für die Mystik: Im Gegensatz zur Vorstellung eines unreflektierten, naiven, unmittelbaren Ausdrucks individueller Gotteserfahrung verortet sich mystische Literatur

---

38 Nancy Frankenberry: Feminist Approaches, S. 23.
39 Vgl. Hans Joas: *Die Macht des Heiligen. Eine Alternative zur Geschichte von der Entzauberung*. Frankfurt a.M.: Suhrkamp 2017, S. 15.

stets innerhalb eines großen kulturellen Kontextes, dessen gründender Prätext im Fall der europäischen christlichen Mystik die Bibel und später vor allem die Autorinnen und Autoren aus Mittelalter und Früher Neuzeit darstellen. Mystische Texte nehmen, wie jede andere Literatur auch, immer schon Bezug auf vorangegangene Texte. «Il y a une histoire de la mystique comme il y a une histoire de la peinture ; tout nouveau venu travaille sa singularité en se situant par rapport à ses prédécesseurs ; les virtuoses se montrent particulièrement créatifs, mais ne constituent pas des blocs erratiques.»[40]

Es gilt daher, die Gedichte auf ihr Verhältnis zur mystischen Tradition hin zu befragen, die sich selbst wiederum als ein ideologisch wie ästhetisch sehr heterogenes Feld erweist. In den folgenden Lektüren nehme ich dabei im Wesentlichen auf die christliche Mystik Bezug, denn diese stellt im Kontext der drei katholisch sozialisierten Dichterinnen die breiteste Folie dar. Eine herausgehobene Rolle nimmt die Literatur und die Figur Teresa von Ávilas ein, die nicht nur im spanischen, sondern im romanischen Kontext insgesamt eine enorm populäre, gleichzeitig aber auch kontrovers diskutierte und deshalb besonders faszinierende Referenzfigur darstellt. Affinitäten zur jüdischen und stärker noch muslimischen Tradition, insbesondere zur Sufi-Mystik, spreche ich an einigen Stellen an.

Die Untersuchung erforscht die affirmativen und / oder transgressiven Effekte der intertextuellen Referenzen auf mystische und literarische Texttraditionen im Werk der Lyrikerinnen. Auf welche Weise eignen sich die Dichterinnen den historischen Diskurs mystischer Texttraditionen für ihre eigene moderne Ästhetik, weibliche Modelle von Autorschaft und neue Begehrensfigurationen an? Welche möglichen ideologischen und politischen Bedeutungsebenen entfalten die Texte? Hat der Rekurs auf mystische Strukturen affirmative oder kritische Bedeutungseffekte? In welchem Verhältnis stehen die Texte wiederum zu politischen und philosophischen Diskursen innerhalb der entsprechenden kulturellen Untersuchungsräume, insbesondere in Bezug auf vitalistische Philosophien? Welche ästhetischen, subjektbezogenen oder spirituellen Funktionen hat der Rückbezug auf bekannte Mystikerinnen und Mystiker wie Caterina von Siena, Franz von Assisi, San Juan de la Cruz oder Teresa von Ávila? Welche Zusatzbedeutung erhalten die modernen Gedichte durch die intertextuellen Verweise und welche Neuinterpretationen erfahren die mittelalterlichen und frühneuzeitlichen Texte durch ihre modernen Leserinnen?

---

40 Jacques Maître: *Mystique et Féminité. Essai de psychanalyse sociohistorique*. Paris: Les Éditions du Cerf 1997, S. 17.

Untersuchungskorpus

Im Zentrum des Untersuchungskorpus steht die Lyrik von Anna de Noailles (Frankreich, 1876–1933), Ernestina de Champourcin (Spanien, 1905–1999) und Antonia Pozzi (1912–1938). Die zu untersuchenden lyrischen Texte wurden zwischen 1901 und 1938 publiziert bzw. im Falle Pozzis im privaten Rahmen dokumentiert. Die Begrenzung auf diesen Zeitraum von der Jahrhundertwende bis ins faschistische Europa kurz vor Ausbruch des II. Weltkriegs begründet sich durch die Fragestellung, die die spezifischen Beziehungen zwischen den historischen, gesellschaftlichen und epistemologischen Bedingungen der Zeit, dem philosophischen Vitalismus, dem poetologischen Kontext von *néoromantisme*, *sensualisme*, *poesía pura*, *crepuscolarismo* oder *ermetismo* und anderen 'Ismen' der Moderne sowie dem Rekurs auf mystische Inhalte und Strukturen zu ergründen sucht. Es fällt auf, dass alle Lyrikerinnen auch in Prosaschriften wie Briefen, Tagebüchern und Essays über Religion und Mystik reflektiert haben, sodass diese Texte für die Analyse mit herangezogen werden. Wenngleich der Schwerpunkt des Forschungsinteresses hier auf Lyrik liegt, wird der philosophisch-diskursive und breitere epistemologische Kontext für die literaturgeschichtliche Verortung berücksichtigt, so etwa die Bedeutung der Auseinandersetzung mit Religion, Mystik und Irrationalität bei Henri Bergson, Henri Bremond, Friedrich Nietzsche oder María Zambrano, ebenso wie Prosatexte der Autorinnen in Form von journalistischen Arbeiten, Tagebuchliteratur, Briefwechseln, Essays und erzählenden Texten.

Die drei ausgewählten Lyrikerinnen möchte ich – in Bewusstsein des dahinterstehenden Paradoxes – mit einem anglophonen Ausdruck als *major women poets* bezeichnen. Damit meine ich, dass die Autorinnen in Literaturgeschichten oft genannt werden, wenn es um den meist kursorisch verbleibenden Hinweis auf ein oder zwei zeitgenössische Lyrikerinnen ihrer Epoche geht. In der sogenannten *Belle Époque* galt Anna de Noailles als bedeutendste französische Lyrikerin und war einem breiten Publikum bekannt. Ernestina de Champourcin verkehrte im Kreis der Autoren der angesehenen *Generación del 27* und gilt als wichtigste Dichterin dieses Umkreises. Antonia Pozzis Werk dagegen wurde 1939 *posthum* veröffentlicht; ihre Texte zeugen jedoch von der Auseinandersetzung mit der europäischen Poetik ihrer Zeit und der Ästhetik und Philosophie des Mailänder Banfi-Kreises, zu dem sie gezählt wird.

Die Geschlechtsmarkierung durch die Bezeichnung als Lyrikerinnen, in anderen europäischen Sprachen noch stärker als *women poets* oder für die Romania *poétesses*, *poetisas* oder *poetesse*, bringt die Problematik einer genderbezogenen Einschränkung und die Gefahr der Exklusion der Autorinnen aus einem Kanon, der als 'Normalfall' von dem des männlichen Autors ausgeht, mit sich. Ich habe mich aus zwei Gründen dennoch entschieden, die vorliegende Studie auf Lyrikerinnen zu konzentrieren. Der erste ist epistemologischer Art: Es geht mir darum, in der poetischen Aneignung mystischer Textstrukturen eine Genealogie weiblich kodierten Sprechens zu verfolgen, die von den mittelalterlichen und frühneuzeitlichen Mystikerinnen, insbesondere Teresa von Ávilas, über die modernen Lyrikerinnen hin bis zu neuesten feministischen Ansätzen reicht. Um den Eindruck einer isolierten weiblichen Literaturproduktion zu vermeiden, werde ich jedoch genauso die Situiertheit der Texte in der Ästhetik ihrer Zeit sowie ihre grundsätzliche intertextuelle Beschaffenheit berücksichtigen. Der zweite Grund ist literaturhistorischer Natur und bezieht sich auf die vorliegende Forschungslücke in Bezug auf die drei genannten Autorinnen. So ist es auch ein Ziel, die hier untersuchten Dichterinnen für den romanistischen Kontext sichtbar werden zu lassen.

Innerhalb des gewählten Untersuchungszeitraums des ersten Drittels des 20. Jahrhunderts repräsentieren die ausgewählten Lyrikerinnen und ihre Texte sehr unterschiedliche Zeiträume, Anschauungen und Ästhetiken. Ihre Verortung im literarischen Feld ihrer Zeit, die Selbstwahrnehmung und -inszenierung als Autorin und der Umgang mit zeitgenössischen Poetiken variieren stark. Für die Frage nach den Formen und Effekten von mystischem Schreiben und Mystikrezeption in der modernen Lyrik ist dieser Umstand besonders fruchtbar, denn die unterschiedlichen Texte verdeutlichen die Diversität literarischer Aneignung mystischer Diskurse im Schreiben von Autorinnen dieses Schlüsselzeitraums moderner Literatur.

Anschluss an die Forschung und Vorgehen

Die vorliegende Untersuchung verortet sich innerhalb des anhaltenden literatur- und kulturwissenschaftlichen Interesses an Literatur und Mystik. Dabei legt sie ihren Schwerpunkt jedoch auf bisher wenig beachtete Aspekte und (Kon-) Texte und schlägt mit der gekreuzten Lektüre von mittelalterlichen und frühneuzeitlichen mystischen Texten, moderner Lyrik und zeitgenössischen vitalistischen wie gegenwärtigen neovitalistischen Diskursen neue Verknüpfungen vor.

Die mittelalterliche und frühneuzeitliche Mystik ist in der romanistischen Forschung breit erforscht.[41] Insbesonders zur Figur Teresa von Ávilas erschie-

---

[41] Auf die einschlägigen Forschungen weise ich an entsprechender Stelle im theoretischen Teil und in den Analysekapiteln hin. Genannt seien hier stellvertretend die Arbeiten von Bernhard Teuber, der insbesondere für die spanische Mystik Pionierarbeit geleistet und hochgradig differenzierte Lektüren vorgelegt hat.

nen erst jüngst anlässlich der 400-Jahr-Feier ihres Geburtstags zahlreiche neue Publikationen.⁴² Auch das Verhältnis von Mystik und Moderne wurde in den letzten zwei bis drei Jahrzehnten vermehrt in den Blick genommen.⁴³ Hier wurde die Literatur von Frauen jedoch insgesamt deutlich weniger berücksichtigt. Eine Ausnahme bilden Erzählerinnen der Mitte des 20. Jahrhunderts wie Marguerite Duras oder Clarice Lispector, die von feministischer Seite aus unter dem Zeichen mystischer Affinitäten gelesen worden sind, sowie Studien zu anglophonen postmodernen Erzählerinnen.⁴⁴ Lyrikerinnen fehlen in diesem Panorama überwiegend.

Für die hier untersuchten Dichterinnen Anna de Noailles, Ernestina de Champourcin und Antonia Pozzi gilt, dass wesentliche Forschungsliteratur bisher in erster Linie in ihren jeweiligen nationalen akademischen Kontexten sowie in den USA publiziert wurde. Die Frage mystischer Elemente in ihren Gedichten wurde darin immer wieder gestreift. Monografische Studien zur Bedeutung mystischer Referenzen im Werk jeder dieser Autorinnen stellen jedoch ein Desiderat dar. Genauso fehlt eine Überblicksstudie, die die nationalphilologische Ausrichtung übersteigt und nach den ästhetischen und epistemologischen Hintergründen wie Effekten der Mystikrezeption im Werk moderner Lyrikerinnen in der Romania fragt. In der deutschsprachigen Romanistik stehen Studien zu den drei Autorinnen gänzlich aus. Aus diesem Grund stelle ich den motivischen Studien je ausführliche einführende Kapitel in Bezug auf Werke und Autorinnen voran.

Mein Untersuchungsansatz setzt sich explizit von einer theologischen Ausrichtung ab und verortet sich in einem literatur-und kulturwissenschaftlichen Theoriefeld. Ich frage nicht nach dem verborgenen festen Sinn oder der biografischen Erfahrung hinter dem Text, sondern der poetische Text und seine spezifischen Strukturen und Signifikationsprozesse stehen im Zentrum. Die lyrischen Texte werden in Bezug auf die vorgestellten Themenkomplexe analysiert und im

---

42 Auch in diesem Fall verweise ich auf die Hinweise im laufenden Text dieser Studie. Tatsächlich hat sich die deutschsprachige Forschung bisher erstaunlich wenig mit der spanischen Mystikerin beschäftigt. Hervorzuheben ist in diesem Kontext jedoch ein von Martina Bengert und Iris Roebling-Grau jüngst herausgegebener Sammelband, der sich explizit mit der Rezeption der Autorin vom 17. bis 21. Jahrhundert befasst. Vgl. Martina Bengert / Iris Roebling-Grau (Hg.): *Santa Teresa. Critical Insights, Filiations, Responses*. Tübingen: Narr Francke Attempto 2019.
43 Vgl. hier besonders die oben genannten Titel von Martina Wagner-Egelhaaf: *Mystik der Moderne* und *Die mystische Tradition der Moderne*; Ingo Berensmeyer: *Aufbrüche nach Anderswo*; K. Ludwig Pfeiffer / Klaus Vondung: *Jenseits der entzauberten Welt*.
44 Vgl. Kathrina Reschka: *Zwischen Stille und Stimme* und Sue Yore: *The Mystic Way in Postmodernity. Transcending Theological Boundaries in the Writings of Iris Murdoch, Denise Levertov and Annie Dillard*. Bern: Peter Lang 2009.

poetologischen, epistemologischen und intertextuellen Kontext sowie im Verhältnis zum jeweiligen Gesamtwerk der Lyrikerinnen gelesen. In einem detaillierten *close reading* werden Formen und Bedeutungseffekte mystischer Elemente anhand von exemplarischen Gedichtlektüren in Hinblick auf die genannten Fragestellungen herausgearbeitet.

Ausgangspunkt meiner Reflexionen sind neuere Ansätz aus dem Feld der postsäkularen Theorien, aus denen ich meinen spezifisch transsäkularen Lektüreansatz entwickele.[45] Grundlage der Analyse sind zudem literaturwissenschaftliche Theorien des mystischen Schreibens, die für den spezifischen Fall der modernen Lyrik angepasst und erweitert werden. Michel de Certeaus maßgebliche Studie zur frühneuzeitlichen europäischen Mystik begründet eine kulturwissenschaftlich und poststrukturalistisch fundierte Lektüre mystischer Texte, die sich dezidiert von einer theologischen Binnenperspektive absetzt. *La fable mystique* (1982) kann dabei entsprechend als theoretisch differenzierte Grundlage für die Analyse moderner Texte weitergedacht werden.[46] Weitere literaturwissenschaftliche Forschungen zur Form und Rhetorik mystischen Schreibens bilden die Ausgangsbasis für eine Einordnung der Gedichte in den Kontext mystischer Literatur.[47] Anschließend an die eingangs genannten Forschungen zum Verhältnis von mystischer Literatur und Moderne wird der spezifische Ausdruck von Modernität in Bezug auf mystische Aspekte in den zu untersuchenden Texten analysiert.

Für die Frage nach einer spezifisch weiblichen diskursiven Positionierung und poetischen Subjektivierung greife ich zunächst auf Theoreme der französischsprachigen feministischen Auseinandersetzung um die Mystikerinnen zurück. Dabei sind die vorliegenden poetischen Texte einerseits unter Rückgriff auf diese fast schon als 'klassisch' zu bezeichnenden Ansätze von Hélène Cixous, Luce Irigaray und Julia Kristeva hin zu untersuchen. Andererseits soll gleichzeitig auch die oft idealisierende Inanspruchnahme der Mystikerinnen einer kritischen Revision unterzogen und auf ihre Aktualität hin befragt werden. Ich gehe jedoch über diese poststrukturalistischen Ansätze hinaus, indem ich aktuelle neumaterialistische Subjektivitätsmodelle von Jane Bennett und Rosi Braidotti fruchtbar mache, um eine Brücke zwischen frühneuzeitlicher Mystik, ihren modernen poetischen Aneignungen durch die hier untersuchten

---

45 Der Begriff des 'Transsäkularen' geht auf meine gemeinsame Arbeit mit Martina Bengert, Azucena G. Blanco und Daniel Steinmetz-Jenkins in der internationalen Arbeitsgruppe 'Transsecular Textualities' zurück.
46 Vgl. Michel de Certeau: *La fable mystique. 1. XVI–XVIIe siècle*. Paris: Gallimard 1982.
47 Dazu gehört neben den bereits genannten Publikationen u.a. auch Alois M. Haas: *Mystik als Aussage*.

Lyrikerinnen und dem Vitalismus des frühen 20. Jahrhunderts vor der Folie neovitalistischer Denkrichtungen der Gegenwart zu schlagen.

Mit den genannten kultur- und literaturwissenschaftlichen Ansätzen aus dem Feld postsäkularer Theorie, literaturwissenschaftlicher Mystikforschung, feministischer und neovitalistischer Philosophie setze ich theoretische Positionen in Beziehung, die sowohl fruchtbare Affinitäten als auch spannungsvolle Differenzen in Bezug auf die Fragen nach Säkularisierung, Subjektivität, Geschlechterverhältnis und (Post-) Anthropozentrismus aufweisen. Die Kombination der verschiedenen theoretischen Ansätze macht gerade aufgrund dieser Heterogenität produktive Querverbindungen denkbar, die einen neuen Blick auf mystisches Schreiben und Mystikrezeption in der Lyrik moderner Autorinnen ermöglichen.

Auf zentrale Forschungsparadigmen und den entsprechenden Forschungsstand in Hinblick auf die drei Lyrikerinnen werde ich im Kapitel 2 'Forschungskontexte und theoretische Vorüberlegungen' und im je einführenden Teil der einzelnen Analysekapitel im Detail eingehen. Das Unterkapitel 2.1 beginnt mit einer Diskussion aktueller postsäkularer Perspektiven auf Gesellschaft, Kultur und Geschlecht. Im Zentrum stehen die Hinterfragung eines homogenen, abgeschlossenen Säkularisierungsprozesses in den europäischen und US-amerikanischen Kulturen durch Charles Taylor sowie die feministische Kritik am Säkularisierungsdiskurs durch Autorinnen wie Joan W. Scott und Rosi Braidotti. Kapitel 2.2 geht zentralen 'Spannungsfeldern mystischer Literatur und Ästhetik' nach: Hierzu gehören eine historische Reflexion des Begriffs und der literarischen Tradition der Mystik, das Verständnis der Mystik als einer Selbstpraxis im Sinne Foucaults, charakteristische ästhetische Paradigmen mystischer Texte und ihr Verhältnis zur Poesie, das transgressive Potenzial mystischer Praktiken sowie das vielschichtige relationale Verhältnis von Mystik und Moderne. In Kapitel 2.3 'Feministische Traditionslinien' zeichne ich die Bedeutung der Frauenmystik als historischen Ort weiblichen Sprechens ebenso wie die prominente Rolle der mittelalterlichen und frühneuzeitlichen Mystik in der feministischen Debatte und Theoriebildung, namentlich bei Hélène Cixous, Luce Irigaray und Julia Kristeva, nach. Anschließend daran diskutiert Kapitel 2.4 'Vitaler Materialismus und neuere (feministische) Subjektivitätsmodelle' aktuelle Auseinandersetzungen um Körperlichkeit und Subjektivität, welche in Anschluss und Erweiterung früherer poststrukturalistischer Modelle und im Zeichen eines postanthropozentrischen Denkens die konstitutive Dynamik, Relationalität und Verschränktheit aller Lebensformen mit ihrer Umwelt betonen. Im Zentrum stehen hier Jane Bennetts *Vibrant Matter*, Affinitäten des neuen Materialismus zur Lebensphilosophie Henri Bergsons und schließlich Rosi Braidottis feministische Variante eines postsäkularen vitalen Materialismus. Am Ende des theoretischen Teils führe ich in Unterkapitel 2.5 die vorgestellten Überlegungen zusammen und präzisiere meinen eigenen Ansatz anhand von vier Lektüreweisen, die ich mit den Schlagwörtern 'transsäkular', 'mystisch', 'feministisch' und 'vitalmaterialistisch' umreiße.

Kapitel 3 geht der Bedeutung von mystischen Motiven und Elementen in der Lyrik Anna de Noailles' nach. Das einführende Unterkapitel situiert die bekannteste Dichterin der *Belle Époque* im Kontext von Poesie, Vitalismus und Mystik im frühen 20. Jahrhundert sowie in Bezug auf die Situation französischer Lyrikerinnen in *fin de siècle* und Zwischenkriegszeit. Der aktuelle Forschungsstand zu Noailles' Werk wird zusammengefasst und charakteristische poetologische Annahmen werden vorgestellt. Das Gedicht 'L'inspiration' (1901) wird hierfür zu einer metapoetologischen Lektüre herangezogen. In Kapitel 3.2 steht zunächst die narrative Auseinandersetzung mit Körperlichkeit, Religion und Mystik in Noailles' 1904 erschienenem Roman *Le Visage émerveillé* im Vordergrund, dessen Protagonistin eine junge Nonne ist. Thema von Kapitel 3.3 ist die Auseinandersetzung mit der Figur Teresa von Ávilas in dem Gedicht 'Les journées romaines' (1913). Die Texte der spanischen Heiligen bilden auch die Referenzfolie für die Lektüre des Liebesdiskurses in Noailles' späterem Gedichtband *Poème de l'amour* (1924) in Kapitel 3.4. Dagegen werden in Kapitel 3.5 die Spuren orientalistischer und dionysischer Diskurse insbesondere im Band *Les Éblouissements* (1907) verfolgt und es wird nach der Bedeutung der Sufi-Mystik im Werk der Lyrikerin griechisch-osmanischer Herkunft gefragt. Kapitel 3.6 untersucht das Verhältnis von lyrischem Subjekt und Natur aus einer neumaterialistischen Perspektive und setzt dieses in Relation zu Noailles' moderner Mystikaneignung. Abschließend wird im letzten Unterkapitel die meditative Reflexion einer *conditio (post-) humana* im Gedicht 'La prière' (1913) stark gemacht als ein Denken, das über den Dualismus von Materialismus und Metaphysik hinausweist.

Kapitel 4 widmet sich der bedeutendsten Lyrikerin der spanischen *Edad de Plata*, Ernestina de Champourcin. Auch hier verortet der einführende Teil die Autorin zunächst im zeitgenössischen ästhetischen Kontext und gibt einen aktuellen Forschungsüberblick. In diesem Fall steht die Zentralität der spanischen Mystik in der spanischen Kultur des ersten Drittels des 20. Jahrhunderts und besonders innerhalb der *Generación del 27* im Vordergrund, außerdem die Diskussion von zentralen poetologischen Prämissen der Gruppe. Der Teil schließt wiederum mit der Zusammenschau poetologischer Äußerungen und einer exemplarischen metapoetischen Lektüre des Eingangsgedichtes aus *La voz en el viento* (1931). Kapitel 4.2 zieht den Briefwechsel der Jahre 1927 bis 1929 von Ernestina de Champourcin mit der zeitgenössischen Dichterin Carmen Conde heran, um zentrale Reflexionen über Mystik, Ästhetik und Subjektivität seitens der Autorin herauszufiltern. Kapitel 4.3 analysiert die hohe Bedeutung, die die Lyrik San Juan de la Cruz' für Champourcin einnimmt, anhand der Mottos ausgewählter Texte aus *La voz en el viento*. Ergänzend dazu stehen in Kapitel 4.4 intertextuelle Referenzen auf Teresa von Ávila im Mittelpunkt. Die beiden großen spanischen Mystiker stehen ebenfalls Modell für die Lektüre der erotischen Dichtung Champourcins (*La voz en el viento* und *Cántico inútil*, 1936) in Kapitel 4.5. Anhand des Gedichtes 'Danza en tres tiempos' (1931) werden in Kapitel 4.6 die Auseinandersetzung mit der *poesía pura* und Champourcins nomadische Subjektivitätskonzeption in Bezug auf mystische Figuren in den Blick genommen. Schließlich stellt das letzte Unterkapitel das Begehren nach Fülle in den Kontext einer vitalistischen Philosophie des Werdens.

Im Zentrum von Kapitel 5 steht die italienische Lyrikerin Antonia Pozzi, die, gleichwohl ihr Werk erst *posthum* veröffentlicht wurde, als wichtigste Dichterin der Zwischenkriegszeit in Italien gelten kann. Im einleitenden Unterkapitel gehe ich auf den kulturellen Kontext des Faschismus sowie Pozzis enge Verbindung mit der *scuola di Milano* und dem sogenannten Banfi-Kreis an der Mailänder Universität ein. Für eine exemplarische poetologische Lektüre steht das Gedicht 'Preghiera alla poesia' (1934). In Kapitel 5.2 steht Pozzis Auseinandersetzung mit Religion und Mystik in ihren Briefen und Tagebüchern im Vordergrund. Kapitel 5.3 arbeitet mystische Figurationen in dem frühen Gedicht 'Giacere' (1929) anhand von Affinitäten zu Mechthild von Magdeburgs Semantik des 'fließenden Lichtes' und San Juans 'dunkler Nacht der Seele' heraus. Die rekurrente Aufstiegsthematik verweist auf den Zusammenfall von Aufstieg und Askese, physischer Geste und mystischer Bedeutung in den in Kapitel 5.4 analysierten lyrischen Texten mit alpiner Motivik. Dagegen analysiert Kapitel 5.5 die Funktionen sinnlicher Wahrnehmung und heiliger Orte in Pozzis Lyrik und zeigt am Beispiel von 'Sogno sul colle' (1933) ihre Nähe zur franziskanischen Spiritualität und Ethik auf. Der Exkurs in Kapitel 5.6 geht über den rein literarischen Kontext hinaus, indem Parallelen zwischen der Lyrik und Fotografie Pozzis in Bezug auf eine mystische Dimension des Sehens herausgearbeitet werden. Im letzten Abschnitt steht schließlich das affektive Verhältnis zwischen lyrischem Subjekt und Dingwelt in Pozzis Texten im Zentrum, welches ich vor dem Hintergrund aktueller postsäkularer und postanthropozentrischer Diskurse lese.

Im Anschluss an den Analyseteil fasse ich in Kapitel 6 wesentliche Ergebnisse meiner Lektüren in Bezug auf das Verhältnis von Mystikrezeption, Ästhetik, Körperlichkeit und poetischer Subjektivität im Werk der drei Lyrikerinnen zusammen und verdeutliche abschließend genealogische Affinitäten zwischen mittelalterlicher und frühneuzeitlicher Mystik, dem Vitalismus der Moderne und gegenwärtigen neumaterialistischen Philosophien.

2 Forschungskontexte und theoretische Vorüberlegungen

> «*Postsecular spirituality is the unspectacular, humble acknowledgement of ontological relationality [...].*»
> Rosi Braidotti: *Metamorphoses*, S. 94.

2.1 Postsäkulare Perspektiven und transsäkulare Lektüren. Neubetrachtungen des Verhältnisses von Religion und Moderne

Religion nimmt in der gegenwärtigen gesellschaftlichen und wissenschaftlichen Auseinandersetzung eine bemerkenswerte Zentralität ein. Ausgehend von der Annahme, dass die Entwicklung moderner Gesellschaften eine kontinuierliche, progressive und universal geltende Säkularisierung nicht nur mit sich bringe, sondern zur eigentlichen Voraussetzung habe, wurde das Thema in der zweiten Hälfte des 20. Jahrhunderts in der öffentlichen Debatte weitgehend vernachlässigt. Dieses Verständnis hat sich spätestens seit der Jahrtausendwende buchstäblich radikal gewandelt. Mit den terroristischen Anschlägen auf die Türme des New Yorker World Trade Center vom 11. September 2001 ist die Frage nach dem Verhältnis von Religion, Identität, Politik, Macht und Kultur mit neuer Wucht und besonders eindringlich zurückgekehrt. Das Datum ist dabei symbolischer Natur, hatte sich vorher doch bereits eine neue Sichtbarkeit von Religion abgezeichnet. Das Interesse an religiösen Themen lässt sich zeitgleich in vielen verschiedenen kulturellen Feldern beobachten.

Jürgen Habermas hat im Zusammenhang mit dieser neuen gesellschaftlichen, politischen und kulturellen Sensibilität für das Religiöse in seiner Dankesrede für den Friedenspreis des deutschen Buchhandels bereits einige Wochen vor den Anschlägen als Erster den Begriff der 'postsäkularen Gesellschaft' verwendet.[1] Das Schlagwort eines *postsecular* oder *religious turn,* einer 'postsäkularen' oder 'religiösen Wende', hat sich seitdem in den Geistes- und Sozialwissenschaften etabliert.

---

[1] Vgl. Jürgen Habermas: Glauben und Wissen. Dankesrede zur Verleihung des Friedenspreises des deutschen Buchhandels 2001. <https://www.friedenspreis-des-deutschen-buchhandels.de/alle-preistraeger-seit-1950/2000-2009/juergen-habermas> [22.4.2022] Vgl. auch sein umfassendes, 2019 erschienenes Werk *Auch eine Geschichte der Philosophie. 1: Die okzidentale Konstellation von Glauben und Wissen. 2: Vernünftige Freiheit. Spuren des Diskurses über Glauben und Wissen.* Frankfurt a.M.: Suhrkamp 2019.

Religiöse Themen, Strukturen, Repräsentationen und Konflikte werden gerade in den Kulturwissenschaften aus neuer Perspektive ins Bild gerückt und dabei zu einem privilegierten Feld theoretischer Debatten.

Postsäkulare Ansätze zeichnen sich durch eine große Heterogenität aus. Grundsätzlich beschreibt die 'postsäkulare Kondition' eine kritische Neubewertung des Verhältnisses von Religion und öffentlicher Sphäre.[2] Eine Gemeinsamkeit vieler postsäkularer Theoreme ist die Kritik an der Annahme einer kontinuierlichen Säkularisierung moderner Gesellschaften, die Infragestellung der vermeintlichen religiösen Neutralität säkularer Staaten und des universalen Anspruchs westlicher Hegemonien auf Vorstellungen und Normen von Modernität, eine generelle Kritik an traditionellen, einförmigen Modernemodellen sowie ein starkes Bewusstsein für wirtschaftliche, soziale und kulturelle Effekte der Globalisierung. Dabei zeigt sich jedoch ein politisch äußerst disparates Spektrum: Die Ansätze reichen von Vertreterinnen und Vertretern neokonservativer Politik bis weit ins politisch linke Lager; Debatten über Religion und Gesellschaft werden zuweilen für nationalistische, imperiale und fremdenfeindliche Motive, genauso aber auch für ökologische, kapitalismuskritische und feministische Anliegen herangezogen.

Im Folgenden werde ich zunächst wesentliche Paradigmen postsäkularer Kritik zusammenführen. Anschließend diskutiere ich zentrale Thesen aus Charles Taylors groß angelegter säkularismuskritischer Studie *A Secular Age* (2007). Taylors Aufmerksamkeit auf die historischen Veränderungen der Bedingungen von Subjektivität bietet einen fruchtbaren Ansatz für die Analyse der poetischen Aneignung religiöser und mystischer Traditionen im Werk der hier untersuchten Lyrikerinnen. Im Anschluss daran wird das Spannungsverhältnis von Religion und Geschlecht anhand der Überlegungen von Joan W. Scott und Rosi Braidotti diskutiert. Vor allem Braidottis Überlegungen, die ich in Kapitel 2.4 wieder aufgreife und vertiefe, werden ebenfalls zentral für meine Textlektüren sein.

Paradigmen postsäkularer Kritik

In seiner an die kritische Genealogie Foucaults angelehnten Studie *Formations of the Secular* (2003) legt Talal Asad die Basis für eine kritische Analyse der Kategorien des 'Religiösen' und des 'Säkularen' als politisch und gesellschaftlich wir-

---

[2] «A revival of the debate on the relationship between religion and the public sphere». Vgl. Rosi Braidotti: In Spite of the Times. The Postsecular Turn in Feminism. In: *Theory, Culture & Society* 25, 6 (2008), S. 1–24, hier S. 5.

kende Konstrukte.³ 'Säkularismus' als politischer Begriff unterscheidet sich nach Asad von der epistemischen Kategorie des 'Säkularen' dadurch, dass dieser über die Formung identitätsformender Praktiken, Bilder und Vorstellungen spezifische Ausschlussmechanismen und Machtstrukturen hervorbringt. Dabei werde der säkulare Staat als Voraussetzung für moderne, demokratische Gesellschaften gesetzt und undifferenziert für die Gesamtheit westlicher Industriestaaten und genauso als Ideal nicht-westlicher Länder angenommen. Gegen diese eurozentrische Sicht bringt Asad nicht nur Gegenbeispiele nicht-westlicher Länder, sondern auch die Heterogenität im öffentlichen Umgang mit Religion westlicher Staaten untereinander in Stellung. Dabei schließt Asad an eine übergeordnete Kritik an einem homogenen, exklusiven Moderne-Begriff an, die in Shmuel N. Eisenstadts Formulierung der *multiple modernities* einen prominenten Vertreter hat.⁴

Das klassische Moderne-Narrativ begreift Industrialisierung, Rationalisierung, Wissenschaftlichkeit und Säkularisierung als voneinander abhängige, unausweichliche Voraussetzungen für die Entwicklung moderner Gesellschaften und geht, in Anschluss an Max Weber, von einer kontinuierlichen 'Entzauberung der Welt' aus. Inzwischen scheint die Skepsis gegenüber der sogenannten 'Säkularisierungsthese' in den Kultur- und Sozialwissenschaften, und ganz grundsätzlich die distanzierende Wahrnehmung des Moderne-Begriffs als eine weitere 'große Erzählung', weitgehend Konsens zu sein. Insbesondere das Diktum der Säkularisierung habe in den letzten zwei Jahrzehnten, so formuliert Albrecht Koschorke, einen «rapiden Plausibilitätsverlust erlitten».⁵

Ein wesentlicher Kritikpunkt liegt dabei in der Vermengung verschiedener Phänomene unter dem Einheitsbegriff der Säkularisierung. So sind verschiedene Prozesse in Bezug auf den veränderten Umgang mit Religion in den westlichen Gesellschaften zu unterscheiden. Während Talal Asad in erster Linie auf den Unterschied zwischen epistemischer und ideologischer Dimension abhebt, differenziert José Casanova zwischen dem Rückgang individueller religiöser Praktiken und Glaubensvorstellungen, der Privatisierung von Religion und der Differenzierung säkularer Räume hinsichtlich der Aufgaben des Staates, der Wirtschaft, der Wissenschaft u.a.⁶ William A. Barbieri definiert 'Säkularisie-

---

3 Vgl. im Folgenden Talal Asad: *Formations of the Secular. Christianity, Islam, Modernity*. Stanford: Stanford University Press 2003, S. 1–20.
4 Vgl. Shmuel N. Eisenstadt: Multiple Modernities.
5 Albrecht Koschorke: ‹Säkularisierung› und ‹Wiederkehr der Religion›, S. 237.
6 Vgl. José Casanova: Secularization Revisited: A Reply to Talal Asad. In: David Scott / Charles Hirschkind (Hg.): *Powers of the Secular Modern. Talal Asad and his Interlocutors*. Stanford: Stanford University Press 2006, S. 12–30, hier S. 12f. sowie Albrecht Koschorke: ‹Säkularisierung› und ‹Wiederkehr der Religion›, S. 237.

rung' als gesellschaftlichen Prozess, 'Säkularismus' als politische Haltung und 'Säkularität' als eine beschreibende Kategorie.[7]

Barbieri fächert die Dimensionen des Postsäkularen in seiner systematischen Diskussion der Begrifflichkeiten in sechs verschiedene Lebens- und Wissensbereiche auf, indem er zwischen postsäkularen Phänomen und Denkweisen öffentlicher, soziologischer, theologischer, philosophischer, politischer und genealogischer Art unterscheidet. Für die vorliegende Untersuchung sind besonders Überlegungen aus dem soziologischen, theologischen, philosophischen und genealogischen Feld relevant. Dazu gehören das neue Bewusstsein für die Pluralität religiöser Lebenswelten in den Sozialwissenschaften, die Reflexion alternativer Glaubensstrukturen und -praktiken seitens der philosophischen Theologie und der ethisch orientierten Philosophie, das neue Interesse an religiösen Denkweisen und Schriften in der zeitgenössischen Philosophie generell sowie die «reflexive Grundhaltung gegenüber säkularen Vorannahmen und Kategorien»[8] in Form einer an Foucault geschulten Aufmerksamkeit für Machtstrukturen und Skepsis gegenüber dichotomen Kontrastbildungen.

Offensichtlich überschneiden sich viele der Felder und bedingen sich zum Teil gegenseitig. Zugleich weist auch Barbieri auf die große Heterogenität bis Widersprüchlichkeit der von ihm zusammengestellten Diskurse hin, während er auf die Gefahren neuer ideologischer Fundamentalismen und Missbräuche zumindest am Rande aufmerksam macht. Dabei stellt er schließlich verschiedene übergeordnete 'postsäkulare Strategien' fest, welche die Bereiche verbinden und die es im Kopf zu behalten gilt. Neben dem gemeinsamen genealogischen, kritisch-reflexiven Ansatz gehören dazu die Offenheit gegenüber pluralistischen Denkmodellen und die Begrüßung des Potenzials dialektischer Verbindungen zwischen den verschiedenen Feldern, die Öffnung des Vernunftbegriffs sowie das Interesse an einer Aufwertung des Heiligen im Sinne einer 'Wiederverzauberung' moderner Lebenswelten. Diese Aspekte spielen ebenfalls eine wichtige Rolle in Charles Taylors Diskussion der historisch-epistemologischen Entwicklung (post-) säkularer Gesellschaften, die aufgrund ihrer differenzierten Analyse heterogener, asymmetrischer und asynchroner Säkularisierungsbewegungen einen hilfreichen Bezugspunkt bietet.

---

7 William A. Barbieri: Sechs Facetten der Postsäkularität. In: Matthias Lutz-Bachmann (Hg.): *Postsäkularismus. Zur Diskussion eines umstrittenen Begriffs*. Frankfurt a.M. / New York: Campus Verlag 2015, S. 41–78, hier S. 43.
8 Ebda., S. 73.

Ein (post-) säkulares Zeitalter?

Charles Taylor hebt in seiner Diskussion von Säkularisierung und Moderne zu Beginn seines umfangreichen und einflussreichen Werkes *A Secular Age* (2007) die veränderten Bedingungen von Glauben als zentrales Moment neben dem Rückgang individueller Religionsausübung und der Rolle der Religion im öffentlichen Raum hervor: «The shift to secularity in this sense consists, among other things, of a move from a society where belief in God is unchallenged and indeed, unproblematic, to one in which it is understood to be one option among others, and frequently not the easiest to embrace.»[9] Säkularität (*secularity*) in diesem Sinne ordnet den gesamten Kontext von kulturellen, ethischen und gesellschaftlichen Erfahrungen und Vorstellungen neu.

In *A Secular Age* entwirft Taylor ein Gegenmodell zu klassischer 'Subtraktionstheorie' und 'Entzauberungsthese', die die Entstehung der Moderne als gleichbedeutend mit einem Verlust von Religion ansehen. Eine seiner Hauptthesen ist es, dass es sich in Bezug auf Religiosität und Glauben keineswegs um einen linearen Verlust handele:

> We are not dealing with a linear regression [...] in belief / practice, caused by the incompatibility between some features of ‹modernity› and religious belief. [...] I hold that religious longing, the longing for and response to a more-than-immanent transformation perspective [...] remains a strong independent source of motivation in modernity.[10]

Anstelle des Modells eines progressiven allgemeinen Niedergangs religiöser Bedürfnisse und Praktiken sucht der (katholische) Philosoph, die historischen und philosophischen Gründe für die Veränderungen der Glaubensbedingungen in den westlichen Gesellschaften vom Mittelalter bis zur Gegenwart nachzuzeichnen. Während im europäischen Mittelalter, so Taylor, der religiöse Glaube keine persönliche Frage oder Entscheidung darstellte und in diesem Sinne quasi alternativlos war, zeichnet sich die Moderne im Gegensatz dazu durch eine Vielzahl an Glaubens- und Denkmöglichkeiten aus. Wenngleich das wissenschaftliche Weltbild und der 'immanente Rahmen'[11] zu großen Teilen den öffentlichen Diskurs dominieren, stellen sich dabei in der Moderne verschie-

---

9 Charles Taylor: *A Secular Age*. Cambridge, MA: Harvard University Press 2007, S. 3.
10 Ebda., S. 530.
11 Vgl. das Unterkapitel 'The immanent frame' (ebda., S. 539–59) sowie die in Anlehnung an Taylor entstandene, vom US-amerikanischen Social Science Research Council geführte Website *The Immanent Frame. Secularisms, Religion, and the Public Sphere* <https://tif.ssrc.org/> [22.4.2022], auf der wissenschaftliche Debatten um Religion und Säkularisierung geführt werden.

dene Glaubensweisen *und* atheistisches Weltbild gegenseitig in Frage.[12] Obwohl Taylors Projekt in vielen Teilen eine ganz andere Stoßrichtung aufweist, teilt er hier mit Asad die Überzeugung, dass sowohl Religion als auch Säkularismus grundsätzlich konstruierte und damit gleichgeordnete Modelle, oder eben Narrative, darstellen.

Taylor hebt fünf zentrale Transformationen hervor, die in Bezug auf das Verständnis von Religion wesentlich sind: 1. die Verschiebung von einer 'verzauberten' Wahrnehmung der Welt als einer Pluralität verschiedener Aktanten (Götter, Geister, Tiere, Pflanzen, Gegenstände etc.), mit denen der Mensch in kontinuierlicher Kommunikation steht, hin zu einer Vorstellung eines autonomen, geschlossenen und selbstgenügsamen menschlichen Subjekts, 2. die veränderte soziale Bedeutung des Glaubens, etwa in Bezug auf die gesellschaftlichen und politischen Macht- und Ausschlussmechanismen (z.B. im Umgang mit Häresie u.Ä.) im Mittelalter vs. die moderne Religionsfreiheit, 3. der Verlust von Gegenstrukturen zum Alltag (religiöse Feste, Karneval u.Ä.) zu Gunsten einer juristisch geregelten Normativität, 4. die Nivellierung von säkularen und heiligen Zeiten und Orten im Sinne von Walter Benjamins These der Moderne als einer homogenen, leeren Zeit und 5. die Verschiebung des Glaubens, Teil eines sinnhaften Kosmos zu sein, hin zur Vorstellung einer kontingenten Beziehung des Menschen zu einem grundsätzlich inkommensurablen Universum.[13]

Ich möchte den mit Punkt 1 verbundenen Aspekt der Veränderungen in der Subjektivität kurz vertiefen, da er für die Analyse der in den Gedichten zu analysierenden poetischen Subjektivität aufschlussreich ist. Taylor kontrastiert hier das vormoderne, 'poröse' Selbst mit dem geschlossenen, 'abgepufferten', modernen Selbst:

> By definition for the porous self, the source of its most powerful and important emotions are *outside* of the ‹mind›; or better put, the very notion that there is a clear boundary allowing us to define an inner base area, grounded in which we can disengage from the rest, has no sense. As a bounded self I can see the boundary as a buffer, such that the things beyond don't need to ‹get to me›, to use the contemporary expression. That's the sense to my use of the term ‹buffered› here. This self can see itself as invulnerable, as master of the meanings of things for it.[14]

---

12 «[T]he book attempts to show how stances of skepticism and faith are interwoven and mutually ‹fragilized›.» Michael Warner / Jonathan Van Antwerpen / Craig Calhoun: Introduction. In: dies. (Hg.): *Varieties of Secularism in a Secular Age*. Cambridge, MA: Harvard University Press 2010, S. 7.
13 Vgl. Charles Taylor: *A Secular Age*, insbesondere S. 32–61.
14 Ebda., insbesondere S. 38. Kursivierung im Original.

Dieses abgepufferte Selbst entspricht also im Großem und Ganzen dem cartesianischen, autonomen Subjekt. Die Grenzen des porösen Selbst sind dagegen uneindeutig und durchlässig, es zeichnet sich durch eine Verletzlichkeit und Empfänglichkeit gegenüber einem Außen aus:

> As a mode of experience, rather than a theory, this can be captured by saying that we feel ourselves vulnerable or ‹healable› [...] to benevolence or malevolence which is more than human, which resides in the cosmos or even beyond it. This sense of vulnerability is one of the principal features which have gone with disenchantment.[15]

Taylor betont, dass in der vormodernen Welt nicht-menschliche Entitäten wie Götter, aber auch Pflanzen, Dinge, Mineralien etc., immer schon eine eigene *agency* besitzen. Diese Vorstellung ergibt – wenn auch vielleicht tatsächlich eher gegen den Strich von Taylors eigener Subjektphilosophie gelesen – hoch interessante Affinitäten zu neumaterialistischen Theorien, die ich weiter unten im Kontext neuerer feministischer Subjektivitätstheorien entwickeln werde.

Die zunehmende Selbstbezüglichkeit menschlichen Selbstverständnisses führt, nach Taylor, mit der Frühen Neuzeit und vor allem der Aufklärung zur Etablierung eines 'exklusiven Humanismus' (*exclusive humanism*) als dominantem Denkmodell in der Moderne.[16] Unter diesem Begriff versteht Taylor zwei Bewegungen, die die Immanenz menschlichen Erlebens fokussieren: Zum einen werde das implizite menschliche Streben nicht mehr an Gott als einer externen Instanz ausgerichtet wie noch im Mittelalter, sondern individuelles Glück und Erfüllung werden zum neuen Ideal erhoben. Zum anderen etabliere sich die Annahme, dass das Erreichen dieses Glücks allein in den Bemühungen und Verantwortungen des Menschen selbst liege und durch diese erreichbar sei, im Gegensatz zur vormodernen Vorstellung einer in die Gestricke von Göttern, Geistern und Naturkräften verflochtenen Kreatur. Eine der weitreichenden Konsequenzen dieser Entwicklung liegt in der Erstarkung fester Grenzen zwischen Mensch und Umwelt, Innerlichkeit und Äußerlichkeit sowie Körper und Geist / Seele in modernen anthropologischen Konzepten:

> Both science and virtue require that we disenchant the world, that we make the rigorous distinction between mind and body, and relegate all thought and meaning to the realm of the intra-mental. We have to set up a firm boundary, the one, as we have seen, which defines the buffered self. For Descartes, seeing reality as pure mechanism is the way of establishing that boundary, it is indispensable to it.[17]

---

15 Ebda., S. 36.
16 Vgl. ausführlicher ebda., S. 84ff.
17 Ebda., S. 131.

Taylor hebt jedoch hervor, dass die Entwicklung hin zu einem rationalen, exklusiv humanistischen Weltmodell keineswegs eine lineare und ausschließliche Progression darstellt. So habe es auch in Früher Neuzeit und Moderne Gegenbewegungen gegeben, die ihr Unbehagen an einem rein positivistischen, anthropozentrischen Weltbild in Kunst, Philosophie, Literatur und auch Theologie ausgedrückt haben. Die Suche nach einer alternativen Sinnkonstruktion über oder eher parallel und ergänzend zu Wissenschaft, gesellschaftlicher Norm und Vernunft ist besonders, wenngleich nicht ausschließlich, seit der Romantik virulent.[18] Dieser Gedanke ist zentral für eine differenzierte Skizzierung von Moderne. Es erscheint mir dabei wesentlich, diese gegenläufigen Bewegungen nicht als reine Abwehrmechanismen gegen die ökonomischen, gesellschaftlichen, ethischen und psychologischen Zumutungen eines (neo-) liberalen Marktkapitalismus und Leistungsindividualismus zu begreifen, sondern die Gleichzeitigkeit von Prozessen der 'Entzauberung' und 'Wiederverzauberung' als historischen Modernisierungsprozessen inhärent, als sich wiederholt ausdrückendes Bedürfnis nach Sinnhaftigkeit zu verstehen. Kritikerinnen und Kritiker der Entzauberungsthese und Vertreterinnen und Vertreter der politischen Theologie würden zudem in der Moderne weniger eine Entzauberung als eine Verschiebung von Verzauberungs- und Glaubensstrukturen erkennen, z.B. der Markt als Glaubenssystem, ein affektives Verhältnis zur Technik etc.[19]

Taylor beschreibt die Entstehung alternativer Glaubens- und Sinnkonstruktionen seit der Romantik als «Nova Effect».[20] In diesem Sinne bedeutet die Aufmerksamkeit für religiöse, spirituelle und affektive Phänomene jenseits positivistischen Wissenschaftsdenkens im modernen Kontext nicht immer zwingendermaßen einen konservativen *backlash*, sondern kann ebenso mit innovativen, progressiven Ideen einhergehen.

Interessant werden Taylors Ausführungen somit gerade da, wo er auf die Zwischentöne und alternativen Wege jenseits von traditionellem, an der Transzendenz ausgerichtetem, konfessionellem Glauben und rein positivistischem Weltbild aufmerksam macht. Diese in der Moderne neu entstehenden Möglichkeiten der Sinnherstellung können sowohl an einer äußeren Transzendenz als auch an der Immanenz ausgerichtet sein: «There is not only the traditional faith, and the modern anthropocentric shift to an immanent order; the felt dissatisfaction at this immanent order motivates not only new forms of religion, but also different readings

---

18 Vgl. hierzu besonders das Unterkapitel 'The Malaises of Modernity', ebda,, S. 299–321.
19 Vgl. z.B. Bruno Latour: *Nous n'avons jamais étés modernes. Essai d'anthropologie symetrique*. Paris: La Decouverte 2006.
20 Vgl. den dritten Großabschnitt 'The Nova Effect' in Charles Taylor: *A Secular Age*, S. 299–419.

of immanence.»²¹ Mich interessiert hier besonders der Zwischenraum, den Taylor in den Spannungen zwischen dem anthropologischen Bedürfnis nach Glauben und Sinn und dem kognitiven Vernunftstreben verortet: «a kind of cross-pressure: a deep embedding in this identity, and its relative invulnerability to anything beyond the human world, while at the same time a sense that something may be occluded in the very closure which guarantees this safety.»²² Taylor bezieht sich auf William James, der in *The Varieties of Religious Experience* (1902) für das existenzielle Ausgesetztsein an die zentrifugalen Gegenkräfte von Skepsis und Glauben das Bild eines offenen Raums gewählt hat, in dem sich für diese Spannung besonders sensible Menschen einem Wind gegenüber ausgesetzt sehen, der sie in verschiedene Richtungen zerrt.²³ Diese *cross-pressure* steht in enger Verbindung zum ambivalenten Verhältnis von offenem und geschlossenen Selbst:

> The existence of this middle space is a reflection of [...] the cross-pressure felt by the modern buffered identity, on the one hand drawn towards unbelief, while on the other, feeling the solicitations of the spiritual – be they in nature, in art, in some contact with religious faith, or in a sense of God which may break though the membrane.²⁴

Kunst ist hier, besonders seit der Romantik, das privilegierte Feld für die Reflexion und Praxis alternativer Sinnbildung, die sowohl spirituell und religiös als auch vollständig atheistisch und weltbezogen ausfallen kann. Taylor weist darauf hin, dass die Kunst dabei die symbolische Vermittlungsfunktion übernimmt, die vormals Theologie und Metaphysik innehatten:

> Where before the languages of theology and metaphysics confidently mapped out the domain of the deeper, the ‹invisible›, now the thought is that these domains can only be made indirectly accessible through a language of ‹symbols›. [...] [The idea is:] beauty is what will save us, complete us. This can be found outside us, in nature, or in the grandeur of the cosmos [...]. But in order to open ourselves fully to this, we need to be fully aware of it, and for this we need to articulate it in the languages of art.²⁵

Mit Verweis auf Dichter wie Hölderlin, Wordsworth und Rilke betont Taylor, dass gerade die Lyrik das bevorzugte Medium im Bereich literarischer Strate-

---

21 Ebda., S. 310.
22 Ebda., S. 303.
23 Vgl. ebda., S. 592 und William James: *The Varieties of Religious Experience*. New York / London: Longmans, Green & Co 1902.
24 Charles Taylor: *A Secular Age*, S. 360
25 Ebda., S. 357 und 359.

gien künstlerischer 'Wiederverzauberung' (*reenchantment*) darstellt.[26] Taylor beschreibt hier treffend bestimmte (post-) romantische Bewegungen. Allerdings verbleibt er mit Hinweisen dieser Art letztlich doch gleichzeitig wieder in einem linearen, dichotomen Verständnis von vormoderner 'Verzauberung' und moderner 'Ent-' bzw. 'Wiederverzauberung'.

Daher möchte ich hier meine eigene These anschließen: Ich gehe davon aus, dass sich in der poetischen Gattung überzeitlich die beschriebenen existenziellen diskursiven Gegenkräfte zwischen Vernunft und Glaube sowie Rationalität und Irrationalität auf gerade besonders differenzierte und komplexe Weise in ihrer Gleichzeitigkeit entfalten. Dies wird in den später folgenden Textlektüren deutlich werden.

Gender und feministische Theorien

Die Bedeutung des komplexen Verhältnisses von Religion und Geschlecht wird in den letzten Jahren in Soziologie, Politik, Theologie, Philosophie, Geschichte, Kulturwissenschaft und anderen Disziplinen kontrovers diskutiert. Das Thema stellt eine besondere Herausforderung für feministische Theorien dar. Religion wurde in poststrukturalistischen und postkolonialen feministischen Theorien weniger diskutiert als etwa die 'klassischen' Kategorien von *race*, *sex* oder *class*.[27] Lange Zeit dominierte in der Forschung und öffentlichen Debatte die Vorstellung, dass fortschreitende Säkularisierung *per se* weibliche Emanzipation und Geschlechtergerechtigkeit mit sich brächte. Diese Annahme wird aktuell durch differenziertere Sichtweisen in Frage gestellt. Im Folgenden werden einige der Hauptargumente und Konfliktpunkte der Auseinandersetzung mit Religion in der feministischen Theoriebildung chronologisch – und dabei notwendigerweise kursorisch und generalisierend – umrissen.

Der klassische europäische Feminismus schreibt sich seit den Anfängen in der Aufklärung und im 19. Jahrhundert in eine dezidiert säkulare, insbesondere antiklerikale Tradition ein. Auch Simone de Beauvoir knüpft hieran in ihrem feministischen Klassiker *Le deuxième sexe* (1949) als wegweisende Theoretikerin des Feminismus zweiter Welle an. Im Vordergrund stehen zunächst die Kri-

---

26 Ebda., S. 304. Dabei beobachtet er in dieser Hinsicht für den angloamerikanischen Bereich zwei Tendenzen moderner Lyrik: entweder den Rückzug in eine vertiefte Innerlichkeit oder die Hinwendung zu extremen politischen (rechten wie linken) Ideologien. Vgl. ebda., S. 409.
27 Vgl. Saba Mahmood: Agency, Performativity, and the Feminist Subject. In: Ellen T. Armour / Susan St. Ville (Hg.): *Bodily Citations. Religion and Judith Butler*. New York: Columbia University Press 2006, S. 177–209, hier S. 178.

tik an patriarchalen und hierarchischen Strukturen der religiösen Institutionen und der zentralen Rolle, die die Kirche in der Unterdrückung von Frauen jahrhundertelang einnahm. Auch die männlich geprägten Strukturen religiöser Weltmodelle und Glaubenssätze selbst sind Objekte kritischer Analyse. So lässt sich die männlich kodierte Gottesvorstellung in den monotheistischen Religionen unschwer in Beziehung zu historischen, politischen und gesellschaftlichen Strukturen männlicher Hegemonie setzen. Nancy Frankenberry weist entsprechend auf die enge Verbindung von männlich geprägten religiösen Strukturen und modernen Vorstellungen von Subjektivität hin: «Like the two favorite heroes of modern philosophy, the Cartesian cognitive subject and the Kantian autonomous will, an omnipotent deity reflects the mirror image of idealized masculinist qualities.»[28]

In diesem Sinne entwickelte sich ab den 1960er Jahren auch das Feld feministischer Theologie, in der z.B. weiblich konnotierte Deutungen religiöser Symbolik und alternative Gaubenszugänge innerhalb und außerhalb konfessioneller Religion diskutiert werden. In soziologisch orientierten Ansätzen wird dagegen zunehmend nach den diskursiven Umständen religiöser Sinnbildung gefragt. Folgende Fragen stehen dabei im Zentrum:

> What has the status of knowledge? What gets valorized as worth knowing? What are the criteria evoked? Who has the authority to establish meaning? Who is the presumed subject of belief? How does the social position of the subject affect the content of religious belief? What is the impact upon religious life of the subject's sexed body?[29]

Wissen, Macht und Köper sind hier zentrale Kategorien disziplinenübergreifender Forschungsansätze.

Eine neue Aufwertung erfährt Religion bei den poststrukturalistisch geprägten französischen Theoretikerinnen, namentlich Hélène Cixous, Cathérine Clément, Luce Irigaray, Julia Kristeva and Monique Wittig.[30] Diese Denkerinnen knüpfen an die Kritik 'phallogozentrischer' Strukturen (vor allem in Bezug auf die jüdisch-christliche Tradition) an und verbinden diese mit einer feministisch orientierten psychoanalytischen Lektüre. Die Themenfelder umfassen sowohl die kritische Neuinterpretation biblischer Figuren und Narrative und die Relek-

---

28 Nancy Frankenberry: Feminist Approaches, S. 8.
29 Ebda., S. 20.
30 Für einen Überblick vgl. u.a. Morny Joy / Katherine O'Grady / Judith L. Poxon (Hg.): *French Feminists on Religion. A Reader*. Mit einem Vorwort von Catherine Clément. London / New York: Routledge 2002 und dies. (Hg.): *Religion in French Feminist Thought. Critical Perspectives*. Mit einer Einleitung von Luce Irigaray. London / New York: Routledge 2003. Für eine kritische Diskussion der Gemeinsamkeiten und Differenzen sowie des Begriffs der *French Feminists* selbst vgl. das Vorwort der Herausgeberinnen im erstgenannten Band.

türe christlicher Konzepte und Philosophie als auch eine besondere Aufmerksamkeit für die vernachlässigte weibliche Genealogie, die Rolle der Mutter sowie Neuverhandlungen von Konzepten wie Liebe, Transzendenz, Vergebung oder Sünde. Bei allen Unterschieden besteht eine Gemeinsamkeit in der Doppelbewegung dieser Ansätze, die zum einen eine kritische Revision religiöser Traditionen impliziert, zum anderen aber auch ein Plädoyer für eine konstruktive Neuimagination von Glauben und Spiritualität bedeutet. «This may mean a revolutionary reassessment of traditional religious figures and a thoughtful reappraisal of standard philosophies of religion, or a more radical process of reimaging and re-visioning religious discourse, or, even, of inventing divinity anew.»[31] Ich werde die herausgehobene Rolle, die Mystik für Hélène Cixous' Konzept einer *écriture féminine*, Luce Irigarays philosophische Theoriebildung und Julia Kristevas Verhandlung von Alterität einnimmt, in Kap. 2.3 detailliert in den Blick nehmen.

In der Folge postkolonialer Diskurse und fortschreitender Globalisierung fokussieren viele zeitgenössische feministische Ansätze der 'dritten Welle' das Thema Religion aus einer eurozentrismuskritischen Haltung. Dabei wird zunehmend die Gleichordnung von Säkularisierung und Geschlechtergerechtigkeit hinterfragt. Rosi Braidotti hebt die besondere Herausforderung postsäkularer Ansätze für traditionelle europäische feministische Diskussionen hervor: «[T]he post-secular turn challenges European feminism because it makes manifest the notion that agency, or political subjectivity, can actually be conveyed through and supported by religious piety and may even involve significant amounts of spirituality.»[32] In vielen Fällen ist die Auseinandersetzung mit dem Islam Auslöser für neue theoretische Debatten.[33]

Die Ausgangsbasis sowohl Rosi Braidottis als auch Joan Wallach Scotts postsäkularer feministischer Kritik ist die Beobachtung, dass im Gegensatz zur vielmals öffentlich verbreiteten Meinung Gleichberechtigung und Geschlechtergerechtigkeit in den westlichen Industrieländern in keiner Weise erreicht oder abgeschlossen seien. Aus diesem Grund lasse sich das oft vorgebrachte und geopolitisch genutzte Argument nicht halten, dass der Prozess institutioneller und politischer Säkularisierung eine Voraussetzung oder gar Garantie für die Emanzipation von Frauen bedeute. «The notion that equality between the sexes

---

31 Morny Joy / Katherine O'Grady / Judith L. Poxon: Introduction. In: dies. (Hg.): *French Feminists on Religion. A Reader*, S. 1–12, hier S. 9.
32 Rosi Braidotti: The Postsecular Turn in Feminism, S. 2.
33 «The vexed relationship between [traditional European, J.H.] feminism and religious traditions is perhaps most manifest in discussions of Islam.» Saba Mahmood: Agency, Performativity, and the Feminist Subject, S. 178.

is inherent to the logic of secularism is false»,³⁴ macht Scott in *Sex and Secularism* (2018) deutlich. Scott leitet zwei weitere Thesen von dieser Überlegung ab:

> [T]his false historical assertion has been used to justify claims of white, Western, and Christian racial and religious superiority in the present as well as the past; and [...] it has functioned to distract attention from a persistent set of difficulties related to differences of sex, which Western and non-Western, Christian and non-Christian nations share, despite the different ways in which they have addressed these difficulties.³⁵

Scott argumentiert somit auf der einen Seite, dass die Gleichsetzung von Säkularisierung und Gleichberechtigung politisch im Sinne eines *clash of civilization* (Samuel Huntington) für die kontrastive Gegenüberstellung von westlicher und nicht-westlicher Welt, besonders aber von christlicher und muslimischer Kultur, benutzt wurde und wird. Auf der anderen Seite zeigt sie aber auch, wie diese Denkfigur den Effekt hat, von den faktischen Ungleichheiten in den westlichen Ländern selbst abzulenken. Scott spitzt ihre Kritik am Säkularismus-Diskurs auf provokante Weise zu: «Gender inequality is not simply the by-product of the emergence of modern Western nations, characterized by the separation between the public and the private, the political and the religious; rather, that inequality is at its very heart.»³⁶

Es verwundert nicht, dass Scott für ihre provokanten Thesen vielfach kritisiert wurde. So wendet zum Beispiel Daniel Steinmetz-Jenkins trotz grundsätzlicher Begrüßung ihres Ansatzes ein, dass ihre Untersuchung nicht darauf einginge, dass religiös fundierte Nationen in der Gegenwart viel mehr zu repressiver Geschlechterpolitik und Autoritarismus neigen als säkulare Staaten. Dass andere europäische historische Diskurse, zum Beispiel die konservativen Bewegungen von katholischer Kirche und protestantischem Fundamentalismus, aber auch faschistische Ideologien, kaum einbezogen werden, ist ein weiterer Kritikpunkt. In jedem Fall weist Scott in ihrer Dekonstruktion des Mythos von Säkularismus und Geschlechtergerechtigkeit jedoch überzeugend auf Widersprüche, Selbstgerechtigkeit und Verschleierungen im säkularen Diskurs über Geschlecht hin.³⁷

---

34 Joan Wallach Scott: *Sex and Secularism*. Princeton / Oxford: Princeton University Press 2018, S. 3.
35 Ebda., S. 3f.
36 «And secularism is the discourse that has served to account for this fact.» Ebda., S. 4.
37 «Sex and Secularism must be praised for drawing attention to the history of secularism and gender inequality.» Daniel Steinmetz-Jenkins: Do secularism and gender equality really go hand in hand? In: *The Guardian* (30.12.2017). <https://www.theguardian.com/commentisfree/2017/dec/30/secularism-gender-equality-joan-wallach-scott> [22.4.2022]

Rosi Braidotti stimmt in der Kritik an eurozentrischen Modellen mit Scott überein. In ihrem Aufsatz 'In Spite of the Times. The Post-secular Turn in Feminism' (2008) stellt sie ebenfalls dar, wie religionskritische Argumente und säkularistische Diskurse politisch funktionalisiert werden. Sie macht deutlich, wie Frauen in der weltpolitischen Auseinandersetzung zum vermeintlichen Marker kultureller und ethnischer Identität und Indikator demokratischer Entwicklung gemacht werden. Sexuelle Differenz werde dabei oftmals in reaktionärer Weise für geopolitische, neokoloniale und hegemoniale Ziele instrumentalisiert.[38]

Braidotti stellt die Notwendigkeit einer differenzierten Sichtweise der Rolle von Geschlecht in der postsäkularen Debatte insbesondere angesichts zunehmend wieder erstarkender konservativer Geschlechterdiskurse, aber auch neuer Technologien und postkolonialer Debatten heraus. Sie grenzt sich dabei zum einen von jenen feministischen Theoretikerinnen ab, die sie als eurozentrisch und reduktionistisch wahrnimmt.[39] Zum anderen weist sie aber auch explizit auf die ausgesprochenen Gefahren religiöser Instrumentalisierung durch fundamentalistische Politik hin. Dazu gehören die Ideale eines biologistischen Geschlechterbildes und Mutterkults, Heteronormativität, Evolutionskritik und Wissenschaftsfeindlichkeit, aber auch Nationalismus und Fremdenfeindlichkeit. Es gelte daher, sowohl religiöse Modelle als auch politische Systeme als gesellschaftliche und kulturelle Konstrukte kritisch und differenziert auf ihren Umgang mit Geschlecht hin zu analysieren. «To put it bluntly: the political does not equate with the rational, and the religious is not the same as the irrational. Religion may well be the opium of some masses, but politics is no less intoxicating and science is the favourite addiction of many others.»[40]

In der Psychoanalyse erkennt Braidotti einen *missing link* zwischen Feminismus, religiösem Aktivismus und postsäkularer Kondition. Braidotti sieht die Verbindung dafür in der Aufmerksamkeit psychoanalytischer Theorien für die irrationalen Elemente, die Trieb- und Begehrensstrukturen menschlicher Existenz, sowie in der Betonung der Bedeutung totemischer / ikonischer Figuren

---

38 «The dominant discourse nowadays is that ‹our women› (Western, Christian, white or ‹whitened› and raised in the tradition of secular Enlightenment) are already liberated and thus do not need any more social incentives or emancipatory policies. ‹Their women› (non-Western, non-Christian, mostly not white and not whitend, as well as alien to the Enlightenment tradition), however, are still backward and need to be targeted for special emancipatory social actions, or even more belligerent forms of enforced ‹liberation›.» Rosi Braidotti: The Postsecular Turn in Feminism, S. 7.
39 Braidotti nennt hier u.a. Elisabeth Badinter und Ayaan Hirsi Ali, vgl. ebda., S. 4.
40 Ebda., S. 12.

für die psychische Ordnung und gesellschaftlichen Zusammenhalt.[41] Dabei kommt sie zu der Überzeugung, dass alle politischen, religiösen und philosophischen Modelle letzten Endes Glaubensakte im Sinne eines grundsätzlichen Vertrauens (*faith*) in Bezug auf die zu gestaltende Zukunft darstellen:

> Psychoanalysis is a sober reminder of our historically cumulated contradictions: we are confronting today a postsecular realization that all beliefs are acts of faith, regardless of their propositional content – even, or especially, when they invoke the superiority of reason, science and technology. All belief systems contain a hard core of spiritual hope.[42]

Schließlich möchte ich als einen letzten Punkt aus Braidottis differenzierter Argumentation die Problematisierung der oppositionellen Konstruktion von Öffentlichkeit und Privatheit in Bezug auf das Verhältnis von Religion und Geschlecht herausgreifen. Die binäre Gegenüberstellung stellt nach Braidotti ein Konstrukt dar, dass sowohl konstitutiv für Säkularismus als auch für die Geschlechterhierarchien in der westlichen Geschichte ist:

> Th[e] idea of secularism results in the polar opposition between religion (private belief system) and political citizenship (public domain). The social practice of agency or political subjectivity is clearly situated in the latter. In so far as the private–public distinction is gendered, moreover, women have a higher entitlement to religious activity than to participation in public affairs, though in view of the sexism of monotheistic religions they are also excluded from active participation in the running of church matters.[43]

Aus gendertheoretischer Perspektive erscheint die unüberwindbare Zuordnung der Religion zum Privaten und der Politik zur Öffentlichkeit doppelt problematisch. In der säkularen Moderne wird Frauen eine größere Affinität zur Religion (zum Irrationalen, Weichen, Passiven) zugesprochen, wodurch ihnen gesellschaftliche und politische Subjektivität und Handlungsfähigkeit – *agency* – abgesprochen wird. Gleichzeitig bietet jedoch auch die religiöse Sphäre Frauen keine alternative politi-

---

41 Bezeichnenderweise nennt Braidotti neben zeitgenössischen popkulturellen Ikonen unter den religiös konnotierten kollektiven weiblichen Idealfiguren westlicher Kulturgeschichte explizit Teresa von Ávila: «Again, the residues of religious worship practices are evident here: the images of transgressive and iconoclastic female saints or inspiring icons, ranging from Saint Teresa of Avila or Joan of Arc to Anne Frank to Mother Teresa of Calcutta, have played a significant role in the collective cultural imaginary.» Ebda., S.11. Julia Kristeva nimmt die genannten Affinitäten zwischen Mystik und Psychoanalyse zum Ausgangspunkt für ihre kreative Auseinandersetzung mit Teresa von Ávila in *Thérèse mon amour. Récit*. Paris: Fayard 2009 (vgl. Kap. 2.3). Vgl. zum Thema Mystik und Psychoanalyse außerdem die Traditionslinie von Freud über Lacan bis in die Gegenwart.
42 Ebda., S. 11.
43 Ebda., S. 3f.

sche Verwirklichungsmöglichkeit, sind doch alle monotheistischen Religionssysteme traditionell durch patriarchal geprägte Hierarchien gekennzeichnet. Wenngleich diese Aussage zumindest für einige zeitgenössische Strukturen, z.B. in Teilen der protestantischen Kirche in Europa, relativiert werden kann, macht Braidottis Beobachtung in jedem Fall auf einen strukturellen Teufelskreis aufmerksam. Jeder Versuch, die kulturelle Assoziation von Religion mit dem Weiblichen, Privaten und Unpolitischen gegen den Strich zu lesen und zu durchbrechen – so wie es auch ein dieser Untersuchung zu Grunde liegendes Motiv ist –, läuft immer auch Gefahr, selbst wieder als deren Affirmation und Perpetuierung gedeutet zu werden.

Braidotti tritt daher vehement für eine Revision politischer Subjektivität und weiblicher *agency* aus postsäkularer Perspektive ein. «The conceptual punch of something we may call the postsecular turn consists in the notion that agency, or political subjectivity, is not mutually exclusive with spiritual values and that civic engagement as well as militant activism may involve significant amounts of spirituality.»[44] Braidotti schlägt dafür eine Konzeption von Subjektivität vor, die nicht über ihre kritische Negativität konzipiert ist, sondern in steter Verhandlung dominanter Normen affirmativ, relational und körperlich gedacht wird. Ich werde auf Braidottis postsäkulares, feministisches Subjektivitätsmodell in Unterkapitel 2.4 im Detail eingehen, da dieser Ansatz zentral für meine Lektüre der Aneignung mystischer und spiritueller Traditionen in der Lyrik der hier untersuchten Dichterinnen sein wird.

Transsäkulare Lektüren

Für die folgenden Gedichtlektüren schließe ich an wesentliche Paradigmen der postsäkularen Debatte an, wie etwa die Skepsis gegenüber der linearen Säkularisierungsthese, die Betrachtung säkularer Überzeugungen und Werte als kulturell und sozial konstruierte Narrative, die Annahme einer grundsätzlichen Pluralität in Bezug auf Glauben und religiöse Praktiken in der Moderne sowie die Öffnung des Vernunftbegriffs über positivistische Modelle hinaus. Charles Taylors Gegenüberstellung einer geschlossenen und einer durchlässigen Vorstellung von Subjektivität möchte ich aufgreifen, jedoch in ihrer antithetischen Konzeption in Frage stellen: Die Spannung zwischen Möglichkeit und Unmög-

---

44 Rosi Braidotti: Conclusion. The Residual Spirituality in Critical Theory. A Case for Affirmative Postsecular Politics. In: dies. u.a. (Hg.): *Transformations of Religion and the Public Sphere*. New York: Palgrave Macmillan 2014, S. 249–272, hier S. 251.

lichkeit der Kommunikation und Verbindung mit der 'Welt' lässt sich fruchtbar machen für die Analyse moderner mystischer Diskurse. Auch die Vorstellung vom modernen cartesianischen, autonomen Subjekt lässt sich mit postsäkularen Ansätzen hin zur Beobachtung einer grundsätzlichen Unverfügbarkeit hin öffnen. Schließlich soll mit den genannten postsäkularen Theoretikerinnen für die Form einer religiös gedachten *agency* und Neubetrachtung des Verhältnisses zwischen Öffentlichkeit und Privatheit argumentiert werden.

Während der dargestellte postsäkulare Ansatz einen Sammelbegriff für verschiedene Bewegungen aktueller geisteswissenschaflicher Theoriebildung umschreibt, möchte ich für meine folgenden Gedichtlektüren eher von einer transsäkularen Lektürehaltung sprechen. Dieser Begriff betont – in Anlehnung an verwandte kulturwissenschaftliche Konzepte wie jene des 'Transkulturellen', 'Transnationalen' oder 'Transdisziplinären' – stärker die Gleichzeitigkeit verschiedener Bedeutungsebenen und Identifikationsmöglichkeiten, während in der Vorsilbe 'post-' doch immer auch ein 'Nachher' mitschwingt. Ich verstehe dabei unter dem Transsäkularen als Analysekategorie weniger eine feste historische Größe oder Texteigenschaft als eine kritische Lektürehaltung. Der Fokus liegt auf der Pluralität von Bedeutungsgebung, auf dem Oszillieren und Überlappen von säkularen und religiösen Diskursen und deren spannungsvoller Beziehung zueinander.

Vor den Textlektüren wird jedoch in den zwei folgenden Unterkapiteln zunächst die herausgehobene Rolle der Mystik in der Debatte um die Konfigurierung von Moderne und im Kontext feministischer literaturwissenschaftlicher Tradition diskutiert. Dabei wird sichtbar werden, dass die Mystik und ihre Rezeption sich aufgrund ihres heterodoxen, vieldeutigen und transgressiven Bedeutungspotenzials für eine Analyse im Spannungsfeld von Postsäkularismus und kritischer Geschlechterforschung besonders anbietet.

2.2 Spannungsfelder mystischer Literatur und moderner Ästhetik

Es ist ein Topos wissenschaftlichen Schreibens, den Leserinnen und Lesern zu versichern, dass eine eindeutige Definition oder vollständige Geschichtsschreibung eines untersuchten Phänomens aufgrund der Komplexität und Heterogenität des Forschungsgegenstandes nicht möglich sei. Dies gilt auch und besonders für die Mystikforschung: Gershom Scholems viel zitierte Bemerkung, es gäbe so viele Definitionen von Mystik, wie es derer Autoren gibt, ist hier an prominenter Stelle zu nennen.⁴⁵ Rudolf Otto geht in seinem Buch *West-Östliche Mystik* (1926) soweit zu behaupten, dass die Differenzen zwischen einzelnen Mystikern (der gleichen Konfession) so groß seien wie die zwischen Religionen, Ethiken und Künsten.⁴⁶ «Mysticism's multivalent history eludes simple classification and cannot be charted with a linear geneaology: any simple typology of mysticism could only, as many commentators are eager to point out, produce spurious and illconceived definitions»,⁴⁷ fasst Philip Leonard zusammen. Selbst wenn man sich, wie hier, überwiegend auf die christliche, ja eigentlich katholische Mystiktradition konzentriert, haben wir es immer noch mit einem äußerst heterogenen und schwer zu fassenden Feld zu tun.⁴⁸

Aufgrund dieses komplexen Charakters des Begriffs 'Mystik' sind jüngste Forschungen größtenteils von dem Ziel abgerückt, eine universale und überzeitlich geltende Begriffsbestimmung liefern zu wollen. Stattdessen ist das Bewusstsein für die Undefinierbarkeit des Terminus zum Ausgang für ein metabegriffliches Interesse an den historischen Verschiebungen und diskursiven Einschreibungen von 'Mystik' geworden. Unter Bezug auf Michel Foucaults Genealogie formuliert etwa Grace M. Jantzen: «[T]he idea of ‹Mysticism› is a social construction, and [...] it has been constructed in different ways at different times.»⁴⁹ Zu fragen sei danach «who benefits and who loses from the conception of mysticism [...] that we adopt today?»⁵⁰ Julia A. Lamm gibt einschränkend zu bedenken, dass die historische Bedingtheit von Mystik dennoch keine absolute Willkürlichkeit bedeute: «To recognize the term ‹mysticism› as a construct is not, however, to concede that it is entirely arbitrary.»⁵¹

Im Sinne dieser Argumentation werden hier zunächst Reflexionen zur Entwicklung des Begriffs diskutiert. Im Anschluss nehme ich die Literarizität mystischer Texte in den Blick, trage charakteristische ästhetische Merkmale zusammen und diskutiere Affinitäten zwischen mystischer und poetischer Sprache. Daran an-

---

45 Vgl. Gershom Scholem: *Die jüdische Mystik in ihren Hauptströmungen*. Frankfurt a.M.: Suhrkamp 1993, S. 4.
46 Vgl. Rudolf Otto: *West-Östliche Mystik. Vergleich und Unterscheidung zur Wesensdeutung*. Gotha: Leopold Klotz 1926, S. 11.
47 Philip Leonard: Introduction. In: ders. (Hg.): *Trajectories of Mysticism in Theory and Literature*. London: Macmillan 2000, S. x–xviii, hier S. x.
48 «Christian mysticism is a variegated landscape.» Julia A. Lamm: A Guide to Christian Mysticism. In: dies. (Hg.): *The Wiley-Blackwell Companion to Christian Mysticism*. Oxford: Blackwell 2013, S. 1–23, hier S. 1.
49 Grace M. Jantzen: *Power, Gender and Christian Mysticism*, S. 12.
50 Ebda., S. 25.
51 Julia A. Lamm: A Guide to Christian Mysticism, S. 1.

schließend wird das Transgressionspotenzial mystischer Texte vorgestellt und die Debatte um das Verhältnis von Mystik und Moderne in einigen zentralen Punkten skizziert.

Begriffsverschiebungen

In *La fable mystique*, seiner maßgeblichen Studie zur europäischen Mystik des 16. und 17. Jahrhunderts, verortet Michel de Certeau den Beginn der Verwendung des französischen Substantivs 'la mystique' im beginnenden 17. Jahrhundert und setzt ihn in enge Verbindung mit der Emergenz frühneuzeitlicher Subjektivität. Mit de Certeau sind es der moderne Verlust und die gleichzeitig aufkommende neue Sehnsucht nach göttlicher Präsenz an der Schwelle zur Moderne, welche die diskursive Auseinandersetzung mit Mystik begründen.[52] Für die hier diskutierte Fragestellung ist es dabei bezeichnend, dass sich bereits de Certeau skeptisch gegenüber dem traditionellen Begriff der Säkularisierung zeigt. Den Begriff eher vermeidend, spricht er in Bezug auf die vielfältigen religiösen Umwälzungen an der Schwelle zur Frühen Neuzeit vielmehr von einer «Umkehrung des Denkbaren» (*inversion du pensable*) oder «Umwälzungen des Glaubbaren» (*révolutions du croyable*).[53] Damit hebt de Certeau – ganz ähnlich wie später Taylor – weniger auf eine Verlustgeschichte als auf die epistemologischen Veränderungen in Bezug auf Religion ab.

Von Beginn an wurde der Terminus 'Mystik' auch dazu benutzt, ausgewählte religiöse Bewegungen zu delegitimieren und zu marginalisieren. Die Frage, wer als Mystiker gilt und wie Mystik definiert wird, hat von Beginn an machtpolitische Implikationen. Im Zuge der Aufklärung nahm die negative Konnotation von Mystik insbesondere im englischen und deutschen protestantischen Kontext immer weiter zu, indem das Wort grundsätzlich für eine irrationale, fanatische katholische oder pietistische religiöse Haltung stand.[54]

---

52 Vgl. Michel de Certeau: *La fable mystique*, S. 9–29.
53 «Dieses Vokabular deutet an, dass es Certeau nicht primär darum geht, eine Auflösung des Religiösen zu beschreiben, sondern darum, eine Sensibilität für die vielfältigen Wanderungen der Glaubenspraxis zu wecken. [...] Gegenüber einem einfachen Binärschema, das sich entweder in einer an Max Weber angelehnten Entzauberungsmetaphorik um die Vermessung offenbar säkularisierter Räume sorgt oder aber Gefallen an der Feststellung einer zurückgekehrten Religiosität findet, bietet Certeau eine Perspektive mit größerer Tiefenschärfe an [...].» Daniel Bogner: Das Religiöse weiterdenken, S. 527 und 530.
54 Vgl. Julia M. Lamm: *A Guide to Christian Mysticism*, S. 2.

Eine signifikante Aufwertung erfuhr der Begriff dann wieder im späten 19. und frühen 20. Jahrhundert. Um die Jahrhundertwende wurde Mystik immer mehr als alternative, positive Form religiöser Erfahrung aufgefasst, als eine Form spiritueller Aktivität außerhalb der einengenden kirchlichen Institutionen und als anthropologische Grundkonstante, die vielen Religionen gemein sei.[55] Theoretische Arbeiten im ersten Drittel des 20. Jahrhunderts untermauern diese Sichtweise, etwa im englischsprachigen Bereich die Studien von Evelyn Underhill und William James, in Deutschland die Bücher von Rudolf Otto und Martin Buber, in Frankreich die Studien des Abbé Bremond, in Italien die Reflexionen von Giovanni Boine und in Spanien Arbeiten der 27er-Generation wie jene Dámaso Alonsos.[56] William James begründet in *The Varieties of Religious Experience* (1902) eine psychologische Sichtweise auf die Mystik, indem er mystische Erlebnisse nicht mehr als metaphysisches Phänomen auffasst, sondern als individuelle, immanente Erfahrung begreift, vergleichbar etwa mit der ästhetischen Erfahrung. Psychoanalytikerinnen und -analytiker wie Sigmund Freud, Carl Gustav Jung oder Marie Bonaparte beschäftigen sich ebenfalls mit Mystik als psychologischem Phänomen. Besonders Freud pathologisierte die Frauenmystik unter dem Konzept der Hysterie nachhaltig.[57]

Aufgrund des auffällig starken Interesses an Mystik ist für Don Cupitt der Zeitraum zwischen ca. 1890 und 1970 der Kernzeitraum für den 'klassischen' Mystik-Begriff, dessen Verwendung im alltäglichen Sprachgebrauch immer noch anhalte:

> So ‹mysticism›, as a concept, a literary genre, and a canon of writers within each major religious tradition, and therefore as also a possibly universal essence of religion, is late-Modern. So very late-Modern as to be more-or-less datable to the period 1890–1970, which makes it coincide with the heroic age of psychology, the main period of activity of James, Freud, Jung, and their leading associates and followers.[58]

Eine weitere Verschiebung dieses genuin 'modernen' Mystikbegriffs fand schließlich in den 1970er und 1980er Jahren im Kontext postmoderner Denkweisen statt.

---

55 Vgl. ebda., S. 2.
56 Vgl. u.a. William James: *The Varieties of Religious Experience*; Evelyn Underhill: *Mysticism*. London: Methuen 1911; Rudolf Otto: *West-Östliche Mystik*; Martin Buber: *Ekstatische Konfessionen*. Leipzig: Insel Verlag 1923; Henri Bremond: *La poésie pure* und *Prière et poésie*; Giovanni Boine: *L'esperienza religiosa e altri scritti di filosofia e di letteratura*. Herausgegeben von Giuliana Benvenuti / Fausto Curi. Bologna: Edizioni Pendragon 1997 [1913]; Dámaso Alonso: *La poesía de San Juan de la Cruz (Desde esta ladera)*. Madrid: Aguilar 1946.
57 Vgl. hierzu Cristina Mazzoni: *Saint Hysteria. Neurosis, Mysticism, and Gender in European Culture*. Cornell: Cornell University Press 1992.
58 Don Cupitt: *Mysticim after Modernity*. Oxford: Blackwell 2000, S. 26.

2.2 Spannungsfelder mystischer Literatur und moderner Ästhetik — 41

Wenngleich die psychoanalytische Faszination für Mystik anhielt, führte aus gesellschaftlich-politischer Perspektive ein neues Interesse an sozialgeschichtlichen Fragestellungen in Geschichte, Literatur und Theologie zu einem veränderten Blick auf mystische Autorinnen und Autoren und deren marginalisierter Position in Kirche und Gesellschaft. Während in der Frühen Neuzeit die prekäre Randposition vieler Mystikerinnen und Mystiker als negatives Charakteristikum galt und diese im 18. und weiten Teilen des 19. Jahrhunderts als irrational, krank oder weltabgewandt abgewertet wurden, wurde die Nähe zu Heterodoxie und Häresie in poststrukturalistisch geprägten Diskursen nun gerade zum positiven Identifikationsmerkmal. Im Bestreben, den bürgerlichen Literaturkanon zu öffnen, interessieren sich dekonstruktivistisch ausgerichtete Arbeiten vermehrt für marginalisierte Autoren, auch Autorinnen, und schätzen die vormals als weltfremd wahrgenommenen Mystiker nun – für das Alltagsverständnis von Mystik vermutlich immer noch überraschend – je nach Fokus als subversive Querdenkerinnen und Querdenker, politische Freiheitssuchende, sinnliche Genießerinnen und Genießer oder eloquente Wortschöpferinnen und Wortschöpfer.[59] Michel de Certeaus kulturwissenschaftlich und poststrukturalistisch ausgerichtete Studie *La fable mystique* ist hier erneut an erster Stelle zu nennen.

Dekonstruktivistische Lektüren prominenter mystischer Texte des europäischen Kanons haben seit den 1980er Jahren einen neuen, faszinierenden Blick auf Mystik eröffnet, indem sie die mittelalterlichen und frühneuzeitlichen Diskurse aus dem religiösen Kontext herausgelöst und in den Kontext einer spezifischen Differenzerfahrung, Subjektkonstruktion und Begehrensordnung gestellt haben – Konzepte, die die Texte und Lektüren für (post-) moderne Leserinnen und Leser äußerst attraktiv machen.[60] Gleichzeitig zeigen sich im Denken von insbesondere französischen Theoretikerinnen und Theoretikern wie Georges Bataille, Jacques Derrida, Emmanuel Levinas, Jacques Lacan, Hélène Cixous und Luce Irigaray selbst Affinitäten und Parallelen zu mystischen Denkfiguren. Affinitäten im Denken von negativer Theologie und Dekonstruktion wurden

---

[59] Vgl. Julia A. Lamm: *A Guide to Christian Mysticism*, S. 2f. Zur Spezifik mystischer Autorinnen und Gender-Fragen vgl. eingehender Kap 2.3.
[60] Vgl. allen voran Michel de Certeaus *La fable mystique* als grundlegende Studie zur frühzeitlichen französichen und spanischen Mystik; Bernhard Teubers umfassende Habilitationsschrift *Sacrificium litterae. Allegorische Rede und mystische Erfahrung in der Dichtung des heiligen Johannes vom Kreuz*. München: Fink 2003; Don Cupitts konsequent postmodern argumentierende Untersuchung *Mysticism after Modernity* und viele weitere Einzelanalysen gerade auch von Mystikerinnen aus poststrukturalistischer und psychoanalytischer Perspektive wie etwa Julia Kristeva *Thérèse mon amour*. Vgl. auch Kap. 2.3.

vielfach herausgestellt. Hierbei stehen meist Derridas Konzepte der *différance* und der 'unendlichen Spur' (*trace*) im Vordergrund.[61]

In diesem Sinne hat de Certeau die Bewegungsfigur mystischer Texte als eine nicht endende Suche nach dem nie einzuholenden Abwesenden beschrieben. Mystische Texte äußern in immer wieder neu ansetzenden Varianten ihre Sehnsucht nach Einheit, in dem Bewusstsein, diese niemals erfüllen zu können. «Son objet n'est-il pas in-fini? Il n'est jamais que la métaphore instable d'un inaccessible. Chaque ‹objet› du discours mystique s'inverse en trace d'un Sujet toujours passant.»[62] Selbst wenn Einheitsfantasien in Form sinnlicher Bilder oder paradoxer Sprachfiguren imaginiert werden, so stellen mystische Texte doch immer nur ein Surrogat dar, beschreiben ein Vor- oder Nachher und verhalten sich grundsätzlich sekundär zum Nicht-Darstellbaren. Der Signifikant 'Gott' ist dabei mit de Certeau nur ein Stellvertreter und stellt stets eine Abwesenheit heraus. Die Abwesenheit des Anderen wird damit – gleich der sich immer wieder verschiebenden Bedeutung im Spiel der Signifikanten bei Derrida – zum Auslöser für eine unendliche Textbewegung. Anschlusspunkte der literaturwissenschaftlichen Praxis sind hier vor allem die Kritik an binären Hierarchien und logozentrischen Denkfiguren sowie der selbstreflexive, spielerische Umgang mit Sprache in Mystik und Poststrukturalismus.

Auf ontologischer Ebene verschob sich Ende des 20. Jahrhunderts also die Wahrnehmung von Mystik. Während William James' Begriff der religiösen Erfahrung nach Cupitt die Diskurse über Mystik als 'innere Erfahrung' (Bataille) bis in die 1970er Jahre und partiell noch in die Gegenwart prägte, bedeutete der *linguistic turn* in den Literatur- und Kulturwissenschaften auch einen entsprechend veränderten Blick auf Mystik. Ausgehend von der Annahme, dass jegliche menschliche Wahrnehmung und Interaktion durch Sprache strukturiert sei, werden mystische Texte von postmodernen Interpreten und Interpretinnen zuallererst in ihrer sprachlichen Verfasstheit betrachtet. Steven T. Katz' Sammelband *Mysticism and Philosophical Analysis* (1978) gilt hier als zentrale Arbeit.[63] Zugespitzt bedeutet die linguistische These für den postmodern argumentierenden Don Cupitt nicht nur die Abkehr von der Vorstellung einer metaphysischen Kommunikation mit dem Göttlichen oder Absoluten, sondern ein Infragestellen jeglicher vor-sprachlich organisierter Erfahrung: «St John of the Cross did not first have a language-transcending experience and then subsequently try

---

61 Vgl. für den Kontext der modernen französischen Philosophie u.a. Amy Hollywood: *Sensible Ecstasy*; Arthur Bradley: *Negative Theology and Modern French Philosophy*. London / New York: Routledge 2014.
62 Michel de Certeau: *La fable mystique*, S. 105.
63 Vgl. Steven T. Katz (Hg.): *Mysticism and Philosophical Analysis*. London: Sheldon 1978.

to put it into words. On the contrary, the very composition of the poem was *itself* the mystical experience.»[64] Und: «There are no prelinguistic yet cognitive privileged events in the soul.»[65]

Nicht alle jüngeren Forschungen teilen diese radikale Auffassung. Bernhard Teuber ist der Meinung, dass mystisches Schreiben nicht im funktionalen Sinne «Instrument zur Produktion mystischer Erfahrung» sei, differenziert jedoch dahin, dass es sich hierbei um eine «Ermöglichungsstruktur [handele], die einen Raum aufspannt, in den mystische Erfahrung als ein Ereignis einbrechen kann, das sich nicht vom Geschriebenen ableitet, wohl aber das Geschriebene zu seiner Voraus-Setzung nehmen kann».[66] Im Sinne dieser Argumentation lese auch ich die zu untersuchenden Texte nicht von einem Antagonismus von Sprache und Erfahrung her, sondern gehe von deren wesentlicher Verwobenheit aus. Ich lese die Gedichte im Kontext einer (insbesondere literarischen) Tradition der Selbstpraxis, auf die ich gleich noch im Detail zu sprechen komme. Zunächst stehen jedoch einschlägige Untersuchungen mystischer Literatur seit den 1980er Jahren in Bezug auf die literarische Gestaltung und diskursive Verortung mystischer Texte, die Wahrnehmung von Mystik als eines *modus loquendi* im Vordergrund.

Mystik, ein 'modus loquendi' und eine literarische Tradition

Bereits die Titel zweier zentraler Mystik-Studien der letzten Jahrzehnte weisen deutlich auf die sprachliche Wende hin. Während de Certeaus *La fable mystique* exemplarisch auf den literarischen, erzählerischen (fiktionalen) Charakter mystischer Texte auferksam macht, betont Alois M. Haas' *Mystik als Aussage* die Dimension des Sprechakts. Auch de Certeau versteht Mystik im Wesentlichen als Sprachverwendung, die er entsprechend von Spiritualität als Erfahrung abgrenzt: «Est ‹mystique› un ‹modus loquendi›, un ‹langage›.»[67] Der Fokus verschiebt sich bei de Certeau von der psychologischen Innensicht (wie etwa bei William James) auf die sprachlichen und soziopolitischen Bedingungen der Produktion mystischer Texte, indem de Certeau die diskursive Verankerung am

---

64 Don Cupitt: *Mysticism after Modernity*, S. 74.
65 Ebda., S. 23.
66 Bernhard Teuber: Von der Lebensbeichte zur kontemplativen Selbstsorge. Autobiographisches Schreiben als Ästhetik mystischer Existenz bei Teresa von Ávila. In: Maria Moog-Grünewald (Hg.): *Autobiographisches Schreiben und philosophische Selbstsorge*. Heidelberg: Winter Verlag 2004, S. 57–72, hier S. 60.
67 Michel de Certeau: *La fable mystique*, S. 157.

Rande der Gesellschaft hervorhebt. Auch Haas nimmt, ähnlich wie zudem auch Walter Haug, die Kommunikationssituation in den Blick.[68]

Nicht allein aus theoretischer Überzeugung scheint es sinnvoll, mystische Texte als sprachliche, menschliche Artefakte zu lesen statt primär nach der dahinter liegenden gelebten Erfahrung zu fragen. Schon aus pragmatischen Gründen ist klar, dass wir es allein mit Textanalysen zu tun haben können, nie aber mit der Analyse einer gelebten 'Erfahrung'. Zitiert sei an dieser Stelle Jean Baruzis prominenter Hinweis auf die Textgebundenheit mystischer Fragestellungen: «Et pourtant, nous ne disposons guère que de textes. Car la mystique elle-même, où la trouverons-nous? [...] [C]'est aux textes, et non aux êtres, que nous pouvons avoir recours.»[69]

Michel de Certeau unterscheidet zwischen Mystik als sprachlicher Ausdrucksform und Spiritualität als erlebter Erfahrung. Für Jacques Maître ist Mystik sowohl an eine subjektive Erfahrung als auch an einen sozialen Kontext gebunden.[70] Cupitt verzichtet in seiner radikal postmodern argumentierenden Definition gänzlich auf die Kategorie der Erfahrung, indem er mystische Literatur jeder anderen fiktionalen Literatur gleichordnet:

> [M]ysticism is a kind of writing and we do not need to invoke ‹experience› in order to explain it, when its literary pedigree is so easy to trace. Most people, surely, recognize that Dante's *Divine Comedy* is not a straightforward travel book, but an epic poem. So, if in the case of Dante we do not think of the poet as claiming to have enjoyed special supernatural experiences, why should we not learn to read John of the Cross and the other great mystics in the same way?[71]

Mystik ist aus dieser Perspektive zu verstehen als eine literarische Texttradition, die sich eines Sets tradierter Topoi und rhetorischer Strategien bedient und gleichzeitig hochgradig sprachkreativ wirkt, die eine spezifische Textbewegung verfolgt sowie vielfältige Begehrensformationen in Szene setzt. Als literarische Texte stehen mystische Texte in einer gattungsspezifischen Tradition und in einem intertextuellen Verhältnis zum einschlägigen Kanon mystischer, aber auch andere fiktionaler Literatur, wie Jean Baruzi herausstellt:

---

68 Vgl. Walter Haug: Das Gespräch mit dem unvergleichlichen Partner. Der mystische Dialog bei Mechthild von Magdeburg als Paradigma für eine personale Gesprächsstruktur. In: Karlheinz Stierle / Rainer Warning (Hg.): *Das Gespräch*. München: Fink 1984, S. 251–279.
69 Jean Baruzi: Introduction à des recherches sur le langage mystique. In: Marie-Madeleine Davy (Hg.): *Encyclopédie des mystiques*. Paris: Robert Laffont 1972, S. IXI–XXX, hier S. XX.
70 Jacques Maître: *Mystique et Féminité*, S. 124.
71 Don Cupitt: *Mysticism after Modernity*, S. 10–11. «Myticism is protest, female eroticism, and piety, all at once, in *writing*. Writing, I say, and not ‹immediate experience›, that Modern fiction.» Ebda., S. 62. Kursivierungen im Original.

> Y a-t-il jamais eu un mystique qui fût mystique entièrement, je veux dire qui eut directement éprouvé ses états, et qui les eût directement traduits en son langage? [...] [T]out interprète de la mystique se transforme d'abord nécessairement, et dans une mesure que est à préciser, en historien [de la littérature, JH]. Tout langage, fût-il intimement crée, contient une partie héritée.⁷²

Der gründende Intertext der christlichen mystischen Tradition ist die Bibel, hier insbesondere das *Hohelied* und die Psalmen. Jedoch können auch zentrale Texte vorangegangener mystischer Autorinnen und Autoren selbst zur Quelle der Textrezeption werden.⁷³

Mystik als Selbstpraxis

Ein Aspekt, der die poststrukturalistische Fokussierung auf die sprachliche Gemachtheit mit gesellschaftlichen und vor allem ethischen Aspekten zusammenführt, ist das Verständnis von Mystik als Selbsttechnik und Praxis im Kontext einer größeren Kultur der Selbstsorge. Dieser Ansatz ist zentral für die Frage nach dem Verhältnis von Mystik und Subjektivität.

Michel Foucault hat in seinen Reflexionen zur Selbstkultur der Antike die Sorge um sich (*souci de soi*) in Abgrenzung zu den disziplinierenden Herrschaftstechniken als eine Form der (relativen) subjektiven Freiheitspraxis profiliert – «nicht [...] als Freiheit *von*, etwa Macht, gedacht, sondern als Freiheit *zu* etwas, nämlich zur Erfindung einer Form.»⁷⁴ Ziel der Sorge um sich ist die Etablierung eines konstruktiven Selbstverhältnisses, eine Ethik der Selbstbeherrschung, des Selbstbesitzes und des Selbstgenusses. Es geht darum, durch die aktive Pflege der Aufmerksamkeit auf sich selbst «sich in sich selbst zurück[zu]ziehen, zu sich selbst [zu] finden, mit sich selbst [zu] leben, sich selbst [zu] genügen, sich selbst [zu] genießen».⁷⁵ Entgegen des Missverständnisses einer egoistischen Fokussierung auf das Eigene versteht Foucault die Selbstkultur sowohl in Bezug auf das Subjekt selbst als auch in Hinblick auf die Gemeinschaft als eine ethische Praxis: «Le souci de soi est éthique en lui-même; mais il implique des rap-

---

72 Jean Baruzi: Introduction à des recherches sur le language mystique, S. XXf.
73 Vgl. Jacques Maître: *Mystique et Féminité*, S. 472.
74 Sylvia Pritsch: *Rhetorik des Subjekts. Zur textuellen Konstruktion des Subjekts in feministischen und anderen postmodernen Diskursen*. Bielefeld: Transcript 2008, S. 127.
75 Michel Foucault: Über sich selbst schreiben. In: ders.: *Schriften zur Literatur*. Frankfurt a.M.: Suhrkamp 2003, S. 350–367, hier S. 355. Vgl. ders.: L'écriture de soi. In: ders.: *Dits et écrits. IV. 1980–1988*. Paris: Gallimard 1994, S. 415–430, hier S. 420.

ports complexes avec les autres, dans la mesure où cet *êthos* de la liberté est aussi une manière de se soucier des autres».[76]

Praktiken, die der Pflege einer solchen Selbstkultur dienen, nennt Foucault Technologien des Selbst (*techniques de soi*). Damit sind Handlungen gemeint,

> qui permettent aux individus d'effectuer, seuls ou avec l'aide des autres, un certain nombre d'opérations sur leur corps et leur âme, leurs pensées, leurs conduites, leur mode d'être; de se transformer afin d'atteindre un certain état de bonheur, de pureté, de sagesse, de perfection ou d'immortalité.[77]

Zu den 'Formen, in denen das Individuum auf sich selbst einwirkt'[78] gehören u.a. das Zuhören, das Lesen und Schreiben sowie das Aussprechen. Jörg Dünne betont die Bezogenheit dieser Praktiken aufeinander als eine «Zirkularität von Lesen, Schreiben und Meditieren»:[79] Im Sinne des Aneignens der Texte anderer, deren Verinnerlichung und Reflexion sowie des Aufschreibens eigener Gedanken ergibt sich ein komplexes Ineinandergreifen der verschiedenen asketischen Techniken. Askese meint hier nicht genuin den aus der christlichen Tradition stammenden Verzicht, sondern eher das stoische Verständnis als Selbstbeherrschung.[80]

Schreiben kommt als einer Technik des Selbst eine herausgehobene Rolle zu und lässt sich als wesentlicher Ort der selbstpraktischen Meditation denken.[81] In der Literaturwissenschaft wurden Foucaults Thesen besonders für autobiografische / autofiktionale Texte fruchtbar gemacht. Autobiografische Aufzeichnungen, Briefe, Tagebücher, aber eben auch auch poetische und mystische Texte, lassen sich auf diese Weise als eine *écriture de soi*, ein Sich-Schreiben verstehen, in der die eigene Subjektivität verhandelt und erst eigentlich hervorgebracht wird. Unter einer *écriture ethopoétique* hingegen ist die Konstruktion eines spezifisch ethischen Selbst im Schreibprozess zu verstehen.[82]

Bernhard Teuber hat Foucaults Theorie für die Analyse mystischer Texte fruchtbar gemacht. Neben seiner großen San Juan-Studie zeigt er auch am Beispiel Teresa von Ávilas, wie die Schreibende sich selbst durch den Akt des Schreibens erst als ein (mystisches) Subjekt erschafft: «In ihrem Schreiben bildet

---

76 Michel Foucault: L'éthique du souci de soi comme pratique de la liberté. In: ders.: *Dits et écrits. IV. 1980–1988*. Paris: Gallimard 1994, S. 708–729, hier S. 714.
77 Michel Foucault: Les techniques de soi. In: ders.: *Dits et écrits. IV. 1980–1988*. Paris: Gallimard 1994, S. 783–813, hier S. 785.
78 Vgl. ebda.
79 Jörg Dünne: *Asketisches Schreiben. Rousseau und Flaubert als Paradigmen literarischer Selbstpraxis in der Moderne*. Tübingen: Günter Narr 2003, S. 53.
80 Vgl. Michel Foucault: Les techniques de soi, S. 799ff.
81 Vgl. Jörg Dünne: *Asketisches Schreiben*, S. 54.
82 Vgl. Bernhard Teuber: Von der Lebensbeichte zur kontemplativen Selbstsorge, S. 57.

sich Teresa [...] zu der Mystikerin heran, als die sie in der Frömmigkeitsgeschichte gewirkt hat.»[83] Das mystische Schreiben hat damit keinen referenziellen Abbildcharakter: Das Ziel von Teresas Schreibens ist «nicht die Fixierung einer außersprachlichen Wirklichkeit, sondern die Eröffnung eines Weges zur Kontemplation».[84] Die Schreibhandlung erlaubt also ein Zusichkommen, eine Selbstreflexion, die Gestaltung einer Innerlichkeit. «Solch ein Schreiben wäre demnach Teil einer Selbst-Zurüstung, einer Selbstpraxis [...], mit deren Hilfe das Subjekt vielleicht nicht mystisch wird, aber mystisch werden kann.»[85]

Dass eine Kultur der Selbstsorge eine Ethik der Gemeinschaft mit einschließen kann, ja im besten Fall immer schon einschließt, wird am Beispiel Teresas besonders ersichtlich. Schließlich thematisiert die karmelitische Nonne immer wieder die Zentralität des aktiven gemeinschaftlichen Einsatzes für Andere («obras quiere el Señor») und mokiert sich mitunter über den selbstbezogenen Übereifer der Anfängerinnen und Anfänger im mystischen Gebet:

> Cuando yo veo almas muy diligentes a entender la oración que tienen y muy encapotadas cuando están en ella, que parece no se osan bullir ni menear el pensamiento porque no se les vaya un poquito de gusto y devoción que han tenido, háceme ver cuán poco entienden del camino por donde se alcanza la unión, y piensan que allí está todo el negocio. Que no, hermanas, no; obras quiere el Señor; y que si ves una enferma a quien puedes dar algún alivio, no se te dé nada de perder esa devoción y te compadezcas de ella [...].[86]

Teresas mystische Praxis richtet sich zugleich auf «die Begründung eines mystischen Selbstverhältnisses und die Stiftung einer Gemeinschaft».[87] Die Reziprozität von Subjekt und Gemeinschaft findet ihr Echo im Effekt der Lektüre selbst. Teresas schreibende Selbstsorge hat das Potenzial, auf Leserin und Leser überzugehen. Teuber bezeichnet Teresas *Libro de la Vida* in diesem Sinne als eine «Übertragungsrede, die beim Publikum ein Begehren auszulösen im Stande ist, das dem Begehren der Schreiberin gleichkommt: das Begehren nach kontemplativer Selbstsorge.»[88]

---

83 Ebda., S. 59f.
84 Ebda., S. 67.
85 Ebda., S. 60.
86 Santa Teresa: *Obras completas*. Madrid: Editorial de la Espiritualidad ⁴1994, S. 905 (*Moradas* V, 3, 11).
87 Bernhard Teuber: Von der Lebensbeichte zur kontemplativen Selbstsorge, S. 67.
88 Ebda., S. 69. «Nicht nur spiegelt sich Teresas Lust am Gebet in ihrer ‹Lust am autobiographischen Text›, sondern die ‹Lust am Text› generiert auch umgekehrt die ‹Lust› an der kontemplativen Selbstsorge – sowohl bei der Verfasserin selbst als auch beim von ihr angerufenen Leser.» Ebda, S. 72.

Liegt der Fokus auch hier auf Text und Schreibakt, lässt sich jedoch auch das stille Gebet, die mystische Meditation, als eine Form der Selbstpraxis verstehen. Im Gegensatz zum nach außen gerichtetem Wiederholen liturgischer Formeln in der Öffentlichkeit des Kirchenraums kultiviert die Mystikerin mit dem Rückzug in die eigene Innerlichkeit einen kontinuierlichen Dialog mit sich selbst. Diese Selbsttechnik schließt die Auseinandersetzung mit der eigenen Alterität ein, steht diese Form der Meditation doch «im Zeichen einer unableitbaren inneren Erfahrung, in der das Subjekt im Angesicht des göttlichen Gegenübers für sich selbst Sorge zu tragen lernt.»[89] Teuber beschreibt gerade Teresas mystische Praxis dabei als eine «paradoxale Selbstermächtigung, insofern die Macht gerade darauf beruht, daß sich das Subjekt als ein selbstloses inszeniert – [...] als ekstatische Beterin, die sich vorbehaltlos dem göttlichen Gegenüber ausliefert, über das sie nicht eigenmächtig verfügen kann.»[90]

Selbsttechniken haben mit Foucault schließlich eine nachhaltige Selbsttransformation und -affektion zum Ziel. «Celui qui est parvenu à avoir finalement accès à lui-même est, pour soi, un objet de plaisir.»,[91] schreibt Foucault. Auch dies veranschaulicht Teresas Mystik auf besondere Weise. So steht die bekannte Allegorie von Raupe und Schmetterling beispielhaft für die mystische Selbsttransformation.[92] Immer wieder bekräftigt auch Teresa ihr Anliegen, ihren Leserinnen Strategien zur selbstgenügsamen Freude an sich selbst zu vermitteln. Dies ist angesichts der frühneuzeitlichen Geschlechternormen von besonders herausgehobener Bedeutung, fordert doch Teresa ihre Mitschwestern im Nachwort zu den *Moradas* explizit zu innerer Freude und Freiheit auf: «[M]e parece os será consuelo deleitaros en este castillo interior, pues sin licencia de las superioras podéis entraros y pasearos por él a cualquier hora.»[93] Mystische Selbsttechniken haben also immer schon die positive Gestaltung einer Situation im Hier und Jetzt zum Ziel und sind damit auf die Immanenz genauso wie die Transzendenz ausgerichtet.

---

89 Ebda., S. 68.
90 Ebda., S. 69.
91 Michel Foucault: *Le souci de soi (Histoire de la sexualité 3)*. Paris: Gallimard 1984, S. 91.
92 Vgl. Santa Teresa: *Obras completas*, S. 894ff. (*Moradas* V, 2, 2).
93 Ebda., S. 996 (*Moradas*, conclusión, 1).

Zwischen Unsagbarkeitstopos und transgressiver Sprachkunst. Zur Ästhetik mystischer Texte

Nach diesem kurzen Blick auf die selbstpraktische Dimension mystischer Verfahren komme ich wieder zurück zur ästhetischen Gestaltung. Als literarische Texte benutzen mystische Texte spezifische rhetorische Strukturen und Tropen. Gleichzeitig gehört der Topos der Unsagbarkeit der mystischen Erfahrung konstitutiv zu eben diesem literarischen Inventar dazu.[94] Das Erleben eines absolut Anderen, das in unterschiedlichen Texten mit den Signifikanten 'Gott', 'Christus', 'Kosmos', das 'Wahre', 'Schöne', 'Gute' o.Ä. bezeichnet wird, übersteigt in seiner radikalen Alterität die Möglichkeiten sprachlichen Ausdrucks, so die mystische Argumentation. Dieses Andere ist ontologisch der menschlichen Erlebniswelt so different, dass jeder Versuch, es in dem Menschen zugänglichen Zeichen auszudrücken, fehlschlagen muss. Gleichzeitig kreisen mystische Texte ja nun immer wieder in eloquentester Weise um genau diese unsagbare Erfahrung: Klassiker der mystischen Literatur wie die poetischen Texte von Mechthild von Magdeburg, Marguerite Porète, Teresa von Ávila und San Juan de la Cruz, um nur einige zu nennen, zählen zu den großen Werken des westlichen Literaturkanons.

Aus dieser Spannung zwischen Mitteilungswunsch und Inkommensurabilität entsteht eine paradoxe Kommunikationssituation, in der in vielen mystischen Texten auf einer Metaebene immer wieder der Blick auf Sprache und Kommunikation selbst gelenkt wird. «Alle mystische Repräsentation ist also gekennzeichnet durch ein Moment der [...] Nichtrepräsentierbarkeit, paradox formuliert: durch die Repräsentation der Nichtrepräsentation»,[95] fasst Wagner-Egelhaaf treffend zusammen. Mit der Dominanz der metasprachlichen Funktion haben die Texte einen stark selbstreferenziellen Charakter. Vielmehr als eindeutig auf ein außertextuelles Objekt – 'Gott' o.Ä. – zu verweisen, beziehen sie sich damit auf ihre eigene sprachliche Verfasstheit, auf ihren eigenen Zeichencharakter. Indem sie keine verifizierbare 'Wirklichkeit' beschreiben, sind mystische Autorinnen und Autoren Sprachschöpferinnen und Sprachschöpfer: «[W]ordsmiths. Not reporters, but writers, in the sense of being intellectuals, people highly conscious of language, people who convey their message, not by pointing to something outside language, but by the way they play games with language, tormenting it because it torments them».[96]

---

94 Nach Martina Wagner-Egelhaaf ist das Unvermögen der Sprache zur Wiedergabe der mystischen Erfahrung das meistgenannte Charakteristikum mystischer Texte. Vgl. Martina Wagner-Egelhaaf: *Mystik der Moderne*, S. 20.
95 Martina Wagner-Egelhaaf: *Die mystische Tradition der Moderne*, S. 46.
96 Don Cupitt: *Mysticism after Modernity*, S. 61.

Dass die Mystikerinnen und Mystiker aufgrund der Begrenztheit menschlicher Sprache einen Kampf mit dem Wort austragen, mit der Sprache ringen oder von ihr gequält werden, ist dabei ein Topos der Mystikforschung vor allem der ersten Hälfte des 20. Jahrhunderts. Mit dem poststrukturalistischen Paradigmenwechsel wird das sprachliche Selbstverhältnis mystischer Texte seit den 1980er Jahren besonders positiv gewertet: als «l'inventivité langagière mystique» oder «sprachschöpferische Kraft,[97] «unbeschränkte Freiheit»[98] oder «Medium der Transzendenzerfahrung».[99]

Jüngere Forschungsarbeiten sehen den mystischen Text selbst als eigentliches thematisches Zentrum und Medium mystischen Schreibens. So argumentiert etwa Walter Haug gegen die Rede vom Scheitern an der Sprache:

> Es ist also nicht so, daß die Sprache im mystischen Gespräch zerbrechen würde, sie wird vielmehr dadurch geprägt, daß sie einem anderen Akt zugeordnet ist als jenes Sprechen, das dem diskursiven Denken dient [...]. Der Mystiker kämpft also entgegen der gängigen Meinung nicht gegen die Sprache, indem er versuchen würde etwas mit Worten zu fassen, was sich nicht mit Worten wiedergeben läßt, sondern die mystische Sprache ist für ihn Medium einer Erfahrung, die sich dadurch realisiert, daß sie aus allem Medialen zurücktritt. Die Sprache wird nicht vom überwältigenden mystischen Erlebnis gesprengt [...], sie ist vielmehr mit ihren emphatischen Ausdrucksmöglichkeiten immer schon funktional in diese Erfahrung einbezogen.[100]

Ähnlich verweist Wagner-Egelhaaf darauf, wie die Unmöglichkeit der treffenden Kommunikation die eigentliche Bedingung für das Entstehen mystischer Texte darstellt und zur Formation des Autors oder der Autorin beiträgt:

> In der fortdauernden Suche nach Worten und Bildern wird das mystische Subjekt zum Künstler und bringt in der Vorläufigkeit der eigenen Produktion, seines Kunstwerks, sich selbst als Subjekt und Kunstwerk hervor. Indem es sich im Spiegel seines Kunstwerks wahrnimmt, wird das Subjekt zum Kunstwerk seiner selbst – wenngleich ein negatives, der Erlösung und Heimholung bedürftiges [...].[101]

In der Befreiung der Sprache vom Zwang ihrer außertextlichen Referenzialität und Anerkennung ihrer genuinen Selbstbezüglichkeit liegt damit ein Aspekt

---

[97] Michel de Certeau: *La fable mystique*, S. 159 und ders.: *Mystische Fabel. 16.–17. Jahrhundert*. Aus dem Französischen von Michael Lauble. Mit einem Nachwort von Daniel Bogner. Frankfurt a.M.: Suhrkamp 2010, S. 186.
[98] Martina Wagner-Egelhaaf: *Mystik der Moderne*, S. 61.
[99] Walter Haug: Das Gespräch mit dem unvergleichlichen Partner, S. 271.
[100] Ebda., S. 271.
[101] Martina Wagner-Egelhaaf: *Mystik der Moderne*, S. 61.

der wiederholt betonten Freiheit mystischen Schreibens begründet.[102] Im Wechsel des Status des Bildvokabulars von seiner referenziellen Funktion zur poetischen Funktion sieht auch de Certeau bei den Mystikerinnen und Mystikern des Spätmittelalters und der Frühen Neuzeit eine neue Qualität des ästhetischen Genusses begründet: «Cette métamorphose est fréquente chez les mystiques : le critère du beau se substitue à celui du vrai. Elle transporte le signe d'un espace à un autre, et elle produit le nouvel espace. C'est par elle que la carte d'un savoir se mue en un jardin de délices.»[103] Neben dem metasprachlichen Bewusstsein ist also der ästhetische Selbstzweck, die kunstvolle literarische Gestaltung, ein zweites sprachliches Charakteristikum großer mystischer Texte.

Die rhetorischen Verfahren und ästhetischen Strategien mystischer Texte sind im Allgemeinen gut erforscht.[104] Als zentrale rhetorische Verfahren gelten einerseits eine intensive, kühne Metaphorik und Bildsprache sowie andererseits die Dominanz von sprachlichen und gedanklichen Paradoxien, die ihre Bedeutung insbesondere in Bezug auf das Verhältnis zwischen sinnlicher Wahrnehmung und Gotteserfahrung entfalten.[105] Es ist zu unterscheiden zwischen einem positiven, 'kataphatischen' Ansatz, der von der grundsätzlichen Erkenn- und Beschreibbarkeit Gottes durch analogisches Denken ausgeht und auf die Herrlichkeit und Großartigkeit seiner Attribute abhebt, und einem negativen, 'apophatischen' Verständnis, welches zuallererst die Inkommensurabilität der Gotteserkenntnis auszudrücken sucht. Die Unterscheidung geht auf den spätantiken neoplatonischen Theologen Pseudo-Dionysius zurück, der in seiner mystischen Theologie das Konzept einer negativen Theologie entwirft, die sich bewusst von der positiven biblischen Offenbarungslehre absetzt. Aus der Unterscheidung zwischen bejahender und verneinender Gotteserkenntnis geht auch dessen Konzept der 'unähnlichen Ähnlichkeit' hervor: Gott ist gleichzeitig zu verstehen als «Ähnlicher, sofern er Echo, Widerhall und Nachbilder begründet, und als Unähnlicher, sofern gerade hierbei nichts Ihm selbst jemals wirklich gleichen kann.»[106] Während Gott diesem Gedanken nach einerseits als Urmodell über Analogien zur menschlichen Erfahrungs-

---

102 «Das Bewußtsein sprachlicher Begrenztheit führt vom objektsprachlichen zu einem metasprachlichen Gebrauch der Worte, der dem Mystiker unbeschränkte Freiheit im Sprachgebrauch verleiht.» Ebda.
103 Michel de Certeau: *La fable mystique*, S. 83.
104 Vgl. für die folgende Zusammenstellung charakteristischer Verfahrensweisen mystischer Texte u.a. Julia Lamm: A Guide to Christian Mysticism, S. 14; Don E. Saliers: Aesthetics.
105 Vgl. Don E. Saliers: Aesthetics, S. 77.
106 Pseudo-Dionysius: *Die Namen Gottes*. Zitiert nach Martina Wagner-Egelhaaf: *Mystik der Moderne*, S. 17.

welt vorstellbar wird und daher zu einem Teil ähnlich ist, bleibt er durch seine grundlegende Alterität gleichzeitig andererseits jeder menschlichen Erkenntnis entzogen. Für Pseudo-Dionysos und nach ihm eine Vielzahl von Mystikerinnen und Mystikern sowie Theoretikerinnen und Theoretikern bis in die Postmoderne hinein ist die negative Ausdrucksweise im Sprechen über Gott der adäquatere Weg, da Mensch und Gott eine grundsätzliche ontologische Distanz trenne.

Zu den positiven, kataphatisch wirkenden Textstrukturen gehören Metaphorik und Bildsprache, Gleichnisse, Hyperbeln, Umschreibungen sowie Analogien jeder Art, die die Einzigartigkeit Gottes emphatisch zu fassen suchen. Eine zentrale Bedeutung hat dabei die Scheidung und gleichzeitige Analogiebildung zwischen körperlicher Sinneswahrnehmung und geistiger Bedeutung eingenommen, die wesentlich auf die Auslegungstradition der hebräischen Bibel, insbesondere des *Hohelieds* und der Psalmen, zurückgeht. Seit Bernhard de Clairvaux' *Hohelied*-Rezeption ist die erotische Metaphorik ein zentrales Element eines großen Korpus mystischer Texttradition.

Wenngleich die sinnliche Bild- und Figurensprache damit zunächst einmal positive Vorstellungsbilder entwirft, stellt sie dennoch keine eindeutige Bedeutung her. Denn das Sprechen in Bildern und Metaphern produziert einen Mehrwert an Sinn und lässt Bedeutungen zwischen denotativem und konnotativem Sinn fluktuieren. Verschiedene Sinnmöglichkeiten überdecken sich, durchkreuzen sich und existieren nebeneinander. Mit Michel de Certeau impliziert der Gebrauch von Tropen im mystischen Text einen «Prozess des Abstandnehmens»:[107] «Il est sortie, exil sémantique, déjà extase. Au tire d'une ‹audace inventrice› [...] il dérive vers la dissimilitude. Cette déviance crée de l'étrangeté dans l'ordre (ou le ‹propre›) de la langue.»[108]

Der kataphatische Weg der Bildsprache erzeugt also ebenfalls Unähnlichkeiten und Uneindeutigkeiten in der Bedeutung. Auch verweist die Interpretation der sinnlichen Bildsprache als 'geistige Sinne' auf ein undefiniertes Verhältnis zwischen Sinnes- und Geisteswelt. Die positive Bild- und Metaphernsprache mystischer Texte steht aus poetologischer Perspektive damit eigentlich nicht in einem gegensätzlichen, sondern einem ergänzenden Verhältnis zum negativen, apophatischen Weg.

Ein zentrales semantisches Feld vieler mystischer Texte stellen Raum und Bewegung dar. In seiner *Himmlischen Hierarchie* hat bereits Pseudo-Dionysius

---

[107] Michel de Certeau: *Mystische Fabel*, S. 233.
[108] Michel de Certeau: *La fable mystique*, S. 198.

eine Anzahl von Raum- und Bewegungsmetaphern für Gott aufgezeigt.[109] Zu den häufig auftauchenden Raum- und Bewegungsisotopien gehören insbesondere Verben durativer Art (fließen, gehen, ziehen, sinken, schweben, laufen, quellen, dringen),[110] direktionale Verben vor allem der Vertikalität, der konzentrischen Bewegung und der Überschreitung (aufsteigen, absteigen, zusammenziehen, ausdehnen, aufstehen / fallen, strudeln, hineinziehen, hineintreten, heraustreten, durchdringen u.v.m.) sowie meist in Gegensatzpaaren organisierte räumliche Präpositionen (innen / außen, oben / unten, hoch / tief usw.).[111] Bilder der Behausung als Metapher für die Seele wie etwa Teresa von Ávilas 'innere Burg' mit ihren sieben Wohnungen sind häufig anzutreffen. Auffällig ist zudem eine Betonung der Randposition und der Grenze sowie damit einhergehende Bilder von deren Überschreitung.

Ein weiterer semantischer Bereich betrifft das Feld des Sehens, das häufig im Gegensatzpaar Sichtbarkeit / Unsichtbarkeit strukturiert ist. De Certeau verortet die Zentralität des Sehsinns in der frühneuzeitlichen Mystik in einer größeren modernen Entwicklung ab dem (Spät-) Mittelalter. Gleichzeitig verweist er auf die modellbildende Funktion des Dionysius Areopagita der eine «homologie de structure entre la connaissance mystique du ‹voyant› (*oratikos*) et la ‹hiérarchie ecclésiastique›»[112] aufstellte. In diesem Kontext wird der Mystiker / die Mystikerin buchstäblich zum Visionär:

> La vision se substitue lentement au toucher ou à l'audition. Elle transforme la pratique même du savoir et des signes. Le champ religieux se réorganise aussi en fonction de l'opposition entre le visible et l'invisible, de sorte que les expériences ‹cachées›, bientôt rassemblées sous le nom de ‹mystique›, acquièrent une pertinence qu'elles n'avaient pas.[113]

Ebenfalls zu nennen ist hier der Bezug zu (neo-) platonischem Denken im Sinne der Sinneswahrnehmung als Weg der 'inneren Schau' göttlicher Schönheit. Verbunden mit der mystischen Motivik ist zudem die Vorstellung innerer und äußerer Sinne und eines Seelen-Leibes.[114]

---

109 Vgl. Don E. Saliers: Aesthetics, S. 85.
110 Für Meister Eckhart etwa hat schon Josef Quint eine Häufung verbaler Ausdrücke durativer Art (wie etwa fließen, gehen, ziehen, sinken, schweben, laufen, quellen, dringen) sowie transitorischer Adverbien und Präpositionen (in, aus, durch, ent- etc.) ausgemacht. Vgl. Martina Wagner-Egelhaaf: Die mystische Tradition der Moderne, S. 47f.
111 Vgl. Julia Lamm: A Guide to Christian Mysticism, S. 14.
112 Michel de Certeau: *La fable mystique*, S. 121.
113 Ebda., S. 120.
114 Vgl. Uta Störmer-Caysa: *Einführung in die mittelalterliche Mystik*. Stuttgart: Reclam 2004, S. 141–158.

Apophatische Annäherungen – sprachliche Strukturen, die das Problem der Unsagbarkeit und Inkommensurabilität umkreisen – sind dagegen z.B. Oxymoron, Antithese und andere paradoxe Formulierungen. Pseudo-Dionysius hat in diesem Kontext die *coincidentia oppositorum*, den Zusammenfall von Gegensätzen, als besonders adäquates Mittel mystischer Theologie diskutiert (Bsp. «helles, unsichtbares Licht»). Im paradoxen Zusammenfall nicht vereinbarer Qualitäten in der Figur des Oxymorons erkennt auch Michel de Certeau eine besonders angemessene Figur mystischer Rede: Das Oxymoron führt performativ vor, was es nicht ist und nicht zu sagen vermag; es verweist in seiner widersprüchlichen Struktur immer schon auf etwas Abwesendes, Drittes, Anderes, das es allein semantisch nicht ausdrücken kann. Im Oxymoron heben sich die Gegensätze nicht gegenseitig auf, sondern finden zu einer größeren Fülle.[115]

Weitere typische Gegensatzpaare mystischer Texte sind Anwesenheit / Abwesenheit, Licht / Dunkelheit, Sprechen / Schweigen, Bewegung / Stillstand, Immanenz / Transzendenz, Einheit / Fremdheit, Wissen / Liebe etc.[116] Dazu kommen negative Ausdrücke wie Verneinungen, Umschreibungen sowie begriffsüberschreitende Abstrakta und grenzüberschreitender Bilder, die herkömmliche definitorische Kategorisierungen unterlaufen und hinterfragen. Negative Theologie und apophatischer Weg haben dabei subversiven Charakter, weil sie sich nicht auf den definitorischen Positivismus religiöser Institutionen einlassen. Ebenso impliziert kataphatisches Sprechen aber auch eine Distanz, die in dem Fall durch das mittelbare Sprechen durch Bilder und Vergleiche markiert ist.

Mystik und (moderne) Poesie

Eine Diskussion ästhetischer Merkmale mystischer Texte – so ist vermutlich aus der kurzen Zusammenschau charakteristischer sprachlicher Gestaltungsmittel bereits erwartbar geworden – führt zur Frage nach dem Verhältnis von Mystik und Poesie. «Am nächsten kommt der Mystik das literarische Genre der Poesie»,[117] stellt Daniel Bogner in Anschluss an de Certeau entsprechend fest. Er hebt neben Unbestimmtheit und Mehrdeutigkeit, Nicht-Referenzialität sowie Form- und Rhythmusbetonung besonders die Verflochtenheit in textuelle Diskurse hervor. «[S]chließlich muss auch sie [die Mystik] ihr Material aus der Tradition beziehen. Die Sprache, ihre Wörter und deren Bedeutungen sind die

---

115 Michel de Certeau: *La fable mystique*, S. 199f.
116 Vgl. Julia Lamm: A Guide to Christian Mysticism, S. 14.
117 Daniel Bogner: Das Religiöse weiterdenken, S. 504.

‹Ruinen›, auf denen stets das Neue errichtet wird.»[118] Poesie ist historisch die präferierte Gattung mystischer Literatur, das alttestamentarische *Hohelied* stellt hier das zentrale poetische Modell dar.[119]

Die Korrelation zwischen Mystik und Poesie hat Autorinnen und Autoren sowie Theoretikerinnen und Theoretiker vielfach beschäftigt, sodass diese Thematik selbst auch schon wieder zu einem Topos der Mystikforschung geworden ist.[120] Dabei hat sich die Diskussion im 20. Jahrhundert von einer hierarchisierenden, funktionalen Ordnung hin zu einer diskurskritischen Betrachtungsweise verschoben.[121]

Goethe etwa stellt den poetischen Text über die Mystik, wenn er diese als 'unreine Poesie' versteht, während Henri Bremond dagegen den Dichter als «Schatten eines Mystikers, nur ein[en] verunglückte[n] Mystiker»[122] bezeichnet, um zum Ausdruck zu bringen, dass der metaphysische Gehalt des mystischen Textes prioritär für ihn ist. Peter Dinzelbachers *Wörterbuch der Mystik* (1998) unterscheidet ebenfalls zwischen dichterischem Ausdruck als Hilfsmittel mystischen Schreibens einerseits und dem funktionalen Rekurs auf mystische Elemente in profaner Dichtung andererseits. Hier wird also ebenfalls, wenngleich in umgekehrter Weise, die eine Funktion der anderen untergeordnet.[123] Im Gegensatz zu diesem hierarchischen Verständnis der Beziehung von mystischer und poetischer Sprache knüpfe ich an jüngere Forschungsarbeiten an, welche auf die strukturellen und diskursiven Schnittmengen und Affinitäten verweisen, ohne eine definitive Abgrenzung oder Wertung vorzunehmen.[124]

Ausgehend von der oben zusammengestellten Übersicht konstitutiver mystischer Textverfahren möchte ich drei Felder herausarbeiten, in denen die Überschneidungen und strukturellen Affinitäten mystischer und lyrischer Sprache sichtbar werden. Die im Folgenden herangezogenen Reflexionen Roman Jakobsons und Hugo Friedrichs zur poetischen Sprache sind in einem deutlich säkularen Wissenschaftskontext verortet. Im Gegensatz zum strukturalistischen

---

[118] Ebda.
[119] Vgl. Jacques Maître: *Mystique et Féminité*, S. 496.
[120] Auf die Komplexität der Debatte kann in diesem Überblick nur ausschnittsweise eingegangen werden, die Gedichtanalysen werden die Thematik jedoch je spezifisch wieder aufgreifen. Vgl. zur Frage von Mystik und Poesie beispielhaft Alois M. Haas: *Mystik als Aussage*, hier besonders das Kapitel 'Dichtung in christlicher Mystik und Zen-Buddhismus', S. 172–212; Martina Wagner-Egelhaaf: *Mystik der Moderne*, S. 208ff.
[121] Vgl. Martina Wagner-Egelhaaf: *Mystik der Moderne*, S. 208ff.
[122] Ebda., S. 212.
[123] Vgl. Gerda von Brockhusen: Dichtung. In: Peter Dinzelbacher (Hg.): *Wörterbuch der Mystik*. Stuttgart: Alfred Kröner Verlag 1998, S. 114–116.
[124] Vgl. u.a Martina Wagner-Egelhaaf: *Mystik der Moderne*, S. 212ff.

Sprachmodell betont die Mystik gleichwohl stets die 'Anwesenheit einer Abwesenheit' und macht gerade im Bewusstsein ihrer Zeichenhaftigkeit auf ein kognitiv nicht einzuholendes, inkommensurables Anderes aufmerksam. Ich möchte die zu beobachtenden Parallelen und Differenzen gerade in dieser bewussten spannungsvollen Reibung für eine transsäkulare Lektüre der Mystikrezeption moderner Lyrikerinnen fruchtbar machen. Konkret beziehe ich mich auf die poetische Funktion, die Autoreflexivität und die sprachkreative Dimension mystischer und poetischer Sprache.

Nach Roman Jakobsons Kommunikationsmodell dominiert die poetische Sprachfunktion in einem Text, wenn nicht der Inhalt, sondern dessen sprachliche Beschaffenheit, die sprachlichen Zeichen selbst, im Zentrum der Aufmerksamkeit stehen.[125] In mystischen Texten ist genau diese Verschiebung «d'un foncionnement ‹référentiel› [...] à un fontionnement ‹poétique›»[126] zu beobachten: «*Comment* on dit importe plus que *ce* qu'on dit.»[127] Die Signifikanten, die als Platzhalter für die mystische Erfahrung eingesetzt werden, umkreisen zwar ihr Thema stetig und in verschiedensten Variationen, können aber keinem festen Signifikaten zugeordnet werden und werden 'opak', indem sie keinen bestimmbaren extratextuellen Referenten mehr haben bzw. diesen immer wieder verfehlen.[128] Im Gegenteil zeichnet sich das absolut Andere mystischen Sprechens gerade durch seine Nichtreferenzierbarkeit, seine Nichteinholbarkeit aus. Stattdessen bezieht sich mystische Sprache immer nur auf andere Signifikanten, indem sie zum Beispiel in intertextueller Weise auf biblische Modelle oder andere mystische Texte verweist oder Metaphernketten und paradoxe Formulierungen bildet.

> Das Paradox der mystischen Bildersprache besteht darin, daß die Bilder ‹das Eigentliche› nicht sind, dieses sich aber nicht ohne Bilder mitteilen kann. Mystische Texte entsprechen daher nicht mehr der Abbildpoetik. Die Bilder, die der Mystiker gebraucht, verweisen zunächst auf sich selbst, um sofort wieder von sich abzuweisen. Deshalb ‹leuchten› sie mehr [...] als sie ‹malen›. Die auf diese Weise emphatische Funktion des Bildes ist immer in Gefahr, ihr transzendierendes Potential auf sich selbst zu lenken, und exakt hier ist der Ort der Begegnung von Mystik und Dichtung.[129]

---

125 Vgl. Zu den sechs Funktionen der Sprache Roman Jakobson: Linguistik und Poetik. In: ders.: *Poetik. Ausgewählte Aufsätze 1921–1971*. Frankfurt a.M.: Suhrkamp 1971, S. 267–292.
126 Michel de Certeau: *La fable mystique*, S. 82.
127 Ebda., S. 226. Kursivierungen im Original.
128 Vgl. zur Reflexion über das 'opak gemachte Zeichen' im mystischen Sprechen ebda., S. 200f.
129 Martina Wagner-Egelhaaf: *Mystik der Moderne*, S. 214.

Poetische Sprache ist *per definitionem* charakteristisch für literarische und namentlich lyrische Texte. Besonders lyrische Texte zeichnen sich durch ihre spezifische Überstrukturiertheit aus. Dies gilt in besonderem Maße für moderne Lyrik, die ihren antireferenziellen Charakter explizit zum Programm macht. Moderne Lyrik ist, mit Hugo Friedrich, genuin antimimetisch, sie ist «Sprache ohne unmittelbaren Gegenstand».[130] «Moderne Lyrik nötigt die Sprache zu der paradoxen Aufgabe, einen Sinn gleichzeitig auszusagen wie zu verbergen. Dunkelheit ist zum vorherrschenden ästhetischen Prinzip geworden. Sie ist es, die das Gedicht übermäßig absondert von der üblichen Mitteilungsfunktion der Sprache, um es in der Schwebe zu halten [...]».[131] Wenn moderne Lyrik sich nach Friedrich durch ihre «dissonantische Spannung», charakteristische «Dunkelheit» und «genuine Unverständlichkeit» auszeichnet, so hebt de Certeau für die Mystik ähnliche Kennzeichen hervor: «Chaque terme connoté par ‹mystique› devient en effet un roman policier en réduction, une énigme; il oblige à chercher autre chose que ce qu'il dit; il induit mille détails qui ont valeur d'indices.»[132] Mystik und moderne Lyrik sind verbunden durch ihre offenen Sinnstrukturen, die sich festlegender Bedeutungszuweisungen verweigern und Potenzial für unendliche Sinnspiele eröffnen.

Die poetische Funktion von Texten steht meist in engem Zusammenhang mit ihrer metaprachlichen Ausrichtung. Texte, die wesentlich auf sich selbst verweisen, bergen auch die Reflexionsmöglichkeit über ihre eigene materielle Gemachtheit und implizieren grundsätzliche Fragen nach der Beschaffenheit von Literatur und Sprache. Wie gesehen, birgt mystische Literatur ein hohes metareflexives Potenzial. Mystische Texte reflektieren die eigene sprachliche Beschaffenheit, indem sie mit dem Unsagbarkeitstopos, aber auch über die Wahl rhetorischer Verfahren die Unzulänglichkeit menschlicher Sprache thematisieren, sich angemessen über das mystische Erleben als Erfahrung des absolut Anderen zu äußern. Solche Reflexionen verweisen auf die grundsätzliche Uneindeutigkeit menschlicher Sprache.

Hohe Selbstreflexivität ist ebenfalls ein Merkmal moderner lyrischer Texte. Viele moderne Gedichte bieten metapoetische Deutungen an und verweisen auf ihren eigenen Textcharakter. Dies gilt insbesondere für die Ästhetik der Avantgar-

---

130 Hugo Friedrich: *Die Struktur der modernen Lyrik. Von der Mitte des neunzehnten bis zur Mitte des zwanzigsten Jahrhunderts*. Reinbek bei Hamburg: Rowohlt 1985, S. 18.
131 Ebda., S. 178.
132 Michel de Certeau: *La fable mystique*, S. 135. «Le langage mystique est, à bien des égards, allusif, et la plus précieuse tâche de celui qui étudie la mystique sera de discerner selon quels registres transparaissent pour nous ces allusions.» Jean Baruzi: Introduction à des recherches sur le langage mystique, S. XXIV.

den, die sich bewusst von der referenziellen Funktion von Sprachsystemen, wie noch etwa im Realismus / Naturalismus gepflegt, absetzt.

Viele mystische Texte zeichnen sich schließlich durch ihre hohe literarische, sprachschöpferische Qualität aus. Um die Alterität ihres Erlebens in Sprache zu fassen, bilden sie neue, ungewohnte Bilder und kühne Metaphern, entwerfen Neologismen, spielen mit Lautlichkeit, Strukturen und Sinn und verschieben Bedeutungen immer wieder aufs Neue. «Le langage mystique proprement dit émane [...] de transmutations opérées à l'interieur de vocables empruntés au langage normal», unterstreicht Jean Baruzi in diesem Kontext den sprachtransformierenden Effekt mystischen Sprechens.[133] Die genannten kreativen Verfahren sind ebenfalls konstitutiv für (moderne) Lyrik: Während Dichtung bis Mitte des 19. Jahrhunderts im Wesentlichen einer normativen Regelpoetik folgte, schätzt die moderne Lyrik seit Baudelaire den Regelbruch als Qualitätszeichen. Grammatikregeln werden unterlaufen, Wörter in neuen Zusammenhängen arrangiert und damit neue Bedeutungen geschaffen, Metaphern radikalisiert, Klanglichkeiten herausgestellt.[134] Für Friedrich dominiert die Verwandlung von Wirklichkeit in moderner Lyrik über die traditionellen Modi Fühlen und Beobachten.[135] Mystische Literatur und Poesie teilen damit, dass sie vorgegebenes Sprachmaterial aufnehmen, um es schöpferisch zu neuen ästhetischen Formen und ungewohnten Bedeutungen zu transformieren.

Poetische Funktion, Autoreflexivität und Sprachkreativität sind damit drei zentrale Qualitäten, die mystische Literatur mit moderner Lyrik strukturell verbinden und für (post-) moderne Lektüren fruchtbar machen. Dabei steht meist ihr offenes Sinnpotenzial im Zentrum, das sich gerade auch für dekonstruktivistische Interpretationsansätze anbietet. So sieht etwa Bernhard Teuber die Botschaft von San Juans bekanntestem mystischen Gedicht, der 'Noche oscura', u.a. darin,

> daß sich Sinn nicht festhalten läßt, weil er in einem rhetorischen Spiel beweglicher Bedeutungen immer erst imaginiert und hervorgebracht werden muß und weil er sich dann sofort wieder dem Interpreten entzieht. Diese unaufhörliche Fluchtbewegung des Sinns aber ist zugleich immer schon seine eigentliche und tiefste Bedeutung, nämlich daß er sich als Spur eines Anderen zu lesen gibt.[136]

Auch für Michel de Certeau liegt ein wesentlicher Wert mystischer Literatur in den «jeux retors et ‹insensés› des relations du sujet avec autrui et avec lui-

---

133 Ebda., S. XXVI.
134 Vgl. Hugo Friedrich: *Die Struktur der modernen Lyrik*, S. 17f.
135 Vgl. ebda., S. 16.
136 Bernhard Teuber: *Sacrificium Litterae*, S. 199.

même»; Mystik sei mithin eine «pratique du détachement»,[137] eine 'Praxis der Loslösung', namentlich der Loslösung alter Bedeutungen.

> Elle respecte globalement le langage religieux reçu, mais elle le traite autrement. De même, elle vise encore généralement les membres et producteurs de cet univers (des clercs, des fidèles) dans les termes de leur tradition, mais elle déconstruit du dedans les valeurs qu'ils tiennent pour essentielles : depuis l'assurance en un Locuteur divin dont le cosmos est le langage jusqu'à la vérifiabilité des propositions composant le contenu révélé, depuis la priorité que le Livre détient sur le corps jusqu'à la suprématie (ontologique) d'un ordre des êtres sur une loi du désir, il n'est aucun postulat de ce monde médiéval qui ne soit atteint ou miné par le radicalisme de ces mystiques.[138]

Durch ihre genuine Bedeutungsoffenheit eröffnen Mystik und Poesie die Freiheit, über die denkerischen Grenzen der rationalen Sprachen von Philosophie oder Theologie hinauszugehen, in der Sprache anders zu denken und eine alternative 'poetische Vernunft' (*razón poética*) im Sinne María Zambranos zu etablieren.[139]

Transgressives Potenzial

Mit seinem offenen Bedeutungspotenzial und der beschriebenen Eröffnung von Alternativen zum cartesianischen *logos* birgt mystisches Schreiben immer schon ein subversives Potenzial gegenüber hierarchischen und autoritären Diskursen, stellt es doch die Unantastbarkeit nicht nur von sprachlichen, sondern von festen Bedeutungen generell in Frage. In historisch-gesellschaftlicher Perspektive ist die Verfolgung von Mystikerinnen und Mystikern als heterodoxe Denkerinnen und Denker oder gar Häretikerinnen und Häretiker signifikant. Drastische Beispiele hierfür sind etwa die Verbrennung der Marguerite Porète in Frankreich und die Giordano Brunos in Italien oder die Kerkerhaft von San Juan de la Cruz in Spanien. Sehr fruchtbar erscheint mir in diesem Zusammenhang die Korrelation, die Julia Lamm zwischen der Betonung des Marginalen und Liminalen in den Texten der Mystikerinnen und Mystiker und deren soziokultureller Position in der Gesellschaft herstellt: «The matter of boundaries and margins is not infrequently recognizable in the socio-political lives of the mystics themselves in that

---

137 Michel de Certeau: *La fable mystique*, S. 195.
138 Ebda., S.15f
139 Vgl. zur Diskussion von Zambranos Konzept u.a. Ana Bungard: La razón poética. Ética y estética. In: Pedro Cerezo (Hg.): *Filosofía y literatura en María Zambrano*. Sevilla: Fundación José Manuel Lara 2005, S. 55–76.

they not infrequently – whether by choice or not – live on the margins of society.»[140]

Mystische Texte bewegen sich an den Rändern religiöser Orthodoxie, da sie auf eine persönliche, unmittelbare Beziehung zu einem persönlichen Gott hinwirken und sich damit von der institutionellen Hierarchie abwenden. «*Devient ‹mystique› ce qui se détache de l'institution*»,[141] spitzt de Certeau entsprechend zu. Im katholischen Kontext stellt die unabhängige Beschäftigung mit der Bibel und die Abkehr von formalen kirchlichen Ritualen zugunsten des privaten, stillen Gebets eine Bedrohung institutioneller Kontrolle und Macht dar. Dass viele Mystiker uns heute als besonders fromm erscheinen und ihr subversiver Charakter zum Teil nur noch schwer nachvollziehbar erscheint, ist auch eine Folge der verharmlosenden posthumen Einebnung in katholische Diskurse und verfälscht nach Cupitt das Wesen von Mystik erheblich: «Their posthumous rehabilitation did the mystics no good at all, and greatly confused the definition of mysticism.»[142] Dies gilt gerade für viele Mystikerinnen, deren Texte bis heute in populären Anthologien, Kalendern oder Aphorismensammlungen oft auf ihre Frömmigkeit und Demut reduziert und damit in die Ecke einer domestizierten, privaten, weiblichen Spiritualität verbannt werden.[143]

Besonders negative Theologie und apophatischer Weg haben widerständigen Charakter, weil sie sich nicht auf die Dogmen religiöser Institutionen einlassen. Saliers sieht darin gerade heute ihren heilsamen Wert angesichts des zeitgenössischen Umgangs mit Religionskonflikten und Fundamentalismus: «Presumptive theological claims and biblical fundamentalism need once again the corrective of an apophatic aesthetic.»[144] Aber auch die Brautmystik mittelalterlicher und frühneuzeitlicher Autorinnen und Autoren gleichermaßen fordert schon zeitgenössische Geschlechternormen sowie Körper- und Begehrensvorstellungen nachhaltig heraus.

Aus diesem Grund stellt Cupitt explizit die politische Relevanz mystischer Autorinnen und Autoren heraus: «[T]he great mystical writers are much more political than at first appears. For the mystic is a religious anarchist and utopian, who speaks for an ancient tradition of protest against religious alienation.

---

140 Julia Lamm: A Guide to Christian Mysticism, S. 14.
141 Michel de Certeau: *La fable mystique*, S. 116. Die Kursivierung im Original unterstreicht die Zentralität dieser Aussage.
142 Don Cupitt: *Mysticism after Modernity*, S. 5.
143 Für die spezifische Verharmlosung der Texte von Mystikerinnen vgl. besonders Grace M. Jantzen: *Power, Gender and Christian Mysticism*, S. 20f.
144 Don E. Saliers: Aesthetics, S. 87.

The mystic tries to undermine the Law, and to create religious happiness by melting God down».[145]

Allerdings wäre eine einseitige verallgemeinernde Idealisierung 'der' Mystikerinnen und Mystiker als subversive Anarchistinnen und Anarchisten nicht weiterführend und allein schon wegen der nationalen, historischen, geschlechterbedingten, konfessionellen und individuellen Unterschiede unbefriedigend. Diese verschiedenen Aspekte berücksichtigend, ist daher immer nach dem je spezifischen 'Ort' mystischen Sprechens zu fragen. Wagner-Egelhaaf verweist in diesem Zusammenhang auch auf den widersprüchlichen Charakter der Mystikrezeption in der Moderne:

> Wo das Mystische als Überschreitungsbewegung verfolgt wird, entfaltet es sein Modernitätspotential, wo es aber semantisiert und festgeschrieben wird, verfällt es allzuleicht einer schematisierenden Einheits- und Totalitätsidolatrie. Oder anders gesagt: Aus der Perspektive einer als bedrückend empfundenen Einheitlichkeit und Normativität setzt das mystische Denken auf Differenz und wird gleichsam zum kritischen Modernitätsgenerator; aus der beunruhigenden Erfahrung des Differenten kann es sich zum traditionalistischen Fürsprecher von Einheit und Ganzheit machen. Der Ansatz des mystischen Denkens ist also ein relationaler, Mystik viel mehr eine Dynamik oder ein Prozeß denn eine festgeschriebene weltanschauliche Position.[146]

Mystische Texte können durchaus zwischen dem Rekurs auf institutionelle Praktiken und Bilder sowie traditionelle religiöse Bindungen und einem unabhängigen, subversiven Zugang zur eigenen Spiritualität oszillieren. Es scheint mir dabei nicht allein eine Frage der historischen Bedeutung der Texte und der ideologischen Positionierung ihrer Autorinnen und Autoren zu sein, sondern allen voran auch eine der Rezeption und Lektüreeffekte, die die Frage nach der ideologischen Verortung mystischer Autoren bestimmt.

Mystik und Moderne

Das beschriebene Transgressionspotenzial der Mystik wird nun mit zunehmendem Verlust der Deutungshoheit religiöser Institutionen als Alternative sowohl zu konfessioneller Religiosität als auch zur aufkommenden Dominanz von Positivismus, Rationalität und Ökonomisierung gerade in der klassischen Moderne at-

---

145 Don Cupitt: *Mysticism after Modernity*, S. 56.
146 Martina Wagner-Egelhaaf: Die mystische Tradition der Moderne, S. 44f. Dass das Denken der Differenz dabei zwingend einer kritischen Modernität zugeschlagen werden muss, das Begehren nach Einheit dagegen *per se* traditionalistisch zu fassen ist, soll in den folgenden Analysen anhand des Konzeptes einer multiplen, fragmentierten Moderne hinterfragt werden.

traktiv. «Grundlegend ist der häretische Aspekt der Mystik, der für ein modernes, aufgeklärtes Subjekt identifikationsbildend wirkt, erlaubt er doch eine Abstandnahme von der christlichen Religion und ihren Institutionen bei gleichzeitiger Wahrung metaphysisch-religiöser Bedürfnisse.»[147]

Das neue relationale Verständnis von Mystik und Moderne fällt in großen Teilen mit der Revision eines einseitigen Modernenarrativs zusammen. Wenn Moderne lange Zeit mit den Schlagwörtern vom 'Tod Gottes' (Nietzsche), der 'Entzauberung der Welt' (Max Weber) und den 'transzendentalen Obdachlosigkeit' (Georg Lukacs) als eine ausschließliche Phase kultureller Ernüchterung und Spiritualitätsverlust charakterisiert wurde, so differenziert der Verweis auf die Prominenz mystischer Traditionen diesen Befund:

> Angesichts der Erfahrung des Verlusts metaphysischer Zuversicht und der Befürchtung gravierender Zivilisationsschäden formiert sich die philosophische und ästhetische Avantgarde unter Rückgriff auf eher undogmatische Tendenzen des religiösen Erlebens: Mystik, Okkultismus, Ekstase, Hermetik, Kabbala usw. Nicht die Orthodoxie des Glaubens, sondern von ihr abweichende Erfahrungsinhalte und Ausdrucksformen liefern nun die Stichworte für ganz unterschiedliche literarische, philosophische und religiöse Positionierungen. Die künstlerische Repräsentation des 20. Jahrhunderts steht, so gesehen, auch im Zeichen eines ästhetischen Rückgewinns religiöser Erfahrung.[148]

Gerade durch die aus den umwälzenden Veränderungen in Technologie, Wissenschaft und Gesellschaft heraus entstehenden Verunsicherungen lässt sich also ganz offensichtlich ein verstärktes Interesse, ja noch mehr ein Bedürfnis nach alternativen Glaubensformen und Sinngebungen, «nach transgressiven und transformativen Erfahrungen, nach einer Überwindung der Grenzen des Denkens und der Sprache, einer Entgrenzung von Subjektivität und Diskursivität»[149] begründen:

> Diese Sehnsucht nach einem Anderswo, das häufig in außereuropäischen Kulturkreisen oder auf Seitenwegen der europäischen Geistesgeschichte (Hermetik, Gnosis, Alchimie) gesucht wird und das nicht selten – wie bei Wittgenstein – sogar jenseits von Sprache und Kommunikation (non-) lokalisiert ist, begleitet und kommentiert (auf unterschiedlichen Reflexionsniveaus) die fortschreitende Modernisierung und Technisierung westlicher Gesellschaften.[150]

---

147 Martina Wagner-Egelhaaf: *Mystik der Moderne*, S. 216. «Wegen ihrer latenten Subversivität gegenüber der Orthodoxie und wegen der unvergleichlichen Intensität des religiösen Erlebens war die Mystik doppelt begünstigt, als sich um 1900 die Moderne im Wechselspiel mit einer fundamentalen Krisenerfahrung formierte, die sich nicht nur aus der Einbuße sprachlicher und epistemologischer Möglichkeiten speiste, sondern auch aus dem Bewusstsein eines unwiderbringlichen Verlustes von historischen Leistungen und erotischer Gewissheit.» Wiebke Amthor / Hans R. Brittnacher / Anja Hallacker: Einleitung, S. 11.
148 Ebda., S. 13.
149 Ingo Berensmeyer: Aufbrüche nach Anderswo, S. 141.
150 Ebda., S. 142f.

2.2 Spannungsfelder mystischer Literatur und moderner Ästhetik — 63

Uneinigkeit herrscht in der Forschung über die Frage nach dem kausalen Verhältnis von Mystik und Moderne. Ist die Popularität der mystischen Tradition in der Moderne eine reaktive Bewegung, die auf die angesprochene Verunsicherung antwortet – oder lässt sich, so die hier von mir verfolgte These, eher eine Gleichzeitigkeit parallel verlaufender, aufeinander bezogener Bewegungen feststellen und das Interesse an vormoderner Mystik eher als eine genealogische Kontinuität (und nicht als *backlash*) verstehen?

Viel spricht für die enge Verflechtung beider Tendenzen im Sinne der zweiten Überlegung, denn

> [e]ine vornehmlich kompensationstheoretische Begründung der mystischen Tendenzen in Religion, Philosophie und Literatur droht indes den innovativen Charakter und den phänomenalen Reichtum einer Bewegung, die im Bewusstsein der Unhintergehbarkeit der Moderne auf das Ausdrucksinventar einer vormodernen Spiritualität zurückgreift, zu verkennen oder zu verkürzen. Nicht nur die profane Mystik des 20. Jahrhunderts, auch andere Diskurse der modernen Lebenswelt – wie Mythenrezeption, Renaissancismus oder Lebensreform – entspringen der Dialektik von Krisenbewusstsein und Vertrauen in spirituelle, archaische oder naturmagische Kräfte.[151]

K. Ludwig Pfeiffer und Klaus Vondung betonen ebenfalls die Verwobenheit der Diskurse, indem sie den Einfluss mystischer Denkfiguren auf rationale Denkweisen und Wissenschaft hervorheben, in der sich «inhaltliche, strukturelle und sprachliche Äquivalenzen»[152] zur Mystik auftun. Ein immer wieder genanntes Modell ist in diesem Kontext die Entwicklung der modernen Physik, namentlich der Quantentheorie zu Beginn des 20. Jahrhunderts; ein Beispiel aus Philosophie und Logik wären die Arbeiten Ludwig Wittgensteins.[153]

Wenn also ein starkes Bewusstsein für die Verwobenheit mystischer Strukturen und moderner Epistemologien besteht, steht die Reflexion über moderne Mystik überwiegend im Zeichen der Negativität. Diese Negativität betrifft sowohl den metaphysischen Zweifel als auch das Infragestellen von Sinnhaftigkeit schlechthin. In diesem Kontext erkennt Uwe Spörl in der skeptischen Grundhaltung der Moderne den «Ausgangspunkt für die Entstehung des neomystischen Zeitgeistes um die Jahrhundertwende».[154]

---

151 Wiebke Amthor / Hans R. Brittnacher / Anja Hallacker: Einleitung, S. 15.
152 K. Ludwig Pfeiffer / Klaus Vondung: Einleitung, S. 9.
153 Vgl. Martina Wagner-Egelhaaf: *Mystik der Moderne*, S. 44ff.
154 Uwe Spörl: *Gottlose Mystik in der deutschen Literatur um die Jahrhundertwende*. Paderborn u. a.: Schöningh 1997, S. 180. Spörl, der sich insbesondere dem mystischen Substrat in Friedrich Nietzsches Schreiben widmet, zitiert aus dessen Nachlass: «Wenn Skepsis und Sehnsucht sich begatten, entsteht die Mystik. Wessen Gedanke nur Ein Mal die Brücke zur Mystik überschritten hat, kommt nicht davon ohne ein Stigma auf allen seinen Gedanken.» Zitiert nach ebda.

Wagner-Egelhaaf hat aufgezeigt, wie Selbstbezüglichkeit und Bedeutungsoffenheit moderner Dichtung in Korrelation zur metaphysischen Verunsicherung in der Moderne lesbar sind. Dieses Verhältnis von metaphysischer Verunsicherung und moderner Ästhetik setzt sie in Beziehung zur Tradition negativer Theologie in der Mystik und gibt damit eine potenzielle Begründung für die Beliebtheit mystischer Referenzen moderner Autoren:

> Die Negativität der göttlichen Erfahrung, ihre ‹Andersheit›, die der Mystiker berichtet und die der Mystikforscher festhält, bietet sich als Chiffre sowohl einer nicht auf ein Referenzobjekt reduzierbaren und damit autonom gewordenen Dichtung als auch einer in metaphysischer Hinsicht negativ gewordenen Daseinserfahrung an, zwei Positionen, die historisch zusammenfallen.[155]

Die Affinität zwischen Mystik und moderner Lyrik wird auf diese Weise sowohl auf ästhetisch-struktureller als auch auf epistemologischer Ebene lesbar.

Für Wagner-Egelhaaf stellt die Figur des 'verborgenen Gottes' daher eine paradigmatische moderne Reflexionsfigur dar:

> Ein moderner metaphysischer Skeptizismus als *deus absconditus*-Erfahrung bildet also den Rezeptionsuntergrund für das mystische Paradigma [im 20. Jahrhundert] und absorbiert dessen negative Transzendenz als Potentialität des Subjekts. Sind im Weltbild des mittelalterlichen Mystikers die *teloi* seines Begehrens und seiner Rede durch das religiöse System vorgegeben, fehlt den Modernen dieser metaphysische Rückhalt. Der Bruch zwischen diesseitiger und jenseitiger Welt, der den zwischen Signifikant und Signifikat bedingt, kann im Glauben des Mystikers aufgehoben werden, während die Einheit im modernen Diskurs den Modus des Wunsches bewahrt.[156]

Als 'Schutzpatron der Moderne schlechthin'[157] ist die *deus absconditus*-Figur eine zentrale Referenz der lyrischen Praxis und Theorie zahlreicher moderner (männlicher) Dichter in Europa wie etwa Giacomo Leopardi oder allen voran Paul Valéry. Die Figur geht wiederum auf die Tradition negativer Theologie zurück und impliziert eine wesentlich negativ begründete Begehrensstruktur: «Der Negativität der mystischen Erfahrung kommt die Funktion eines Movens für die Gottessehnsucht des Menschen zu»,[158] erläutert Wagner-Egelhaaf mit Verweis auf Beispiele aus der deutschen und auch spanischen Mystik. Sie macht zudem im

---

155 Martina Wagner-Egelhaaf: *Mystik der Moderne*, S. 213.
156 Ebda., S. 222.
157 «The patron saint of modernism itself is *Deus Absconditus*.» Roger Griffin: Series Editor's Preface. In: Erik Tonning: *Modernism and Christianity*. New York: Palgrave / Macmillan 2014, S. ix–xiv, hier S. xi.
158 Martina Wagner-Egelhaaf: *Mystik der Moderne*, S. 18.

Detail die Affinitäten zwischen mystischer Theologie, Sprachskepsis der Jahrhundertwende und poststrukturalistischer Theoriebildung deutlich.

In Beziehung zur Rezeption negativer Theologie und grundsätzlichen Sprachkrise in der Moderne steht der Fokus auf Form und Ästhetik. Inhaltliche Füllungen religiöser Natur geraten in den Hintergrund, wie Ingo Berensmeyer betont:

> Im 20. Jahrhundert kann Mystik folgerichtig auch atheistisch, zumindest atheologisch definiert werden. Sie wird zu einer kulturellen Ausdrucksform, bei der es weniger auf die Füllung mit konkreten Inhalten ankommt als auf den Vollzug bestimmter Gesten – die gleichwohl nicht in Formelhaftigkeit ersticken dürfen.[159]

Und er spitzt entsprechend zu:

> Mystik in der Moderne ist eine Form: eine Struktur der Hinwendung zu einem inkommensurablen Anderen [...] die (Pendel-) Bewegung in Richtung auf ein Anderswo, welches Ziel des Schreibakts ist und dessen performative Dynamik grundiert [...]. Dieses Anderswo kann freilich höchst unterschiedlich gefaßt und inhaltlich gefüllt sein: räumlich und zeitlich, ethisch und epistemisch (bzw. gnostisch).[160]

In diesem Kontext ist schließlich das Konzept einer 'gottlosen Mystik' zu nennen, wie es etwa in Paul Valérys *mystique sans dieu* virulent wird.[161] In Frankreich wären hier außerdem prominent Georges Bataille und Pierre Jean Jouve zu nennen, in Spanien Juan Ramón Jiménez, in Italien Gabriele D'Annunzio. Auch für den deutschen Kontext der Jahrhundertwende spricht Uwe Spörl von einer «gottlose[n], nihilistische[n] Mystik der ekstatischen Rausch- und künstlerischen Inspirationserfahrung».[162] Er stützt sich hierfür insbesondere auf die Schriften Friedrich Nietzsches. In all diesen Varianten steht die vordergründige, teils gewaltsame Ablehnung christlicher Religiosität und ein Immanenzdenken im Vordergrund, wenngleich die Texte selbst mitunter wieder stark auf christlich konnotierte Figuren und Strukturen zurückgreifen.

Die genannten Beispiele moderner Mystikrezeption haben sich auf männliche Autoren bezogen. Um die hier untersuchte Lyrik moderner Autorinnen in den Kontext einer weiblichen Tradition zu setzen, gibt das nächste Kapitel einen Überblick über die historische Bedeutung der Frauenmystik und die Beschäftigung mit Mystik im Rahmen postmoderner (französischsprachiger) feministischer Theoriebil-

---

159 Ingo Berensmeyer: Aufbrüche nach Anderswo, S. 140.
160 Ebda., S. 142.
161 Vgl. u.a. Jacques de Bourbon Busset: *Paul Valéry ou le mystique sans Dieu*. Paris: Plon 1964; Alois M. Haas: Paul Valérys Monsieur Teste. Testfall eines ‹mystique sans Dieu›. In: Wiebke Amthor / Hans R. Brittnacher / Anja Hallacker (Hg.): *Profane Mystik? Andacht und Ekstase in Literatur und Philosophie des 20. Jahrhunderts*. Berlin: Weidler 2002, S. 211–226.
162 Uwe Spörl: *Gottlose Mystik in der deutschen Literatur um die Jahrhundertwende*, S. 180.

dung. Die feministischen Ansätze mit ihrer alternativen Konzeption von Subjektivität, die Körperlichkeit, Affekt und Bindung, eine Haltung der Hingabe und des Empfangens sowie grundsätzlich Uneindeutigkeiten und fließende Grenzen privilegiert, weisen dabei Affinitäten zu transsäkularen Denkfiguren auf, die ich in meinen Gedichtlektüren produktiv machen möchte.

2.3 Feministische Traditionslinien

Luce Irigaray erkennt im Leben und Schreiben der Mystikerinnen die früheste Form weiblicher Emanzipation in Europa: «Ce lieu [est] le seul où dans l'histoire de l'Occident la femme parle, agit, aussi publiquement.»[163] An diese Ausgangsbasis knüpft sie ihre einflussreichen Überlegungen zu Mystik, weiblichem Schreiben und Begehren an. Hiltrud Gnüg und Renate Möhrmann beginnen ihre *Frauen Literatur Geschichte* ebenfalls mit einem Beitrag zum Schreiben der mittelalterlichen Mystikerinnen.[164] Bereits Simone de Beauvoir hat in *Le deuxième sexe* (1949) die Figur Teresa von Ávilas als Ausnahmeerscheinung herausgehoben; ihre Haltung zum Emanzipationspotenzial der Mystikerinnen bleibt aber grundsätzlich ambivalent.[165]

Gleichwohl die Texte der großen europäischen Mystikerinnen in Hinblick auf ihren historischen und sozialen Entstehungskontext, ihre Ästhetik, ihr Verhältnis zur Orthodoxie und ihre Begehrensformation ein äußerst heterogenes Feld darstellen, nimmt 'die' Frauenmystik ganz offensichtlich ein privilegiertes Feld feministischer Debatte und Theoriebildung ein. Ich werde zunächst den historischen Ort weiblicher Mystik und das gendertheoretische Potenzial mysti-

---

163 Luce Irigaray: *Speculum de l'autre femme*. Paris: Les Éditions de Minuit 2015, S. 238. Vgl. auch Cornelia Wild: Mystik. In: Daniel Weidner (Hg.): *Handbuch Literatur und Religion*. Stuttgart: Metzler 2016, S. 395–398, hier S. 395 und ausführlicher Amy Hollywood: *Sensible Ecstasy*, S. 5ff.

164 Vgl. Margret Bäurle / Luzia Braun: ‹Ich bin heiser in der Kehle meiner Keuschheit›. Über das Schreiben der Mystikerinnen. In: Hiltrud Gnüg / Renate Möhrmann (Hg.): *Frauen Literatur Geschichte*. Stuttgart / Weimar: Metzler 1998, S. 1–11.

165 Fast scheint es, als ob die Ausnahmeerscheinung Teresas die grundsätzliche Verfangenheit der meisten der weniger bekannten Mystikerinnen in patriarchalischen Strukturen noch besonders hervorhebt: «Il n'y a guère que sainte Thérèse qui ait vécu pour son compte, dans un total délaissement, la condition humaine [...]. Quand enfin il sera ainsi possible à tout être humain de placer son orgueil par-delà la différenciation sexuelle, dans la difficile gloire de sa libre existence, alors seulement la femme pourra confondre son histoire, ses problèmes, ses doutes, ses espoirs, avec ceux de l'humanité». Simone de Beauvoir: *Le deuxième sexe. II. L'expérience vécue*. Paris: Gallimard 1949, S. 557f.

scher Texte diskutieren. Anschließend nehme ich die Auseinandersetzung mit Mystik bei Hélène Cixous, Luce Irigaray und Julia Kristeva näher in den Blick.

Frauenmystik als historischer Ort weiblichen Sprechens

In Mittelalter und Früher Neuzeit stellte das Leben in der Klostergemeinschaft für Frauen, im Gegensatz zur Heirat, die einzige Möglichkeit eines relativ selbstbestimmten Lebens und intellektueller Betätigung dar. Im Kloster lebten Frauen frei von familiärer und ehelicher Verantwortung in einer relativ stark selbst organisierten Gemeinschaft. Eine besondere Ausnahme stellten hier noch einmal die Beguinen dar – zu denen zeitweilig auch Mystikerinnen wie Mechthild von Magdeburg, Hadewijch von Antwerpen und Marguerite Porète gehörten –, da sie ihr Leben ganz durch eigene Arbeit finanzierten und dadurch ökonomisch komplett unabhängig agieren konnten. Das Kloster bot Frauen die Möglichkeit einer (stets religiös ausgerichteten) intellektuellen Bildung, die zum Teil auch Lesen und Schreiben einschloss, oft jedoch nicht das Lateinische als Sprache der Bibel, sondern die Volkssprachen umfasste.

Die von Nonnen verfassten mystischen Texte loten vielmals die Spannung zwischen orthodoxer Frömmigkeit und heterodoxer Überschreitung kirchlicher (Geschlechter-) Normen aus. Thematisch setzen sie sich mit christlichen Inhalten und Fragen eines frommen Lebens auseinander und machen vor allem Jesus Christus zum Zentrum ihres Schreibens. Die Auseinandersetzung mit Christus als angebetetem Liebesobjekt in Tradition der christlichen *Hohelied*-Auslegungen bot den Autorinnen einen idealen Raum für das Ausloten des eigenen Begehrens, das die orthodoxen allegorischen Interpretationen brautmystischer erotischer Sprache immer schon zu sprengen drohte. Die schriftstellerische Tätigkeit machte sie angesichts des paulinischen Lehrverbots für Frauen jedoch suspekt: Die Beschäftigung mit theologischen Fragen und die eigenständige Lektüre der lateinischen Bibel war den Nonnen versagt. Die Verbindung zu einem männlichen Beichtvater und die Legitimation durch die Überzeugung, Gottes Worte zu empfangen, waren in dieser Hinsicht strategisch entlastende Momente. Viele Texte bekannter Mystikerinnen reflektieren die Schwierigkeiten der eigenen prekären Autorschaft in der impliziten Thematisierung eines diskursiven *double bind*.[166] Symptomatisch hierfür ist etwa der Bescheidenheitstopos, wenn die Autorin zunächst ihre eigene intellek-

---

166 Vgl. beispielhaft in Bezug auf Teresa von Ávila die Überlegungen von Mary Frohlich: *The Intersubjectivity of the Mystic. A Study of Teresa of Avila's ‹Interior Castle›*. Atlanta: Scholars Press 1993.

tuelle und theologische Unwissenheit beteuert und grundsätzliche Unwürdigkeit herausstellt, um anschließend in kluger, reflektierter, oftmals poetischer Sprache biblische oder christliche Themen zu diskutieren.[167]

Der Inanspruchnahme der 'Frauenmystik' für feministische Theoriebildung geht die Unterscheidung in eine 'weibliche' und eine 'männliche' Mystiktradition voraus.[168] Die meisten literaturhistorischen Darstellungen betonen den Fokus auf die leibliche, erotische Bildsprache, eine herausgehobene Sinnlichkeit und Affektivität sowie die Vermittlung außergewöhnlicher Visionen im Schreiben der Mystikerinnen. Demgegenüber steht eine männliche Traditionslinie, die – im Sinne negativer Theologie und in Folge großer Figuren wie Origenes, Dionysius Areopagita oder Meister Eckhart – als theoretisch, intellektuell und antivisionär gilt.[169] Vielfach entsteht so das Stereotyp einer weiblich kodierten unreflektierten, affektiven, inkarnatorischen Mystik und einer männlich kodierten hochreflektierten, spekulativen, abstrakten Mystik. Alois M. Haas gibt zu bedenken, dass diese programmatische Scheidung in keiner Weise auf alle Fälle zutreffend ist und nennt das Beispiel spekulativ-theoretischer Elemente in der brabantischen Frauenmystik.[170] Andersherum zeigt das spanische Beispiel San Juan de la Cruz', dass eine starke Leiblichkeit und erotische Bildlichkeit ebenso mit dem hochreflexiven Denken negativer Theologie zusammengeht.[171] Die Textformen, an denen sich Brüche und Abweichungen von dem binär gedachten Schema ablesen lassen, erscheinen damit gerade für geschlechtertheoretisch interessierte Analysen interessant. Ähnliches gilt für die Auslotung alternativer Geschlechterrollen in mystischen Texten.

Mystische Rollen-Spiele. Zwei spanische Beispiele

Im Gegensatz zur historisch verankerten Frage nach weiblicher Autorschaft fokussieren poststrukturalistisch basierte Analysen im Kontext performativer Gender-Theorien im Sinne Judith Butlers vermehrt die Inszenierung von Geschlechterrollen in mystischen Texten. Viele dieser Texte bieten ein faszinierendes Spielfeld, in dem dominante Geschlechtermodelle hinterfragt und

---

[167] Vgl. für den exemplarischen Fall einer 'weiblichen Rhetorik' bei Teresa von Ávila wiederum Alison Weber: *Teresa of Avila and the Rhetoric of Femininity*. Princeton: Princeton University Press 1996.
[168] Vgl. zu dieser Unterscheidung u.a. Alois M. Haas: *Mystik als Aussage*, S. 308–321.
[169] Vgl. Amy Hollywood: *Sensible Ecstasy*, S. 8.
[170] Vgl. Alois M. Haas: *Mystik als Aussage*, S. 308–321.
[171] Vgl. zu San Juan grundlegend Bernhard Teuber: *Sacrificium Litterae*.

unterlaufen sowie alternative Modelle ausgetestet werden. Dies gilt insbesondere für die brautmystische Tradition, in der das Verhältnis zwischen Seele und Gott in der Allegorie von Braut und Bräutigam in Szene gesetzt wird. Das biblische *Hohelied* und seine entsprechenden Auslegungen stellen hierfür das intertextuelle Urmodell dar.[172] Die Seele nimmt dabei klassischerweise weiblich konnotierte Eigenschaften der Liebenden an wie Hingabe, Unterwerfung und Passivität, während die göttliche Rolle des Geliebten sich durch männliche Attribute wie Stärke, Dominanz und Aktivität auszeichnet. Diese vordergründig binären Rollenzuschreibungen werden jedoch oftmals in einem komplexen Zeichenspiel immer wieder hinterfragt und ausgetestet – in diesem Sinne zeichnen sich viele (braut-) mystische Texte auch in Bezug auf ihre Genderzuschreibungen als uneindeutig und polysem aus. «Offensichtlich gehörte zu den Kennzeichen der Mystikerinnen und Mystiker, ihrer Repräsentanzen in den Niederschriften und ihrer Liebesobjekte die diffuse Geschlechtsidentität ebenso wie der Geschlechtsrollenwechsel»,[173] stellt Wolfgang Beutin in seiner dreibändigen psychoanalytisch fundierten Studie über mittelalterliche Mystikerinnen heraus. Dies gilt ebenso für männliche wie auch für weibliche Autoren.

Teresa von Ávila lotet in ihren psychologisch dichten und differenzierten Texten immer wieder das Begehren nach dem göttlichen Anderen und das Verhältnis zwischen Eigenem und Fremdem, 'Seele' und 'Gott' aus.[174] Dabei imaginiert sie in ihren Prosatexten und Gedichten eine unauflösliche, dialogische (Liebes-) Beziehung zwischen Ich und Du, in der sie auf spielerische Weise mit Macht und Unterwerfung, Kontrolle und Hingabe, Aktivität und Passivität experimentiert. Zentral ist dabei der Gedanke der Einwohnung Gottes in der Seele und das gleichzeitige Leben der Seele in Gott, so wie sie es in ihrem bekanntesten Gedicht 'Vivo sin vivir en mí' formuliert: «[V]ivo en el Señor» heißt es zu Beginn des Textes und «mi Dios, que vive en mí» an dessen Ende. Während das

---

172 Die jüdische theologische Auslegung interpretierte das *Hohelied* zuerst als Allegorie auf die Beziehung zwischen Israel und Gott, die christliche Theologie deutete es meist als Gespräch zwischen Kirche, Maria oder der Seele und Gott / Christus. Vgl. Caroline Sauter: Liebe. In: Daniel Weidner (Hg.): *Handbuch Literatur und Religion*. Stuttgart: Metzler 2016, S. 385–390.
173 Wolfgang Beutin: *ANIMA. Untersuchungen zur Frauenmystik des Mittelalters. Teil 3: Ideengeschichte, Theologie und Tiefenpsychologie – Mystikerinnen*. Frankfurt a.M.: Lang 1999, S. 62.
174 Vgl. im Folgenden Bernhard Teuber: Selbstgespräch – Zwiegespräch – Seelengespräch. Zur Ökonomie spiritueller Kommunikation. In: Béatrice Jakobs / Volker Kapp (Hg.): *Seelengespräche*. Berlin: Duncker & Humblot 2008, S. 57–79, hier besonders S. 69–77; Jenny Haase: Im Dialog mit dem Anderen. Subjektivität, Alterität und Didaktik in der Lyrik Teresa von Ávilas. In: Matthias Hausmann / Marita Liebermann (Hg.): *Inszenierte Gespräche. Zum Dialog als Gattung und Argumentationsmodus in der Romania vom Mittelalter bis zur Aufklärung*. Berlin: Weidler 2014, S. 65–82.

lyrische Ich in der ersten Strophe die souveräne Aktivität des göttlichen Liebespartners betont («el Señor [...] / me quiso para sí»), kehrt es diese Situation gleich im Anschluss um, wenn es Gott selbst als Gefangenen des eigenen kraftvollen Begehrens bezeichnet: «h[e] hecho a Dios cautivo / y libre mi corazón».[175] Geschlechterrollen sind hier flexibel und werden mal lustvoll überinszeniert, mal umgekehrt und bleiben in der poetischen Schwebe.

Wolfgang Beutin argumentiert aus psychoanalytischer Sicht, dass die souveräne Inszenierung eines imaginierten göttlichen Liebhabers auf der 'inneren Bühne' den Mystikerinnen ermöglichte, männlich kodierte Eigenschaften auf sich selbst zu übertragen und als einen Teil ihrer selbst zu verinnerlichen. In ihren Texten erschrieb sich die Mystikerin damit die Möglichkeit, frei mit den konventionellen Geschlechterrollen zu experimentieren. Die Aufspaltung in die zwei Rollen von Liebender und Geliebtem im mystischen Szenario und die grundsätzliche «Bisexualität» und «Diffusion der Geschlechtsidentität im narrativen Ich und im Liebesobjekt»[176] verweisen dabei letzten Endes auf eine grundsätzliche Performativität und Pluralität des Subjekts.

Gleichzeitig bieten mystische Texte gerade auch für männliche Autoren immer schon einen legitimen Rahmen für das poetische Spiel mit Geschlechterrollen. Die allegorisierte Darstellung der innigen Verbindung und Einigung der Seele mit Gott als erotische Beziehung von Liebender und Geliebtem ermöglicht es den Autoren, aus der Perspektive einer weiblichen Subjektposition zu sprechen. Die Seele / Geliebte verfügt dabei über weiblich konnotierte Eigenschaften wie Hingabe, Liebesfähigkeit, Passivität und Sinnlichkeit – Qualitäten, die sich die poetische Subjektrolle anzueignen und mit der sie zu experimentieren weiß.

Die mystische Lyrik San Juan de la Cruz' stellt hier wiederum ein herausragendes Beispiel dar.[177] «Pocos escritores españoles resultan más iluminados por la óptica y por el pensamiento feminista como Juan de la Cruz», bemerkt

---

175 Vgl. Santa Teresa: *Obras completas*, S. 1159–1161 ('Vivo sin vivir en mí').
176 Wolfgang Beutin: *ANIMA. Untersuchungen zur Frauenmystik des Mittelalters. Teil 2: Ideengeschichte, Theologie und Ästhetik*. Frankfurt a.M.: Lang 1998, S. 198. «Die Frage ist nicht die nach dem ‹Wen?›, sondern nach dem ‹Wer?› Wer bin ich in meiner Liebe zu einem bestimmten Objekt, wer ist in der mystischen Liebesbegegnung die ‹sponsa›, welche Rolle hat sie in ihrem Szenario inne? Wäre es immer die konventionell-‹weibliche›, oder existieren deviante Rollen? Und in welcher bewegt sich der imaginierte ‹sponsus›?» Wolfgang Beutin: *ANIMA 3*, S. 9.
177 Vgl. hierfür erneut die detailreiche, hochdifferenzierte Interpretation von San Juans lyrischem Werk von Bernhard Teuber: *Sacrificio litterae* sowie außerdem André Stoll: Itinerarium extaticum oder Kryptische Durchquerung der Liebesgärten. San Juan de la Cruz: ‹En una noche oscura›. In: Manfred Tietz (Hg.): *Die spanische Lyrik von den Anfängen bis 1870*. Frankfurt a.M.: Vervuert 1997, S. 326–354.

Rosa Rossi bezeichnenderweise in ihrer *Breve historia feminista de la literatura española*.[178] In San Juans bekanntestem Gedicht 'Noche oscura' (entstanden 1577/78, veröffentlicht 1618) etwa spricht die lyrische Stimme aus der Perspektive einer jungen Frau, die nachts heimlich ihr Elternhaus verlässt, um sich mit ihrem Geliebten zu treffen. Sie erfährt ein inniges erotisches Erlebnis, das ihre Ratio und Sinne übersteigt und ihr Bewusstsein letztlich ganz ausschaltet:

> Quedéme, y olvidéme,
> el rostro recliné sobre el Amado
> cesó todo y dejéme,
> dejando mi cuidado
> entre las azucenas olvidado.[179]

Die absolute Hingabe an den Geliebten bis zur Ich-Auslöschung scheint zunächst weiblich konnotiert. Gleichzeitig verfügt die lyrische Rolle aber auch über Aktivität, Rebellion, Selbstbestimmtheit und Entschiedenheit im Verfolgen ihres Begehrens und im anschließenden Wachen über den Geliebten. Während der Liebesvereinigung erlebt das lyrische 'Ich' zudem ein komplettes Verschmelzen mit dem Geliebten, das eine Unterscheidung von Eigenem und Anderem für den Moment unmöglich macht:

> ¡Oh noche que juntaste
> Amado con amada
> amada en el Amado transformada![180]

Bernhard Teuber hat eindringlich aufgezeigt, wie sich buchstäblicher und allegorischer Sinn bei San Juan überlappen und letzten Endes beide Bedeutungsebenen in der Schwebe gehalten werden, die eine in der anderen stets als durchkreuzte Spur präsent bleibt.[181] Diese Unentschiedenheit und lyrische Offenheit gilt für alle Dimensionen des Textes einschließlich der Geschlechterrollen. Die allegorische Dimension der mystischen Vereinigung lässt den sinnlichen, geschlechtlichen Aspekt stets durchscheinen. Männlicher und weiblicher Part sind nicht eindeutigen Geschlechterrollen zuordnebar und fusionieren für den Moment der Vereinigung gänzlich. Wie André Stoll bemerkt, zeigt San Juans Text auf meh-

---

178 Rosa Rossi: Juan de la Cruz. La ‹voz› y la ‹experiencia›. In: Iris M. Zavala (Hg.): *Breve historia feminista de la literatura española (en lengua castellana)*. 2. Barcelona: Anthropos 1993, S. 215–234, hier S. 215.
179 San Juan de la Cruz: *Obra completa 1*. Herausgegeben von Luce López-Baralt / Eulogio Pacho. Madrid: Alianza Editorial 2010, S. 72.
180 Ebda.
181 Vgl. Bernhard Teuber: *Sacrificio litterae*.

reren Ebenen eine überschreitende Dimension, und die Transgression der Geschlechterrollen ist dabei eine zentrale.[182]

Wie diese beiden Beispiele der spanischen mystischen Lyrik hier andeutungsweise sichtbar gemacht haben, bieten mystische Texte nicht zuletzt durch den Schutzraum ihrer allegorischen Mehrdeutigkeit eine Experimentierfläche für das poetische Spiel mit Männlichkeits- und Weiblichkeitsmodellen.[183] Während Autorinnen und Autoren sich auf der einen Seite in der poetischen Inszenierung von lyrischer Stimme und imaginiertem Geliebten Attribute des anderen Geschlechts aneignen können, schließt das mystische Paradigma mit seiner grundsätzlich Privilegierung der Aufhebung fester Grenzen zwischen Eigenem und Fremdem die Infragestellung der Grenzen zwischen Männlichem und Weiblichem in zentraler Weise mit ein und lässt diese (zumindest zeitweise) durchlässig erscheinen. «[Mystical desire] is queer in its effects – exceeding and hyperbolizing its own conventionality and fracturing the discourses of mystical love and sex»,[184] spitzt Karma Lochrie zu. So eröffnet die Infragestellung der Reduzierung von Liebe und Erotik auf ausschließlich sexuell verstandene, heteronorme Begehrensformen in der Mystik auch die Möglichkeit einer viel offener gedachten Liebes- und Begehrenskonzeption.

Hélène Cixous: Mystik als Modell einer *écriture féminine*

Die historisch herausgehobene Rolle mystischer Autorinnen, die Disposition mystischer Texte für das ambivalente Spiel mit Geschlechterrollen, die ihnen inhärenten Begehrensstrukturen sowie ihre grundsätzliche Offenheit und Mehrdeutigkeit sind wesentliche Ansatzpunkte für die Aneignung des mystischen Modells für poststrukturalistisch informierte feministische Theorien. Hervorzuheben sind hier insbesondere die aus dem französischsprachigen Kontext kommenden sogenannten *french feminists*, namentlich Hélène Cixous, Luce Irigaray und Julia Kristeva.

Hélène Cixous setzt bei ihrer Aneignung mystischer Diskurse für eine *écriture féminine* in erster Linie bei der Konzeption einer anderen Ökonomie (des Schreibens, des Liebens) an. Nach Cixous ist jene Ökonomie, die sie 'männlich' nennt (wenngleich diese nicht biologisch determiniert sei), eine 'Ökonomie des

---

182 Vgl. André Stoll: Itinerarium extaticum.
183 In den folgenden Gedichtlektüren moderner Lyrikerinnen werde ich wiederholt auf die Rezeption gerade dieser beiden Texte zurückkommen.
184 Karma Lochrie: Mystical Acts, Queer Tendencies. In: dies. (Hg.): *Constructing Medieval Sexuality*. Minneapolis: University of Minnesota Press 1997, S. 180–200, hier S. 184.

Eigenen', die auf Erhaltung, Besitz und Aneignung ausgerichtet ist. Im mystischen Diskurs dagegen erkennt sie das Modell für eine 'weibliche' Ökonomie, die auf gegenseitiger Anerkennung, Gabe und Verschwendung basiert:

> Und so würde ich einen weiblichen textuellen Körper bestimmen: ausgehend von einer weiblichen libidinösen Ökonomie, also ausgehend von einer Lebensweise von Energien, von einem System der Verausgabung. [...] Das läßt in der Schrift einen Körper entstehen, der sich ergießt, der überfließt, der sich erbricht im Gegensatz zum männlichen Verschlingen.[185]

Die sprachlichen Merkmale solch 'weiblicher' Texte überschneiden sich großteils mit den Charakteristika avantgardistischer Texte, die die sprachliche Logik und Ordnung zu durchbrechen suchen; eben dieses Ideal einer «estética del delirio»[186] ebenso wie die Praxis der poetischen Verausgabung aber wird bereits in den mystischen Texten etwa eines San Juan verhandelt. Das Ideal der Verausgabung, mit dem Cixous explizit auf Georges Batailles' Auseinandersetzung mit Mystik und Erotik rekurriert, stellt ein Bindeglied zwischen mystischem und 'weiblichem' Schreiben dar. Beides unterläuft «die Logik der Kommunikation, die eine Sparsamkeit der Signifikanten und eine Zurücknahme der Subjektivität fordere, um festgelegten Sinn zu übermitteln. Statt dessen versucht es, neue Sinnmöglichkeiten zu erfinden, Fragen zu stellen, zu beunruhigen; es erzeug[t] einen ‹Überfluß› an Sprache, einen ‹Abfall› an Signifikanten.»[187]

Zudem hebt Cixous – wie auch Irigaray und Kristeva – auf die leibliche Verankerung eines weiblichen Schreibens ab und betont die Bedeutung von Hören und Stimme. «Prenons non pas la syntaxe, mais le fantasme, l'inconscient : et là, tous les textes féminins, [...] sont très près de la chair de la langue».[188] Neben der starken körperlichen Bildlichkeit brautmystischer, aber auch leidensmystischer Texte und der Eigenpräsenz der Signifikanten im mystischen Diskurs stellt hier auch das Motiv von der Vermittlung der göttlichen Stimme durch den Hörsinn bei den Mystikerinnen ein strukturelles Bindeglied dar.[189]

Gleiches gilt für die grundsätzliche religiöse Haltung des Empfangens und Entgegennehmens, die Cixous für das weibliche Schreiben fruchtbar macht.

---

185 Hélène Cixous: *Die unendliche Zirkulation des Begehrens*. Berlin: Merve Verlag 1977, S. 40–44.
186 Luce López-Baralt: Prólogo. In: San Juan de la Cruz: *Obra completa*. 1. Herausgegeben von López-Baralt / Eulogio Pacho. Madrid: Alianza Editorial, 2010, S. 7–50, hier S. 12.
187 Lena Lindhoff: *Einführung in die feministische Literaturwissenschaft*, S. 115.
188 Hélène Cixous: Le sexe ou la tête. In: *Les Cahiers du GRIF* 13 (1976), S. 5–15, hier S. 14. Zur Praxis der Verausgabung bei San Juan auch in Bezug auf Bataille vgl. Bernhard Teuber: *Sacrificium litterae*.
189 Vgl. zum Motiv der Stimme Cornelia Wild: *Göttliche Stimme, irdische Schrift. Dante, Petrarca, Caterina da Siena*. Berlin: De Gruyter 2016.

Hierzu gehört auch ihr Konzept der 'Fürsprache' für den Anderen, das sie nicht nur auf andere Menschen (beispielhaft etwa in ihren Texten auf die brasilianische Autorin Clarice Lispector), sondern auch auf die Natur- und Dingwelt bezieht, etwa den Regen oder eine Orange.[190] Wo die Mystikerin zur Vermittlungsfigur für die göttliche Instanz wird, schenkt die Schriftstellerin und Dichterin «schreibend einem Anderen Existenz».[191]

Cixous plädiert für eine Wertschätzung des Alltäglichen, die sowohl Affinitäten zu einer religiös begründeten Wertschätzung des Lebens als Schöpfung als auch zu aktuellen neumaterialistischen Diskursen aufzeigt:

> Die Dinge haben, so klein sie sind, eine Wichtigkeit. [...] Das Nahe, das Nebensächliche sehen, ist paradoxerweise am schwersten. Das ist die Frage der Unsichtbarkeit, des Immer-Da-Seienden als zu Nahem. Die politische Annäherung durchläuft den Raum des Nahen, die Nähe: es handelt sich um eine innere Reise, in die Intimität. [...] Die Annäherung an das Naheliegendste ist unendlich schwerer auszuführen, als die Annäherung an das am weitesten Entfernte.[192]

Schließlich geht Cixous von einem Subjektivitätsmodell aus, das durch Bewegung, Offenheit und Vielstimmigkeit geprägt ist. Entsprechend geht es ihr darum, im Text eine Pluralität erscheinen zu lassen, «die verschiedenen Personen eines Subjektes sprechen zu lassen. Mir war zunächst immer wichtig, daß sich das Mehrpersonale schreiben läßt ohne Angst vor der Entpersonalisierung [...]. Nicht ich hätte es gesagt, sondern Es spricht stets mit mehreren Stimmen, ist immer ein Choral».[193] Diese Spannung zwischen Identität und Alterität, Subjektivität und Entpersonalisierung ist ebenfalls ein wesentliches Thema mystischer Texte.

Luce Irigaray: 'La mystérique'

Luce Irigarays Arbeiten deuten in eine ähnliche Richtung. Sie ist die vermutlich prominenteste Vertreterin, die sich auf die Mystik als ein Modell weiblicher Epistemologie gestützt hat und damit zum Ausgangspunkt vieler neuerer feministischer Reflexionen wurde. Im Kapitel 'La mystérique' ihres Werks *Speculum*

---

190 Vgl. Hélène Cixous: *L'heure de Clarice Lispector*. Précédé de *Vivre l'orange*. Paris: Des femmes 1989.
191 Lena Lindhoff: *Einführung in die feministische Literaturwissenschaft*, S. 115.
192 Hélène Cixous: *Weiblichkeit in der Schrift*. Berlin: Merve Verlag 1980, S. 14f. Vgl. zum neumaterialistischen Diskurs Kap. 2.4.
193 Ebda., S. 80f.

nimmt Irigaray bereits im Titel die Tradition der Pathologisierung der Mystikerinnen als Hysterikerinnen auf, um diese gleichsam zu wenden und zu einem positiven weiblichen Identifikationsmodell werden zu lassen. Prominente Beispiele der Gleichsetzung von (weiblicher) Mystik und Hysterie sind Sigmund Freud, Marie Bonaparte und, für den poststrukturalistischen Kontext besonders wesentlich, Jacques Lacan.

In seinem berühmten Aufsatz 'Dieu et la jouissance de la femme' aus der Aufsatzsammlung *Encore* greift Lacan auf Teresa von Ávila zurück, um seine Vorstellung einer weiblichen *jouissance* zu illustrieren.[194] Er deutet ihre Ekstase darin als explizit sexuelle Erfahrung, die er jedoch von einer männlichen, 'phallischen' Sexualität absetzt. Lacans Text wurde von feministischer Seite, insbesonders von Irigaray, scharf kritisiert.[195] Die Kritik richtet sich gegen mehrere Aspekte. Zunächst nimmt Lacan als Ausgangspunkt seiner Überlegungen nicht Teresas Schreiben, sondern die bekannte Barockstatue von Gian Lorenzo Bernini, die Teresa von Ávila in mystischer, stark erotisierter Ekstase in der römischen Kirche Santa Maria della Vittoria zeigt.[196] Er gründet seine Interpretation also auf einer bereits vorangegangenen (männlichen) Deutung und verfehlt damit den Kern von Teresas differenzierter Beschreibung in der bekannten Transverberationsszene im *Libro de la vida* (1656).

In Kapitel 'XXIX' ihres autobiografischen Berichts beschreibt die Nonne die Vision eines Cherubims, der ihr einen brennenden Pfeil in die Brust stößt, samt der dabei empfundenen intensiven Schmerz- und Lustgefühle:

> Veíale en las manos un dardo de oro largo, y al fin de el hierro me parecía tener un poco de fuego. Este me parecía meter por el corazón algunas veces, y que me llegaba a las entrañas. Al sacarle, me parecía las llevaba consigo y me dejaba toda abrasada en amor grande de Dios. Era grande el dolor que me hacía dar aquellos quejidos, y tan ecesiva la suavidad que me pone este gradísimo dolor, que no hay desear que se quite, ni se contenta el alma con menos que Dios. No es dolor corporal sino espiritual, aunque no deja de participar el cuerpo algo, y aun harto.[197]

Der Textabschnitt hat eine Vielzahl von Kommentaren und Interpretationen provoziert. Während frühere Interpretationen an der allegorischen Tradition der leib-

---

194 Vgl. Jacques Lacan: *Le séminaire, XX. Encore: 1972–1973*. Paris: Seuil 1975, S. 61–71.
195 Vgl. zur jüngeren Auseinandersetzung mit Lacans Teresa-Deutung u.a. Julia Farmer: ‹You Need But Go To Rome›. Teresa of Avila and the Text / Image Power Play. In: *Women's Studies* 42, 4 (2013), S. 390–407; Dany Nobus: The Sculptural Iconography of Feminine Jouissance. Lacan's Reading of Bernini's Saint Teresa in Ecstasy. In: *The Comparatist* 39 (2015), S. 22–46.
196 *L'Estasi di Santa Teresa*, oder: *Transverberazione di santa Teresa* (1647–1651).
197 Santa Teresa: *Obras completas*, S. 196 (*Vida*, XXIX, 13).

lichen Wahrnehmung als Ausdruck höchster spiritueller Erfahrung festhielten, steht bei Autoren des 20. Jahrhunderts überwiegend das sinnliche Erleben, genauer der erotische Genuss, im Vordergrund. Psychoanalytische Lektüren haben Teresas Verzückung mit Bezug auf Bernini dabei als genuin sexuelles Erlebnis interpretiert, darunter in prominenter Weise Lacan. Die sprachlichen Indizien, die eine solche Lesart nahelegen, sind zahlreich: Pfeil, Penetration, Seufzer, intensive Körperlichkeit, Schmerz und Lust zugleich. Teuber verweist jedoch auf die im Text markierten Verschiebungen, die den Bericht eher supplementär auf das erotische Erlebnis beziehen.[198]

In jedem Fall gilt jedoch: Statt in einen Dialog mit den Texten der Mystikerin zu treten, verständigt Lacan sich mit einem anderen Interpreten über die spanische Nonne; statt den Text einer Autorin zu interpretieren zählt er auf die mediale Aneignung der Figur im Zuge der Gegenreformation; statt sie zu lesen betrachtet er das vom barocken Künstler geformte Abbild. Zudem schreibt er der Mystikerin eine genuine Unfähigkeit zu, dass eigene Erleben zu verstehen, während er selbst die Deutungshoheit über die Szene reklamiert: «Vous n'avez qu'aller regarder à Rome la statue du Bernin pour comprendre tout de suite qu'elle jouit, ça ne fait pas de doute.»[199] Damit eignet sich Lacan letzten Endes die fremde weibliche Erfahrung zu Zwecken seiner eigenen Theoriebildung an und schließt ihre Stimme gleichzeitig aus dem philosophischen Diskurs aus.

Im Kapitel 'Cosi fan tutti' in *Ce sexe qui n'en est pas un* (1977) hat Irigaray ihre Kritik an Lacan entsprechend schlagfertig formuliert:

> A Rome ? Si loin ? Regarder ? Une statue ? De sainte ? Scuptée par un homme ? De quelle jouissance s'agit-il ? La jouissance de qui ? Car, pour ce qui concerne celle de la Thérèse en question, ses écrits sont peut-être plus parlants.
>
> Mais, comment les ‹lire› quand on est ‹homme› ? La production de jaculations de toutes sortes, souvent trop précocement émises, lui fait rater, dans le désir d'identification à la dame, ce qu'il en serait de sa jouissance à elle.[200]

Irigaray wendet sich hier deutlich gegen die eindeutig säkulare, sexuelle Interpretation Lacans. Dagegen stellt sie die Vieldimensionalität eines Begehrens, das sich in der Gleichzeitigkeit von Immanenz und Transzendenz einer einen-

---

[198] «Aller Schmerz und alle Lust der Ekstase vermitteln der Seherin keine Befriedigung, sondern sie verweisen auf etwas Anderes und treiben ihren Wunsch nach der vollkommenen Befriedigung ihres Begehrens in Gott nur bis an die äußerste, sinnlich erfahrbare Grenze.» Bernhard Teuber: *Sacrificium litterae*, S. 490.
[199] Jacques Lacan: *Encore*, S. 70f.
[200] Luce Irigaray: *Ce sexe qui n'en est pas un*. Paris: Les Éditions de Minuit 2003, S. 89.

genden Kategorisierung entzieht und sich damit im Sinne der hier verfolgten Argumentation auch als ein transsäkulares Begehren beschreiben ließe.

In *Speculum* nun stützt sich Irigaray auf die weibliche Morphologie, die Vielheit, Berührung, ganzheitlichen Genuss und Durchlässigkeit repräsentiert, als Gegenmodell zu einer 'phallogozentrisch' organisierten männlichen Sprache. Diese 'weibliche' Epistemologie hat den Vorwurf des Essenzialismus hervorgerufen, wenngleich das Weibliche auch nach Irigaray nicht zwingend biologisch gedacht ist, sondern eher auf die Erneuerung kultureller Imagination abhebt.[201] Irigaray selbst praktiziert einen Diskurs, der die logische, rationale Rede zu sprengen sucht, dunkel, assoziativ und schwer verständlich ist und damit selbst als eine Form der Mimikry mystischen Schreibens erscheint. Sie thematisiert das Schreiben der Mystikerinnen aber auch explizit als Modell einer selbstgenügsamen, unabschließbaren und fließenden Subjektivität, die durch die Spannung der Gegensätze von Körper und Sprache, Einheit und Vielheit, Drinnen und Draußen sowie Geschlossenheit und Offenheit gekennzeichnet ist – typische mystische Denkfiguren also:

> Abîmée maintenant en moi-même, et non plus coupée en ces deux gouffres contraires de l'élévation et de la déchéance. Sachant, à présent, que la hauteur et la profondeur s'enfantent – s'enfentent – l'une l'autre in(dé)finement. [...] *Hors de tout soi (comme) même.* Jamais semblables, toujours nouveaux. Jamais répétés ni répétables dans leurs ravissements. Donc incomtables dans leur énumération, car sans mesure déterminable.[202]

Die mystische Imagination und Ekstase ermöglicht der Mystikerin eine Selbstaufwertung und Anerkennung vor dem Hintergrund eines Diskurses, der Frauen ihren Wert außerhalb der Idealisierung als Jungfrau und Mutter genuin abspricht: «Et que tous la jugent folle ne compte plus puisque le ‹prince du monde› l'a remarquée et que désormais il accompagnera sa solitude.»[203] Anstatt die hierarchische Struktur von Selbstaufwertung und Abwertung des Anderen lediglich umzukehren, verfolgt die Mystikerin jedoch ein Prinzip der gegenseitigen Anerkennung, das letztlich auch die Grenzen des Subjekts selbst flüssig werden lässt:

---

201 Lena Lindhoff spricht allenfalls von einem Essenzialismus 'strategischer Natur': «Derartige Überlegungen als ‹Biologismus› zu bezeichnen, greift zu kurz; sie beziehen sich nicht auf ein ‹Reales›, sondern ein ‹Imaginäres›, und sie haben nicht zuletzt die strategische Funktion einer Antwort auf den gigantischen Biologismus, den die phallozentrische Ordnung selbst darstellt.» Lena Lindhoff: *Einführung in die feministische Literaturtheorie*, S. 125.
202 Luce Irigaray: *Speculum*, S. 250. Kursivierung im Original.
203 Ebda., S. 248. Vgl. erneut die psychoanalytisch fundierte Lektüre der Schriften Teresa von Ávilas durch Mary Frohlich, die den mystischen Diskurs als selbsttherapeutisches Schreiben deutet, indem der liebende Christus die Stelle der vorherigen abwertenden Gebote des Über-Ich annimmt. Mary Frohlich: *The Intersubjectivity of the Mystic*.

«Maintenant je le / me connais et en le / me connaissant je l' / m'aime, et en l' / m'aimant je le / me désire.»[204] Mystik ist damit auch wesentlich eine Praxis der Selbstliebe und des eigenen Begehrens, der Intimität und (Auto-) Erotik.[205]

Immer wieder kommt Irigaray auf die Anatomie zu sprechen, um ein ganzheitliches Modell weiblicher Erotik gegenüber einem phallogozentrischen Begehren zu profilieren. Dabei bezieht sie sich u.a. auf die Zweiheit und Selbstberührung des weiblichen Geschlechts. «Eine weibliche Identifikation denkt Irigaray als eine grundsätzlich andere, die nicht mehr unter dem phallischen Primat des Einen und der Abgrenzung stünde; als ein Geschlecht das nicht eins ist: eine ‹flüssige› Subjektivität, die sich auf sich selbst bezieht, ohne sich vom Anderen abzugrenzen.»[206] Insbesondere in der Semantik des Flüssigen ergibt sich eine Affinität zum Schreiben der Mystikerinnen, etwa in Bezug auf Mechthild von Magdeburgs *Fließendes Bild der Gottheit* oder Teresa von Ávilas Wassermetaphorik im *Libro de la vida*. Das Flüssige verweist dabei sowohl auf eine spezifisch weiblich gedachte Lust als auch auf eine Subjektivität der Durchlässigkeit und der Prozesshaftigkeit.[207]

Für Irigaray begründet und reklamiert sowohl die Mystikerin als auch die Hysterikerin somit einen Ort außerhalb der patriarchalischen Ordnung. «Die Beschäftigung mit der Mystik hat damit den Zweck, diesen Ort der Rede zurück[zu]gewinnen und zwar als Ausgangspunkt eines Sprechens im Namen der Frau, aber auch als Ausgangspunkt einer Analyse, die etwas anderes im Blick hat als die institutionalisierten Redeweisen»,[208] bemerkt Cornelia Wild. Aus dieser Perspektive bietet die Mystik nicht nur ein Modell für alternative geschlechterpolitische Ausdrucksweisen, sondern generell den Ausgangspunkt für ein Sprechen, «das wie die Dichtung einer eigenen epistemischen Logik folgt»[209] und sich einem rationalen, normativen, ökonomischen Diskurs entzieht. Hier argumentiert Irigaray ähnlich wie Cixous: «Sans doute le plus riche sera-t-il, en fin de comptes, celui qui aura davantage dilapidé ses réserves. Mais c'est déjà trop calculer, être trop logique même en ce *renversement* de toute économie connue. Aucunes mesures ne conviennent plus.»[210]

---

204 Luce Irigaray: *Speculum*, S. 250.
205 Vgl. ebda., S. 251.
206 Lena Lindhoff: *Einführung in die feministische Theorie*, S. 125.
207 «Le *fluide* doit demeurer ce *reste* secret, sacré, del'un. Sang, mais encore, lait, sperme, lymphe, bave, salive, larmes, humeurs, gaz, ondes, airs, feu, ...lumière, qui le menacent de déformation, de propagation, d'évaporation, de consumation, d'écoulement, en un autre difficile à ressaisir.» Luce Irigaray: *Speculum*, S. 294. Kursivierung im Orginal.
208 Cornelia Wild: Mystik, S. 395.
209 Ebda., S. 397.
210 Luce Irigaray: *Speculum*, S. 243. Kursivierung im Original.

Körperlichkeit ist für Irigaray dabei ein paradoxes Phänomen. Sie versteht den Körper auf der einen Seite im emphatischen Sinne als den Ort, in dem auf sinnliche, materielle Weise eine Begegnung mit dem Anderen möglich wird. Diese Öffnung zum anderen, namentlich in der Liebe, schließt eine religiöse Dimension nicht aus, wie Amy Hollywood herausstellt:

> Love is the *sensible transcendental*, to use Irigaray's term [...] the support of that dialectic between transcendence and immanence in which their apparent opposition is overcome. Through bodily affects God is radically immanent to humanity. Yet at the same time, even as the body and emotions provide the conditions for subjectivity, love allows one to transcend one's own particular body and opens one to the other.[211]

Auf der anderen Seite weisen die körperlichen Empfindungen von Schmerz, physischer Verwundbarkeit und Fragilität auf die Grenzen des Subjekts hin.[212] Dieses Oszillieren, diese Gleichzeitigkeit zwischen Immanenz und Transzendenz, hat eine mystische Konnotation und verweist gleichzeitig auf ein transsäkulares Potenzial, wobei Irigarays Verhältnis zur Religion insgesamt ambivalent und uneindeutig erscheint: «As she [...] wants to hold out the hope to women of transcendence, Irigaray can be interpreted as reinscribing a religious language that leads neither to theism nor to atheism but, rather, to a dialectic of immanence and transcendence that is strongly reminiscent of certain medieval Christian mystics.»[213]

Auch Irigarays Haltung zu Sprache, Logos und Wissens hat ambivalente Reaktionen hervorgerufen. In Affinität zu negativer Theorie und mystischer Nacht-Symbolik plädiert die feministische Theoretikerin für ein Wissen jenseits phallozentrischer Logik, ein Wissen, das außerhalb der Sprache zu verorten ist. Die 'unwissende' Mystikerin wird hier zum Modell:

> Et le cheminement qu'elle aura à faire pour s'enfuir de la logique qui ainsi l'a cadrée n'est pas rien. Sans compter qu'elle ne sait pas où elle va, qu'elle va devoir marcher sans méthode, et dans la ténèbre. Son œil étant accoutumé à une évidence qui justement cache ce qu'elle cherche. [...] Nuit de toute vision encore sensible, encore solaire [...]. Nuit encore, surtout, de toute spéculation intelligible, de toute contemplation théorique, eût-elle pour objet l'Être lui-même.[214]

Irigaray knüpft also an die Mystik an, um ein Modell eines anderen Wissens zu beschreiben. Dieser Ansatz bietet jedoch gleichzeitig das Risiko, dass Frauen (und andere nicht der binären, monolithischen Logik verhaftete Subjekte) intel-

---

211 Amy Hollywood: *Sensible Ecstasy*, S. 204. Kursivierung im Original.
212 Vgl. ebda., S. 234.
213 Nancy Frankenberry: Feminist Approaches, S. 19.
214 Luce Irigaray: *Speculum*, S. 240.

lektuelle Beteiligung abgesprochen wird und sie außerhalb der dominanten gesellschaftlichen und politischen Diskurse verbleiben.[215]

Die mystische Tradition, die selbst immer schon zwischen Orthodoxie und Heterodoxie, konfessioneller Religion und individueller Überschreitung, etablierter Geschlechterordnung und alternativen Entwürfen von Weiblichkeit und Männlichkeit zu verhandeln weiß, bietet in vielerlei Hinsicht diskursive Anknüpfungspunkte für Irigarays Unterfangen. Kritikerinnen haben in diesem Kontext zu bedenken gegeben, dass Irigarays Anknüpfungen an die Mystik in jeder Hinsicht darauf abzielen, Grenzen und Oppositionen aufzuheben, letztlich jedoch als gründende Kategorie weiterhin die Geschlechterdifferenz vorauszusetzen scheinen.

> According to Irigaray, mysticism disrupts the borders between body and soul, immanence and transcendence, sensible and intelligible, and in doing so is always marked by sexual difference. Moreover, unsettling the boundaries between bodies requires recognition of ‹the irreducible difference of sex› (leaving one boundary, it seems, untouched).[216]

Ähnliche Einwände können gegenüber der Assoziation des Männlichen mit Blick, Form und Metapher und des Weiblichen mit Berührung, Fluss und Metonymie formuliert werden: «Wenn Form / Identität / Eigentum als männlich zurückgewiesen werden, verweigert die Frau sich selbst Möglichkeiten der Selbstidentifikation, die eine lebbare Alternative zur patriarchalischen Rollenzuweisung wären. ‹Leben› [...] ist nicht nur Flüssigkeit, Kontinuität, Interaktion und Vernetzung, sondern eben auch Individuation und Abgrenzung.»[217] Diese grundsätzlichen Spannungen in Irigarays Ansatz sind nicht aufzulösen und müssen daher als ein paradoxes, Reibung generierendes Element des (differenz-) feministischen Zugriffs auf mystische Traditionen begriffen werden.[218]

---

215 Vgl. Amy Hollywood: *Sensible Ecstasy*, S. 266.
216 Ebda., S. 187f.
217 Lena Lindhoff: *Einführung in die feministische Theorie*, S. 126.
218 «The ambivalent relationship between mysticism and feminism is articulated most fully in the work of Luce Irigaray. She argues both that mysticism is the first site in which a feminine imaginary and potential symbolic appear and that, at least in its Christian forms, it is inadequate to the needs of contemporary feminism. Yet despite this assertion, Irigaray returns again and again to the mystical in ways that both generate and suggest potential resolutions of key tensions within her work. These moments of creative tension are themselves [...] moments in which she mimes mystical modes of writing.» Amy Hollywood: *Sensible Ecstasy*, S. 5.

Julia Kristeva: *Thérèse mon amour*

Während Julia Kristevas Konzept einer 'poetischen Sprache' Charakteristika sowohl avantgardistischer Ästhetik als auch eines *parler femme* und einer *écriture féminine* im Sinne Cixous' und Irigarays teilt, liegt ihr Fokus in Bezug auf die Mystikerinnen vor allem im Ausloten von Begehrensstrukturen und Alteritätserleben. Ich möchte dies beispielhaft an ihrer Beschäftigung mit Teresa von Ávila zeigen, vorher jedoch einen Blick auf Kristevas frühe Auseinandersetzung mit dem *Hohelied* als dem intertextuellen Modell christlicher Brautmystik schlechthin werfen. Kristevas gekreuzte Lektüren von Liebesdiskurs und mystischem Sprechen im Spannungsfeld von psychoanalytischer Deutung und religiöser Semantik verweisen besonders exemplarisch auf Schnittmengen zwischen psychoanalytischem Denken und transsäkularer Disposition, etwa in Bezug auf ihr Verständnis von Alterität als Begehrensmotor und Struktur einer grundsätzlichen Unverfügbarkeit und Inkommensurabilität des (eigenen) Anderen.

Bereits in *Histoires d'amour* (1989) beschäftigt sich Kristeva mit Liebe, Hingabe und Begehren im Kontext poetischen Sprechens. In der weiblichen Stimme des *Hohelieds*, die meist mit der Figur der Sulamite identifiziert wird, erkennt sie die erste Manifestation einer souveränen weiblichen Subjektivität in der jüdisch-christlichen Geschichte:

> Elle, l'épouse, prend pour la première fois au monde la parole devant son roi, époux ou Dieu ; pour s'y soumettre, soit. Mais en amoureuse aimée. C'est elle qui parle et qui s'égale, dans son amour légal, nommé, non coupable, à la souveraineté de l'autre. La Sulamite amoureuse est la première femme souveraine devant son aimé. Hymne à l'amour du couple, le judaïsme s'affirme ainsi comme une première libération des femmes.[219]

Kristeva liest den Liebesdiskurs im *Lied der Lieder* explizit als einen Raum weiblicher Ausdrucksmöglichkeit. Gleichzeitig reflektiert sie ausgehend von diesem Modell grundlegende Fragen moderner Subjektivität:

> La Sulamite, par son langage lyrique, dansant, théâtral, par son aventure conjuguant une soumission à la légalité et la violence de la passion, est le prototype de l'individu moderne. Sans être reine, elle est souveraine par son amour et le discours qui le fait être. [...] Limpide, intense, divisée, rapide, droite, souffrante, espérante, l'épouse – une femme – est le premier individu ordinaire qui, de son amour, devient le premier Sujet au sens moderne du terme. Divisée. Malade et cependant souveraine.[220]

---

[219] Julia Kristeva: *Histoires d'amour*. Paris: Denoël 1983, S. 97.
[220] Ebda., S. 97f.

Die Literaturwissenschaftlerin versteht die alttestamentarische Sprecherin also als Prototyp eines modernen Subjekts, das sich sowohl durch ein reziprokes Verhältnis von Begehren und Anerkennung als auch durch seine genuine Gespaltenheit und Unabgeschlossenheit auszeichnet und damit einen Paradigmenwechsel einleitet: «[L]'amour du Cantique ouvre una page toute neuve dans l'expérience de la subjectivité occidentale.»[221] Der Liebesdiskurs ist für Kristeva ein privilegierter Ort subjektiver Erfahrung, «l'espace d'une intériorité psychique. [...] [L]'amour est déjà le réceptacle de la vie intérieure.»[222] Die Subjektwerdung schließt dabei eine Doppelbewegung ein, eine der Unterwerfung (im etymologischen Sinne von 'Sub-jekt' als ein Unterworfenes) und eine der Gastlichkeit, des Empfangens und der Identifizierung. Diese doppelte Bewegung funktioniert jedoch nur durch eine Gegenseitigkeit, die die Liebe und Hingabe des Anderen immer schon voraussetzt:

> Le premier consiste en ceci qu'à travers l'amour, *je* me pose comme sujet à la parole de celui qui me subjugue – le Maître. L'assujettissement est amoureux, il suppose une réciprocité, voire une priorité de l'amour du souverain [...]. En même temps, et c'est le second mouvement, dans le dialogue amoureux *je* m'ouvre à l'autre, *je* l'accueille dans ma défaillance amoureuse, ou bien *je* l'absorbe dans mon exaltation, *je* m'identifie à lui. Par ces deux mouvements, les prémisses de l'*extase* (de la sortie hors de soi) et de l'*incarnation* en tant que devenir-corps de l'idéal, sont posées dans l'incantation amoureuse du Cantique.[223]

Die Liebesrede im *Hohelied* ist in erster Linie ein Begehrensdiskurs. Als späteres Modell der Brautmystik zeichnet sich dieser durch eine intensive (Selbst-) Affektion aus, die sich durch eine unabschließbare Bewegung zwischen Abwesenheit und Anwesenheit auszeichnet.[224] In diesem Sinne generiert die Absenz des Geliebten erst die Liebesrede und ist deren eigentliche Möglichkeitsbedingung. Im Begehrensdiskurs treffen sich dabei, mit Kristeva, körperliche und sprachliche Ebene, Signifikant und Signifikat, in einer unabschließbaren, Bilder und Genuss produzierenden Bewegung.[225] Kristeva führt ihre *Hohelied*-Exegese hin zu einer grundsätzlichen literaturtheoretischen Reflexion, wenn sie in der metaphorischen Struktur des biblischen Textes den Prozess der Sinnübertragung

---

221 Ebda., S. 95.
222 Ebda., S. 92.
223 Ebda., S. 92f. Kursivierung im Original.
224 Vgl. auch Cornelia Wild: Mystik, S. 396.
225 «Le sensitif et le significatif, le corps et le nom sont ainsi non seulement placés au même rang, mais fondus dans la même logique d'infinisation indécidable, de polyvalences sémantiques que brasse l'état amoureux – foyer de l'imaginaire, source de l'allégorie.» Julia Kristeva: *Histoires d'amour*, S. 90.

mit der «Übertragung des Subjekts an den Ort des anderen»²²⁶ parallel führt und damit für Fragen der Alterität öffnet.

Andersherum lässt sich auch die Begehrensstruktur in Bezug auf den Text selbst lesen. Das *Hohelied* inszeniert ein Begehren, das letztlich gerade in seiner Unabschließbarkeit im Begehren selbst Genuss und Fülle verspricht. «Il est vrai que cette présence de l'aimé est fuyante, qu'elle n'est en définitive, qu'une attente, et qu'à la fin (déplacée, dit-on) du chant, l'amante va jusqu'à épouser cette errance de l'aimé, cette fugue perpétuelle».²²⁷ Auch hierin ist der biblische Text modellbildend für die Mystik, die «die unaufhebbare Differenz durch die Unerreichbarkeit Gottes» produktiv macht «für die Möglichkeit eines unendlichen Genießens».²²⁸ Paul Ricœur hat gezeigt, wie das textuelle Spiel mit dem Begehren dabei zum eigentlichen Thema des *Hohelieds* wird: «Hence we can ask whether the veritable consummation is not in the song itself.»²²⁹

Kristeva vertieft ihre Auseinandersetzung mit Alterität, Begehren und Schreiben in Bezug auf Liebesdiskurs und Mystik 25 Jahre später in ihrem umfangreichen Buch über Teresa von Ávila. Die über 700 Seiten dicke persönliche Studie über die frühneuzeitliche Mystikerin erschien 2008, nur einige Jahre vor dem groß gefeierten 500-jährigen Geburtstag Teresas im Jahr 2015.²³⁰ Mehr als um eine biografische Darstellung oder literaturwissenschaftliche Analyse im klassischen Sinne handelt es sich hierbei um eine äußerst hybride, hochtheoretische, intertextuelle und selbstreflexive Annäherung an die Figur und das Werk Teresa von Ávilas: Geschichte, Fiktion, Theorie, Biografie und Autobiografie überblenden sich und stellen diese Gattungszuschreibungen kontinuierlich in Frage. Dabei geht es Kristeva immer auch darum, die Modernität und zeitgenössische Relevanz von Teresas Schreiben für Leserinnen und Leser zugänglich zu machen. In dem dialogischen Charakter des Textes lässt sich mithin sowohl eine performative Annäherung an

---

226 Julia Kristeva : *Geschichten von der Liebe*. Frankfurt a.M.: Suhrkamp 1993, S. 89. «La figure est amoureuse : condensation et déplacement de sèmes, elle désigne une incertitude non pas de l'objet d'amour [...], mais une incertitude du lien, de la position du sujet amoureux envers l'autre. [...] dès l'aube de la poésie lyrique [...] le transport de sens (*métaphérein* = transporter) résume le transfert du sujet au lieu de l'autre.» Julia Kristeva: *Histoires d'amour*, S. 90.
227 Julia Kristeva: *Histoires d'amour*, S. 88f.
228 Cornelia Wild: Mystik, S. 396.
229 Paul Ricœur: The Nuptial Metaphor. In: Jo Carruthers / Mark Knight / Andrew Tate (Hg.): *Literature and the Bible. A Reader*. London / New York: Routledge 2014, S. 221–228, hier S. 225.
230 Im Jahr 2015 erschien die spanische Übersetzung des Buches, die englische Version wurde bereits 2014 veröffentlicht. Ein Teil der folgenden Überlegungen sind in dem englischsprachigen Aufsatz veröffentlicht: Jenny Haase: Writing Oneself as Another – Writing Another as Oneself. Julia Kristeva and Teresa of Ávila. In: Joan Ramon Resina (Hg.): *Inscribed Identities. Writing as Self-Realization*. London: Routledge 2019, S. 141–156.

Teresas Schreibstil als auch eine Umsetzung von Kristevas eigener poststrukturalistischer Ästhetik erkennen.[231] Ähnlich wie bei Cixous und Irigaray liegt eine starke Identifizierung der Kritikerin mit der Mystikerin vor.

Die autodiegetische Erzählerfigur ist eine französische Psychoanalytikerin um die fünfzig und unschwer als *alter ego* der Kritikerin selbst zu begreifen. Sylvia Leclercq entwickelt eine obsessive Leidenschaft für Teresa von Ávilas Leben und Werk und identifiziert sich auf intellektueller, professioneller und emotionaler Ebene mit der Mystikerin. So scheint Teresas Sinnlichkeit sie etwa zu ihrem eigenen erotischen Begehren für ihren Verleger zu inspirieren und sie debattiert mit ihren akademischen Freunden über die politische Natur der Mystik und ihre (Kontrast-) Beziehung zum zeitgenössischen religiösen Fundamentalismus.

Kristeva verhandelt eine Vielzahl zeitgenössischer psychoanalytischer und politischer Theorien von Freud bis Agamben sowie zahlreiche mystische Forschungsliteratur. Der Text schließt fiktive szenische Dialoge der Mystikerin mit San Juan de la Cruz, Leibniz und Spinoza ein. Als *post scriptum* fügt Kristeva einen imaginierten Brief an Denis Diderot ein, der als Antwort auf dessen bekannten antiklerikalen Roman *La religieuse* (1792/96) lesbar ist, in dem der bekannte aufgeklärte Autor die repressiven, gewaltvollen Bedingungen des weiblichen Klosterlebens anprangert. Sylvia dagegen verteidigt weibliche Religiosität als «[une] subversion infinitésimale».[232] Diese Spannung zwischen der säkularen Tradition europäischer Philosophie in der Tradition der Aufklärung und einer neuen – transsäkularen – Wertschätzung religiöser und spiritueller Praktiken in der gegenwärtigen Theorie charakterisiert Kristevas Buch.

Alterität und Fremdheit sind zwei der Leitmotive in Kristevas Auseinandersetzung mit Teresa. In ihren theoretischen Arbeiten wie *Étrangers à nous-mêmes* (1988) und in Dialog mit Freuds Konzept des 'Unheimlichen' betont die Psychoanalytikerin die innere Fremdheit jedes Menschen als konstitutive *conditio humana*. Das Unbehagen, das wir in der Begegnung mit nationaler, kultureller oder religiöser Alterität empfinden, so Kristevas Argumentation, basiert im Wesentlichen auf der eigenen, nicht eingestandenen inneren Fremdheit: «[L]'étranger nous habite : il est la face cachée de notre identité [...]. De le reconnaître en

---

[231] So adressiert Teresa in ihren Texten nicht nur immer wieder Gott und Christus, sondern auch potenzielle Leserinnen wie ihre Mitschwestern, aber auch Leser wie ihre Beichtväter oder mögliche Zensoren. Auch ihre Lyrik erweist sich als hochdialogisch. Ihre autobiografisch inspirierte *Vida* stellt ebenfalls eine heterogene Zusammenstellung von Erinnerungen und Reflexionen dar, die auch zeitlich diachron strukturiert ist und damit dem klassischen Autobiografie-Verständnis widerläuft.
[232] Julia Kristeva: *Thérèse mon amour*, S. 667.

nous, nous nous épargnons de le détester en lui-même.»[233] Die eigene 'Unheimlichkeit' anzuerkennen wäre gleichzeitig der erste Schritt zur Aussöhnung mit existenziellen Erfahrungen von Verlust, Melancholie und Entfremdung sowie zu einem positiven Umgang mit dem äußeren (kulturell, politisch, religiös) Anderen.

Kristeva liest Teresas mystisches und autobiografisches Schreiben als beispielhaftes Modell einer erfolgreichen Integration innerer Alterität in Form einer psychologischen Selbstanalyse *avant la lettre*. So deutet die Kritikerin Teresas Verhältnis zu Christus im mystischen Gebet als sinnstiftende Transformation eigener Ängste und Traumata in der Figur eines liebenden, wohlwollenden Vaters oder: *superego*.[234] Sylvia projiziert hier buchstäblich ihre eigene Fremdheitserfahrung auf die Figur Teresas und 'überträgt' diese in analytische Begriffe:

> Oserais-je demander à votre allégresse, à votre infatigable mobilité, à votre étincelante malice la permission de retracer votre voyage à partir de mon inconciliable étrangeté ? Je vous dois tout de suite l'aveu d'une infidélité majeure, d'une incapacité, d'un handicap peut être à vos yeux : puisque Dieu est inconscient et que l'inconscient nous dédouble, je prétends que l'Autre nous habite, qu'il n'est pas Au-delà, et que la transcendance que vous désirez est une immanence. [...] Ne vous dites pas que Dieu est en vous ? Votre chemin à travers les demeures du château intérieur n'est pas une impasse à la Kafka : les cloisons sont perméables, aucune porte close n'interdit l'accès du maître qui gît au plus intérieur de votre intimité.[235]

In Einvernehmen mit Kristevas eigenem Verständnis stellt Teresa ein prozesshaftes Subjektivitätsmodell zur Schau, das flüssig, unstabil und nomadisch ist. Diese Form von Subjektivität konstituiert sich wesentlich in Beziehung zu einem (imaginierten oder physisch existenten) Anderen. Teresas metaphorische Beschreibung mystischer Erfahrung ist dabei besonders affin zur Idee einer sich stets in Bewegung befindenden, permeablen Innerlichkeit. In der wohl bekanntesten Stelle der *Moradas* entwirft Teresa die Seele als eine Burg aus fast unendlich anmutenden Räumen: «Nuestra alma [es] como un castillo todo de un diamante o muy claro cristal, adonde hay muchos aposentos, asi como en el cielo hay muchas moradas».[236] Diese Burg kann jedoch nicht mit den Mitteln rationaler, logischer Architektur dargestellt werden. Vielmehr handelt es sich um ein nicht-euklidisches, tropologisches Raummodell, verschieben, verändern und überblenden sich diese Räume doch kontinuierlich:

---

233 Julia Kristeva: *Étrangers à nous-mêmes*. Paris: Fayard 1988, S. 9.
234 Vgl. entsprechend Mary Frohlich: *The Intersubjectivity of the Mystic*.
235 Julia Kristeva: *Thérèse mon amour*, S. 80f.
236 Santa Teresa: *Obras completas*, S. 837 (*Moradas* I, 1, 1).

> No habéis de entender estas moradas una en pos de otra, como cosa en hilada, sino poned los ojos en el centro, que es la pieza o palacio adonde está el rey, y considerar como un palmito, que para llegar a lo que es de comer tiene muchas coberturas que todo lo sabroso cercan. Así acá, enrededor de esta pieza están muchas, y encima lo mismo. Porque las cosas del alma siempre se han de considerar con plenitud y anchura y grandeza [...]. Déje el alma andar por estas moradas, arriba y abajo y a los lados, pues Dios ladio tan gran dignidad; no se estruje en estar mucho tiempo en una pieza sola. ¡Oh que si es en el propio conocimiento!²³⁷

Für Kristeva verweist die nicht-logische, unrepräsentierbare Burgarchitektur nicht auf eine kohärente und feste Vorstellung von 'Seele', sondern konnotiert vielmehr einen veränderlichen, durchlässigen Innenraum – «un kaléidoscope de ‹demeures› [...], un ‹appareil psychique› composé de multiples facettes, de transitions plurielles, ou l'identité de l'écrivaine s'échappe d'elle-même, se perd, se libère...».²³⁸ Der Schreibakt wird hier ganz wesentlich, sowohl in Bezug auf die mystische Erfahrung als auch auf die psychologische Selbsterforschung. Insofern ist Teresas Selbstentdeckung hier keine *talking cure* im Sinne klassischer Psychoanalyse, sondern viel eher «une thérapie scripturaire»²³⁹ und «[un] roman de l'intériorité».²⁴⁰

Indem sie den engen Bezug zwischen Mystik und Schreiben herausstellt, schließt Kristeva an postmoderne Theoretiker wie Michel de Certeau und Don Cupitt an: «[J] soutiendrai donc que l'extase de Thérèse [...] est le fait de son écriture [...], Thérèse ne jouit qu'en écrivant. [...] Pour elle, le langage n'est pas un instrument, mais le terrain même de l'acte dit mystique».²⁴¹ In Kristevas Sicht ist Teresas Schreiben insofern nicht nur ein konstitutiver Akt psychologischer Selbstanalyse, sondern auch wesentliches Mittel der aussöhnenden Verhandlung konfliktiver innerer Alterität:

> C'est par l'écriture que l'Autre et toute altérité cessent d'être interdits ou même séparés de moi. Car, en écrivant, je les pense, je les perçois et les possède, je les touche et en suis touchée. L'écriture est le passage [...]. Thérèse s'autorisant à écrire est désormais ‹une autre› : capable de *sentir* au sens fondamental de *toucher*. Tous ces ‹autres› qui lui faisaient peur ou, du moins, l'impressionnaient, sont en elle, et elle est en eux – interpénétration réciproque. Les textes bibliques et évangéliques, le Surmoi familial, l'exigeante *honra*, l'aspiration à l'Idéal et à l'éternité ne vous sont plus des impératifs extérieurs, Thérèse mon amour, puisque vous osez les assimiler dans votre propre expérience sensible, en imprégner votre style, votre *fiction*.²⁴²

---

237 Santa Teresa: *Obras completas*, S. 845 (*Moradas* I, 2, 8).
238 Julia Kristeva: *Thérèse mon amour*, S. 20.
239 Ebda., S. 31
240 Ebda., S. 98.
241 Ebda., S. 117.
242 Ebda., S. 508f. Kursivierungen im Original.

Mystisches Schreiben – wenn nicht Schreiben generell – eröffnet somit einen Raum, in dem miteinander in Konflikt stehende Anteile des Selbst in Kontakt treten und zu einem produktiven Miteinander finden können. In diesem Sinne sieht Kristeva Teresas mystische Einsichten als einen Wegbereiter moderner Philosophie und Psychoanalyse: «Après Socrate le dialogique, avant Montaigne doutant et Descartes pensant, cette femme a eu l'idée – biblique ? Baroque ? psychanalytique ? – d'inventer une connaissance de soi qui n'advient que si elle est intrinsèquement dédoublée : ‹toi en moi› et ‹moi en toi›.»[243]

Über die Frage nach individueller Subjektivität und Alterität hinaus nimmt Kristeva das Werk der Mystikerin zum Anlass, um aktuelle Fragen von Religion und Fundamentalismus zu diskutieren. Dies mag auf den ersten Blick eine überraschende Affiliation sein, wie auch die Erzählerin selbstreflexiv feststellt: «Mais alors, pourquoi est-ce la mystique qui me séduit, qui nous séduit, quand on essaie de briser le cercle de la rationalité calculatrice, de desserrer le carcan des manipulations intégristes et d'analyser la logique folle des pousse-à-jouir terroristes ?»[244] Kristeva überträgt ihre Thesen zum individuellen Umgang mit Alterität auf die politische Sphäre der Gemeinschaft und plädiert unter Bezug auf Teresas Erfahrung in emphatischer Weise für das Ideal eines toleranten Zusammenlebens verschiedener Kulturen und Religionen.

> En extrapolant votre expérience [...] j'imagine une humanité soucieuse du désir de l'Autre en chaque autre, se cherchant à travers et avec l'histoire de tous, juifs, chrétiens, musulmans, confucéens, shintoistes, et j'en passe. Sans ignorer leurs hostilités, ni se réduire à leurs divergences, ni se plier à leurs institutions. Vœu pieux ? Peut-être. Mais peut-être pas. Car nous sommes d'accord qu'il y a de l'Autre, n'est-ce pas, Thérèse [...].[245]

Kristevas Interpretation lässt sich auf Passagen in Teresas Werk zurückführen, in denen die Mystikerin die Aussöhnung mit inneren Konflikten zur Bedingung für ein ausgeglichenes soziales Miteinander vorstellt.[246] Die für Teresas Mystik kenn-

---

243 Ebda., S. 36.
244 Ebda., S. 65.
245 Ebda., S. 83. Vgl. dagegen jedoch die Lektüre von Racheal Fest, die in Kristevas *récit* einen versteckten Antiislamismus findet. Racheal Fest: Julia Kristeva's New Humanism. Imagining Teresa of Ávila for the Twenty-First Century. In: Martina Bengert / Iris Roebling-Grau (Hg.): *Santa Teresa. Critical Insights, Filiations, Responses.* Tübingen: Narr Francke Attempto 2019, S. 269–286.
246 «¿Puede ser mayor mal que no nos hallemos en nuestra misma casa? ¿Qué esperanza podemos tener de hallar sosiego en otras casas, pues en las propias no podemos sosegar? Sino que tan grandes y verdaderos amigos y parientes y con quien siempre, aunque no queramos, hemos de vivir, como son las potencias, esas parece nos hacen la guerra, como sentidas de las que a ellas les han hecho nuestros vicios. ¡Paz, paz!, hermanas mías [...] si no la tenemos y

zeichnende Kombination liebenden Begehrens und konkreter gesellschaftlich-politischer Tätigkeit (Reform des Karmeliterordens, Klostergründungen, Unterrichten) wird somit zur Alternative für die scheinbar unauflösbare Dichotomie von 'kaltem' Rationalismus und 'erhitzter' Religiosität im Sinne einer differenzierteren transsäkularen Logik.[247] In diesem Kontext versteht Sylvia Mystik als anthropologische Konstante, die sich in allen religiösen Kulturen findet und als Modell eines Denkens der Alterität und Liminalität jenseits einer ausschließenden binären Logik lesbar ist.

> C'est cette altérité que célèbrent toutes les religions, comme une limite ou figure sacrée (une divinité) commanderait les désirs du flux vital tout en étant séparée de lui ou bien en s'associant à lui [...]. Découvrir cette frontière où point l'altérité en moi, la cultiver et la respecter dans mes liens avec les autres me permet enfin, peut-être, d'aborder ces autres comme des êtres de désir et non plus comme des objets de besoin.[248]

Die Analogien zwischen Autorin und Erzählerin sind deutlich. In spielerisch-selbstreflexiver Weise verweist der Text auf die hybride Identität von Kristeva selbst und führt diese parallel zu Teresas fluidem Subjektivitätsmodell: «Bulgare d'origine, française de nationalité, citoyenne européenne et américaine d'adoption ? Journaliste, psy, sémioticienne, romancière, et quoi encore ? Des mobiles, des kaléidoscopes, en elle aussi...»[249] Kristeva reflektiert diesen 'Übertragungsprozess' kontinuierlich selbst, z.B., wenn sie über ihren eigenen kulturellen Übersetzungsvorgang nachdenkt:

> Par-delà le temps, les langues, les cultures, vous me ‹parlez› parce que je vous traduis à ma façon. Vos illuminations, Thérèse mon amour, vos ravissements, vos hallucinations, vos délires, votre style, votre ‹pensée› qui se défend d'être un ‹entendement›, qui n'en veut pas – je les reçois à travers mes filtres, je les accueille dans une réflexion à moi, je les abrite dans mon corps, je les pénètre avec mes propres désirs.[250]

Diese allgemeinen Überlegungen über die persönliche Aneignung der Mystikerin lassen sich auf alle hier diskutierten Transformations- und Appropriationsprozesse übertragen.

---

procuramos en nuestra casa, que no la hallaremos en los extraños.» Santa Teresa: *Obra completas*, S. 855f. (*Moradas* II, 1, 9).
247 Vgl. Maria Margaroni: Julia Kristeva's Voyage in the Thérèsian Continent. The Malady of Love and the Enigma of an Incarnated, Shareable, Smiling Imaginary. In: *Journal of French and Francophone Philosophy / Revue de la philosophie française et francophone* 21, 1 (2013), S. 83–103.
248 Julia Kristeva: *Thérèse mon amour*, S. 82.
249 Ebda., S. 482.
250 Ebda., S. 79.

Damit lässt sich aus Kristevas Beschäftigung mit Teresa von Ávila eine letzte generelle Beobachtung zum Schreiben / Lesen herausfiltern. Elisabeth Coles lenkt die Aufmerksamkeit auf die Parallelen zwischen der Beziehung von Mystikerin und Gott bzw. Kritikerin und (toter) Autorin. Das begehrte Objekt eröffnet in beiden Fällen einen Raum für buchstäblich unendliche Fantasien und Projektionen:

> Desire, as it is represented and representable, flows only one way in each of these pairings – from St. Teresa to God and from Kristeva to St. Teresa – yet in both cases of desire, or rather, in the case of both desired objects, reciprocated desire is part of the fantasy permitted by the object's otherness and intractability: I am in relation to God, in exchange with him, in part because there is nothing to prove otherwise; I am in ‹contact› with an author because there is nothing in her language to put a stop to my fantasy: its indifference to my desires neither encourages nor denies my suit as a reader. Both channels of desire claim a desired object, yet both objects can be sensed and read as the reader desires; impersonal, objective and yet – the fantasy maintains – meant for me.[251]

Insofern regt *Thérèse mon amour* nicht nur eine Reflexion über Glauben, Begehren und Schreiben an, sondern auch ein Nachdenken über Formen und Effekte des Lesens. Kristeva performt und übertreibt willentlich Interpretationsmechanismen, die allen hermeneutischen Prozessen innewohnen. Fantasie, Imagination oder auch Fiktion stellen das Bindeglied zwischen Mystikerin und Leserin-Kritikerin her.

Die vorangegangenen Reflexionen haben deutlich gemacht, dass Julia Kristevas Teresa-Buch schon nicht mehr als genuin postmoderne Studie angesehen werden kann, da sie sich zu Recht eindeutigen Positionsnahmen und einer weitgehend ironiefreien, emphatischen Feier und Idealisierung Teresas bekennt. Aktuelle neumaterialistische und neovitalistische Ansätze aus dem Feld feministischer Theorie, die Thema des folgenden und letzten Unterkapitels dieser theoretischen Diskussion sein werden, gehen auf andere Weise über die stark sprachbezogene, skeptische Subjektivitätskonzeption der poststrukturalistischen Denkerinnen hinaus. Die neumaterialistischen Theoretikerinnen nehmen in spezifischer Weise die materielle Konstitution und Relationalität von Subjektivität in den Blick. Kontinuitäten zu den *french feminists* zeigen sich freilich in der Profilierung von Körper, Bindung und Affekt. Hier liegen ebenfalls Verbindungen zum transsäkularen und mystischen Denken, die in den kommenden Textlektüren aufgegriffen und in Relation gesetzt werden.

---

[251] Elizabeth Coles: Thérèse mon amour. Julia Kristeva's St. Teresa of Avila. In: *Feminist Theology* 24, 2 (2016), S. 156–170, hier S. 160.

2.4 Vitaler Materialismus und neuere (feministische) Subjektivitätsmodelle

Neumaterialistische Denkansätze werden in den Geisteswissenschaften gegenwärtig intensiv rezipiert und diskutiert. Theoretikerinnen wie Jane Bennett, Rosi Braidotti oder Karen Barad schließen an wesentliche Denkfiguren Michel Foucaults, Judith Butlers oder Luce Irigarays an, konzipieren jedoch Körperlichkeit und Subjektivität vor der Folie neuer posthumanistischer Philosophie nicht nur in Bezug auf sprachliche Kultur und Performativität, sondern in Relation zur Gesamtheit diskursiver, materieller und körperlicher Phänomene. Neumaterialistische Ansätze treten dabei auch in eine Spannung mit Subjektphilosophien wie jener Taylors, der zwar den anthropozentrischen Blick in Bezug auf eine transzendente Alterität öffnet, dabei aber doch im Wesentlichen den Menschen ins Zentrum seiner Reflexionen stellt. Dezidiert begreife ich Posthumanismus jedoch nicht als Anti-Humanismus im antithetischen Sinne, sondern vielmehr als eine kritische reflexive Haltung gegenüber unreflektiert hierarchischen, anthropozentrischen Denkmodellen.[252]

Einige dieser neueren posthumanistischen Ansätze möchte ich für den Analyseteil fruchtbar machen, um eine Brücke zwischen frühneuzeitlicher Mystik und ihren modernen poetischen Aneignungen, dem Vitalismus des frühen 20. Jahrhunderts sowie neumaterialistischen, neovitalistischen Denkrichtungen der Gegenwart zu schlagen. Dafür werde ich in diesem Unterkapitel zunächst auf grundlegende Prämissen neumaterialistischer Theorien eingehen. Anschließend stelle ich zentrale Thesen aus Bennetts einschlägiger Studie *Vibrant Matter* vor und frage nach dessen Potenzial für transsäkulare literaturwissenschaftliche Analysen. Im Anschlusss werden Affinitäten und Differenzen zwischen Bennetts *new materialism* und der vitalistischen Philosophie der Moderne diskutiert. Schließlich stelle ich Rosi Braidottis vitalen Materialismus als feministische Aneignung sowohl neumaterialistischer als auch postsäkularer Ansätze vor. Dabei geht es insgesamt um eine Neuperspektivierung von Subjektivität, die sowohl über klassische anthropozentrische, cartesianische als auch poststrukturalistische Ansätze hinausgeht, indem die materielle Verschränkung allen Lebens im Zentrum steht.

---

[252] In diesem Sinne liegt es nahe, analog zum Begriff des Transsäkularen auch vom Transhumanen zu sprechen. Da der Begriff jedoch häufig im Kontext technologischer Entgrenzung des Menschen gebraucht wird, halte ich im Folgenden am Gebrauch von Posthumanismus und auch Postanthropozentrimus fest. Ich meine damit gleichwohl keine zeitliche Beschreibungskategorie, sondern eine kritisch-reflexive Positionierung gegenüber unreflektierten hierarchischen anthropozentrischen Modellen.

New materialisms

Eine Gemeinsamkeit der potenziell sehr verschiedenen Perspektiven der *new materialisms* besteht in einer hohen Aufmerksamkeit für die konstitutiven, vielfältigen Beziehungen und Verstrickungen des Menschen mit seiner physischen Umwelt. Neumaterialistische Ansätze lehnen die dualistische Vorstellung einer präzisen Trennung zwischen Subjekt und Umwelt ab und heben stattdessen auf die grundsätzliche Verschränktheit verschiedener Entitäten, oder mit Karen Barad eher Phänomene, nicht-wesentlicher veränderbarer Einheiten, ab: «I take the primary ontological unit to be *phenomena*, rather than independent objects with inherent boundaries and properties. [...] That is, *phenomena are ontological entanglements.*»[253]

Neumaterialistische Ansätze verorten sich vorwiegend innerhalb eines kritischen Posthumanismus. Sie setzen sich kritisch mit einem europäischen Humanismus auseinander, der traditionell den Menschen als Mittelpunkt ansieht und diesen in ein hierarchisches Verhältnis zu Tieren, Pflanzen, Umwelt setzt. Stattdessen werden Subjektivität und die wahrnehmbaren Phänomene der Welt in diesen Theorien als grundsätzlich relational, dynamisch und prozesshaft gedacht, und das Sprechen von festen Entitäten geht in diesem Sinne im Grunde immer schon an der Sache vorbei.

Zu den prägendsten Denkfiguren neumaterialistischer Theorie gehören Donna Haraways Konzepte des *Cyborgs* und der *companion species*, Bruno Latours Actor-Network-Theory, Karen Barads agentieller Realismus und Jane Bennetts *vital materialism.*[254] Jüngst hat jedoch auch etwa Luce Irigaray Texte veröffentlicht, die eine postanthropozentristische Perspektive auf Natur vorschlagen: so etwa in ihrem Buch *Through Vegetal Being* (2016), in dem sie gemeinsam mit Michael Marder die Beziehung zwischen Mensch und Pflanzen

---

[253] Karen Barad: *Meeting the Universe Halfway. Quantum Physics and the Entanglement of Matter and Meaning.* Durham / London: Duke University Press 2007, S. 333. Kursivierung im Original. Der Begriff 'Umwelt' selbst gerät dabei in die Kritik, suggeriert er doch eine klare Scheidung zwischen menschlichem Subjekt und umgebender objektiver Welt, die im *new materialism* gerade aufgebrochen wird. Ich werde diese konzeptuelle Einschränkung im weiteren Gebrauch stets mitdenken.

[254] Vgl. Donna Haraway: A Manifesto for Cyborgs. Science, Technology and Socialist Feminism in the 1980ies. In: Linda Nicholson (Hg.): *Feminism, Postmodernism.* New York: Routledge 1990, S. 190–233; *The Companion Species Manifesto. Dogs, People, and Significant Otherness.* Chicago: Prickly Paradigm Press 2003; *Staying with the Trouble. Making Kin in the Chthulucene.* Durham: Duke University Press 2016; Bruno Latour: *Reassembling the Social.* Oxford: Oxford University Press 2005; Karen Barad: *Meeting the Universe Halfway;* Jane Bennett: *Vibrant Matter. A Political Ecology of Things.* Durham / London: Duke University Press 2010.

neu perspektiviert und dabei besonders auf den Atem als verbindendes Element abhebt.[255]

Jane Bennett: *Vibrant Matter*

Jane Bennett geht es in *Vibrant Matter* (2010) um ein philosophisches und politisches Projekt, das Fragen der Ethik über den Menschen hinaus denkt. Ihr Ziel ist es, eine positive Ontologie zu formulieren, die unsere binär geprägten Vorstellungen von lebendigen Organismen und toter Materie dekonstruiert und konventionelle Konzepte von Subjektivität, *agency*, Freiheit und Verantwortung neu zu definieren sucht. Bennett versteht Materie nicht als passiv, unveränderbar und unbeweglich, sondern als grundsätzlich 'vital'. Damit ist in erster Linie gemeint, dass auch nicht-menschliche, sogar anorganische Entitäten signifikante Effekte bewirken können und damit *agency* im Sinne von Latours Definition eines Aktanten haben. Bennett definiert diesen als «a source of action that can be either human or nonhuman; it is that which has efficacy, can *do* things, has sufficient coherence to make a difference, produce effects, alter the course of events.»[256] Vitalität hingegen beschreibt «the capacity of things – edibles, commodities, storms, metals – not only to impede or block the will and designs of humans but also to act as quasi agents or forces with trajectories, propensities, or tendencies of their own.»[257] Anschließend an Latour stellt Bennett Beispiele für die Effekte von in temporären Netzwerken und Figurationen entstehendes komplexes gemeinschaftliches 'Handeln' verschiedener Aktanten vor, etwa am Beispiel der menschlichen Nahrungsaufnahme oder der Struktur der Stromversorgung in US-amerikanischen Großstädten.

Die politischen Konsequenzen eines solchen Einschlusses nicht-menschlicher Aktanten in die öffentliche Debatte sind doppelter Natur. Zum einen geht es darum, politische Theorie für die Existenz nicht-menschlicher Organismen zu sensibilisieren, ihre Beteiligung an komplexen Interaktionen sichtbar zu machen. Zum anderen wird gleichzeitig der Mensch in seiner Materialität betrachtet, die er mit Tieren, Pflanzen, Mineralien, Bakterien etc. teilt. Aus der Vorstellung einer geteilten Materialität, 'die um uns und durch uns durchfließt', entwickelt Bennett die Notwendigkeit eines sensiblen und respektvollen – ethischen – Umgangs mit men-

---

255 Vgl. Luce Irigaray / Michael Marder: *Through Vegetal Being. Two Philosophical Perspectives*. New York: Columbia University Press 2016.
256 Jane Bennett: *Vibrant Matter*, S. viii. Kursivierung im Original.
257 Ebda., S. viii.

schlichen wie nicht-menschlichen Organismen: «For the vital materialist [..] the starting point of ethics is [...] the recognition of human participation in a shared, vital materiality. [...] The ethical task at hand here is to cultivate the ability to discern nonhuman vitality, to become perpetually open to it.»[258]

Es ist mir wichtig herauszustellen, dass Bennett keine völlige Distinktionslosigkeit vorschlägt, sondern für eine weniger hierarchische, flachere, vertikale Beziehung zwischen Menschen und anderen Körpern und Dingen plädiert.[259] Als besonders reichhaltige, heterogene und komplexe materielle Figuration ist menschliche Subjektivität in Konsequenz «an impure, human-nonhuman assemblage».[260] Die Gefahren einer Verdinglichung des Menschen bewusst erkennend, optiert sie für eine Achtsamkeit gegenüber jeglichen Existenzformen:

> If matter itself is lively, then not only is the difference between subjects and objects minimized, but the status of the shared materiality of all things is elevated. All bodies become more than mere objects [...]. The ethical aim becomes to distribute value more generously, to bodies as such. Such a newfound attentiveness to matter and its powers will not solve the problem of human exploitation or oppression, but it can inspire a greater sense of the extent to which all bodies are kin in the sense of inextricably enmeshed in a dense network of relations. And in a knotted world of vibrant matter, to harm one section of the web may very well be to harm oneself.[261]

Das Bewusstsein für die Verwobenheit und den Wert verschiedener Existenzen und Lebensformen erinnert an traditionelle Naturreligionen und animistische Konzepte. Das transsäkulare Potenzial dieser ethischen Reflexionen hat Anat Pick in ihrem Buch *Creaturely Poetics. Animality and Vulnerability in Literature and Film* (2011) herausgearbeitet. Die Autorin gebraucht den Begriff des 'Kreatürlichen', um eine gemeinsame Erfahrung von Menschen und Tieren zu beschreiben, die jeweils auf ihrer grundsätzlichen physischen Verwundbarkeit gründet. Pick insistiert neben dem materiellen Aspekt auf einer Alterität und Unverfügbarkeit, die dem Heiligen eigen ist. Sie bricht dabei nicht nur die Op-

---

258 Ebda., S. 14.
259 Vgl. ebda., S. 9f. Kritik an Bennetts Thesen kommt darüberhinaus von zwei entgegengesetzten Seiten. Auf der einen Seite machen ihr Kritiker z.B. Unwissenschaftlichkeit und Esoterik zum Vorwurf. Auf der anderen Seite wird ihr vorgeworfen, nicht weit genug zu gehen und selbst noch in Anthropomorphismus und essenzialistischen Denkstrukturen verhaftet zu bleiben. Vgl. etwa Thomas Lemke: An Alternative Model of Politics? Prospects and Problems of Jane Bennett's Vital Materialism. In: *Theory, Culture & Society* 35, 1 (Mai 2018). <https://journals.sagepub.com/doi/10.1177/0263276418757316> [22.4.2022]
260 Jane Bennett: *Vibrant Matter*, S. xvii.
261 Ebda., S. 13.

position von Menschlichem und Nicht-Menschlichem, sondern auch jene von Materialität und Spiritualität, Immanenz und Transzendenz auf.²⁶²

Wie lassen sich Bennetts Überlegungen darüber hinaus für literatur- und kulturwissenschaftliche Fragestellungen und konkret für die Analyse mystischer Strukturen fruchtbar machen? Die Theoretikerin selbst sieht in Kunst und Literatur eine Möglichkeit, mittels der Sinne, der Sprache und der Fantasie die Aufmerksamkeit auf die Vitalität allen Seins zu lenken: «[A] poem [...] does offer this potential benefit: it can direct sensory, linguistic, and imaginative attention toward a material vitality.»²⁶³ Literatur kann also über die ihr eigenen Mittel eine Aufgeschlossenheit gegenüber neumaterialistischem Denken oder diesem affinen früheren Philosophien und Ästhetiken bewirken. Dabei wird Literatur und Kunst mit ihrer Materialität und ihren diskursiven Effekten selbst zu einem Aktanten, indem sie den Leser zu affizieren vermag. Auch Leserinnen und Leser, die sich mit Texten beschäftigen, werden – in einer Ausweitung etablierter Rezeptionstheorie – Teil eines größeren Netzwerkes der Effekte von Texten. Schließlich lassen sich Repräsentationen einer vitalistischen Wahrnehmung von Welt selbstverständlich auf semantischer Ebene analysieren, wobei die performativen Effekte und spezifischen ästhetischen Mittel mitberücksichtigt werden.²⁶⁴ Eine – wenngleich durchaus spannungsvolle – Affinität neumaterialistischer Ansätze zu mystischen Diskursen sehe ich schließlich in den Vorbehalten gegenüber einem autonomen, geschlossenen und rein kognitiv gedachten Subjektmodell, der steten Auseinandersetzung mit (ontologischer) Alterität sowie der Anerkennung grundsätzlicher Eingebettetheit und Relationalität von Subjektivität.

Bennetts *vital materialism* und der Vitalismus der Moderne

Bennett bettet ihre Argumentation in eine philosophische Tradition des materiellen Denkens von Lukrez, Demokrit und Epikur über Spinoza, Hobbes und Diderot bis Darwin, Bergson, Nietzsche und Deleuze ein, verweist aber auch auf Affinitäten zu Animismus und Romantik. Neben Spinoza und Deleuze ist es vor

---

262 Vgl. Anat Pick: *Creaturely Poetics. Animality and Vulnerability in Literature and Film*. New York: Columbia University Press 2011.
263 Jane Bennett: *Vibrant Matter*, S. 19. Bennett spricht hier konkret von Lukrez' *De Rerum Natura* und Kafkas Erzählungen, aber auch von philosophischer und naturwissenschaftlicher Spekulation; ich generalisiere davon ausgehend für literarische Werke allgemein.
264 Vgl. insgesamt zu dem noch neuen Feld neomaterialistischer Literaturtheorie z.B. Marlene Marcussen / Sten Pultz Moslund (Hg.): *How Literature Comes to Matter. Post-Anthropocentric Approaches to the Study of Literature*. Edinburgh: Edinburgh University Press 2020.

2.4 Vitaler Materialismus und neuere (feministische) Subjektivitätsmodelle —— 95

allem der Vitalismus des frühen 20. Jahrhunderts (Henri Bergson und Hans Driesch), der ihr wichtige Impulse liefert.[265] Dieser Bezug ist besonders erhellend für die hier verfolgte Parallelführung zwischen Mystik, modernistischer Lyrik und neuem Materialismus. Um die Affinität zwischen dem *new materialism* und dem Vitalismus des frühen 20. Jahrhunderts für die Analyse moderner Lyrik fruchtbar zu machen, verweise ich im Folgenden auf einige der Anknüpfungspunkte, die Bennett mit der modernen Lebensphilosophie ausmacht. Ich werde mich vor allem auf die Analogien zu Bergson konzentrieren, da dieser Kultur und Literatur zu Beginn des 20. Jahrhunderts nicht nur in Frankreich entscheidend prägte und auch von den zu untersuchenden Lyrikerinnen – in verschiedener Intensität – rezipiert worden ist. Bennett bezieht sich im Wesentlichen auf Bergsons 1907 erschienenes Werk *L'évolution créatrice*, für das dieser 1927 den Literaturnobelpreis erhielt, sowie auf Deleuze' spätere Auseinandersetzung mit dem Philosophen in *Le bergsonisme* (1963).

In *Vibrant Matter* plädiert Bennett für eine Neuentdeckung des vitalistischen Denkens der Moderne, wenngleich sie gleichzeitig Differenzen zu Bergson und Driesch aufzeigt:

> [They] came very close to articulating a vital materialism. But they stopped short: they could not imagine a materialism adequate to the vitality they discerned in natural processes. (Instead, they dreamed of a not-quite-material life force.) Their vitalisms nevertheless fascinate me, in part because we share a common foe in mechanistic or deterministic materialism, and in part because the fabulously vital materiality of which I dream is so close to their vitalism.[266]

Bennett versteht die Lebensphilosophie des frühen 20. Jahrhunderts also als Vorläuferin ihres eigenen vitalen Materialismus. Sowohl Driesch als auch Bergson wenden sich gegen ein von der zeitgenössischen Biologie angenommenes rein mechanisches Verständnis von Natur und Leben und setzen dagegen eine grundsätzlich undeterminierte, alle Lebewesen durchziehende, transformierende 'Lebenskraft' (Drieschs 'Entelechie', Bergsons *élan vital*). «Von einer ganzen Generation wird der Bergsonismus wie eine Befreiung aufgenommen: wie die Errettung des Menschen vor der Fesselung und dem Zugriff der technisch-wissenschaftlichen Rationalisierung des Lebens»,[267] schreibt Martin Weinmann zur Rezeption Bergsons in seiner Einleitung zur deutschen Übersetzung von Deleuze' Studie. «[T]hey were received as defen-

---

265 Vgl. Jane Bennett: *Vibrant Matter*, S. 62f.
266 Ebda., S. 63.
267 Martin Weinmann: Einleitung. In: Gilles Deleuze: *Henri Bergson zur Einführung*. Hamburg: Junius 2007, S. 7–21, hier S. 13.

ders of freedom, of a certain open-endedness to life, in the face of a modern science whose pragmatic successes were threatening to confrm the picture of the universe as a godless machine»,²⁶⁸ betont auch Bennett. Sie seien damit nur einen 'kleinen Schritt' von der Vorstellung einer sich selbst organisierenden belebten Materie entfernt, wie sie der gegenwärtige Neovitalismus denkt.²⁶⁹

In Bergsons *élan vital* erkennt Bennett zahlreiche Affinitäten zu ihrem eigenen vitalen Materialismus. *Élan vital* beschreibt ein inneres Organisationsprinzip, das sich durch alle Organismen durchzieht: «[C]e courant de vie, traversant les corps qu'il a organisés tour à tour, passant de génération en génération, s'est divisé entre les espèces et éparpillé entre les individus sans rien perdre de sa force».²⁷⁰ Bennett zitiert den *élan vital* als «the tremendous internal push of life», «the primitive impetus of the whole», «the impulse which thrusts life into the world, which made it divide into vegetables and animals [...]».²⁷¹ Er ist die Voraussetzung für die Entwicklung und Ausdifferenzierung von Leben, wobei der *élan vital* nicht einem teleologischen Plan gehorcht, sondern seine Verzweigung und Manifestation gerade kontingent und unberechenbar erscheinen und damit eine genuine Offenheit des Lebens beschreiben. Der *élan vital* impliziert nach Bergson somit «a perpetual efflorescence of novelty» und «unceasing creation».²⁷² Das vitalistische Lebensprinzip entsteht mit Bergson selbst jeden Moment neu, es gibt keine materielle und noch weniger ideelle Form vor der schöpferischen Performanz des *élan vital* selbst: «The means available to *élan vital* do not preexist (even as latent ‹possibilities›) the moment of their deployment, but rather emerge in tandem with their effects.»²⁷³ Dabei kann der Lebensfluss auch sich selbst widerstrebende, konfliktive Phänomene hervorbringen: Das Leben ist somit immer schon 'unharmonische Mannigfaltigkeit'.²⁷⁴

Die Idee des *élan vital* begünstigt die Vorstellung von grundsätzlicher Unabgeschlossenheit und kontinuierlicher Veränderung des physischen, materiellen Seins. Bergsons Philosophie des Werdens betont das einende Element zwischen allem Leben, während sie gleichzeitig auf dessen konstitutive Heterogenität und

---

268 Jane Bennett: *Vibrant Matter*, S. 64.
269 «[O]nly a small step from the creative agency of a vital force to a materiality conceived as itself this creative agent». Ebda., S. 65.
270 Henri Bergson: *L'évolution créatrice*. Paris: Classiques Garniers 2001, S. 26. <http://classiques.uqac.ca/classiques/bergson_henri/evolution_creatrice/evolution_creatrice.pdf> [22.4.2022]
271 Jane Bennett: *Vibrant matter*, S. 78. Vgl. auch Henri Bergson: *L'évolution créatrice*, S. 84.
272 Jane Bennett: *Vibrant matter*, S. 79. Vgl. auch Henri Bergson: *L'évolution créatrice*, S. 37.
273 Jane Bennett: *Vibrant Matter*, S. 78.
274 Vgl. ebda., S. 79.

Kontingenz aufmerksam macht. Er geht von einem vitalistischen *drive* aus, der über den rein mechanischen Instinkt oder Reflex hinausgeht, und gesteht physischer Materialität damit eine Eigendynamik zu – alles Aspekte, die auch Bennett stark macht.

Den entscheidenden Unterschied sieht Bennett in der Konzeption von Materialiät selbst. Trotz aller Betonung eines sich verzweigenden und stets verändernden, sich selbst hervorbringenden 'Lebensflusses', so Bennett, bleibe die von den modernen Vitalisten ins Spiel gebrachte Kraft letztlich getrennt von der Materialität an sich, sodass die Unterscheidung von Leben / Geist und Materie nicht gänzlich aufgehoben werde. Gleichzeitig lenkt sie ein, dass Bergson selbst bereits darauf hinweist, dass es sich bei der Unterscheidung zwischen Leben und Materie weniger um eine absolute Scheidung als um eine allgemeinere Tendenz handele: «Bergson openly acknowledges that these categories fix what really are but ‹tendencies› of a cosmic flow. Life and matter are strivings that exist only in conjunction and competition with each other; they are not permanent conditions but ‹nascent changes of direction›».[275] So lassen sich durchaus starke Affinitäten zwischen Lebensphilosophie und neuem Materialismus festmachen, die eine genealogische Kontinuität zwischen beiden Denkrichtungen herstellen.

Rosi Braidotti: Vitaler Materialismus und postsäkulare, affirmative Subjektivität

Rosi Braidotti schließlich bringt die Annahmen neumaterialistischer Ansätze explizit mit Reflexionen über ein feministisch perspektiviertes Subjektivitätsmodell zusammen. Der Fokus auf die konstitutive Relationalität, Dynamik, Körperlichkeit und Immanenz stellt einen wesentlichen Bezugspunkt zu den vorher besprochenen Denkerinnen und Denkern her. Mit neumaterialistischen Ansätzen teilt sie deren Plädoyer für positiv gedachte, neue Erzählungen, die ihre Konsequenz bei Braidotti in einer affirmativ verstandenen Subjektivität haben.

Braidotti knüpft mit ihrer 'nomadischen Philosophie des Werdens' an das monistische Denken Spinozas und Deleuze / Guattaris 'radikale Immanenz' an, während sie sich explizit zu einem neumaterialistischen Denkansatz bekennt: «That is to say that events, phenomena, and subject formations are approached as actualizations of differential modes of becoming within a monistic universe. The univocity of being means that we have to deal with one matter, which is

---

[275] Ebda., S. 76.

intelligent, embedded, embodied, and affective.»[276] Stärker noch als Bennett betont sie bei der Ausarbeitung ihres *vital materialism* die Abgrenzung zum Vitalismus der Moderne, den sie als einen 'mangelhaften Holismus' bezeichnet, während sich die gegenwärtige Variante durch ihre konsequent gedachte Relationalität auszeichne: «Contemporary vitalism is a philosophy of relations, flows, and assemblages.»[277]

Entsprechend zeichnet sich Braidottis Subjektivitätskonzeption in erster Linie durch Beziehungshaftigkeit aus. Subjektivität ist ein steter dynamischer, verleiblichter Prozess des In-Beziehung-Seins zu anderen Menschen und nichtmenschlichen Aktanten: «[S]ubjectivity is a monistic-process ontology of embodied and embedded – and hencer situated – practices, through autopoiesis or self-styling. This view of the subject involves complex and continuous negotiations with others – human and non-human – and it therefore entails multiple forms of ethical accountability.»[278] Ihr posthumanes Subjekt, «das durch Differenz hindurch funktioniert und auch in sich selbst differenziert ist»,[279] konstituiert sich im Rahmen vielfältiger ontologischer Zugehörigkeit.

Die materielle, physische Verankerung von Subjektivität ist für feministische Perspektiven zentral:

> The starting point for most feminist redefinitions of subjectivity is a new form of materialism, one that develops the notion of corporeal materiality by emphasizing the embodied and therefore sexually differentiated structure of the speaking subject. [...] The body, or the embodiment of the subject is to be understood as neither a biological nor a sociological category but rather as a point of overlapping between the physical, the symbolic, and the sociological [...]. In other words, feminist emphasis on embodiment goes hand in hand with a radical rejection of essentialism. In feminist theory, one speaks as a woman, although the subject ‹woman› is not a monolithic defined once and for all, but rather the site of multiple complex, and potentially contradictory sets of experiences, defined by overlapping variables such as class, race, age, lifestyle, sexual preference, and others [...].[280]

Braidotti betont, dass die Aufmerksamkeit auf Materialität, Körper und Affekt keinen Essenzialismus bedeutet, sondern dass Körperlichkeit, symbolische Repräsentation und gesellschaftliche Performativität in komplexer Weise zusammenspielen. Zudem verweist sie sowohl auf die Differenzen zwischen Individuen als auch auf die innere Differenz jedes Subjekts. So schließt sie mit der Betonung

---

276 Rosi Braidotti: Conclusion, S. 256.
277 Ebda., S. 252.
278 Ebda., S. 251.
279 Rosi Braidotti: *Posthumanismus. Leben jenseits des Menschen*. Frankfurt a.M.: Campus 2014, S. 54.
280 Rosi Braidotti: *Nomadic Subjects*. New York: Columbia University Press 1994, S. 3.

von leiblicher Erfahrung und Alterität an Denkerinnen wie Irigaray und auch Kristeva an, bettet ihr feministisches Denken jedoch – wie Bennett – in einen größeren posthumanistischen, über den Geschlechteraspekt hinausgehenden Kontext einer «Form von Verantwortung» ein, «basierend auf einem starken Gefühl der Kollektivität, Beziehungsförmigkeit und damit Gemeinschaftsbildung»:

> Eine posthumanistische Ethik für ein nicht-einheitliches Subjekt propagiert ein erweitertes Gefühl der wechselseitigen Verbundenheit zwischen dem Selbst und den Anderen – einschließlich der nichtmenschlichen oder ‹erdhaften› Anderen –, indem sie das Hindernis des selbstzentrierten Individualismus beseitigt. [...] Sie ist eine affirmative Bindung, die das Subjekt im Fluss der Beziehungen zu vielfältigen Anderen verortet.[281]

An die Stelle des autonomen, einheitlichen und essenzialistischen Subjekts stellt Braidotti – in Anschluss an Deleuze – ein 'nomadisches' Modell: «[T]he nomadic subject is shifting, partial, complex and multiple. [...] It is a form of intransitive becoming; it is multiple, relational, dynamic. You can never *be* a nomad, you can only go on trying to *become* nomadic.»[282] Die nomadische Dynamik denkt Braidotti dabei explizit als materielle Bewegung: «The nomadic subject is a materially embodied and historically embedded 'di-vidual' in that it is a bound instantiation of a common and ever-shifting matter. Each singular self is an actualized and temporarily bound expression of the ongoing process of becoming.»[283] Während Braidotti immer wieder in leidenschaftlicher Weise für diese Form von 'nomadisch werden' plädiert, macht sie jedoch richtigerweise auch auf die Problematik eines solchen theoretischen Ansatzes in Bezug auf etablierte Machtverhältnisse aufmerksam.

> For the real-life minorities, however, the pattern is different: women, blacks, youth, postcolonial subjects, migrants, exiles and homeless may first need to go through a phase of ‹identity politics› – of claiming a fixed location. This is both inevitable and necessary because [...] you cannot give up something you never had. Nor can you dispose nomadically of a subject-position that you have never controlled to begin with.[284]

Diesen wichtigen Einwand gilt es, im Auge zu behalten, um eine undifferenzierte Idealisierung des 'Nomadischen' zu vermeiden und vielmehr das differenzierte Wechselspiel von subjektiver Verortung und nomadischer Fluidität in den Blick zu nehmen.

---

281 Rosi Braidotti: *Posthumanismus*, S. 54.
282 Rosi Braidotti: *Metamorphoses. Towards a Materialist Theory of Becoming*. London: Blackwell 2002, S. 86. Kursivierung im Original.
283 Rosi Braidotti: Conclusion, S. 257.
284 Rosi Braidotti: *Metamorphoses*, S. 84.

Wie kommt nun zu Braidottis Posthumanismus und feministischer Kritik das postsäkulare Moment ins Spiel? Die Betonung von Körperlichkeit und Immanenz legt ja erst einmal Skepsis gegenüber Religion und Spiritualität nahe. Tatsächlich bieten die Beziehung zum Anderen und der Ethik allgemein, die Betonung von Affekt und nicht-rationalen Erfahrungsweisen sowie die Kritik an sozialen Exklusionsmechanismen Anschlussmöglichkeiten für postsäkulares Denken. Auch der Leitgedanke eines positiven, affirmativen 'Glaubens' an die Zukunft verbindet Braidottis vitalen Materialismus mit postsäkularen Ansätzen.

Braidotti kritisiert die traditionelle Zuschreibung von Frauen zum Bereich von Religion, Affekt und Privatheit und Männern zur Sphäre von Wissen, Rationalität und Öffentlichkeit. Die simultane Marginalisierung von religiöser und weiblicher Erfahrung begründet die Notwendigkeit für eine Neubewertung des Religiösen aus feministischer Sicht und eine entsprechende Revision der Vorstellung von sozialer *agency*. Zentral ist dabei der Gedanke, (gelungene) Subjektivität weder als ausschließlich rationales Bewusstsein und autonomes Handeln noch als Gegendiskurs, Subversion und Abwehr gesellschaftlicher Normen zu begreifen, sondern vielmehr als eine Form steter Verhandlung und täglicher (Selbst-) Praxis.

> [P]olitical subjectivity or agency need not be aimed solely at the production of radical counter-subjectivities. It is not a social constructivist oppositional strategy that aims at storming the Bastille of capitalism, or undoing the winter palace of phallogocentrism. It rather involves discontinuous and heterogeneous negotiations with dominant norms and technologies of the self.[285]

Braidotti greift hier auf die von Foucault gemachte Unterscheidung zwischen einer einschränkenden und einer produktiven Macht zurück. «In this perspective, ‹subjectivity› names the process that consists in stringing the reactive (*potestas*) and the active instances of power (*potentia*) together, under the fictional unity of a grammatical ‹I›.»[286] Sie stellt (mit dem späten Foucault) die transformativen, kreativen Möglichkeiten von Subjektivität in den Vordergrund.

> Subjektivität ist vielmehr ein Prozess der Autopoiesis oder Selbstgestaltung, der vielschichtige und beständige Aushandlungen mit herrschenden Normen und Werten umfasst, mithin auch vielfältige Formen der Verantwortung [...]. Diese prozessorientierte Ontologie kommt einer postsäkularen Wende entgegen [...].[287]

---

285 Rosi Braidotti: Conclusion, S. 263.
286 Rosi Braidotti: *Metamorphoses*, S. 22.
287 Rosi Braidotti: *Posthumanismus*, S. 40. «Posthumane kritische Theorie strebt nicht nach Beherrschen des Negativen, sondern nach seiner Verwandlung in positive Leidenschaften.» Ebda., S. 137.

In diesem Kontext bieten ästhetische Ausdrucksformen wie Literatur und Kunst Möglichkeiten positiver Ausgestaltung alternativer Subjektivitäten: «Faith in the creative powers of the imagination is an integral part of feminists' appraisal of embodiment and the bodily roots of subjectivity.»[288]

Indem Braidotti auf die pluralen positiven Möglichkeiten religiös oder spirituell geformter weiblicher Subjektivität hinweist, bricht sie mit der traditionell feministischen Überzeugung, Religion sei immer schon ein Instrument sozialer Unterdrückung und weibliche Emanzipation daher nur in einem säkularen Rahmen denkbar. Damit eröffnet sie einen Raum, um affirmative Subjektivität auch außerhalb eines westlich-liberalen Kontextes zu denken und nicht nur einem exklusiven Raum negativer Gegendiskurse zu überlassen. «Firstly, we need to disengage subjectivity both from oppositional consciousness and from critique defined as negativity. Secondly, subjectivity needs to be linked to affects, to the imagination and transformative becoming, in ways that are perfectly compatible with postsecular spirituality.»[289] Linda Martín Alcoff und John D. Caputo weisen zu Recht auf den Ausschlusscharakter der hegemonial-liberalen Tradition hin: «If feminism were to make a flat-footed repudiation of the religiously inspired practices of modesty, self-sacrifice, and devotion followed by millions of women worldwide, it would render them mere dupes, falsely conscious of their true selves and thus unworthy of self-determination under any discursive regime.»[290] Saba Mahmood, die sich insbesondere mit muslimisch geprägten weiblichen Praktiken auseinandergesetzt hat, plädiert ebenfalls dafür, den Begriff der *agency* von der 'Trope des Widerstands' zu entkoppeln: «we [should think of] agency not as a synonym for resistance to relations of domination but as a capacity for action that historically specific relations of subordination enable and create».[291] Die Herausstellung konstruktiver Formen der Subjektivierung ist also gerade aus postsäkularer Sicht zentral für feministische Theoriebildung: «Affirmation is the key ethical value for the postsecular turn in critical theory, which imagines a subject whose existence, ethics, and politics are not indexed on negativity but on production of affirmative affects.»[292]

---

[288] Rosi Braidotti: Conclusion, S. 252.
[289] Ebda., S. 251.
[290] Linda Martín Alcoff / John D. Caputo: Introduction. In: dies. (Hg.): *Feminism, Sexuality, and the Return of Religion*. Bloomington / Indianapolis: Indiana University Press 2011, S. 1–16, hier S. 5.
[291] Saba Mahmood: Agency, Performativity, and the Feminist Subject, S. 177–209, hier S. 181. «We cannot treat as natural and imitable only those desires that ensure the emergence of feminist politics.» Ebda., S. 187.
[292] Rosi Braidotti: Conclusion, S. 262.

Ebenso bietet die Sensibilität neumaterialistischer Philosophie gegenüber der Natur und nichtmenschlichen Aktanten ein Überschneidungsfeld mit religiösen Denkweisen, denn «das posthumane Subjekt beruht auf der Affirmation dieser Vielfältigkeit und der relationalen Verbindung mit einem kosmischen und unendlichen ‹Außen›.»[293] Beide Ansätze stellen das cartesianische, geschlossene, relationale Subjekt in Frage und gehen über poststrukturalistische Ansätze hinaus, indem sie positiv die konstitutive Verbundenheit mit Anderen betonen.

> Vital materialism expresses the postsecular predicament in that it stresses a spiritual sense of intimacy with the world and a sense of entanglement in a web of ever-shifting relations and perpetual becoming. [...] Relational nomadic subjects engage in transversal connections [...] multiple human and non-human others.[294]

Während Braidotti emphatisch die Nähe zu einer postsäkularen Wertschätzung allen Lebens herausstellt, betont sie gleichzeitig ihre Ferne zur konfessionellen Religion und beschreibt ihren materialistischen Ansatz explizit als «materialist non-theistic vital philosophy».[295] 'Postsäkular' bedeutet hier vor allem ein Infragestellen des autonomen Individuums und Respekt vor dem nichtmenschlichen und menschlichen Anderen, wobei die Grenzen durchlässig werden: «Postsecular spirituality is the unspectacular, humble acknowledgment of ontological relationality, which assumes the monistic ontology and the nature-culture continuum. It consequently involves eco-sophical interrelations of the non-theistic but vital kind with both human and non-human others.»[296]

Braidotti stellt «die traditionelle Gleichsetzung von Subjektivität mit rationalem Bewusstsein in Frage [und wendet sich dagegen], das eine wie auch das andere auf Objektivität und Linearität zu reduzieren».[297] Stattdessen stellt sie ein positives Begehrensmodell ins Zentrum. Wie Bennett greift auch Braidotti auf Spinoza zurück. Sie verbindet dabei ihre eigene Konzeption von Begehren als Ausdruck von Fülle und Freiheit mit der Aufmerksamkeit für Affekt und Emotion in postsäkularen Theorien:

> Spinoza-based vital materialism [...] proposes an alternative based on Spinozist monism and the idea of desire as plenitude and the expression of freedom. The postsecular spiritual dimension here entails the notions of the monistic univocity of being, or radical immanence, positivity, and the productivity of desire.[298]

---

293 Rosi Braidotti: *Posthumanismus*, S. 141.
294 Rosi Braidotti: Conclusion, S. 255f.
295 Ebda., S. 257.
296 Ebda., S. 266.
297 Rosi Braidotti: *Posthumanismus*, S. 172.
298 Rosi Braidotti: Conclusion, S. 260–262.

Die Aufmerksamkeit auf Affekt und Körperlichkeit und das Verständnis von Begehren als Fülle bieten einen affirmativen Ansatz für das Denken alternativer Subjektivitätsmodelle nicht nur aus feministischer, sondern auch aus neumaterialistischer und postsäkularer Perspektive.

2.5 Zusammenführung. Fluchtlinien der Lektüre

Ausgehend von den in den vorangegangenen Unterkapiteln vorgestellten Forschungskontexten und Überlegungen aus den Bereichen aktueller postsäkularer Theorien, kultur- und literaturwissenschaftlicher Mystikforschung, 'klassischer' feministischer Deutungsansätze mystischer Texte und neuen posthumanistischen Subjektivitätsmodellen möchte ich die Fluchtlinien meiner Lektüre ausgewählter Lyrik moderner Dichterinnen zusammenführen.

'Transsäkular' lesen

Anschließend an die 'postsäkulare Wende' in den Geisteswissenschaften wird bei der Textlektüre die Spannung zwischen Säkularisierung, Religion und modernen Formen alternativer Spiritualität im Vordergrund stehen. Ich verstehe unter einer transsäkularen Lektürehaltung einen Blick, der besonders auf Ambivalenzen, Überlappungen und Reibungen in Bezug auf das Verhältnis von Religion und Säkularität im Text abhebt. Wie verhalten sich die lyrischen Texte zu den modernen Bedingungen von Glauben und Nichtglauben? Welche Bindung zur Welt verhandeln die lyrischen Texte? Werden alternative Formen zum cartesianischen Subjektmodell und des funktionalen Weltbezugs gedacht? Inwiefern stellen sich Säkularisierung und Religion gegenseitig in Frage? Welche *cross-pressures*, Zwischentöne, Widersprüche, inneren Differenzen und (Un-) Gleichzeitigkeiten lassen sich ausmachen?

Innerhalb der postsäkularen Ansätze, die in Kap. 2.1 vorgestellt wurden, liegt ein Fokus auf dem Verhältnis von Geschlecht, Körper, Wissen und Macht. Das von den dominanten Diskursen der Säkularisierung Ausgeschlossene wird auf diese Weise wieder hereingeholt, etwa in Form der Frage nach Gender, Körperlichkeit, Natur und nicht-rationalen Wissensformen. Es werden ästhetische Modelle weiblicher Subjektivität ausgelotet, die religiöse wie spirituelle Aspekte einschließen und im Sinne Rosi Braidottis affirmative Möglichkeiten von Subjektivität und *agency* mitdenken. Dichotome Vorstellungen der Kategorien Religion / Politik, privat / öffentlich, weiblich / männlich, körperlich / spirituell, immanent /

transzendent werden auf diese Weise in Frage gestellt und neu gedacht. Zugleich werden jedoch spezifisch historische Diskurse berücksichtigt.

'Mystisch' lesen

Das Unterkapitel 2.2 zum Spannungsverhältnis von Mystik und Literatur hat eine Vielzahl von Anknüpfungspunkten für zeitgenössische Lektüren herausgestellt. Insbesondere für poststrukturalistisch orientierte Analysen sind viele mystische Texte auf Grund der hohen Selbstreflexivität und Sprachproduktivität, der originellen Bilder und starken Paradoxien, der modern anmutenden Begehrensstrukturen sowie der potenziellen Dekonstruktion binärer Denkweisen und Logozentrismuskritik attraktiv. Das politisch und sozial transgressive Potenzial der Mystik, das in der traditionellen Heterodoxie und der historischen Marginalisierung vieler Mystiker und Mystikerinnen begründet liegt, und das Verständnis mystischer Verfahren als Selbstpraxis im Sinne Foucaults machen die Texte auch für kulturwissenschaftliche Deutungen interessant. Für die hier verfolgte Lektüre mystischen Schreibens moderner Lyrikerinnen möchte ich an die Gleichzeitigkeit heterogener, sich zum Teil widersprechender Bedeutungsschichten in mystischen und lyrischen Texten anknüpfen, um die Spannung zwischen transgressiven und konservativen Effekten mystischer Referenzen auszuloten.

Zu den Paradigmen der Mystik, die für die Aneignung durch die modernen Lyrikerinnen besonders zentral sind, gehören die Dynamik von buchstäblichem und symbolischem Sinn, die Unterscheidung von affektiver und kognitiver Mystik, die Auseinandersetzung mit radikaler Alterität, die sinnliche und erotische Dimension sowie die Semantik von Rand und Grenze und deren Übersteigung. Auch die poetische Verhandlung der Gegensätze von Innen und Außen sowie die Bewegungen von Aufstieg und Abstieg stehen im Fokus.

Wenngleich die Herausstellung von Ambivalenz und poetischer Mehrdeutigkeit in jedem Fall ein entscheidendes Verbindungsglied mystischen und lyrischen Sprechens darstellt, soll die Betonung von Negativität als konstitutivem Vergleichsmoment im Laufe der vorliegenden Analyse relativiert und differenziert werden. So ist zu fragen, ob die mystischen Referenzen bei den hier untersuchten Lyrikerinnen über den Topos der Negativität hinausgehend durch affirmative Strukturen Nuancierungen für moderne Ästhetik und Subjektivitätsmodelle leisten, wie sie etwa Braidotti vorschlägt. Darüber hinaus möchte ich weiteren Verbindungen zwischen mystischen Diskursen und neumaterialistischen Ansätzen in Bezug auf Körperlichkeit, Subjektivität und Relationalität nachgehen.

'Mystisch' lesen bedeutet damit nicht, den religiösen oder spirituellen Sinn eines Gedichtes zu belegen. Es geht vielmehr darum, in der genauen literaturwissenschaftlichen Analyse ein inhärentes mystisches Bedeutungspotenzial aufzuzeigen und gleichzeitig auf die moderne Transformation und Aneignung klassischer mystischer Diskurse durch die Lyrikerinnen aufmerksam zu machen.

'Feministisch' lesen

Die historische Bedeutung der Mystik für die Entwicklung einer weiblichen Schreibtradition und später der feministischen Literaturwissenschaft hat das Unterkapitel 2.3 über entsprechende Traditionslinien verdeutlicht. Besonders die poststrukturalistischen Theoretikerinnen aus dem französischsprachigen Raum, Hélène Cixous, Luce Irigaray und Julia Kristeva, haben sich auf die mittelalterlichen und frühneuzeitlichen Mystikerinnen, und hier besonders auf Teresa von Ávila, bezogen. Jedoch ist Mystik nicht nur der historische Ort weiblichen Sprechens, sondern es werden in mystischen Texten auch oftmals Geschlechterkonzepte insgesamt in Frage gestellt, unterlaufen und buchstäblich 'que(e)r' gelesen.

Die Konzepte von Cixous' *écriture féminine* weisen starke Affinitäten zu mystischen Verfahren auf. Dazu gehört die Assoziation eines (nicht zwingend biologisch konzipierten) 'weiblichen Schreibens' mit einer Ästhetik und Ethik der Verausgabung und des Überfließens, der Privilegierung von Stimme und Leiblichkeit sowie mit den Kennzeichen der Verbundenheit, Offenheit und Vielstimmigkeit. Irigaray erkennt in den Texten der Mystikerinnen ein unendliches Begehren, das Intimität, (Auto-) Erotik und gegenseitige Anerkennung statt Besitz und Machtdenken in den Vordergrund rückt. Gerade die körperliche Erfahrung verweist dabei als *sensible transcendental* in paradoxer Weise nicht nur auf die Begrenzungen, sondern auch auf die Überschreitungsmöglichkeiten des Subjekts. Mystik birgt zudem die Möglichkeiten eines nicht-rationalen, anderen Wissenszugangs. Kristevas *Hohelied*-Analyse stellt das Begehren als subjektkonstituierende Bewegung ins Zentrum und unterstreicht die fließende Dynamik von Begehren und Alterität. Ihr Teresa-Buch schließlich schreibt sich bereits in eine postsäkulare Denkweise ein, die religiöse Diskurse als anthropologische Reflexion in die geisteswissenschaftliche Diskussion zurückzuholen sucht und eine politische Interpretation der Mystik vorschlägt.

In der Lyrikanalyse werde ich auf die genannten Interpretationsmodelle immer wieder zurückkommen. Alle drei Theoretikerinnen machen das (mystische) Schreiben als wesentliches Element einer alternativen weiblichen Subjektivität stark. Zugleich stellt sich für das vorliegende Textkorpus eine historisch ausgerichtete Frage: Wenn Mystik der privilegierte, wenn nicht exklusive Ort weiblichen Sprechens in Mittelalter und Früher Neuzeit darstellte, wieso ist Mystik dann immer noch, oder vielleicht eher wieder, eine so zentrale Referenz für die Dichterinnen der Hochmoderne? Aber auch: Wie verhalten sich die Ideale von Weichheit, Flüssigkeit, Offenheit und Flexibilität in den klassischen feministischen Mystiklektüren zum modernen Verständnis von Emanzipation und *agency*? Welche Problematik ergibt sich aus einer Überbetonung mystischer Subjektivität für feministische Diskurse und wie verhalten sich diese Vorstellungen zu Geschlechterstereotypen und dominierenden Machtverhältnissen in Bezug auf zeitgenössische weibliche Autorschaft?

'Vitalmaterialistisch' lesen

Schließlich führen die vorgestellten vitalmaterialistischen Denkansätze über subjektphilosophische Ansätze wie jene Taylors, aber auch klassische poststrukturalistische feministische Theorien hinaus, indem sie Subjektivität in Bezug auf die Relation des Menschen zu Tieren, Pflanzen, Welt als dynamisches und relationales Modell neu zu denken suchen. Diese postanthropozentrische Perspektive ist für meine Analyse mystischer Strukturen in der Lyrik von modernen Dichterinnen in mehrfacher Weise attraktiv.

Zunächst ergibt sich eine Korrelation zwischen der Dezentrierung menschlicher Subjektivität in Mystik wie vitalem Materialismus: Beide stellen – von verschiedenen Ausgangspunkten aus – das autonome, geschlossene cartesianische Modell in Frage und überschreiten die Vorstellung fester Grenzen zwischen Subjekt und Welt. Stattdessen privilegieren sie Durchlässigkeit, Reziprozität, Relationalität und damit auch Verletzbarkeit. Neumaterialistische Ansätze erlauben zudem einen Blick auf nicht-menschliche Entitäten, der über die rational-logozentrische Perspektive westlicher Philosophie hinausgeht und einen affektiven Zugang zur Materialität ermöglicht.

Affinitäten zwischen Bennetts *vital materialism* und dem Vitalismus der Moderne eröffnen einen weiteren Zugang zur Textanalyse. Vor allem Bergsons Konzept des *élan vital* weist genealogisch auf neumaterialistische Theorien voraus, indem er von einer dynamischen, nomadisch gedachten 'Lebenskraft' und Philosophie des kontinuierlichen Werdens ausgeht. Dieses Gegenmodell zum rationalistisch-mechanischen Naturbegriff des Positivismus bietet eine Projektionsfläche für alternative Zugänge zu dominanten rationalen Denkmodellen der Moderne an.

In Bezug auf die Frage nach alternativen spezifisch weiblichen Subjektivitätsmodellen setzt schließlich Braidottis postsäkularer, vitalmaterialistischer

Zugang Affekt, Imagination und Begehren als positive Subjektivierungsformen – Aspekte, die sowohl für ältere mystische Texte als auch die zu untersuchende Lyrik virulent sind. Braidotti schlägt schließlich eine posthumane Ethik der Verbundenheit und der affirmativen Bindungen vor, die als Fluchtpunkt der Analyse des mystischen Schreibens der hier untersuchten Dichterinnen stets präsent zu halten ist.

3 Anna de Noailles

> «*Je suis une mystique sans Dieu* [...].»
> Anna de Noailles in François Broche: *Anna de Noailles*, S. 385.

Anna de Noailles ist die bekannteste französische Lyrikerin der *Belle Époque*.[1] In der Forschung wird ihre Dichtung überwiegend mit *fin de siècle*-Ästhetik, *naturisme* und *sensualisme*, Nietzsche-Referenzen und antiken griechischen, pantheistischen Modellen in Verbindung gebracht. Jedoch ziehen sich tatsächlich auch zahlreiche mystische Referenzen – von der Auseinandersetzung mit mittelalterlichen und frühneuzeitlichen Mystikerinnen wie Caterina von Siena und Teresa von Ávila bis hin zu Anspielungen auf die türkische und persische Sufi-Mystik – durch ihr gesamtes Werk.

Ich möchte diese auffällige, jedoch bisher kaum beachtete Mystikrezeption zum Anlass nehmen, um eine neue Lektüre von Anna de Noailles' Lyrik vorzuschlagen. Indem ich die vitalistische Aneignung mystischer Figuren vor dem Hintergrund zeitgenössischer neumaterialistischer Theorien lese, betrachte ich Noailles' sinnlich-materialistische Dichtung aus einer neuen Perspektive. Dabei unterziehe ich auch Topoi wie jene der unreflektierten, sentimentalen Dichtung einer Revision. Gleichzeitig lässt sich an Noailles' Schreiben beispielhaft eine Form des von Nietzsche geprägten, emphatischen, transsäkularen Umgangs mit Mystik zur Zeit der Jahrhundertwende verdeutlichen.

3.1 Anna de Noailles im Kontext der französischen Lyrik der Moderne

Um die Lektüre von Anna de Noailles' Mystikrezeption in den kulturhistorischen Kontext einzuordnen, stelle ich dem Analyseteil einen literatur- und

---

[1] Mit der Epochenbezeichnung wird hier grob die Zeit zwischen der Jahrhundertwende und dem I. Weltkrieg verstanden. Vgl. Patricia Izquierdo: *Devenir poétesse à la Belle Époque. Étude litteraire, historique et sociologique*. Paris: L'Harmattan 2009. S. 20. Es handelt sich dabei um eine problematische Begriffsgeschichte, stellt die Epoche doch tatsächlich eine «période de crise multiple» dar: «Une période de transition écartelée entre la défaite de 1870 et les progrès technologiques, l'ouverture cosmopolite et l'antisémitisme primaire, une capitale resplendissante et une France essentiellement agraire, percluse d'inégalités sociales, économiques et culturelles». Ebda., S. 21f. Vgl. zur Begriffskritik auch Dominique Kalifa: ‹Belle Époque›. Invention et usage d'un chrononyme. In: *Revue d'histoire du XIXe siècle* 52 (2016), S. 119–132.

ᛞ Open Access. © 2022 Jenny Haase, publiziert von De Gruyter. Dieses Werk ist lizenziert unter der Creative Commons Namensnennung 4.0 International Lizenz.
https://doi.org/10.1515/9783110753554-003

kulturgeschichtlichen Teil voran. Aus der Komplexität von sozialen, politischen, ästhetischen und epistemologischen Strömungen in den ersten Jahrzehnten des 20. Jahrhunderts in Frankreich möchte ich zunächst einige Aspekte hervorheben, die für die Analyse von Noailles' lyrischer Aneignung mystischer Strukturen und Motive besonders relevant sind. Ich beziehe mich hier auf die poetischen Strömungen von *naturisme*, *néoromantisme* und *Art Nouveau*, die vitalistische Philosophie Bergson und Nietzsches sowie die zeitgenössische literatur- und religionswissenschaftliche Auseinandersetzung mit Mystik. Im Anschluss daran skizziere ich die Situation von Lyrikerinnen in der *Belle Époque* aus literaturhistorischer Perspektive, um Gender-Aspekte in historischer Sicht zu fokussieren und den Forschungsbedarf sichtbar zu machen. Da im deutschsprachigen Raum fast gar keine literaturwissenschaftlichen Studien zur Lyrikerin vorliegen, gehe ich zudem ausführlich auf Person, Werk und Rezeption Noailles' ein. Nach der Vorstellung einiger biografischer Bezugspunkte und einem Überblick über das lyrische Werk lege ich meinen Fokus auf die heterogene Rezeptionsgeschichte Noailles', um meinen eigenen Ansatz vor dieser Folie einzuordnen und zu profilieren. Das Unterkapitel endet mit der Vorstellung zentraler poetologischer Aspekte, die anhand der exemplarischen Lektüre des Gedichtes 'L'inspiration' (*L'Ombre des jours*) veranschaulicht werden.

Poesie, Vitalismus und Mystik im ersten Drittel des 20. Jahrhunderts

Die Zeit der Jahrhundertwende in Frankreich stellt bekanntermaßen eine ausgewiesen reiche und heterogene kulturelle Epoche dar. Die Fülle an literarischen Strömungen zeichnet sich literaturhistorisch sichtbar in der Vielzahl von 'Ismen' ab, mit denen versucht wird, die unterschiedlichen ästhetischen Strömungen von *fin de siècle*, *Belle Époque* und Zwischenkriegszeit analytisch greifbar zu machen. Die Literatur dieser Zeit steht in einem Spannungsfeld von konservativen und progressiven Bewegungen. Ihre Vertreterinnen und Vertreter reiben und profilieren sich dabei auf gesellschaftlicher Ebene an der Haltung zur politischen Modernisierung, vor allem in Bezug auf die Haltung zu Positivismus, Rationalisierung und Säkularisierung; auf ästhetischer Ebene steht der Umgang mit traditionellen literarischen Formen und deren Überwindung in Form von modernen Tendenzen der Avantgarden im Zentrum.

In Reaktion auf die Verunsicherung, die Rationalismus, Industrialisierung, Glaubensverlust und allgemeine gesellschaftliche Modernisierung seit der Aufklärung hervorgerufen hatten, wurden zum Ende des 19. Jahrhunderts wieder kulturelle Bewegungen stärker, die die Sinne, Affekte und Emotionen ins Zentrum stellten. Sie schrieben sich damit in eine bewusst antirationale Tradition ein, die einen Gegensatz zur realistischen und naturalistischen Ästhetik darstellte. Als Antwort auf Säkularisierung und Laizismus wandten sich zahlreiche Autoren einem 'ästhetischen Katholizismus' zu. Zu den Autoren des *renoveau catholique* zählen u.a. Léon Bloy, Joris-Karl Huysmans, Paul Claudel, Francis Jammes, Jacques Maritain und Charles Peguy. Zugleich suchten viele Autorinnen und Autoren auch in esoterischen und mystischen Formen nach neuen spirituellen Ausdrücken und Erfahrungen.

In Abgrenzung zur Rekatholisierung wie auch zur bewussten Artifizialität von Symbolismus und *l'Art pour l'Art* propagierten die Strömungen von *naturisme* und *néoromantisme* dagegen einen neuen unmittelbaren Zugang zur Natur, der von griechischen Idealen wie Epikurismus und Pantheismus geprägt war. 1896 veröffentlichte Maurice Le Blond seinen 'Essai sur le naturisme', in dem er sich von der «Littérature Artificielle»[2] abgrenzt und stattdessen für eine poetische «communion avec le monde et la vie»[3] plädiert: «Dans l'étreinte universelle, nous voulons rajeunir notre individu. Nous recherchons l'émotion saine et divine. Nous nous moquons de l'art pour l'Art et de ces questions si vaines et stériles.»[4] Gleichzeitig geht Le Blond auf Distanz zum Naturalismus, da dieser sich auf die reine Beobachtung begrenze, während der *naturisme* wieder die Emotion ins Spiel bringe.[5]

Mit ihrer Wertschätzung für alles Organische und Vegetale in Inhalt und Form teilt ein Großteil der Poesie um 1900 wesentliche Charakteristika des *Art Nouveau*.[6] Zu den bekanntesten Autoren des *naturisme* zählen Saint-Georges de Bouhélier, Eugène Montfort, Jean Viollis und Michel Abadie. Eine Sonderposition nimmt Francis Jammes ein, der zum Namensgeber der eigenen naturistischen / vitalistischen Unterströmung des *jammisme* geworden ist. In seinem Manifest, das er 1897 im *Mercure de France* veröffentlichte, distanziert er sich vom *naturisme* als Schule, indem er für die lyrische Unabhängigkeit plädiert. In seiner Dichtung stehen gleichwohl Natur und Pflanzenwelt ebenfalls im Vordergrund.[7] Im Gegensatz zu den überwiegend männlichen Autoren des *renouvau*

---

2 Maurice Le Blond: *Essais sur le naturisme*. Paris: Édition du Mercure de France 1896, S. 25.
3 Gérard Peylet: *La littérature fin de siècle de 1884 à 1898. Entre décadentisme et modernité*. Paris: Librairie Vuibert 1994, S. 70.
4 Maurice Le Blond: *Essais sur le naturisme*, S. 14.
5 Vgl. ebda., S. 119.
6 Vgl. ausführlich Patricia Izquierdo: *Devenir poétesse à la Belle Époque*, S. 117ff.
7 Zu Affinitäten und Unterschieden vgl. ebda., S. 145–150.

catholique sind in diesem poetischen «mouvement de retour au réel»[8] auffallend viele Frauen vertreten.

Als weitere dem *naturisme* nahestehende ästhetische Strömungen werden häufig Bewegungen wie *impulsionnisme, néoromantisme, floralisme* oder *organicisme* genannt. All diese Tendenzen zu Beginn des 20. Jahrhunderts teilen einen gemeinsamen epistemologischen Hintergrund: «le vitalisme, compris comme un élan d'amour, vibrant et spontané, vers tout ce qui est vivant, humain, végétal ou animal.»[9] Diese vitalistische Haltung übersetzt sich in den lyrischen Texten vielmals in eine mystische Disposition, die auf die Verbindung und Einheit mit allem Natürlichen und Lebenden abzielt. Als philosophischer Hintergrund ist der Einfluss des Denkens Henri Bergsons und Friedrich Nietzsches zentral für die vitalistische Ästhetik. «L'influence des philosophes Bergson et Nietzsche [...] est déterminante dans cette prise de conscience enthousiaste d'un nécessaire retour du ‹moi› au concret, à la spontanéité, aux forces vitales de la nature, loin du seul intellectualisme.»[10]

1889 erschien Bergsons *Essai sur les données inmédiates de la conscience*, gefolgt von *Matière et Mémoire* und *L'évolution créatrice* in den Jahren 1896 und 1907. Als Gegenmodell zu den finalistischen und mechanistischen Vorstellungen zeitgenössischer Biologie und Evolutionstheorie denkt Bergson Leben, wie in Kap. 2.4 gesehen, als einen fließenden, dynamischen Prozess, eine Abfolge von Zuständen und Relationen, die sich in steter Veränderung befinden. Es ist besonders das Konzept des *élan vital*, das Bergson schlagartig zum Vordenker und «intellektuelle[n] Star seiner Epoche»[11] machte. Mit *élan vital* bezeichnet Bergson eine Energie, die alle Materie durchdringt und sich in den verschiedenen konkreten individuellen Lebensformen temporär realisiert. Leben wird damit als ein kontinuierliches Werden und Vergehen zugleich gedacht; individuelle Lebensformen werden stets in ihrer Zeitlichkeit und Relationalität gesehen. In Kap. 2.4 habe ich auf die Affinitäten zwischen Bergsons Vitalismus und Bennetts *vibrant materialism* hingewiesen, zu denen das Denken einer dynamischen, selbstorganisierenden Materie und grundsätzlichen ontologischen Kontinuität zwischen verschiedenen Lebewesen zählt.

Bergsons philosophische Aufwertung von Intuition und Affektivität hatte einen enormen Effekt auf die Entwicklung moderner Ästhetik. «Von einer ganzen Generation wird der Bergsonismus wie eine Befreiung aufgenommen: wie die Errettung des Menschen vor der Fesselung und dem Zugriff der technisch-

---

8 Gérard Peylet: *La littérature fin de siècle*, S. 70. Vgl. zur Situation von Lyrikerinnen weiter unten.
9 Patricia Izquierdo: *Devenir poétesse à la Belle Époque*, S. 151.
10 Ebda., S. 152.
11 Martin Weinmann: Einleitung, S. 13.

wissenschaftlichen Rationalisierung des Lebens»,[12] schreibt Martin Weinmann zur Rezeption Bergsons in seiner Einleitung zur deutschen Übersetzung von Deleuze' Bergson-Studie. Paul Douglass verweist als Beispiele von ästhetischem *bergsonisme* auf Künstler, Musiker und Autorinnen und Autoren wie Kandinsky, Picasso, Matisse, Le Corbusier, Satie, Eliot, Proust, Woolf und Pound. «Bergson offered a rationale for artistic intuition, which could make inner life freshly available, ameliorating the malaise of modern urban existence.»[13]

Der Einfluss Bergsons schlägt sich deutlich in der jubelnden, enthusiastischen, Sinne zentrierten und vielmals auch pantheistisch anmutenden Lyrik des Beginns des Jahrhunderts nieder. «De 1900 à 1912, environ [...], nous pouvons ainsi constater une corrélation très nette entre ses théories, notamment celle de ‹l'élan vital› et une poésie lyrique exaltée, glorifiant de la vie, l'instinct et le Moi, individuel ou collectif.»[14] Anna de Noailles' Lyrik exemplifiziert dies aufs Anschaulichste. In Bezug auf die Literatur plädiert Bergson für die Überwindung einer 'utilitaristischen', pragmatischen, ausschließlich den Intellekt ansprechenden Sprachverwendung und für die Schaffung einer intuitiven poetischen Sprache. Gerade die Lyrik bilde dabei eine Möglichkeit, die Intuition über den Gebrauch musikalischer Elemente und konkret wirkender heterogener Bildlichkeiten anzusprechen.[15]

Bergson öffnet die Philosophie nach Positivismus und Rationalismus wieder für die nicht-rationalen Aspekte der Existenz. Das Konzept des *élan vital* als Energie «[qui] embrasse la vie entière dans une seule indivisible étreinte»[16] deutet auf eine monistische Vorstellung hin, die mit der Betonung von dynamischer Einheit und Ganzheit einen Anschluss an mystisches Denken möglich macht. In seinem Spätwerk *Les deux sources de la morale et de la religion* (1932) setzt Bergson den *élan vital* explizit in Relation zu mystischen Traditionen. Er unterscheidet hierin eine konventionelle, 'statische' Religion von einer offenen, 'dynamischen' Religion, die er weitgehend mit Mystik gleichsetzt, wobei er sich explizit auf aktiv engagierte christliche Figuren wie Paulus, Teresa von Ávila und Jeanne d'Arc bezieht. Nach Bergson verschließen diese 'echten' Mystikerinnen und Mystiker sich nicht in ihrer Innerlichkeit, sondern zeigen mit ihrem aktiven Leben ein hohes

---

12 Ebda.
13 Paul Douglass: Bergson, Vitalism, and Modernist Literature. In: Paul Ardoin / S.E. Gontarski / Laci Mattison (Hg.): *Understanding Bergson, Understanding Modernism*. New York / London: Bloomsbury 2013, S. 107–127, hier S. 107.
14 Patricia Izquierdo: *Devenir poétesse à la Belle Époque*, S. 153.
15 Vgl. Paul Douglass: Bergson, Vitalism, and Modernist Literature, S. 109ff.
16 Henri Bergson: *L'évolution créatrice*, S. 35.

gesellschaftliches Engagement.[17] Eine dynamische Religiosität spricht mit Bergson eher die Intuition an und schafft Präsenz im Gegensatz zum analytischen Denken, das Unruhe und Lebensferne bedeute. «For Bergson religion, again in its dynamic aspect, is vital, or to be more precise, it carries on the élan vital that is the creative force or energy of evolution. In its dynamic form religion expresses a superior vitality and a superior attachment to life.«[18] Entscheidend sei, dass eine mystische Haltung nicht aus Trostbedürftigkeit oder Angst heraus entstehe, sondern aus Lebensfreude und Glück: «In dynamic religion – attained in true mysticism – the confidence in life that static religion gives us is transfigured. Now the attachment to life is not simply of the order of a vital need but of joy.»[19]

In der Betonung von Lebensenergie und Sinnesenthusiasmus liegt nur eine der Gemeinsamkeiten des Einflusses des vitalistischen Denkens Bergsons und Nietzsches auf die zeitgenössische Intellektuellen- und Künstlergeneration. «Nietzsche et Bergson, aux approches de 1900, réconcilient bon nombre d'écrivains et d'artistes avec la vie. [...] L'appel à l'artifice en tant que refuge et évasion se démode rapidement devant les nouveaux impératifs qui s'appellent Vie, Instinct, Désir, Volonté.»[20] Nietzsches Schriften wurden im Frankreich von *fin de siècle* und *Belle Époque* kontrovers rezipiert. Seit 1893 wurden die Werke Nietzsches beim *Mercure de France* ins Französische übersetzt: *Ainsi parlait Zarathoustra* und *Par-delà le bien et le mal* erschienen 1898, *Humain, trop human (premiere partie)* 1899, *La Généalogie de la morale* 1900, *L'Origine de la tragédie, ou Hellenisme et pessimisme*, *Aurore* und *Le Gai Savoir* 1901, gefolgt von vielen weiteren Editionen.[21] Wie in Bergsons Fall lässt sich vom *nietzschéanisme* als einem regelrechten Modephänomen sprechen. Jacques Le Rider spricht in Bezug auf die französischen Leserinnen von einer «Nietzsche-Epidemie, die zu Beginn des Jahrhunderts die Pariserinnen erfaßt, die perplex sind angesichts der Misogynie des Philosophen und zugleich verführt von seinem Plaidoyer für

---

17 Vgl. Henri Bergson: *Les deux sources de la morale et de la religion.* Paris: Flammarion 2012, S. 101.
18 Keith Ansell-Pearson / Jim Urpeth: Bergson and Nietzsche on Religion. Critique, Immanence, and Affirmation. In: Alexandre Lefebvre / Melanie White (Hg.): *Bergson, Politics, and Religion.* Durham / London: Duke University Press 2012, S. 246–264, hier S. 251.
19 Ebda., S. 252.
20 Gérard Peylet: *La littérature fin de siècle,* S. 68f.
21 Vgl. zur Nietzsche-Rezeption in der *Belle Époque* Jacques Le Rider: *Nietzsche in Frankreich.* München: Wilhelm Fink 1997, S. 39–69.

das Leben jenseits von Gut und Böse».²² Anna de Noailles gilt Le Rider als «eine der glänzendsten Vertreterinnen dieses Nietzscheanismus im Femininum».²³

André Gide und Paul Valéry gehören zu weiteren wichtigen Nietzsche-Lesern. Gides *Les nourritures terrestre* (1897) gilt als «Manifest eines pariserischen, ästhetischen und sinnlichen Zarathustra»²⁴ und *L'immoraliste* (1902) drückt in gewisser Weise Nietzsches Positionen zur Moral in Romanform aus, wenngleich sich Gide auch kritisch und abwehrend gegenüber Nietzsche geäußert hat. Paul Valéry zeigte sich ebenfalls zur gleichen Zeit fasziniert von sowie skeptisch gegenüber Nietzsche und diskutierte u.a. dessen Ideen zu Sprache und Musik. Insgesamt war die französische Nietzsche-Rezeption bis 1914 in ideologischer Hinsicht äußerst heterogen und reichte von progressiven, sozialistischen und universalistischen bis zu nationalistischen und reaktionären Lesarten. Im I. Weltkrieg und in der Zwischenkriegszeit verstärkte sich die kritische Distanz gegenüber Nietzsche in Frankreich deutlich.²⁵

Zu den hier relevanten, viel diskutierten Themen der Rezeption gehören die radikale Kritik an Christentum, Metaphysik und Moral, die 'Umwertung aller Werte', die Idee der 'ewigen Wiederkehr', der 'Wille zur Macht', das Lob des Individualismus und des Sinnengenusses sowie die Betonung der reinen Immanenz. Allgemein faszinierte in Nietzsches Schreiben selbst «die mitreißende Sprache, das Pathos, der exorbitante Lebenswille, der sich als Rhythmus des Denkens und Sprechens niederschlug».²⁶ Auf ästhetischer und philosophischer Ebene ist besonders Nietzsches Gegensatz von apollinischem und dionysischem Prinzip hervorzuheben. Das apollinische Prinzip beschreibt Klarheit, Einfachheit, Vernunft, Ordnung, Distanz und Individuation, während das dionysische Modell Formlosigkeit, Maßlosigkeit, Rausch, Unordnung, Unmittelbarkeit und eine Form der mystischen Einheit mit der Masse umfasst. Beide Prinzipien bedingen sich gegenseitig und bringen sich gegenseitig hervor. Besonders das

---

22 Ebda., S. 56. Vgl. zur Nietzsche-Mode auch den Roman von Daniel Lesueur: *Nietschéenne*. Paris: Plon, Nourrit et Cie 1907.
23 Jacques Le Rider: *Nietzsche in Frankreich*, S. 57. Le Rider bezieht sich auf die Interpretation von Geneviève Bianquis: *Nietzsche en France. L'influence de Nietzsche sur la pensée française*. Paris: Félix Alcan 1929, S. 72. Bruno Hillebrands Übersichtsartikel zur fremdsprachigen literarischen Nietzsche-Rezeption erwähnt dagegen gar keine Autorin. Vgl. Bruno Hillebrand: Literatur und Dichtung (fremdsprachig). In: Henning Ottmann (Hg.): *Nietzsche-Handbuch. Leben – Werk – Wirkung*. Stuttgart: Metzler 2011, S. 466–478.
24 Jacques Le Rider: *Nietzsche in Frankreich*, S. 63. Vgl. André Gide: *Les nourritures terrestres*. Paris: Société du Mercure de France 1897.
25 Vgl. Jacques Le Rider: *Nietzsche in Frankreich*, S. 60.
26 Bruno Hillebrand: Literatur und Dichtung (deutschsprachig). In: Henning Ottmann (Hg.): *Nietzsche-Handbuch. Leben – Werk – Wirkung*. Stuttgart: Metzler 2011, S. 444–466, hier S. 445.

dionysische Modell wurde um 1900 zur Formel für ein rauschhaftes Lebensgefühl und ein ekstatisches künstlerisches Schaffen.[27] «Le maître mot [était] l'ivresse de vivre et de créer.»[28]

Während Nietzsches Kritik an Metaphysik und christlicher Religion zunächst überdeutlich erscheint, ist sein Verhältnis zur Mystik schwieriger zu skizzieren. Seine Haltung zur Mystik, die sich je nach Schaffensphase unterschiedlich gestaltet, ist komplex und widersprüchlich und kann an dieser Stelle nur kursorisch angerissen werden.[29] Zentrale Aspekte seiner Mystikrezeption sind die Betonung von Entindividualisierung / Entgrenzung, Antirationalität und Rauschhaftigkeit. Diese Elemente macht Nietzsche etwa in der *Geburt der Tragödie* und im *Zarathustra* für seine ästhetische Theoriebildung fruchtbar. In der *Geburt der Tragödie* wird Mystik «wegen ihres entindividuierenden Potentials, wegen ihrer Antirationalität und ihrer dionysischen Rauschhaftigkeit [...] von Nietzsche hoch geschätzt»,[30] während er religiöse Ekstasephänomene etwa in *Morgenröte* kritischer beurteilt. Der dionysische Rausch beinhaltet ein entgrenzendes Element:

> Mit dem Wort ‹dionysisch› ist ausgedrückt: ‹ein Drang zur Einheit, ein Hinausgreifen über Person, Gesellschaft, Realität, als Abgrund des Vergessens: das leidenschaftlich-schmerzliche Überschwellen in dunklere, vollere, schwebendere Zustände; ‹ein verzücktes Jasagen zum Gesammt-Charakter des Lebens [...]; die große pantheistische Mitfreudigkeit und Mitleidigkeit›, ein ‹Einheitsgefühl von der Nothwendigkeit des Schaffens und Vernichtens›.[31]

In diesem Kontext lässt sich von einer «gottlose[n], nihilistische[n] Mystik der ekstatischen Rausch- und künstlerischen Inspirationserfahrung»[32] sprechen. Diese 'moderne Mystik' verzichtet «auf Gott als Gegenstand traditioneller Einheitsmystik [und setzt] an seine Stelle die menschliche (Kult-) Gemeinschaft und die gesamte ‹Natur› [...], sofern sie gleich dem außer sich gesetzten dionysischen

---

27 Christian Schüle weist auf die rassistische Politisierung des Begriffs insbesondere im Nationalsozialismus hin. Vgl. zum Begriffspaar insgesamt Christian Schüle: Apollinisch-dionysisch. In: Henning Ottmann (Hg.): *Nietzsche-Handbuch. Leben – Werk – Wirkung*. Stuttgart: Metzler 2011, S. 187–190.
28 Patricia Izquierdo: *Devenir poétesse à la Belle Époque*, S. 159.
29 Im Folgenden und für eine umfassende Diskussion von Nietzsches Mystikverständnis im zeitgenössischen Kontext vgl. u.a. Uwe Spörl: *Gottlose Mystik*, S. 174–254.
30 Uwe Spörl: *Gottlose Mystik*, S. 177. Vgl. auch im Folgenden die Ausführungen von Spörl zu Nietzsches Verhältnis zur Mystik ebda., S. 174–253.
31 Friedrich Nietzsche: *Sämtliche Werke. Kritische Studienausgabe. 13. Nachgelassene Fragmente 1887–1889*. Herausgegeben von Giorgio Colli / Mazzino Montinari. München: Deutscher Taschenbuchverlag 1980, S. 224 (Nr. 14 / 14).
32 Uwe Spörl: *Gottlose Mystik*, S. 180.

Schwärmer Erscheinung des Ur-Einen ist bzw. als solche erfahrbar wird.»[33] An die Position des metaphysischen Gottes rückt das Leben selbst, «in dem der Mensch ganz aufgehen will».[34] Eine zentrale Rolle nehmen in diesem Prozess Musik und Tanz ein. Insbesondere der *Zarathustra* weist selbst Kennzeichen eines 'neomystischen' Schreibens auf, sowohl in Hinblick auf Motive wie Selbstversenkung, Stille, Licht, Augenblickshaftigkeit oder Abgründigkeit als auch in Bezug auf die Sprache selbst (Oxymora, Paradoxa, Bilder, Parabeln etc.).[35]

Vergleichend lassen sich verschiedene Parallelen in Bergsons Ideal 'dynamischer' Religion und Nietzsches Dionysus-Kult ausmachen, zu denen die Betonung von Immanenz, der monistische Ansatz sowie die affirmative Feier des Lebens in seiner Ganzheit, die quasi-religiöse Strukturen annimmt, gehören. Der vitalistische Impuls lässt sich in Konsequenz auch als eine Form immanenter Religiosität deuten:

> That is to say, both Bergson and Nietzsche urge us to attend to those aspects of nature in which the creative becoming of life is apparent. Such a natural religion is plausibly conceived as religious in that it exceeds the categories of instrumental thought, occurs in and as an affective state (i.e., joy) phenomenologically identifiable as religious and, furthermore, marks life's own self-affirmation regardless of its relationship to human thought.[36]

Insgesamt entwickelte sich im ersten Drittel des 20. Jahrhunderts in Frankreich eine lebhafte theologische, psychologische, philosophische und literarische Debatte um Mystik. Bernhard McGuinn hebt hervor, dass es «kaum eine andere Periode in der neueren Geschichte [gebe], die sich so stark mit Mystik befaßt hat»[37] wie die Zeit der 1920er und 1930er Jahre in Frankreich. Zu den wichtigsten Vertretern zählt er neben Bergson Joseph Maréchal, Maurice Blondel, Jacques Maritain, Henri Delacroix, Jean Baruzi und Roger Bastide.[38] Am prominentesten ist jedoch die Auseinandersetzung, die sich zwischen 1925 und 1930 ausgehend von den Thesen des Abbé Henri Bremond um das Verhältnis von Mystik und Poesie entspann.

Der jesuitische Literaturwissenschaftler hielt 1925 einen Vortrag vor den französischen Akademien mit dem Titel 'La poésie pure', in welchem er Prozess und Effekte von mystischem und poetischem Schreiben in enge Beziehung zueinander setzte. 1926 veröffentlichte er sowohl den Vortrag im Rahmen eines

---

33 Ebda., S. 197.
34 Ebda., S. 236.
35 Vgl. ebda., S. 215ff.
36 Keith Ansell-Pearson / Jim Urpeth: Bergson and Nietzsche on Religion, S. 260.
37 Bernhard McGuinn: *Die Mystik im Abendland. 1: Ursprünge.* Freiburg: Herder 1994, S. 402.
38 Ebda., S. 440.

umfangreicheren Buches mit dem gleichen Titel, *La poésie pure*, als auch eine zweite Studie zum Thema mit dem Titel *Prière et poésie*. Bremond war bereits durch seine monumentale *Histoire littéraire du sentiment religieux en France* (1916–1922) bekannt, in welcher er u.a. die Bedeutung der klassischen französischen Mystik für die französische Kultur herausarbeitete.[39] In seinem Vortrag entwickelt Bremond «une esquisse d'une poétique fondée sur les analogies [...] entre le poète et le mystique».[40] Bremond geht dabei nicht von einer Identität von Mystik und Dichtung aus, sondern er erhofft sich aus mystischen Schriften Erkenntnis über den Prozess des Dichtens zu gewinnen.[41] Insgesamt liegt sein Augenmerk weniger auf dem poetischen Text als Resultat und Analyseobjekt als auf dem Akt des Schreibens und vor allem dem vorhergehenden psychologischen Zustand der 'Inspiration' sowie den Effekten auf Leserin und Leser.

In Analogie zur Mystik geht Bremond für den poetischen Schreibprozess von einem Dreischritt aus Vorbereitung, Moment der Inspiration und Schreiben aus, der den Schritten von Askese, Gebet und Meditation, mystischer Erfahrung und Niederschrift entspricht.[42] Dies bedeutet, dass der Dichter durchaus nicht aus dem Nichts von der Inspiration überfallen wird, sondern den 'mystischen Moment' des poetischen Schreibens durch Materialsammlung, Lektüre, Beobachtung, Reflexion etc. vorbereitet. Nichtsdestotrotz betont Bremond den passiven, 'gnadenhaften' und damit religiös konnotierten Charakter der 'poetischen Erfahrung': «Celle-ci est à mon avis un don de Dieu, une grâce même, une activité essentiellement orientée vers la prière».[43]

Poésie pure ist für Bremond die poetische Essenz, die von allen pragmatischen, zweckgebundenen, auf Äußerliches referierenden Bedeutungsebenen der Sprache befreit ist. In radikaler – und etwas kryptischer – Konsequenz bedeutet dies für Bremond, dass die semantische Ebene vollständig unerheblich für den poetischen Effekt eines Textes sei: «[P]our lire un poème comme il faut, je veux dire poétiquement, il ne suffit pas, et, d'ailleurs, il n'est pas toujours nécessaire d'en saisir le sens.»[44] Stattdessen gehe es um die Erfahrung von 'purer Präsenz': «Tout poème doit son caractère proprement poétique à la présence, au rayonnement, à l'action transformante et unifiante d'une réalité mystérieuse, que nous

---

39 Vgl. Henri Bremond: *Histoire littéraire du sentiment religieux en France. Depuis la fin des guerres de religions jusqu'à nos jours*. Grenoble: Millon 2006.
40 Henri Bremond: *La poésie pure*, S. 98.
41 Vgl. Henri Bremond: *Prière et poésie*, S. 147.
42 Vgl. ebda., S. 92ff. Vgl. auch Henry W. Decker: *Pure Poetry, 1925–1930. Theory and Debate in France*. Berkeley / Los Angeles: University of California Press 1962, S. 32ff.
43 Henri Bremond: *Prière et poésie*, S. 147.
44 Henri Bremond: *La poésie pure*, S. 18.

appelons poésie pure.»⁴⁵ Dieser 'poetische Effekt' ist gleichwohl nicht über sprachliche Analysen ermittelbar, sodass er immer ein Teil Geheimnis bleibe. Bremond schreibt sich mit der Betonung von Geheimnis, Inspiration und Spiritualität in eine romantische Tradition insbesondere englischer und deutscher Provenienz ein.⁴⁶ In einer Übersteigerung und paradoxen Wendung muss *poésie pure* bei Bremond jedoch letzten Endes ein unrealisierbares Ideal bleiben, da die pragmatischen Aspekte von Sprache immer in irgendeiner Weise im Gedicht vorhanden sind. «Plus on est poète, plus on résiste aisément à la tentation de faire des vers, parce que, plus on est poète, plus on a en horreur ces impuretés, ces prosaïsmes que toute expression poétique entraîne fatalement après elle, les idées, les images, les sentiments»,⁴⁷ bestätigt Bremond und kommt zu dem Schluss: «[L]a poésie pure est silence, comme la mystique».⁴⁸

Um Bremonds Thesen entwickelte sich in den darauffolgenden Jahren eine erstaunlich erhitzte Debatte.⁴⁹ Paul Valéry gilt ohne Zweifel als prominentester Opponent, meint dessen eigener Begriff von *poésie pure* in Form einer intellektuell hochpräzisen, scharfsinnigen und formbewussten Dichtung doch eine ganz andere poetologische Ausrichtung. Valérys «‹analytische› Reinheit»⁵⁰ steht im deutlichen Gegensatz zu Bremonds romantisierendem Ansatz. Valérys Poetik zeichnet sich gerade durch eine bewusste Arbeit an der Sprache aus, so «daß nachzuvollziehen ist, wie die Textidee aus der Beobachtung entsteht und die Kombination der Textteile, deren Autoreferenz [...] eine neue Anschaulichkeit produzier[t].»⁵¹ Er knüpft dabei an das Konzept der *poésie pure* von Stéphane Mallarmé an, der unter 'Reinheit' poetische «Entdinglichung», Poesie frei von «alltäglichen Erfahrungsstoffen, von lehrhaften oder sonstwie zweckhaften Inhalten, von praktischen Wahrheiten, von Jedermannsgefühlen, von der Trunkenheit des Herzens»⁵² versteht.

---

45 Ebda., S. 16.
46 Henry W. Decker: *Pure Poetry*, S. 115.
47 Henri Bremond: Préface. In: Frédéric Lefevre (Hg.): *Entretiens avec Paul Valéry, précédés d'une préface de Henri Bremond*. Paris: Le livre 1926, S. xxi.
48 Ebda., S. xxiii. Decker zitiert in diesem Zusammenhang «the most amusing definition of Bremondian pure poetry» von Tristan Derème: «La poésie pure, c'est comme l'amour pur... C'est celui qu'on ne fait pas.» Tristan Derème: *Decalandrier ; ou, de l'Autobus Passy-Bourse à la poésie pure*. Paris: Cité des Livres 1927, S. 83. Zitiert nach Henry W. Decker: *Pure Poetry*, S. 70.
49 Für einen detaillierten Überblick vgl. Henry W. Decker: *Pure Poetry* und Clément Moisan: *Henri Bremond et la poésie pure*. Abbeville: Paillart 1967.
50 Winfried Engler: *Französische Literatur im 20. Jahrhundert*. Tübingen: Francke 1994, S. 21.
51 Ebda., S. 21.
52 Hugo Friedrich: *Die Struktur der modernen Lyrik*, S. 136.

Eine Hauptdifferenz zwischen Bremond und Valéry liegt im Konzept der 'Inspiration'. Während bei Bremond dem poetischen Akt ein Moment der rein passiven Inspiration vorangeht, versteht Valéry diesen Zeitpunkt als einen aktiven, selbstbestimmten Akt der Konzentration und Auswahl:

> J'imagine ce poète un esprit plein de ressources et de ruses, faussement endormi au centre imaginaire de son œuvre encore incréée, pour mieux attendre cet instant de sa propre puissance, qui est sa proie. [...] Là, attentive aux hasards entre lesquels elle choisit sa nourriture ; là, très obscure au milieu des réseaux et des secrètes harpes qu'elle s'est faites du langage, dont les trames s'entretissent et toujours vibrent vaguement, une mystérieuse Arachné, muse chasseresse, guette.[53]

Der Dichter befindet sich also in einem bewusst abwartenden, konzentrierten Zustand und wählt aus den vielmals dem Zufall zu verdankenden Möglichkeiten kontrolliert die entsprechenden poetischen Mittel und Verfahrensweisen aus, «attenti[f] aux hasards entre lesquels [il] choisit sa nourriture».[54] Ein metapoetisch lesbares Gedicht wie Valérys 'Les pas' veranschaulicht und kommentiert diesen Zustand der *attente* und *vigilance* als ein wesentliches ästhetisches Prinzip.[55]

Wenngleich sich zentrale Unterschiede zwischen Bremonds und Valérys Begriff von *poésie pure* feststellen lassen, ist die Trennung dennoch nicht immer eindeutig. Gemeinsam ist beiden in jedem Fall die Abwendung von der sentimentalen, referenziellen, lehrreichen oder moralischen Dichtung. Überhaupt rückt die semantische Ebene im Kontext der *poésie pure* hinter sprachmagische oder selbstreferenzielle Elemente zurück, wie Hugo Friedrich es grundsätzlich als eine Tendenz der modernen Lyrik ausmacht: «das Gedicht bedeutet nicht, sondern *ist*.»[56] Und: «Das Gedicht will vielmehr ein sich selbst genügendes, in der Bedeutung vielstrahliges Gebilde sein, bestehend aus einem Spannungsgeflecht von absoluten Kräften, die suggestiv auf vorrationale Schichten einwirken, aber auch die Geheimniszonen der Begriffe in Schwingung versetzen.»[57]

Anna de Noailles' Lyrik verhält sich mit ihrer klassischen Form und einem hohen Pathos formal zunächst konträr zu einem solchen Diktum. Bremonds Verwendung von *poésie pure* stellt sie in einem Interview 1926 – «en plaisan-

---

53 Paul Valéry: Au sujet d'Adonis. In: ders.: Œuvres, I. Paris: Gallimard 1957, S. 474–495, hier S. 484. Vgl. auch Henry W. Decker: *Pure Poetry*, S. 53.
54 Ebda., S. 484.
55 Vgl. Hartmut Köhler: Paul Valéry, ‹Les pas›. In: Hans Hinterhäuser (Hg.): *Die französische Lyrik. Von Villon bis zur Gegenwart*. 2. Düsseldorf: August Bagel Verlag 1975, S. 234–245.
56 Hugo Friedrich: *Die Struktur der modernen Lyrik*, S. 183. Kursivierung im Original.
57 Ebda., S. 16.

tant» – den Begriff einer «poésie papure»[58] entgegen, ohne dies weiter auszuführen. Gleichzeitig teilen ihre poetologischen Aussagen z.B. in Bezug auf die Inspiration Aspekte von Bremonds Inspirationsmodell, und auch sprachmusikalische Elemente finden sich in Bezug auf die Klanglichkeit ihrer Texte. Wie sich zeigen wird, steht Noailles' formal klassische Dichtung in einem Spannungsverhältnis zum in ihren Texten sehr präsenten, oben skizzierten vitalistischen Mystikverständnis. Vor der Zusammenschau einiger poetologischer Reflexionen und der anschließenden Lektüre einschlägiger Texte wird jedoch in den nächsten Abschnitten zunächst die Situation von Lyrikerinnen in der *Belle Époque* sowie Noailles' herausgehobene Stellung darin beleuchtet.

'Schöne Epoche' und vergessene Generation. Lyrikerinnen der *Belle Époque* und der Zwischenkriegszeit in Frankreich

«Si peu de femmes poètes ?»,[59] fragt sich Christine Planté angesichts der auffälligen Abwesenheit von Lyrikerinnen im Kanon französischer Literaturgeschichte. Diese Frage lässt sich mit besonderer Vehemenz für das erste Drittel des 20. Jahrhunderts stellen – eine Epoche, in der die französischsprachige Lyrik mit Dichtern wie Paul Valéry, Guillaume Apollinaire und André Breton eine besondere Originalität und universale Wertschätzung erfuhr. Hingegen wird es vielen Leserinnen und Lesern heute schwerfallen, eine französische Autorin der 'klassischen Moderne' – mit Ausnahme von Colette – zu nennen. Diese Tatsache ist besonders frappierend, wenn man an die Berühmtheit zeitgenössischer englischsprachiger Autorinnen in Paris wie etwa Gertrude Stein, Anaïs Nin, Djuna Barnes, Katherine Mansfied oder die Dichterin HD denkt.[60] Wie lässt sich diese enorme Diskrepanz erklären? Und wie gestaltete sich die historische Situation von Lyrikerinnen zwischen Jahrhundertwende und II. Weltkrieg in Frankreich?

---

58 Frédéric Lefèvre: Une heure avec la Comtesse de Noailles. In: *Les Nouvelles Littéraires* (18.9.1926), S. 1–2, hier S. 2.
59 Christine Planté: La place problématique des femmes poètes. In: Martine Reid (Hg.): *Les femmes dans la critique et l'histoire littéraire*. Paris: Honoré Champion 2011, S. 55–72, hier S. 56.
60 Andrea Weiss betont, dass es der Status der Ausländerinnen war, der den englischsprachigen Autorinnen eine größere Freiheit ermöglichte: «It was not that Paris was culturally more ‹liberated› than England or America in its attitudes towards women, but simply that it left its foreigners alone.» Andrea Weiss: *Paris was a Woman. Portraits from the Left Bank*. London: Pandorra 1995, S. 21.

Die Zeit zwischen 1870 und 1914 stellt die Phase einer ersten feministischen Bewegung dar.[61] Die liberale Politik der III. Republik ermöglichte mit den neu eröffneten Bildungschancen für Mädchen und Frauen einen deutlichen Anstieg von Autorinnen. Um die Jahrhundertwende zeigte sich der enge Zusammenhang von Bildung, Bürgerrechten und Schreiben in einem Boom der Literatur von Autorinnen, die in den 1870er und 1880er Jahren geboren wurden.[62] Die literarischen Genres umfassten im Wesentlichen Prosa und Journalismus, vor allem aber Poesie. Die kurze Zeit dieser neuen öffentlichen Präsenz einer *littérature féminine* endete mit dem I. Weltkrieg: Mit den politischen und ästhetischen Neuerungen der Zwischenkriegszeit erschwerte sich die Situation für Dichterinnen erneut. In den 1920er und 1930er Jahren wirkten die poetologischen Prämissen von Futurismus, Surrealismus oder auch Valérys starkem intellektuellen Rationalismus wieder erschwerend für die öffentliche Wahrnehmung einer Mehrheit der Lyrikerinnen, von denen sich nur wenige, wie Claude Cahun, mit dieser Form moderner Ästhetik identifizierten.[63]

In diesem Sinne lässt sich ein Bruch konstatieren zwischen einer kurzen Blütezeit mit einer relativ hohen Präsenz weiblicher Lyrik zur Zeit der *Belle Époque* und einem erneuten Abfall in den 1920er und 1930er Jahren. Dieser Effekt verstärkt sich noch durch die Asymmetrie des literaturgeschichtlichen und akademischen Interesses. Während Autorinnen der Jahrhundertwende in der Forschung der letzten Jahrzehnte ein vermehrtes Interesse erfahren haben, spricht Jennifer E. Milligan in Bezug auf die französischen Autorinnen der Zwischenkriegszeit von einer 'vergessenen Generation'.[64] Anna de Noailles ist eine der wenigen, wenn nicht die einzige Dichterin, die nach dem I. Weltkrieg weiter veröffentlichte, jedoch wird ihre Lyrik zu diesem Zeitpunkt von vielen nunmehr als unzeitgemäß betrachtet.

Patricia Izquierdo hat die historischen, politischen, ökonomischen und ästhetischen Bedingungen des Schreibens französischer Lyrikerinnen und ihrer Rezeption in der *Belle Époque* umfassend untersucht. Ihre Recherchen haben mehr als 300 Lyrikerinnen um die Jahrhundertwende ergeben, von denen jedoch nur wenige in der Literaturgeschichte Beachtung fanden. Wenngleich in zahlreichen neueren Anthologien zu französischen Lyrikerinnen durchaus vertreten, ist der Eingang in den literarischen Kanon kaum einer von ihnen gelun-

---

61 Vgl. Diana Holmes: *French Women's Writing 1848–1994*. London / Atlantic Highlands, NJ: Athlone 1996, S. 21.
62 Vgl. ebda., S. 18.
63 Vgl. Jennifer E. Milligan: *The Forgotten Generation. French Women Writers of the Inter-War Period*. Oxford / New York: Berg 1996, S. 31f.
64 Vgl. ebda.

gen. Izquierdos Studie konzentriert sich auf vierzehn Autorinnen. Neben Anna de Noalles, «la poétesse la plus réprésentative de la Belle Époque et la plus adulée»,[65] nennt sie u.a. Lucie Delarue-Mardrus, Renée Vivien, Gérard d'Houville, Nathalie Barney, Marie Krysinska, Marie Dauguet und Hélène Picard.

Paris war, wie zu erwarten, das Zentrum dichterischer Produktion und Rezeption; insgesamt stellt die *Belle Époque* mit Izquierdo «une époque avant tout parisienne, mondaine et masculine»[66] dar. Außerliterarische Faktoren spielten bei der Rezeption von Literatur eine herausgehobene Rolle. Die soziale Herkunft (Adel, Großbürgertum) und entsprechende Kontakte waren determinierend für den literarischen Erfolg und die Teilhabe am kulturellen Leben.

In der zeitgenössischen Rezeption der Literatur von Frauen erkennt Izquierdo deutlich misogyne Züge und eine auffällige *gender bias*. So wird über Autorinnen häufig im Kontext biografischer Kommentare, äußerer Erscheinung und Weiblichkeitsvorstellungen berichtet. Autorin und Werk werden dabei meist gleichgesetzt, wie besonders am Beispiel Anna de Noailles' deutlich wird: «La confusion est parfois complète entre l'auteur et son livre : *Le Cœur innombrable* c'est Madame de Noailles».[67]

Izquierdo hat eine Vielzahl an zeitgenössischen Beispielen zusammengestellt, welche eindrücklich die Voreingenommenheit der Kritiker gegenüber Autorinnen verdeutlichen.[68] So schreibt beispielhaft Pau Flat in *Nos femmes de lettres* (1908): «La femme littéraire est un *monstre*, au sens latin du mot. Elle est un monstre, parce qu'elle est anti-naturelle.»[69] Izquierdo spricht von einer 'hegemonischen Verunsicherung', die sich in solchen Zeilen ausdrücke. Zu den verbreiteten Stereotypen gehörten auch die Unterstellung der Kompensation unerfüllter romantischer und erotischer Wünsche oder ausbleibender Mutterschaft durch das Schreiben sowie das Absprechen von ästhetischer Reflexionsfähigkeit und literaturhistorischer Kenntnis.[70] Die voreingenommene Rezeption gilt gerade auch für die heute noch bekannten Autorinnen wie Anna de Noailles oder Colette, wie Milligan bestätigt.[71] Aus diesem Grund spricht Milligan auch nicht von einer Unterrepräsentation, sondern einer 'Miss-Repräsentation' fran-

---

65 Patricia Izquierdo: *Devenir poétesse à la Belle Époque*, S. 13.
66 Ebda., S. 22.
67 Ebda., S. 349.
68 Vgl. ebda., S. 22ff.
69 Pau Flat: *Nos femmes de lettres*. Paris: Perrin 1909, S. 218. Vgl. auch Patricia Izquierdo: *Devenir poétesse à la Belle Époque*, S. 53. Kursivierung im Original.
70 Vgl. etwa Jean Larnac: *Histoire de la littérature féminine en France*. Paris: Éditions Kra ²1929, S. 249, 274ff.
71 Vgl. Jennifer E. Milligan: *The Forgotten Generation*, S. 62.

zösischer Autorinnen der Moderne: Das Wortspiel hebt auf die klischeehafte Wahrnehmung und Rezeption von Literatur von Frauen ab.

Insgesamt stellt die Zeit der *Belle Époque* einen paradoxen, widersprüchlichen Rahmen für die Lyrik von Frauen dar. Die genannten Vorurteile und Klischees beeinflussten in jedem Fall die Produktion und Rezeption stark. Gleichzeitig boten die ästhetischen und gesellschaftlichen Normen zur Zeit der Jahrhundertwende auch einen vorteilhaften Rahmen für die Literaturproduktion von Autorinnen. Insbesondere die Ästhetik von *Art Nouveau, naturisme* und *jammisme* privilegierte Frauen als verehrungswürdige, naturnahe Wesen – ein Umstand, der bei all seinen offensichtlichen negativen, klischeehaften Implikationen auch eine gewisse Wertschätzung gerade von Lyrikerinnen bewirkte. Die florale, fließende Ästhetik und Sinnesbetonung wird von vielen Dichterinnen aufgegriffen. «La poésie féminine de 1900 à 1914 regorge de ces ‹natures vivantes› toutes simples et délicates, sans maniérisme ni morbidité. [...] Comme les artistes de l'Art Nouveau, [les] poétesses adressent à la Nature un hymne à la vie simple et amoureuse».[72]

Während die naturistische Ästhetik für viele Lyrikerinnen eine Anschlussmöglichkeit an die Literatur der Jahrhundertwende ermöglicht, läuft diese gleichzeitig immer wieder Gefahr, das Stereotyp der Dichterin als *femme-fleur* und *femme-animal* zu bestätigen – ein Teufelskreis. «La boucle est ainsi bouclée : la femme fleur et la poésie ne font qu'un, un tout indissociable et inappréciable...»[73] Zu den bekanntesten Dichterinnen zählen neben Noailles – «[qui] apparaît clairement et dans toutes les publications critiques [...] comme le chef de file de cette poésie naturiste»[74] – vor allem Marie Dauguet und Lucie Delarue-Mardrus.

Die Lyrikerinnen der *Belle Époque* sahen sich somit einem Spannungsfeld zwischen Misogynie und Idealisierung, (alten) Begrenzungen und (neuen) Möglichkeiten ausgesetzt.[75] Das Paradoxon der *Belle Époque*-Lyrikerin zeigt sich besonders anhand der Figur Anna de Noailles: Sie ist größtes Aushängeschild der *Belle Époque*-Lyrik und zugleich Zielscheibe misogyner Kritik. Noailles nutzte jedoch die Situation zu Beginn des Jahrhunderts gekonnt für die eigene Selbstinszenierung als exotische, sensible und sinnliche Künstlerin – eine Insze-

---

72 Patricia Izquierdo: *Devenir poétesse à la Belle Époque*, S. 134.
73 Ebda., S. 162.
74 Ebda., S. 143. Izquierdo betont einschränkend, dass Noailles sich nie zu einer konkreten ästhetischen Strömung bekannte und sich einer entsprechenden Vereinnahmung dadurch entziehe.
75 Vgl. Jennifer E. Milligan: *The Forgotten Generation*, S. 31f.

nierung, die ihr zu Beginn des Jahrhunderts große Anerkennung brachte, jedoch gleichzeitig zu ihrer späteren Marginalisierung in der Literaturgeschichte beitrug.

«Une reine de la IIIe république»

Die Phänomene, die Milligan für die Gruppe von französischen Autorinnen im ersten Drittel des vergangenen Jahrhunderts beschreibt, treffen in bezeichnender Weise auf Anna de Noailles zu. So ist ihr Leben und Werk von einem eklatanten Widerspruch charakterisiert: Der außerordentlich hohen zeitgenössischen Bekanntheit und Beliebtheit steht die marginalisierte Position in der Literaturgeschichte ab Mitte des 20. Jahrhunderts gegenüber. «Son nom est pratiquement inconnu du lecteur contemporain, qui voit en elle plus une figure mondaine qu'artistique»,[76] bemerkt Angela Bargenda. Gleichzeitig besteht ein auffälliges Spannungsverhältnis zwischen der gesellschaflichen Wahrnehmung und der Einordnung als Dichterin und Autorin, das sich bereits bei ihren Zeitgenossinnen und Zeitgenossen zur Seite der sozialen Inszenierung zu neigen pflegte: Als 'Königin der III. Republik' bezeichnet Louise Weiss die Autorin,[77] Chinmoy Guha nennt sie noch in einem 2013 erschienenen Artikel die «queen bee of the Parisian high society».[78] Beide Einschätzungen spielen auf ihre aristokratische Herkunft an, welche auch für ihre Rezeption als Dichterin eine wichtige Rolle spielte, und betonen die enorme Bedeutung, die Anna de Noailles im kulturellen und gesellschaftlichen Leben in Frankreich zu Beginn des 20. Jahrhunderts spielte.

Die Lyrikerin wurde 1876 als Anna-Elisabeth de Bassaraba-Brancovan in Paris geboren.[79] Ihre Mutter stammte aus einer griechischen Familie türkischer Nationalität aus Konstantinopel und war am englischen Hof in London aufgewachsen, wo ihr Vater Botschafter war. Ihr Vater entstammte der traditionsreichen moldawischen Aristokratie der Bassaraba in Rumänien. «Je suis née à Paris. Ces quelques mots m'ont, dès l'enfance, conféré un si solide contente-

---

76 Angela Bargenda: *La poésie d'Anna de Noailles*. Paris: L'Harmattan, 1995 S. 17.
77 Louise Weiss: Une reine de la IIIe république. In: *Les Nouvelles Littéraires* (2.10.1969), S. 10.
78 Chinmoy Guha: ‹In Silence we Recline›. Tagore and Anna de Noailles. In: Sanjukta Dasgupta / Chinmoy Guha (Hg.): *Tagore. At Home in the World*. Neu Delhi: Sage 2013, S. 38–46, hier S. 40.
79 Vgl. zu biografischen Aspekten im Detail die umfangreich dokumentierte Darstellung von Claude Mignot-Ogliastri: *Anna de Noailles, une amie de la Princesse Edmond de Polignac*. Paris: Méridiens Klincksieck 1986. Vgl. außerdem Edmée de La Rochefoucauld: *Anna de Noailles*. Paris: Mercure de France 1976; François Broche: *Anna de Noailles. Un mystère en pleine lumière*. Paris: R. Laffont 1989; Elisabeth Higonnet-Dugua: *Anna de Noailles, cœur innombrable. Biographie-correspondance*. Paris: M. De Maule 1989.

ment, ils m'ont à tel point construite, j'ai puisé en eux la notion d'une chance si particulière et qui présiderait à toute ma vie»,[80] betont die Autorin jedoch zu Beginn ihrer autobiografischen Erinnerungen an ihre Kindheit in *Le livre de ma vie* (1932). Und: «Jamais l'idée ne me vint que mes parents fussent des étrangers.»[81] Im öffentlichen Bewusstsein hingegen wurde die Autorin tatsächlich als kulturell fremd wahrgenommen und als 'orientalische Prinzessin' exotisiert. Die Autorin selbst spielte strategisch mit ihrer hybriden Herkunft und machte sich den verbreiteten Orientalismus in der Kultur des *fin de siècle* für ihre Selbstinszenierung zunutze, indem sie sich etwa in entsprechender Kleidung und Pose fotografieren ließ.

Noailles erfuhr eine privilegierte Ausbildung und Erziehung. Sie lernte neben dem Englischen fließend Deutsch durch die Betreuung von verschiedenen deutschsprachigen Gouvernanten und erhielt eine umfangreiche musikalische Ausbildung. Ihre Mutter selbst war Pianistin und vermittelte Noailles eine besondere Sensibilität für Musik und Ästhetik. In der Wohnung der Familie in Paris sowie in ihrem Landsitz am Genfer See verkehrten Intellektuelle, Künstlerinnen und Künstler, Politiker, Musiker und Musikerinnen sowie auch Autorinnen und Autoren.[82] Die langen Aufenthalte in Amphion in der Nähe von Evian prägten die Dichterin als Kind und junges Mädchen, indem sie am See die Natur für sich entdeckte und einen Gegenpol zum mondänen Pariser Leben fand. Zu den prägenden Erfahrungen ihrer Kindheit gehört außerdem ein dreimonatiger Aufenthalt in Konstantinopel. 1897 heiratete Anna de Noailles den ebenfalls aus einer wohlhabenden aristokratischen Dynastie stammenden Grafen Matthieu de Noailles, drei Jahre später wurde ihr Sohn Anne-Jules geboren.

Die Autorin fing schon als Jugendliche an zu schreiben und veröffentlichte ihre ersten Gedichte ab 1899 in der *Revue de Paris* und der *Revue des Deux Mondes*. Ihrem ersten Gedichtband *Le Cœur innombrable* (1901), der ein großer Erfolg war und großes Echo in der Pariser kulturellen Szene hervorrief, folgten acht weitere Gedichtbände und drei Romane, die autobiografischen Erinnerungen an ihre Kindheit sowie verschiedene Essays. Anna de Noailles äußerte sich zu gesellschaftlichen und politischen Themen zudem regelmäßig in Zeitschriften und Zeitungen; ihre Pariser Wohnung wurde zum Treffpunkt von Künstlerinnen und Künstlern, Autorinnen und Autoren. Zu ihrem Freundeskreis gehörten Marcel Proust, Rainer

---

80 Anna de Noailles: *Le Livre de ma vie. Suivi de ‹Ici finit mon enfance›. Avant-propos aux Poèmes d'enfance et de ‹La Lyre naturelle› : Conférence*. Herausgegeben und kommentiert von François Broche. Paris: Bartillat 2008, S. 31.
81 Ebda., S. 45.
82 «J'ai été élevée parmi des académiciens [...], des diplomates, des écrivains», kommentiert die Autorin rückblickend in ihrer Autobiografie. Ebda., S. 37.

Maria Rilke, Jean Jaurès, Colette, Madame Bulteau, Catherine Pozzi, Paul Valéry und Jean Cocteau; umfangreiche Briefwechsel dokumentieren Noailles herausgehobene Position in den Pariser Künstlerzirkeln von *fin de siècle* und Zwischenkriegszeit.[83] 1903 begann die Dichterin eine leidenschaftliche und spannungsgeladene Freundschaft mit dem konservativen Autor Maurice Barrès, die durch einen mehr als 800-seitigen Briefwechsel dokumentiert ist.[84]

Die Lyrikerin erfuhr eine hohe Beliebtheit in literarischen, aber auch populären Gesellschaftskreisen. Bereits 1905 stand sie dem Komitee für den ersten *Prix Fémina* vor, 1921 erhielt sie den *Grand Prix de Littérature* der *Academie Française*, im Jahr danach wurde sie als erste Frau in die *Académie Royale de Langue et de Littérature de Belgique* aufgenommen. 1931 war sie ebenfalls die erste Frau, die den Rang eines *Commandateur* von der *Légion d'Honneur* erhielt.

Die letzten Lebensjahre verbrachte Anna de Noailles zunehmend durch eine Krankheit geschwächt in ihrem Apartment in der Rue Scheffer in Paris, wo sie jedoch weiterhin Gäste empfing. Sie starb 1933 in Paris, wo sie während der Trauerfeier von mehreren Tausend Menschen verabschiedet wurde.

Lyrisches Werk

Anna Noailles' umfangreiches lyrisches Werk besteht aus neun Gedichtbänden, die sie zwischen 1901 und 1934 veröffentlichte. Ihre Lyrik kennzeichnet eine starke Reibung von Form und Diskurs. Formal hält sie auch noch bis in die 1930er Jahre an klassischem Versmaß und Reimschema fest und steht damit in starkem Gegensatz zu den revolutionären poetischen Neuerungen der Avantgarden. Gleichzeitig nimmt sie zeitgenössische Diskurse aus moderner Philosophie und Wissenschaft auf und zeigt dabei ein großes Interesse an Bergsons, Schopenhauers und Nietzsches Denken. Nietzsche liest die Dichterin ab dem

---

83 Vgl. etwa die Zusammenstellung von Elisabeth Higonnet-Dugua in *Anna de Noailles, cœur innombrable*. Herauszuheben sind die Korrespondenzen mit Jean Cocteau und André Gide. Vgl. Anna de Noailles / Jean Cocteau: *Correspondance*. Herausgegeben und kommentiert von Claude Mignot-Ogliastri. Paris: Gallimard 1989 und Anna de Noailles / André Gide: *Correspondance 1902–1928*. Herausgegeben und kommentiert von Claude Mignot-Ogliastri. Lyon: Centre d'Études Gidiennes 1986.
84 Vgl. Anna de Noailles / Maurice Barrès: *Correspondance 1901–1923*. Herausgegeben und kommentiert von Claude Mignot-Ogliastri. Paris: L'Inventaire 1994.

Jahr 1900 im Original. Auf Bergson wurde sie offenbar 1908 durch den Artikel 'La philosophie de M. Bergson' von André Chaumeix aufmerksam und hörte ihn im selben Jahr in Paris.[85]

Anna de Noailles' Schreiben ist insgesamt von einer dichten Intertextualität gekennzeichnet, die sichtbar etwa in der großen Zahl an Mottos wird. Die literarischen und philosophischen Referenzen reichen von Ronsard, Montaigne und Pascal über Corneille, Racine, Hugo, Musset bis zum zeitgenössischen Vitalismus; auch Proust, Gide und Jammes sind Vorbilder. Ihr lyrisches Werk wurde oft als neoromantisch bezeichnet, ebenso ist die Nähe zu den *fin de siècle*-spezifischen Unterströmungen von *naturalisme* und *jammisme* sichtbar. Inhaltlich dominieren Begehren, Körperlichkeit, Liebe, Natur, Tod und philosophische Reflexionen über die *conditio humana* unter den Vorzeichen einer sich säkularisierenden Moderne.

Mit ihrem ersten Gedichtband *Le Cœur innombrable* feierte die Dichterin 1901 einen großen Erfolg: «C'est un événement, un engouement comparable au succès des *Méditations poétiques* de Lamartine en 1820»,[86] kommentiert die Herausgeberin der 2013 veröffentlichten, fast 3000 Seiten umfassenden Gesamtausgabe von Noailles' lyrischem Werk, Thanh-Vân Ton-That. Noailles konnte auf große öffentliche Aufmerksamkeit zählen. Die bekannte Mäzenin Mme Bulteau unterstützte die Veröffentlichung bei Calmann-Lévy; der Band wurde vielfach neu editiert und die Gedichte wurden von Sarah Bernhardt vorgetragen. Die Texte sind in klassischem Versmaß und traditionellen Reimschemata gehalten. Inhaltlich dominieren romantische und vitalistische Einflüsse. Die Texte thematisieren einen schwärmerischen, exaltierten Lebensgenuss, das Lob der Natur, griechische Vorbilder, erotische Figuren und Begehrensstrukturen. Das titelgebende Herz fungiert als Leitmotiv: «Le cœur représente à la fois l'organe vital, le siège des sentiments et le souffle de la vie et de la poésie. [...] Cette synecdoque [...] lui permet de s'avancer masqué, omniprésent derrière un ‹je› kaléidoscopique.»[87] Verschiedene Kritiker sehen in *Le Cœur innombrable* bereits das gesamte lyrische

---

85 Vgl. André Chaumeix: La philosophie de M. Bergson. In: *Le Journal des Débats* (25.5.1908), S. 1. Vgl. auch Polyxene Ant. Goula-Mitacou: *Lettres inédites à Anna de Noailles. Reflets de littérature et d'histoire.* Athen: Société des archives helléniques, littéraires et historiques 1996, S. 89. Goula-Mitacou hat neun von zwölf erhaltenen Briefen von Bergson an Noailles publiziert. Noailles dagegen beteiligte sich an prominenter Stelle an der Hommage an den Philosophen, die am 15.12.1928 in *Les Nouvelles Littéraires, Scientifiques et Artistiques* veröffentlicht wurde. Anna de Noailles: La renommée d'Henri Bergson. In: *Les Nouvelles Littéraires, Scientifiques et Artistiques* (15.12.1928), S. 1.
86 Thanh-Vân Ton-That: Un cœur innombrable mis à nu. In: Anna de Noailles: *Œuvre poétique complète*. 1. Herausgegeben und kommentiert von Thanh-Vân Ton-That. Paris: Éditions du Sandre 2013, S. 41–46, hier S. 42.
87 Ebda., S. 44.

Werk Noailles' kondensiert.[88] Wenngleich dies in Bezug auf die formale Gestaltung und zentrale Themen in großen Teilen zutreffen mag, lässt sich jedoch eine deutliche Entwicklung vom enthusiastischen Frühwerk zu einem meditativen, deutlich melancholischeren Ausdruck im Spätwerk der Lyrikerin beobachten.

Ein Jahr später veröffentlicht, schließt der deutlich kürzere Band *L'Ombre des jours* (1902) großteils an den ersten Erfolg an, wenngleich sich hier bereits im Titel das melancholische Element und das Todesmotiv abzeichnen. Zwischen 1903 und 1905 veröffentlichte Noailles drei Romane 'poetischer Tonalität': *La Nouvelle Espérance* (1903), *Le Visage émerveillé* (1904) und *La Domination* (1905).

Der Lyrikband *Les Éblouissements* (1907) – von Angela Bargenda als «le chef-d'œuvre d'Anna de Noailles»[89] bezeichnet – setzt den dionysischen Gestus fort, ergänzt um einen neuen Fokus auf orientalistische Motive. Zahlreiche Referenzen auf die türkische, arabische und persische Literatur und Kultur sind hier besonders hervorzuheben. Für Catherine Perry zählt der Band zum ersten Werk einer reiferen Phase. Der Band wurde in den ersten zwei Wochen fünf Mal neu aufgelegt und in mehr als fünfzig Artikeln besprochen.[90]

Les Vivants et les Morts erschien 1913 nach einer sechsjährigen Publikationspause. Das Werk markiert insofern einen Übergang zu Noailles' mittlerer Schaffensphase, als dass die enthusiastisch-leidenschaftliche, sinnliche Lebensfeier immer stärker einer ernsteren Reflexion zu weichen beginnt. In diesem Band, der u.a. von Rilke geschätzt wurde – er übersetzte das darin enthaltene Gedicht 'Tu vis, je bois l'azur' – und in dem der Antagonismus von Leben und Tod des Titels Programm ist, nehmen religiös konnotierte Themen zu. Zu den Verweisen auf griechische Mythologie und pantheistisches Denken kommen biblische, christliche und mystische Motive. Einige Texte dieser «poésie intime, voir parfois intimiste»,[91] insbesondere der Sektionen 'Les élévations' und 'Les tombeaux', haben gebetsähnliche Strukturen, und tatsächlich wendet sich die lyrische Stimme häufig an einen «Dieu» oder «Seigneur». Angesichts der religiösen Spuren entspannte sich eine polemische Debatte um Noailles' eigene Haltung, die von den Vorwürfen

---

88 Vgl. ebda., S. 42f.
89 Angela Bargenda: *La poésie d'Anna de Noailles*, S. 253.
90 Vgl. Catherine Perry: Anna de Noailles, muse and creator. In: dies. (Hg.): *A Life of Poems, Poems of a Life. Comtesse Anna de Noailles (1876–1933)*. Übersetzt von Norman R. Shapiro. Boston: Black Widow Press 2012, S. 16–25, hier S. 20.
91 Thanh-Vân Ton-That: Orphée au féminin. In: Anna de Noailles: *Œuvre poétique complète*. 2. Herausgegeben und kommentiert von Thanh-Vân Ton-That. Paris: Éditions du Sandre 2013, S. 9–15, hier S. 10.

der Blasphemie bis zu der Annahme reichte, Noailles bekenne sich nunmehr zum Christentum.[92]

Les Forces éternelles (1920) reflektiert die Erfahrungen des I. Weltkriegs vor allem im ersten Unterabschnitt 'La guerre'. 'Âmes de paysage', 'Poèmes d'esprit' und 'Poèmes d'amour' dagegen knüpfen an frühere Thematiken an und vertiefen die spirituelle Dimension. Dabei geht die lyrische Stimme weiterhin immer von der körperlichen, physischen Erfahrung aus und schreibt sich in eine stoizistische Tradition ein.[93]

Poème de l'amour (1924) gilt als Beginn von Noailles' Spätwerk.[94] Es handelt sich um 175 kurze Gedichte, die schlicht durchnummeriert und durch römische Ziffern betitelt sind. Die verdichtete, kurze Form, die sich deutlich von den verspielten Langversen früherer Bände absetzt, korrespondiert mit dem abstrakten Charakter dieser poetischen Meditationen über die Liebe. Die starke Naturnähe früherer Texte tritt hinter universelle Reflexionen über Leidenschaft und Begehren zurück. Noailles greift hierfür auf mythologische und literarische Figuren genauso wie auf mystische Konzepte zurück; besonders auffällig sind die Affinitäten zu Teresa von Ávilas Schreiben. Die Texte spielen entsprechend mit der Spannung zwischen erotischem und spirituellem Liebesdiskurs.

Im letzten, 1927 selbstständig veröffentlichten Band *L'Honneur de souffrir* dominiert endgültig die Todessemantik. Auch hier handelt es sich um eher kurze Gedichte ohne Titel, die Ton-That aufgrund der Kürze gar mit Grabinschriften vergleicht. Sie setzt die düstere Stimmung des Bandes in Verbindung mit der Todesthematik in *Les Vivants et les Morts* und *Les Forces éternelles*. Zusammen bildet die spätere Lyrik einen Gegensatz zum dionysischen Lebensgesang der frühen Texte: «Les dieux aimables de la mythologie radieuse, les amours bucoliques des joies païennes se sont évanouis tout comme les titres

---

92 Vgl. Catherine Perry: Anna de Noailles, muse and creator, S. 21; Ferdâ Asya: The Orientalism of Anna de Noailles. In: Anne Quinney (Hg.): *Paris-Bucharest, Bucharest-Paris. Francophone Writers from Romania*. Amsterdam / New York: Rodopi 2012, S. 37–70, hier S. 48. Ton-That verweist auf den misogynen Charakter der Debatte, vgl. Thanh-Vân Ton-That: Orphée au féminin, S. 9.
93 Vgl. Thanh-Vân Ton-That: Guerre et paix. In: Anna de Noailles: *Œuvre poétique complète*. 2. Herausgegeben und kommentiert von Thanh-Vân Ton-That. Paris: Éditions du Sandre 2013, S. 313–317, hier S.317.
94 Vgl. Catherine Perry: *Persephone Unbound. Dionysian Aesthetics in the Works of Anna de Noailles*. Lewisburg: Bucknell University Press 2003, S. 318.

étrangement absents et remplacés par des chiffres laconiques».⁹⁵ Noailles' letzter Gedichtband *Derniers vers et poèmes d'enfance* schließlich erschien 1934 ein Jahr nach ihrem Tod und umfasst eine Zusammenstellung neuester Gedichte in Kombination mit unveröffentlichten Texten früherer Epochen.

In den folgenden Analysen soll die Spannung zwischen dionysisch-exaltiertem Jubel und melancholischem Pessimismus nicht als Gegensatz gelesen werden. Ich verstehe beide Aspekte vielmehr als eine Folge von Noailles' konsequent materialistischem Denken; beide Aspekte sind Noailles' Werk von Beginn an in komplementärer Weise eingeschrieben.

Bewertung in der Literaturgeschichte und Forschungsüberblick

Im folgenden Forschungsüberblick diskutiere ich zentrale Positionen der literaturwissenschaftlichen Kritik ausführlich, um an diese einerseits in meinen eigenen Gedichtlektüren anzuschließen und darin andererseits die sich wiederholenden Topoi, etwa in Bezug auf Sinnlichkeit, Naturverhältnis und Poetik, welche die Wahrnehmung Noailles' bis heute dominieren, einer kritischen Revision und Neubewertung zu unterziehen.

Die literaturwissenschaftliche Forschung zu Anna de Noailles, die zunächst ausschließlich in Frankreich, in den letzten beiden Jahrzehnten auch in den USA stattfand, lässt sich grob in drei Phasen einteilen. Einer breiten Rezeption und angeregten Debatte zu Lebzeiten folgte eine Phase des Desinteresses in der Zeit nach dem II. Weltkrieg, die wiederum ab den späten 1980er und frühen 1990er Jahren von einem neuen Interesse an der Dichterin im Kontext von feministischer Forschung und Gender Studies abgelöst wurde. Dabei ziehen sich verschiedene Topoi durch die Forschungsliteratur, deren Grundlage bereits in den 1910er und 1920er Jahren von zeitgenössischen Kommentatoren gelegt wurde: Dazu gehören die thematische Vorliebe der Autorin für Pantheismus, Griechentum und Orientalismus, autobiografistische Deutungen sowie die poetologische Einschätzung des spontanen, unreflektierten Schreibens und der Antiintellektualität. In Bezug auf die formale Verortung von Noailles' Texten innerhalb der französischen modernen Lyrik wurde die Dichterin lange Zeit als

---

95 Thanh-Vân Ton-That: Le stoïcisme d'une épicurienne. In: Anna de Noailles: *Œuvre poétique complète*. 3. Herausgegeben und kommentiert von Thanh-Vân Ton-That. Paris: Éditions du Sandre 2013, S. 215–217, hier S. 217. Ton-That erkennt in der poetischen Entwicklung auch ein biografisches Moment: «La femme de cinquante ans ne se livre plus à des épanchements juvéniles et naïfs, das ce mélange de rêveries sentimentales et d'éléments concrets, pleins de matérielle sensualité qui la caractérisaient.» Ebda., S. 15.

antimoderne Neoromantikerin eingestuft, während neuere Studien die Modernität in den Brüchen und Innovationen ihrer Lyrik herauszuarbeiten suchen. Gender-Aspekte spielen dabei zu jeder Zeit eine zentrale Rolle in der Bewertung des lyrischen Werks der Autorin.

Jean Larnac, der 1927 bereits eine Monografie über Colette veröffentlicht hatte, legte 1931 in *Comtesse de Noailles. Sa vie, son œuvre* die Grundlage für viele der genannten Forschungstopoi.[96] So wie seine weiter oben diskutierte Literaturgeschichte französischer Autorinnen als symptomatisch für die Einschätzung der Literatur von Frauen in der französischen Moderne gelten kann, so ist seine Bewertung von Noailles' Schreiben von den zeitgenössischen Geschlechterklischees geprägt. Larnacs Monografie ist zweigeteilt: Einem ersten biografischen Teil stellt er seine Einschätzung der literarischen Produktion Noailles' gegenüber. Dabei nimmt er für seine Argumentation Bezug auf zahlreiche zeitgenössische Kritiker, sodass ein breites Bild der umfangreichen zeitgenössischen Rezeption Noailles' entsteht.

Larnac ordnet Anna de Noailles' Lyrik (und Prosa) in den breiteren französischen poetologischen Kontext ein. Er sieht Noailles aufgrund der traditionellen formalen Gestaltung und Betonung von Gefühl und innerem Erleben in der Nachfolge der Romantiker, allen voran Victor Hugos, und grenzt sie entsprechend von modernen Lyrikern wie Paul Valéry, aber auch Baudelaire, Rimbaud, Mallarmé, Valéry und Claudel ab.[97] Ausgehend von der Liebesthematik stellt er dagegen eine weibliche Traditionslinie zu Louise Labé und Marceline Desbordes-Valmore her, wobei er allen drei kategorisch dem biografischen Klischee gemäß einen universellen poetischen Anspruch und literarischen Wert abspricht: «Toutes trois ont joui, aimé, souffert et toutes les trois ont cherché à nous communiquer leurs émois. Elles demeurent en marge du mouvement de notre littérature, comme presque toutes les femmes écrivains, en somme.»[98]

Im zweiten Teil unternimmt Larnac eine Studie der lexikalischen, metrischen und rhythmischen Eigenschaften von Noailles' Lyrik. Während er ihr Werk in poetologischer Hinsicht als wenig innovativ sieht, lobt er Musikalität und Harmonie, Frische der Metaphern, Leidenschaft und Elan und sieht ihren Erfolg gerade in der Abkehr von Abstraktion und *poésie pure*: «Elle réinstaurait la sensibilité lyrique sur le trône d'où l'avait bannie le Parnasse.»[99] Als innovatives Moment nennt der Kritiker zudem den intensiven sinnlichen Ausdruck, der bisher so nur in der Lyrik von Männern zu finden gewesen sei: «Mme de

---

96 Vgl. Jean Larnac: *Comtesse de Noailles. Sa vie, son œuvre*. Paris: Éditions du Sagittaire 1931.
97 Vgl. ebda., S. 158, 235.
98 Ebda., S. 236f.
99 Ebda., S. 74.

Noailles a rompu avec la tradition – surtout formée par les romanciers masculins – qui ne montrait, dans la femme normale, que le côté angélique. En même temps que Mme Colette, elle a révélé [...] l'intense agitation sensuelle.»[100] Über den Vergleich mit Colette hinaus stellt Larnac Noailles in dieser Hinsicht auch in Bezug zu André Gides Aporie von Sinnlichkeit und Genuss in *Les nourritures terrestres*, wenngleich er einschränkend anzweifelt, dass die Lyrikerin bewusst Kenntnis von zeitgenössischen ästhetischen Strömungen genommen habe.[101] Angesichts des intensiven persönlichen Dialogs mit Schriftstellern – darunter André Gide selbst –, den Anna de Noailles in Briefwechseln, Soiréen und Salons unterhielt, ist diese Einschätzung verwunderlich.

Wenngleich Larnac Noailles' Schreiben im Wesentlichen als sinnlich und gefühlsbetont einordnet, macht der Kritiker paradoxerweise gleichzeitig explizit auf die Auseinandersetzung mit metaphysischen Fragestellungen in ihrem Werk aufmerksam, die dann in späteren Forschungen differenzierter betrachtet werden wird. So betont er etwa die Verbindungen zu Nietzsches Ästhetik und Nihilismus und diskutiert Pantheismus, Materialismus und Atheismus in Noailles Werk. Interessant für die hier untersuchte Fragestellung ist die Verbindung, die Larnac zwischen dem 'orientalischen' Erbe Noailles' und ihrer sinnlichen Auslegung religiöser und metaphysischer Traditionen herstellt: «Ses lectures, ses fréquentations l'avaient préparée à une pensée libre. Sa naissance aussi, car la religion, en Orient, se montre plus souriante que dans nos pays où le protestantisme a imposé la défiance du sourire et de la joie.»[102] Nichtsdestotrotz werden die philosophischen Überzeugungen der Lyrikerin stets abgewertet und als zufällige Produkte und spontane Einfälle in einem «œuvre [...] amputée de tout intellectualisme»[103] begriffen. Damit perpetuiert Larnac schließlich auch den Topos der naiven Autorin ohne poetologische Reflexionsfähigkeit: «Lorsqu'elle présente l'inspiration, la poétesse saisit une feuille blanche et [...] copie ce que son cœur lui dicte.»[104]

Nach Anna de Noailles' Tod bricht die Beschäftigung mit der Lyrikerin 1933 abrupt ab. Neben den oben angesprochenen grundsätzlichen Gründen für die Marginalisierung von modernen Autorinnen in Frankreich in Kanon und Literaturgeschichte stellt sich die Frage nach den spezifischen Motiven. Anna de Noailles war immer schon eine Figur, die sich festen Kategorisierungen und ideologischen Zuordnungen entzieht. So weist bereits Larnac auf ihre Sonder-

---

100 Ebda., S. 224.
101 Ebda., S. 66.
102 Ebda., S. 91.
103 Ebda., S. 184.
104 Ebda., S. 213.

position hin, die sie weder dem progressiven noch dem konservativen Lager zurechnen lässt und sich weder der adligen Schicht noch dem populären Publikum zur Identifikation anbietet. Die Lyrikerin zeigte sich als Verfechterin der Republik und überzeugte *dreyfusarde*, gleichzeitig jedoch unterhielt sie ihre intime Freundschaft mit dem national-konservativen Autor Maurice Barrès. Während sich linke Kritiker dem aristokratischen Hintergrund der Autorin gegenüber distanziert zeigten, lehnte ein Teil der aristokratischen *community* ihre transgressive Selbstinszenierung und ihr offensives sinnliches Auftreten ab.[105] Auf ähnliche Weise entzieht sich die Autorin der klassisch feministischen Literaturkritik. Vielen Kritikerinnen erscheint die Lyrikerin als zu konventionell und nicht radikal genug in ihrem emanzipatorischen Bestreben, das sich in wesentlicher Weise auf Fragen von Kunst und Kultur konzentrierte, nicht aber die gesellschaftliche Geschlechterordnung als Ganzes in Frage stellte.[106]

Walter Lacher nimmt in seiner Studie *L'amour et le divin* (1961) auf Anna de Noailles als eine von vier französischen Autorinnen und Autoren Bezug. Die Untersuchung ist für meine Fragestellung deshalb interessant, da Lacher die Frage nach religiösen und metaphysischen Konzepten ins Spiel bringt und (wie bereits Larnac) den Pantheismus-Topos in Frage stellt. Stattdessen hebt er den immanenten Charakter eines «épicurisme orthodoxe»[107] und «attachement fervent aux choses de la terre»[108] in Noailles' Lyrik hervor.

Noailles' Freund Jean Cocteau veröffentlichte 1963 einen Erinnerungsband mit Gedichtfragmenten, Zeichnungen und persönlichen Anekdoten, in dem er einen (aussichtslosen) Versuch ihrer Rehabilitierung für den Kanon sah: «Rien ne prouvera donc aux intellectuels que la comtesse Anna de Noailles soit un très grand poète, car la toute mystérieuse sexualité dont je parle n'est pas le fait d'un milieu qui confond avec du brio ce qui brille et pour lequel un certain ennui semble être le signe de sérieux et le privilège de chef-d'œuvre.»[109]

Erst ab den 1980er Jahren wurde Anna de Noailles für ein breites Publikum wiederentdeckt. Dabei konzentrierten sich die Publikationen zunächst auf ein generelles biografisches Interesse an Noailles' Person und herausgehobener Rolle innerhalb der Pariser Kultur- und Literaturszene des *fin de siècle*, wovon verschiedene biografische Darstellungen und die Herausgabe mehrerer Briefwechsel

---

105 Ebda., S. 77.
106 Vgl. Catherine Perry: *Persephone Unbound*, S. 92; Roxana M. Verona: *Parcours francophones. Anna de Noailles et sa famille culturelle*. Paris: Honoré Champion 2011, S. 172f.
107 Walter Lacher: *L'amour et le divin*. Perret-Gentil 1961, S. 45.
108 Ebda., S. 40.
109 Vgl. Jean Cocteau: *Anna de Noailles, oui et non*. Paris: Librairie Académique Perrin 1963, S. 14.

zeugen.[110] Hervorzuheben sind die von Claude Mignot-Ogliastri besorgten Ausgaben der Briefwechsel mit André Gide (1986) und Jean Cocteau (1989).[111]

Im Zuge des vermehrten Interesses an Literatur von Autorinnen und an Geschlechteraspekten in den Literatur- und Kulturwissenschaften entstanden Mitte der 1990er Jahre die ersten umfangreichen und differenzierten literaturwissenschaftlichen Arbeiten zum lyrischen Werk.[112] Angela Bargendas *La poésie d'Anna de Noailles* (1995) bietet eine erste differenzierte und umfangreiche Analyse und literaturgeschichtliche Einordnung, die zahlreiche Bezüge zu zeitgenössischen Autorinnen und Autoren berücksichtigt, insbesondere die Beziehung zu Rainer Maria Rilke.[113] Bargenda widerlegt das Klischee des eindimensionalen, unreflektierten biografischen Selbstausdrucks, indem sie die Vielschichtigkeit und Alterität von Noailles' lyrischer Stimme aufzeigt; zudem arbeitet sie überzeugend poetologische Prinzipien aus Briefen und Interviews heraus. Schließlich hebt die Kritikerin die kulturelle Hybridität als prägendes und stilbildendes Prinzip hervor.

In ihrem Aufsatz 'Passion, Power, Will, Desire. Gender Trespassing in the Poetry of Anna de Noailles' (1996) diskutiert Mari H. O'Brien Begehrensformationen in Noailles' Lyrik als Ausdruck von Selbstaffirmation und Akt der Transgression in Bezug auf eine rein männliche romantische Traditionslinie.[114] Gayle A. Levy kontert 1999 in einer breiter angelegten Studie zur Muse in der modernen französischen Literatur den Topos des unmittelbaren biografischen Schreibens, indem auch sie den poetischen Konstruktionscharakter in der Lyrik Noailles' hervorhebt.[115]

Catherine Perry hat mit ihrer Monografie *Persephone Unbound. Dionysian Aesthetics in the Works of Anna de Noailles* (2003) die bisher umfassendste und theoretisch wie literarhistorisch komplexeste Analyse von Noailles' Gesamtwerk vorgelegt.[116] Neben einer Vielzahl von thematischen und formalen Aspekten, die

---

110 Vgl. Claude Mignot-Ogliastri: *Anna de Noailles, une amie de la Princesse Edmond de Polignac* (1986); François Broche: *Anna de Noailles. Un mystère en pleine lumière* (1989); Elisabeth Higonnet-Dugua: *Anna de Noailles, cœur innombrable* (1989). Edmée de La Rochefoucaulds *Anna de Noailles* erschien bereits 1976.
111 Vgl. Anna de Noailles / Jean Cocteau: *Correspondance*; Anna de Noailles / André Gide: *Correspondance 1902–1928*.
112 Für eine umfangreiche Übersicht über die Forschung inklusive Doktorarbeiten vgl. die Website <www.annadenoailles.org> [22.4.2022]
113 Vgl. Angela Bargenda: *La poésie d'Anna de Noailles*.
114 Vgl. Mari H. O'Brien: Passion, Power, Will, Desire. Gender Trespassing in the Poetry of Anna de Noailles. In: *Cincinnati Romance Review* 15 (1996), S. 97–105.
115 Gayle A. Levy: *Refiguring the Muse*. New York: Peter Lang 1999.
116 Vgl. Catherine Perry: *Persephone Unbound*. Die Autorin verantwortet zudem die Website <www.annadenoailles.org>, auf der sie bibliografische Daten zur Verfügung stellt.

sie in zahlreichen *close readings* veranschaulicht, hebt Perry insbesondere die umfangreichen Bezüge zu zeitgenössischen ästhetischen Diskursen in Noailles' Dichtung hervor. Damit liefert sie ein weiteres Argument gegen die Vorstellung des naiven unmittelbaren autobiografischen Schreibens. Wie der Titel vermuten lässt, stellt sie Noailles' Ästhetik explizit in die Nähe Nietzsches immanenter Philosophie des dionysischen Rausches und sinnlichen Genusses; gleichzeitig zeigt sie auch Bezüge zu Schopenhauers Nihilismus auf. Perry analysiert ebenfalls im Detail Noailles' Referenz auf die französischen Romantiker, besonders Hugo. Sie widerspricht der Bewertung der Dichterin als epigonale Neoromantikerin, indem sie vielmehr die spezifische Modernität des Bruchs zwischen traditioneller Form und moderner Bildsprache und Philosophie hervorhebt.[117] Die Widersprüche und Spannungen stellen mit Perry keine Inkongruenz dar, sondern sind vielmehr Ausdruck einer dionysischen Ästhetik und der spezifisch modernen Umbruchssituation des *fin de siècle*. Gender-Aspekte prägten Noailles' Schreiben dabei wesentlich: «[T]he issue of gender stands at the forefront of her artistic enterprise».[118] Perry bezeichnet die stete Bewegung zwischen Affirmation und Zurückweisung traditioneller Geschlechtermodelle als paradoxe Strategie, sich neue Identifikationsmodelle zu erschreiben.[119]

Eine ähnlich widersprüchliche Haltung findet Perry in Bezug auf die Frage nach metaphysischen Aspekten. So erkennt sie in Noailles' Lyrik ebenfalls eine Spannung zwischen romantischer Sehnsucht nach Einheit und dem modernen Bewusstsein vom Transzendenzverlust.[120] In diesem Kontext spricht Perry explizit von 'negativer Mystik' und 'mystischen Atheismus'.[121] Sie betont zudem, dass die Dichterin den Begriff 'Gott' keinesfalls eindeutig zurückweise, sondern vielmehr in ihrer Dichtung nach neuen poetischen Deutungen des Göttlichen suche.[122] Dabei spiele die Verbindung von Körperlichkeit / Erotik und Spiritualität eine herausgehobene Rolle. Zentral für meine Fragestellung sind über diese Aspekte hinaus Perrys Betonung von Noailles' materialistischer Lebenskonzeption und ihrem dynamischen Subjektivitätsmodell sowie die Auseinandersetzung mit Natur als poetischem Freiraum – Aspekte, an die ich im Analyseteil

---

117 Vgl. Catherine Perry: *Persephone Unbound*, S. 20.
118 Ebda., S. 115.
119 Ebda., S. 114f.
120 «The tension between a Romantic desire for unification and a post-Romantic sense of the remoteness of the self from an indifferent and harsh external world, also finds expression in Noailles' work through the recurrence of ambivalent statements.» Ebda., S. 120.
121 «[H]er poetry sustains a type of mystical atheism, or a negative mysticism in which the notion of God remains paradoxically central as a means of highlighting the very absence of the divinity.» Ebda., S. 24.
122 Ebda., S. 116.

anknüpfen werde. In weiteren Aufsätzen widmet sich Perry vertieft den Themen Naturwahrnehmung sowie Noailles' Beziehung zu Marcel Proust und Rainer Maria Rilke.[123]

Tama Lea Engelking diskutiert in '‹La mise en scène de la femme-écrivain›. Colette, Anna de Noailles, and Nature' (2004) die antagonistische Konstruktion und Wahrnehmung Colettes und Noailles' in der Forschung und zeigt dabei den bewussten dichotomen Inszenierungscharakter dahinter auf.[124]

In den letzten Jahren haben sich Forscherinnen – sicherlich auch im Kontext des anhaltenden großen Interesses für transnationale und transkulturelle literarische Phänomene – dezidiert Noailles' hybrider kultureller Herkunft und Identifikation gewidmet. Roxana M. Verona fragt in *Parcours francophones. Anna de Noailles et sa famille culturelle* (2011) nach ihrem Platz innerhalb einer Geschichte frankophoner Literaturen. Gegenüber dem viel kommentierten Hellenismus der Dichterin stellt sie Noailles' Orientalismus ins Zentrum ihrer Lektüre und betont mit Verweis auf ihre Neigung zu Exzess und Theatralität erneut den Bruch zwischen autobiografischem und poetischem Subjekt: «C'est dans cet écart [entre sujet poétique et sujet autobiographique], *exhibé*, *occulté*, ou *habité* par la matière poétique que l'on retrouve l'Orient noaillien, où se rencontrent domaines imaginaires, géographiques ou socioculturels et hésitations identitaires.»[125] Verona erkennt in den multiplen lyrischen Subjektpositionen «une dislocation perpétuelle, spatiale et temporelle, dans un champ d'écriture ouvert et instable»[126] und wertet dieses transitorische Moment ihres Schreibens als Zeichen von einer Modernität Baudelaire'scher Signatur.

Auch Ferdâ Asya knüpft an die Orientalismus-Thematik an. In 'The Orientalism of Anna de Noailles' (2012) geht sie dabei insbesondere der Tradition der Sufi-Mystik in Noailles' Werk nach. Dafür bereitet sie auf der Folie des zeitgenössischen Orientalismus zunächst die biografischen Daten auf, die Noailles mit der muslimischen Kultur verbinden, und verweist dabei auf ihre türkische Verwandtschaft, ihre Reise nach Konstantinopel und ihre Lektüre persischer Dichter. Nach dem Aufspüren von Motiven und Denkfiguren traditioneller Sufi-

---

123 Vgl. u.a. Catherine Perry: In the Wake of Decadence. Anna de Noailles' Revaluation of Nature and the Feminine. In: *L'Esprit créateur (Women of the Belle Époque / Les Femmes de la Belle Époque)* 37 (Winter 1997), S. 94–105; dies.: Flagorneur ou ébloui? Proust lecteur d'Anna de Noailles. In: *Bulletin Marcel Proust* 49 (1999), S. 37–53; dies.: Anna de Noailles et Rilke. Des affinités électives? In: Michel Itty / Silke Schauder (Hg.): *Rainer Maria Rilke. Inventaire – Ouvertures*. Villeneuve d'Ascq: Presses Universitaires du Septentrion 2013, S. 201–216.
124 Vgl. Tama Lea Engelking: ‹La mise en scène de la femme-écrivain›. Colette, Anna de Noailles, and Nature. In: *Modern Language Studies* 34, 1– 2 (Frühling / Herbst 2004), S. 52–64.
125 Roxana M. Verona: *Parcours francophones*, S. 206. Kursivierungen im Original.
126 Ebda., S. 228.

Mystik in Noailles' Texten kommt sie zu dem Schluss, dass die Sufi-Philosophie einen entscheidenden Einfluss auf ihr Schreiben hatte. Vor allem die Vertrautheit mit persischer Mystik habe der Dichterin spezifische Formen der Innerlichkeit eröffnet, die freilich keine religiöse Bindung zur Bedingung haben: «Clearly, the knowledge of Sufi traditions provided the writer with a method of contemplation of an inward search for her self. [...] Nevertheless, being a ‹mystic without God›, she pursued a quest that had no inclination toward a religious faith.»[127] Dennoch tragen verschiedene mystische Konzepte und Tropen aus dem Bereich der Sufi-Tradition nach Asya zum religiösen Unterton und einer spezifisch mystischen Dimension in Noailles' lyrischem Universum bei. Ich werde auf die Bezogenheit von Orientalismus und Nietzsche-Rezeption bei Noailles in Kapitel 3.5 eingehen.

Marie-Lise Allard nimmt in *Anna de Noailles. Entre prose et poésie* (2013) erstmals detailliert die Prosaschriften der Dichterin in den Blick, die sie als Einheit im Sinne einer «trilogie sentimentale»[128] begreift. Dabei zeichnet sie anhand der 'Hauptthemen Natur, Kunst und Liebe' eine *évolution spirituelle* der Autorin nach und bringt diese auch mit Mystik in Verbindung.[129]

Während Asya noch in ihrem 2012 erschienenen Aufsatz – so wie zahlreiche Forscherinnen vor ihr – bedauern muss, auf keine Werkausgabe zurückgreifen zu können und dies als weiteren Grund für die literaturhistorische Marginalisierung Anna de Noailles' ins Feld führt, erfüllt Thanh-Vân Ton-Thats dreibändige Ausgabe des lyrischen Werkes genau dieses Desiderat.[130] Damit ist auf Editionsebene ein weiterer Baustein für die literaturwissenschaftliche Erforschung von Anna de Noailles' Lyrik geschaffen. 2018 erschien zudem eine neue Biografie von Frédéric Martinez in der Serie Folio Biographiques.[131]

Poetik

Lange Zeit – und zum Teil bis heute anhaltend – haftete der Lyrikerin das Klischee der unreflektierten, rein sinnlichen Dichterin an, das von zeitgenössischen Lesern wie Larnac, jedoch auch wesentlich von Noailles selbst kultiviert wurde. Tatsächlich hat sich die Lyrikerin jedoch in zahlreichen Briefen, Interviews und Artikeln sowie in metapoetischer Weise zu ihrer Dichtung geäußert.

---

127 Ferdâ Asya: The Orientalism of Anna de Noailles, S. 49.
128 Marie-Lise Allard: *Anna de Noailles. Entre prose et poésie*. Paris: L'Harmattan 2013, S. 63.
129 Vgl. ebda., S. 243.
130 Vgl. Anna de Noailles: *Œuvre poétique complète*. 1–3. Herausgegeben und kommentiert von Thanh-Vân Ton-That. Paris: Éditions du Sandre 2013.
131 Frédéric Martinez: *Anna de Noailles*. Paris: Gallimard 2018.

Dieser Widersprüchlichkeit zwischen dem Vorwurf der fehlenden Reflexionsfähigkeit auf der einen Seite und der gleichzeitigen Formulierung zahlreicher poetologischer Aussagen soll im Folgenden nachgegangen werden. Im Fokus stehen Noailles' Reflexionen über die Rolle des Dichters / der Dichterin und den poetischen Schreibprozess in Bezug auf Freiheit, Form, Inspiration sowie die Bedeutung von Natur, Einsamkeit und Stille.

«[L]e poète a pour privilège d'être multiple, de pouvoir prouver sa sincère abondance, de n'être enfermé en rien. Chez lui, le double choix n'est pas contradiction, mais prolongement du raisonnement et croissance de la sagesse.»[132] Dieses Zitat aus Noailles' autobiografischen Aufzeichnungen gibt zentrale Hinweise zum poetologischen Verständnis der Lyrikerin. So verweist sie hier auf die Fülle, Heterogenität und Dynamik lyrischer Subjektivität, die genuine Voraussetzung, aber auch das Privileg der uneingeschränkten Offenheit und Öffnung dichterischen Sprechens und die konstitutive Ambivalenz und Mehrdeutigkeit poetischer Sprache, die ihre Texte ausmachen. Freiheit ist hier das verbindende Merkmal. Lyrik bietet mit Noailles einen Raum der Imagination, der mit Foucault als *potentia* zu verstehen ist, ein Möglichkeitsraum mehr noch als frei *von* einschränkenden Normen und Regeln frei *für* eine kreative Selbstformung. Für Noailles kommt der Dichterin / dem Dichter die größte Freiheit zu, da sich dieser uneingeschränkt in unendlichen Räumen zu bewegen vermag.[133] Dabei benutzt Noailles bewusst die Bezeichnung «poète» sowohl für männliche als auch für weibliche Dichter und lehnt den pejorativ-verkleinernden Begriff der «poétesse» ab.[134]

Gleichwohl Anna de Noailles sich durchaus in der Tradition der Romantiker verortet – «Je fus son enfant»,[135] schreibt sie etwa rückblickend über Victor Hugo –, und sie ebenfalls Neoromantik, Vitalismus und *naturisme* nahesteht, ist sie doch keiner zeitgenössischen poetischen Gruppierung zuzuordnen. «Ni (néo-)romantique malgré les apparences, ni parnassienne, ni symboliste, malgré les influences de ses lectures et de son entourage, à l'écart du dadaïsme et du surréalisme qu'elle ne comprend pas et dont elle se méfie [...], Anna de Noailles construit son propre espace

---

132 Anna de Noailles: *Le Livre de ma vie*, S. 31.
133 «Car un véritable poète, étant le plus libre des humains, son inspiration étant la forme la plus certaine du goût, et l'espace où se meut son esprit étant infini, autant que minutieux le jeu aisé de son observation, il emplit la nature et l'enveloppe, et l'on peut dire qu'il n'y a plus de choses en lui – entre son ciel et sa terre – qu'il n'en existe dans toute la philosophie.» Anna de Noailles: Enquête sur le romantisme et le classicisme. Réponses. In: *La Renaissance* (8.1.1921), S. 2–3, hier S. 3. Vgl. auch Catherine Perry: *Persephone Unbound*, S. 110. Die Betonung unendlicher innerer, geistiger Freiheit erinnert an Teresa von Ávilas Plädoyer für den Freiraum in Fantasie und Innerlichkeit, vgl. Kap. 2.2.
134 Vgl. Catherine Perry: *Persephone Unbound*, S. 110.
135 Anna de Noailles: *Le Livre de ma vie*, S. 79.

poétique.»[136] Im Gegensatz zu den aufkommenden Strömungen von Avantgarde, Surrealismus und Futurismus bleibt Noailles zeitlebens einem formal traditionellen Dichtungsverständnis treu, weshalb sie spätestens nach dem I. Weltkrieg als traditionelle, neoromantische, wenn nicht gänzlich anachronistische Autorin wahrgenommen wurde. Ihre spezifische Modernität sehen zeitgenössische Kritikerinnen entsprechend nicht in der formalen Erneuerung, sondern vielmehr in dem Bruch zwischen Form und Inhalt, traditionellem Versmaß und transgressiver Subjektivität, *fin de siècle*-Ästhetik und moderner Gedankenwelt.[137]

Gegen die Auflösung traditioneller poetischer Strukturen durch die Avantgarden positioniert Noailles die Bedeutung klassischer Versarchitektur: «Le poète ? Celui qui n'est séparé de rien, ni de personne. Celui qui possède aussi un sens mystérieux de l'ordre.»[138] In diesem Zitat wird auch der egalitäre, populäre Anspruch deutlich, der sich bewusst von dem elitären Lyrikverständnis von Symbolismus und Parnasse abhebt. «Le poète [...] doit exprimer le plus de vérités possibles, et atteindre le plus de cœurs et d'intelligences possibles. Il ne doit pas fermer son cercle, mais, au contraire, à mon avis, il doit chercher à atteindre plusieurs générations. Je voudrais être comprise à la fois du vieillard, de l'homme et de l'enfant.»[139] Entsprechend wendet Noailles sich auch gegen das Konzept der *poésie pure,* dem sie in Auseinandersetzung mit Bremond, wie erwähnt, spielerisch die Idee einer «poésie papure»[140] entgegensetzt.

Klanglichkeit stellt einen weiteren Pfeiler ihrer Poetik dar. An verschiedenen Orten hat die Dichterin ihre «poétique musicienne»[141] kommentiert. Reim, Rhythmus, Melodie und Tonalität sind konstitutive Bestandteile ihrer Dichtung;

---

136 Thanh-Vân Ton-That: Introduction genérale. In: Anna de Noailles: *Œuvres complètes.* 1. Herausgegeben und kommentiert von Thanh-Vân Ton-That. Paris: Éditions du Sandre 2013, S. 7–32, hier S. 25. Oder, wie sie selbst betont: «La poésie viable, durable, éternelle, n'a pas d'écoles, elle est la *Poésie.*» Hervorhebung im Original. Anna de Noailles: Enquête sur la poésie contemporaine. In: *Le Figaro* (21.5.1925), S. 1. Vgl. auch Angela Bargenda: *La poésie d'Anna de Noailles,* S. 62.
137 Vgl. Angela Bargenda: *La poésie d'Anna de Noailles,* S. 63; Catherine Perry: *Persephone Unbound,* S. 20.
138 Claude André Puget: Chez la Comtesse de Noailles à propos des Souvenirs qu'elle écrit pour ‹Les Annales›. In: *Les Annales politiques et littéraires* (15.2.1931), S. 173–174, hier S. 173.
139 André Lang: *Voyage en zigzags dans la république des lettres.* Paris: Renaissance du livre 1919, S. 23.
140 Frédéric Lefèvre: Une heure avec la Comtesse de Noailles, S. 2.
141 Anna de Noailles: Être envers soi-même. In: *Vogue* (Juli 1926), S. 31. Vgl. auch Roxana Verona: *Parcours francophones,* S. 204.

«[s]ubtile et ineffable musique»,[142] heißt es in einem Vortrag mit dem bezeichnenden Titel 'La lyre naturelle'. Lyrik sei nicht zum Lesen, sondern zum Hören gemacht, fährt Noailles fort. «[J]'ai vécu au son de ma voix»,[143] kommentiert die Dichterin rückblickend.

Die poetische Stimme erhält damit eine zentrale Bedeutung. Tatsächlich pflegte Noailles als Teil der Inszenierung ihrer Autorschaft ihre Gedichte vor einer intimen Schar von Gästen in ihrem Schlafzimmer zu rezitieren. Sie gibt außerdem an, ihre Texte am liebsten zu diktieren anstatt sie niederzuschreiben.[144] Angela Bargenda hebt in diesem Kontext den materiellen, physischen Charakter eines äußerst körperlichen Schreibens bei Noailles hervor. «En fait, l'œuvre noaillienne se démarque par son côté physique, qui rend compte de la participation organique du poète à la création des vers.»[145]

Der Präferenz für formale Strenge und klassische Reim- und Versstrukturen (Alexandriner, 8-Silber; Strophenanordnung in Terzetten und Quartetten) steht Noailles' Betonung des spontanen Schreibens entgegen. «[J]e ne dis pas, je n'oserais pas dire que je travaille»,[146] formuliert sie 1926 in der *Vogue*. Weiterhin kommentiert sie:

> Si peu distraite que je sois, dans mon cercle familier, je le deviens immédiatement quand je veux écrire, en hâte, dans un cahier ou sur une feuille de papier, les vers qui me hantaient, sans doute, depuis longtemps. [...] D'où vient l'inspiration ? Chaque instant de ma vie, le perpétuel accueil que je fais à toutes choses travaillent évidemment pour moi.[147]

Noailles greift hier auf den Topos der unmittelbaren poetischen Inspiration zurück und inszeniert sich dabei in der Tradition der *poètes inspirés*.[148] Eine gastliche Haltung des Empfangens 'aller Dinge' geht hier dem kreativen Schaffensprozess voraus. Der Moment der Inspiration ist einer der Ekstase, des Rausches und Kontrollverlustes: «Quand elle reprend le concept platonicien de la manie, de l'ivresse divine qui est à l'origine de la création artistique, elle insiste sur le côté frénétique associée à l'écriture.»[149] Noailles' Ästhetik steht damit in scharfem Gegensatz zu Paul Valéry

---

142 Anna de Noailles: *Le Livre de ma vie*, S. 269. Diese Formulierung erinnert nun doch wieder an Bremonds Lyrikverständnis.
143 Anna de Noailles: *Le Livre de ma vie*, S. 178.
144 Vgl. Georges Charensol: *Comment ils écrivent*. Paris: Éditions Montaigne 1932, S. 164. Vgl. auch Angela Bargenda: *La poésie d'Anna de Noailles*, S. 76.
145 Angela Bargenda: *La poésie d'Anna de Noailles*, S. 67.
146 Anna de Noailles: Être envers soi-même, S. 31.
147 Georges Charensol: *Comment ils écrivent*, S. 163f.
148 Angela Bargenda weist daraufhin, dass auch François Mauriac und Léon Blum sie in diesem Sinne als 'inspiriert' begriffen. Vgl. Angela Bargenda: *La poésie d'Anna de Noailles*, S. 66.
149 Ebda., S. 65.

und seiner intellektuell konzipierten, kontrollierten *poésie pure*. Noailles' poetologische Reflexionen verweisen auf eine heilige Dimension der Poesie, wie sie – wenngleich in anderer Form – Henri Bremond formuliert hat. «En effet, elle célèbre l'aspect sacré de ces minutes inspirées, et poursuit ainsi une tradition qui va de Platon en passant par les néo-platoniciens de la Renaissance, jusqu'aux romantiques.»[150] Zugleich unterscheidet sie sich von Bremonds Poetik, indem sie auf die Menge an außertextlichen, alltäglichen Einflüssen verweist, die sie in ihrer Lyrik verarbeitet. Schließlich beschreibt Noailles hier die dionysische Grundhaltung, die ihr Werk durchzieht.

Als letzten Aspekt von Noailles' Poetik, der für die Auseinandersetzung mit den mystischen Affinitäten in ihrer Lyrik zentral ist, möchte ich die Bedeutung von Einsamkeit und Stille benennen, die Noailles immer wieder als zentrale produktionsästhetische Voraussetzung für ihr Schreiben nennt.[151] In einem Interview formuliert sie 1913 entsprechend als ästhetisches Programm: «Et, toujours, je travaille immobile. Je m'offre, de tout mon être au silence. Il m'apporte mille inspirations, m'ouvre tous les palais, tous les parterres...»[152] An anderer Stelle knüpft sie an das Inspirationsmotiv an, wenn sie schreibt: «Dès que je me tais, les vers me viennent.»[153] Diese Äußerungen kommen Prousts bekanntem *Sainte-Beuve*-Zitat sehr nahe, indem dieser ebenfalls die Bedeutung der Stille als Möglichkeitsbedingung für das Schreiben hervorhebt: «[L]es livres sont l'œuvre de la solitude et les *enfants du silence*.»[154]

---

150 Ebda., S. 66. «Tout enfant, la poésie me semblait matière si sacrée que j'eusse voulu la rendre secrète.» Anna de Noailles: *Le Livre de ma vie*, S. 36.
151 Vgl. zur Bedeutung von Rückzug und Einsamkeit bei Noailles und Proust ausführlich Jenny Haase: ‹L'amour et la crainte de la foule›. Autorschaft in der ‹Belle Époque› zwischen Nähe und Distanz zur Menge. In: Hermann Doetsch / Cornelia Wild (Hg.): *La foule / Die Menge. Ästhetik und Epistemologie*. Paderborn: Wilhelm Fink Verlag 2020, S. 93–108; dies.: Écrire en retraite. Les mises en scène de la solitude créatrice au début du s. XX. In: dies. / Sophie Houdart / Beatrice Trînca / Xenia von Tippelskrich (Hg.): *Rückzug. Produktivität des Solitären in Kunst, Religion und Geschlechtergeschichte. / En retrait/e. La solitude créatrice au prisme du genre dans les arts et la religion*. Würzburg: Königshausen & Neumann [in Vorbereitung].
152 André Arnyvelde: Une heure chez Mme de Noailles. In: *Les Annales politiques et littéraires* 1555 (13.4.1913), S. 310–311, hier S. 310.
153 Jean Cocteau: *Anna de Noailles*, S. 118.
154 Marcel Proust: *Contre Sainte Beuve, précédé de Pastiches et mélanges et suivi de Essais et articles*. Herausgegeben von Pierre Clarac in Zusammenarbeit mit Yves Sandre. Paris: Gallimard 1971, S. 309. Tatsächlich scheinen sich beide gegenseitig in ihren ästhetischen Programmen wesentlich beeinflusst zu haben, wie u.a. Roxana Verona und Catherine Perry herausgearbeitet haben. Vgl. Roxana M. Verona: *Parcous francophones*, S. 228 und 236 und Catherine Perry: *Persephone Unbound*, S. 129ff. In Bezug auf sein Bedürfnis nach kreativem Rückzug formuliert Proust

Die Lyrikerin äußert sich nicht nur aus poetologischer Perspektive zu ihrer Vorliebe für die Zurückgezogenheit. Immer wieder formuliert Noailles die Spannung zwischen der Pariser Urbanität und der Zurückgezogenheit in der Natur. Die Betonung von Stille und Alleinsein mag überraschen, wenn man sich als Kontrast das Auftreten Anna de Noailles' in der Pariser Öffentlichkeit ansieht. Einen großen Teil ihrer Zeit verbrachte die hochsensible Dichterin jedoch auf dem Landsitz der Familie in der Nähe von Evian. Das Landhaus diente ihr als Gegenpol zur Urbanität der französischen Hauptstadt und als wichtiger Rückzugsort. Die *solitude* ist ebenfalls zentrales Motiv von Noailles' Lyrik. Häufig kontrastieren in den Texten Einsamkeit und Ruhe der Natur mit dem gesellschaftlichen Leben.[155] Der Rückzug funktioniert hier als Praxis des Selbstbezugs und der Innerlichkeit. Das Bedürfnis nach Alleinsein kann als Reaktion auf die neuen Kulturen der Extraversion und der Massenunterhaltung gelesen werden, die nach dem I. Weltkrieg definitiv zum dominanten Modell werden sollten.[156]

'L'inspiration'

Das frühe Gedicht 'L'inspiration' (*L'Ombre des jours*) veranschaulicht einige der hier aufgeführten poetologischen Prinzipien und reflektiert sie zugleich auf metapoetische Weise.

L'INSPIRATION

Lorsque l'ardent désir au fond du cœur descend,
La belle strophe naît et prolonge le sang.

Et quand la forêt verte au bord du rêve tremble,
Le verbe qui s'émeut l'imite et lui ressemble.

5 Repoussant hardiment le peureux embarras
La parole serrée étreint comme des bras ;

---

in einem Brief an Noailles – mit einigem Pathos – seine Fantasie des Klosterlebens als idealer Bedingung für das Schreiben, indem er sich an Noailles richtet: «J'aimerais au moins être retiré, laborieux et fructifiant dans quelque grand monastère dont vous seriez, toute en blanc, l'admirable abbesse.» Marcel Proust: *Correspondance. Choix de lettres et présentation*. Herausgegeben von Jérôme Picon. Paris: Garnier Flammarion 2007, S. 54. Prousts Referenz auf das Klosterleben ist hier keinesfalls arbiträr. Tatsächlich durchzieht das Motiv Noailles' lyrisches und auch erzählendes Werk, wie die folgenden Lektüren zeigen werden.
155 So etwa im Gedicht 'À soi-même' (*Le Cœur innombrable*), in dem sie auf den Horaz'schen Topos des *Beatus ille* zurückgreift.
156 Vgl. zum neuen Ideal der Extraversion im Kontext des Wandels moderner Subjektkulturen Andreas Reckwitz: *Das hybride Subjekt*, S. 275ff.

> Et, bondissant ainsi que des sources farouches,
> Les mots vont, appuyant, criant comme des bouches,
>
> Armés de l'éperon, des ailes et du dard
> 10 Les mots, baissés ou vifs, clignent comme un regard.
>
> Alors, nouant ses fleurs au plus haut de la hampe,
> L'exaltation fume et bat comme les tempes,
>
> Et voici que, riant de se voir épiés
> Les désirs en tous lieux mènent leurs divins pieds.
>
> 15 Les plus rudes chansons, les plus fortes sont celles
> Que les frissons vivants avec les rêves font ;
> Tout luit quand le penseur que son tourment harcèle,
> Ayant crispé ses doigts dans ses cheveux profonds,
> Les retire brûlés d'humaines étincelles.[157]

Der Text benennt sein Thema, die Reflexion der poetischen Inspiration und des Schreibprozesses, bereits im Titel. Die acht Strophen bestehen aus je zwei Alexandrinern mit abwechselnd männlich und weiblich endendem Paarreim. Eine Ausnahme bildet die letzte Strophe, die aus fünf Versen besteht, die sich kreuzweise reimen. Das klassische Versmaß trägt zum fließenden Rhythmus des Gedichtes bei; Wiederholungsfiguren wie zwei- und dreigliedrige Aufzählungen und parallele syntaktische Strukturen verstärken den klanglichen Effekt. Inversionen und Hyperbata haben einen preziös-artifiziellen Charakter.

Gleich im ersten Vers wird das Begehren als poetologisches Grundmotiv etabliert. Der Schreibprozess wird durch leidenschaftliche Regungen 'im Herzen' (1) initiiert. Das semantische Feld der Leidenschaft durchzieht den Text. Die Wörter bewegen sich dabei unabhängig von der rationalen Kontrolle des schreibenden Subjekts, entstehen im Unbewussten – zweimal wird auf den Traum verwiesen (3, 16). Zahlreiche Personifizierungen schreiben «la strophe» (2), «le verbe» (4), «la parole» (6) und «les mots» (8, 10) ein eigenmächtiges Handeln zu. Das schreibende Subjekt verschwindet hinter dem Entfaltungspotenzial der Wörter, die eigene unkontrollierte 'wilde' Bewegungen (7) vollziehen. An anderer Stelle bezeichnet Noailles ihr Schreiben als «écriture volante».[158] Dies wird hier besonders dadurch veranschaulicht, dass ein traditionelles lyri-

---

[157] Anna de Noailles: Œuvre poétique complète. 1. Herausgegeben und kommentiert von Thanh-Vân Ton-That. Paris: Éditions du Sandre 2013, S. 54. Anna de Noailles' Gedichte werden im Folgenden nach der hier genannten 2013 edierten dreiteiligen Gesamtausgabe ihrer Lyrik zitiert, Versangaben bei eingerückten Zitaten in 5er-Schritten markiert und im fließenden Text in Klammern angegeben.
[158] Georges Charensol: Comment ils écrivent, S. 164.

sches 'Ich' in dem Text gar nicht auszumachen ist – ganz im Gegensatz zu der Mehrzahl von Noailles' lyrischen Texten, indem der Affektivität des lyrischen Subjekts eine zentrale Bedeutung zukommt. Damit behauptet der Text eine gewisse Universalität in Bezug auf seine poetologischen Prämissen und stellt die Inspiration – ganz im Sinne Bremonds – der poetischen Materie voran.

Diese Zurücknahme des lyrischen Subjekts ist nicht mit dem rationalen Intellektualismus eines Valéry oder der Forderung nach ästhetischer *deshumanización* im Sinne Ortega y Gassets zu vergleichen. Ganz im Gegenteil hebt Noailles die subjektive Leidenschaft als zentrales Moment des Schreibprozesses vielmehr in einem vitalistischen Kontext hervor. Die leibliche Beteiligung am Schreibakt ist zentral. So stellt der lyrische Text eine 'Verlängerung des Blutes' (2) dar, ist also sprachlicher Ausdruck einer leiblichen Affizierung. Die Sprache wird mit den physischen Sinnen verglichen: Das Wort kann berühren und umarmen (6), lauthals schreien (8), scharfe Blicke zuwerfen (10) und den Puls zum Schlagen bringen (12). Die Worte sind bewaffnet und haben selbst wiederum das Potenzial, emotionale Effekte zu bewirken, durch die Sprache 'zu handeln'. Schließlich haftet Begehren und poetischer Sprache etwas Göttliches an, wie im Wortspiel der «divins pieds» (14) angedeutet ist, das sich sowohl auf die Dynamik des «désir» als auch auf den Versfuß als Metonymie für den lyrischen Text beziehen lässt. Das ekstatische Moment des Schreibprozesses lässt sich in diesem Sinne auch als 'ivresse divine' verstehen.[159] So heißt es entsprechend auch in 'Chant dionysien' (*Les Eblouissements*): «Ah quelle immense joie en cet instant m'enivre. / Vivre ! Chanter la gloire et le plaisir de vivre !»

3.2 Körper, Religion und Mystik im Roman *Le Visage émerveillé*

Monsieur, j'ai traversé ce matin, avant la lumière du jour, un parc tout figé, et je suis entrée dans une petite chapelle touchante de paix bloquée et de silence retombant. – Je crains de finir dans le mysticisme. – J'entrevois que de pauvres vitraux verts, bleus, violets et jaunes, avec leurs tendres dessins, font aussi un effort de sensualité et tâchent à transfigurer le monde. Tout ce divin qui ne peut pas être divin, qui est humain avec trouble, complication et volupté, attendrit beaucoup, si l'on réfléchit du fond d'un banc de bois et sous des voûtes que contaminent doucement l'humidité du bénitier.

Dans quelle folie de scrupules ont dû tomber les saintes, pendant les chants, les communions, les bénédictions. À quels moments se sentaient-elles suffisamment spiritualisées,

---

[159] Vgl. 'Tu dis que tu consens...' (*Les Forces éternelles*): «Oui, l'ivresse est divine, et tu te connais ivre / De desir, de raison, de force et de douleur» (14–15).

et telles que sans bouche, sans mains, sans regards glissants sous les paupières. Je pense qu'elles devaient s'efforcer de connaître et de souhaiter par l'âme seulement, leur étonnant ami ; et, en somme, les plus parfaites communions seraient les plus insensibles.[160]

Diese Überlegungen über Mystik und Sinnlichkeit, die Anna de Noailles im Dezember 1903 angesichts der Kontemplation einer kleinen Kapelle während ihres Aufenthaltes auf dem Familienlandsitz in Champatreux in einem Brief an Maurice Barrès formulierte, enthalten viele der Aspekte, die die Autorin in ihrem ein halbes Jahr später veröffentlichten Roman *Le Visage émerveillé* thematisiert: Religiös konnotierter Rückzug, Askese und Sinnlichkeit, Immanenz des Göttlichen sowie die Leidenschaft und Zerrissenheit erotischen Begehrens. Selbst die intensive Farbwahrnehmung weist auf ein charakteristisches stilistisches Element des kurzen Romans voraus: So lobt etwa Marcel Proust in einem Brief an die Autorin ihren Gebrauch von Farben als impressionistisch.[161]

Die Autorin verfasste ihren zweiten Roman tatsächlich nur einige Wochen später und innerhalb kurzer Zeit während einer Krankheit Anfang des Jahres 1904.[162] Die Handlung ist schnell umrissen: Die junge Nonne Sophie lebt seit zwei Jahren in Ruhe und Einklang mit sich selbst und ihrer Umgebung in einem abgelegenen Kloster im Süden Frankreichs. Als sie während eines Gottesdienstes den liberalen, unorthodoxen Maler Julien trifft und nach und nach eine heimliche Beziehung mit ihm eingeht, verändert sich ihre Wahrnehmung: Sie entdeckt in der Liebe zu Julien ihr erotisches und emotionales Begehren und hinterfragt dabei ihre religiöse Haltung. Letzten Endes entscheidet sie sich jedoch für das Leben im Kloster und weist die Bemühungen Juliens, mit ihm das Kloster zu verlassen, zurück.

Die Handlung umfasst knapp ein Jahr; die Erzählform ist die eines fiktiven Tagebuchs. Die poetische Sprache, die sich durch eine Vielzahl rhetorischer Stilmittel auszeichnet – vor allem bildliche Analogiefiguren, Klangfiguren und Synästhesien –, verbindet den Text mit Noailles' Lyrik. Auch thematisch gibt es mit der Opposition zwischen Rückzug und Gesellschaft sowie erotischer Leiden-

---

160 Anna de Noailles / Maurice Barrès: *Correspondance*, S. 103f. (25. Dezember 1903).
161 Vgl. Marcel Proust: *Lettres à la Comtesse de Noailles 1901–1919*. Présentées par la Comtesse de Noailles et suivies d'un article de Marcel Proust. Paris: Plon 1931, S. 83–89, hier S. 85. Auch der Abbé Mugnier, der aus institutioneller Sicht durchaus Vorbehalte gegen den Roman hatte, lobt die Gestaltung «des couleurs, des saveurs, des odeurs prêtées à ce qui n'en avait pas jusqu'ici.» Gleichzeitig kritisiert er die Großzügigkeit der Superiorin angesichts von Sophies Regelverstoß, die Form des Tagebuchschreibens der jungen Nonne und die erotische Beziehung im Roman als 'unglaubwürdig'. Abbé Mugnier: *Journal (1879–1939)*. Herausgegeben von Marcel Billot. Mit einem Vorwort von Ghislain de Diesbach und Anmerkungen von Jean d'Hendecourt. Paris: Mercure de France 1985, S. 97.
162 Vgl. Marie-Lise Allard: *Anna de Noailles*, S. 103.

schaft und spiritueller Innerlichkeit Parallelen zwischen der Protagonistin und Noailles' lyrischen Sprechinstanzen.

Le Visage émerveillé wurde in Frankreich und in den Nachbarländern breit rezipiert. In Spanien verfasste José Ortega y Gasset eine Rezension für El Imparcial, in der er die Protagonistin explizit als mystische Figur bezeichnet.[163] Die zeitgenössische Kritik nahm den Roman insgesamt recht unterschiedlich auf. Zu den Befürwortern gehörte neben Proust auch León Blum. Abgesehen von narrativen und stilistischen Kriterien war es vor allem die religiöse Thematik, die Anlass zur Auseinandersetzung gab. Zu einem Zeitpunkt, zu dem die Trennung von Staat und Kirche politisch ein hochsensibles Thema darstellte, provozierte die religiöse Transgression entsprechende Empörung bei konservativen katholischen Kritikern.[164]

Im Folgenden werde ich zunächst die Protagonistin mit ihrer Entscheidung für das Klosterleben sowie die Inszenierung monastischer Rückzugsräume vor dem Hintergrund der Geschlechternormen der Belle Époque untersuchen. Im Zentrum des Unterkapitels steht die Analyse von Noailles' Auseinandersetzung mit verschiedenen Typen von Mystikerinnen mit Fokus auf der Figur Teresa von Ávilas. Schließlich lese ich Noailles' Betonung der sinnlichen Dimensionen des Klosterlebens als Hybridisierung katholischer und orientalistischer Diskurse und Ausdruck einer transsäkularen, immanenten Spiritualität.

---

[163] Ortega y Gasset betont den «anhelo de vivir [...] de una figura de mujer mística a un tiempo, y brava que irradia el regocijo». Er betont zudem die Reinheit und Einfachheit von Inhalt und Form, die sich auf den Leser übertrage: «Así es el libro de la condesa Mathieu de Noailles: después de leerlo nos queda la impresión de que hemos bebido una copa de leche blanquísima y burbujeante. Las frases se yerguen de sobre las páginas grácilmente, con la sencillez de las visiones primitivas, como las imágenes de Homero y de la Biblia, como espigas, como palomas, como columnistas de humo, como chorros de fuente.» Über die Autorin weiß der spanische Intellektuelle zu berichten «que es mujer, que es joven, que es guapa y que es griega». Abschließend gibt er den (spanischen) Frauen den Ratschlag, sich ein Beispiel zu nehmen und die auf dem Land und am Strand gelebte Freiheit und Intensität von ihrer Sommerfrische zurückkommend mit in die Stadt zurückzubringen. Alle Zitate in José Ortega y Gasset: El rostro maravillado. In: El Imparcial (25.7.1904), S. 5. Vgl. zu Ortegas Artikel kritisch auch Mari-Lise Allard: Anna de Noailles, S.72 und Catherine Perry: Persephone Unbound, S. 146f.

[164] Georges Pelissier etwa spricht von einer «perversion du goût». Georges Pelissier: Études de littérature et morale contemporaines. Paris: E. Cornély et Cie 1905, S. 280. Vgl. auch Mari-Lise Allard: Anna de Noailles, S. 71 und Jean Larnac: Comtesse de Noailles, S. 91.

«Entre la nonne et la bacchante». Die Figur der Sainte-Sophie

Leserinnen und Leser lernen die Hauptfigur, die lange Zeit namenlos bleibt, zu Beginn des Romans als eine in sich ruhende, zufriedene junge Frau kennen. Sophie lebt in Einklang mit sich selbst und ihrer Umwelt. Sie strahlt eine Einfachheit und Lebensfreude aus, die sich vor allem in ihrer Freude am Klostergarten und der sie umgebenden Natur abzeichnet. Sie verfügt über eine sensible Wahrnehmung, die sie den Augenblick in seiner sinnlichen Unmittelbarkeit spüren lässt. So heißt es gleich im zweiten Eintrag (22 mai): «Le soleil par les vitraux de la chapelle inondait de rayons ma joue et ma manche. On voyait voler des petites mouches dans l'église ; et le silence tout autour de nous criait : Joie ! Joie !»[165] (VE 7). Der Textauszug verweist auf den oben zitierten Briefausschnitt zurück, in dem Noailles den ästhetischen Effekt beschreibt, den das Lichtspiel durch die Fenster der Kapelle auf sie hat.

Sophie steht in besonderer Beziehung zu den Pflanzen und Objekten im Klostergarten, für deren Sprache sie außergewöhnlich sensibel erscheint: «Quand je me promène sur les graviers il me semble qu'on m'environne, qu'on chuchote autour de ma tête, je me retourne, et c'est l'été qui est de tous les côtés...» (VE 18). «Le jardin est beau, les petits graviers sont aussi gais que l'eau du bassin ou de la fontaine. Il y a un massif de géraniums si lisse, qu'on semble l'avoir caressé avec la main. Le silence parle aux fleurs, et les fleurs silencieuses répondent.» (VE 24f.) Durch die Anthropomorphisierungen wird der Objekt- und Pflanzenwelt eine eigene, nicht-menschliche *agency* zugeschrieben. Sophie hat eine besondere Sensibilität für die 'Stimmen der Anderen' und verkörpert eine 'spirituelle Intimität mit der Welt'.[166]

Gleich zu Beginn erklärt die lebenslustig erscheinende Tagebuchschreiberin die Gründe für ihren Eintritt ins Kloster mit der Liebe zu Gott, der Abtässin und der Stille (vgl. VE 10). Vor der Folie ihrer Familie erscheint das Klosterleben als sinnstiftende Alternative zum sinnentleerten Beruf des Vaters und der Haushaltstätigkeit der Mutter sowie der Heirat der Schwestern: «Personne ne parlait de la paix, de la méditation, des jardins, de l'amour ; seulement mes livres et la mère abbesse quand je venais la voir.» (VE 10) Sinnhaftigkeit verbindet für Sophie also eine reiche Innerlichkeit, ästhetischen Genuss, Nähe zur Natur sowie die emotionale Öffnung und Intensität der Liebe.

---

165 Anna de Noailles: *Le Visage émerveillé. Roman.* San Bernardino: Books on Demand 2016, S. 7. Im Folgenden werden Zitate im fortlaufenden Text mit der Sigle VE und der Seitenzahl in Klammern angegeben.
166 Vgl. Rosi Braidotti: The Residual Spirituality in Critical Theory, S. 255.

Sophie macht in ihrem Tagebuch deutlich, dass sie eine besondere Position innerhalb der Schwestern innehat. Dies wird auf räumlicher Ebene in ihrem privilegierten Zimmer sichtbar, das größer ist und durch seine Lage im ersten Stock räumlich über den anderen steht (VE 10).[167] Das Zimmer ist zu dem auf den Süden («au midi») ausgerichtet. Neben den allgemeinen Attributen, die sich mit dem Süden als Sehnsuchtsort verbinden lassen – wie etwa mediterrane Leidenschaft, Lebenslust und Intensität – ist dies womöglich auch eine Anspielung auf Nietzsches Konzept des 'Mittags'.[168]

Sophie bezeichnet sich selbst als stolz (VE 12, 13) und selbstbewusst: «J'accepte ce que je suis.» (VE 11) Bewusst imaginiert sie im Gebet den göttlichen Gesprächspartner als einen liebenden, wohlwollenden Blick, der ihre Selbsteinschätzung spiegelnd bestätigt und sie uneingeschränkt akzeptiert: «[J]'imagine que le Seigneur me dit : –Petite fille, je vous aime comme vous êtes...» (VE 12). Noailles veranschaulicht hier im Grunde bereits später aufkommende psychoanalytische Interpretationen, die in der Imagination des mystischen Liebespartners ein Mittel der Selbstaffirmation erkennen, wie sie etwa bei Julia Kristeva zu finden sind.[169]

Sophie und Julien schreiben sich zunächst Briefe, später besucht der Künstler die junge Nonne heimlich nachts auf ihrem Zimmer. Sophies religiöse Hingabe wird dabei nach und nach durch ihre Leidenschaft für den jungen Mann ersetzt. «Mon ami qui vient le soir dans le jardin a pris toute ma flamme ; il est bon, et je le crois, parce qu'il parle. Parlez aussi, Seigneur.» (VE 30f.) Sophies Sprache erinnert hier bildlich wie syntaktisch an die biblische Sprache des *Hohelieds*. An anderer Stelle erklärt Sophie noch deutlicher, dass die materielle, sinnliche Präsenz Juliens die spirituelle, imaginierte Präsenz Gottes zu ersetzen beginnt: «Lui, c'est vous, vivant. Je l'écoute.» (VE 56)

---

[167] Vgl. für die Semantik der räumlichen Oppositionsschemata im Roman Mari-Lise Allard: *Anna de Noailles*, S. 138ff.
[168] «Au moment où elle écrivit ses premiers vers, les idées répandues par Nietzsche saturaient, pourrait-on dire, l'air de notre littérature. [..] C'était le grand Midi, et Zarathoustra, dansant sur sa corde tendue, voyait enfin autour de lui un troupeau de disciples passionnés obéir au ‹sens de la terre›.» (19f.) Georges-Armand Masson: *La comtesse de Noailles*. Paris: Éditions du Carnet-Critique 1922, S. 19f. Bei Nietzsche ist der Mittag «höchster Ausdruck mystischer Intensität». Wiebrecht Ries / Karl-Friedrich Kiesow: Von *Menschliches, Allzumenschliches* bis zur *Fröhlichen Wissenschaft*. In: Henning Ottmann (Hg.): *Nietzsche-Handbuch. Leben – Werk – Wirkung*. Stuttgart: Metzler 2011, S. 91–119, hier S. 117.
[169] «Dans ses visions, sous sa plume, l'Aimé tyrannique, le Père sévère s'assouplit en Père aimant jusqu'à devenir un Alter ego idéal, bienfaisant, gratifiant et qui entraîne le Moi hors de lui-même : ek-statique.» Julia Kristeva: *Thérèse mon amour*, S. 23. Vgl. auch ebda., S. 198ff.

Statt einer Hierarchisierung der erotischen Liebe über die religiöse Hingabe oder andersherum liegt somit vielmehr eine generelle Austauschbarkeit des leidenschaftlichen Affektes vor, bei dem das Objekt weniger wichtig erscheint als die Selbstaffizierung des Subjekts durch die leidenschaftliche Liebe selbst. «L'amour, c'est [...] comme la foi plus vive, comme l'extase que les saintes nous souhaitent.» (VE 65) Anna de Noailles relativiert hier den Unterschied zwischen erotischer und mystischer Liebe und reflektiert stattdessen das Konzept einer absoluten Liebe oder eines *pur amour* (Fénélon), wie es auch andere zeitgenössische Autoren und Autorinnen, z.B. Noailles' Briefpartner Rainer Maria Rilke oder der katholische Autor Léon Blum, thematisiert haben. «L'amour, aussi bien por Dieu que pour Julien, n'est donc envisageable que dans une dimension absolue.»[170]

Jacques Le Brun betont, dass die Frage nach der 'reinen Liebe', die er bis auf die Antike zurückführt, in der Moderne nicht mehr im theologischen Diskurs, sondern in der Literatur verhandelt wird.[171] Dabei ist es charakteristisch, dass männliche Autoren die Vorstellung vollkommener Liebe meist auf weibliche Figuren projizieren – so beispielsweise auch Rilke im 'Ideal der großen Liebenden'.[172] Insofern erfüllt Noailles' Protagonistin durchaus die zeitgenössisch erwartete Geschlechterrolle. Sie gestaltet diese jedoch im Sinne einer verschwenderischen, verausgabenden 'weiblichen Ökonomie' und belässt die Opposition von Immanenz und Transzendenz im Sinne von Irigarays *sensible transcendental* in einer nicht aufgelösten Spannung. Mit dem Konzept einer objektlosen Liebe macht sich Sophie letzten Endes frei von der Abhängigkeit Juliens; dies unterstreicht ihre Entscheidung, das Kloster nicht für ihn zu verlassen.

Sophie entdeckt mit Julien ihr erotisches Begehren. Bei der Beschreibung der Leidenschaft ihrer Protagonistin überblendet Noailles mystische Metaphorik und Rhetorik mit Nietzsches philosophischer Bildsprache von dionysischem Taumel und Ekstase. So beschreibt die Nonne etwa ihre Liebe zu Julien als «cette flamme, cette ivresse, cet enivrement !» (VE 59) Die Flamme ist ein zentrales Bild frühneuzeitlicher christlicher Mystiker, etwa besonders bei San Juan de la Cruz, aber auch der islamischen Sufi-Mystik.[173] Die Rauschsemantik verweist zugleich auf Nietzsches dionysisches Denken. Noailles zitiert immer wieder aus dessen Schriften, etwa in Form von Mottos, sodass hier eine Überlappung

---

[170] Mari-Lise Allard: *Anna de Noailles*, S. 84.
[171] Vgl. Jacques Le Brun: *Le Pur amour de Platon à Lacan*. Paris: Seuil 2002, S. 12.
[172] Vgl. Kap.3.4.
[173] Vgl. u.a. San Juans bekanntes Gedicht 'Llama de amor viva' und die Interpretation in Bernhard Teuber: *Sacrificium litterae*, S. 465–502.

der Figuren nahe liegt.[174] Insgesamt bedient sich Noailles häufig literarischer und philosophischer Topoi, die nicht immer konkret referenzierbar sind und die sie zu einem eigenen Pastiche zusammenfügt.

Weitere Nietzsche-Anklänge finden sich bei der Betonung der Wollust im gleichen Eintrag («La volupté ! Tout est volupté !», VE 60). Sie betont die Bedeutung von Willen und Luststreben in der sexuellen Beziehung: «C'est un moment où, alangui, l'être est une volonté pareille à la guerre [...] Toute l'âme se porte d'un côté et de l'autre côté du plaisir» (VE 77f.).[175] Auch die subtile Auslotung der erotischen und emotionalen Dominanzverhältnisse schreibt sich in die Philosophie eines 'Willens zur Macht' ein. So empfindet Sophie etwa Befriedigung, als sie Julien nach einer abgewehrten erotischen Annäherung vergibt: «C'est très bon de se sentir comme je me suis sentie, calme, dominatrice, supérieure. Je l'influençais.» (VE 44)

Neben der erotischen Liebe eröffnet Julien der Nonne ein weiteres Feld der Fantasie, nämlich jenes der Literatur, namentlich der Poesie. So zitiert er etwa Baudelaire und Ronsard (VE 70) und schreibt ihr ein eigenes pantheistisch inspiriertes 'Prière à l'amour', gespickt mit Zitaten der Liebesliteratur von der griechischen Antike über Tristan und Isolde bis zu Flaubert (VE 51–54). Erotisches Begehren und Poesie überblenden sich für Sophie schließlich in einer Analogiebildung, die auf der jeweiligen grundsätzlichen Unabgeschlossenheit und Unendlichkeit beider Phänomene gründet: «je porte en moi le désir, qui est aussi la poésie infinie» (VE 106). Als «[d]ésir, ô poésie aimable et sauvage» (VE 115) verweisen sowohl die sinnliche Leidenschaft als auch die Dichtung auf eine nicht-rationale, abgründige Dimension des Menschen, ein dynamisches und unabschließbares Begehren, das gleichsam für eine innere Fülle steht.

Als Julien Sophie nach sechs Monaten zum Auszug aus dem Kloster drängt, gerät die Nonne in eine Sinnkrise, in der sie sich letzten Endes für den Verbleib entscheidet. Mari-Lise Allard argumentiert, dass der Maler die junge Frau zwar sinnlich, nicht aber emotional erreicht habe.[176] Neben den moralischen Skrupeln zeigt diese eine Sensibilität für die Dynmaik erotischen Begehrens, indem sie sich bewusst über die Fantasien zeigt, die ihr Status als Nonne hervorruft: «[u]ne religieuse c'est un fantôme qui disparaît. Une religieuse, mon ami, cela se prend dans une cellule, une nuit de mai, au pie d'un crucifix [...] Une religieuse, on la

---

174 Vgl. zur Nietzsche-Rezeption besonders meine Lektüre des Bandes *Les Éblouissements* in Kap. 3.5.
175 An anderer Stelle kommentiert Julien gegenüber Sophie: «Vivante et mourante, vous appartenez au bonheur, vous lui appartenez comme une malheureuse, comme une esclave enchaînée...» (VE 122).
176 Vgl. Mari-Lise Allard: *Anna de Noailles*, S. 85.

désire, parce que, chaque fois, elle dit : ‹On ne peut pas s'habituer, c'est trop mal.›» (VE 104) Statt sich in die soziale und emotionale Abhängigkeit von Julien zu begeben, der sie als Besitz für sich beansprucht («Il faut que [...] vous soyez [...] toute à moi», VE 124), ist es letztlich die Selbstbestimmtheit und Zufriedenheit des Klosterlebens, für die sich Sophie entscheidet. Auch die Loyalität und Affinität zur lebenserfahrenen Äbtissin motiviert sie zum Bleiben.

Die Begegnung mit Julien hat Sophie verändert und, zumindest für einige Monate, in ihrer inneren Ruhe gestört. Während sie vorher die Fähigkeit besaß, eine innige Beziehung zu den Objekten ihrer Umgebung aufzunehmen und dadurch Fülle in der Immanenz des Alltäglichen zu genießen, hat die erotische Erfahrung sie vorläufig von dieser Haltung entfernt. «Toucherai-je avec mes mains, avec mon cœur, les objets de la vie humble et quotidienne, – dirai-je, pour des choses ordinaires : ‹Ceci est agréable, ceci est bon›, moi qui ai connu l'énergie indéfinie» (VE 117), fragt sich die Nonne angesichts der Erinnerung an die Intensität ihrer erotischen Leidenschaft, erneut mit Anklängen an zeitgenössische Konzepte des Lebens als vitaler Energie (Nietzsche, Bergson).

Das Ende des Romans legt nahe, dass Sophie eine neue Qualität spiritueller Sensibilität gewonnen hat. Im vorletzten Eintrag zeichnet sie auf: «[J]e sentais une présence dans la chambre claire ; et c'était le crépuscule de mars qui était là, qui s'était installé, qui semblait assis sur la chaise, si doux.» (VE 134) Die Vergegenwärtigung des Sonnenuntergangs lässt sie sich erneut an ihr früheres Präsenzerleben annähern. Im letzten Eintrag verfasst Sophie ein sinnliches Gebet an die Jungfrau Maria, das als weibliche Parallele zu Juliens 'paganen' Gebet an Eros gestaltet ist. Der religiöse Diskurs wird hier so transformiert, dass die Nonne sich eine ganz eigene Möglichkeit intensiver immanenter Spiritualität im dafür privilegierten isolierten Raum des Klosters erschafft, «du désir et de la passion émane une relation métaphysique avec l'univers de laquelle l'amant est progressivement dépassé puis exclu. (L'amour se présente alors comme une méthode heuristique au même titre que l'art.)»[177]

Auf der einen Seite repräsentiert Sophie damit das weibliche Ideal der hingebungsvoll Liebenden, und auch die Betonung von Affekt und Naturnähe entspricht den Genderstereotypen der Jahrhundertwende. Auf der anderen Seite erschafft sich die Protagonistin im Kloster einen Raum, in dem sie unabhängig von der Bestätigung eines Mannes eine selbstbestimmte und zufriedenstellende

---

[177] Ebda., S. 238.

Subjektivität leben kann.[178] Somit ist die scheinbare Konformität mit Geschlechterrollen vielleicht gerade der Rahmen, um die eigentliche Transgression inszenieren zu können, wie auch Rachel Mesch herausstellt: «[T]he text's sentimental and romantic leanings, which suggest its inscription within a traditionally feminine domain, help to mask a subversiveness that has never been fully recognized.»[179] Mesch betont die erotische Selbsterfahrung als ein wesentliches Element der Mündigkeit der Nonne: «Sainte-Sophie's choice of the convent becomes clear, as an affirmation of this same independence and self-sufficiency elucidated through her sexuality. Indeed, she chooses the convent over Julien because the convent seems more a factor in her pleasure than Julien himself.»[180] Damit fordert die Hauptfigur letzten Endes ein Recht auf Lust ein, das zeitgenössische heteronorme Vorstellungen von Sinnlichkeit und Sexualität ganz deutlich übersteigt. Mesch unterstreicht dies mit Verweis auf die restriktiven gesellschaftlichen Normen zur Zeit der *Belle Époque*:

> [T]o best appreciate the significance of the novel's setting, one has to consider the literary and social conventions that it leaves out – the discursive structures outside of the walls of the convent. [...] The female body was subject to a science controlled almost entirely by men, and based on men's interpretations of women's behavior. By relying on female sensibility and resuscitating a sensationist aesthetic, Noailles gave her cloistered heroine a power over her own body that was nowhere available in the ‹real world›.[181]

Noailles' Roman schließt damit zu Beginn des 20. Jahrhunderts auf signifikante Weise an den historischen Ort des Klosters als Raum weiblicher Selbstentfaltung und Lebensgemeinschaft an. Diese historische Referenz stellt in keiner Weise einen rückwärtsgewandten Anachronismus dar, sondern vielmehr ein transgressives, fast schon utopisches, transsäkulares Moment.

---

178 Einige Monate nach Erscheinen des Romans wägt Anna de Noailles in einem Brief an Maurice Barrès die Liebesleidenschaft gegenüber dem Wert der emotionalen Unabhängigkeit ab: «Il est bon d'être à soi-même son refuge et le cœur de son cœur. On y perd la douceur de vivre, l'insouciance et le profond abandon de l'âme, mais on y gagne, je le sens, l'intimité de soi-même et un jugement qui peut écarter doucement la pointe aiguë du mal que l'on saurait nous faire.» Anna de Noailles / Maurice Barrès: *Correspondance*, S. 207 (19.8.1904).
179 Rachel Mesch: *The Hysteric's Revenge. French Women Writers at the Fin de Siècle*. Nashville: Vanderbilt University Press 2006, S. 161.
180 Ebda., S. 167f.
181 Ebda., S. 169. Mesch zeigt zudem in Bezug auf die französische literarische Tradition seit dem 17. Jahrhundert auf, inwiefern Noailles' Roman den Raum des Klosters mit ihrer «story of sexual awakening» neu besetzt und zieht Verbindungen u.a. zur *Princesse de Clèves* und der Literatur der Aufklärung. In ähnlicher Form wie später Kristevas Teresa-Roman setzt sich *Le Visage émerveillé* aus einer feministischen Perspektive deutlich von Diderots antiklerikalem Ansatz in *La religieuse* ab. Ebda., S. 160ff.

Räume des Rückzugs

Die Isoliertheit des Klosters erscheint also als Möglichkeitsbedingung für Sophies innere Ruhe und Zufriedenheit.[182] Die Oppositionsstruktur von Innen und Außen, verräumlicht in der Gegenüberstellung von Kloster und Außenwelt, veranschaulicht den grundsätzlichen Konflikt zwischen Introversion und Extraversion, Innerlichkeit und Äußerlichkeit sowie gelassener Selbstgenügsamkeit und erotischer Leidenschaft, der die Protagonistin (und den Roman) kennzeichnet. Ihre Ambivalenz neigt jedoch von Beginn an zur Seite einer positiven Wahrnehmung der Zurückgezogenheit.

Ähnlich wie bereits für Frauen in Mittelalter und Früher Neuzeit bietet das Klosterleben hier auch noch um die Jahrhundertwende eine Alternative zu den vorgesehenen weiblichen Lebensentwürfen als Ehefrau und Mutter. Das abgeschiedene Leben eröffnet zudem die Möglichkeit des Rückzugs von der auf Oberflächlichkeit und Extraversion ausgerichteten Gesellschaft. Insofern erlebt Sophie ihre Eingeschlossenheit nicht als Freiheitsbegrenzung, sondern als positiven Schutz- und Entfaltungsraum. «[N]ulle part Sophie n'évoque les murs, la séparation et ni l'isolement ni la claustration ne semblent une souffrance [...]. En fait, elle s'accommode très bien de la nature à taille réduite du jardin du couvent, car elle est sublimée par son imaginaire.»[183] Gleichwohl deutet die Erwähnung des Zuges nach Bayonne, dessen Pfeifen Sophie mehrfach wahrnimmt, eine Sehnsucht nach Ferne, Reisen und Abenteuer an (vgl. VE 8, 38). Gleiches gilt für die Reisen (Italien, Spanien, Ägypten, Argentinien), die Julien ersinnt (VE 50, 76).[184]

Der Klostergarten – «endroit de silence et d'échanges mystérieux»[185] – konstruiert einen Zwischenraum zwischen monastischer Isolation und großbürgerli-

---

182 Vgl. dazu kritisch Mari-Lise Allard: *Anna de Noailles*, S. 142.
183 Ebda., S. 79. Noailles selbst beklagt in ihren Briefen regelmäßig die Überreizung, der sie durch gesellschaftliche Verpflichtungen und moderne Kommunikation in Paris ausgesetzt sei, wie hier an Maurice Barrès: «[J]e suis arrivée hier soir et déjà on voudrait fuir tant de téléphonages, tant de potins, tant de gens contents d'eux, tant de fumée et de néant. [...] On n'est pas fait pour vivre avec les autres que l'on n'a pas de tout son cœur choisis. Je m'isole et m'entretiens avec vous tandis que les sots s'agitent mais on se sent contaminé par leur bêtise et l'on craint de perdre son silence et le clair abîme intérieur.» Anna de Noailles / Maurice Barrès: *Correspondance*, S. 261.
184 Vgl. in Bezug auf das Motiv des Zugs auch das Gedicht 'L'Espagne' (*Les Éblouissements*) und die poetologische Aussage im Brief an Proust: «L'impossibilité de prendre le train est tout le secret du lyrisme.» Marcel Proust: *Correspondance*. T. VIII: 1908. Paris: Plon 1981, S. 70 (1. März 1908).
185 Mari-Lise Allard: *Anna de Noailles*, S. 141.

cher bzw. aristokratischer Gesellschaft. Auf der einen Seite ist der Garten ein offener und sozialer Raum, in dem sich die Schwestern treffen und Sophie in eine ästhetische und sinnliche Beziehung zu ihrer Umgebung tritt: Hier kostet sie Früchte mit den anderen Nonnen, tauscht sich mit ihnen im Gespräch aus, nimmt Vogelgezwitscher, blauen Himmel und Luft wahr. Auf der anderen Seite wird der Garten zum Rückzugsraum für Sophie, die mittels des Tagebuchs den Kontakt mit sich selbst pflegt. Die zugleich sinnlich inspirierende wie geschützte Situation des Gartens stellt den Rahmen für die selbstpraktische Tätigkeit des Schreibens her, durch die die junge Frau auf ästhetische Weise ein produktives Selbstverhältnis zu gestalten vermag. Der Garten ist in besonderer Weise mit Sophies Sinnlichkeit konnotiert. «– Ma sœur, comme vous aimez les choses de notre jardin ! Vous prenez trop de plaisir à des fleurs ; moi je ne vois rien que mon cœur qui est torride» (VE 11), wirft die strenge Nonne sœur Catherine Sophie vor und dient hier deutlich als Kontrast der Profilierung der Protagonistin. Die Sinnlichkeit geht jedoch über das erotische Begehren hinaus und schließt vielmehr eine intensive ästhetische Wahrnehmung der natürlichen Welt mit ein.

So finden die Liebesbegegnungen zwischen Sophie und Julien auch nicht im Garten, sondern in der Heimlichkeit des Zimmers statt, das, wie in einer mehrfach verschachtelten Box, einen doppelten 'Rückzugsraum im Rückzugsraum', einen Raum äußerster (d.h.: innerster) Intimität, verkörpert. Mari-Lise Allard hat auf die Dominanz vertikaler und horizontaler Strukturen sowie die Opposition von Oben und Unten aufmerksam gemacht, die das Gegensatzpaar Innen – Außen im Roman ergänzt.[186] Metonymisch verweist das Zimmer im ersten Stock auf Sophies Überlegenheitsempfinden gegenüber den anderen Nonnen (aufgrund ihrer Liebeserfahrung), aber auch gegenüber Julien (in moralischer Hinsicht), der unter ihrem Fenster zu ihr hochblickt.

Auf den ersten Blick sind Geist und Materie, Spiritualität und erotische Liebe somit auf klassische Weise durch jeweilige Aufwärts- bzw. Abwärtsbewegungen voneinander abgegrenzt. Entsprechend beschreibt Sophie die spirituelle Dimension ihres Gebetes mit Hilfe der platonischen Aufstiegsrhetorik (VE 6). Um ihre Demut gegenüber Gott zu versinnbildlichen, wählt die Nonne zu Beginn außerdem für sich den Vergleich mit einer bodendeckenden Pflanze: «[J]e suis comme la plante du fraisier qui est par terre ; je suis le lierre rampant des dalles de votre église» (VE 13). Gleichzeitig wird hier aber auch die starke Erdverbundenheit – Geerdetheit im Sinne einer immanenten Liebe zur physi-

---

186 Vgl. ebda., S. 138ff. Beide räumlichen Kontraststrukturen sind, wie gesehen, typische bildliche Strategien mystischer Texte. Zudem ist die Seele, wie prominent in Teresa von Ávilas Bild der 'inneren Burg', ebenso häufig räumlich gedacht. Vgl. dazu Kap. 2.2.

schen Welt – veranschaulicht.[187] Auch ihre körperliche Beziehung zu Julien wird zunächst mit einer Bewegung nach unten konnotiert, die Beziehung zu dem jungen Mann zieht sie buchstäblich auf die Erde hinab. «J'ai ouvert ma fenêtre [...] je me suis penchée à un moment pour mieux l'entendre [...] Ah ! Toute ma vie descendait, comme des cheveux défaits, comme un ruisseau en pente droite...» (VE 26f.) Die fließende Materialität der Vergleichsbilder verstärkt die leidenschaftliche, körperliche Dimension noch.

Die scheinbar eindeutige antithetische Gegenüberstellung von Geist und Materie wird freilich mit Fortschreiten der diaristischen Notizen immer brüchiger. Bereits Sophies demütig anmutende Selbstbeschreibung kann nur mit Mühe ihre lustvolle Körperlichkeit verbergen, tragen die unscheinbaren Bodenpflanzen doch das Potenzial zukünftiger, geschmackvoller Erdbeeren, und Sophies anschließende Identifikation mit den Haaren Maria Magdalenas weist, ebenso wie die Anspielungen auf die Wunde Christi und das biblische *Hohelied*, auf die erotische Komponente in der Fensterszene voraus.[188] Denn auch die Pflanzen als Teil der stofflichen Welt ranken sich hoch an der Wand zum Zimmer der Nonne und erfahren dadurch eine symbolische Auf-Wertung (vgl. VE 26). Schließlich wertet die Tagebuchschreiberin die Bewegungen von Geist und Körper gänzlich um, wenn sie nach der Liebesnacht mit Julien die Wollust als erhabenen Moment definiert: «La volupté, c'est un moment silencieux et haut comme une voûte infinie.» (VE 77) Die semantische Stelle, die vormals das religiöse Erleben eingenommen hat, wird ersetzt durch die Überhöhung der Sinnlichkeit und physischen Realität. Die Schreiberin hält dabei an der religiösen Rhetorik fest, die sie jedoch inhaltlich neu füllt.

Santa Teresa und die vielen Gesichter der Mystik

Die Grundproblematik des Romans, die Auseinandersetzung mit Innerlichkeit und Äußerlichkeit, Askese und Leidenschaft, Introversion und Extraversion, zeigt sich besonders deutlich anhand der mystischen Denkfiguren. Im Folgenden sollen die expliziten Verweise auf mystische Praktiken, und insbesondere die Figur Teresa von Ávilas, im Detail betrachtet werden.

Gleich im ersten Eintrag thematisiert die Tagebuchschreiberin Askese und mystisches Gebet:

---

[187] Vgl. zum zentralen Motiv der Erde in Noailles' Lyrik Kap. 3.6.
[188] «[J]e suis le soupir de votre soupir, la soif de votre côté ouvert, et sur vos pieds les cheveux de la sainte Madeleine...» (VE 13).

> J'ai communié ce matin comme je le voulais, sans désir ; je me suis appliquée ; j'avais fait beaucoup de vide dans ma tête, dans mon cœur, un vide blanc et doux, et je répétais : ‹Seigneur, je n'ai pas de bouche, pas de mains, pas de regard, pas de chaleur ; voyez, je suis devant vous comme une fumée légère qui monte, comme une flamme transparente et droite.› (VE 6)

Die Erzählerin nimmt hier explizit mystische Bilder und Denkfiguren auf: So beschreibt die Ausschaltung der Sinne mit dem Ziel der mentalen Leere den ersten Schritt des klassischen dreiteiligen Paradigmas mystischer Meditation.[189] Die Aufstiegssemantik im Bild des aufstrebenden Rauchs ist ein Topos platonischer Metaphysik, die Flamme verweist wieder auf eine Mischung verschiedener religiöser und literarischer Kontexte. Die durchscheinende Qualität des Rauchs und die Transparenz der Flamme intensivieren die Vorstellung der Ich-Entleerung und Verzehrung. Gleichzeitig deuten sie auf eine un-greifbare, flüssige, bewegliche Subjektivität hin, die mit der Vorstellung einer festen Identität kontrastiert.[190] Später wird Sophie diese 'nomadische' Subjektkonstitution explizit ausformulieren: «[M]on âme a plus de manières et de mouvements qu'un lis du matin sous le vent bleu, parce que je suis forte et faible et toute mêlée» (VE 69).

Sophie scheint das Ideal mystischer Gelassenheit zu leben. Einige Einträge später notiert sie: «Être heureuse, c'est avoir le cœur, l'esprit, les mains vides.» (VE17) Diese Vorstellung spiegelt neben dem Ideal mystischer Gelassenheit im Sinne etwa Meister Eckharts auch Noailles' Lektüre der stoischen griechischen Philosophie wider. Gleichzeitig verweist die Textstelle auf ihre Schopenhauer-Rezeption, die Catherine Perry explizit in den Kontext von Buddhismus und christlicher Mystik stellt. Schopenhauer geht von der grundsätzlichen Unbefriedigbarkeit des menschlichen Willens aus und sieht eine begrenzte Befreiung vom Leiden am Willen nur in der momentanen Willenlosigkeit im Rahmen meditativer Kontemplation.[191]

Sophies 'gelassenes' Gebet kontrastiert mit ihrer Beschreibung ihrer Mitschwester sœur Catherine, die hier erneut als Kontrastfolie der Profilierung der

---

[189] Zum traditionellen Dreistufenschema gehören die Schritte der Reinigung (*purgatio*), der Erleuchtung (*illuminatio*) und der Vollendung (*perfectio*). Vgl. Ulrich Köpf: Aufstiegsschemata. In: Peter Dinzelbacher (Hg.): *Wörterbuch der Mystik*. Stuttgart: Kröner Verlag ²1998, S. 35–37.
[190] Vgl. zum Bild der Flamme auch Angela Bargenda: *La poésie d'Anna de Noailles*, S. 127ff. Paul Valéry versteht die Flamme in *L'âme et la danse* u.a. als Zeichen von Präsenz und Mittler zwischen physischer und metaphysischer Seinsweise: «Mais qu'est-ce qu'une flamme, ô mes amis, si ce n'est le moment même ? [...] Flamme est l'acte de ce moment qui est entre la terrre et le ciel.» Paul Valéry: *Eupalinos. L'Âme et la Danse. Dialogue de l'Arbre*. Paris: Gallimard 1945, S. 143.
[191] Vgl. Catherine Perry: *Persephone Unbound*, S. 38ff.

Hauptfigur dient.[192] Die Nonne ist neben ihr im Gebet versunken und exemplifiziert einen zweiten Typ mystischer Kontemplation, der – ganz im Gegensatz zur Gelassenheit Sophies – durch die intensive Affizierung der Betenden gekennzeichnet ist: «Elle mourait ; Seigneur, elle vous attendait tant, qu'elle serait morte, qu'elle aurait crié si vous n'étiez pas venu. Le bouts de ses doigts, sa bouche, la toile, délicieuse et votre corps divin faisaient un groupe admirable, petit et tout serré.» (VE 6) Die Beschreibung lässt sogleich Assoziationen an die großen Figuren der weiblichen Mystik und deren verkörperte Bilderwelt aufkommen: Allen voran ist es das Bild Teresa von Ávilas, festgehalten in der Skulptur Berninis, das hier vor Augen erscheint. Auch der Topos des leidenschaftlichen Liebestodes in der Verzehrung nach Gott geht prominent auf die spanische Karmeliterin zurück.[193] Der Name der Nonne lässt jedoch gleichzeitig an die italienische Dominikanerin Caterina von Siena denken.

Noailles eröffnet ihren Roman auf diese Weise mit der Gegenüberstellung einer eher spekulativ-intellektuellen Variante mystischer Kontemplation und einer emotional-körperlichen Mystik. Die Sympathien neigen sich – durch die Unmittelbarkeit der autodiegetischen Erzählstimme – zunächst zur ersten Variante. Die spekulative Seinsmystik ist traditionell mit männlichen Autoren verbunden, während den Mystikerinnen vielmals mit Hinweis auf ihren intensiven Affekt ein abstrakteres intellektuelles Vermögen abgesprochen wird.[194] Sophie scheint sich hier diesem Gegensatz der Gender-Stereotype zu entziehen.

Die Tagebuchschreiberin lehnt die entrückte religiöse Hingabe von sœur Catherine ab. Die Schwester bemerkt an ihren Händen eines Tages rote Flecken und Blut, einige Mitschwestern interpretieren diese Zeichen (im Gegensatz zur Äbtissin) als heilige Stigmata. Auch diese können eher als Hinweis auf Caterina von Siena dienen, die in ihren Texten von Stigmata berichtet. Sophie zeigt sich abgestoßen von der körperlichen Zeichnung: «[L]es stigmates de la sœur Catherine m'ont été pénibles, désagréables, ne m'ont point sanctifié le cœur : j'ai regardé ma sœur avec surprise, avec un peu d'éloignement : ces signes

---

[192] Die anderen weiblichen Figuren haben eine ähnliche Funktion. Vgl. Mari-Lise Allard: *Anna de Noailles*, S. 80.
[193] Vgl. u.a. das vermutlich bekannteste Gedicht Teresas 'Vivo sin vivir en mí'. Der Text spielt mit einer Reihe von Gegensätzen, u.a. dem von Leben und Tod, um diese in paradoxer Weise zu verkehren. Vgl. Kap. 2.3 und Champourcins Verarbeitung des Motivs in Kap 4.4.
[194] «Mysticism tends to be gendered in one of two ways. Either mysticism [...] is simply associated with femininity or with women and so denigrated, or a distinction is made between good and bad, acceptable and unacceptable, non-pathological and pathological forms of mysticism, with the first category in each case associated with masculinity and men and the second with femininity and women.» Amy Hollywood: *Sensible Ecstasy*, S. 8.

douloureux, ce sang dans ses mains m'ont attristée, m'ont humiliée pour elle, cela m'apparaissait comme une marque trop forte» (VE 49).

Deutlich zeigt sich hier eine Kritik an der Tradition eines körperfeindlichen Diskurses der katholischen Kirche. Im Verlaufe des Textes wird sœur Catherines Leidensmystik als Fanatismus bezeichnet und als Hysterie pathologisiert. So verweist der herbeigerufene Hausarzt angesichts der vermuteten Stigmata unbeeindruckt auf die nahegelegene psychiatrische Anstalt: «Nous avons à l'asile d'Orthez une jeune fille un peu exaltée, qui a cela aussi, comme votre sainte. On la soigne, elle guérira.» (VE 49) Der Arzt verkörpert die zeitgenössische moderne Einschätzung der Mystikerinnen als Hysterikerinnen, die etwa bei Sigmund Freud und Marie Bonaparte zu finden ist.

Während der Text sich also von einer asketischen Schmerzensmystik distanziert, wendet sich Sophie mit Entdeckung der körperlichen Liebe gleichermaßen von der rational-disziplinierten Kontemplation ab. Mit Verweis auf einen vitalistischen Lebensbegriff kritisiert Sophie auch die kontemplative Lebensweise der Mitschwestern: «Boire, manger, être paisible, respirer l'air, prier, étendre des feuilles de verveine entre les nappes de l'autel, se troubler un peu aux souffles du soir et glisser par mélancolie ses mains sur son front penché, ce n'est pas vivre.» (VE 73) 'Leben' versteht Sophie hier in erster Linie als sinnlichen Genuss. Noailles stellt sich mit dem Lob von Lust und Sinnesgenuss erneut in eine Linie mit zeitgenössischen Autoren wie Gide und Nietzsche.

In Zusammenhang mit der Auseinandersetzung um spekulative und affektive Mystik ist die Figur Teresa von Ávilas nun von besonderer Bedeutung. Während Noailles zunächst assoziativ die Beschreibung der entrückten sœur Catherine in die Nähe zur bekannten Skulptur von Bernini setzt, hat sœur Catherines schmerzhafte Devotion wenig mit der sinnlichen Mystik Teresas zu tun. Später identifiziert sich Sophie dagegen selbst mit der spanischen Karmeliterin. So kommentiert sie an einer Stelle ein Foto der bekannten Teresa-Statue Berninis. Julien hat ihr eine Fotografie davon gezeigt:[195]

> Il y a une sainte dans le Paradis qui me ressemble, c'est la sainte Thérèse, ainsi que l'a représentée un sculpteur napolitain qu'on appelait le Bernin [...] Sa robe est bouleversée comme un grand voilier dans un naufrage, et la petite tête dure, nette, arrêtée, défaille comme un oiseau qui mourrait de son propre chant. Bouche de sainte Thérèse, ouverte et pleine de grâces, que buvez-vous dont vous ayez ainsi la figure parfaite, morte et noyée !

---

[195] In einem Brief vom 14. April 1904 erinnert Maurice Barrès Anna de Noailles daran, dass sie, die zu dem Zeitpunkt noch nicht in Rom gewesen war, die Skulptur Berninis auf einer Postkarte gesehen hatte. Vgl. Anna de Noailles / Maurice Barrès: *Correspondance*, S. 126 (14. April 1904). Vgl. zur Debatte um die Transverberationsszene im *Libro de la vida*, Berninis Skulptur und psychoanalytische auch Interpretationen Kap. 2.3.

> Que vous êtes silencieuse ! Votre cri, vous ne le jetez pas, vous l'aspirez et il vous perce les poumons et le cœur. Votre corps, ô sainte, vous est léger, il ne se tient pas lui-même, l'invisible force de votre ami céleste vous porte, et vous, reine enflammée, vous ne craignez plus de le fatiguer, vous glissez et vous entrez dans ses bras. [...] [I]l n'y a plus rien en vous où la satisfaction n'habite et adhère. Ô ma sainte, comblée d'extase autant qu'une morte est comblée de paix, et que la faim peut être pleine de douce nourriture, dans lequel des sept châteaux de l'âme que vous méditâtes, avez-vous goûté cette collation et ce sommeil ?... (VE 65ff.)

Sophie beschreibt das Foto der Skulptur der heiligen Teresa als ambivalenten Ausdruck mystischer Liebesekstase. Die mediale Verweiskette erscheint dabei dreifach gebrochen und windet sich von Teresas Text über die Skulptur Berninis zur Ekphrasis, ja Neu-Zeichnung der imaginierten Fotografie in Noailles' Roman. Diese mehrfach verschobene Medialität unterstreicht den ästhetischen Charakter der mystischen Szene und weist damit implizit biografistische Interpretationen der Heiligenvita von sich. Gleichzeitig folgt Noailles hier jedoch gewissermaßen auch der später von Interpreten wie Lacan genutzten Strategie, sich nicht mit Teresas Texten, sondern mit ihrem Bild zu beschäftigen.[196]

Sophies Ekphrasis der Fotografie ist durch die Opposition von Leben und Tod gekennzeichnet. Ähnlich wie in Teresas mystischer Theologie fallen bei Sophies Beschreibung positive Attribute wie Perfektion und Frieden mit dem Tod zusammen. Die Umwertung und Austauschbarkeit von Leben und Tod drückt Teresa, wie gesehen, prominent in ihrem Gedicht 'Vivo sin vivir en mí' aus, in der erst die Vereinigung mit Gott im Tod das 'wahre' Leben ermöglicht.[197] Explizit verweist Noailles auch auf Teresas mystisches Hauptwerk *Las moradas o el castillo interior* mit ihrer allegorischen Darstellung der Seele als Burg. Im Gegensatz zu Teresas mystisch-theologischer Interpretation scheint Noailles' Gleichsetzung mit dem Tod jedoch auf ihr vitalistisches Verständnis des Lebens als unabschließbarem Begehren zu verweisen, dessen Dynamik lediglich der Tod als Ende des Lebens zu unterbrechen weiß. Vollkommenen Frieden und Gelassenheit kann dem Subjekt somit nur im Tod zukommen, das Leben aber zeichnet sich gerade aus durch seine unabschließbare Ruhelosigkeit, seinen Willen und sein Begehren nach Genuss. Noailles deutet die mystische *unio* damit eigentlich als Tod(-eswunsch), Gott wird nicht wie bei Teresa mit dem eigentlichen Leben, sondern mit dem Tod gleichgesetzt. Damit nähert sie sich rhetorisch, aber nicht theologisch, einer negativen, spekulativen Mystik an, welche Gott im Zusammen-

---

196 Vgl. Kap. 2.3.
197 Die vorangestellte Glosse lautet: «Vivo sin vivir en mí, / y tan alta vida espero, / que muero porque no muero.» Santa Teresa: *Obras completas*, S. 1159–1161 ('Vivo sin vivir en mí'). Vgl. Kap. 2.3 und Jenny Haase: Im Dialog mit dem Anderen, S. 70–71.

fall der Gegensätze sowohl als äußerstes Leben als auch als absolutes Nichts beschreibt.

Besonders interessant erscheint mir die selbstbezügliche Interpretation von Teresas mystischer Ekstase. So deutet Sophie den offenen Mund der Mystikerin nicht als Ausdruck ihres lustvollen Seufzens, sondern als lautlosen unterdrückten Schrei. Dieser Schrei fällt gleichsam auf sie selbst zurück, indem er ihr gleich dem Pfeil des Engels in Teresas Erzählung Lungen und Herz durchbohrt. Sophie interpretiert somit die Figur des Engels als *alter ego* und Bild für die buchstäblich unausgesprochene (auto-) erotische Leidenschaft der Karmeliterin. In diesem Sinne scheint sie die ekstatische Frauenmystik, ähnlich wie die zeitgenössische Freudianerin Marie Bonaparte, kritisch als Sublimierung des unausgesprochenen, unterdrückten erotischen Begehrens zu verstehen. Gleichzeitig erkennt sie in der Figur der Nonne jedoch eine Fülle, die sie – wie Teresa selbst – im Vokabular der Nahrung und des Geschmackssinns formuliert («buvez», «douce nourriture», «gouté cette collation»). Gerade der Verweis auf die 'süße Nahrung' erinnert erneut an Gides' Apologie des sinnlichen Genusses (*Les nourritures terrestres*) und bekräftigt damit den sinnlich-immanenten Charakter der mystischen Erfahrung.

Für die Frage nach der Bedeutung des Körpers ist auch der Gegensatz von Leichtigkeit und Schwere in diesem Abschnitt kennzeichnend. Während der gesamte Körper Teresas für Sophie schwerelos erscheint, fließt 'das ganze Gewicht des Lebens' in den lose baumelnden Fuß der Figur, «si lourd et véritable, et plus que votre âme pareil à votre âme...». Leben assoziiert Noailles also mit der Schwerkraft, die den Menschen an die Erde bindet. Auch die Seele wird hier letzten Endes als physisches Gewicht gedacht.[198] Die Leidenschaft der Karmeliterin entdeckt Sophie zudem im materiellen Ausdruck des Kleides, das in wild geschlagenen Falten liegt.

Vor der Folie der asketisch-strengen sœur Catherine, die als Repräsentantin einer weiblich kodierten Leidensmystik gelten kann, und der sublimiert-erotischen Körperlichkeit Teresa von Ávilas als Modell sinnlicher Brautmystik entwirft Anna de Noailles mit Sophie letztlich ein alternatives Modell weiblicher Kontemplation, das weder den beiden Entwürfen 'weiblicher' Mystiktradition noch einer rein kognitiv-spekulativen Variante 'männlicher' Mystik entspricht. Die Figur der Sophie erfährt durch die Entdeckung ihrer Erotik eine Entwicklung. Während sie zunächst zu einer gemäßigt-kontemplativen Spiritualität neigt, die Entsagung, Introversion und 'Leere' privilegiert, wird durch die Begegnung mit Julien die religiöse Devotion durch erotische Leidenschaft, Extraversion und 'Fülle' ersetzt. Jedoch kann auch

---

198 Vgl. zur Leiblichkeit der 'Seele' auch Kap. 3.6.

diese aufgrund ihrer Vergänglichkeit und Arbitrarität, nicht zuletzt auch durch die implizierte Abhängigkeit zum Geliebten, nicht langfristig als positives Modell besetzt werden.

Wenngleich der Roman auf den ersten Blick ein Scheitern der Protagonistin nahelegt, lässt sich in der Öffnung Sophies gegenüber ihrer Umwelt (Garten, Natur, Kosmos) doch vielleicht ein positives Modell jenseits der gegensätzlichen Figuration von religiöser Metaphysik und nihilistischem Materialismus erahnen. So betont Sophie ihre Porosität und Offenheit, wenn sie sich unter dem Eindruck ihrer amourösen Gefühle im Gebet an Gott wendet: «j'ai un cœur amolli qui s'abandonne, j'ai les mains ouvertes.» (VE 31) Diese Haltung der Durchlässigkeit und Weichheit, veräußert in der Geste der geöffneten Hände, markiert eine Subjektivität der Öffnung gegenüber dem Anderen und kann, mit Luce Irigaray oder Rosi Braidotti, als Möglichkeit einer Form immanenter, horizontaler Transzendenz gelesen werden.[199] «[T]ranscendence is thus no longer ecstasy, going out of the self toward an inaccessible, extra-sensible, extra-earthly entirely-other. It is respect for the other whom I never will be, who is transcendent to me and to whom I am transcendent.»[200] Jenseits von monotheistischer Religiosität und romantischer Liebe birgt Sophie die Fähigkeit zur Wertschätzung des Anderen, zu einer ethischen Beziehung und Öffnung gegenüber der Welt.

«Une chère église infidèle». Hybridisierung katholischer und orientali(sti)scher Diskurse

Christliche Rhetorik und mystische Diskurse spielen, wie gesehen, eine zentrale Rolle in Noailles' Roman. Die Autorin wertet dabei die traditionellen katholischen Denkfiguren für ihre Apotheose der Sinnlichkeit um: Körperlichkeit, Materialität, Stoff- und Pflanzenwelt nehmen eine entscheidende Position in ihrem Text ein und transformieren traditionelle metaphysische Konzepte. Der Fokus auf Menschen, Dinge und sinnliche Wahrnehmung unterstreicht die Bedeutung des Immanenz-Gedankens in Noailles' Schreiben. So bricht Sophie mit der cartesianischen Tradition eines Dualismus von Körper und Seele, wenn sie über die Untrennbarkeit von körperlicher und seelischer Empfindung reflektiert: «[J]e

---

199 Vgl. Kap. 2.1 und 2.4. Hélène Cixous greift das Bild der offenen Hände in ihrer Reflexion über Eigenschaften einer *écriture féminine* ebenfalls auf: «Und es gibt Gedichte wie offen dargebotene Hände, Frauen-Gedichte, die Ort geben, die ein Fenster werden, ständig geöffnete Gedichte, die zum Realen hin sich öffnen.» Hélène Cixous: *Weiblichkeit in der Schrift*, S. 12.
200 Amy Hollywood: *Sensible Ecstasy*, S. 232.

sens tout le temps l'âme de mon corps et toutes les parois brûlantes de mon âme.» (VE 31)

Sophie schreibt ihrem Körper explizit ein Seelenempfinden zu, während sie die Seele selbst wiederum räumlich und körperlich denkt. Zum einen verweist diese Konzeption auf die paradoxen Hybridfiguren der 'geistigen Sinne' und des 'Seelen-Körpers' in der mystischen Literatur des Mittelalters und der Frühen Neuzeit sowie die räumliche Konfiguration der Seele bei Teresa von Ávila.[201] Zum anderen lässt sich eine solche ganzheitliche Vorstellung von Körperlichkeit auch etwa mit Jean-Luc Nancys aktuellen Reflexionen über die Relationalität und Bezogenheit von Körper und Seele zusammenführen. Nancy begreift die Seele in *Corpus* als körperliche Ausdehnung und den Körper als seelische Ausdehnung. «Der Körper ist die Ausdehnung der Seele bis an die äußersten Enden der Welt und bis an die Grenze des Selbst, eins mit dem anderen verflochten und indistinkt distinkt, Ausdehnung, zum Bersten gespannt.»[202] Noailles' materialistische Vision scheint auch auf spätere neurophysiologische Erkenntnisse vorwegzuweisen, wenn Sophie an späterer Stelle die Seele als Körpereffekt definiert: «le dernier secret physique, qui est l'âme !» (VE 116)

Anna de Noailles wurde von zeitgenössischen Lesern und Kritikern als radikale Atheistin und Materialistin wahrgenommen.[203] Man kann den Roman jedoch auch als Ver-Körperung einer immanenten, transsäkularen Spiritualität lesen, die freilich auf einer besonderen aufmerksamen Wahrnehmung und Wertschätzung des Körperlichen gründet. «Since it presents the erotic within a religious, ascetic context, *Le Visage émerveillé* also suggests that sensuality is not the sole focus of the text [...] this novel strives to impart a sense of how spirituality and the body are indissociable»,[204] bekräftigt Catherine Perry.

Die Wertschätzung des Materiellen drückt sich – neben der erotischen Liebe – besonders in Sophies Intimität mit Pflanzen, Früchten und der Natur insgesamt aus.[205] Der Klostergarten ist neben dem Ort eines ästhetischen Selbst-

---

201 Vgl. Uta Störmer-Caysa: *Einführung in die mittelalterliche Mystik*, S. 141ff.
202 Jean-Luc Nancy: *Ausdehnung der Seele. Texte zu Körper, Kunst und Tanz*. Ausgewählt und übersetzt von Miriam Fischer. Berlin / Zürich: Diaphanes 2010, S. 86.
203 Jean Cocteau zitiert folgendes Bonmot Noailles': «Du reste, c'est simple. Si Dieu existe, je serai la première à en être avertie !» Jean Cocteau: *Anna de Noailles*, S. 87.
204 Catherine Perry: *Persephone Unbound*, S. 133.
205 Bereits zeitgenössische Kritiker sehen in der intimen Beziehung zur Natur ein verbindendes Element zwischen der Protagonistin aus *Le Visage émerveillé* und den lyrischen Stimmen in *Le Cœur innombrable* und *Les Éblouissements*. «Pour sœur Sainte-Sophie, elle éprouve, en face de la nature et particulièrment au printemps, les mêmes émois, les mêmes ardeurs que l'auteur du *Cœur innombrable* et des *Éblouissements*.» Jean Larnac: *Comtesse de Noailles*, S. 222. Vgl. Kap. 3.6.

verhältnisses, das Sophie kontinuierlich im Schreiben pflegt, und dem Mittlerraum zwischen Klosterleben und großbürgerlicher Gesellschaft auch der privilegierte Ort ihrer Öffnung gegenüber der sinnlich wahrnehmbaren Welt. Damit scheint der Garten das Gegenteil einer zurückgezogenen Innerlichkeit und Weltabgewandtheit zu repräsentieren, die man zunächst mit der christlichen asketischen Tradition verbinden mag. So vergleicht Larnac Noailles' Kloster tatsächlich mit einem «harem plein de fleurs d'eaux vives» und meint, dass der Konvent viel eher an eine religiöse Kultur muslimischer Provenienz erinnere als an christliche Vorbilder:

> Le couvent où la petite Sainte Sophie s'épanouit à l'amour, ne ressemble nullement à nos convents d'Europe, qui n'inspirent que le renoncement à la vie terrestre. Il est ensoleillé, plein d'odeurs troublantes. Et la vie qu'on y mène, riante, voluptueuse même, on ne peut l'imaginer que là-bas, ou plis près mais sous un ciel semblable, dans les jardins d'Asie Mineure si souvent évoqués par le poète.[206]

Noailles bereitet eine solche orientalistische Deutung selbst mit einer Figurenrede von Julien vor, der Sophies herausgestellte Sinnlichkeit in Kontrast zur katholischen Askese setzt und die Nonne dabei mit den muslimischen Frauen auf dem Istanbuler Friedhof vergleicht: «Vous n'avez jamais ressemblé à une religieuse ; la première fois que je vous ai vu vous étiez pareille à ces Turques voilées qui sont assises dans le cimetière de Scutari...» (VE 122) Erneut nutzt Julien hier die Gelegenheit, sich selbst, aber auch Sophie als Anhänger einer nietzscheanischen Philosophie der Lust als elementarem Lebensmotor zu profilieren: «Vivante et mourante vous appartenez au bonheur, vous lui appartenez comme une malheureuse, comme une esclave enchaînée...» (VE 122)

Anlässlich ihres Namenstags vergleicht Julien die Nonne, deren voller religiöser Name ja Sainte-Sophie lautet, mit der gleichnamigen ehemaligen Kirche und Moschee, der Hagia Sophia in Istanbul:

> Ô ma chère petite Sainte-Sophie, qui êtes comme la belle église de Constantinople, qui êtes une douce mosaïque dorée, une chère église infidèle, un temple plein de musc et de pastilles de roses, qui êtes comme une nonne caressée par un sultan, toute pareille à ma chère sainte Sophie, voluptueuse, sous le soleil, près du Bosphore... (VE 60)

In dieser weiteren orientalistischen Geste, die die charakteristischen Topoi von Harem, Sinnlichkeit und Erotik aufruft, sucht Julien wiederholt Sophies Sinnlichkeit herauszustellen, die er explizit mit dem türkischen 'Orient' assoziiert. Dabei ent-deckt er Sophies religiöse Vokation als Versteckspiel und Maskerade – verkörpert in der Metonymie der 'untreuen Kirche' –, hinter der er, wie-

---

[206] Ebda., S. 26.

derum explizit verbildlicht im transgressiven, zur Zeit der Jahrhundertwende sicherlich blasphemisch anmutendem Vergleich mit der vom Sultan liebkosten Nonne, unverhülltes erotisches Begehren und sexuelle Aktivität findet.[207]

Die Hagia Sophia, im 6. Jahrhundert als byzantinische Kirche erbaut und nach der Eroberung Konstantinopels durch die Ottomanen bis 1931 als Moschee genutzt, ist UNESCO-Weltkulturerbe und war bis 2020 ein Museum. Seit Juli 2020 wird sie jedoch wieder als Moschee genutzt, was breite Kontroversen mit sich brachte. Sie gilt sowohl im Christentum des östlichen Mittelmeerraums als auch im Islam als herausragendes ästhetisches und heiliges Bauwerk. Das Gebäude symbolisiert die Kontinuität einer religionsüberschreitenden sakralen Ästhetik und unterläuft mit seiner hybriden Geschichte die binäre Gegenüberstellung von Okzident und Orient, Christentum und Islam, Askese und Sinnlichkeit. Anstatt die Assoziation Sophies mit dem Sakralwerk als Zeichen für deren leidlich verhüllte anti-christliche Disposition zu deuten, scheint mir daher eine alternative Lektüre reizvoll, welche die genannten Gegensätze zusammendenkt: Wenn die religiöse Kultur immer schon eine hybride ist und sowohl sinnliche als auch asketische Elemente verbindet, so müssen auch Sophies Körperlichkeit und Spiritualität nicht, wie Julien will, als Gegensätze verstanden werden, sondern können sich als zwei komplementäre Ebenen ergänzen oder vielmehr sich gegenseitig bedingen. Insofern lässt sich *Le Visage émerveillé* – vielleicht gerade gegen den Strich – gleichzeitig als kritische Subversion katholischer Diskurse sowie als Wiederentdeckung und Aufwertung sinnlicher Elemente in der christlichen monastischen Tradition lesen.[208]

Juliens bildreicher Vergleich Sophies mit dem Istanbuler Gotteshaus eröffnet schließlich auch eine selbstreferenzielle, metanarrative Bedeutungsschicht. So kann man seine leidenschaftliche Rede abschließend als Kommentierung des dem Roman zugrunde liegenden narrativen Verfahrens lesen: Dann lässt sich der Text gerade als Vexier- und Versteckspiel deuten, als hybrides Mosaik, das Religiosität, Ästhetik und Erotik mal zusammenbringt, mal auseinanderbre-

---

207 Auch im späteren Gedicht 'Constantinople' (*Les Éblouissements*) ist die Hagia Sophia weiblich und erotisch konfiguriert: «Sainte-Sophie avec ses forêts de lumière / Et ses bosquets d'encens / Se laisse contempler et toucher tout entière / Sur un corps languissant…» (69–72). Zum Verhältnis von Moschee und Körper vgl. auch 'Journée orientale' (*Les Éblouissements*) in Kap. 3.5.
208 Eine ähnliche Faszination für die 'orientalische' byzantinische Ästhetik spiegelt sich in 'Va prier dans Saint-Marc' (*Les Vivants et les Morts*).

chen lässt und in der Figur der Sainte-Sophie als Hagia Sophia oder eben 'Heilige Weisheit' dynamisch ver-körpert erscheinen lässt.[209]

3.3 Das poetische (Ver-) Lachen der Heiligen (noch einmal Teresa von Ávila)

Anspielungen auf die katholische Mystiktradition und namentlich auf die großen Mystikerinnen Teresa von Ávila und, seltener, Caterina von Siena sowie auf das *Hohelied* finden sich auch in allen Gedichtbänden Anna de Noailles'. Der Schwerpunkt meiner Lektüre wird in den folgenden beiden Unterkapiteln weiterhin auf der Rezeption Teresa von Ávilas liegen, die – wie bereits die Lektüre von *Le Visage emerveillé* gezeigt hat –, eine herausgehobene Rolle in Noailles' Werk einnimmt. In diesem Unterkapitel geht es noch einmal um die ambivalente Auseinandersetzung mit der Statue Berninis, diesmal in Form eines *close reading* des späteren Gedichtes 'Les journées romaines' (*Les Vivants et les Morts*). Noailles intensiviert hier die Kritik an einer körperfeindlichen Domestizierung Teresas, indem sie mit dem Rückgriff auf antike Weiblichkeitsmodelle und in Form ihres eigenen körperbetonten Schreibens die Sinnlichkeit der Heiligen reklamiert.

Spanien

Spanien erscheint als ambivalenter Sehnsuchtsort bereits in *Le Visage émerveillé*. Das Land markiert den Beginn des 'Orients', wenn Sophie Juliens Reiseerfahrungen aneinandergereiht («l'Espagne, l'Égypte, Constantinople») und zeitgleich sehnsuchtsvoll aus dem Fenster sieht: «Regardez, c'est de ce côté-là qu'on peut respirer l'Espagne.» (VE 50) Spanien ist damit Teil von Noailles' orientalistischen Projektionen. Damit geht sie konform mit einem zeitgenössischen europäischen Topos, der Spanien als Peripherie Europas und eigentlich bereits als einen Teil

---

209 «Le modèle de la mosaïque semble s'appliquer à la présence de l'Orient dans l'œuvre noaillienne, composée qu'elle est de fragments des discours contemporain, familial et institutionnel qui se rejoignent dans l'imaginaire. Comme dans tout mosaïque, on discerne un dessin central, la figure de celle qui se désignait comme une ‹fille d'Orient›.» Angela Bargenda: *La poésie d'Anna de Noailles*, S. 208.

von Nordafrika ansah.²¹⁰ Gleichzeitig symbolisiert das Nachbarland, das nur wenige Kilometer vom südfranzösischen Kloster entfernt liegt, einen Ort, der sich der Erreichbarkeit entzieht. Dies zeigt bereits der Titel des Gedichtes 'En face de l'Espagne' aus *Les Éblouissements* an, in dem das Spanien des Cid und Teresa von Ávilas als Sehnsuchtsort erscheint:

```
23    – Province de Tolède et de l'Andalousie,
      D'où vous vient cette ardente et sourde frénésie ?
      ...
35    Je pense à vous, Rodrigue ! à vous, sainte Thérèse !
      Et tandis que le soir, comblé de frais parfums,
      Mêle d'ombre et d'argent le sable rose et brun,
      J'entends derrière l'âpre et petite montagne
      Où les doux tamaris sont rangés un par un,
40    Le sifflement d'un train qui s'en va vers Irun..
      – Quel désir j'ai de vous ce soir, divine Espagne !
```

Toledo – Stadt einer herausragenden mittelalterlichen transreligiösen Wissenschaftstradition – und Andalusien – Ort der historisch einmaligen, wenngleich konfliktreichen *convivencia* der drei monotheistischen Religionen – können hier metonymisch gelesen werden für ein Spanien, das im Sinne Américo Castros ein genuin hybrides kulturelles und religiöses Erbe aufweist.²¹¹

Als orientalistischer Sehnsuchtsort Europas ist Spanien im 18. und 19. Jahrhundert stets als das Andere des Okzidents konstruiert worden. Noailles assoziiert Sinnlichkeit, Leidenschaft und Ekstase mit den Farben, Gerüchen und Geräuschen des Abendhimmels, die das lyrische 'Ich' von seinem Sprechort in Frankreich wahrnimmt. Dieses befindet sich hier entsprechend immer schon in einer antagonistischen Position als 'Gegenüber von Spanien', das ihm sogleich als Spiegel seiner Sehnsüchte und Selbstinszenierung dient. Neben den orientalistischen Projektionen erscheint bei Noailles andererseits das strenge, herbe Spanien des *casticismo* mit seiner kargen Landschaft, düsteren Klöstern und schwarz angezogenen Ordensschwestern. Beide Aspekte – Orientalismus einerseits, düsterer Katholizismus andererseits – bündelt Noailles in ihrer Lyrik in

---

210 Alexandre Dumas wird das Bonmot zugesprochen, 'Afrika beginne bei den Pyrenäen'. Bei Victor Hugo heißt es entsprechend andersherum: «[L]'Espagne, c'est encore l'Orient». Victor Hugo: *Œuvres complètes. Odes et Ballades. Essais et poésies diverses. Les Orientales*. Paris: Ollendorf 1912, S. 619.
211 Vgl. Américo Castro: *España en su historia. Cristianos, moros y judíos*. Buenos Aires: Editorial Losada 1948.

den Figuren spanischer Nonnen, die schließlich immer wieder zurückverweisen auf die spanische Nonne *per antonomasia*: die heilige Teresa von Ávila.²¹²

'Les journées romaines'

In 'Les journées romaines' (*Les Vivants et les Morts*) nimmt Anna de Noailles ihre Kritik an einem katholischen Diskurs der Hypokrisie und Körperfeindlichkeit wieder auf und bündelt diese am Beispiel Teresas. Wie bereits in *Le Visage émerveillé* geht sie dafür auf die Statue von Bernini zurück, die sie in der Zwischenzeit während einer Reise nach Rom 1908 in der Kirche Santa Maria della Vittoria besucht hat. Das Langgedicht kontrastiert in 27 Strophen die Leblosigkeit und Erstarrtheit der kirchlichen Statuen mit der Lebendigkeit der Naturelemente Sonne, Wind und Wasser, die sich ihren Weg in das kühle, steinerne Gebäude suchen.²¹³ Zu Ende des Gedichtes ist es das unbekümmerte, spontane Lachen von Kindern, das eine befreiende und subversive Wirkung im Kontext der unterdrückten katholischen Ideologie entfaltet.

In den ersten zwei Dritteln des Gedichtes evoziert die lyrische Stimme eine antike griechische Welt, indem sie Figuren wie Neptun, Aphrodite, Hermes, Psyche, Amor und Danae beschwört. Sie identifiziert sich dabei insbesondere mit den zahlreichen weiblichen Figuren, die sie apostrophisch anruft («Amère et douce Aphrodité», 12; «Ô mes sœurs du ciel grec», 31). Diese Figuren – Liebesgöttin, Kurtisanen, Nymphen, Bacchantinnen – verkörpern (erotische) Freiheit und Autonomie. Gleichzeitig scheinen sie jedoch durch die kirchliche Behausung buchstäblich gebrochen und gebunden: Die Figuren sind müde, schwer, haben einen gebrochenen Arm und können sich nicht erheben.

---

212 In dem Gedicht 'Le voyage sentimental' (*Les Éblouissements*) etwa verhandet Noailles die Spannung von sinnlicher Körperlichkeit und asketischer Strenge anhand der «saintes vierges / Nymphes en manteau noir du convent espagnol» (73–74).
213 In ihrem Notizbuch reflektiert Anna de Noailles während ihres Aufenthaltes in Rom die Passivität und Gefangenheit der weiblichen Statuen. Vgl. Catherine Perry: *Persephone Unbound*, S. 341 (FN 109). Vgl. zur Metaphorik der Versteinerung weiblicher Freiheit und Erotik u.a. auch das im gleichen Jahr erschienene Gedicht 'Plegaria' (*Los cálices vacios*) der modernistischen Lyrikerin Delmira Agustini (Uruguay), das erstaunliche Parallelen aufweist: «– Eros: ¿acaso no sentiste nunca / Piedad de las estatuas / [...] / Piedad para las manos enguantadas / De hielo, que no arrancan / Los frutos deleitosos de la Carne / Ni las flores fantásticas del alma?» (1–27) Delmira Agustini: *Poesías completas*. Herausgegeben von Magdalena García Pinto. Madrid: Cátedra ³2006, S. 258.

25 Dans ce cloître pâmé, des bacchantes blêmies
Gisent ; silence, azur, léthargiques dédains !

[...]

Ils dorment là, liés par les roses païennes,
30 Ces corps de marbre blond, las et voluptueux :

[...]

L'une d'elles voudrait se dégager ; sa hanche
Soulève le sommeil ainsi qu'un flot trop lourd,
35 Mais tout le poids des temps et de l'azur la penche :
Elle rêve là pour toujours.

Vor der Folie dieser Apotheose (vom Christentum unterdrückter) antiker griechischer Weiblichkeit – dem ganzen Band stellt Anna de Noailles bezeichnenderweise die Widmung «à ma mère grecque» voran – wendet sich die Sprecherin überraschend der Statue der spanischen Mystikerin zu.

– Mais c'est vous qui, ce soir, partagez mon malaise,
Dans l'église sans voix, au mur pâle et glacé,
Déesse catholique, ô ma sainte Thérèse,
80   Qui soupirez, les yeux baissés !

Die lyrische Stimme schafft von Beginn an eine identitäre Einheit mit der Skulptur Teresas, indem sie ihr eigenes religiöses Unbehagen auf die Nonne projiziert (77). Erst an dieser Stelle im Text wird die Kirche als sozialer und ideologischer Raum des Gedichtes genannt, in welcher die weibliche Figur 'ohne Stimme' (78) erscheint. Emphatisch ruft die Sprecherin anschließend 'ihre' heilige Teresa mit dem Oxymoron der 'katholischen Göttin' an (79). Mit dem Gebrauch des Personalpronomens weist Anna de Noailles auf ihre produktive poetische Aneignung der Karmeliterin hin. So beschreibt sie die Mystikerin zum Beispiel mit gesenkten Augen, womit Demut und Unterwürfigkeit der Figur suggeriert werden, wenngleich Teresa in Berninis Auslegung tatsächlich die Augen in ekstatischer Hingabe halb geschlossen nach oben wendet. Das Reimpaar «glacé»–«baissés» verstärkt phonetisch die Beziehung von kirchlicher Austerität, Unterwürfigkeit und Leblosigkeit. Erneut vollzieht die Lyrikerin zudem eine Hybridisierung des katholischen Diskurses, indem sie die Nonne vergöttlicht und dem gerade vorher aufgerufenen antiken Götterhimmel einverleibt, in dem weibliche und männliche Figuren nebeneinander stehen.[214] Damit unterläuft sie zur glei-

---

214 Catherine Perry spricht in diesem Kontext von einer 'Heidnisierung der Heiligen'. Vgl. Catherine Perry: *Persephone Unbound*, S. 80.

chen Zeit den katholischen Monotheismus und dessen inhärente patriarchalische Strukturen.

Die drei Strophen, die der beschreibenden Interpretation der Skulptur Teresa von Ávilas gewidmet sind, sind semantisch dominiert von den Isotopien Göttlichkeit / Heiligkeit («déesse», «sainte», «fierté divine», «mystérieux», «immortel amant»), Unbehagen («malaise», «soupirez», «angoisse», «mendicité», «visage altéré», «ardente torture») sowie Sublimierung und Aufschub von Begehren («soupirez», «attendre le bonheur», «Désir de l'immortel amant»).

> Malgré vos airs royaux, et la fierté divine
> Dont s'enveloppe encor votre cœur emporté,
> L'angoisse de vos traits permet que l'on devine
>   Votre douce mendicité.
>
> 85 Ô visage altéré par l'ardente torture
> D'attendre le bonheur qui descend lentement,
> Appel mystérieux, hymne de la nature
>   Désir de l'immortel amant !

Stärke und Göttlichkeit werden dabei durch Wortkombinationen, die Scheinhaftigkeit assoziieren, als Oberfläche bestimmt, die das existenzielle Unbehagen der Nonne zu verschleiern suchen («Malgré vos airs», 81; «Dont s'enveloppe encore votre cœur», 82; «on devine», 83). Der Reim «Thérèse» – «malaise» bringt diesen Aspekt recht ostentativ auf den Punkt. Die Sprecherin beansprucht die Fähigkeit, das der Nonne körperlich eingeschriebene Unbehagen («visage altéré», 85) aufzudecken und diese in der Zukunft zu erlösen. Anna de Noailles interpretiert Berninis 'Verzückung' hier nicht als gelungene Darstellung (auto-) erotischer Erfüllung, wie es später etwa Jacques Lacan tun wird, sondern im Gegenteil als versteinerte Leblosigkeit und aufoktroyierte Selbstverleugnung (die jedoch ihre eigene, immanente Erlösung in sich trägt).[215]

Nach der Beschreibung der Barockskulptur markiert Vers 89 den Beginn eines neuen Sinnabschnitts, der durch die dominante Sichtbarkeit des lyrischen Subjekts gekennzeichnet ist, das bis hierhin nur implizit sichtbar geworden ist:

> Je vous offre aujourd'hui, parmi l'encens des prêtres,
> 90 Comme un grain plus brûlant mis dans vos encensoirs,
> Le rire que j'entends au bas de la fenêtre
>   Où je rêve seule le soir ;

---

215 Vgl. erneut die Auseinandersetzung von Lacan und Irigaray in Kap. 2.3.

3.3 Das poetische (Ver-) Lachen der Heiligen (noch einmal Teresa von Ávila)

> C'est le rire joyeux, épouvanté, timide,
> De deux enfants heureux, éperdus, inquiets,
>
> [...]
>
> 105   – Je le prends dans mes mains, chaudes comme la lave,
> Je le mêle aux élans de mon éternité,
> Ce rire des humains, si farouche et si grave,
>   Qui prélude à la volupté !

In Abgrenzung zur Passivität der sublimierten Erotik der Teresastatue konstruiert das lyrische 'Ich' sich eine bewusst aktiv handelnde Subjektposition. Die Betonung des Personalpronomens «Je», mit dem der Abschnitt beginnt und das wiederholt in der letzten Strophe aufgegriffen wird, rahmt diesen Abschnitt formal.

Die Sprecherin bietet der versteinerten Nonne ein fröhliches und zugleich beunruhigendes Lachen an, das sie selbst von außerhalb der Kirche her wahrnimmt. Im Gegensatz zum kalten, festen Stein der Kirchenmauern nehmen die Hände des lyrischen 'Ich' die Wärme und flüssige Form von Lava an, als sie das Lachen berühren – oder vom Lachen berührt werden (105). Die heiße, flüssige Lava assoziiert Leben, Leidenschaft und Sinnlichkeit, stetes Werden und Veränderung (Nietzsche), *élan vital* (Bergson) (106).

Bereits bei Baudelaire ist Lachen verbunden mit Versuchung und dem Sündenfall und stellt damit eine subversive Kraft gegenüber der Religion dar.[216] In Nietzsches Denken symbolisiert das Lachen nicht nur den Triumph des Lebens, sondern stellt auch eine destabilisierende Kraft hinsichtlich jeder Form metaphysischer Wahrheit dar.[217] Bergson erkennt gerade im Mechanischen, Starren und Unflexiblen einen Auslöser für das (Aus-) Lachen, das dadurch als eine Form von 'Korrektiv' wirke.[218] Das Lachen bricht bei Noailles in diesem Sinne in die leblose Starre des festgefahrenen katholischen Dogmas ein, es stellt die religiöse Ernsthaftigkeit in Frage, distanziert sich immer schon von jedem Wahrheitsanspruch. Es führt ein unkontrolliertes Element gegenüber der religiösen Disziplinierung ein, eine körperlich begründete und spürbare Befreiung. «In this perspective, what emerges most clearly from the poem as a radical gesture is its attempt to

---

216 Vgl. Charles Baudelaire: De l'essence du rire. In: ders.: *Œuvres complètes*. II. Herausgegeben und kommentiert von Claude Pichois. Paris: Gallimard 1976, S. 525–543. Vgl. auch Catherine Perry: *Persephone Unbound*, S. 83.
217 Vgl. Catherine Perry: *Persephone Unbound*, S. 77.
218 Für Bergsons Theorie der sozialen Funktion des Lachens in *Le rire* (1900) vgl. Jan Walsh Hokenson: Comedies of Error. Bergson's Laughter in Modernist Contexts. In: Paul Ardoin / S.E. Gontarski / Laci Mattison (Hg.): *Understanding Bergson, Understanding Modernism*. New York / London: Bloomsbury 2013, S. 38–53.

appropriate and to destabilize a rock-solid religion, as imaged by the tomblike church where Saint Teresa pines away.»[219] Noailles nimmt die Sinnlichkeit von Berninis Teresa-Statue zum Anlass, dem dominanten körperfeindlichen katholischen Diskurs eine sinnlich-vitalistische Sicht entgegenzustellen.

Gegen die Domestizierung

Während Noailles' Kritik an einer körperfeindlichen und patriarchalen katholischen Ideologie in 'Les journées romaines' eindeutig erscheint, bleibt das Verhältnis der Sprecherin zur Figur Teresa von Ávilas mehrdeutig. Auf den ersten Blick scheint sich die Sprechinstanz der spanischen Mystikerin überlegen zu zeigen, denn sie ist es, die der Nonne Erlösung aus der leblosen Erstarrung zu ermöglichen weiß, ja sie ist es, die Teresas «malaise» in ihrem Gedicht überhaupt erst performativ hervorbringt. Tatsächlich übernimmt der Gedanke der Erlösung hier eine christologische Denkfigur, womit sich das lyrische 'Ich' im Grunde selbst erhöht. Gleichzeitig macht die Sprecherin jedoch von Beginn an Teresas Unbehagen zu ihrem eigenen und *vice versa* und erhebt jene zudem explizit zur Göttin.

Dieses Oszillieren zwischen Identifikation und Abgrenzung weist auf das ambige Verhältnis Anna de Noailles' zur christlichen Mystik zurück, das bereits in der widersprüchlichen, mehrdeutigen Beziehung vieler mystischer Texte zu Orthodoxie und Autorität selbst und der vielmals paradoxen Gleichführung von Erotik und Entkörperlichung angelegt ist. «None of them were unambiguous: often we find the tension within a single individual, as strength and integrity struggles with deeply internalised misogyny and suspicion of the body and sexuality»,[220] betont Grace M. Jantzen. Auch für die feministischen Kritikerinnen des 20. und 21. Jahrhunderts werden die Mystikerinnen schließlich eine Herausforderung bleiben.[221] Zugleich markiert es aber auch die widersprüchliche Situation der Autorin in ihrem zeitgenössischen gesellschaftlichen und kulturellen Kontext. Catherine Perry deutet die Ambiguität des Textes in Hinblick auf Konstruktion und Scheitern weiblicher Subjektivität als Konfrontation zwischen so-

---

219 Catherine Perry: *Persephone Unbound*, S. 82. «Laughter assists Noailles in her effort to establish a new feminine subjectivity [...]». Ebda., S. 78.
220 Grace M. Jantzen: *Power, Gender and Christian Mysticism*, S. 23.
221 Simone de Beauvoir, Cathérine Clément und Luce Irigaray z.B. weisen alle in mehr oder weniger starker Weise auf die Spannung von Anpassung und Subversion hin. Ein häufiger Einwand ist, dass die Mystikerinnen letzten Endes in einem männlich organisierten System verblieben. Vgl. auch Amy Hollywood: *Sensible Ecstasy*, S. 5.

zialer Realität und imaginiertem Ideal, «the twin poles of a tension that [the poem] is unable to resolve.»[222]

In der letzten Strophe des Gedichtes verknüpft Noailles das Lachen nicht nur explizit mit Sexualität, sondern setzt es als eigentliche Voraussetzung für sinnliches Erleben: «Ce rire [...] / Qui prélude à la volupté !» (108) Die Textbewegung kulminiert damit buchstäblich in einer lyrischen Lust, die als ein Mittel zur Befreiung der miss-repräsentierten Mystikerin auftritt. Noailles' Sprecherin tritt damit in gewisser Weise als Schutzherrin für Teresa auf, indem sie ihr ein unterdrücktes physisches Begehren zugesteht, das von der katholischen Kirche ent-körpert und als religiöse Orthodoxie vereinnahmt wurde. Tatsächlich zeichnen sich Teresas Texte ja durch eine ausgesprochene Sinnlichkeit aus. «Le vocabulaire de Thérèse épelle avec précision, et comme avec gourmandise, les diverses sortes de douceurs qui se renconrent en ces lieux : ‹goûts› (gustos), qui relèvent plutôt de la bouche et sont d'ordre cognitif ; ‹délices› (deleites), joies sensibles, de type plus tactile ; ‹régals› (regalos), plus délicats et plus émotifs ; etc.»,[223] stellt in diesem Zusammenhang Michel de Certeau heraus. Und paradoxer Weise ist es gerade Teresas Humor und Ironie, der ihr in ihren Schriften vielmals als rhetorische Strategie dient, um theologische Einwände, Bedrohungen durch die Inquisition und genderspezifische Restriktionen ganz wörtlich hinweg zu lachen.[224]

Auf der Folie von Teresas Schreiben – und vor dem Hintergrund neuer Forschungen, die das politische Engagement und die *agency* der Mystikerin herausarbeiten[225] – möchte ich die Inszenierung der Mystikerin in 'Les journées romaines' daher weniger als Kritik an einer unterdrückten, selbstverleugnenden weiblichen Subjektivität lesen. Vielmehr lässt sich das Gedicht als Anlass nehmen für eine kritische Auseinandersetzung mit der Rezeptionsgeschichte Teresas, die über Jahrhunderte von der Vereinnahmung durch die katholische Kiche geprägt wurde und der Sinnlichkeit des mystischen Erlebens Teresas nicht gerecht wurde. Jantzen hat gezeigt, wie christliche Mystikerinnen des Mittelalters und der Frühen Neuzeit systematisch 'domestiziert' wurden, d.h., wie die transgressiven, selbstbestimmten und heterodoxen Elemente ihrer Biografien und Texte verdrängt wurden zu Gunsten einer genderkonformen, verharmlosenden und häuslichen Spiritualität:

---

[222] Catherine Perry: *Persephone Unbound*, S. 81. «Given the cultural condition of the female poet, a tension necessarily arises between an effort toward autonomy and the recurrent inhibition of such an effort.» Ebda., S. 83.
[223] Michel de Certeau: *La fable mystique*, S. 271.
[224] Vgl. Alison Weber: *Teresa of Avila and the Rhetoric of Femininity*.
[225] Vgl. u.a. ebda.

> Take almost any book of short readings from the mystics [...] and it is obvious that the predominant themes are ones like love of God, trust in God, humility, submission to God's will, dependence on providence and cultivation of inner peace and tranquility. Women who are aware of how regularly such themes of trust and humility and submission have been used to keep women ‹in their place› in church and society will immediately find their suspicions raised.[226]

Anna de Noailles erotisiert und vitalisiert das vermittelte Bild der frommen Mystikerin – so kommentiert sie ja, ähnlich wie in *Le Visage émerveillé*, nicht einen Text Teresas, sondern eine steinerne Abbildung der spanischen Nonne, die deren Sinnlichkeit offenlegt. Vor dem nachgezeichneten Rezeptionshintergrund ist es der französischen *fin de siècle*-Autorin, die selbst nach literarischer Anerkennung strebt und sich deutlich von der katholischen Tradition distanziert, offenbar nicht möglich, Teresa als poetisches Vorbild zu nehmen. Genau andersherum nimmt sich Noailles zur Aufgabe, die Mystikerin aus der 'Versteinerung' der katholischen Vereinnahmung herauszulösen und mit Hilfe ihres eigenen sinnlichen, körperbetonten Schreibens – metonymisch abgebildet in der Vitalität der lavaheißen Hände – zu neuem 'Leben' in all seiner vitalistischen Bedeutung zu erwecken.

3.4 *Poèmes de l'amour.* Gedichte einer Liebenden

Während Anna de Noailles in ihren früheren Gedichten, etwa in *Le Cœur innombrable* und *Les Éblouissements,* Körperlichkeit und Sinnlichkeit über traditionelle, metaphysisch begründete Liebeskonzepte erhebt und mit der Einführung eines explizit erotischen Begehrens mit der sentimental-romantischen Tradition weiblicher Lyrik bricht, wendet sich die Dichterin in ihrem Spätwerk einer abstrakteren Reflexion über die Liebe zu. Dies gilt insbesondere für den 1924 erschienenen Band *Poème de l'amour,* der im Fokus der folgenden Analysen stehen wird.[227] Bereits zeitgenössische Kritiker hoben den veränderten reflexi-

---

226 Grace M. Jantzen: *Power, Gender and Christian Mysticism,* S. 20. Zur französischen Rezeption Teresas im 18. und 19. Jahrhundert vgl. Cornelia Helfrich: *Die Rezeption von Gestalt und Werk der hl. Therese von Avila in der französischen Literatur des 19./20 Jahrhunderts.* Frankfurt a.M: Peter Lang 2000 und Krizia Bonaudo: Teresa de Ávila entre los siglos XIX y XX en Francia. Modelos de recepción. In: Esther Borrego / José Manuel Losada (Hg.): *Cinco siglos de Teresa. La proyección de la vida y los escritos de Santa Teresa de Jesús.* Madrid: Fundación María Cristina Masaveu Peterson 2016, S. 113–128.
227 Eine kürzere Version dieses Unterkapitels ist erschienen in Jenny Haase: ‹Je ne vis plus d'être vivante, / Et ne mourrai pas d'être morte!› Teresa von Ávila in der Lyrik Anna de Noailles'. In: Martina Bengert / Iris Roebling-Grau (Hg.): *Santa Teresa. Critical Insights, Filiations, Responses.* Tübingen: Narr Francke Attempto 2019, S. 193–211.

ven Blick hervor: So nennt André Thérive das Buch etwa «un poème intellectuel de la passion»[228] und Bergson spricht von einer «métaphysique de la sensation».[229] Allein in diesen beiden kurzen Formeln Dritter wird deutlich, wie Noailles in diesen Texten (erneut) Verstand und Gefühl, Intellekt und Leidenschaft sowie Transzendenz und Immanenz poetisch zusammenzudenken sucht.

Der Schwerpunkt meiner Lektüre wird in diesem Unterkapitel auf Noailles' Aneignung von Topoi und Sentenzen Teresa von Ávilas für ihre eigenen poetischen Meditationen über die Liebe liegen. Dazu gehört die paradoxe Dialektik von Leben und Tod, von Innerlichkeit und Äußerlichkeit sowie von Subjekt und Objekt des Liebesdiskurses. Ich lese Noailles' Referenzen auf mystische Konzepte hier sowohl vor dem Hintergrund einer transsäkularen Tradition des *pur amour* als auch der Idealisierung der 'großen Liebenden' bei zeitgenössischen männlichen Autoren, die bei Noailles jedoch beide immer wieder durch eine radikale Skepsis gebrochen werden.

«Il faut d'abord avoir soif»

Poème de l'amour besteht aus 175 kurzen Gedichten, die mehrheitlich zwischen 1920 und 1924 entstanden sind. Einige davon wurden in dieser Zeit bereits in *La Revue de Paris, La Revue de France* sowie *La Revue Européenne* publiziert.[230] Im Gegensatz zu Noailles' vorherigen Bänden handelt es sich fast durchweg um kurze, gereimte, achtsilbige Verse; an Stelle von Titeln sind die Gedichte schlicht anhand römischer Zahlen durchnummeriert. Anstatt einer auf sich aufbauenden, progressiven Entfaltung der Thematik haben wir es mit einer Fragmentierung des Diskurses zu tun, die Kontingenz sowie Pluralität des lyrischen Subjekts suggeriert: «C'est un flux poétique torrentiel qui se fragmente au fil des pages, révélant la dissémination du moi amoureux».[231]

---

228 André Thérive: Le ‹Poème de l'amour›. In: *L'Opinion* (15.8.1924), S. 10. Vgl. auch Thanh-Vân Ton-That: Les poèmes d'une amante. Un nouvel art d'aimer ou les métamorphoses de l'amour. In: Anna de Noailles: *Œuvre poétique complète*. 3. Herausgegeben und kommentiert von Thanh-Vân Ton-That. Paris: Éditions du Sandre 2013, S. 9–13, hier S. 11.
229 «Par une opération magique, vous nous faites apercevoir dans la sensation tout un monde de pensées avec lequel – je ne sais comment – elle coïnciderait : l'infini nous apparaît ainsi dans l'élémentaire.» Brief von Henri Bergson an Anna de Noailles. Polyxene Ant. Goula-Mitacou (Hg.): *Lettres inédites à Anna de Noailles*, S. 95 (9. September 1924).
230 Vgl. Thanh-Vân Ton-That: Les poèmes d'une amante, S. 9.
231 Ebda., S. 9.

Die formale Struktur reflektiert damit die semantische Verdichtung und gedankliche Präzisierung, die diese poetischen Liebesminiaturen kennzeichnet. Gleichzeitig spielt Noailles ihre «variations autour de l'art d'aimer»[232] anhand bekannter Gestalten der klassischen Literatur durch, darunter paradigmatische Figuren wie Psyche und Echo, Ariadne, Phädra und Hermione. Figuren der Androgynie, des *alter ego* und der Doppelung ergänzen das literarische Figurenarsenal. Mystische Denkfiguren und ihre spezifisch paradoxe Rhetorik konstituieren schließlich eine Textbewegung, die gleichermaßen zwischen Nähe und Ferne, Abwesenheit und Anwesenheit sowie Fülle und Leere oszilliert. «Préférant une écriture tout en nuance, multipliant les variations autour de topoi voisins, elle joue sur les contradictions subtiles d'un sentiment indéfinissable, entre amour divin et humain, amour charnel et spirituel, amour et amitié, reflétant ses propres hésitations et flottements»,[233] unterstreicht die Herausgeberin der *Œuvres poétiques* die Referenz auf mystische Diskurse in ihrer kurzen Einführung in den Band.

Ein Motto, das dem *Dialogo* der Caterina von Siena entnommen ist, markiert den Einfluss mystischen Denkens bereits im Paratext: «Il faut d'abord avoir soif...» Ähnlich wie Barrès die Dichterin zuerst auf Teresa von Ávila aufmerksam gemacht hatte, war es diesmal ein anderer Freund, Robert Vallery-Radot, der ihr in einem Brief vom 14. Dezember 1906 das Zitat schickte: «Il faut d'abord avoir soif ; il n'y a d'invités que ceux qui ont soif puisqu'il dit : ‹Qui a soif vienne à moi et boive.› Celui qui n'a pas soif ne saurait persévérer ; il se laissera arrêter par la fatigue ou le plaisir, il ne prendra ni vase pour puiser ni compagnon pour ne pas aller seul.»[234]

Mit seiner herausgehobenen Positionierung lenkt das Zitat der italienischen Mystikerin die Lektürehaltung von Leserinnen und Lesern maßgeblich. Thanh-Vân Ton-That meint, dass das Motto die Erwartungshaltung enttäuschen würde und bezieht sich dabei auf einen grundsätzlichen «manque spirituel»[235] des Werkes. Ich denke, dass das Motto zwar mit der Leseerwartung spielt (und dabei auf einer biographischen Ebene auf die Kontroversen um die religiöse Vokation der Autorin zurückgreifen kann), jedoch 'zu Recht' auf die zentrale und ambigue Bedeutung der zahlreichen Spuren mittelalterlicher und frühneuzeitlicher Brautmystik in dem Band aufmerksam macht. Die Reminiszenzen an das

---

232 Ebda., S. 11.
233 Thanh-Vân Ton-That: Les poèmes d'une amante, S. 12.
234 Brief von Robert Vallery-Radot an Anna de Noailles, 4.12.1906. Zitiert nach Claude Mignot-Ogliastri: *Anna de Noailles*, S. 216f. Das geklammerte Zitat bezieht sich offenbar auf die Bibelstelle in Johannes 7, 37, in der Jesus seine Zweifler zum Glauben aufruft.
235 Thanh-Vân Ton-That: Les poèmes d'une amante, S. 12.

mystische Denken sind offensichtlich nicht in einem dogmatischen katholischen Sinn zu lesen. Die Lyrikerin bedient sich mystischer Rhetorik und Topoi in erster Linie, um ihr Konzept einer leidenschaftlichen, hingebungsvollen Liebe zu konzeptualisieren, aber auch, um die Unstillbarkeit des Begehrens nach Bedeutung und Unmöglichkeit von Erkenntnis außerhalb der Immanenz poetisch vorzuführen.

Das von Noailles verkürzte Zitat Caterinas legt ja den Fokus ganz wesentlich auf das Begehren, nicht auf Erfüllung. 'Durst', das heißt: Sehnsucht, Verlangen, Schmerz, Leere erscheinen hier als existentielles *movens* und vitale Energie einer unabschließbaren Suche, konstituieren eine unabschließbare Bewegung 'der ewigen Wiederkehr', die lediglich im Tod ihre Aufhebung findet. Damit trifft das Zitat ein existentielles Charakteristikum mystischer Rede, die sich ja gerade nicht aus der Erfüllung, sondern einem grundsätzlich unabschließbaren Begehren 'speist', «l'insatiable vérité du désir»[236] in den Worten Julia Kristevas. Paul Ricœur deutet bereits das *Hohelied* weniger als Liebesbegegnung zweier Individuen denn als 'Liebesbewegung', «the play of desire itself».[237] Bei Emmanuel Levinas wird gerade das metaphysische Begehren als ziellos und *per se* unstillbar apostrophiert: «Le désir métaphysique n'aspire pas au retour, car il est désir d'un pays où nous ne naquîmes point. D'un pays étranger à toute nature, qui n'a pas été notre patrie et où nous ne nous transporterons jamais. Le désir métaphysique ne repose sur aucune parenté préalable. Désir qu'on ne saurait satisfaire.»[238] Das Motto mag schließlich auch aus dem Blickwinkel moderner vitalistischer Philosophie gedeutet werden, welche ja ebenfalls den 'Willen' als Begehren bei Nietzsche oder den *élan vital* bei Bergson als treibende Lebenskraft in den Mittelpunkt stellt.

Paradoxien der Liebe

In immer wieder neuen paradoxen Wendungen kreist Noailles' poetische Stimme um die Widersprüche und Ambivalenzen der Liebe. Dabei stützt sie sich auf Topoi der teresianischen Mystik, wie etwa das Sterben / Nicht-Sterben, Selbstveräußerung vs. Verinnerlichung des Geliebten sowie den Zusammenfall von Liebender und Geliebtem. Teresa von Ávila ist dabei erneut eine zentrale Referenzfigur. Prominent

---

[236] Julia Kristeva: *Thérèse mon amour*, S. 69.
[237] Paul Ricœur: The Nuptial Metaphor, S. 225.
[238] Emmanuel Levinas: *Totalité et infini. Essai sur l'extériorité*. Paris: Kluwer Academic 2015, S. 22.

nimmt die Dichterin etwa in zahlreichen Gedichten den teresianischen Topos des *muero porque no muero* auf. So heißt es etwa in einem kurzen Sechszeiler:

> CXXXII
>
> C'est d'une adresse humble et savante
> De t'avoir aimé de la sorte,
> Car, par mon cœur qui se transporte
> En ta force heureuse et mouvante,
> 5   Je ne vis plus d'être vivante,
> Et ne mourrai pas d'être morte !

Noailles variiert hier Teresas bekannte Sentenz aus ihrem Gedicht 'Vivo sin vivir en mí'.[239] Im meist kommentierten Gedicht der karmelitischen Nonne äußert die Sprecherin ihre Sehnsucht, sich mit Christus im Tod, d.h., im 'wahren Leben' zu vereinen. Die acht Strophen des Gedichtes stellen eine Variation und Kommentierung der vorangestellten Glosse dar:

> *Vivo sin vivir en mí,*
> *y tan alta vida espero,*
> *que muero porque no muero.*[240]

In der ersten Strophe wird dieses Paradox weiter ausgespielt:

> Vivo ya fuera de mí,
> después que muero de amor,
> porque vivo en el Señor,
> que me quiso para sí.[241]

Mittels weiterer Paradoxa, die mit der Umkehr und Auflösung der Oppositionen von Leben und Tod, Freiheit und Gefangen-Sein sowie Draußen und Drinnen spielen, beschreibt die poetische Stimme ihren Wunsch, ihr diesseitiges Leben für ein höheres Leben mit Christus herzugeben. Die leidenschaftliche Liebesbeziehung und gegenseitige Verwobenheit von Seele und Gott steht im Mittel-

---

239 Zur ausführlicheren Kommentierung dieses Gedichtes vgl. Manuel Asensi Pérez: Teresa de Ahumada. Vivo sin vivir en mí. In: Dolores Romero López u.a. (Hg.).: *Seis siglos de poesía española escrita por mujeres. Pautas poéticas y revisiones críticas*. Bern u.a.: Peter Lang 2007, S. 63–73. Zu diesem Abschnitt vgl. zudem Jenny Haase: Im Dialog mit dem Anderen und Kap. 2.3.
240 Santa Teresa: *Obras completas*, S. 1159 ('Vivo sin vivir en mí'). Kursivierung im Original.
241 Ebda.

punkt des Textes. Das erotisch lesbare Spiel um Macht und Hingabe kulminiert in der Fantasie der lyrischen Stimme, Gott selbst zum Gefangenen zu machen:

> Y causa en mí tal pasión
> ver a Dios mi prisionero,
> *que muero porque no muero.*[242]

Teresas lyrisches 'Ich' empfindet sich als fragmentiert und dynamisch fließend, in steter Veränderung begriffen. Eine fest umrissene, sichere Identität scheint hier nicht möglich zu sein; stattdessen erfährt sich das Subjekt im Begehren nach und durch den imaginierten (göttlichen) Anderen. Diese Erfahrung bringt einen Zustand des Taumels, des Außersichseins hervor und bedingt gleichsam die Zirkulation eines unstillbaren, unendlichen Begehrens. Gleichzeitig drückt sich in dem kurzen Text jedoch auch eine große Freiheit aus: die Möglichkeit, sich im poetischen Spiel mit den sich stets bewegenden Zeichen des Eigenen und des Anderen immer wieder neu zu konstruieren, Positionen zu verschieben und dabei in einen gleichberechtigten, souveränen Dialog mit dem Anderen zu treten.

Teresas 'Vivo sin vivir en mí' ist damit Ausdruck einer alternativen frühmodernen Subjektkonstruktion, die im Gegensatz zum dominant werdenden cartesianischen Modell autonomer Subjektivität eine dynamische Vielheit reflektiert.[243] Das lyrische Subjekt zeigt sich seiner eigenen Fragmentiertheit und Alterität bewusst – ein Bewusstsein, an das spätere moderne Subjektkonzeptionen (etwa in Romantik und klassischer Moderne / Postmoderne) anschließen sollen.

Noailles variiert nun Teresas Sentenz: Während Teresa äußert, vor Sehnsucht nach dem wahren Leben im Jenseits im jetzigen, irdischen Leben seelisch zu sterben, bekennt Noailles' lyrische Stimme, gerade nicht zu sterben, weil sie sich schon tot fühle, jedoch auch nicht wirklich zu leben, da das Leben selbst dies verhindere. In beiden Fällen drückt die Sprechinstanz ein Unbehagen über das physische Leben aus, dem es an Sinnhaftigkeit, Fülle, Er-Füllung mangelt; in beiden Fällen wird die Sehnsucht nach dem geliebten Anderen geäußert, der das Subjekt so außer sich bringt, dass es nicht mehr 'in sich lebt'. Bei Noailles ist es das Herz, «[c]harniére émotive entre l'univers extérieur et l'univers intérieur»[244] und Metonymie des liebenden Subjekts, das durch den Anderen so 'bewegt', so 'fortgetragen' wird, dass es seine souveräne Handlungsfähigkeit verliert. Im Gegensatz zu Teresa fehlt in Noailles' Text die Hoffnung auf spirituelle Erfüllung.

---

[242] Ebda. Vgl. auch Kap. 2.3. Kursivierung im Original.
[243] Vgl. Julia Kristeva: *Thérèse mon amour*, S. 453.
[244] Angela Bargenda: *La poésie d'Anna de Noailles*, p. 227.

Noailles' Spiel mit der paradoxen mystischen Figur ist nicht in eine tiefere theologische oder metaphysische Erkenntnis aufzulösen. Gleichwohl ist die im Gedicht ausgedrückte Hingabe nicht zwingend auf einen menschlichen Geliebten festgelegt, sondern kommentiert eher abstrakt das Wesen einer hingebungsvollen Liebe, die ihr Objekt übersteigt: das Liebes-Ideal des *pur amour* – eine genuin mystische Figur. «Cet amour est paradoxal et son expression théorique prendra la forme du paradoxe ou de l'excès.»[245]

In 'CLXIV' spielt Noailles ebenfalls mit dem Paradox von Leben und Tod, wenn sie diesmal anhand des Oppositionspaares das Begehren nach dem Anderen als schmerzvoll und sinnstiftend zugleich beschreibt:

CLXIV

– Et la douleur dont tu m'enivres,
Dont je crois que je vais mourir,
Est peut-être, ô prudent désir !
Le seul secret qui me fait vivre…

Mit dem affirmativen Leiden an der Liebe und der Idealisierung, ja Sakralisierung des Geliebten zeigt dieses Beispiel, neben der Assoziation mit dem mystischen Paradox, auch eine Nähe zum neoplatonischen und petrarkistischen Liebesdiskurs, auf den sich die frühneuzeitliche Mystik ja selbst stark bezieht, genauso wie auf romantische Liebeskonzepte.

Der Topos des Sterbens nicht *für*, sondern *durch* den Geliebten taucht auch in anderen Gedichten des Bandes auf. In 'XXIV' etwa imaginiert die lyrische Sprecherin den Tod «par excès de toi» (10) in den Armen des Geliebten als 'erhabenen Schlaf' – diese Figur erinnert mehr noch an San Juan de la Cruz als an Teresa von Ávila.[246] In 'LXXI' schließlich reflektiert die Sprecherin auf der Folie ihrer Liebe einen inneren Wandel hinsichtlich ihrer metaphysischen Überzeugungen:

LXXI

Il fut un temps où, turbulente,
Sous les yeux des astres divins,
Grave, ignorant que tout est vain,
J'exigeais de rester vivante.

5 Aujourd'hui j'aspire au début
D'une éternelle somnolence,

---

[245] Jacques Le Brun: *Le Pur Amour*, S. 20f.
[246] Vgl. etwa die Strophen 6 bis 8 von San Juans 'Noche oscura' in San Juan de la Cruz: *Obra completa 1*, S. 72.

> Morte mille fois d'avoir bu
> Tous les poisons dans ton silence...

Hier verweist das paradoxe Spiel mit dem 'Tod im Leben' nicht in erster Linie auf die Liebesleidenschaft, sondern auf ein Bewusstsein von Vergänglichkeit und schließlich Müdigkeit am Leben. Die beiden Strophen kontrastieren die Zeit der vergangenen Jugend («Il fut», 1), in der das Subjekt nach 'ewigem irdischen Leben' strebt, mit dem reiferen Alter («Aujourd'hui», 5), in der es seine Aufmerksamkeit auf den Tod legt («une éternelle somnolence», 6). Über diese lebensbezogene Lesart wird erneut ein Begehren thematisiert, das sich durch grundsätzliche Unerfüllbarkeit auszeichnet. Das Leiden am Schweigen in Form des Ausbleibens einer Antwort lässt sich hier zudem auf einer existenziellen Ebene mit dem mystischen Denken in Beziehung setzen, wenn man es in einen intratextuellen Bezug setzt. Die junge Nonne aus *Le Visage émerveillé* wendet sich aus ihrer Verzweiflung über dessen Schweigen von Gott ab und dem Maler Julien zu.[247] Damit zeigt sich ein deutlicher Unterschied zwischen der skeptischen, ja letzten Endes desillusionierten Haltung Sophies und der immer wieder von Neuem beginnenden Auseinandersetzung mit Gott im Glauben Teresa von Ávilas.

In zahlreichen metapoetischen Reflexionen ist das metaphysische Schweigen eine zentrale Antriebsfigur für Noailles' lyrisches Schreiben. So etwa im Gedicht 'Si vous parliez, Seigneur' (*Les Vivants et les Morts*), in dem die Sprecherin ihre Poetik auf die griffige Formel bringt: «Et je chante / À cause du vide infini !» (36–37) Psychologische, metaphysische und metapoetische Reflexionsfiguren überblenden sich also: Stets ist das Schweigen Auslöser für eine Suchbewegung, Grund eines unstillbaren Begehrens, das letztlich zur poetischen Schreibbewegung führt. Aus dieser Perspektive lässt sich das Schweigen bei Noailles als genuin moderne Erfahrung der Kommunikationslosigkeit und des auf sich allein gestellten Individuums lesen, dessen metaphysische Sicherheiten schon '1000 Mal' im Leben aufgebrochen wurden.

Schließlich lässt sich der 'Tod im Leben' auch philosophisch als Verständnis des Lebens als eines Lebens zum Tod hin (und vom Tod ausgehend) deuten. So formuliert Noailles bereits in *Les Vivants et les Morts* (1913) entsprechend:

---

247 «[I]l est bon, et je le crois, parce qu'il parle. Parlez aussi, Seigneur.» (VE 30f.) «Lui, c'est vous, vivant. Je l'écoute.» (VE 56). Vgl. Kap. 3.2.

LES VIVANTS SE SONT TUS

    Les vivants se son tus, mais les morts m'ont parlé,
    Leur silence infini m'enseigne le durable.
    [...]
    Je ressemble au passé et vous à l'avenir.
15 On ne possède bien ce qu'on peut attendre :
    Je suis morte déjà, puisque je dois mourir...

Wie die Mystikerinnen, jedoch unter einem völlig anderen metaphysischen Vorzeichen, denkt Noailles hier das Leben immer schon vom Tod her. Im Gegensatz zur positiven Sehnsucht einer Teresa stellt der Tod für Noailles' lyrische *persona* zwar ebenfalls eine das Leben leitende Gewissheit, jedoch entzieht sich dieser in seinem 'unendlichen Schweigen' einer tröstenden Funktion.[248]

«Mon âme flotte hors de moi-même». Veräußerung und Verinnerlichung

Die Figur des Außer-sich-Seins, die bei Teresa direkte Konsequenz des 'Sterbens im Leben' ist, steht in Relation zu den Figuren des 'Leben im Anderen' und der 'Einwohnung des Anderen im Eigenen', so wie weiter oben in 'Vivo sin vivir en mí' gesehen. In Teresas Gedicht 'Búscate en mí' setzt sich das lyrische Subjekt, aus der imaginierten Sicht des Anderen, umgekehrt an die Stelle der Seele, die diesem eine Wohnung bietet: «Porque tú eres mi aposento, / eres mi casa y morada» (23–24).[249] Teresa verbindet metaphysisches Begehren nach dem 'wahren' und 'ewigen' Leben mit der Intensität ihres Liebesaffektes und einer de-zentrierten Subjektivität: Die liebende Seele, die außer sich ist vor Begehren, verweist auf ein «*sujet* continûment ouvert à sa propre altérité par l'intermédiaire de l'appel de l'Être Autre».[250] Während das Subjekt kein Zentrum hat, uneins ist und sich immer schon außerhalb seiner selbst befindet, verweist Teresas imaginiertes Ich gleichzeitig auf die konstitutive Erfahrung innerer Alterität.

Teresas Vorstellung der Einwohnung der Seele in Gott geht dabei auf eine christliche Traditionslinie einer Philosophie der Innerlichkeit zurück, die sich wesentlich auf Augustinus gründet. Sie weist auf ein grundlegend reziprokes

---

248 Alicia Piquer Desvaux erkennt in diesem Aspekt ein weiteres Moment von Noailles' spezifischer Modernität und vergleicht sie mit Paul Valérys *Jeune Parque*. Vgl. Alicia Piquer Desvaux: Narcisimo, alteridad y vitalismo en la poesía de Anna de Noailles. In: Marta Segarra / Àngels Carabí (Hg.): *Amor e identidad*. Barcelona: PPU 1996, S. 77–86, hier S. 84.
249 Santa Teresa: *Obras completas*, S. 1162 ('Búscate en mí').
250 Julia Kristeva: *Thérèse mon amour*, S. 99. Kursivierung im Original.

3.4 *Poèmes de l'amour*. Gedichte einer Liebenden — 183

Verhältnis von Mensch und Gottheit hin, das allegorisch als Hinweis auf die zentrale Bedeutung der intersubjektiven Beziehungen für die Subjektformation lesbar ist. So deutet Julia Kristeva die traditionell metaphysische Deutung der Figur der Einwohnung Gottes in der Seele in Teresas *Moradas* als Ausdruck einer immanent erlebten, psychischen Alterität:

> [P]uisque Dieu est inconscient et que l'inconscient nous dédouble, je prétends que l'Autre nous habite, qu'il n'est pas Au-delà, et que la transcendance que vous désirez est une immanence. [...] Ne dites-vous pas que Dieu est en vous ? Votre chemin à travers les demeures du château intérieur n'est pas une impasse à la Kafka : les cloisons sont perméables, aucune porte close n'interdit l'accès du Maître qui gît au plus intérieur de votre intimité.[251]

Anna de Noailles thematisiert nun (nicht nur) in *Poème de l'amour* diese schon von den Mystikerinnen anhand ihrer Liebesbeziehung zum imaginierten göttlichen Anderen formulierte dynamische Alterität. So verweist die Sprecherin etwa in 'XXVII' (1–4) auf ihre innere Distanz zu sich selbst als einer subjektiven Gespaltenheit und Dezentrierung in der Liebeserfahrung hin:

> Je possédais tout, mais je t'aime
> Mon être est par moi déserté ;
> Je vis distante de moi-même,
> Implorant ce que j'ai été :

Die Sprecherin kontrastiert hier die in der Liebe erlebte Alterität mit einer vorgeblichen Souveränität des autonomen Subjekts. In diesem Sinne wird der Ich-Verlust im starken Liebesaffekt durchaus als Bedrohung empfunden. Die Liebes-Erfahrung ist stets auch Selbst-Erfahrung, insofern sie die konstitutive Gebrochenheit des Subjekts sichtbar macht. In *Les Forces éternelles* stellt die Dichterin zwei emotionale Zustände der Liebe gegenüber:

> MES YEUX T'ÉCOUTENT ET TE RESPIRENT...
>
> Mes yeux t'écoutent et te respirent,
> Mon âme flotte hors de moi-même,
> Je ne regrette ni ne désire,
> Je t'aime.
>
> 5   Et cependant ce tendre accord
> M'est moins doux que lorsque je presse
> Ta main aux suaves caresses.
> – Désir, spirituel transport,
> Geste des âmes par les corps !

---

251 Ebda., S. 80f. Vgl. auch Kap. 2.3.

In der ersten Strophe kommentiert Noailles erneut einen Zustand des Außer-sich-Seins, der jedoch keinen ekstatischen Taumel darstellt, sondern, im Gegenteil, mit innerer Gleichmut und Gelassenheit konnotiert ist. Alle Affekte fallen hinter der das Subjekt ausfüllenden Gewissheit der Liebe zum Anderen zurück. Der Liebesaffekt wird hier ausschließlich über den Blick transportiert, der (körperliche) Distanz impliziert. Rhythmisch bringt der verkürzte Vers in Zeile 4 die Struktur der regelmäßigen 8-Silber mit abwechselnd männlichem und weiblichem Ausgang zum Ruhen. Die zweite Strophe formuliert einen Zweifel gegenüber diesem stoisch oder eben auch mystisch anmutenden Zustand asketischer Gelassenheit und setzt diesem die unmittelbare Leidenschaft und Nähe der Berührung entgegen. Die fünfzeilige Strophe zeichnet sich durch den drängenden Charakter der Paarreime aus, das Ausrufungszeichen verstärkt den leidenschaftlichen Effekt. In den letzten beiden Versen formuliert die Sprecherin erneut ihre Vorstellung des Körpers nicht nur als Wohnsitz, sondern als eigentliche Essenz der 'Seele'.[252] Das Begehren erscheint wiederholt als Transportmittel, als Motor und *movens* des poetischen Subjekts.

Als Gegenstück zum Motiv des Außer-sich-Seins nimmt Noailles in 'CL' die Figur der Verinnerlichung des Geliebten auf. In dem neunstrophigen Gedicht beklagt die Sprecherin ihr unfreiwilliges Ausgeliefertsein gegenüber dem angesprochenen 'Du', das sich emotional unbeteiligt zeigt. Als Folge des emotionalen Ausgeliefertseins formuliert das lyrische Ich in der letzten Strophe den Wunsch, sich dem Geliebten physisch zu entziehen, um ihn im eigenen Inneren selbst formen und damit letzten Endes kontrollieren zu können:

> Ah ! Laisse-moi te fuir, afin
> De te retrouver en moi-même,
> 35 Selon ma soif, selon ma faim,
> Et suffisant pour que je t'aime !

Das Motiv des Durstes als Metapher für die eigenen Sehnsüchte greift das Eingangszitat Caterina von Sienas wieder auf. Daneben erinnert die Wendung des 'Findens des Geliebten in sich selbst' an mystische Imaginationen der Einwohnung Gottes in der Seele ('Búscate en mí'). Auf der Folie der vorangegangenen Strophen, in denen die lyrische Stimme ihre fehlende emotionale Souveränität thematisiert, erscheint der Ausruf am Ende des Gedichtes als Wunsch nach Wiederherstellung von Kontrolle. Psychoanalytiker wie Jacques Maître haben den Liebesdiskurs der Mystikerinnen als Strategie interpretiert, Kontrolle über das eigene Begehrensfantasma zu konstruieren, sich gegenüber dem imaginierten Geliebten souverän zu

---

252 Ähnlich heißt es in 'CXXVII': «Le corps seul témoigne pour l'âme...».

setzen: «[L]a mystique exerce une ‹omnipotence› sur l'objet divin auquel elle se pense passivement soumise.»[253] Während die Imagination des Geliebten im mystischen Diskurs dabei als kreatives Verfahren erscheint, sich unabhängig von Blick und Anerkennung Anderer zu machen, verweist die poetische Imagination gleichzeitig auf eine innere Alterität: die grundsätzliche Gebundenheit des Subjekts, das gerade nicht autonom und selbstgenügsam ist, sondern sich in der Beziehung zu (realen oder imaginierten) Anderen konstituiert.

Eine ähnliche Richtung schlagen Gedichte ein, die um Fragen von Macht und Unterwerfung in der Liebesbeziehung kreisen und dabei ebenfalls auf mystische Motive zurückgreifen. So etwa erinnert die Fantasie der Macht über den Geliebten in 'CXXXI' (1–4) wieder an das Paradox von der Gefangennahme Gottes bei Teresa. Bei Anna de Noailles heißt es:

CXXXI

Tu ne peux rien pour moi, puisque je t'aime,
Un tel amour rend l'autre démuni.
Garde ta force et ta tendresse même,
Sache être pauvre auprès de l'infini.

Das poetische Subjekt fantasiert sich hier als Macht ausübend, während es in anderen Texten umgekehrt über die Machtlosigkeit angesichts des starken Liebesaffekts klagt. In der Gesamtschau des Bandes zeichnet sich ein unauflösbares Oszillieren zwischen Dominanz und Unterwerfung, Sicherheit und Unsicherheit, Erfüllung und Begehren ab. «What remains constant in this fluctuation between closeness and distance is the abyss, which appears as a non-substance, or the gap of difference where subject and object are kept perpetually enthralled in a relation of mutual dependence»,[254] unterstreicht Catherine Perry. Dieses Spiel mit verschiedenen Subjektpositionen zeichnet nun bereits Teresas Liebeskonzept aus, wie sie es in den mystischen Hauptwerken und in Gedichten wie 'Vivo sin vivir en mí' poetisch entfaltet.

An anderer Stelle macht die Sprecherin im Paradox von Absenz und Präsenz noch einmal den Abgrund deutlich, der zwischen der Fantasie der Sprecherin und der absoluten Alterität des Anderen klafft:

CXLII

Je ne reconnais pas ta personne présente
Tant mon rêve dut en souffrir ;
Ton visage est soudain, sous mes yeux qu'il enchante,

---

253 Jacques Maître: *Mystique et Féminité*, S. 28.
254 Catherine Perry: *Persephone Unbound*, S. 125.

> Étrange et long à parcourir ;
>
> 5 L'être que l'on contemple et celui qu'on médite
> N'ont pas de semblables pouvoirs ;
>
> [...]
>
> Je te regarde, et c'est par ton précis éclat
> Que je sens la faible puissance
> 15 De ne te résumer que quand tu n'es plus là,
> Et de ne posséder vraiment que ton absence !

Der Geliebte entzieht sich hier immer schon der Gegenwärtigkeit und Erkenntnis des liebenden Subjekts. Wie in der Mystik die Erfahrung Gottes, so ist bei Noailles das Wesen des (menschlichen) Anderen unfassbar. Und so wird die Unmöglichkeit der Vereinigung mit dem Anderen sowohl bei der Mystikerin als auch der modernen Lyrikerin Anlass zum Potenzial für immer weitere Verhandlungen der Liebe.[255]

Bücher einer Liebenden

Die verschiedenen Hinweise auf die Präeminenz des liebenden Subjekts kulminieren schließlich in Noailles' Formulierung einer absoluten Liebe – eines *pur amour* –, deren Objekt in den Hintergrund rückt, während der Fokus auf der Affektivität des Subjekts liegt. Tatsächlich verhandeln zahlreiche Gedichte aus *Poème de l'amour* in letzter Instanz das Lieben selbst:

> XLII
>
> Le bonheur d'aimer est si fort,
> Étant seul la négation
> Du quotidien et de la mort,
> Que je n'ai, dans ma passion,
>
> 5 Dans cet amour que je ressens,
> Vraiment jamais rien désiré,
> Rien attendu, rien espéré,
> Que mon désir éblouissant !

---

[255] «L'absolument Autre, c'est Autrui», bringt Levinas seine Reflexion über eine grundsätzlich inkomensurable Alterität auf den Punkt. Gleichzeitig versteht Levinas jedoch die Sprache als mögliche (ethische) Verbindung zwischen Ich und Anderem: «[L]e rapport du Même et de l'Autre [...] est le langage». Emmanuel Levinas: *Totalité et infini*, S. 28.

Ähnlich bekräftigt schon Teresa von Ávila das Ideal eines nicht aufhörenden Begehrens des Liebens selbst. So schreibt sie etwa in 'Coloquio de amor':

> Un alma en Dios escondida,
> ¿qué tiene que desear,
> sino amar y más amar
> y, en amor toda encendida,
> tornarte de nuevo a amar?[256]

Neben dem leidenschaftlichen Vokabular und der Fokussierung auf den Liebesaffekt der Sprecherin scheint hier selbst der eingängige Rhythmus der spanischen *octosílabos* in Noailles' Versen widerzuhallen. Margret Bäurle und Luzia Braun heben das Erschreiben eines imaginierten Liebesobjektes zu Zwecken der Selbstaffizierung als zentrales Unterfangen der Mystikerinnen hervor: «Die Mystikerin schafft sich ihren Gott, der nichts anderes als ein gigantischer Liebesentwurf ist. [...] Ihre Schöpfung führt zur Erschöpfung und läßt so die Begierde unendlich zirkulieren, entzündet am gebrochenen Blick-Duell mit ihrem göttlichen Gegenüber.»[257]

Anna de Noailles formuliert immer wieder ein Liebesideal, das die Liebe als vitale Lebensenergie und letzten Zweck setzt, unabhängig von ihrem Objekt. «Je n'avais plus besoin de vous pour vous aimer», bekräftigt die lyrische Stimme ganz explizit die Selbstgenügsamkeit des Subjekts ('Je marchais près de vous', 37, *Les Vivants et les Morts*). Und in *La Nouvelle Espérance* bestätigt die Protagonistin Sabine: «Ce n'est pas vous que j'aime ; j'aime aimer comme je vous aime. Je ne compte sur vous pour rien, dans la vie, mon bien-aimé. Je n'attends de vous que mon amour pour vous...»[258] So lässt sich Noailles' poetischer Liebesdiskurs gerade in der Tradition der Mystikerinnen als Selbstaffektion, als affektive Selbstpraxis deuten, mit Hilfe derer das schreibende Subjekt sich selbst in Hinblick auf das Ideal intensiver Emotionalität formt und gestaltet: «[L]'amour s'institue comme une puissance affective autoréférentielle qui trouve son origine et sa fin dans la poète. Du coup, cette intériorisation de l'être aimé est davantage valorisée que sa présence physique».[259]

Angela Bargenda sieht in Noailles' Autoreferenzialität der objektlosen Liebe eine Neuerung in Hinblick auf traditionelle Liebeslyrik von Autorinnen, eine «es-

---

[256] Santa Teresa: *Obras completas*, S. 1168 ('Coloquio de amor').
[257] Margret Bäurle / Luzia Braun: ‹Ich bin heiser in der Kehle meiner Keuschheit›, S. 8. Ähnlich formuliert auch Luce Irigaray, vgl. Kap. 2.3.
[258] Anna de Noailles: *La Nouvelle Espérance*. Roman. Paris: Calmann-Lévy ^{9}1976, S. 305. Vgl. zu dieser Figur auch Ernestina de Champourcins Gedicht: 'Seré tuya sin ti' (*Cántico inútil*) und Kap. 4.7.
[259] Angela Bargenda: *La poésie d'Anna de Noailles*, S. 220.

thétique d'amour tout à fait révolutionnaire».[260] Gleichzeitig weist sie auf die Analogie zu Augustinus' Diktum des *amabam amare* hin. Auch dieses Motiv wurde jedoch bereits zentral von den christlichen Mystikerinnen des Mittelalters und der Frühen Neuzeit aufgenommen. So deutet Julia Kristeva etwa Teresas existenzielle Betonung des Liebesaffekts als alternative Subjektkonzeption in Bezug auf das frühneuzeitliche *cogito*-Subjekt: «J'aime parce que je suis aimée, donc je suis».[261] Es lässt sich in der genealogischen Affinität von teresianischem Liebesdiskurs und Noailles' poetischem Schreiben so die Spur einer alternativen Tradition moderner Subjektivität verfolgen, welche die frühneuzeitliche Mystikerin und die moderne Autorin jenseits konfessioneller Überzeugungen verbindet.

Als zweites Moment in Noailles' Liebeskonzeption, das mit traditionellen, hier besonders romantischen Konzepten bricht, führt Bargenda die grundlegende Skepsis an der Realisierbarkeit von emotionaler Nähe und echter Kommunikation der Liebenden an.[262] Hier entfernt sich Noailles' Liebesdiskurs von mystischen Modellen. So betont die Dichterin die moderne Isolationserfahrung einer als abgetrennt erlebten, jeder metaphysischen Sinnhaftigkeit, aber auch gesellschaftlichen Verbindlichkeit entraubten individualisierten Existenz: «Nulle âme n'est jamais à l'autre âme mêlée» ('Lune rose d'argent', *Les Éblouissements*) und «Tout être est seul sous le ciel étoilé !»[263] ('Indigence', *Derniers vers et poèmes d'enfance*). Die Spannung zwischen der Sehnsucht nach unbedingter Liebe und dem gleichzeitigen grundlegenden Zweifel an deren Realisierbarkeit führt Noailles zu immer wieder neuen poetischen Reflexionen.

Die Betonung der Affektivität des Subjekts und Zurückstellung des Liebesobjektes lässt im zeitgenössischen Kontext an Rainer Maria Rilkes Idealisierung der 'großen Liebenden' denken.[264] So formuliert Rilke in *Die Aufzeichnungen des Malte Laurids Brigge* (1910) seine Vorstellung einer «intransitiven Liebe, in der sich das aufs Äußerste gesteigerte Gefühl nicht mehr auf eine bestimmte Person, sondern auf das ganze Leben [...] richtet.»[265] Ähnlich fragt Anna de Noailles in 'CLXI': «Se pourrait-il ce soir que, plus fort que toi-même, / L'éternel univers fût vraiment ce que j'aime ?...» (23–24). Marie-Lise Allard erkennt in

---

[260] Julia Kristeva: *Thérèse mon amour*, S. 218.
[261] Ebda., S. 453.
[262] Vgl. Angela Bargenda: *La poésie d'Anna de Noailles*, S. 218f.
[263] Zahlreiche Mottos und poetische Referenzen verweisen übrigens in Noailles' Werk, wie offenbar auch hier, auf Pascals *Pensées*.
[264] Vgl. zu Noailles' und Rilkes 'Wahlverwandtschaft' Angela Bargenda: *La poésie d'Anna de Noailles*, S. 213–262. Rilke übersetzte u.a. Noailles' Gedicht 'Tu vis, je bois l'azur' (*Les Éblouissements*).
[265] Manfred Engel: Nachwort. In: Rainer Maria Rilke: *Die Aufzeichnungen des Malte Laurids Brigge*. Herausgegeben von Manfred Engel. Stuttgart: Reclam 1997, S. 319–350, hier S. 337.

diesem expansiven Liebesgefühl wiederum ein mystisches Element.[266] In seiner preisenden Besprechung von Noailles' Lyrik ordnet Rilke die französische Dichterin bereits 1907 in eine Reihe großer (dichtender) Liebender ein, die er bei Sappho beginnen lässt und zu denen er neben Louise Labé, Héloïse und Mariana Alcoforado explizit auch die «heilige Therese»[267] zählt. Anna de Noailles wird damit selbst zu einer literarischen Inspiration für Rilkes Fantasie der 'großen Liebenden'.

Im gleichen Jahr wie Rilke kommentiert auch Marcel Proust in einem Artikel für den *Figaro* die ideale Liebesleidenschaft in Noailles' Lyrik.[268] Zunächst stellt Proust eine Verbindung zur Sprecherin des *Hohelieds* her. Mit diesem Hinweis auf das Modell christlicher mystischer Dichtung und weiblicher Liebesrede schlechthin – also auf die beiden Diskurstraditionen, um deren Verbindung es hier wesentlich geht – unterstreicht der Autor der *Recherche* zunächst ebenfalls eine Tradition (imaginierten) weiblichen poetischen Sprechens, die später u.a. Julia Kristeva stark machen sollte.[269] Proust betont zudem die Mehrdeutigkeit und Unbestimmtheit des Liebesdiskurses, der sich einer Festlegung seines Objektes entzieht und damit eher abstrakt als konkret lesbar ist.[270]

---

266 Vgl. Marie-Lise Allard: *Anna de Noailles*, S. 243.
267 Rainer Maria Rilke: Die Bücher einer Liebenden (Anna de Noailles). In ders.: *Werke*. Herausgegeben von Manfred Engel / Horst Nalewski. 4: Schriften. Frankfurt a.M.: Insel Verlag 1996, S. 647–650, hier S. 650.
268 Vgl. Marcel Proust: Les Éblouissements. In: *Le Figaro. Supplément littéraire* (15.6.1907), S. 1.
269 Vgl. Kap. 2.3. Auch der zeitgenössische Kritiker Georges-Armand Masson stellt die Leidenschaft in Noailles' Lyrik in Bezug zum *Hohelied*: «Jamais peut-être la force du désir n'avait trouvé, chez un poète, une expression plus ardente. [...] Il s'exhale par des images puissantes et chaudes dont Mme de Noailles a, je crois, le secret, images qui font paraître froide Sappho, et monotone Louise Labé, et fade Desbordes-Valmore, images qui rejoignent le Cantique des cantiques, en passant par Baudelaire et Musset [...].» Georges-Armand Masson: *La comtesse de Noailles*, S. 25. Das Lob scheint jedoch etwas vergiftet, funktioniert die positive Herausstellung von Noailles hier doch über die gleichzeitige Abwertung vorangegangener Dichterinnen.
270 Proust selbst stellt die Liebespassion im zweiten Teil der *Recherche* ebenfalls über die Bedeutung des Liebesobjektes und öffnet den Begriff über die erotische Dimension hinaus – in den Worten von M. de Charlus: «Mais l'important dans la vie n'est pas ce qu'on aime [...] c'est d'aimer. [...] Ce que ressentait Mme de Sévigné pour sa fille peut prétendre beaucoup plus justement ressembler à la passion que Racine a dépeinte dans *Andromaque* ou dans *Phèdre*, que les banales relations que le jeune Sévigny avait avec ses maîtresses. De même l'amour de tel mystique pour son Dieu. Les démarcations trop étroites que nous traçons autour de l'amour viennent seulement de notre grande ignorance de la vie.» Marcel Proust: *À l'ombre des jeunes filles en fleur. À la recherche du temps perdu II*. Herausgegeben von Pierre-Louis Rey. Paris: Gallimard 1988, S. 330.

Im Gegensatz zur unbedingten Idealisierung – und damit letztlich auch Essenzialisierung – weiblicher Liebesfähigkeit durch die genannten männlichen Autoren bleibt Anna de Noailles' poetischer Diskurs jedoch von einem permanenten Zweifel durchzogen. Die poetischen Reflexionen über die Liebe kulminieren zwar im letzten Text von *Poème de l'amour* erneut in der objektlosen, bedingungslosen Liebe. Diese bietet aber in keiner Weise ein metaphysisches Erlösungsmodell vom unüberwindbaren 'Nichts' des Todes an, sondern nur einen flüchtigen Trost angesichts dessen radikaler Alterität.

    CLXXV

    Rien ; l'univers n'est rien. Nulle énigme pour l'homme
    Dont l'esprit et les sens ont perçu le néant.
    – La turbulente vie hasardeuse, et le somme
    À jamais, dans le sol maussade et dévorant !

5   Rien ! Partout l'éphémère et partout le risible,
    Partout l'insulte au cœur, partout la surdité
    Du Destin, qui choisit pour délicate cible
    La noblesse de l'homme et sa sécurité.

    – Et parmi cette affreuse et poignardante injure,
10   Seulement toi, visage au masque de velours,
    Divinité maligne, enivrante, âpre et pure,
    Consolateur cruel, doux et terrible Amour !

«Rien», und «Amour», Thanatos und Eros, Nihilismus und emphatischer Liebesbegriff umrahmen das Schlussgedicht als zwei Schlüsselbegriffe in Anna de Noailles' poetischem Universum.[271] Der metaphysische Gott wird durch die Liebe ersetzt, die jedoch im Gegensatz zum barmherzigen christlichen Gott nur mehr als 'verschlagene Gottheit' erscheint. Hinter ihren 'samtzarten Masken' kann diese lediglich einen kurzfristigen und immer schon 'grausamen Trost', jedoch keine existenzielle Erlösung von der Kontingenz der letztlich als ziel- und sinnlos verstandenen menschlichen Existenz anbieten. Gerade diese Kontingenz, diese Sinn-Verweigerung, ist es, die Anna de Noailles immer wieder zum Schreiben treibt.

In der Frage nach dem Motiv und der Funktion des Schreibens als Selbstpraxis kondensieren sich auf diese Weise Affinitäten und Differenzen zwischen Anna de Noailles und Teresa von Ávila. Denn Julia Kristeva erkennt in Teresas mystischen Liebesfiktionen ein selbsttherapeutisches Element:

---

271 «Hélas ! Tout est amour ou cendres», fasst die lyrische Stimme an anderer Stelle zusammen ('La musique et la nuit', 17, *Les Vivants et les Morts*).

Teresa splits her intellectual / physical / psychic identity in and through the amorous transference with the Being who is All Other: God, the paternal figure of our childhood dreams, the elusive spouse of the *Song of Songs*. By this deadly and pleasurable metamorphosis, which appeases the melancholic pain of being inconsolably abandoned and separate, she appropriates the Other Being in an infra-cognitive, psycho-somatic contact.[272]

Dieser Lektüre nach gelingt es Teresa nicht zuletzt durch das Schreiben Sinnhaftigkeit herzustellen, indem sie immer wieder eine positiv imaginierte Instanz in der mystischen Reflexion und Rede adressiert. Anna de Noailles schreibt ebenfalls gegen einen 'melancholischen Schmerz' und eine existenzielle 'Ausgesetztheit' und 'Getrenntheit' – «le vide infini» – an, die zum Motor ihrer Lyrik wird. Im Gegensatz zur frühneuzeitlichen Mystikerin bleibt ein melancholisches Moment bei Noailles jedoch latent präsent.[273]

Gerade in dieser Spannung, dieser *cross-pressure*, zwischen der Sehnsucht – dem 'Durst', der als Motto dem ganzen Band überschrieben ist – nach Sinn, Ganzheit und Fülle und dem gleichzeitigen Bewusstsein von der Unmöglichkeit metaphysischer Gewissheit liegt ein zentraler moderner Aspekt von Noailles' Lyrik. In *Poème de l'amour* scheitert die Liebe letztlich an der Unmöglichkeit der Kommunikation zwischen den Liebenden. Sowohl das romantische als auch das religiöse Versprechen auf Einheit und Aufgehobensein werden nicht eingelöst. Die spirituelle Sehnsucht wird später besonders sichtbar werden in jenen Texten, in denen Noailles explizit die Spannungen von Zweifel und Glaubenssehnsucht thematisiert. Während religiöse und erotische Liebe keine Hoffnung auf Erlösung bieten, lassen jedoch die Gedichte, in denen das sinnliche Verhältnis zur Natur thematisiert wird, die Möglichkeit von Verbundenheit und Kontinuität offen. Diese beiden Aspekte werden in den letzten beiden Unterkapiteln diskutiert. Nach der hier besprochenen Frage nach der katholischen Tradition werde ich jedoch im folgenden Abschnitt zunächst die Präsenz islamischer Mystik in Anna de Noailles' herausarbeiten.

---

[272] Julia Kristeva: The Passion According to Teresa of Avila. In: Richard Kearney / Brian Treanor (Hg.): *Carnal Hermeneutics*. New York: Fordham University Press 2015, S. 251–262, hier S. 260.
[273] «[L]a mélancolie / N'est que le voile du désir», heißt es in 'Les biches' (107–108, *Les forces éternelles*).

3.5 Von der tanzenden Göttin. Oriental(ist)ische und dionysische Spuren

Anna de Noailles' Affinität zur muslimischen, besonders der persischen Lyrik- und Mystiktradition ist ein Aspekt, der lange Zeit übersehen wurde. Eine Ausnahme bildet der Aufsatz 'The Orientalism of Anna de Noailles' von Ferdâ Asya, in dem die Forscherin explizit biografische und literarische Bezüge zur türkischen und persischen Mystik herstellt. Roxana M. Verona hat grundsätzliche Verflechtungen zur muslimischen Kultur in Anna Noailles' Biografie und Werk herausgearbeitet.[274] Dagegen wurde jedoch vielfach auf die orientalistische Selbstinszenierung der Autorin hingewiesen, die im Zeichen der exotisierenden Ästhetisierung östlicher Kulturen im *fin de siècle* zu verstehen ist.

In diesem Unterkapitel führe ich mystische Referenzen, orientalistischen Diskurs und vitalistische Semantik bei Anna de Noailles zusammen. Der Schwerpunkt liegt auf dem Band *Les Éblouissements*, der besonders stark von Referenzen auf türkische, arabische und vor allem persische Geografie, Kultur, Literatur und Mystik durchzogen ist. Der 'Orient' ist hier zunächst immer wieder Ort der metapoetischen Selbstreflexion. Intertextuelle Anspielungen auf bekannte muslimische mystische Erzählungen und Topoi heben zudem vor allem auf die Ideale leidenschaftlicher Liebe und Hingabe ab und untermauern Noailles' sinnliches Weltverhältnis. Am Beispiel des Gedichtes 'Danseuse persane' – «l'incarnation de la philosophie noaillienne»[275] – verdeutliche ich die 'Überblendung' von Noailles' transsäkularer, vitalistischer Aneignung mystischer Figuren mit zeitgenössischen tanzästhetischen Diskursen und ihrer Nietzsche-Rezeption.

'L'Orient imaginaire'

Seit Beginn des 19. Jahrhunderts prägte die orientalistische Mode nicht nur in Frankreich Kunst, Literatur, Tanz und Malerei. Als literarische Referenzen für Noailles' Spiel mit orientalistischen Topoi und Klischees, zu denen insbesondere Exotismus, Sinnlichkeit sowie Spiritualität und Mystik gehören, sind vor allem die romantischen Dichter Victor Hugo und Alphonse de Lamartine sowie Noailles' Zeitgenossen Maurice Barrès und Pierre Loti zu nennen.[276]

---

[274] Vgl. Roxana A. Verona: *Parcours francophones*, S. 157–237.
[275] Angela Bargenda: *La philosophie d'Anna de Noailles*, S. 154.
[276] Vgl. zum französischen Orientalismus Michael F. Klinkenberg: *Das Orientbild in der französischen Literatur und Malerei vom 17. Jahrhundert bis zum fin de siècle*. Heidelberg: Universi-

Anna de Noailles spielte mit ihrer orientalistischen Selbstinszenierung und erschloss sich damit eine Position innerhalb der Pariser Literatur- und Kulturszene. Auf sorgfältig choreografierten Fotografien sieht man sie z.b. in weich fallender Kleidung, mit schwarz umrandeten Augen, hingestreckt auf dem häuslichen Divan liegend. Von zeitgenössischen Kritikern wurde sie als ‹princesse byzantine› bezeichnet, Marcel Proust gestaltete die Figur einer orientalischen Prinzessin im dritten Teil der *Recherche* (*Le Côté des Guermantes*, 1921/22) nach ihrem Vorbild.[277] Verona weist darauf hin, wie Künstlerinnen, Tänzerinnen und Autorinnen der Zeit die Orientalismus-Mode strategisch für sich nutzten, so etwa auch Colette, Sarah Bernhardt oder Loïe Fuller:

> Salomé, Sémiramis, Cléopâtre ou Thaïs, héroïnes appartenant à l'histoire ancienne, sont autant de prétextes pour célébrer les amours libres, exacerber les fantasmes érotiques, et théâtraliser un passé décadent. [...] Anna de Noailles [...] saura, grâce à l'orientalisme, transformer l'art de la séduction en spectacle, tout comme plusieurs autres femmes écrivains ou artistes de son temps, décidées à se faire entendre et à marquer leur propre territoire dans un champ culturel qui leur était hostile. Leur ‹exotisme› est une forme de féminisme.[278]

Neben dieser Form einer orientalistischen 'Ästhetik der Existenz' lassen sich jedoch tatsächlich auch in Noailles' Texten Spuren der Lektüre nah- und mittelöstlicher Literatur und Kultur finden. Diese intertextuellen Bezüge tragen zur kulturellen Hybridität ihres Schreibens bei, wie Verona deutlich macht:

> L'écrivaine se trouve en effet au centre d'un nœud d'influences et de pressions qui explique la nature hybride et zig-zaguée de son orientalisme. Car tout en essayant de se forger une place littéraire bien à elle, au nom d'une francité fièrement affirmée, Anna de Noailles refait poétiquement le parcours entre Paris, le Danube et le Bosphore, en accord avec son hérédité mais aussi avec une certaine image de l'Orient en vogue au tournant du XIXe siècle.[279]

---

tätsverlag Winter 2009. Zur Beziehung zu Barrès und Loti vgl. Roxana Verona: *Parcours francophones*, S. 191–202.

277 «Une jeune princesse d'Orient qui, disait-on, faisait des vers aussi beaux que ceux de Victor Hugo ou d'Alfred de Vigny [...]. Aux écrivains qui eurent le privilège de l'approcher fut réservée la déception, ou plutôt la joie, d'entendre une conversation qui donnait l'idée non de Shéhérazade, mais d'un être de génie du genre d'Alfred de Vigny ou de Victor Hugo.» Marcel Proust*: Le Côté des Guermantes. À la recherche du temps perdu III*. Herausgegeben von Thiery Laget. Paris: Gallimard 1988, S. 100. «L'image d'Anna de Noailles, ‹poète persan›, reste à jamais attachée à l'esthétique proustienne, tout comme son œuvre de poète reste attachée, et même incorporée, à celle de Proust.» Roxana M. Verona: *Parcours francophones*, S. 236.
278 Ebda., S. 201.
279 Ebda., S. 175f.

Das Osmanische Reich mit Istanbul als Hauptstadt erstreckte sich zu Beginn des 20. Jahrhunderts auf große Teile des Mittleren Ostens, Nordafrikas und Südosteuropas. In ihrem autobiografischen Rückblick erinnert sich die Autorin an die Präsenz orientalischer Kultur in ihrem Elternhaus, etwa in Form von Mobiliar und Dekor oder der Fotogalerie adliger Vorfahren.[280] Ihr Großvater, osmanischer Sultan in England, besaß ein Schloss am Bosporus, der türkische Onkel Paul Muzarus war Dichter. 1887, als neunjähriges Mädchen, begleitete Anna de Noailles ihre Mutter und ihre Schwester auf eine dreimonatige Reise nach Istanbul, «sous le ciel de l'Islam».[281] Obwohl durch eine Krankheit geschwächt, interpretiert Noailles den Aufenthalt rückblickend als poetische und vitale Erweckung nach der Zeit der Trauer um den Tod ihres Vaters: «[L]a promesse du Bosphore fit renaître chez moi l'instinct du printemps, de la poésie, le délectable désir de plaire».[282] Seit Hugos *Les Orientales* (1829) stellte der «*Orient imaginaire* als alternativer virtueller Evasionsraum» eine besondere Inspirationsquelle gerade auch für die poetische Musikalisierung lyrischer Sprache dar: «‹Le nom› oder besser ‹des noms de l'Orient› wurde eine sprachmagische, evokatorische Funktion verliehen.»[283] Noailles macht den Bosporus in ihren Erinnerungen metonymisch zum ästhetischen Referenzpunkt eines 'Orients', der sowohl die Sinne als auch die poetische Imagination anregt: «Le Bosphore ! – phosphore, phosphorescence.... toutes ces syllabes lumineuses, soudain, m'éblouirent, m'envahirent, ne me laissèrent plus de repos.»[284]

Blendungen

Bereits in *Le Visage émerveillé* ruft Anna de Noailles mit dem Verweis auf die Hagia Sophia und die muslimisch inspirierte Gartenkultur des Klosters orientalistische Motive auf.[285] «C'est l'Orient que la poétesse évoque à chaque instant dans son œuvre»,[286] unterstreicht entsprechend auch Larnac. Am ausgeprägtesten erscheinen orientalistische Themen jedoch in ihrem dritten Lyrikband

---

279 Ebda., S. 175f.
280 Vgl. Anna de Noailles: *Le Livre de ma vie*, S. 32f.
281 Vgl. ebda., S. 170.
282 Ebda., S. 151.
283 Michael F. Klinkenberg: *Das Orientbild in der französischen Literatur und Malerei*, S. 533f.
284 Anna de Noailles: *Le Livre de ma vie*, S. 151.
285 Vgl. Kap. 3.2.
286 Jean Larnac: *Comtesse de Noailles*, S. 27.

3.5 Von der tanzenden Göttin. Oriental(ist)ische und dionysische Spuren — 195

Les Éblouissements (1907). Der Titel des Gedichtbandes korrespondiert über die Semantik der 'Blendung' mit dem obigen Bosporus-Zitat. Geografische Referenzen, intertextuelle Verweise auf klassische persische Dichter wie Sa'di und Hafiz sowie Motive aus dem Feld der traditionellen Liebes- und mystischen Dichtung konturieren gemeinsam mit zeitgenössischen orientalistischen Topoi wie edlen Stoffen, sinnlichen Eindrücken, nahöstlicher Vegetation und persischen Gartenszenarios ein Mosaik oriental(ist)ischer Bildwelten.[287]

In 'Constantinople' (*Les Éblouissements*) kommentiert die Dichterin explizit das lyrische Verfahren der poetischen Imagination ihres persönlichen 'Orients', indem sie auf ihre Kindheitserinnerungen aus Istanbul Bezug nimmt, gleichzeitig aber eine deutliche Unterscheidung zwischen biografischer und poetischer Erfahrung trifft.[288] Im Gedicht wird der 'Orient', ganz der exotisierenden Mode entsprechend, als sinnlich und leidenschaftlich inszeniert. Die Istanbulreise wird zum poetischen Initiationserlebnis:

> 5   Je me souviens d'un soir aux Eaux-Douces d'Asie :
>   Soir si traînant, si mou,
>   Que déjà, comme un chaud serpent, la Poésie
>   S'enroulait à mon cou.

Das Gedicht schließt, nach der Entfaltung einer poetischen Fantasie über die türkische Sinnlichkeit, mit der metapoetischen Reflexion über das Verhältnis von poetischem Schreiben und orientali(sti)scher Sehnsucht:

> On n'aurait jamais su ma peine ou mon délire,
>   Je n'aurais pas chanté,
> 95   J'aurais tenu sur moi comme une grande lyre
>   Les soleils de l'été ;
>
> Peut-être que ma longue et profonde tristesse
>   Qui va priant, criant,
> N'est que ce dur besoin, qui m'afflige et m'oppresse,
> 100   De vivre en Orient !...

Die Abwesenheit, das ewig unerfüllte Begehren nach dem Anderen (hier konfiguriert als 'Orient'), setzt hier wieder erst das verführerische Spiel der Poesie in Gang. Das poetische Schreiben wird somit zur Bühne für Verführungsspiele in

---

287 Vgl. zur Ästhetik des Mosaiks Roxana M. Verona: *Parcours francophones*, S. 208 und Kap. 3.2.
288 Vgl. Angela Bargenda: *La poésie d'Anna de Noailles*, S. 151.

der Schrift.[289] Eine ähnliche metapoetische Reflexion findet sich in Bezug auf die Unerreichbarkeit der syrischen Stadt Damaskus als Inspirationsquelle in 'Les Eaux de Damas' (*Les Éblouissements*):

> Que de bonheur perdu loin des plus beaux climats !
> Je ne verrai jamais la ville de Damas,
> Mais en fermant les yeux, en laissant goutte à goutte
> Son image filtrer dans mon âme, j'écoute
> 5   Le bruit que fait son eau, si vive, paraît-il...

Auch hier wird deutlich, dass die Repräsentation orientalischer Geografie eine bewusste dichterische Aneignung darstellt. In Bezug auf die Affinitäten zur mystischen Tradition scheint mir der Verweis auf das Schließen der Augen interessant, das ja etymologisch dem Begriff des Mystischen zu Grunde liegt und auf die Wendung nach Innen verweist.[290] Poetische Imagination und mystische Kontemplation bedienen sich hier also der gleichen Technik erhöhter Sensibilität, der Konzentration auf die innere Vorstellungskraft.

«A Sufi at heart»?

Welche Bedeutung hat die Tradition der Sufi-Mystik nun in Noailles' poetischem Schreiben? Ferdâ Asya vertritt die These, dass Noailles' Lyrik aufgrund der Herkunft ihrer Familie, aber auch – und das möchte ich hier viel eher herausstellen – aufgrund ihrer Kenntnis wesentlicher philosophischer Gedankenfiguren und Konzepte der arabischen, persischen und türkischen Tradition deutliche Affinitäten zur Sufi-Mystik aufweist:

> Her unique use of poetic clichés such as heart, love, and death in her entire oeuvre as tropes to enact such fundamental notions of Sufi mysticism as gnosis, annihilation of the self, annihilation in the friend, and die before you die reveals her profound perception of

---

289 Vgl. Catherine Perry: *Persephone Unbound*, S. 98f. Diese poetologische Reflexion unterstreicht erneut die Nähe von poetischem und mystischem Schreiben und erinnert an Definitionen der Mystik, die ebenfalls von der Abwesenheit als grundlegendem *movens* für mystische Praktiken ausgeht. Zur gründenden Abwesenheit in der Mystik vgl. u.a. Martina Wagner-Egelhaaf: Die mystische Tradition der Moderne, S.18; Michel de Certau: *La fable mystique*, S. 107ff. Vgl. auch Kap. 4.5.
290 Etymologisch wird der Begriffs von griechisch: 'myo' = 'schließen' hergeleitet. Vgl. Josef Sudbrack: Mystik. In: Peter Dinzelbacher (Hg.): *Wörterbuch der Mystik*. Stuttgart: Alfred Kröner Verlag 21998, S. 367–370.

Sufi beliefs and evokes a unique mystic literary milieu through which she envisioned not only her art but also her life and relationships.²⁹¹

Offensichtlich gibt es bei den von Asya genannten Konzepten Überschneidungen zur Tradition christlicher Mystik, etwa die Rücknahme des Selbst und das paradoxe Verhältnis von Tod und Leben. Es ist daher schwierig, wie Asya tatsächlich von Noailles' Sufi-Überzeugung zu sprechen, verweisen die Texte hier doch auch auf ein universelles mystisches Substrat.

Asya hebt stark auf biografische Aspekte ab, um die Präsenz östlicher Mystik in Noailles' Lyrik zu begründen. So grenzt sie Noailles' Vertrautheit mit der osmanischen Kultur von der allgemeinen Orientalismusmode ab, indem sie auf ihre Kindheitserfahrungen, vor allem die Istanbulreise, verweist.²⁹² Weiterhin interpretiert Asya Noailles' Beziehung zu Barrès als intensive Verehrung des Freundes / Geliebten im Sinne der Sufi-Tradition mit Hinweis auf die Texte Rumis. Auf diese Weise kommt Asya zu der Schlussfolgerung, die Sufi-Tradition sei für Anna de Noailles nicht nur eine literarische Inspirationsquelle, sondern auch ein Lebensstil – sie sei im Grunde «a Sufi at heart».²⁹³ Wenngleich der biografische Hintergrund sicherlich fruchtbare Hinweise auf die Quellen von Noailles' Vertrautheit mit entsprechenden mystischen Konzepten gibt, verstehe ich die Anspielungen auf die Sufi-Mystik eher als Teil des kaleidoskopischen literarischen Spiels. Daher möchte ich im Folgenden bewusst den literarischen Spuren ihrer Lektüre nachgehen, d.h., den intertextuellen Verweisen, Affinitäten und poetischen Mehrdeutigkeiten, die sich aus der Referenz zur vor allem persischen literarischen Tradition ergeben.

Wenige Dokumente geben darüber Auskunft, welche muslimischen Dichter und Mystiker Anna de Noailles tatsächlich gelesen hat. Ein wichtiger Text ist daher das Vorwort, das die Autorin 1912 für eine Neuübersetzung des *Gulistan* oder 'Rosengarten' des persischen Dichters und Mystikers Sa'di beisteuerte. In diesem Prolog entwirft sie eine melancholische und sinnliche orientalistische Fantasie, indem sie «[l]a magie de ce continent mystérieux»²⁹⁴ durch die Nennung von Farben, Gerüchen, Stoffen und Ortsnamen evoziert. Im Gegensatz zu Istanbul ist die Lyrikerin nie nach Persien gereist. Als Ort poetischer Sehnsucht

---

291 Ferdâ Asya: The Orientalism of Anna de Noailles, S. 37.
292 «Undoubtedly, she had no need to formally acquire the Near Eastern and Middle Eastern characteristics of life and art, as she inherited them naturally from her family.» Ebda., S. 39.
293 Ebda., S. 66.
294 Anna de Noailles: Préface. In: Saâdi / Franz Toussaint (Hg.): *Le jardin des roses*. Übersetzt aus dem Persischen. Mit einem Vorwort von Anna de Noailles. Paris: Stock 1923, S. 1–24, hier S. 5.

steht Persien damit erneut für ein Begehren, das sein Ziel nie erreicht, dessen Objekt sich immer wieder entzieht, weiterzieht, ein 'nomadisches Begehren' also.

> Peut-être, au sein même de la Perse éblouissante, dans le clair mois de février qui, au bord des vallées du Khorassân, juxtapose la neige et les myosotis, eussions-nous, – les insatiables, les inconsolables, – éprouvé ce grand désir des nomades, alors qu'aujourd'hui mon imagination fervente ne déserte pas ces lieux fabuleux et leur consacre un nostalgique amour.[295]

Die Autorin, die die Leserinnen und Leser einschließt in ihre Selbstidentifikation als 'unstillbar', 'untröstlich' Begehrende, zeigt sich ihrer eigenen Fantasien bewusst, indem sie ihre Imaginationskraft betont und die poetisch evozierten Orte doppeldeutig sowohl als 'fabelhaft', also hinreißend, als auch fiktiv, erdichtet bezeichnet.[296] Erneut taucht dabei auch das Adjektiv «éblouissant» in der Beschreibung Persiens auf.

Neben dieser metapoetischen Selbstreflexion der dichterischen Attraktivität der orientalischen Kultur betont Noailles explizit die Anziehungskraft, die die Sufi-Mystik auf sie seit ihrer Jugend ausübt: «Lequel de nous, tenté depuis l'enfance par les grands plateaux de la Perse, où le vent soulève une poussière de turquoises, ne fit le rêve de connaître aussi les contrées bienheureuses, et de frapper, un soir, dans Ispahan, à la porte d'argent de la maison des soufis ?»[297] Noailles formuliert ihre Bewunderung für die klassischen Dichter Sa'di, Hafiz und Fordouzi, «ces mystiques studieux, disciples de Platon et de la Kabbale, occupés à enseigner la sagesse sans le vertige et l'amour sans ses fureurs.»[298] Sie hebt Gelassenheit, Weisheit und Liebe als deren Charakteristika heraus und betont Gemeinsamkeiten und Beeinflussungen zwischen christlicher, jüdischer und muslimischer Mystik. Dabei bewundert sie mystische Meditation und Verinnerlichung als asketische Selbstpraktiken und stellt über deren poetische Beschreibung performativ eine Stimmung der Ruhe her: «Entre les fraîches parois de ce collège philosophique, beau comme un vase qu'habitent une eau animée et d'inépuisables arômes, tout est recueillement ascétique, béatitude, ralentissement du cœur...»[299]

---

295 Ebda., S. 7. «Cette nomade spirituelle cherche son pays d'élection dans un Orient imaginaire, où la Turquie et surtout la Persie constituent des terres promises.» Angela Bargenda: *La poésie d'Anna de Noailles*, S. 267.
296 Vgl. in diesem Kontext Michel de Certeaus Verständnis der Fabel als in 'Konkurrenz zu den Diskursen der Historiographie' stehende Erzählung. Michel de Certeau: *La fable mystique*, S. 22ff.
297 Anna de Noailles: Préface, S. 1f.
298 Ebda., S. 3.
299 Ebda., S. 2.

3.5 Von der tanzenden Göttin. Oriental(ist)ische und dionysische Spuren — 199

Intertextuelle Anspielungen auf islamische Literaturen und Kulturen finden sich in *Les Éblouissements* insbesondere im Gartenmotiv zahlreicher Gedichte, z.B. 'Éloge de la rose', 'Jardin persan', 'Rêverie persane', 'Le jardin-qui-séduit-le-coeur'. «–Je songe à vous ce soir, Saadi, habitant des jardins ! Dès l'enfance, j'ai pressenti et partagé vos rêves»,[300] stellt Noailles im genannten Vorwort den Bezug zwischen der persischen Literatur und ihrer Vorliebe für poetische Gartenwelten her. Weitere orientalistisch inspirierte Gedichte sind z.B. 'Les délices orientales' und 'Danseuse persane'.

'Le jardin-qui-séduit-le-cœur' (*Les Éblouissements*) kommentiert den intertextuellen Bezug zu Sa'adi gleich zu Beginn:

> J'ai lu dans un livre odorant, tendre et triste,
>   Dont je sors pleine de langueur,
> Et maintenant je sais qu'on le voit, qu'il existe,
>   Le Jardin-qui-séduit le-cœur !
> 5 Il s'étend vers Chirâz, au bas de la montagne
>   Qui porte le nom de Sâdi.
> Mon âme, se peut-il que mon corps t'accompagne
>   Et vole vers ce paradis ?

Der persische Garten erscheint als Sehnsuchtsort, als 'Paradies', das sowohl Seele als auch Körper der Sprecherin anzieht, ja diese Trennung im Grunde durch den logischen Bruch des 'körperlichen Flugs' unterläuft, der Assoziationen an den mystischen *vuelo* aufruft.[301] Sowohl in der jüdisch-christlichen als auch in der islamischen Tradition sind Garten und Paradies eng verbunden. Während das Paradies in der hebräischen Bibel mit dem Garten Eden gleichzusetzen ist, verweist die persische Wurzel des Wortes auf einen geschlossenen Garten: «Le jardin persan est donc l'endroit où confluent la sensibilité florale du poète, sa prédilection pour la perse, et sa tentative d'évasion dans un lieu paradisiaque. [...] Lieu d'élection par excellence, le jardin persan incite à la volupté, invite au délire des sens, est teinté de mélancholie et imprégné de parfums», fasst Angela Bargenda die Zentralität des Motivs zusammen und präzisiert die immanente, materialistische Aneignung des Begriffs bei Noailles: «C'est le paradis sur terre que la poète chante.»[302] Im Verlauf des zitierten Gedichtes verweist Noailles auf orientalistische Topoi wie Edelsteine, Seide u.Ä., sie zitiert jedoch auch klassische Motive persischer Mystik und Liebeslyrik, wie etwa jenes von Nachtigall

---

300 Ebda., S. 18.
301 Vgl. prominent «¡Apártalos, Amado, / que voy de vuelo!» San Juan de la Cruz: *Obra completa* 1, S. 65 ('Cántico espiritual'). Vgl. zu dieser Referenz auch Kap. 4.3.
302 Angela Bargenda: *La poésie d'Anna de Noailles*, S. 155

und Rose, und traditionelle Mythen, wie die von Madschnun und Leila.[303] Konkret drückt die Sprecherin ihre Bewunderung für die persischen Dichter aus und ästhetisiert diese gleichzeitig auf preziöse Weise:

> Ah ! rencontrer Sâdi, Hafiz et l'astronome,
>   Dans leurs robes de tissu vert,
> 35 Quand leur barbe d'azur, que parfume la gomme,
>   Luit comme un éventail ouvert ;
>
> Les suivre, quand ils vont d'un pas noble et qui rêve,
>   Brûlants, mystiques tour à tour,
> S'étendre dans les champs gonflés d'onde et de sève,
> 40 Près des paons enivrés d'amour.
>
> Les voir quand leur tendresse est si vive et si forte
>   Que, Leila frappant à son toit,
> Hafiz lui demandait : ‹Qui frappe de la sorte ?›
>   Et Leila répondait : ‹C'est toi...›

Noailles hebt an den zitierten Autoren die Bedeutung unbedingter Liebe, ekstatischer Leidenschaft und Hingabe hervor. Mit der Erzählung von Madschnun und Leila greift sie ein universales mystisches Motiv auf, das die Einswerdung von Geliebtem und Geliebter, Subjekt und Objekt verbildlicht. Die arabische Liebesgeschichte erzählt von dem jungen Qais, der aus Liebe zu Leila und der Verzweiflung über ihre Heirat wahnsinnig wird (arab. *madschnūn:* 'wahnsinnig'). Der Liebende zieht sich in die Wüste zurück und sieht in allem, was ihm begegnet, nur seine Geliebte: «Schließlich findet Madschnun Leila in sich selbst und erlebt, zumindest in der mystisch getönten Bearbeitung des Themas, völlige seelische Einigung mit ihr, so daß er ihrer wirklichen Gegenwart nicht mehr bedarf.»[304]

Noailles verbindet das Motiv nun mit einer weiteren Figur der Sufi-Mystik, jener, in der der Geliebte seiner Geliebten Einlass in sein Haus bzw. Herz gewährt. Die Formulierung spielt auf das mystische Konzept des 'Entwerdens' (*fānā*) an, also die Aufhebung des Ich zum Zwecke des völligen Aufgehens im göttlichen Geliebten. Schimmel zitiert in diesem Kontext Rumi: «Nun, da Du ich

---

[303] Für einen einführenden Überblick in historische Tradition, literarische Entwicklung, Hauptströmungen sowie literarische Motive und Gestaltungscharakteristika islamischer mystischer Dichtung vgl. Annemarie Schimmel: *Mystische Dimensionen des Islams*. Aalen: Qalandar 1979 und dies.: *Sufismus. Eine Einführung in die islamische Mystik*. München: C.H. Beck 2000. Konkret zur persischen Tradition vgl. dies: *Stern und Blume. Die Bilderwelt der persischen Poesie*. Wiesbaden: Otto Harrassowitz 1984.
[304] Annemarie Schimmel: *Stern und Blume*, S. 104.

bist, komm, o Ich, herein, / Zwei Ich schließt dieses enge Haus nicht ein.»³⁰⁵
Auch das Konzept der Ich-Nichtung und gleichzeitigen Gastlichkeit dem geliebten Anderen gegenüber sind Strukturen, die sich ähnlich in der christlichen Tradition finden. Die Metapher des Herzens als Behausung verweist wiederum auf die epistemologischen Verwandtschaften zwischen der mittelalterlichen muslimischen und der frühneuzeitlichen spanischen Mystik (Teresas Schloss und Wohnungen).³⁰⁶

'Le jardin-qui-séduit-le-cœur' endet mit dem Bedauern des lyrischen 'Ich' darüber, dass die große kulturelle Zeit Persiens vorbei sei. Damit wird der Orient ein weiteres Mal als melancholischer, genuin unerreichbarer Ort markiert. Gleichzeitig schreibt sich Noailles hier aber auch in einen orientalistischen Diskurs europäischer Dominanz ein, der dem 'Orient' eine eigene Modernität abschreibt. Der Text endet mit einer Synthese, die Noailles' dionysische, körperliche und ekstatische Lesart persischer mystischer Lyrik verdichtet:

> Mais du moins sur la terre, aux plus beaux jours du monde,
>   Ils ont bu la douce liqueur
> Du désir, des plaisir, de l'extase profonde,
> 60 Au jardin-qui-séduit-le-cœur !

In Bezug auf den Gebrauch der mystischen Metaphorik des Ich als Behausung als auch auf die Betonung von Intensität und Körperlichkeit ist auch das kurze Gedicht 'Journée orientale' (*Les Éblouissements*) bedeutend. Der Text evoziert die blendende Helligkeit eines Sommermorgens, erotisiert die sinnliche Wahrnehmung der Sonnenstrahlen und führt Körper und Wohnung der Sprecherin parallel mit Tempel und Moschee:

> JOURNÉE ORIENTALE
>
> Lumineux ouragan de l'ardente saison !
> Il semble que l'été fonce dans ma maison.
> Par tous les clairs carreaux le beau soleil se hâte.
> Il s'élance, il accourt, c'est une molle pâte
> 5 De miel, de cédrat d'or, de sucre oriental ;
> C'est un étourdissant nuage de santal...
> Ô bleu soleil épars que tout l'espace s'incline,

---

305 Rumi zitiert nach Annemarie Schimmel: *Mystische Dimensionen des Islams*, S. 67.
306 Vgl. zu den Affinitäten zwischen muslimischer und spanischer Mystik Luce López-Baralt: *Huellas del Islam en la literatura española. De Juan Ruíz a Juan Goytisolo*. Madrid: Hiperión 1985; dies.: *San Juan de la Cruz y el Islam. Estudio sobre las filiaciones semíticas de su literatura mística*. Mexiko-Stadt: El Colegio de México 1985.

> Entre, glisse, bondis, coule sans discipline
> Dans mes bras entr'ouverts comme un temple, descends
> 10 Sur mes genoux baignés de lotus et d'encens,
> Dans mon âme éblouie, odorante, laquée...
> Entre, mon cher soleil, dans ta blanche mosquée !

Unter Referenz auf orientalistische Topoi entwirft der Text eine sinnlich-erotische Szenerie. Die Isotopie des Hellen, des Lichts, der Blendung (erneut), die das Gedicht dominiert, überflutet den Text förmlich (auch rhythmisch) und geht dabei eine Allianz ein mit dem semantischen Feld des Flüssigen und des Sich-Verströmens. So ist es die Sonne selbst, die über die sinnlichen Metaphern (Honig, Zeder, Zucker, Sandelholz) synästhetische Qualitäten annimmt und deren personifizierte Kraft als drängende, fließende, erotische Bewegung eigene *agency* annimmt. Die Sonne nimmt auf diese Weise die Position des männlichen Liebhabers ein, den das lyrische 'Ich' zu sich einlädt. Die Sprecherin vergleicht die Geste der geöffneten Arme mit einem Tempel, Körper und Seele identifiziert sie mit einer Moschee. (Auto-) Erotische und spirituelle Bedeutungsebenen überlagern sich auf diese Weise: Die sinnliche Wahrnehmung wird religiös überhöht, der spirituell-rituelle Charakter des Gebetshauses auf den Körper übertragen, Körper und Seele werden als sinnliche Einheit imaginiert.[307]

Das Gedicht bringt die Intensität des physischen Erlebens, deren Immanenz es zelebriert, zur Präsenz. Die spirituelle Disposition der Sprecherin ist dabei als eine Öffnung markiert – als Öffnung gegenüber der Natur, der Sinnlichkeit, dem eigenen Körper, dem Anderen (in sich selbst). Jean-Luc Nancy schreibt über die spirituelle Haltung der 'Anbetung': «L'adoration désignerait un rapport à une présence qu'il n'est pas question de faire entrer ‹ici› mais au contraire de connaître et d'affirmer comme essentiellement ‹ailleurs›, ouvrant l'‹ici›. [...] C'est la présence, non de quelque chose mais de l'ouverture, de la déhiscence, de la brèche ou de l'échappée de l'‹ici› même.»[308] Öffnung und Durchlässigkeit verweisen bei Noailles zugleich auf eine 'poröse Subjektivität', die die Verbindung zum Anderen sucht – jenseits der eindeutigen Grenzen erotischen und spirituellen Begehrens.

---

307 Irigaray betont die Figuren der Blendung und des Sich-Verströmens in ihrer Deutung von Mystik als alternativem weiblichen Modell von Lusterfahrung und nicht-logozentrischer Weltdeutung. Vgl. Luce Irigaray: *Speculum*, S. 239 und Kap. 5.3.
308 Jean-Luc Nancy: *L'adoration (Deconstruction du christianisme, 2)*. Paris: Galilée 2010, S. 19. Nancy spricht in Bezug auf die christliche Tradition von der Doppelformel einer «ouverture de soi et soi comme ouverture». Ders.: *La Déclosion (Déconstruction du christianisme, 1)*. Paris: Galilée 2005, S. 210.

In der persischen Mystik ist es das Herz als Sitz der Liebe und Affekte, das vielmals als Haus oder auch Garten verbildlicht wird.[309] In einem viel zitierten Gedicht des andalusischen Mystikers Ibn Arabi verweisen die verschiedenen Behausungen, die das Herz verkörpern können, auf das Ideal einer unbedingten Liebe jenseits religiöser Orthodoxie:

> Mein Herz ward fähig, jede Form zu tragen:
> Gazellenweide, Kloster wohlgelehrt,
> Ein Götzentempel, Kaaba eines Pilgers,
> Der Tora Tafeln, der Koran geehrt:
> Ich folg' der Religion der Liebe, wo auch
> Ihr Reittier zieht, hab' ich mich hingekehrt![310]

Fêrda Asya betont die zentrale Rolle, die das Herz in Noailles' Lyrik hat und liest diese vor dem Hintergrund der Sufi-Philosophie.[311] Während das Herz in der Sufi-Mystik Ort der Gnosis, des intuitiven Wissens und letzten Endes der Erkenntnis Gottes ist, teilt Noailles die Zentralität unbedingter Liebe, ohne einen religiös definierten Gottesbegriff zugrunde zu legen. Vielmehr wird diese Stelle durch die Intensität des eigenen Begehrens und eine grundsätzliche Öffnung gegenüber dem Anderen gefüllt.[312]

Ibn Arabi gehört mit Rumi auch zu den bekannten Sufi-Mystikern, die der erotischen Liebe ein zentrales Moment für die Erkenntnis der Liebe Gottes zukommen lassen.[313] Asya interpretiert die Über-Blendung von erotischen und spirituellen Wahrnehmungen gegenüber der Natur aus der Perspektive von Noailles' Kenntnis der Sufi-Tradition. «If one takes Noailles to be an artist who simply conveys in her art her emotions enraptured by nature, one may miss the spiritual undertone of her artistic creativity. [...] As an ardent practitioner of the Sufi tradition in her art, Noailles never abstained from blending the sexual with the spiritual in conveying her strong feeling about nature.»[314] Wenngleich mir

---

309 Vgl. Ferdâ Asya: The Orientalism of Anna de Noailles, S. 51ff.
310 Annemarie Schimmel (Hg.): *Gärten der Erkenntnis. Texte aus der islamischen Mystik übertragen von Annemarie Schimmel*. Düsseldorf / Köln: Eugen Diederichs Verlag 1982, S. 143.
311 Vgl. Ferda Asya: The Orientalism of Anna de Noailles, S. 53ff.
312 Vgl. auch 'Les délices orientales' (*Les Éblouissements*): «Où, sous l'ineffable lumière, / Le corps éperdu, défaillant, / Offre aux dieux bleus de l'Orient / Le désir comme une prière !» (9–12)
313 Vgl. Annemarie Schimmel: ‹I take off my dress of the body›. Eros in Sufi literature and life. In: Sarah Coakley (Hg.): *Religion and the Body*. Cambridge: Cambridge University Press 1997, S. 280f.
314 Ferda Asya: The Orientalism of Anna de Noailles, S. 55. Zum 'erotischen' Verhältnis zur Natur vgl. auch das folgende Kapitel 3.6.

Asyas These, die Dichterin sei 'im Grunde des Herzens Sufi', zu weit geführt erscheint, ist die orientali(sti)sche Tradition tatsächlich ein wichtiger intertextueller Baustein in Noailles' hybridem, eklektischem poetischem Universum. In diesem Sinne lässt sich Noailles' Aneignung von Topoi der Sufi-Mystik nicht nur als rhetorische Strategie, sondern durchaus auch als spirituelles Substrat verstehen. Anna de Noailles flicht ein intertextuelles Gewebe aus Referenzen der griechischen Philosophie, der persischen Literatur, christlicher Tradition und der zeitgenössischen Philosophie. Dabei erstellt sie ein hybrides poetisches Mosaik, in welchem sie letzten Endes immer wieder die Feier der Sinne, des Körpers, der Natur und der Liebe ins Zentrum stellt. Die erotische Beziehung zur Welt, die sich in den Texten ausdrückt, geht dabei weit über ein heteronormatives Verständnis von Sexualität hinaus.

Persische Tänzerin

Als letztes Beispiel für die poetische Aneignung orientalistischer und dionysischer Momente möchte ich eine genaue Lektüre des Gedichtes 'Danseuse persane' (*Les Éblouissements*) anbieten, da in diesem Text paradigmatisch Aspekte des Sufismus und des Orientalismus, der dionysischen Ästhetik, der zeitgenössischen Poetik sowie moderner weiblicher Körper-Bilder zusammenlaufen. Zugleich lassen sich an diesem Text besonders verdichtet Affinitäten zwischen mystischen Konzepten, vitalistischen Impulsen, und Figuren vitalmaterialistischer Philosophie aufzeigen.

Das Langgedicht (25 achtsilbige Vierzeiler mit regelmäßigem Kreuzreim) imaginiert aus der Sicht der sie betrachtenden und bewundernden Sprecherin den rauschhaften Tanz einer namenlosen 'persischen Tänzerin'. Dabei verhandelt der Text über den Tanz zwei gegensätzliche Prinzipien, welche die beiden weiblichen Instanzen reflektieren: auf der einen Seite disziplinierte Selbstkontrolle, Geistigkeit und Askese, auf der anderen Seite Kontrollverlust, Körperlichkeit und Verausgabung.

Um 'Danseuse persane' zu kontextualisieren und Noailles' poetische Inszenierung der Tänzerin einzuordnen, lohnt sich ein ausführlicherer Blick auf die Faszination für Tanz und Tänzerinnen in Kunst und Literatur der Jahrhundertwende. Gabriele Brandstetter hat Körper-Bilder, Weiblichkeitsmodelle, moderne Ästhetik und Subjektivitätsdiskurse im Verhältnis zum Tanz im ersten Drittel des

20. Jahrhunderts modellbildend untersucht.[315] Sie unterscheidet zwischen zwei dominierenden weiblichen Körperbildern: dem Modell der Antike und dem Modell des Exotismus. Im ersten Modell – beispielhaft realisiert in den Figuren der Primavera, der Nike und der Mänade – «werden Pathosformeln als genuine Muster von ‹Natur› und ‹Natürlichkeit› für die Bewegungsformen des neuen ‹freien› Tanzes re-aktiviert.»[316] Das zweite Modell stellt ein «Bewegungsbild» zur Verfügung, «das im Tanz (aber auch in der Literatur und in der bildenden Kunst) überwiegend weiblich konnotiert ist: als das exotisch-erotische Weiblichkeitsmuster der Femme fatale.»[317] Exemplarisch ist hier die Figur der Salome, aber auch jene der orientalischen Tänzerin im sogenannten 'Bienentanz'.

Die beiden Gruppen zugrunde liegenden Körperbilder definieren sich über «emphatisch inszenierte Akte der Auflösung kultureller Hemmungen»:[318] Tanz wird als Gegenentwurf zu den Zwängen der Zivilisation gedacht. Damit tragen die über den modernen Tanz und die Figur der Tänzerin verhandelten Diskurse sowohl zur Konstruktion als auch Dekonstruktion von (weiblichen) Subjektivitätsmodellen bei. Die Tänzerin bildet das Ideal eines 'neuen, befreiten Menschen'; im Bewegungsrausch wird die Überschreitung der Ich-Grenzen in Szene gesetzt und reflektiert. Das Moment der subjektiven Entgrenzung wird ebenfalls zentral in der Re-Aktualisierung des Bacchanals, wo dem Rausch ein (meta-) ästhetisches Moment zukommt:

> Das Ekstatische erhält […] auch die Funktion einer Meta-Ästhetik: sowohl im Bereich des Tanzes, in der Reflexion von Darstellungsmöglichkeiten der Körperentgrenzung in und durch Bewegung; als auch in der Literatur, in einer Poetologie der Metamorphose – als Drehtanz und als ‹Feuertanz›, in der Auflösung, Verwandlung und Medialität individueller Körperlichkeit und der damit verknüpften Transformation des schöpferischen Subjekts.»[319]

'Danseuse persane' schreibt sich in die zeitgenössische Begeisterung für modernen Tanz und die damit verbundenen Körper- und Subjektivitätsdiskurse ein. Das Gedicht beginnt mit einer Apostrophe an die Tänzerin (1–4):

DANSEUSE PERSANE

Dame persane, en robe rose,
Qui dansez dans le frais vallon,
Tournez vers mon âme morose
Votre œil de biche, sombre et long.

---

315 Vgl. Gabriele Brandstetter: *Tanz-Lektüren. Körperbilder und Raumfiguren der Avantgarde.* Freiburg: Rombach ²2013.
316 Ebda., S. 52.
317 Ebda.
318 Ebda., S. 53.
319 Ebda., S. 251.

Das lyrische Subjekt konstituiert sich in der Ansprache der sinnlich und leidenschaftlich charakterisierten Perserin antithetisch selbst als melancholische, verhinderte Tänzerin: «Veuillez écouter ma complainte: / J'étais faite aussi pour danser» (5–6). Die Tänzerin wird im Anschluss daran mit Attributen des Feuers und der Sonne gekennzeichnet, welche ihre leidenschaftlichen Bewegungen hervorheben und die sich gleichzeitig mit einer organischen Qualität der Tanzenden verbinden:

> Un bas en or sur votre jambe
> 10 Luit comme un réseau de soleil,
> Et tout votre jeune être flambe
> Auprès d'un branchage vermeil.
>
> Ce bel arbuste solitaire,
> Où vous enroulez votre bras,
> 15 Est en feu comme un lampadaire,
> Et parfume comme un cédrat.

Die Sinneseindrücke, die 'Danseuse persane' vermittelt, sind Stofflichkeit, Licht und (rotgoldene) Farbe. Feuer und Sonne nehmen erneut Motive aus der christlichen und der muslimischen Mystik sowie der Philosophie Nietzsches auf, die Aspekte der Intensität assoziieren. Brandstetter hat darüber hinaus die zentrale Rolle von Feuer und Flamme im modernen Tanz als «Mittler zwischen Geist und Materie, zwischen Körper und Zeichen»[320] aufgezeigt.

Die Tänzerin ist zudem von einer 'vegetalen' Körperlichkeit gekennzeichnet: Durch die Verschlingung von Armen und Ästen scheinen menschliche Bewegung und Pflanze ineinander überzugehen, sie sind nicht mehr klar voneinander zu unterscheiden. Die Ästhetik entspricht dem 'vegetalen' Ideal von *naturisme* und *Art Nouveau*. Zugleich verweist die Identifizierung mit dem Baum auf ein radikal materialistisches Verständnis des Menschen als einem physischen Organismus: «[L'homme] est animal, il est plante»,[321] bekräftigt Noailles entsprechend in *Le Livre de ma vie*.

---

[320] Vgl. ebda., S. 283. In Frankreich hat Loïe Fuller 1894 mit ihrem 'Danse du feu' ein Modell für die Konnotation des Elements mit dem modernen Tanz vorgelegt: «In dieser Choreographie verbindet sie das für ihren Tanz in seinen beständigen Verwandlungen aus bewegtem Stoff, Licht und Farben charakteristische Moment der Metamorphose mit der Suggestion des Feuers [...] Fullers *Danse du Feu* [...] vermittelt den Eindruck, als verkörpere ihr Tanz die zuckende frenetische Bewegung der Feuerelemente selber.» Ebda., S. 283. Autoren wie Hugo von Hofmannsthal, Rainer Maria Rilke und Paul Valéry beziehen sich in ihren poetischen und theoretischen Verhandlungen über den Tanz ebenfalls auf den Vergleich mit dem Feuer.
[321] Anna de Noailles: *Le Livre de ma vie*, S. 90. Vgl. ausführlicher Kap. 3.6.

3.5 Von der tanzenden Göttin. Oriental(ist)ische und dionysische Spuren — 207

Neben der ästhetischen Nähe zum zeitgenössischen modernen Tanz lässt das orientalische Motiv auch an den Drehtanz der Derwische in der Sufi-Mystik denken. Der sogenannte *samā* gilt als bekannteste Praxis der muslimischen Mystik, die insbesondere im türkischen Mevlevi-Orden ausgeübt wurde und wird.[322] Dabei drehen sich die Tanzenden zu rhythmischer Musik so lange wirbelnd im Kreis, bis sie einen ekstatischen Zustand erreichen. Der Tanz der Derwische ist ein Mittel, um ein Gefühl der völligen Ich-Auflösung, der 'Entwerdung' *(fanā)*, hervorzurufen und damit die Voraussetzung für ein mystisches Einswerden mit Gott *(baqā)* zu erlangen. Die Praxis, die Musik, auch Wein und die Anwesenheit junger Männer beinhaltete, wurde von orthodoxen Theologen und gemäßigten Mystikern stark kritisiert. Jedoch hat der wirbelnde Derwisch-Tanz gerade auch in der mystischen Literatur einen Platz gefunden. Am prominentesten wird dies in der Dichtung Rumis sichtbar, der immer wieder Musik, Tanz und Wein in Zusammenhang mit der Schau des Geliebten thematisiert.

Wenngleich Noailles nicht von ihrer eigenen Teilnahme berichtet, erinnert sie sich, wie ihre Mutter und die Verwandten in Istanbul zu einer Vorführung von Sufi-Tänzen gingen.[323] Abgesehen von diesem eher anekdotischen Detail war der türkische Drehtanz in der europäischen Avantgarde in jedem Fall ein bekanntes und beliebtes Motiv.[324] Die europäische Aneignung des Derwisch-Tanzes funktionierte jedoch im Wesentlichen über den Solo-Tanz, während das Sufi-Ritual sich ja gerade aus der gemeinsamen Bewegung einer Gruppe einer religiösen Gemeinschaft speist.[325] Brandstetter fragt nach den Konsequenzen

---

322 Vgl. im Folgenden Annemarie Schimmel: *Mystische Dimensionen des Islams*, S. 196–204.
323 Zur Erinnerung an den Istanbulaufenthalt vgl. Anna de Noailles: *Le Livre de ma vie*, S. 153ff.
324 Georg Heym thematisiert den Drehtanz 1911 in seinem Gedicht 'Barra Hei' als eine Art Gebet. Mary Wigman tanzt ebenfalls ein Stück mit dem Titel 'Der Derwisch' innerhalb ihres Solo-Zyklus *Ekstatische Tänze* (1917), dessen Grundgedanke «die mystische Hingabe des Individuums an eine höhere Macht» ist. Jean Börlin inszeniert 1920 in Paris einen Drehtanz mit den Titel *Derviches*. Vgl. Gabriele Brandstetter: *Tanz-Lektüren*, S. 269. Maurice Barrès, der für Noailles nicht nur enger Vertrauter, sondern auch Inspirationsquelle orientalistischer Diskurse war, besuchte auf einer Reise 1914 – freilich nach Entstehung des Gedichtes – selbst einen anatolischen Derwisch-Orden und beschrieb den Tanz als mystische Ekstase. Dabei stellt er interessanter Weise eine Nähe des Tänzers zu Berninis Skulpturen her, der ja vor allem für seine Teresa-Statue bekannt ist: «Le grand Tchélébi en dansant avait l'expression d'une figure du Bernin. Il tourne, tourne, enveloppé de son bonheur inexprimable. [...] C'est l'extase c'est l'instant où ces danseurs enivrés éprouvent que leur désir nostalgique fait éclater leur moi individuel.» Maurice Barrès: *Une enquête aux pays du Levant*. Mit einem Vorwort von Jacques Huré. Paris: Éditions Manucius 2005, S. 285f.
325 Vgl. zur Rezeption des Tanzes der Derwische in der europäischen Kultur der Avantgarde Gabriele Brandstetter: *Tanz-Lektüren*, S. 252–279.

dieser Verschiebung für ein modernes Subjektivitätsverständnis und erwähnt hier den Kult um das einsame Subjekt, die Kritik an der modernen Massengesellschaft, die Selbst-Inszenierung des Künstlers als Visionär sowie das Spiel mit psychischen Grenzzuständen «angesichts des Bruchs von Wertesystemen und des relativierenden Nebeneinanders widersprüchlicher Weltanschauungen».[326] Hinzuzufügen wäre hier noch die charakteristische Verschiebung von einer kollektiven konfessionellen religiösen Praxis hin zu einem individuellen spirituellen Ansatz im Sinne von Taylors Beobachtung der Vervielfältigung und Individualisierung der Möglichkeiten des Glaubens in der Moderne.[327]

Die europäische Faszination für den religiösen Drehtanz scheint allen voran in seiner vermeintlichen Unmittelbarkeit zu liegen:

> Gerade das scheinbar ‹Primitive›, das Nicht-Elaborierte, Nicht-Virtuose dieses religiösen Kultes gewinnt dabei besondere Anziehungskraft für die Künstler der Avantgarde; scheint doch darin ganz besonders die Begrenzung der ‹Als-ob›-Konvention illusionierender künstlerischer Produktion hinterfragt zu sein. [...] Die Grenzen der Umwelt wie auch die Grenzen des Subjekts verlieren sich im überpersönlichen Erlebnis der Trance. Der Drehtanz setzt also der (theatralisch-zeichenhaften) Repräsentation von Bewegung ein Erfahrungsmodell von Unmittelbarkeit entgegen. Die Trance, die durch das monotone Ritual unentwegter Drehung erreicht wird, öffnet den Raum der Transzendenz. In der Verschmelzung mit dem Göttlichen in der Ekstase liegen Ziel und Erfüllung dieses Bewegungs-Rituals.[328]

Das immanente Transzendenzerlebnis im Drehtanz, das ein Gefühl von Präsenz erzeugt, deutet Brandstetter explizit mit der psychoanalytischen Beschreibung mystischer Erfahrung Freuds als Herstellung eines 'ozeanischen Gefühls'.[329]

Bei Anna de Noailles kann die Konnotation zum Tanz der Derwische somit auf verschiedenen Ebenen gelesen werden. Zunächst als biografischer Verweis und weiterer Baustein von Noailles' orientalistischer Selbstinszenierung. Zudem verweist das Motiv auf den zeitgenössischen Wunsch nach Übersteigung der klassischen zeichenhaften, immer auf Distanz bleibenden künstlerischen Repräsentationsmodelle. Dagegen setzt Noailles die körperliche Erfahrung, den Rausch, die Ekstase zu Zwecken der steten Dehnung der Grenzen des Subjekts. Schließlich trägt die Konnotation zur bekannten Praxis der Sufi-Mystiker zur spirituellen Bedeutungsschicht des Textes bei, die sich in der Heiligung der Tanzenden manifestiert.

---

326 Ebda., S. 264.
327 Vgl. Kap. 2.1.
328 Gabriele Brandstetter: *Tanz-Lektüren*, S. 262f.
329 «Im Drehtanz geschieht eine aus der Bewegung evozierte Darstellung jener Erfahrung, die Sigmund Freud [...] als Gefühl des ‹Ozeanischen› beschrieben hat». Ebda., S. 264.

Auf epistemologischer Ebene ist zudem hervorzuheben, dass die Sufi-Mystiker in der Ekstase zur Vorstellung gelangen, dass alles Lebende am mystischen Tanz teilhat: «Wenn die Fesseln des Leibes einmal gebrochen sind, wird die Seele befreit und realisiert, daß alles Geschaffene an diesem Tanz teilnimmt – der Lenzwind der Liebe berührt den Baum, so daß Zweige, Knospen und Blätter in der alles umfassenden mystischen Bewegung sich zu regen beginnen.»[330] Diese pantheistische Vorstellung lässt sich wieder rückbinden an Noailles' organische Engführung von Tanzbewegung und Geäst und der Liebkosung einer dunklen Zeder durch die Tänzerin (73–74) im vorliegenden Gedicht. Die durch die Drehtanz-Assoziation suggerierte 'spirituelle Intertextualität' unterstützt die Lektüre der monistischen Denkfiguren in Noailles' Lyrik aus vitalistischer Perspektive, in der nicht-menschlichen Organismen eine spezifische Form materieller *agency* zugedacht wird.

«Tu chantes la vie, et la vie !»

Die Verse 21–44 evozieren mit ihren an die Tänzerin gerichteten rhetorischen Fragen eine orientalistische Fantasiewelt, in welcher fiktive Liebhaber und Figuren der griechischen Mythologie neben orientalistischen Topoi (persische Elefanten, indische Gewürze u.Ä.) auftreten und die als räumlicher Platzhalter für den Wunsch nach und die (Un-) Möglichkeit des leidenschaftlichen körperlichen Erlebens steht. Die Tänzerin verkörpert unbedingte Sinneslust, die ihr in den Leib eingeschrieben ist: «Comme je vois à tous vos gestes, / [...] Que vous n'aimiez que le plaisir !» (45–48)

Der Text kontrastiert die hier weiblich konnotierte Hingabe an den Moment weiterhin mit den asketischen Philosophien der (männlichen) 'alten Weisen' (52) des Mittleren Ostens:

    Pendant leur morne promenade,
    Sur les bords du Tigre, en été,
55 Roulant leurs chapelets de jade,
    Ils maudissaient la volupté.

    Ils disaient que, puisque tout passe,
    Puisque l'être est pareil au vent,
    Il faut méditer dans l'espace,
60 Sous les platanes d'un couvent...

---

330 Annemarie Schimmel: *Mystische Dimensionen des Islams*, S. 202.

> – Mais toi, danseuse au clair délire,
> Gâteau de miel, de lis et d'or,
> Tu ris et dédaignes de lire
> Leurs manuscrits où l'on s'endort.
>
> 65 Que leur corps usé se repose !
> Mais toi, lorsque le rossignol
> Se gorge du vin de la rose
> Et tombe étourdi sur le sol,
>
> [...]
>
> Tu t'élances sous le beau cèdre,
> Tu caresses ses noirs rameaux,
> 75 Tu danses, grave comme un prêtre,
> Chaude comme les animaux !

Wie das sprechende 'Ich' stellen auch die «vieux sages» (52) eine Kontrastfolie dar, vor der sich die bewegte Trunkenheit der Tänzerin erst entfalten kann. Im Gegensatz zu weiter oben diskutierten Lesarten wird hier die klassische türkische und arabische Philosophie nicht zum Modell einer körperbetonten Hingabe an das Leben, sondern der Text ruft, im Gegenteil, asketische Praktiken auf, die sich in der mittelalterlichen Sufi-Tradition ebenfalls finden und die Noailles im oben zitierten Vorwort zum Rosengarten positiv hervorhebt.[331] Dort bezieht sie sich auf den Gedanken der Vergänglichkeit und beständigen Transformation menschlicher Existenz als universales, panreligiöses Motiv für eine zurückgezogene, gemäßigte Lebensweise. Die Tänzerin dagegen, die mit preziösen, sinnlichen Bildern und in hellen Farben (Honig, Lilie, Gold) zum Strahlen gebracht wird, verachtet die alten, schriftlich vermittelten Weisheiten und stellt dieser ihre Leiblichkeit entgegen. Die Manuskripte der Weisen erscheinen leblos, sie wissen in ihrer Trennung vom Körper nicht das Leben zu be-deuten. Die Tänzerin dagegen «[chante] la vie, et la vie !» (97)

An dieser Stelle wird eine moderne Skepsis gegenüber den kognitiven Erkenntnismöglichkeiten traditionellen Sprachgebrauchs sichtbar, wie sie viele zeitgenössische Schriftstellerinnen und Schriftsteller teilten. Nietzsche fordert z.B. in *Ueber Wahrheit und Lüge im aussermoralischen Sinne*, dass der Ausgangspunkt jeglicher Erkenntnis die Sinneswahrnehmung sein müsse und er stellt den rationalen wissenschaftlichen Erkenntnismodus dem intuitiven

---

331 Vgl. zu den asketischen Ursprüngen des Sufismus Annemarie Schimmel: *Sufismus*, S. 11ff.

künstlerischen Zugang gegenüber.[332] In *Morgenröte* formuliert Nietzsche knapp: «Die Worte liegen uns im Wege!»[333]

Das Unbehagen an der Sprache korreliert mit den zeitgenössischen Dichtungstheorien der Avantgarde. Als Körper-Kunst und «Medium transitorischer Zeichenproduktion»[334] stellt der Tanz sowohl ein Gegenmodell zum realistischen Literaturkonzept als auch ein poetologisches Ideal für die neue moderne Dichtung dar: Er ver-körpert den Prozesscharakter von Kreativität, die Selbstbezüglichkeit des Zeichensystems sowie die grundlegende Dialogizität und Offenheit des Kunstwerks.[335]

In der modernen Lyrikkonzeption sind die Wörter und Wortketten beweglich, konstituieren immer wieder neue Bedeutungen und streichen diese zugleich aus.[336] Noailles' Lyrik teilt nicht die Axiome der Avantgarde-Dichtung, jedoch sind in der Gestaltung der persischen Tänzerin zeitgenössische ästhetische Konzepte latent präsent. Der radikale Bruch zwischen Signifikant und Signifikat scheint jedoch eher in der Spaltung des Subjekts selbst auf, in der Spannung von Form und Diskurs, von (Zeichen-) Körper und (Zeichen-) Bedeutung. Diese Spaltung spiegelt sich in der Gegenüberstellung von Sprachinstanz und Tänzerin, im Oszillieren zwischen Kontrolle und Verausgabung, Realität und Wunsch.

Mit Rose und Nachtigall ruft Noailles in den Versen 66 bis 68 eines der beliebtesten Motive der persischen und türkischen Liebeslyrik auf, das in zahllosen Variationen vorliegt.[337] Die Rose erscheint in der mystischen Tradition als Geliebte und Braut sowie vergängliche, kostbare Schönheit. Sie wird assoziiert mit dem Weinglas und dem Buch, Feuer und Blut und, im mystischen Kontext, mit

---

332 Vgl. Friedrich Nietzsche: *Sämtliche Werke. Kritische Studienausgabe. 1. Die Geburt der Tragödie. Unzeitgemäße Betrachtungen 1–4. Nachgelassene Schriften 1870–1873*. Herausgegeben von Giorgio Colli / Mazzino Montinari. München: Deutscher Taschenbuchverlag 1988, S. 873–891. Vgl. auch Uwe Spörl: *Gottlose Mystik*, S. 33.
333 Friedrich Nietzsche: *Sämtliche Werke. Kritische Studienausgabe. 3. Morgenröte. Idyllen aus Messina. Die fröhliche Wissenschaft*. Herausgegeben von Giorgio Colli / Mazzino Montinari. München: Deutscher Taschenbuchverlag 1980, S. 537.
334 Gabriele Brandstetter: *Tanz-Lektüren*, S. 327.
335 «Im transitorischen Moment der tänzerischen Bewegung fallen Hervorbringung und Löschung der Zeichen ineinander, und der Zustand der Inspiration – ein ‹anderer Zustand› im Sinne Robert Musils – erscheint insofern als eine Form der ‹ekstasis›, als er aus dem Kontinuum organisierter Zeit- und Raum-Wahrnehmung fällt.» Ebda., S. 339. Paul Valéry z.B. versteht den Tanz als reine Verausgabung, als Bewegung um ihrer selbst willen und damit als Vorbild einer selbstreflexiven, nicht-repräsentativen *poésie pure*. Vgl. ebda., S. 327. Vgl. zum Tanz und zur Tänzerin als poetologische Reflexionsfiguren auch Kap. 4.5.
336 Vgl. ebda., S. 339.
337 Vgl. im Folgenden Annemarie Schimmel: *Stern und Blume*, S. 137ff.

göttlicher Perfektion. Die Nachtigall wird als Seelen-Vogel gedacht, und «so wird auch das profanste Gedicht, das von der Liebe zwischen Rose und Nachtigall spricht, im Grunde nichts anderes als eine Allegorie für die unendliche Liebe zwischen der Seele und Gott.»[338] In Noailles' Aneignung des Topos werden nun besonders zwei Konnotationen aktualisiert: Zum einen symbolisiert die Rose in Verbindung mit der vorherigen Distanzierung vom Bücher-Wissen der Gelehrten eine andere, intuitive Form des Wissens, zu dem die Nachtigall durch ihre Liebe Zugang erhält. «Wer das Buch der Rose studiert, bedarf keiner gelehrten theoretischen Abhandlungen mehr», schreibt Annemarie Schimmel in diesem Kontext und zitiert als Beispiel den persischen Dichter und Mystiker Dschāmi:

> Laut liest vom Blatt der Rose
> die Nachtigall ein Wort,
> Was hundert Kommentaren schwer auszulegen
> fällt.[339]

Zum anderen konnotiert die Rose durch die Assoziierung mit dem Feuer Leidenschaft und Verausgabung. Bei Hafiz etwa verbrennen die Flügel der Nachtigall im Feuer der Liebe zur Rose.[340] In der Parallelführung der trunkenen Liebe von Rose und Nachtigall und des rauschhaften Tanzes der Tänzerin nimmt die Tanzende die dem mystischen Motiv anhaftenden Assoziationen an. Leidenschaftlich verausgabt sie sich im Tanz und ver-körpert ein leiblich verankertes, intuitives Wissen. Das erotische Verhältnis zur Natur in Form der Liebkosung der Zeder, die auf das biblische *Hohelied* verweist, betont diesen sinnlichen Zugang noch.[341]

Die Tänzerin, «ange farouche» (49), erscheint zugleich erhaben 'wie ein Priester' und erhitzt, 'heiß wie ein Tier' (75–76). Damit erhält sie eine sowohl spirituelle als auch eine animalisch-körperliche Dimension.[342] Körper und Geist stehen sich nicht oppositionell gegenüber, sondern, im Gegenteil, die Leiblichkeit der Tänzerin, ihre körperliche Verausgabung ist die eigentliche Bedingung

---

338 Annemarie Schimmel: *Stern und Blume*, S. 143. «Alle Leiden der Nachtigall symbolisieren die Leiden des Liebenden auf seinem Weg zur Rosenwange oder zur ewigen Rose. Ist nicht die Seele wie eine Nachtigall, die hier auf Erden unter die Eulen gefallen ist und eilends zurückfliegt zum Rosengarten, sobald sie den Duft der Rose verspürt?» Ebda., S. 147.
339 Dschāmi zitiert nach Annemarie Schimmel: *Stern und Blume*, S. 141.
340 Vgl. Annemarie Schimmel: *Stern und Blume*, S. 147.
341 Vgl. Hld 1,17; 5, 15; 8,9. «Telle la Sulamite, Anna de Noailles est une ‹habitante des jardins› orientaux», stellt auch Angela Bargenda eine Verbindung zum *Hohelied* her. Angela Bargenda: *La poésie d'Anna de Noailles*, S. 157. Vgl. zum *Hohelied* als Modell (weiblichen) mystischen Schreibens Kap. 2.3.
342 Vgl. Catherine Perry: *Persephone Unbound*, S. 74.

3.5 Von der tanzenden Göttin. Oriental(ist)ische und dionysische Spuren — 213

für die spirituelle Erfahrung einer Form immanenter Transzendenz. Diese transzendierende Figur wird verstärkt durch die Aufstiegssemantik in den Versen 79–80, in welchen die Seele wesentlich als Bewegung charakterisiert wird: «Toute ton âme se promène / Du vallon noir au noir coteau !»[343] Trotz der traditionellen Aufstiegssymbolik bleibt eine lineare Erlösungsstruktur jedoch aus – das 'dunkle Tal' mit seiner Konnotation zum 23. Psalm, aber auch zu Lamartines 'Schattental' wird hier nicht kontrastiv durch eine helle, 'weiße' Anhöhe ersetzt.[344] Im inkongruenten Chiasmus von «vallon noir» und «noir coteau» wird vielmehr die Irritation und Verunsicherung noch betont, die sich gerade nicht im metaphysischen Trost auflösen lässt.

In den Versen 81–92 schreibt die Sprecherin der Tänzerin – komplementär zur Askesehaltung der Weisen – noch einmal explizit eine epikureische Lebenshaltung zu. «Ainsi, la danseuse persane sert [...] de véhicule poétique pour la maxime épicurienne de la saisie de l'instant.»[345] Der Leidenschaft, dem Begehren wird dabei eine treibende Kraft zugesprochen, die – gleich einem 'schönen und grausamen Aasgeier' (88) – zugleich Stärke und verzehrende Zerstörung impliziert: «il faut que le désir s'éploie / Comme un vautour cruel et beau !» (87–88). Das rauschhafte Lebensgefühl kondensiert sich in der Gottesfigur, die ebenfalls der Tänzerin zugerechnet wird: «ton Dieu veut que l'on s'enivre, / De parfum, de vin et d'amour !» (83–84) Hier wird erneut auf den Topos von Wein und Trunkenheit in der muslimischen Mystik angespielt.

---

343 Vertikale Bewegung, Erhebung und ekstatischer Ich-Verlust kennzeichnen auch Repräsentation des modernen Trance- und Drehtanzes in der zeitgenössischen Literatur. Vgl. Gabriele Brandstetter: *Tanz-Lektüren*, S. 267.
344 Das Tal mag somit auch mit der romantischen Naturkonzeption in 'Le vallon' in Verbindung gesetzt werden: «Mais la nature est là qui t'invite et qui t'aime ; / Plonge-toi dans son sein qu'elle t'ouvre toujours : / Quand tout change pour toi, la nature est la même, / Et le même soleil se lève sur tes jours.» (49–52) Alphonse de Lamartine: *Ausgewählte Gedichte*. Metrisch übersetzt von Gustav Schwab. Mit beigefügtem französischem Texte. Stuttgart / Tübingen: Cotta'sche Buchhandlung 1826, S. 62. Noailles wurde von vielen Zeitgenossen mit Lamartine verglichen. Catherine Perry widmet dem Einfluss der Romantiker und insbesondere Lamartines sowie den Innovationen und Abgrenzungen seitens Noailles ein ganzes Unterkapitel. Vgl. Catherine Perry: *Persephone Unbound*, S. 165–242. Vgl. auch Noailles' Gedicht 'Le vallon de Lamartine' (*Les Éblouissements*), in dem sie sich explizit mit Lamartines Poetik auseinandersetzt.
345 Angela Bargenda: *La poesie d'Anna de Noailles*, S. 153.

Im Rausch

Im Kontext von Noailles' Nietzsche-Rezeption und dionysischer Ästhetik entsteht hier das Bild des griechischen Gottes des Weines und der Ekstase vor Augen. Dass es sich implizit um einen persischen Gott handeln muss, stellt eine zusätzliche Nähe zu Nietzsches Werk her, allen voran zum *Zarathustra* – Nietzsche benennt schließlich seine prophetische Figur nach dem persischen religiösen Führer der Spätantike. Und auch die Symbolik des Tanzes als Ausdruck der Feier des Leibes, der Transformation und ewigen Wiederkehr ist ein verbindender Aspekt, der für Nietzsches für die Moderne so einflussreiche «mystisch[e] Dichtung»[346] charakteristisch ist. Im *Zarathustra* kommt dem Tanz eine wesentliche Rolle zu. Zwei 'Tanzlieder' enthält der Text und zwei Zitate, die den Tanz zum Inhalt haben, sind zu populären Aphorismen, ja Gemeinplätzen geworden (soweit, dass sie als Aufdrucke auf T-Shirts und Tassen vermarktet werden): «Ich sage euch: man muß noch Chaos in sich haben, um einen tanzenden Stern gebären zu können.»[347] Und, für unseren Kontext noch wichtiger: «Ich würde nur an einen Gott glauben, der zu tanzen verstünde.»[348] Anna de Noailles hat die zweite Bemerkung in ihrem Notizbuch von 1907/08, also zur Zeit der Entstehung und Publikation von *Les Éblouissements* notiert.[349]

Noailles' Texte aus *Les Éblouissements* zelebrieren Natur, Licht, Schönheit, Lust und poetische Kontemplation als dionysische Intensität und Fülle. Die erste Sektion des Bandes mit dem Titel 'Vie – Joie – Lumière', der die in diesem Kapitel analysierten Gedichte entstammen, ist mit einem *Zarathustra*-Zitat überschrieben: «Tout amour de soleil est innocence et désir de créateur !»[350] Das Zitat steht dort im Kontext der Feier von Sonne und Erde im Zeichen eines Denkens radikaler Immanenz.

In 'Danseuse persane' ist es die Tänzerin, die mit einer Priesterin verglichen wird und die sich der rauschhaften Bewegung hingibt. Als Vermittlerin und Ausübende einer Religion der Leiblichkeit, der Sinne und des Rausches vermittelt sie

---

346 Lou Andreas-Salomé: *Friedrich Nietzsche in seinen Werken*. Wien: Konegen 1911, S. 153.
347 Friedrich Nietzsche: *Sämtliche Werke. Kritische Studienausgabe. 4. Also sprach Zarathustra 1–4*. Herausgegeben von Giorgio Colli / Mazzino Montinari. München: Deutscher Taschenbuchverlag 1988, S. 19 (*Zarathustra*, Zarathustra's Vorrede 5).
348 Ebda., S. 49 (Vom Lesen und Schreiben).
349 Vgl. zu den Nietzsche-Bezügen hier Angela Bargenda: *La poésie d'Anna de Noailles*, S. 199 und Catherine Perry: *Persephone Unbound*, S. 151.
350 Anna de Noailles: *Œuvre poétique complète*, S. 287. «Denn schon kommt sie, die Glühende, – *ihre* Liebe zur Erde kommt! Unschuld und Schöpfer-Begier ist alle Sonnen-Liebe!» Friedrich Nietzsche: *KSA* 4, S. 158 (Von der unbefleckten Erkenntnis). Kursivierung im Original.

eine spirituelle Autorität. Schließlich verkörpert die Figur auch das Prinzip der kontinuierlichen Veränderung und Bewegung. Catherine Perry überträgt die Figur der Bewegung auf das poetische Modell weiblicher Subjektivität:

> The poem implies that there has always existed an independent discourse, the language of female desire and ‹voluptuousness›, which was not recorded in writing but was experienced in the body. [...] Far from a static substance, this feminine power is being involved in perpetual, dynamic becoming; like dancing limbs and the flowing notes of a song, its ‹substance› is pure motion.[351]

(Weibliche) Subjektivität wäre damit anti-essenzialistisch gedacht, als ein stetes Werden, und leiblich fundiert in einer Körper-Sprache, die sich traditionellen metaphysischen Konzepten und Hierarchien zu entziehen sucht. Auch das Verhältnis zwischen lyrischer Sprecherin und Tänzerin lässt sich mit diesem dynamischen Modell beschreiben, fallen beide Instanzen doch mal oppositionell auseinander, mal gehen sie ineinander über.

Die Tänzerin identifiziert sich hier nicht über den Blick des Anderen, sondern aus der eigenen Bewegung heraus und entfaltet auf diese Weise «a feminine subjectivity far removed from the world of male desire».[352] «[Elle] exécute sa danse comme une revendication au droit de vivre et d'aimer. Figure de la féminité subjective, elle vient troubler les eaux de la misogynie décadente, même si sa danse n'est, en fin de compte, qu'une médiation sur une image d'album ancien».[353] Vor der Folie der rekurrenten Figur der Tänzerin als Muse in der Lyrik männlicher Dichter (prominent etwa bei Paul Valéry) stellt Noailles' Aneignung der Tänzerin eine Alternative dar: Über das dynamische Verhältnis von sprechendem 'Ich' und Tänzerin ist die «danseuse» nicht nur Objekt der Inspiration, sondern genauso Subjekt des eigenen ästhetischen Schaffens.

Neben der Betonung der Möglichkeiten individueller Entgrenzung und Einheitserfahrung in der rauschhaften Bewegung bringt Nietzsche den Tanz auch mit einem dynamischen Kunst- und Schaffensbegriff in Verbindung.[354] Entsprechend lässt sich 'Danseuse persane' aus dieser Perspektive als Ausdruck einer dynamischen, hybriden Ästhetik lesen. So lässt sich eine Doppelbewegung zwischen poetischen Motiven und metapoetischer Lektüre festhalten: Zum einen formiert sich mit den vielfältigen intertextuellen Referenzen auf persische und

---

351 Catherine Perry: *Persephone Unbound*, S. 74.
352 Ebda., S. 73.
353 Roxana M. Verona: *Parcours francophones*, S. 233.
354 «Ce caractère mobile de la divinité fait partie du paradigme de la multiplicité, en soutenant, par l'image de la danse, l'acte créateur toujours renouvelé. La danse devient alors chez Nietzsche synonyme de création.» Angela Bargenda: *La poésie d'Anna de Noailles*, S. 199.

türkische Mystik, Nietzsches Philosophie und den zeitgenössischen Tanz, um mit Roland Barthes zu sprechen, ein «Gewebe von Zitaten aus unzähligen Stätten der Kultur[en]»,[355] das Noailles' 'Mosaik-Ästhetik' in Szene setzt. Zum anderen macht die Figur der rauschhaft sich bewegenden Tänzerin semantisch auf genau dieses ästhetische Verfahren aufmerksam.

Das enthusiastisch lebensbejahende Gedicht endet auf der Betonung der Endlichkeit menschlicher Existenz und der damit einhergehenden radikalen Verunsicherung.

> Tu chantes la vie, et la vie !
> Mais, ô soif de l'immensité,
> Je sais que ta suprême envie
> 100 Est de mourir de volupté...

Die Wiederholungsfigur betont zunächst noch einmal die unbedingte Hingabe der Tänzerin an das Leben, die zugleich das Ausgeliefertsein an Kontingenz und Vergänglichkeit mit sich trägt. Während das Vergänglichkeitsmotiv weiter oben zunächst noch in einer leichteren *carpe diem*-Philosophie lesbar war, trägt die wiederholte Nennung des Lebens nun eine bedrängende, fast verzweifelte Komponente. Die Strophe kann selbstreferenziell gelesen werden als metapoetische Beschreibung der eigenen Poesie: als eine Feier des Lebens einerseits und ein Anschreiben gegen den Tod andererseits. Das angeredete 'Du' wäre in diesem Sinne als *alter ego* des lyrischen Subjekts lesbar. Die Gespaltenheit in Aussagesubjekt und angesprochene Projektionsfigur suggeriert, dass das poetische Subjekt selbst ein gebrochenes, fragmentiertes ist.

In Vers 98 ruft die Sprecherin mit dem 'Durst nach der Unermesslichkeit' ein abstraktes Prinzip an, das ein unstillbares Begehren (der Tänzerin oder der Sprecherin, beide Instanzen berühren sich an dieser Stelle) assoziiert. Das Durstmotiv stellt zugleich eine Verbindung mit dem Caterina-Zitat im späteren Band *Poème de l'amour* her, das im vorherigen Kapitel in Bezug auf die christliche Mystik gelesen wurde. Zum Ende des Textes öffnet sich das Gedicht mit der Sehnsucht nach 'Grenzenlosigkeit' einer spirituellen Sehnsucht, die über das rein körperliche Lustempfinden hinausgeht.

Es bleibt unklar, ob die beiden letzten Verse sich an das angerufene Begehren oder die Tänzerin richten – im Grunde beziehen sich beide metonymisch aufeinander. In jedem Fall rufen die letzten Verse noch einmal die untrennbare Einheit von Leben und Tod als gegenseitige Möglichkeitsbedingungen auf.

---

355 Roland Barthes: Der Tod des Autors. In: Fotis Jannidis u.a. (Hg.): *Texte zur Theorie der Autorschaft*. Stuttgart: Reclam 2000, S. 185–193, hier S. 190.

Damit lässt sich auch eine Beziehung zum paradoxen Verhältnis von Leben und Tod in der (christlichen wie muslimischen) Mystik schaffen. Die Äußerung, 'aus Wollust sterben zu wollen', zitiert erneut die teresianische Mystik: Die letzten beiden Verse könnten sich genauso gut an die Figur Teresa von Ávilas richten wie an die die immanente Körperlichkeit feiernde persische Tänzerin.

Für eine lustvolle Leiblichkeit

'Danseuse persane' und 'Les soirées romaines' spiegeln und ergänzen sich: Wo das lyrische 'Ich' in der Heiligen Teresa eine Abgrenzungsfigur sieht, um die eigene Körperlichkeit und Diesseitigkeit in Szene zu setzen, ist es andersherum die persische Tänzerin, die das Ideal immanenter Leiblichkeit gegenüber der angepassten Sprecherin verkörpert. In beiden Fällen verbindet sich eine Kritik am metaphysischen Denken mit dem Plädoyer für eine lustvolle, selbstbestimmte weibliche Körperlichkeit.

Das antike Modell des «Tanz[es] der Mänade, das ekstatische Bewegungsmodell des Dionysischen»[356] verbindet sich bei Anna de Noailles mit dem orientalischen Modell der (auto-) erotisch-sinnlichen Darstellung. Die Feier des Rauschhaften kann als Ausdruck einer Suche nach einem Gegenmodell zu diszipliniert-rationalen Subjektivitätsmodellen der industriellen Moderne verstanden werden: «Formen der Ekstase [...] wie der Trance-Tanz übernehmen – in den weiterhin ‹formal› organisierten sozialen Subsystemen – kompensatorisch das Bedürfnis des ‹Kontrollverlusts› in Form eines archaischen Dissoziationserlebnisses.»[357] Neben der enthusiastischen Feier von Rausch, Sinnen und Erotik findet sich gleichzeitig ein 'Durst' nach Grenzenlosigkeit, Unendlichkeit, dem Absoluten. «Nicht die Gewißheit einer religiösen Praxis, sondern die Sehnsucht nach einer Verbindung des isolierten Ich mit den überindividuellen Kräften der Natur und des Kosmos findet in der Idee ‹ekstatischer Tänze› [...] ihren Ausdruck.»,[358] schreibt Gabriele Brandstetter schließlich auch über den modernen Tanz. Dieser Aspekt einer durchaus spirituell gedachten Suche, die teils mystische Kennzeichen trägt, teils auf die Philosophie Nietzsches referiert und beides zusammenführt, wird noch sichtbarer in der späteren Lyrik Anna de Noailles' in *Les Vivants et les Morts* und *Les Forces éternelles*. Diese 'mystischen Meditationen' werden im Zentrum des letzten Unterkapitels stehen.

---

356 Gabriele Brandstetter: *Tanz-Lektüren*, S. 200.
357 Ebda., S. 254f.
358 Ebda., S. 267.

Davor werde ich im nächsten Abschnitt zunächst Noailles' Referenzen auf naturmystische und atomistische Diskurse nachgehen.

3.6 Zwischen Gemüsegarten und Firmament. Noailles' vitalistischer Materialismus

Im vorigen Unterkapitel wurden anhand der Inszenierung der 'persischen Tänzerin' und der Nietzsche-Referenzen wesentliche Elemente von Noailles' vitalistischem Denken, wie etwa die Betonung von Körperlichkeit und Begehren, das materialistische, dynamische Subjektverständnis und die unmittelbare Bezogenheit von Leben und Tod, gezeigt. Im Folgenden soll das Verhältnis des lyrischen Subjekts zu Natur und Umwelt vertieft und vor der Folie eines posthumanistischen, neumaterialistischen Denkens gelesen werden. Am Beispiel der beiden Texte 'L'Offrande à la Nature' und 'La vie profonde' werden Affinitäten und Differenzen zwischen Noailles' klassischem Vitalismus und moderner Mystikauslegung sowie aktueller Anthropozentrismuskritik in dem frühen Band *Le Cœur innombrable* sichtbar gemacht. In Referenz auf Nietzsches Philosophie des *amor fati* und deren neovitalistischer Aktualisierung bei Braidotti lese ich Noailles' Lyrik schließlich als Ausdruck radikaler Immanenz.

«La Muse potagère»

Noailles' frühe Lyrik, insbesondere die Bände *Le Cœur innombrable* und *Les Éblouissements*, legten die Grundlage für die Wahrnehmung der Lyrikerin als enthusiastische, neoromantische Naturdichterin. Die Assoziation weiblicher Lyrik mit Natur ist dabei doppelbödig: Auf der einen Seite trägt die Naturmotivik im Zusammenspiel mit der traditionellen dichotomen Gleichsetzung von Frauen mit Natur und Männern mit Kultur und Intellekt zu Beginn des Jahrhunderts zum Erfolg von Noailles' erstem Gedichtband teil. Als Alternative gegenüber einer mechanischen, rein physischen Auslegung von Leben und Natur seitens der Wissenschaft und der Betonung von Kunst und Künstlichkeit in Dekadenz und Symbolismus hat Noailles' Naturschreiben teil an einer allgemeineren Bewegung hin zu einer neuen Wertschätzung des Vegetalen und Organischen. «Noailles shared with contemporaries of both genders a desire to end this quest for an evanescent ideal and, turning towards preoccupations tied more closely to life – life understood in organic terms, as physical energy shaping matter from within – to rediscover the world through a youthful lens.»[359] Auf der anderen Seite läuft die Betonung des Naturmotivs in der Lyrik von Frauen immer schon die Gefahr, die tradierten Gender-Stereotypen zu perpetuieren:

> Yet, too close an association with nature has often served as a trap for women writers whose writing becomes essentialized when it is perceived as springing from both the natural, material world, with which woman is closely identified, as well as from her own so-called ‹feminine› nature (i.e. intuitive, spontaneous, emotional). Such sexist stereo-types of women's writing thrived in the work of early twentieth-century literary critics. They based their understanding of women's writing on restrictive dualistic thinking that defined a feminine mode of writing in opposition to a masculine mode. Women, they argued, produce texts that result from their closer relationship to their bodies, physical senses and to Nature. Their writing was thus seen as spontaneous, instinctive, natural, sensual, and much more primitive than the more rational and intellectual writing produced by men. According to such logic, the more earthbound nature of women's writing kept them from rising above their senses, and prohibited the possibility of a spiritual, abstract, or intellectual dimension to the literature women produced.[360]

Tama Engelking hat in diesem Kontext gezeigt, wie insbesondere die gegensätzliche Selbstinszenierung von Colette und Noailles genauso wie deren Wahrnehmung durch Kritiker in Bezug auf den Umgang mit der Natur zu einer deutlichen Abwertung letzterer in der Literaturgeschichte geführt hat.[361] Aufgrund von Noailles' poetischer Feier von Gartenblumen und Früchten, vor allem wohl aber wegen ihrer ungewöhnlichen emphatischen Referenz auf weniger 'poetische' Nutzpflanzen aus dem Gemüsebeet wie Rhabarber und Kohl, wurde Noailles, deren Verse durchaus ein hohes Maß an Pathos beinhalten, von Kritikern zuweilen als «la Muse potagère», oder: Gemüsemuse, verspottet.

Es gab jedoch auch andere Stimmen. Der Abbé Mugnier z.B. schätzte Noailles' Haltung gegenüber Natur und Tieren aus einer franziskanischen Perspek-

---

[359] Catherine Perry: *Persephone Unbound*, S. 112. Vgl. auch Tama Engelking: ‹La mise en scène de la femme-écrivain›, S. 53.

[360] Tama Engelking: ‹La mise en scène de la femme-écrivain›, S. 53.

[361] «By promoting her peasant persona in contrast to (and at the expense of) Noailles's more aristocratic princess image, she [Colette] invited a fresh understanding of what it meant to write as a woman by making her readers question the gender stereotypes they applied to reading women's work.» Ebda., S. 61. Nicht nur Colettes deutlich unkonventionellerer Umgang mit Geschlechteridentitäten stellt einen Gegensatz zu Noailles' bewusst inszenierter Weiblichkeit dar. Auch betonte Colette stets ihre Naturverbundenheit mit Hinweis auf ihren einfachen, ländlichen Hintergrund, während Noailles' aristokratische Privilegiertheit eher eine weniger authentische, artifiziellere Wahrnehmung unterstützte. Ein Paradox besteht hier in dem Vorwurf der Künstlichkeit der poetischen Inszenierung gegenüber der Privilegierung scheinbar authentischer Naturnähe, bestärkt dieser doch letztlich wiederum das Stereotyp der natürlichen weiblichen Erdverbundenheit.

tive wert und kommentierte in seinem Tagebuch: «Mme de Noailles a renchéri sur Saint-François d'Assise : elle se penche encore plus bas., elle dit au melon blanc : ‹Vous êtes mon frère›, à la framboise, ‹vous êtes ma sœur› !»[362] An diese Lesart anknüpfend, schlage ich vor, den Topos des Natur-Schreibens bei Noailles aus einer postanthropozentrischen Perspektive und vor der Folie einer monistischen Tradition des Naturdenkens neu zu lesen.

'L'Offrande à la Nature'

Gleich das Motto zum ersten Teil von *Le Cœur innombrable* von Marc Aurel weist auf den Gestus der Akzeptanz und Feier von materieller Welt und Leben in der stoizistischen Tradition hin: «Ô monde, tout ce que tu m'apportes est pour moi un bien !» Das an zweiter Stelle platzierte Gedicht 'L'Offrande à la Nature', das eines der bekanntesten Gedichte Noailles' ist, entwickelt das Motiv der enthusiastischen Feier der natürlichen Welt und gibt damit das Thema nicht nur für den Gedichtband, sondern für eine Großzahl von Noailles' lyrischen Texten insgesamt vor.[363]

L'OFFRANDE À LA NATURE

Nature au cœur profond sur qui les cieux reposent,
Nul n'aura comme moi si chaudement aimé
La lumière des jours et la douceur des choses,
L'eau luisante et la terre où la vie a germé.

5   La forêt, les étangs et les plaines fécondes
Ont plus touché mes yeux que les regards humains,
Je me suis appuyée à la beauté du monde
Et j'ai tenu l'odeur des saisons dans mes mains.

J'ai porté vos soleils ainsi qu'une couronne
10 Sur mon front plein d'orgueil et de simplicité,
Mes yeux ont égalé les travaux de l'automne
Et j'ai pleuré d'amour aux bras de vos étés.

Je suis venue à vous sans peur et sans prudence
Vous donnant ma raison pour le bien et le mal,
15 Ayant pour toute joie et toute connaissance
Votre âme impétueuse aux ruses d'animal.

---

362 Abbé Mugnier: *Journal (1879–1939)*, S. 197.
363 Vgl. Léon Blum: L'œuvre poétique de Madame de Noailles. In: *La Revue de Paris* (Januar 1908), S. 225–247, hier S. 240. Vgl. auch Thanh-Vân Ton-That: Un cœur innombrable mis à nu, S. 43 und Catherine Perry: *Persephone Unbound*, S. 112.

Comme une fleur ouverte où logent des abeilles
Ma vie a répandu des parfums et des chants,
Et mon cœur matineux est comme une corbeille
20 Qui vous offre du lierre et des rameaux penchants.

Soumise ainsi que l'onde où l'arbre se reflète,
J'ai connu les désirs qui brûlent dans vos soirs
Et qui font naître au cœur des hommes et des bêtes
La belle impatience et le divin vouloir.

25 Je vous tiens toute vive entre mes bras, Nature,
Ah ! Faut-il que mes yeux s'emplissent d'ombre un jour,
Et que j'aille au pays sans vent et sans verdure
Que ne visitent pas la lumière et l'amour...

Das programmatische Gedicht besteht aus sieben Vierzeilern mit männlich und weiblich alterierendem Kreuzreim in regelmäßigen Alexandrinern. Der fließende Rhythmus und die weiche Klanglichkeit, die durch Alliterationen, Wiederholungsstrukturen und eine fließende Syntax mit langen Sätzen und zahlreichen Enjambements aufgebaut werden, tragen zum Effekt eines organischen Ganzen bei. Das Gedicht entspricht damit formal wie semantisch der vegetalen Ästhetik von *Art Nouveau* und *organicisme*.[364]

Der Text beginnt mit einer direkten Ansprache der Natur durch ein weiblich markiertes lyrisches 'Ich'. Durch diese Personifizierung etabliert die poetische Stimme die Natur als Gesprächspartnerin und Liebesobjekt. Jonathan Culler hat gezeigt, dass eine zentrale Funktion der lyrischen Apostrophe unbelebter Dinge in der Evokation einer universalen Gesamtheit liegt, die auf die poetische Stimme reagiert und zu der das 'Ich' eine Beziehung konstruiert. Culler arbeitet eine enge Verbindung zwischen der poetischen Anrede unbelebter Objekte oder abstrakter Konzepte und der Wahrnehmung der nicht-menschlichen Welt als ein Netz von 'Aktanten' im Sinne Latours heraus:

> A specific effect of [lyrical] address is to posit a world in which a wider range of entities can be imagined to exercise agency, resisting our usual assumptions about what can act and what cannot, experimenting with the overcoming of ideological barriers that separate human actors from everything else [...].[365]

---

364 «At a formal level, Anna de Noailles' early work demonstrates a concern for organic unity.» Catherine Perry: *Persephone Unbound*, S. 135. Perry verweist auf das Gedicht 'Le verger', das in unmittelbarer Nähe zu 'Offrande à la nature' steht.
365 Jonathan Culler: *Theory of the Lyric*. Cambridge / London: Harvard University Press 2015, S. 242.

Der Literaturtheoretiker referiert in seiner Argumentation explizit auf die Theorien von Latour und Bennett. Dabei stellt er die Affinität vieler Lyrikerinnen und Lyriker zur Vitalität unbelebter Dinge heraus:

> The poets, though, were here first. They have risked embarrassment in addressing things that could not hear in an attempt to give us a world that is perhaps not more intelligible but more in tune with the passionate feelings, benign, hostile, and ecstatic, that life has inspired. The testing of ideological limits through the multiplication of the figures who are urged to act, to listen, or to respond is part of the work of lyric.[366]

Anna de Noailles hat auch an anderer Stelle Tieren, Pflanzen und Dingen poetische Subjektivität zugeschrieben. So sind etwa in 'Enchantement' (*Les Éblouissements*) Brunnen, Bank, Glockenschlag und Kerbel «de douces personnes» (28), in 'Le jeune matin' (ebenfalls *Les Éblouissements*) spricht das lyrische 'Ich' mit Zweigen und Vögeln: «nous nous disons les même mots» (31). Neben dem Abbé Mugnier heben weitere zeitgenössische Kritiker dieses Charakteristikum in Noailles' Lyrik hervor: «La nature, à ses yeux, n'est aucunement inanimée»,[367] schreibt Léon Blum in der *Revue de Paris*. Und Gasteon Rageot bekräftigt: «Chez Mme de Noailles, la nature [...] est devenue quelque chose de vivant, de palpable, de matériel, à laquelle elle est attachée par les liens personnels et secrets».[368]

Während 'L'Offrande à la Nature' also mit einer Aufwertung der natürlichen Welt als Aktant beginnt, dient das ausgestellte Liebesbekenntnis im zweiten Vers der Profilierung des lyrischen Subjekts selbst, das seine Singularität durch den Superlativ eines leidenschaftlichen Naturverhältnisses begründet. Die Wertschätzung der materiellen Welt weitet sich hier auch auf anorganische Dinge aus. In Bezug auf Noailles' metapoetische Reflexionen lässt sich die Hervorhebung der Einzigartigkeit des Naturverhältnisses der lyrischen Stimme auch als Profilierung der eigenen Autorschaft lesen.[369]

In der zweiten Strophe nennt das lyrische Subjekt mit der Affizierung durch die Natur ein weiteres Moment seiner Selbstkonstitution, die es ein Stück weit unabhängig von der Wahrnehmung und Bewertung durch die 'Blicke' anderer Menschen (6) macht. Das Verhältnis zur Natur ist auch eine Form des ge-

---

366 Ebda., S. 242.
367 Léon Blum: L'Œuvre poétique d'Anna de Noailles, S. 225–247.
368 Gasteon Rageot: Les Poètes par les Poètes. La poésie de Mme de Noailles. In: *Conferencia* (1.6.1921), S. 498–504, hier S. 501f. Vgl. auch Angela Bargenda: *La poésie d'Anna de Noailles*, S. 95.
369 Vgl. Kap. 3.3 und die Gedichte 'J'écris pour que le jour où je ne serais plus' (*L'Ombre des jours*), 'L'orgueilleuse détresse' (*Les Éblouissements*).

nügsamen Selbstverhältnisses; dabei wird die physische Schönheit zu einem wesentlichen Moment der Lebens-Lust (7).

In Strophe 3 und 4 wird die uneingeschränkte Hingabe zur Natur weiter ausgespielt, wobei der Text mit Gegensatzpaaren arbeitet, um deren Vielschichtigkeit abzubilden (Stolz und Einfachheit seitens des lyrischen Subjekts, Schönheit und Schrecken auf Seiten der Natur).

Strophe 5 macht mit dem Bild der geöffneten Blume die erotische Konnotation explizit.[370] Der Text betont die Sinnlichkeit der Beziehung des lyrischen 'Ich' zur Natur (17–18) und lässt hier gleichzeitig die Isotopie der Öffnung und Hingabe kulminieren. Das Leben wird als ein sinnliches Sich-Vergießen und Verschwenden gedacht, das an Batailles, aber auch feministische Konzepte der Verausgabung und Gabe, einer weiblich kodierten libidinösen Ökonomie, erinnert (Cixous, Irigaray).[371] Der anschließende Vergleich des Herzens als Sitz von Emotionen und Affekten mit einem Gabenkorb (20) verstärkt dieses Selbstverständnis des lyrischen Subjekts weiter. Die Verse 17 und 18 können hier erneut metapoetisch gelesen werden, wenn das lyrische Subjekt 'Duft und Gesänge verschenkt'. An anderen Stellen greift Noailles komplementär auf das Bild der Biene als poetologische Figur zurück. Mit dieser Komplementarität etabliert sie eine Gleichzeitigkeit von Passivität und Aktivität in Hinblick auf das lyrische Schaffen.[372]

Strophe 6 verdichtet das Thema des Begehrens. Die Selbstcharakterisierung des 'Ich' als «soumise» (21) gibt den hingebungsvollen, leidenschaftlichen Ton der Strophe vor, während sie zur selben Zeit einen Topos weiblicher Erotik aufnimmt. Die völlige Selbstrücknahme wird zudem durch den Vergleich mit einem Spiegelbild hervorgehoben, das Ähnlichkeit zum Ideal des völligen Leerwerdens für die Spiegelung des Anderen in mystischen Denkfiguren aufweist.[373] «Noailles associe l'amour à l'univers, l'espace ou l'infini. [...] Il y a dans cette conception du sentiment amoureux qui allie la nature, le temps et l'espace à la passion amoureuse quelque chose de mystique»,[374] hebt auch Marie-Lise Allard hervor. Insgesamt nehmen die Verse die religiöse Konnotation auf, die der Titel mit der

---

370 Prominent ist die zeitgenössische literarische Verwendung von Hummel und Orchidee als homoerotisches Motiv im vierten Teil von Prousts *Recherche*. Das Bild der geöffneten Blüte ist gleichzeitig auch in der modernistischen Lyrik der uruguayischen Dichterin Delmira Agustini ein häufiges Motiv. Vgl. Kap. 4.5.
371 Vgl. Georges Bataille: *La notion de dépense*. Paris: Lignes 2011 und Kap. 2.3.
372 Vgl. z.B. das Gedicht 'Je voudrais faire avec une pâte de fleurs' (*Les Éblouissements*), in dem im Übrigen auch auf Teresa von Ávila und Caterina von Siena angespielt wird.
373 Vgl. zum Spiegelmotiv bei Mechthild von Magdeburg und Teresa von Ávila und in der Mystikrezeption bei Antonia Pozzi auch Kap. 5.7.
374 Marie-Lise Allard: *Anna de Noailles*, S. 243.

(Opfer-) Gabe bereits nahelegt. Das Begehren wird hier als 'göttlicher Wille' und – ganz im Sinne Nietzsches und Freuds – als Motor jeder psychischen Bewegung gedeutet.[375]

Der Text schließt mit einer Wiederaufnahme der Apostrophe an die Natur, die inmitten der leidenschaftlichen, lebendigen Umarmung durch das lyrische 'Ich' zu einer melancholischen Reflexion über die physische Vergänglichkeit führt. Gerade der Moment der äußersten Vitalität lässt die Todesahnung aufflackern, Eros und Thanatos zeigen sich – wie fast immer bei Noailles – aufs Engste verzahnt. Das Leben wird in seinem Kontrast zum Tod noch einmal wesentlich als sinnliche, auch ästhetische Wahrnehmung profiliert.

Die Feier der Immanenz impliziert hier die Trauer um den drohenden Verlust eben jener Vitalität. Oder andersherum: Im Sinne eines modernen *carpe diem* und *momento mori* lädt die immer präsente Erinnerung an die physische Vergänglichkeit zum sinnlichen Genuss des Momentes ein: «C'est la volupté de savourer chaque minute».[376] Bargenda macht darauf aufmerksam, dass hinter dem vordergründigen Hedonismus eine philosophische Haltung liegt, die sich in eine griechisch-bukolische Tradition einschreibt.[377] Noailles grenzt sich jedoch von einem pantheistischen Denken im strengen Sinne ab, das 'hinter' der Präsenz der physischen Welt vom Trost eines göttlichen Prinzips ausgeht. «On a souvent parlé du panthéisme de Mme de Noailles. Je n'y vois, en vérité, que du sensualisme. La poétesse est trop matérialiste pour croire en un théisme, quel qu'il soit.»,[378] kommentiert Larnac. Tatsächlich ließe sich eher von einem (natur-) mystischen Moment sprechen, das sich in den lyrischen Begehrensstruktur und dem erotischen Verhältnis zur Natur abzeichnet.

Diese sinnliche Form der Naturverbindung entspricht einer alternativen Form erotischer Bildlichkeit, die Braidotti als wesentlich für eine nomadische,

---

[375] «Because the erotic in its multiple aspects is central in Anna de Noailles' work, it arises as her own transcription of the will to power, understood as a force that exercises itself over others as well as over oneself.» Catherine Perry: *Persephone Unbound*, S. 93.
[376] Notiz aus einem Tagebuch der jungen Anna de Noailles. Zitiert nach Angela Bargenda: *La poésie d'Anna de Noailles*, S. 103.
[377] Vgl. Angela Bargenda: *La poésie d'Anna de Noailles*, S. 103ff. Damit widerspricht sie zeitgenössischen Kritikern wie Larnac, der Noailles jegliche philosophische Kenntnis und Reflexionsfähigkeit abspricht und ihr Schreiben in einem sichtbar misogynen Kommentar als puren Affekt bezeichnet: «Il n'est pas impossible [...] de découvrir ce qu'on pourrait nommer ses opinions philosophiques, morales ou religieuses. Ce ne sont, à vrai dire, que des convictions, des impressions, même, car l'appareil sensible, constamment entraîné et j'oserais dur surentraîné, a chez Mme de Noailles étouffé l'appareil intellectuel.» Jean Larnac: *Comtesse de Noailles*, S. 184.
[378] Ebda., S. 185.

weibliche, postsäkulare Subjektivität ansieht: «This eroticism is cosmic and eco-logical and hints at transcendance, but always through and not away from the flesh.»[379] Catherine Perry betont das Freiheitsmoment (im Sinne von Foucaults *potentia*), das in Noailles' erotischem Naturverhältnis liegt: «Nature as a divinity grants her the possibility of constructing a poetic identity [...] unconstrained by conventional notions of gender, nation, ethnicity.»[380] Das dionysische Element und der rein immanente Fokus heben Noailles' Lyrik deutlich von der romantischen Tradition ab: «As an atheist of Nietzschean persuasion, Anna de Noailles does not identify nature, envisioned as the external world, with a transcendent deity. This outlook sets her apart from most French Romantics as well as their pantheistic heirs at the turn of the century, although her poetry continues to promote nature in a Romantic mode.»[381]

So zeichnet sich in Noailles' 'umarmendem' Verhältnis zur Natur ein egalitäres Moment ab, das an die Stelle von Besitz und Hierarchie Verbundenheit, Gegenseitigkeit und Intimität (im Sinne Braidottis) setzt. Auch dieser Aspekt differenziert sie von anderen, überwiegend männlichen Dichtern.[382] Während diese eher zur einseitigen Anthropomorphisierung der Natur neigten, vermenschlicht die Lyrikerin nicht nur die natürliche Welt, sondern sie macht auch ihre lyrische *persona* selbst zur Natur.[383] Gegen die kognitive und visuelle Inbesitznahme setzt sie Sinnlichkeit und erotisches Begehren. Dem Moment der liebevollen Zuwendung kommt dabei Zentralität zu:

> [L]ove turns what might otherwise be a bitter confrontation with the forces of dissolution into the intense pleasure of an imagined erotic union. When personifying and transfiguring the natural world through love, Noailles creates the illusion that the individual consciousness, which would otherwise remain condemned to separateness and finitude, is able to commune with this world [...].»[384]

---

379 Rosi Braidotti: *Metamorphoses*, S. 99.
380 Catherine Perry: *Persephone Unbound*, S. 19f.
381 Ebda., S. 115.
382 «By means of images that reflect a desire to embrace nature rather than possess it, Noailles displays an attitude in marked contrast to a tendency among male poets to control the natural world through the intellect and the reifying properties of words.» Ebda., S. 122. In 'Le verger de lis' (*Les Éblouissements*) heißt es entsprechend: «Il n'est pas suffisant qu'on regarde et qu'on touche / Les vergers odorants et verts, / Je voudrais n'être plus qu'une amoureuse bouche / Qui goûte et qui boit l'univers!» Allerdings legt dieses Zitat im Grunde wieder einen konsumierenden erotischen Genuss anstelle von Gegenseitigkeit nah, insofern macht sich Noailles hier das männliche Modell durchaus zu eigen.
383 Vgl. Angela Bargenda: *La poésie d'Anna de Noailles*, S. 95.
384 Catherine Perry: *Persephone Unbound*, S. 122.

Während Noailles in ihren Texten immer wieder den modernen Abgrund zwischen Selbst und Anderem thematisiert und weder in der traditionellen Liebesthematik noch im traditionellen religiösen Kontext aufzulösen vermag, eröffnet das Schreiben, in Form der poetischen Inszenierung eines liebenden, sinnlichen Verhältnisses zur Natur, zuindest die momentane Möglichkeit einer imaginierten Überbrückung dieses existenziellen Konfliktes.

'La vie profonde'

Die Dynamik eines leidenschaftlichen Verhältnisses zur Natur zeigt sich intensiviert in 'La vie profonde' (ebenfalls *Le Cœur innombrable*):

> LA VIE PROFONDE
>
> Être dans la nature ainsi qu'un arbre humain,
> Étendre ses désirs comme un profond feuillage,
> Et sentir, par la nuit paisible et par l'orage,
> La sève universelle affluer dans ses mains.
>
> 5 Vivre, avoir les rayons du soleil sur la face,
> Boire le sel ardent des embruns et des pleurs,
> Et goûter chaudement la joie et la douleur
> Qui font une buée humaine dans l'espace.
>
> Sentir, dans son cœur vif, l'air, le feu et le sang
> 10 Tourbillonner ainsi que le vent sur la terre.
> – S'élever au réel et pencher au mystère,
> Être le jour qui monte et l'ombre qui descend.
>
> Comme du pourpre soir aux couleurs de cerise,
> Laisser du cœur vermeil couler la flamme et l'eau,
> 15 Et comme l'aube claire appuyée au coteau
> Avoir l'âme qui rêve, au bord du monde assise...

Bereits der Titel deutet mit dem Lebensbegriff die Verankerung des Gedichtes in der zeitgenössischen vitalistischen Philosophie an. Der Text ist erneut in klassischer Form gehalten (vier Quartette, Alexandriner, regelmäßiger umarmender Reim). Im Gegensatz zu 'Offrande à la Nature' haben wir es jedoch nicht mehr mit einer Gegenüberstellung von begehrendem Subjekt und begehrtem Objekt zu tun. Das lyrische Subjekt tritt hier vielmehr ganz hinter seinen Wunsch zurück, selbst unpersönliche, reine Natur zu werden.

Diese Grundthematik spiegelt sich auf verschiedenen poetischen Ebenen wider. So beginnt der Text mit der Infinitivform «être» und verdichtet somit auf kleinstem Raum den existenziellen und universalen Anspruch der poetischen

Stimme. Alle weiteren Verben, die sich auf die lyrische Stimme beziehen, sind ebenfalls in der infiniten, also unbestimmten, oder auch unbegrenzten Form gehalten. Gleichzeitig ist es, als ob wir latent den Aussagesatz «Je voudrais...» mithören, der den formulierten Wünschen vorausgeht. Die poetische Subjektivität tritt also bereits in der grammatischen Form hinter ihr Begehren nach räumlicher wie zeitlicher Unbegrenztheit zurück.

Auf inhaltlicher Ebene zeigt wieder bereits der erste Vers den Wunsch der poetischen Stimme an, 'gleich einem Baum zu werden' und sich wie das Blattwerk in vielfältige Richtungen auszudehnen und zu zerstreuen; «ses désirs» (2) können hier metonymisch für das Subjekt gelesen werden, gleichzeitig wird erneut die Kraft des Begehrens beschwört.[385] Die lyrische Stimme drückt den Wunsch aus, 'den universellen Fluss durch die Hände fließen zu spüren' (3–4). In buchstäblicher Analogie zum Saft des Baumes spielt die «sève universelle» (4) als 'Saft', 'Elan' und 'Schwung' auf metaphorischer Ebene offensichtlich auf Bergsons *élan vital* an. Wie dieser ein monistisches Konzept der physischen Welt vertritt, inszeniert auch Noailles hier eine verbundene, dynamische Materialität, die sich performativ in der fließenden Musikalität von Rhythmus und Klanglichkeit niederschlägt.[386]

Die Sinne, insbesondere Geschmacks- und Tastsinn, spielen wieder eine zentrale Rolle, wenn es darum geht, das Leben in seiner Fülle («la joie et la douleur», 7) auszukosten. Dies verdeutlicht Strophe 2, die mit dem ersten Wort «vivre» das Thema vorgibt. Strophe 3 führt das Motiv der Empfindungen weiter und greift zudem sowohl eine Schraubbewegung wie auch eine Auf- und Abwärtsbewegung auf (10–12). Der Strudel verweist auf Leidenschaft, Intensität und Kontingenz; Aspekte, die in ähnlicher Form auch mit den Isotopien des Feuers und der Farbe Rot in Verbindung stehen (vgl. dazu auch die Lektüre der ekstatischen 'Danseuse persane' im vorherigen Unterkapitel). Die parallele Struktur der ersten drei Strophen, in denen jeweils die elementaren Verben «être», «vivre» und «sentir» in paralleler Struktur die erste Position einnehmen, legt ein Verständnis von Leben als sinnliches wie emotionales Empfinden nahe.

Die vertikalen Bewegungen in Vers 11 und 12 rufen mystische Konnotationen auf, wenn das Subjekt einerseits «au réel» nach oben strebt und andererseits in die Tiefe des «mystère» herabsteigt. Die beiden bogenförmigen Bewegungen werden rhythmisch stark durch die Mittelzäsur in beiden Versen sowie die parallele

---

385 Vgl. auch das spätere Gedicht 'Dans l'adolescence' (*Les Forces éternelles*): «Je me mélangeais avec l'air. / [...] / J'étais astre, feuillage, aile, parfum, nuage» (20 und 25).
386 Vgl. die ähnliche Formulierung in 'Le calme des jardins' (*Les Éblouissements*): «Toute la force universelle / Glisse au jardin et vient baigner / Les feuilles de mon marronnier...» (46–48).

syntaktische Struktur unterstützt. In der christlichen Tradition stehen Abstiegs- und Aufstiegsmystik für das Aufsteigen der Seele zu Gott bzw. das Auffinden Gottes in der Tiefe der eigenen Seele, wobei, wie erwähnt, die Aufstiegsmystik häufig männlich-kognitiv konnotiert ist, die Abstiegsmystik weiblich-verleiblicht. Beide Formen fallen jedoch häufig in paradoxer Weise zusammen. Die Bewegung knüpft eine dynamische Verbindung zwischen Erde und Himmel, für die auch das Anfangsbild des verwurzelten Baumes steht, der seine Äste in den Raum ausbreitet. Anna de Noailles schließt hier offenbar an Nietzsches zirkuläre Zeitvorstellung der 'ewigen Wiederkehr' an, wenn sie in Vers 12 auf die untrennbare Dynamik von Tag und Nacht verweist. Die zeitliche Zirkularität korrespondiert auf temporaler Ebene mit dem zu Beginn formulierten Wunsch nach räumlicher Ausdehnung.

Strophe 4 schließt mit der Parallelität von Sonnenuntergang und Sonnenaufgang an die Bezogenheit von Tag und Nacht an. Das Gedicht schließt mit dem romantisch anmutenden Bild der 'Seele am Rande der Welt sitzend' (16), mit dem ein liminaler innerer Raum entworfen wird. Gleichzeitig lässt sich das hier aufgerufene Motiv der Morgenröte erneut auf Nietzsches 'erkenntnistheoretischen Sensualismus' beziehen.[387]

Im Vergleich zu 'Offrande à la Nature' geht Noailles in 'La vie profonde' in Referenz auf Bergson und Nietzsche in ihrer Inszenierung eines monistischen Weltmodells deutlich weiter. Das lyrische 'Ich' identifiziert sich ganz mit der Natur. Das unpersönliche lyrische Subjekt geht in seinem Wunsch, in der Imagination nach Kommunion mit der Natur auf und betrachtet die physische Welt als dynamisch miteinander verbunden. Die Semantik des Flüssigen («sève», 4; «boire», «embruns», «pleurs», 6; «buée», 8; «sang», 9; «couler», «l'eau», 14), die den Text durchzieht, unterstützt diesen Gedanken und veranschaulicht die Idee einer fließenden materiellen Energie. Noailles' lyrische Inszenierung eines solchen dynamischen Materialismus wurde bereits von der zeitgenössischen Kritik bemerkt. Jean Larnac schreibt über Noailles' Naturvorstellung:

> La matière est une. Elle se moule dans des formes qui s'usent et disparaissent. L'être humain n'étant qu'une de ces formes périssables, un jour, la matière dont il est constitué se cristallisera selon d'autres modèles qui s'écrouleront à leur tour. Rien ne se crée, rien ne se perd, tout se transforme, selon ce que disent les gens de science.[388]

Georges-Armand Masson grenzt Noailles' Position entsprechend wieder von pantheistischen Modellen ab und zeigt, wie sie über dieses metaphysische Kon-

---

387 Vgl. Uwe Spörl: *Gottlose Mystik*, S. 39.
388 Jean Larnac: *Comtesse de Noailles*, S. 186.

zept hinausgeht: «On a dit qu'elle était païenne, ce n'est pas assez : elle apparaît comme ces dryades, mi chair, mi arbres».[389]

Indem der poetische Text zwischen buchstäblicher und metaphorischer Bedeutung oszilliert und beides in der Schwebe hält, kommt Noailles' Inszenierung eines allumspannenden *élan vital* ein signifikanter poetischer Effekt zu. Jane Bennett gibt zu bedenken, dass Bergsons Lebensphilosophie trotz allem an einer von der Materie getrennten transzendenten Energie festhalte, während aktuelle materialistische Philosophien von der Immanenz her argumentieren.[390] Noailles schreibt sich zum einen in die philosophische Tradition eines vitalistischen *élan vital* ein, bildet die Lebensenergie im Gedicht jedoch auch ganz buchstäblich in ihrer reinen Materialität ab. Durch diese poetische Vieldeutigkeit bildet der Text einen vermittelnden Anknüpfungspunkt zwischen dem Vitalismus der Jahrhundertwende und aktuellen neumaterialistischen Ansätzen.

Meditative Schau, kosmischer Atomismus und radikale Immanenz

Tatsächlich ist Noailles' gesamtes Werk durchzogen von den Annahmen eines atomistischen, radikal immanenten Weltbildes. Insbesondere lyrische Abend- und Nachtsituationen bilden den zeitlichen Rahmen für naturmystische Imaginationen und Reflexionen über die materielle Beschaffenheit von Mensch und Kosmos. «[Les soirs d'été] lui sont doublement chers ; étant le lieu géométrique de l'ardente passion et du pur enthousiasme, ils concilient en elle la ‹bacchante› et la ‹nonne›.»[391] Die ruhige Abendstimmung begünstigt die mystische Disposition der sprechenden Stimme: «Le soir est un moment de candide accalmie» (5), heißt es etwa in 'Plénitude' (*Les Éblouissements*). Die Nacht ruft einen meditativen Zustand hervor, der die äußeren Reize ausblendet und die Konzentration auf die innere Kontemplation ermöglicht. Die bekannte San Juan'sche Metapher der 'dunklen Nacht' wird hier wieder ganz buchstäblich lesbar, als zeit-räumliche Möglichkeitsbedingung für die kontemplative Selbstpraxis, in der die Sinne nach innen gezogen werden.

10 Je ne vois plus glisser sur mon heureux visage
   Les mouvements, les cris, les pas du paysage,
   Et l'uniforme nuit m'enferme dans ses tours.

---

389 Georges-Armand Masson: *La comtesse de Noailles*, S. 14.
390 Vgl. Kap. 2.4.
391 Walter Lacher: *L'amour et le divin*, S. 55.

Die meditative Innenschau endet hier mit einer doppelten Wahrnehmung des Subjekts als allmächtig und außer sich zugleich (17–20). Das lyrische 'Ich' spürt sich in einem Zustand mystisch anmutender Ekstase, der durch Durchlässigkeit und emotionale Intensität gekennzeichnet ist und mit dem «je meurs» (19) einen weiteren mystischen Topos aufruft. Der Vergleich des mentalen Zustandes mit einer geöffneten Tür (18) beschreibt neben der subjektiven Durchlässigkeit eine Übergangs- und Schwellensituation.[392]

> Et mon cœur est unique, universel, puissant,
> Mon esprit est ouvert comme une immense porte,
> Je m'attendris, je meurs, je m'exalte, je porte
> 20   Quelque chose, ce soir, de divin dans mon sang...

Das lyrische 'Ich' erlebt sich als geöffnet hin zu einer Erfahrung der Einheit und Zugehörigkeit, die nur vage mit dem Adjektiv «divin» (20) beschreibbar ist.

In 'L'espace nocturne' (*Les Vivants et les Morts*) wird die Nacht mit dem Absoluten und Grenzenlosen verbunden:

> 5   Sa douceur monotone et sa couleur unique
> Font une lueur vaste, absolue et sans bords.

Auch in 'Délire d'un soir d'été' (*Les Éblouissements*) weist schon der Titel auf eine ekstatische Erfahrung hin. «Je ne sais plus quel jour, quelle saison, quel âge, / Je suis mêlée à tout...» (19–20), beschreibt die lyrische Stimme hier einen Zustand völliger Selbstvergessenheit. Kognitionspsychologische Forschungen zeigen im Übrigen tatsächlich, dass bei meditierenden Menschen das Gehirnareal aktiviert wird, das für Konzentration zuständig ist, während zeitgleich der Bereich für räumliche und zeitliche Orientierung und damit auch für die Grenzen des Selbst ausgeschaltet wird.[393] Dieser psychische Zustand erscheint auch in 'Solitude' (*Les Éblouissements*, 2–8) lyrisch verarbeitet:

> Tout l'univers nocturne luit ;
> [...]
> 5   Je regarde ce qui était
> Avant que je ne fusse née ;
> Mon âme inquiète, étonnée,
> Contemple et rêve ; tout se tait.

---

[392] Vgl. auch 'Plus je vis, ô mon Dieu...' (*Les Forces éternelles*): «Je suis cette humble porte ouverte sur le monde, / La nuit, l'air, les parfums et l'étoile m'inondent...» (6–7).
[393] Robert C. Fuller: *Spirituality in the Flesh. Bodily Sources of Religious Experience*. Oxford: Oxford University Press 2008, S. 76f.

Immer wieder betont Noailles ihr immanentes Weltverständnis, wobei der Akzent sich im Laufe ihres Werks verschiebt. Während in ihrem frühen Werk der enthusiastische, lebensbejahende und sinnebetonte «chantre à la vie» überwiegt, zeigt sich in den Texten ab der Zeit nach dem I. Weltkrieg eine stärker werdende Melancholie, die zum Teil Züge von Nihilismus trägt.

So setzt die lyrische Stimme in 'Les paradis' (*Les Éblouissements*) Natur und Elemente noch mit dem Ideal eines irdischen Paradieses gleich. Himmel, Wolken, Gärten und Pflanzen werden mit heiligen Schriften und dem Göttlichen assoziiert, die natürlichen Elemente verweisen mithin auf einen «dieu toujours absent» (10). Die Vorstellung, nach dem eigenen Tod in diese Natur einzugehen, wirkt hier trostspendend:

> Et c'est vous, sol poudreux, argileux, tiède terre,
> Le paradis naïf et muet qui m'attend,
> Lorsque la mort viendra rompre le mol mystère
> 20 Qui me lie, ô douceur ! à la beauté du temps...

Auch an anderer Stelle inszeniert Noailles eine starke Erdverbundenheit – «[un] attachement fervent aux choses de la terre».[394] So erscheint die Erde explizit als «sainte poussière» ('La terre', 12; *Le Cœur innombrable*) und ihr 'Fleisch' («chair», 15) erhält eine eigene vitale Kraft ('Le verger', *Le Cœur innombrable*). Dabei ist gerade das intensive Wahrnehmen der Erde mit der Vorausahnung an den Tod verbunden: «Je serai si sensible et si jointe à la terre / Que je pourrai penser avoir connu la mort» (45–46). Die Erde erscheint somit als lebensspendender Boden einerseits und Ruhestätte der Toten andererseits, als Verbindungselement zwischen Tod und Leben; beide Zustände sind hier nicht trennbar, sondern fallen in eins.

An vielen Stellen im lyrischen Spätwerk bekräftigt die lyrische Stimme die radikale sinnlich-immanente Haltung. «L'esprit n'est que la chair, l'âme n'est que les os», weist etwa das lyrische 'Ich' im Gedicht 'LXXIX' (5–6, *L'Honneur de souffrir*) jegliche metaphysische, von der Körperlichkeit getrennte Existenzebene von sich. «Je suis comme le temps, ma vie est faite avec / La matière du monde...», bekräftigt dieses auch bereits in 'Commencement' (3, *Les Éblouissements*) die Vergänglichkeit und Wandelbarkeit jeder physischen Existenz. Schließlich macht Noailles ihre atomistische Auffassung in 'Le paysage est calme' (35, *Les Forces éternelles*) explizit, wenn die poetische Stimme sich nurmehr rhetorisch fragt: «Que suis-je ? Un humble atome errant».

Diese radikal materialistische Haltung soll abschließend noch einmal anhand von 'Les espaces infinis' verdeutlicht werden. Das Gedicht steht in der

---

394 Walter Lacher: *L'amour et le divin*, S. 40.

Sektion 'III – Poèmes de l'esprit' des Bandes *Les Forces éternelles*, ein Abschnitt, der, wie der Name andeutet, philosophische Reflexionen zum Thema hat. Das Unterkapitel steht unter dem Diktum Nietzsches existenzieller Ortlosigkeit: «Où est ma demeure ? C'est elle que je demande, que je cherche, que j'ai cherchée, elle que je n'ai pas trouvée. Ô éternel partout, ô éternel nulle part, ô éternel en vain !»[395] Dem konkreten Gedicht ist wiederum das bekannte Zitat von Blaise Pascal vorangestellt, das den Riss zwischen der rational unermesslichen Dimension des Kosmos und der Begrenztheit des menschlichen Verstandes aufruft und eine skeptische, agnostische Haltung assoziiert: «Le silence éternel de ces espaces infinis m'effraie.»[396]

Thema des fünfzehn Strophen umfassenden Textes ist denn auch die grundsätzliche Unmöglichkeit metaphysischer Erkenntnis. Das lyrische 'Ich' wendet sich in einem inneren Dialog an die 'Seele' und berichtet dieser von der Vergeblichkeit menschlichen Erkenntnisstrebens: «Rien n'est pour les humains dans la haute atmosphère» (7); «Dans l'azur somptueux toute âme est solitaire» (46). Mit dem physischen Tod gibt es keine Hoffnung auf ein religiöses Weiterleben: «Le poumon perd le souffle et l'esprit l'espérance» (9). So gemahnt die lyrische Stimme die 'Seele', vom Wunsch nach Erkenntnis abzusehen: «Résigne-toi, pauvre âme, et guéris-toi des cieux....» (60). Stattdessen gilt es, das Leben mit allen Sinnen zu erfahren, stellt dies doch die einzige Möglichkeit sinnhafter Präsenz dar:

> Et puisqu'il ne faut pas, âme, je t'en conjure,
> Aborder cet espace, indolent, vague et dur ;
> 15 Ce monstre somnolent dilué dans l'azur,
> Aime ton humble terre et ta verte nature ;

Über den Topos des *carpe diem* hinausgehend, fordert die poetische Stimme hier dazu auf, das Leben in seiner materiellen Präsenz anzunehmen. «On ne doit pas saisir, mais aimer l'univers», heißt es ähnlich in 'Tu n'as pu croire à rien...' (7, *Les Forces éternelles*).

Noailles' Poetik des *amor fati*, der bejahenden Liebe zum Sein, verweist erneut auf Nietzsches Denken. Nietzsche entwickelt den Gedanken neben der *Fröhlichen Wissenschaft* besonders in *Ecce homo*: «Meine Formel für die Grösse am Menschen ist *amor fati*: dass man Nichts anders haben will, vorwärts nicht, rückwärts nicht, in alle Ewigkeit nicht. Das Nothwendige nicht bloss ertragen,

---

[395] «'Wo ist – mein Heim?' Darnach frage und suche und suchte ich, das fand ich nicht. Oh ewiges Überall, oh ewiges Nirgendwo, oh ewiges – Umsonst!» Friedrich Nietzsche: *KSA* 4, S. 341 (*Zarathustra*, Der Schatten).
[396] Blaise Pascal: *Pensées*. Herausgegeben von Léon Brunschvicg. Mit einem Vorwort von Dominique Descotes / Marc Escola. Paris: Flammarion 2015, S. 123.

noch weniger verhehlen [...] sondern es *lieben*...»[397] Catherine Perry hat auf Noailles' Affinität zu Nietzsches Diktum hingewiesen: «Nietzsche's *amor fati* provides an otherwise contingent and purposeless existence with meaning, and indeed, in such a perspective, with the only meaning it can have.»[398] Fêrda Asya macht in Bezug auf die Ideale von Akzeptanz, Stoizismus und Gelassenheit in diesem Kontext auf die Affinitäten von Nietzsches Philosphie zur (Sufi-) Mystik aufmerksam.[399]

Ergänzen möchte ich diese konzeptuelle Parallelführung zwischen Mystik und Lebensphilosophie um aktuelle Positionen des neuen Materialismus.[400] «*Amor fati* ist das pragmatische Eingeständnis, dass das posthumane Subjekt Ausdruck der aufeinanderfolgenden Wogen des Werdens ist, getrieben vom ontologischen Beweggrund der Zoé», schreibt etwa Rosi Braidotti. Und weiter:

> Leben ist dementsprechend weder ein metaphysischer Begriff noch ein semiotisches Bedeutungssystem. Es drückt sich in einer Mannigfaltigkeit empirischer Akte aus – es gibt nichts zu sagen, aber alles zu tun. Das Leben äußert sich, einfach indem es Leben ist, in der Verwirklichung von Energieflüssen durch biologische Datencodes über komplexe somatische, kulturelle und technisch vernetzte Systeme. Ich vertrete deshalb die Idee eines Amor fati, der uns die Möglichkeit gibt, lebendige Vorgänge und die expressive Intensität eines Lebens zu akzeptieren, das wir mit vielfältigen Anderen hier und jetzt teilen."[401]

Noailles' poetische Verhandlung moderner Lebensphilosophie in Kombination mit ihrem Zugang zur Natur, der die Verbindungen und Kontinuitäten anstatt der getrennten Existenz hervorhebt, zeigt damit Affinitäten zum aktuell diskutierten vitalen Materialismus. Ein Unterschied tut sich womöglich in der grundsätzlichen Frage nach menschlicher Hoffnung auf. Während Noailles' Texte von einer grundsätzlichen Melancholie durchzogen sind, betonen Theoretikerinnen wie Donna Haraway und Rosi Braidotti heute die Notwendigkeit positiver Erzählungen und optimistischer Zukunftsbegegnung.

Noailles' Texte oszillieren zwischen einer resignativen Akzeptanz der individuellen Vergänglichkeit und der hoffnungsvolleren Überzeugung, als Teil der Natur auch nach dem Tod in eine Kontinuität einzugehen. So verweisen die

---

397 Friedrich Nietzsche: *Sämtliche Werke. Kritische Studienausgabe. 6. Der Fall Wagner. Götzen-Dämmerung. Der Antichrist. Ecce homo. Dionysus-Dithyramben. Nietzsche contra Wagner.* Herausgegeben von Giorgio Colli / Mazzino Montinari. München: Deutscher Taschenbuchverlag 1980, S. 297 (Warum ich so klug bin, 10). Kursivierung im Original.
398 Catherine Perry: *Persephone Unbound*, S. 55.
399 Ferda Asya: The Orientalism of Anna de Noailles, S. 51.
400 Vgl. zum Verhältnis von Posthumanismus und Nietzsches Denken auch Yunus Tuncel (Hg.): *Nietzsche and Transhumanism. Precursor or Enemy?* Newcastle upon Tyne: Cambridge Scholars Publishing 2017.
401 Rosi Braidotti: *Posthumanismus*, S. 192.

Eingangsverse (1–4) des Gedichtes 'VI' aus *L'Honneur de souffrir* erneut auf die Körperlichkeit als einzige erfahrbare Essenz:

> Ils ont inventé l'âme afin que l'on abaisse
> Le corps, unique lieu de rêve et de raison,
> Asile du désir, de l'image et des sons,
> Et par qui tout est mort dès le moment qu'il cesse.

In den Schlussversen (13–17) bekennt das lyrische 'Ich' jedoch:

> Je refuse l'espoir, l'altitude, les ailes,
> [...]
> J'affirme, en recherchant vos nuits vastes et vaines,
> Qu'il n'est rien qui survive à la chaleur des veines !

Gleichzeitig hält die poetische Stimme in 'Interrogation' (8, *Les Forces éternelles*) fest: «Je sais que tout sera, que rien ne peut finir». Es blitzt in Noailles' monistischem Denken an einigen Stellen also trotz allem die Möglichkeit einer positiven Vorstellung einer Kontinuität in der Materie auf. Diese paradoxe Spannung zwischen hoffnungsvollen Momenten und radikaler Skepsis schreibt sich schließlich auch in die meditativen Texte ihres Spätwerks ein.

3.7 «Qu'est-ce qui prie en moi ?». Poetische Meditationen einer *conditio (post-) humana*

Dass Anna de Noailles sich in ihrem späteren Werk in zahlreichen lyrischen Texten mit Fragen von Glauben, Metaphysik und Mystik auseinandergesetzt hat, ist angesichts der Dominanz der dionysischen Ästhetik und des Schwerpunktes auf Natur und Eros in der Rezeption ihrer Poesie häufig übersehen worden. Ich möchte hier abschließend exemplarisch für die meist weniger beachtete metaphysische Reflexion in Anna de Noailles' meditativer Lyrik eine transsäkulare Lektüre des Gedichtes 'La prière' vorschlagen. Noailles' lyrische Stimme reflektiert hier kontinuierlich das eigene poetische Sprechen und metaphysische Reflexionsbestreben vor dem Hintergrund einer post-nietzscheanischen Welt. Jean Larnac sieht in Texten wie 'La prière' Beweise für Noailles' Atheismus.[402] Dagegen verstehe ich die Referenzen auf mystische Figuren nicht nur als Ausdruck einer Zerrissenheit des lyrischen Subjekts zwischen Skepsis und Begeh-

---

[402] Vgl. Jean Larnac: *Comtesse de Noailles*, S. 185.

ren, sondern auch als Reflexion einer *conditio posthumana*, die über den Dualismus von Materialismus und Metaphysik hinausweist.

Wie beten?

Der Unterabschnitt 'Les évélations' des Bandes *Les Vivants et les Morts* weist mit der Aufstiegssemantik bereits im Titel auf seine Verortung in einer Tradition metaphysischer Reflexion platonisch-christlicher Providenz hin. Ein Spinoza zugeschriebenes Motto, das die Frage des Verhältnisses der endlichen menschlichen Existenz zur Unendlichkeit thematisiert, ist 'Les élevations' vorangestellt: «Nous avons l'expérience de notre éternité.»[403] Sinnsuche, Alteritätserfahrung, Zweifel, Exil und Nomadentum sind die Leitmotive dieser späten modernen Meditationen. Ein grundsätzliches Bewusstsein über die Unmöglichkeit metaphysischer Erkenntnis steht dem Begehren nach Sinn und Verbundenheit dabei unauflösbar entgegen und findet seinen poetischen Ausdruck in einer stetigen Metareflexion über das poetische Schreiben selbst.

> LA PRIÈRE
>
> Comment vous aborder, redoutable prière ?
> Ce qu'il faudrait, mon Dieu, c'est ne rien demander
> Qui n'ait votre impalpable et pensive lumière,
> Et qui ne nous combatte au lieu de nous aider.
>
> 5   Qu'est-ce qui prie en moi, qu'est-ce qui vous implore ?
> N'est-ce pas ce désir qui ne s'est jamais tu,
> Et qui, ayant lassé tous les échos sonores,
> Vient à vous, plus secret, plus vaste et plus têtu ?
>
> J'ai peur qu'on vous offense au fond des calmes sphères
> 10 Par le besoin que l'homme a d'être contenté,
> [...]

Der Text inszeniert eine poetische Anrede, welche die absolute Alterität des angesprochenen Gesprächspartners mitdenkt und dabei ihre eigenen Möglichkeitsbedingungen in Frage stellt: Wie sich dem 'furchterregenden Gebet' annähern (1), fragt die Sprecherin gleich im ersten Vers und lenkt damit die Aufmerksamkeit noch vor der konventionellen Anrede des Gebets («mon Dieu», 2) auf eine meta-

---

[403] «Et pourtant, nous sentons et nous expérimentons que nous sommes éternels.» Baruch de Spinoza: *Éthique*. Mit einer Einleitung, Übersetzung und Kommentaren von Robert Misrahi. Paris / Tel Aviv: Éditions de l'éclat 2005, S. 309.

sprachliche Problematik, die grundsätzliche Fragen der menschlichen Existenz aufwirft. Wie sich dem Gebet annähern in einer post-nietzscheanischen Erfahrungswelt, die jede metaphysische Wahrheit unmöglich erscheinen lässt? Wie sich dem 'furchterregenden' Abgrund stellen, der zwischen Sehnsucht und Skepsis, Selbst und Anderem als grundlegende Alteritätserfahrung klafft? Wie mit der Sprache umgehen, deren Zeichen 'opak' geworden sind und nicht auf einen letzten Sinn, sondern immer nur auf sich selbst zurückverweisen?

Die Frage nach dem Sprechakt betrifft mit de Certeau einen zentralen Aspekt mystischen Sprechens. «La question essentielle concerne la possibilité d'entendre et de se faire entendre : question de l'oraison, ou de la contemplation.»[404] So ist Mystik ganz wesentlich Reflexion über Sprache und Alterität. Der Zweifel an der Möglichkeit der Kommunikation widerspricht nicht dem mystischen Denken, sondern ist für dieses im Gegensatz zur Unwiderfragbarkeit orthodoxer Glaubenssätze vielmehr konstitutiv, ja ist dessen eigentliche Antriebskraft: «[L]es ‹vrais› mystiques sont [...] particulièrement soupçonneux et critiques à l'égard de ce qui passe pour ‹présence›. Ils défendent l'inaccessibilité à laquelle ils se confrontent.»[405] Der Sprechakt des Betens wird zum zentralen Element, das sowohl Aussageinhalt (den Inhalt des Gebets) als auch Aussageempfänger (den im Gebet angesprochenen 'Gott') in den Hintergrund rücken lässt.

In Noailles' Gedicht wird die Eindeutigkeit des poetischen Sprechakts immer wieder durch die selbstreflexiven Zweifel in Frage gestellt, die sich sprachlich in den zahlreichen Fragen, Konjunktiven, Negationen und antithetischen Formulierungen abzeichnen. Auf diese Weise entsteht eine performative Spannung zwischen dem Gedichttitel und der kontinuierlichen Infragestellung der Möglichkeit des Betens an sich. Diese Brüchigkeit weist wiederum auf die konstitutive *cross-pressure*, die Zerrissenheit zwischen der Sehnsucht nach Ganzheit und dem gleichzeitigen Bewusstsein über die konstitutive menschliche Be-Grenztheit, als einem spezifisch modernen Bewusstsein zurück.

Im zweiten Vers verschiebt sich die Position des Angeredeten vom 'Gebet' als Text hin zum Adressaten 'Gott', «mon Dieu» (2), ein Ausdruck, der in der letzten Strophe wieder aufgenommen wird. «Dieu» meint in Noailles' Poetik offensichtlich nicht den traditionellen personalisierten, allwissenden Gott katholischer Theologie. Die strukturelle Austauschbarkeit von «prière» und «mon Dieu» legt vielmehr nahe, dass es sich jeweils um Chiffren für ein und dieselbe Text-Bewegung handelt. Die Hinwendung des sprechenden Subjekts zu ver-

---

[404] Michel de Certeau: *La fable mystique*, S. 14.
[405] Ebda.

schieden definierten Adressaten begründet eine Sprechhandlung, in der die lyrische Stimme sich selbst als sprechende gerade hervorbringt. «Peut-être le nom ‹dieu› venant à la place de tous les noms de dieux a-t-il pris en charge la pure pulsion de l'exclamation. Pulsion de la pulsion même, pourrait-on dire, redoublement de l'élan erotique, de la joie amoureuse, de l'invocation de toute espèce de grandeur, de beauté, de transport – transport elle-même.»,[406] schreibt Jean-Luc Nancy in *L'adoration*. 'Dieu' wird damit sowohl zum Transportmittel, d.h. zur Metapher, als auch zum Motor einer Schreibbewegung und Aufschubfigur.

Existenzielle Alterität

Die Frage nach der Möglichkeit sprachlicher Kommunikation verbindet sich in Vers 5 unmittelbar mit der Frage nach dem sprechenden Subjekt: 'Was ist es, das in mir betet?' Die Frage nach der Innerlichkeit ist hier abstrakt formuliert; der Text weist zudem eine Vielzahl passivischer Formulierungen auf («on», «Il faudrait», zahlreiche Infinitive und Passivkonstruktionen insbesondere ab Vers 4ff.) und vermeidet strikt jede grammatische Geschlechtermarkierung. Die Souveränität der Sprechinstanz ist damit von Beginn an eine eingeschränkte. So antwortet sich die poetische Stimme im folgenden Vers selbst: Was im Gebet spricht, ist das Begehren, «le désir» (6), das sich – wenn es rational unterdrückt wird, wäre zu ergänzen – umso 'verborgener, umfassender und hartnäckiger' (8) in der Sehnsucht nach dem göttlichen Anderen zeigt.[407] Diese Formulierung erinnert stark an Freuds Figur der Wiederkehr des Verdrängten als das 'Unheimliche', «denn dies Unheimliche ist wirklich nichts Neues oder Fremdes, sondern etwas dem Seelenleben von alters her Vertrautes, das ihm nur durch den Prozeß der Verdrängung entfremdet worden ist.»[408] Zum einen macht die poetische Stimme damit auf eine moderne Kondition der Gespaltenheit aufmerksam, in der Rationalität und Positivismus dem menschlichen Bedürfnis nach Sinn und dem Absoluten gegenüberstehen. Zum anderen formuliert Noailles aber auch eine Subjektposition, die durch ihre konstitutive Alterität bestimmt ist als ihr eigenes Anderes – eine Kondition, die die Mystik immer schon eindrucksvoll vorgeführt hat.

---

406 Jean-Luc Nancy: *L'adoration*, S. 112f.
407 In 'Les délices orientales' (*Les Éblouissements*) formuliert Noailles: «Le corps éperdu, défaillant, / Offre aux dieux [...] / Le désir comme une prière !» (10–12)
408 Sigmund Freud: Das Unheimliche. In: ders.: *Psychologische Schriften*. Studienausgabe. IV. Herausgegeben von Thure von Uexküll / Ilse Grubrich-Simitis. Frankfurt a.M.: Fischer Verlag 1989, S. 241–274, hier S. 264.

In den folgenden Versen 9 und 10 grenzt das lyrische 'Ich' sich von einer in dessen Augen profanierenden Praxis des Betens ab, in welcher der oder die Sprechende sich naiv und egozentriert selbst zu beruhigen und trösten sucht. Ein wirkliches Gebet, so auch Nancy, zeichne sich gerade nicht durch die Befriedigung aus.[409] Damit zeigt die Sprechinstanz durch ihre Skepsis gegenüber traditionellen religiösen Praktiken im Grunde keinen fehlenden, sondern einen herausgehobenen Respekt vor dem Heiligen («J'ai peur qu'on vous offense», 9). Giorgio Agamben argumentiert, dass Religion, abgeleitet von *relegere* als 'Wiederlesen' gerade nicht die Verbundenheit von Menschen- und Götterwelt (im Sinne von *religare*, 'Verbinden') meint, sondern, im Gegenteil, deren zentrale Unterschieden- und Getrenntheit:

> *Religio* ist nicht das, was Menschen und Götter verbindet, sondern das, was darüber wacht, daß sie voneinander unterschieden bleiben. Der Religion widersetzt sich daher nicht die Ungläubigkeit und die Gleichgültigkeit gegenüber dem Göttlichen, sondern die ‹Nachlässigkeit›, das heißt eine freie und ‹zerstreute› – von der *religio* der Normen losgelöste – Haltung den Dingen und ihrem Gebrauch, den Formen der Absonderung und ihrer Bedeutung gegenüber. Profanieren bedeutet: die Möglichkeit einer besonderen Form von Nachlässigkeit auftun, welche die Absonderung mißachtet oder – eher – einen besonderen Gebrauch von ihr macht.[410]

Statt die inkommensurable Alterität des gänzlich Anderen der menschlichen Existenz auf ein religiöses Konzept herunterzubrechen, also dem alltäglichen, profanen Gebrauch verfügbar zu machen und damit letztlich festzuschreiben und sich tröstend einzuverleiben, beharrt die lyrische Stimme auf einer grundsätzlichen Unerkennbarkeit:

> Et puis, avec quels yeux et quelles mains humaines
> 30 Concevoir votre esprit, vos aspects, vos séjours ?
> Parfois, en suffoquant, je pressens vos domaines
> Quand il faut plus de place à mon extrême amour ;

Lediglich die Liebe «par qui l'on voit, l'on comprend et l'on sait» (70) ermöglicht ein intuitives Erahnen, nie aber eine Erkenntnis dieser Alterität.

Die folgenden Strophen bringen nun in immer wieder neuen Varianten eine Subjektivität zur Sprache, die immer schon gebrochen und zerbrechlich erscheint. «[M]êlés de constance et d'exil» (38), «Absents de nous déjà» (40), «Être toujours vaincu et ne pouvoir l'admettre» (41), so lauten einige der Be-

---

409 Jean-Luc Nancy: *L'adoration*, S. 199.
410 Giorgio Agamben: *Profanierungen*. Frankfurt a.M.: Suhrkamp 2005, S. 72.

schreibungen der im Gedicht entworfenen *conditio humana*. Gleichzeitig dominieren Formulierungen der Suche, der Unruhe und des Nomadischen den Text:

> Mais je n'offre jamais qu'une âme inassouvie
> 35 Qui vous exige ainsi qu'un plus vaste pouvoir,
> Et qui, dépassant l'air, les formes et la vie,
> Poursuit jusqu'en vous-même un éclatant savoir.
>
> [...]
>
> Errer dans les matins soulevés et bachiques
> Qui semblent pleins de temps, d'espoir, de chauds conseils,
> 55 Et ne plus leur livrer son âme nostalgique
> Puisqu'aucun cœur ne bat derrière le soleil ;

Gegenüber der einzigen Konstante, dem Begehren des lyrischen 'Ich', stellen lediglich Vergänglichkeit und Tod einen Kontrapunkt dar, auf den alles Leben hinausläuft und von welchem alles Leben gedacht wird:

> 41 – Être toujours vaincu et ne pouvoir l'admettre,
> Ne pas donner au sort notre consentement,
> Et, quand de toute part la mort monte et pénètre,
> Rire comme la mer en son blanc flamboiement ;

Die menschliche Subjektivität erscheint damit erneut grundlegend ausgeliefert an ein 'Schicksal' (42), von einem Außen bestimmt, «appel venu d'un autre bord» (68). Dieses Außen ist jedoch nicht im metaphysischen Sinne zu verstehen, wie Noailles betont, denn «aucun cœur ne bat derrière le soleil» (56). Anders gesagt: Die Welt beinhaltet keine himmlischen 'Hinterwelten' (Nietzsche), keine versteckten Wahrheiten; genauso verweisen die Signifikanten auf keine beständigen Signifikate. Noailles' Gebet richtet sich nicht an eine metaphysisch-personell gedachte Divinität. Vielmehr eröffnet der Text eine Sensibilität und Disposition für ein Anderes. «La prière est l'attestation d'une action et cette action est une disposition vers le dehors, une mise à disposition, l'action de la passivité ou de la passion qui s'ouvre au dehors – à l'incommensurable au regard duquel nous ne somme que pauvres.»,[411] kommentiert erneut Nancy den Akt des Betens. Und im Gegensatz zu Agamben bezieht sich Nancy – negativ – auf die etymologische Erklärung von Religion als 'Verbinden', wenn er das Gebet von der konfessionellen Orthodoxie abgrenzt: «La parole ouvre dans

---

[411] Jean-Luc Nancy: *La Déclosion*, S. 201.

le vivant – dans un vivant, mais pour le monde entier – une altérité à laquelle il ne s'agit pas d'être ‹relié› mais ouvert.»[412]

In den folgenden Versen (61–76) finden sich zahlreiche mystische Motive, wie etwa die völlige Hingabe an den Willen des Anderen und die anziehende Bewegung der Seele hin zum Unbekannten:

> N'avoir jamais voulu mettre aucune défense
> Entre sa libre vie et votre volonté,
> Afin que votre active et confuse présence
> Y jette son tumulte et son infinité ;
>
> [...]
> Et senti que la vie allégée et mystique
> Fuyait vers quelque appel venu d'un autre bord ;
>
> [...]
>
> Voyez si ce n'est pas la plus pesante image
> De l'âme se traînant jusqu'à votre inconnu,
> 75 Et, soulevant déjà l'éboulement des âges,
> Vous présentant l'esprit comme un diamant nu.

Der Vergleich des Geistes mit einem 'nackten Diamanten' (76) ruft Teresas Bild der Seele als diamantene Burg auf, die ja mit der Vielzahl an Zimmern und nichtlinearen Verbindungen die Vielfältigkeit und Alterität der eigenen Innerlichkeit in Szene setzt.[413] Der Diamant symbolisiert außerdem sowohl die Schönheit, Kostbarkeit und – vielleicht – auch Hoffnung auf Kontinuität des Subjekts als auch dessen radikale Entblößung und Verletzbarkeit.

Reflexionen einer *conditio (post-) humana*

Die letzte Strophe führt die Spannung von Stärke und Verletzbarkeit fort und kondensiert Noailles' poetische Meditationen anhand des Bildes eines verletzten Tigers.

> – Être un tigre blessé, qui s'allonge et qui saigne
> Dans vos forêts, mon Dieu, peu sûr d'être sauvé...
> J'ai vu trop de repos chez ceux qui vous atteignent :
> 80 La sainteté n'est pas de vous avoir trouvé !

---

412 Jean-Luc Nancy: *L'adoration*, S. 14f.
413 Vgl. Santa Teresa: *Obras completas*, S. 837ff. (*Moradas* I).

In der Imaginationswelt der Moderne steht der Tiger exemplarisch für animalische Energie, Vitalität, Sexualität, «the West's extreme image of physical, exquisite, savage energy».[414] Nietzsche benutzt die Metapher des Tigers, um den animalischen, natürlichen Charakter des Menschen abzubilden, der – als Teil der Natur – keine Außensicht einnehmen und daher keine Erkenntnis über sich selbst als natürliche Kreatur erlangen kann.[415]

> Was weiss der Mensch eigentlich von sich selbst ! Ja, vermöchte er auch nur sich einmal vollständig, hingelegt wie in einen erleuchteten Glaskasten, zu percipieren? Verschweigt die Natur ihm nicht das Allermeiste, selbst über seinen Körper, um ihn, abseits von den Windungen der Gedärme, dem raschen Fluss der Blutströme, den verwickelten Faserzitterungen, in ein stolzes gauklerisches Bewusstsein zu bannen und einzuschliessen! Sie warf den Schlüssel weg: und wehe der verhängnisvollen Neubegier, die durch eine Spalte einmal aus dem Bewusstseinszimmer heraus und hinab zu sehen vermöchte und die jetzt ahnte, dass auf dem Erbarmungslosen, dem Gierigen, dem Unersättlichen, dem Mörderischen der Mensch ruht, in der Gleichgültigkeit seines Nichtwissens, und gleichsam auf dem Rücken eines Tigers in Träumen hängend. Woher, in aller Welt, bei dieser Constellation der Trieb zur Wahrheit![416]

Das poetische 'Ich' entwirft sich als einen 'verletzten, blutenden Tiger', der 'ausgestreckt in den Wäldern Gottes' kaum (mehr) an seine Rettung glaubt.[417] Der Mensch wird damit buchstäblich in all seiner physischen Verletzbarkeit gezeichnet, die ihn der körperlichen Schwäche und letztlich dem Tod aussetzt. Umgekehrt bewahrt das Bild – gerade in paralleler Lektüre mit dem Nietzsche-Zitat – jedoch auch einen konstitutiven Anteil seiner Animalität, Triebhaftigkeit und Vitalität. Beide Aspekte bedingen sich gegenseitig und zeichnen Noailles' vitalistische Perspektive aus.

Die Verletzung ist es, die eine grundsätzliche Wunde klaffen lässt, einen Abgrund herstellt zwischen der Intensität natürlich-menschlichen Lebenswillens und seinem 'Nichtwissen' als völliger Ausgesetztheit gegenüber einem inkommensurablen Außen. In der modernen Literatur- und Philosophietradition

---

414 Vgl. Ruth Padel: Tigers in Western Literature. https://www.ruthpadel.com/article/emblem-prisoner-and-fiction-the-tiger-in-western-literature/> [22.4.2022].
415 Vgl. Erwin Schlimgen: *Nietzsches Theorie des Bewußtseins*. Berlin / New York: De Gruyter 1999, S. 198.
416 Friedrich Nietzsche: *KSA 1*, S. 877. An anderer Stelle steht der Tiger in Nähe der entfesselten, rauschhaften dionysischen Kräfte. Vgl. Erwin Schlimgen: *Nietzsches Theorie des Bewußtseins*, S. 199.
417 Die Wald-Metaphorik lässt sogleich an Dantes *selva oscura* denken. Zu Beginn der *Divina Commedia* erscheint der Wald als Symbol einer aus christlicher Sicht sündhaften Materie und Ort existenzieller Verunsicherung. Vgl. Marianne Stauffer: *Der Wald. Zur Darstellung und Deutung der Natur im Mittelalter*. Bern: Juris-Verlag 1959, S. 146ff.

ist auch die Metaphorik der Wunde häufig mit dem Zweifel an der Autonomie menschlicher Subjektivität verbunden und fungiert dementsprechend als Bild konstitutioneller Alterität.[418]

So ist die Wunde hier bei Noailles als Ausdruck einer *conditio humana* lesbar. Oder vielleicht viel eher schon als Bild einer *conditio posthumana*: Denn indem Noailles den Menschen zum Tier macht («être un tigre», 77) – bezeichnenderweise fehlt an dieser Stelle des Gedichtes die sonst häufig verwendete Vergleichspartikel –, unterstreicht sie die gemeinsame Kreatürlichkeit. In ihrem Buch *Creaturely Poetics. Animality and Vulnerability in Literature and Film* definiert Anat Pick das Kreatürliche wesentlich über seine Materialität, Verletzbarkeit und zeitliche Gebundenheit: «The creature is, then, first and foremost a living body – material, temporal, and vulnerable.»[419] Gleichzeitig verbindet sie ihren postanthropozentrischen Blick mit einer postsäkularen Perspektive, indem sie auf die Heiligkeit allen Lebens abhebt, denn: «[T]he creaturely is not simply a synonym for the material and corporeal. It carries within it (as inflection, as horizon) an opening unto a religious vocabulary of creation and created, and so attempts a rapprochement between the material and the sacred.»[420] Noailles erschreibt sich mit ihrer Meditation über physische Verletzbarkeit und metaphysische Sehnsucht eine solche 'Poetik des Kreatürlichen' und öffnet ihr Schreiben damit über die anthropozentrische Reflexion hinaus, denn:

> Reading through a creaturely prism consigns culture to contexts that are not exclusively human, contexts beyond an anthropocentric perspective. It recognizes in culture more than the clichéd expression of the ‹human condition› but an expression of something *in*human as well: the permutations of necessity and materiality that condition and shape human life. [...] Being human is grappling with what is *in*human in us.[421]

Während das Kreatürliche bei Pick durchaus bewusst die christliche Assoziation von Schöpfung und Geschöpf einzuschließen scheint, bleibt dieses Moment sinn-

---

418 «Wundenförmig ist der Einzelne, weil er weiß, daß das Negative im Dasein vorhanden ist' und dementsprechend auch der Mensch nichts in sich Geschlossenes und Seiendes ist, sondern etwas Werdendes, der Erfahrung der Kontingenz Unterworfenes und insofern etwas immer Zweifelhaftes. [...] Und tatsächlich taucht die Wunde als zentrale Metapher immer wieder da auf, wo der Mensch nicht als cartesianisch selbstgewisse Größe verstanden, sondern im Gegenteil menschliche Subjektivität als etwas zutiefst Fragwürdiges herausgestellt wird. Als verwundet bzw. als Wunde wird der Mensch aufgerufen, wenn angezeigt werden soll, dass er in sich gespalten und abgründig ist.» Sophie Wennerscheidt: *Das Begehren nach der Wunde. Religion und Erotik im Schreiben Kierkegaards*. Berlin: Matthes & Seitz 2008, S. 12f. Vgl. zum Motiv der Wunde ausführlicher Kap. 4.5.
419 Anat Pick: *Creaturely Poetics*, S. 5.
420 Ebda., S. 17.
421 Ebda., S. 5.

hafter Existenz bei Noailles wesentlich unzugänglicher. So wie die Metapher des verletzten Tigers jedoch immer noch vitale Stärke transportiert, so bewahrt auch der Zweifel an Erlösung dennoch die grundsätzliche Möglichkeit von Sinnhaftigkeit. In den letzten beiden Versen verwirft die poetische Sprechinstanz zwar die Möglichkeit von (göttlicher) Wahrheit und Erkenntnis, kehrt aber gleichzeitig erneut konventionelle Vorstellungen von Heiligkeit und Profanität um: Heiligkeit bedeutet mit Noailles gerade nicht, sich in der vermeintlichen Sicherheit von Wahrheit und Gotteserkenntnis 'auszuruhen' (79–80). Im Umkehrschluss ließe sich, mit Agamben, vielmehr das Heilige erneut durch seine Distanz, seine Unzugänglichkeit definieren.

Die Schlusssentenz zeichnet sich daher nicht durch die verabsolutierende Ablehnung spirituellen Begehrens aus, sondern, paradox gewendet, vielmehr durch den 'festen Glauben' an einen grundsätzlichen Zweifel, eine Unsicherheit und Skepsis, an die absolute Inkommensurabilität des Anderen. In diesem Sinne stellt Noailles' Gedicht vielleicht gerade durch sein Zweifeln, sein Hinterfragen des konfessionellen Gebets eine transsäkulare Annäherung an das Unermessliche dar und einen eigentlichen Akt des Betens, so wie ihn Nancy und de Certeau verstehen: als eine tastende, suchende Bewegung, eine Anrede ohne Antwort.

4 Ernestina de Champourcin

> «*Yo seré un místico de la poesía [...].*»
> Ernestina de Champourcin / Carmen Conde: *Epistolario*, S. 164.

Ernestina de Champourcin gilt als wichtigste Lyrikerin aus dem Umkreis der *Generación del 27*. Ihr Werk ist in enger Auseinandersetzung mit zeitgenössischen Dichtern wie Juan Ramón Jiménez und der Ästhetik der Avantgarden, insbesondere der *poesía pura* entstanden. Die spanische Mystik stellt einen weiteren Pfeiler ihrer Lyrik dar: Referenzen auf San Juan de la Cruz und Teresa von Ávila in Form von Mottos, intertextuellen Anspielungen und metapoetischen Figuren prägen ihr lyrisches Werk.

Ich lese die Bezugnahme auf die spanische mystische Tradition literaturhistorisch aus einer doppelten Perspektive. Zum einen schreibt sich die Dichterin mit ihrer Mystikrezeption auf eigene, originelle Weise in die charakteristische Begeisterung der 27er für die Literatur des *Siglo de Oro* ein. Die Referenzen auf die kanonischen mystischen Dichter legitimiert die Konstruktion der eigenen lyrischen Stimme, gleichzeitig profiliert Champourcin mit der Herausstellung Teresa von Ávilas eine weibliche Tradition lyrischen Sprechens. Zum anderen ermöglicht die grundsätzliche Offenheit und Mehrdeutigkeit mystischer Literatur Champourcin einen Raum der Uneindeutigkeit, in dem sich die poetische Sprecherin zeitgenössischen Normen und Zuschreibungen in Bezug auf Geschlecht, Erotik und Religion zu entziehen weiß. Gerade diese charakteristische poetische Mehrdeutigkeit macht Champourcins Lyrik für eine transsäkulare Lektüre besonders fruchtbar. Schließlich lese ich die Gleichzeitigkeit von sinnlicher und spiritueller Thematik auch vor der Folie eines vitalmaterialistischen Denkens.

4.1 Ernestina de Champourcin im Kontext der spanischen Lyrik der Moderne

Für die Einordnung von Champourcins lyrischer Mystikrezeption in den ästhetischen und epistemologischen Kontext der *Edad de Plata* werde ich in diesem Unterkapitel zunächst die Auseinandersetzung mit Mystik bei Autoren wie Juan Ramón Jiménez und Vertretern der 98er- und 27er-Generation skizzieren und in Bezug zur Debatte um die *poesía pura* setzen. Anschließend diskutiere ich die literaturgeschichtliche Situation von Lyrikerinnen der 1920er und 1930er Jahre in Spanien anhand der Debatte um eine weibliche *Generación del 27*. Auch für Ernestina de Champourcin stehen deutschsprachige Studien gänzlich aus, sodass ich einen ausführlichen Überblick über Biografie, Werk und Rezeption gebe. Anhand ihrer Auseinandersetzung mit *poesía pura*, Mystik und der Frage nach einer weiblichen Lyriktradition stelle ich Champourcins eigene poetologische Positionierung vor. Am Beispiel des kurzen Gedichtes 'La voz en el viento' (*La voz en el viento*) veranschauliche ich exemplarisch und in Hinführung auf meine anschließenden Gedichtlektüren, wie sich in Champourcins Lyrik subjektiver Ausdruck, erotische Semantik und poetologische Reflexion überblenden.

Ästhetik, *poesía pura* und Mystik in der *Edad de Plata*

In seinem Artikel 'Imaginación, inspiración, evasión' stellt Federico García Lorca 1928 zwei Dichter des *Siglo de Oro* gegenüber, die zwei gegensätzliche ästhetische Richtungen repräsentieren.

> Góngora es el perfecto imaginativo, el equilibrio verbal, y el dibujo concreto. No tiene misterio ni conoce el insomnio. En cambio San Juan de la Cruz es lo contrario, vuelo y anhelo, afán de perspectiva y amor desatado. Góngora es el académico, el terrible profesor de lengua y poesía. San Juan de la Cruz será siempre el discípulo de los elementos, el hombre que roza los montes con los dedos de sus pies.[1]

Anhand der beiden Dichtermodelle Luis de Góngora und San Juan de la Cruz diskutiert Lorca in seinem Vortrag die poetologischen Konzepte von Imagination und Inspiration. Gleichzeitig stellt er den karmelitischen Mystiker als poetische Alternative zum dominanten Modell des öffentlich gefeierten Barockdichters heraus. Während Góngora mit Akademikertum, sprachlicher Perfektion und anschaulicher Bildlichkeit gleichgesetzt wird, steht San Juan für die Feier des Elementaren, für «vuelo y anhelo», Transzendenz, Sehnsucht und Begehren. Die zentrale Bedeutung Luis de Góngoras für die Poetik der spanischen Lyrik der 1920er und frühen 1930er Jahre ist hinreichend bekannt: Eine Reihe von Aktivitäten um den gefeierten Barockdichter, die in einer Reise nach Sevilla und Hommage zum 300. Todestages kulminierten, ist schließlich namensgebend für die Dichtergruppe der sogenannten *Generación del 27* geworden.[2] Neben Fray Luis de León, Garcilaso de la Vega, Quevedo und Lope ist es jedoch insbesondere San Juan de la Cruz, der den modernen Dichtern und auch Dichterinnen als ästhetisches Modell und spirituelle Identifikationsfigur dient.

---

[1] Federico García Lorca: Imaginación, inspiración, evasión. In: ders.: *Obras completas III. Prosa*. Herausgegeben von Miguel García-Posada. Barcelona: Galaxía Gutenberg 1997, S. 98–112, hier S. 108.
[2] Für einen kurzen Überblick über die Debatte um Bezeichnung, Zugehörigkeit und Ästhetik der Gruppe vgl. z.B. Francisco Javier Díez de Revenga: *Las Vanguardias y la Generación del 27*.

4.1 Ernestina de Champourcin im Kontext der spanischen Lyrik der Moderne — 247

Vor dem Hintergrund der enormen wirtschaftlichen, politischen und sozialen Veränderungen in ganz Europa, «una crisis cultural e ideológica de magnitud universal»,[3] entwickelte sich im ersten Drittel des 20. Jahrhunderts in Spanien ein außergewöhnlich reiches kulturelles Leben, eine zweite kulturelle 'Blütezeit', die in Anspielung auf das 'Goldene Zeitalter' im 16. und 17. Jahrhundert häufig als *Edad de Plata* bezeichnet wird. Die spanische Moderne zeichnet sich dabei in besonderer Weise durch starke Kontraste aus, die in der Gleichzeitigkeit von Tradition und Modernisierung, Nationalismus und Kosmopolitismus, Bürgerlichkeit und Avantgarde ihren Ausdruck finden.[4] Dabei stellt die spezifische nationale Situation ein besonders fruchtbares Feld für das Entstehen einer originären modernen spanischen Lyrik dar. Es sind insbesondere die klassischen Dichter des *Siglo de Oro*, die den 27ern ein poetisches Referenzmodell anbieten, anhand dessen sich die Rekuperation der nationalen Literaturtradition mit der Suche der Avantgarden nach neuen Ausdrucksformen kreuzt.

Wie Góngora als Wegbereiter einer kühnen, fast schon surrealistisch anmutenden Metaphorik gedeutet wird, so entdecken die 27er in der Lyrik San Juan de la Cruz' ebenfalls eine äußerst moderne Sprache und Ästhetik. Es ist vor allem die poetische Ambiguität, die in den logischen und sprachlichen Brüchen, ungewohnten poetischen Bildern und wechselnden Sprecherperspektiven gründet, die eine moderne Erfahrung von Fremdheit hervorruft und zu vermitteln weiß. «Esta indeterminación en los hablantes y en los tiempos verbales, esta ambigüedad en el relato de los sucesos, estos encadenamientos de metáforas insólitas, producen en el lector un sentimiento de extrañeza, de alienación y de misterio. Y esto es su encanto. Los procedimientos son los mismos que utilizarían los vanguardistas».[5]

Francisco Javier Díez de Revenga hat eine Reihe von Beispielen der poetischen San Juan-Rezeption zusammengestellt, darunter Gedichte von Gerardo Diego, Jorge Guillén, Miguel Hernández, Luis Rosales, Gabriel Celaya, Leopoldo Panero, Vicente Gaos, Juan Gil-Albert, Luis Felipe Vivanco, Carlos Bousoño und Carmen Conde. Erstaunlicherweise ist Ernestina de Champourcin in dieser Reihe nicht genannt. Für die Verhandlung der Motive von Leidenschaft, Hingabe, Körperlichkeit und Schmerz

---

Madrid: Editorial Síntesis 2004, S. 31–47. Díez de Revenga nimmt hier Ernestina de Champourcin nicht unter der Rubrik 'Otros poetas del 27' auf (wie Emilio Prados, Manuel Altolaguirre und Fernando Villalón), sondern in der Sektion 'Otros poetas de la época'. Vgl. ebda., S. 191–192.
3 José-Carlos Mainer: *La Edad de Plata (1902–1939). Ensayo de interpretación de un proceso cultural.* Barcelona: Los libros de la frontera 1975, S. 184.
4 Vgl. José-Carlos Mainer: *La Edad de Plata*, S. 203f.
5 René de Costa: San Juan en vanguardia. In: *Revista Chilena de Literatura* 39 (1992), S. 143–149, hier S. 144.

mit Referenz auf die Lyrik San Juans sind prominent außerdem die *Sonetos del amor oscuro* von Federico García Lorca zu nennen, paradigmatisch hier z.B. das Sonett 'El poeta pide a su amor que le escriba'.[6] Díez de Revenga verweist zudem auf die ebenfalls bemerkenswert große Anzahl an literaturkritischen Werken und Neueditionen, die das Werk San Juans in der ersten Hälfte des 20. Jahrhunderts in Spanien hervorrief. Dazu zählen etwa die Herausgabe der *Poesías completas* (1936) durch Pedro Salinas, Aufsätze von Jorge Guillén und Gerardo Diego sowie vor allem die umfangreiche kritische Auseinandersetzung mit dem Mystiker durch Dámaso Alonso in *La poesía de San Juan de la Cruz (Desde esta ladera)* (1942). Sowohl in der poetischen als auch in der literaturkritischen Auseinandersetzung mit San Juan steht bei den modernen Dichterinnen und Dichtern stets auch die Auseinandersetzung mit der eigenen poetischen Ästhetik im Vordergrund.[7]

Ähnlich wie Góngora wurde San Juan erst im frühen 20. Jahrhundert wiederentdeckt, im 18. und 19. Jahrhundert jedoch kaum rezipiert.[8] Vor der 27er-Generation ist es allen voran Juan Ramón Jiménez, der die Bedeutung San Juan de la Cruz' als Lyriker auf das Parkett der ästhetischen Moderne geholt hat. Als Mittlerfigur zwischen 98ern und der jungen Avantgarde war 'Juan Ramón' in den 1920er Jahren wesentliche Bezugsfigur für die jungen Lyriker und fungierte gleichzeitig als poetisches Leitbild sowie Modell der Abgrenzung und Kritik.

In Jiménez' Lyrik wird das intertextuelle Echo San Juans auf unterschiedlichen Textebenen sichtbar, etwa im Gebrauch zentraler Begriffe, in der rhetorischen Gestaltung, im Gebrauch von Paradoxa, Neologismen und Symbolen.[9] Wenngleich der Höhepunkt der Mystikrezeption die im Exil entstandenen Gedichtbände wie *Animal de fondo* (1949) sein mögen, ist der Einfluss auf sein lyrisches Werk von

---

6 Vgl. Federico García Lorca: *Sonetos del amor oscuro*. Illustriert von Alba Pérez Mansilla und einem Vorwort von Carlos Sonrune. Madrid: Amistades Particulares 2017. Vgl. hierzu auch Verónica Leuci: *Eros y Thanatos*: La mística del amor en los *Sonetos del amor oscuro* de Federico García Lorca. In: *Espéculo. Revista de estudios literarios* 40, 2008. <https://webs.ucm.es/info/especulo/numero40/glorca.html> [22.4.2022].
7 «El acercamiento de los poetas al modelo clásico llega a convertirse en un análisis de la propia concepción de la poesía en la que se advierte un cierto y complaciente autoanálisis.» Francisco Javier Díez de Revenga: *La tradición áurea. Sobre la recepción del Siglo de Oro en poetas contemporáneos*. Madrid: Biblioteca Nueva 2003, S. 56. Vgl. u.a. die jüngere Studie von Elisabeth Kruse: *La recepción creadora de la tradición mística en la lírica de Dámaso Alonso. ¿Un poeta metafísico moderno?* Tübingen: Narr Francke Attempto 2016.
8 Eine Ausnahme bilden die romantischen Lyrikerinnen und Lyriker wie Carolina Coronado und vor allem Bécquer. Vgl. René de Costa: San Juan en vanguardia, S. 147.
9 Vgl. Joseph A. Feustle: *Poesía y mística. Darío, Jiménez y Paz*. Xalapa: Universidad Veracruzana 1978, S. 29.

Beginn an deutlich spürbar. In der Forschung ist Jiménez' Verhältnis zu Mystik, Spiritualität und Religion ein viel diskutiertes Thema.[10] Dabei wird neben der ästhetischen Nähe häufig die religiöse Ferne von Jiménez und San Juan unterstrichen. Während sich das Begehren des Karmeliters auf die Einheit mit einem katholisch konfigurierten, personalen Gott richte, San Juan sich also trotz Ambivalenz und Transgression formal in jedem Fall in einem religiösen Denkmodell bewege, ersetze Jiménez' Gott durch Begriffe und Vorstellungen wie *totalidad* und *belleza*. So konkretisiert Jiménez seine Vorstellung des Göttlichen entsprechend als «una conciencia única, justa, universal de la belleza que está dentro de nosotros y fuera también y al mismo tiempo».[11]

Juan Ramón steht damit der europäischen Strömung einer modernen 'Mystik ohne Gott' nahe, wie sie etwa auch bei Paul Valéry, Rainer Maria Rilke, Gabriele D'Annunzio – oder zum Teil auch bei Anna de Noailles auszumachen ist. Das moderne Interesse dieser Dichter an Mystik richtete sich vermehrt auf ästhetische Aspekte und zeigte sich vielmals weniger als Inhalt, sondern als eine Form, eine Sprache, eine Bewegungsfigur.[12] Um sich vom katholischen Glaubensmodell zu distanzieren, wählt Jiménez in seiner Lyrik meist die Kleinschreibung des Begriffs *dios*. Jiménez formuliert seine Haltung an verschiedenen Stellen explizit, wie etwa 1940 in dem Vortrag 'Poesía y literatura': «[L]a mejor lírica española ha sido y es fatalmente mística, con Dios o sin él, ya que el poeta [...] es un místico sin dios necesario.»[13] Interessant ist hierbei die offene Formulierung, die das Gotteskonzept als Bedingung ablehnt, aber nicht als Möglichkeit ausschließt, und damit die Gegenüberstellung des mystischen Modells San Juans und der modernen poetischen Aneignung brüchiger werden lässt.

Während die Rezeption San Juan de la Cruz' in den 1920er Jahren einen regelrechten Boom bei Juan Ramón Jiménez und den 27ern erfuhr, gilt dies weniger für Teresa von Ávila. Hierfür gibt es literarische wie ideologische Gründe. San Juan wurde von den 27ern nicht nur als Mystiker wahrgenommen, sondern vor allem in seinem Wert als brillanter Lyriker neu geschätzt. Teresa von Ávila dagegen war und ist in erster Linie für ihre sensiblen, differenzierten psychologischen Selbstanalysen in den mystischen Hauptwerken der *Moradas* und dem *Libro de mi vida* bekannt. Teresa wurde bereits ab der Hälfte des 19. Jahrhun-

---

10 Vgl. u.a. Osvaldo Lira: *Poesía y mística en Juan Ramón Jiménez*. Santiago de Chile: Centro de Investigaciones Estéticas 1969.
11 Juan Ramón Jiménez: *Lírica de una Atlántida. 1936–1954*. Herausgegeben von Alfonso Alegre Heitzmann. Barcelona: Galaxia Gutenberg / Círculo de lectores 1999, S. 260.
12 Vgl. Martina Wagner-Egelhaaf: *Mystik der Moderne*, S. 59.
13 Juan Ramón Jiménez: Poesía y literatura. In: *Revista de Santander* 10 (2015), S. 212–225, hier S. 216.

derts und verstärkt um die Jahrhundertwende von spanischen Schriftstellerinnen und Schriftstellern neu entdeckt.[14] Als Gegenbewegung zu den Diskursen von Realismus, Wissenschaft, Positivismus und Antiklerikalismus entwickelte sich in Spanien wie in anderen europäischen Ländern ein Interesse für Mystik, Spiritismus und Irrationalität, das um die Jahrhundertwende im Dekadentismus gipfelte.

Neben diesem generellen neu erwachten Interesse an Mystik figurierte Teresa jedoch in Spanien in besonderer Weise als nationale Identifikationsfigur. Ihr 300. Todestag wurde 1882 zum Austragungsort ideologischer und (religions-) politischer Kämpfe. Gleichzeitig kam es ebenfalls zu einem Boom von Neueditionen, biografischen Darstellungen und Interpretationen der Werke Teresas.[15] Zudem wurde der Besuch der Stadt Ávila als Pilgerort der Teresa-Bewundererinnen und -Bewunderer durch den Bau einer Zugverbindung erstmals einer großen Zahl von spanischen und europäischen Besucherinnen und Besuchern ermöglicht; die Nonne wurde so auch im internationalen Kontext zur spanischen Ikone stilisiert.[16] Als Reaktion auf die aufkommende liberale Kritik an der katholischen Politik während des *Siglo de Oro* (etwa an den *reyes católicos*, der Inquisition und den Judenvertreibungen) inszenierten konservative Literaturhistoriker wie Marcelino Menéndez Pelayo die Heilige aus Ávila als nationales Symbol und Zeichen positiv verstandener spanischer Isolation und Differenz. Diese nationalkatholische Aneignung sollte unter Franco ihren Höhepunkt erreichen.

Die Frage nach der nationalen Identität beschäftigte insgesamt die Autorinnen und Autoren der Jahrhundertwende stark, allen voran die Vertreter der *Generación del 98*. Kombiniert mit der Auseinandersetzung um Orthodoxie und Heterodoxie, Genderfragen und vor allem der Leidenschaft für das Schreiben stellte Teresa von Ávila für Autoren wie Miguel de Unamuno, Antonio Machado, Emilia Pardo Bazán, Azorín, Leopoldo Clarín und Blanca de los Ríos eine Figur der Faszination und ein Projektionsfeld für eigene intellektuelle Fragestellungen dar.[17] So erscheint die Mystikerin als positiv besetzte Vertreterin des *Siglo de Oro* bei denjenigen Autoren, die in

---

14 Vgl. im Folgenden ausführlich Denise DuPont: *Writing Teresa. The Saint from Ávila at the fin-de-siglo*. Lewisburg: Bucknell 2012. DuPont konzentriert sich auf die Teresa-Rezeption in den Prosaschriften von Leopoldo Clarín, Emilia Pardo Bazán, Miguel de Unamuno, Azorín und Blanca de los Ríos.
15 So wurden allein zwischen 1841 und 1896 72 Neuausgaben ihrer Texte gezählt. Vgl. ebda., S. 14.
16 Vgl. ebda., S. 11.
17 «Teresa's unique combination of strong will, Spanish nationality, Catholicism, femininity, and authorship is fundamental for these authors' exploration, through her, of Spanish identity, gender, religion, and writing.» Ebda., S. 2.

der spanischen Vergangenheit ein Goldenes Zeitalter idealisierten, z.B. in Unamunos 'En torno al casticismo', Ganivets *Didearium Español* (1896) und Azoríns 'El alma castellana' (1900).[18]

Für den Kontext dieser Untersuchung ist die Frage nach Gender und Autorschaft in der Rezeption Teresa von Ávilas von besonderem Interesse. So ist es auffällig, dass einige der Autoren des späten 19. Jahrhunderts Teresas literarische Qualität hervorheben, um zur gleichen Zeit die literarische Aktivität zeitgenössischer Autorinnen abzuwerten, indem sie die Heilige explizit als Ausnahme von der Regel betrachten. Beispielhaft sei hier die Überzeugung Juan Valeras genannt, der kommentiert: «Vale más Santa Teresa que cuantas mujeres escribieron en el mundo».[19] Dennoch identifizierten sich Autorinnen des späten 19. Jahrhunderts wie Emilia Pardo Bazán und Blanca de los Ríos mit der Nonne, indem sie katholische Tradition und feministische Ideen über die Figur Teresas zusammenbrachten. Dabei konnten sie auf die Praxis der Romantikerinnen zurückgreifen: Bereits Carolina Coronado und Rosalía de Castro galt die Mystikerin neben Sappho und Sor Juana de la Cruz als Vorbild einer weiblichen Schreibtradition.[20]

War die Feier zum 300. Todestag 1882 noch von einer starken nationalen und religiösen Überhöhung charakterisiert, setzten die Autoren einer 1914 publizierten Hommage für Teresa anlässlich des bevorstehenden 400. Geburtstags der Karmeliterin stärker Aspekte des literarischen Schreibens und der Persönlichkeit in den Vordergrund. Eine radikale Gegenposition zur konservativen Nationalisierung Teresas lieferte etwas später der Historiker Américo Castro, der argumentiert, die von Menéndez Pelayo und anderen als Vertreterin eines homogenen, nationalen, katholischen Spaniens stilisierte Nonne sei tatsächlich, ebenso wie zahlreiche andere prominente Autoren des *Siglo de Oro*, Nachfahrin ehemals jüdischer *conversos*.[21] In den 1920er und 1930er Jahren kursierte die einseitige Darstellung Teresas als nationale katholische Heldin nur mehr in rechtskonservativen Kreisen. Stattdessen eröffnete die liberale, kosmopolitische

---

18 «All mention Teresa de Jesús as energetic representative of the sixteenth century, so that she becomes a model for those turn-of-the-century intellectuals who looked back to Spanish tradition.» Ebda., S. 14.
19 Juan Valera zitiert nach ebda., S. 20. DuPont verweist auf eine ähnliche Einschätzung in Claríns 'Cartas de un estudiante. Las literatas', ebenfalls 1879. Ein vergleichbares Vorgehen findet sich im Übrigen noch bis heute in der Herausstellung einzelner Lyrikerinnen im Zuge der gleichzeitigen Ausblendung des Großteils anderer zeitgenössischer Dichterinnen. Vgl. hierzu jeweils den Überblick zur literaturhistorischen Rezeption in den jeweiligen Einführungskapiteln zu den drei Dichterinnen.
20 Vgl. ebda., S. 21.
21 Vgl. ebda., S. 39.

Kultur der Zwischenkriegszeit neue, differenzierte Sichtweisen auf die Heilige, die sich von der konservativen Verherrlichung absetzten und den Einbezug ihres hybriden kulturellen Hintergrundes, Fragen von Autorschaft und literarischer Ästhetik sowie Gender-Aspekte ermöglichten:

> [T]he exclusive designation of Castille, Teresa's homeland, as source for Spanish identity was losing relevance for large numbers of Spaniards. [...] Consequently, while certain representations of Teresa offered by the *fin-de-siglo* writers fall by the wayside, this period also begins the redefinition of her heroism in celebration of Spain's multicultural roots, as a triumph of authorial genius, and in more sophisticated articulations of feminism, all of which appealed to a wider range of the political spectrum.[22]

Da das Interesse an Teresa von Ávila nach dem Boom des späten 19. Jahrhunderts insgesamt nachließ, könnte überspitzt und grob verallgemeinernd formuliert werden: Teresa von Ávila ist die mystische Prosaautorin der 98er-Generation, San Juan de la Cruz der mystische Lyriker der 27er.

Der enge konzeptuelle Bezug von Mystik und der für den spanischen Kontext der 1920er Jahre zentralen poetischen Strömung der *poesía pura* zeigt sich sehr deutlich in der Figur Juan Ramón Jiménez'. Zu dieser ästhetischen Richtung, die insbesondere zwischen 1922 und 1928 die poetische Ästhetik in Spanien bestimmte, werden neben Juan Ramón zahlreiche Dichter der *Generación del 27* gezählt, allen voran Jorge Guillén und Pedro Salinas, aber auch Gerardo Diego und Luis Cernuda und zu geringeren Teilen auch Werke von Federico García Lorca und Rafael Alberti.[23] Die 1922 von Juan Ramón Jiménez publizierte *Segunda antolojía,* in deren Vorwort dieser sein Konzept einer *poesía desnuda* formuliert, und Jorge Gulléns *Cántico* von 1928 bilden auf Ebene der Lyrikveröffentlichungen den Rahmen dieser literaturhistorischen Kategorisierung.

1923 gründete José Ortega y Gasset die *Revista de Occidente,* «portavoz [de la *Generación del 27*] más importante antes de 1931»,[24] die in den 1920er Jahren wesentlich zur Vermittlung, Diskussion und Verbreitung aktueller europäischer ästhetischer Tendenzen und neuer Lyrik beitrug. 1925 erschien außerdem Ortegas maßgeblicher Essay *La deshumanización del arte,* der pointiert und provokativ das Ideal einer antimimetischen, selbstreferenziellen, autonomen Kunst entwirft.[25] Um 1930 wurde die *poesía pura,* motiviert durch die politische Zuspitzung des Konfliktes zwischen liberalen und reaktionären Kräften und dem

---

22 Ebda., S. 265f.
23 Vgl. Antonio Blanch: *La poesía pura española. Conexiones con la cultura francesa.* Madrid: Gredos 1976, S. 304.
24 José-Carlos Mainer: *La Edad de Plata,* S. 206.
25 Vgl. José Ortega y Gasset: *La deshumanización del arte.* Madrid: Espasa Calpe 1987.

anschließenden Ausbruch des Bürgerkriegs, von surrealistischen Srömungen sowie der Neuorientierung an einer sozial engagierten, politischen Literatur abgelöst.[26] Dieser Prozess zeigt sich u.a. in der Gründung neuer Zeitschriften wie *Cruz y Raya* (gegründet von José Bergamín, 1933–36) und insbesondere *Caballo verde* (gegründet von Pablo Neruda, 1935) mit seiner bekannten Forderung nach einer *poesía impura*.

Die Ästhetik der *poesía pura* zeichnet sich durch ein starkes Formbewusstsein aus, sichtbar etwa in der sorgfältigen Architektur der Verse und dem Spiel mit klassischer Versform und modernen Brüchen, ein hohes metapoetisches Reflexionsbewusstsein, ein Interesse an Objektivität und Dinglichkeit, die Rücknahme von Subjektivität und Sentimentalität sowie die Suche nach dem klaren, exakten poetischen Ausdruck. Viele Autoren und Autorinnen eint das Ideal von Zeitlosigkeit, Präsenz und ästhetischer Transzendenz, «la tensión inefable de hallar las más puras realidades, de oficiar breves relámpagos de claridad y de unidad entre lo oscuro y lo complejo, de transferir a unos pocos versos una iluminación hecha de habilidad y de sensibilidad especialísimas».[27] Dementsprechend häufig finden sich in den poetischen Texten Wortkombinationen, die einen Eindruck von Unmittelbarkeit und Fülle erzeugen (*unidad, presagio, luz, claridad, total, luminoso, de repente, rápidamente* sowie die grammatischen Zeiten des Präsens und des Gerundiums).[28]

Die Parallelen zwischen einer solchen Konzeption von Poesie und der mystischen Tradition liegen nahe. Andrew Debicki spricht von einem «deseo de definir el poema como una realidad perfecta, pura y perenne situada por encima de la vida cotidiana»[29] und vergleicht dies mit einer «tarea cuasi-religiosa de encarnar experiencias efímeras».[30] Neben den in Kap. 2.2 skizzierten grundsätzlichen Affinitäten zwischen mystischem und modernem poetischem Schreiben in Bezug auf poetische Funktion, Autoreflexivität und Sprachkreativität zeichnet die spanische *poesía pura* eine besondere Sensibilität für ein *más allá de las cosas* aus, ein Begehren nach Selbstübersteigung, eine Form immanenter oder horizontaler Transzendenz, die in der genauen sinnlichen Wahrnehmung der physischen Welt gründet. In vielen Texten der 1920er Jahre dominiert ein bejahender, jubelnder poetischer Gestus, der die Fülle des Erlebens ins Zentrum

---

26 Neue Zeitschriften wie *Cruz y Raya* (1933–36) und insbesondere *Caballo verde* (1935) mit seiner Forderung nach einer *poesía impura* bilden diesen Prozess ab.
27 José-Carlos Mainer: *La Edad de Plata*, S. 219.
28 Vgl. ebda., S. 219.
29 Andrew P. Debicki: *Historia de la poesía española del siglo XX. Desde la modernidad hasta el presente*. Madrid: Gredos 1997, S. 39.
30 Ebda., S. 19.

stellt und die Intensität des Moments feiert. Die Rekurrenz poetischer Imaginationen der Augenblicklichkeit im Sinne einer «estética de lo instantáneo» und «mística de la pureza»[31] verweist auf Konzepte wie Epiphanie und Inspiration. Ein Zitat Dámaso Alonsos veranschaulicht diese quasi-religiöse Erwartung an moderne Lyrik:

> La poesía es un fervor y una claridad. Un fervor, un deseo íntimo y fuerte de unión con la gran entraña del mundo y su causa primera. Y una claridad por la que el mundo mismo es comprendido de un modo intenso y no usual. Este fervor procede del fondo más oscuro de nuestra existencia. El impulso poético, por su origen y dirección, no está muy lejano del religioso y del erótico; con ellos se asocia frecuentemente.[32]

Diese Überblendung von religiöser und erotischer Bedeutungsebene wird sich bei Champourcin deutlich zeigen.

Die spanische *poesía pura* steht in einem engen Verhältnis zur französischen *poésie pure* und orientierte sich an der Poetik Stéphane Mallarmés und insbesondere Paul Valérys. Der Einfluss französischer Literatur und Ästhetik in Spanien war in den ersten drei Jahrzehnten des 20. Jahrhunderts von herausgehobener Bedeutung: Besonders ab der Zeit nach dem I. Weltkrieg wurden Autoren wie Apollinaire, Valéry, Proust, Gide oder Cocteau von spanischen Intellektuellen durch Reisen, Zeitschriften und Übersetzungen sehr stark rezipiert.[33]

In Bezug auf poetologische Überlegungen zur *poesía pura* war es in erster Linie Paul Valéry, der in Spanien einerseits modellbildend wirkte, andererseits aber auch kontrovers diskutiert wurde. Eine zweite Debatte entspann sich um den Abbé Henri Bremond und seine Thesen zum Verhältnis von Mystik und *poésie pure*. Damit wurden in Spanien wie in Frankreich zwei radikale Gegenpositionen diskutiert, das Modell der disziplinierten poetischen und intellektuellen Konstruktionsarbeit (Valéry) und das Modell eines inspirationsbasierten Dichtungsverständnisses (Bremond). In der Praxis sind diese beiden Extremvorstellungen nicht in dieser Weise auseinanderzuhalten, tatsächlich überlappen sie sich.

In den Jahren zwischen den Weltkriegen erfuhr das Werk Paul Valérys in Spanien eine große Wertschätzung.[34] 1924 reiste der französische Dichter erstmals nach Spanien, wo er u.a. auf Ortega y Gasset, Jorge Guillén und José Bergamín traf. In den folgenden Jahren unterhielt er Kontakt mit zahlreichen

---

31 Ebda., S. 39.
32 Dámaso Alonso: Poética. In: Gerardo Diego: *Poesía española contemporánea*. Herausgegeben von Andrés Soria Olmedo. Madrid: Taurus Ediciones 1991, S. 424–425, hier S. 424.
33 Vgl. zur Bedeutung der französischen Literatur und Paul Valérys für die Entwicklung der spanischen *poesía pura* Antonio Blanch: *La poesía pura española*, S. 178–304.
34 Vgl. im Folgenden ebda., S. 242–303.

spanischen Dichtern, darunter Juan Ramón Jiménez und vor allem Jorge Guillén. Letzterer übersetzte Valérys *Cimetière Marin*. Valérys Gedichte erschienen in Spanien zuerst in Zeitschriften, erste literaturkritische Artikel wurden vor allem in der *Revista de Occidente* publiziert. Antonio Blanch gibt zu bedenken, dass das Werk Valérys in den 1920er Jahren jedoch tatsächlich der Mehrheit der Leser wenig bekannt war. Gleichwohl implizierte der Name des Dichters ein hohes symbolisches Kapital:

> Es cierto que se citaba con frecuencia el nombre de Valéry, e incluso tal o cual idea suya, pero se conocía mal el conjunto de su obra [...]. Valéry contaba entonces en España con más prestigio que auténticos conocedores especializados. El solo nombre de Valéry daba autoridad, y no había más remedio que citarlo cuando se defendía la causa de la literatura pura.[35]

Lyriker wie Guillén, Lorca, Salinas und Domenchina gehören zu denjenigen, die Valéry in poetologischen Aufsätzen als Referenzfigur nannten und dabei vor allem seine Klarheit, Reinheit und Intellektualität hervorhoben. Fernando Vela fasste 1926 in einem Artikel in der *Revista de Occidente* Bremonds Thesen zusammen und stellte diese der Poetik Valérys gegenüber, die er Bremond deutlich vorzog. Er stützte sich dabei auf einen Brief Guilléns, der ihm aus Paris von der Auseinandersetzung berichtet hatte. In diesem Brief macht Guillén deutlich, dass er Valérys Modell sichtbar favorisiert und die junge Dichtergeneration beiderseits der Pyrenäen in der gleichen poetologischen Strömung sieht.

> ¡[Q]ue lejos está todo ese misticismo [de Bremond], con su fantasma metafísico e inefable, de la poesía pura, según Poe, según Valéry o según los jóvenes de allí o de aquí! Brémond habla de la poesía en el poeta, de un *estado poético*, y eso ya es mala señal. No, no. [...] Poesía pura es matemática y es química – y nada más – en el buen sentido de esa expresión lanzada por Valéry [...]. El mismo Valéry me lo repetía, una vez más, cierta mañana en la rue de Villejust. Poesía pura es todo lo que permanece en el poema después de haber eliminado todo lo que no es poesía.[36]

Andere lehnten Valérys Ästhetik dagegen als rational und gefühlskalt ab. Das prominenteste Beispiel stellt Antonio Machado dar, der Valérys Lyrik als seelenlosen Konzeptualismus und «cartesianismo rezagado»[37] vehement verurteilte. Ortega y Gasset, Diego, Bergamín und viele andere schlossen sich zu

---

35 Ebda., S. 269.
36 Jorge Guillén: Carta a Fernando Vela. In: Gerado Diego: *Poesía española contemporánea*. Herausgegeben von Andrés Soria Olmedo. Madrid: Taurus Ediciones 1991, S. 403–404, hier S. 403. Kursivierung im Original.
37 Antonio Machado: ¿Cómo ven la nueva juventud española? In: *La Gaceta Literaria* (1.3.1929), S. 1.

Teilen dieser Kritik an. Viele dieser Autoren äußerten dabei widersprüchliche Meinungen oder wechselten ihre Bewertung Valérys im Laufe der Zeit; die Mehrheit wendete sich schließlich im Zuge der Politisierung der Literatur im Laufe der 1930er Jahre von Valérys puristischer Ästhetik ab.

Als Gegenmodell zu Valérys intellektuell-konzeptionalistischem Modell wurden die Thesen des Abbé Bremond zum Verhältnis von *poésie pure* und Mystik noch umstrittener diskutiert. Damit schlossen die spanischen Intellektuellen an die hitzige französische Kontroverse um Bremond an.[38]

Obwohl Kritiker wie Lyriker und auch Lyrikerinnen der spanischen *poesía pura* sich in poetologischen Äußerungen Valéry näher zeigten, stellt Antonio Blanch die These auf, dass viele ihrer Texte Bremonds Verständnis gar nicht so fern stehen: «En principio casi todos ellos se adhieren al concepto más intelectual de poesía defendido por Paul Valéry y rechazan la posición más mística de Henri Bremond, aunque en realidad su poesía estaba más cerca de la idea de Bremond que de la de Valéry.»[39] So stand in den 1920er Jahren der ironischen, skeptischen Distanz Valérys die emphatische Feier von Kunst und Leben bei vielen der 27er, allen voran Guillén, entgegen.

Am Beispiel Juan Ramón Jiménez' wird sichtbar, dass eine eindeutige Einteilung in Valéry- und Bremond-Adepten für den spanischen Raum nicht zu greifen scheint. So stellt sich Jiménez in vielen Äußerungen auf die Seite Valérys, indem er sich gegen den Mythos der Inspiration ausspricht und stattdessen die Bedeutung der akribischen Arbeit am lyrischen Text herausstellt – tatsächlich ist Jiménez dafür bekannt, seine Gedichte immer wieder neu überarbeitet zu haben. In der *carta prólogo* zur *Segunda antolojía* heißt es dazu: «Que una poesía sea espontánea, no quiere decir que, después de haber surjido ella por sí misma, no haya sido sometida a espurgo por la consciencia. Es el sólo arte: lo espontáneo sometido a lo consciente.»[40] Ein gutes Gedicht benötigt also eine sorgfältige, bewusste poetische Ausarbeitung. Jedoch scheint in diesem Zitat gleichfalls durch, dass am Beginn durchaus ein Moment spontaner Eingebung stehen mag, allein reicht dies noch nicht, um ein gelungenes Gedicht zu schreiben: «La perfección, en arte, es la espontaneidad, la sencillez del espíritu cultivado.»[41]

---

[38] Vgl. zur Diskussion um Bremonds Thesen in Frankreich Antonio Blanch: *La poesía pura española*, S. 198–204 und Kap. 3.1.

[39] Antonio Blanch: *La poesía pura española*, S. 306.

[40] Juan Ramón Jiménez: Notas al prólogo y la dedicatoria. In: ders.: *Segunda antolojía poética (1898–1918)*. Madrid / Barcelona: Calpe 1920, S. 321–324, hier S. 323.

[41] Juan Ramón Jiménez: Sencillo y espontáneo. In: ders.: *Segunda antolojía poética (1898–1918)*. Madrid / Barcelona: Calpe 1920, S. 5.

4.1 Ernestina de Champourcin im Kontext der spanischen Lyrik der Moderne — 257

Blanch sieht Jiménez trotz seiner scheinbaren Parallelen «en el extremo opuesto de Valéry»[42] und entgegen seinen Aussagen stärker in der Nähe von Bremonds Theorie. Der Kritiker verweist u.a. auf eine Aussage des Spaniers, in der dieser auf den geheimnisvollen, spirituellen Aspekt von Lyrik abhebt: «[P]ara mí la poesía es algo divino, alado, gracioso, expresión del encanto y del misterio del mundo.»[43] Jiménez scheint letzten Endes eine Mittelposition zu vertreten, die sowohl Gemeinsamkeiten mit Valérys als auch mit Bremonds Ideal der *poésie pure* teilt und Inspiration und Arbeit am Text nicht als Gegensätze, sondern komplementäre Prozesse begreift.[44]

Die spanischen Lyrikerinnen und Lyriker der Moderne schreiben sich trotz Nähe zu Frankreich auch in eine nationale Lyriktradition ein, die – angefangen bei der spanischen Mystik – immer schon eine besondere Sensibilität für das von den Diskursen der Rationalität Ausgeschlossene, für Affektivität und Innerlichkeit aufweist.

> En la historia de la literatura española encontramos siempre una corriente de poesía íntima y pura, representada por ejemplo por Gil Vicente, Juan de la Cruz y Bécquer, que continuaría en el siglo XX con J. R. Jiménez y algunos de los poetas del 27 [...]. En el fondo, es una secreta corriente de romanticismo puro y espiritual que tiene mucho de ‹místico›, según la acepción de Bremond.[45]

Wenngleich diese zugespitzte Einschätzung sicherlich nicht in gleichem Maße auf alle und keinesfalls ausschließlich auf die Dichterinnen und Dichter der 1920er und 1930er Jahre auf der iberischen Halbinsel zutrifft, so verortet sich die Lyrik Ernestina de Champourcins doch deutlich in der Geschichte einer intimistischen spanischen Poesietradition. In den nächsten Abschnitten wird Champourcins literaturhistorischer Ort näher bestimmt, wobei zunächst die Situation von Lyrikerinnen im Umkreis der *Generación del 27* skizziert wird.

---

42 Antonio Blanch: *La poesía pura española*, S. 276.
43 Juan Ramón Jiménez: Invitación a un juicio sobre la poesía actual. In: ders.: *La Corriente infinita*. Madrid: Aguilar 1961, S. 218.
44 «No entiendo por qué lo sencillo y lo espontáneo han de eludir la consciencia.» Juan Ramón Jiménez: Notas al prólogo y la dedicatoria, S. 323.
45 Antonio Blanch: *La poesía pura española*, S. 239.

Zwischen Anwesenheit und Abwesenheit. Spanische Lyrikerinnen der 1920er und 1930er Jahre

In ihrer Studie *Absence and Presence. Spanish Women Poets of the Twenties and Thirties* hat Catherine Bellver die mehrfache Signifikanz des Begriffspaars Absenz / Präsenz für den Kontext spanischer Lyrikerinnen der Zwischenkriegszeit hervorgehoben.[46] Zunächst bezieht Bellver die Spannung des Begriffspaars auf die marginale Situation von Dichterinnen im Literaturbetrieb der *Edad de Plata* und meint damit die periphere, begrenzte Präsenz, welche Autorinnen in den 1920er und 1930er Jahren erfuhren. Das beschriebene offene kulturelle Klima ermöglichte einigen Lyrikerinnen im Kontext der ausgesprochen produktiven und reichen Lyrikproduktion bedeutsame Veröffentlichungen und bemerkenswerte zeitgenössische Rezeptionsweisen. Diese beginnende öffentliche Sichtbarkeit kontrastiert mit der ab 1936 einsetzenden absoluten Unsichtbarkeit, dem kategorischen Ausschluss aus dem Kanon und der konsequenten literaturgeschichtlichen Ignorierung.

Zwischen abwesend und anwesend changierte auch der Ort von Autorinnen im zeitgenössischen Literaturbetrieb. Zum einen orientierten die meisten Lyrikerinnen sich an ihren männlichen Dichterkollegen, standen oft in informellen, freundschaftlichen Beziehungen zu diesen und wendeten sich explizit von einer bis *dato* als 'weiblich' verstandenen romantisch-gefühlsbetonten Poesie ab.[47] Zum anderen bewegten sie sich mit den kulturellen Institutionen für Frauen wie dem *Liceo Club Femenino* in einem weiblichen Literaturuniversum, bildeten also parallele weibliche Netzwerke und sahen sich dabei oftmals konservativen Anfeindungen ausgesetzt.

Das komplexe Beziehungsspiel von Abwesenheit und Anwesenheit lässt sich schließlich auch auf der Textebene verfolgen. Die auffällige Spannung von Präsenz und Absenz in der Lyrik von Ernestina de Champourcin, Concha Méndez, Rosa Chacel, Josefina de la Torre und Carmen Conde ist mit Bellver Ausdruck ihrer intensiven Auseinandersetzung mit einer eigenen poetischen Subjektivität.[48] Diese Thematik soll in den folgenden Analysen mit dem mystischen Paradigma von Präsenz / Absenz in Verbindung gesetzt werden.

---

46 Vgl. im Folgenden Catherine Bellver: *Absence and Presence. Spanish Women Poets of the Twenties and Thirties*. Lewisburg: Bucknell University Press 2001, S. 11–21.
47 Vgl. Roberta Quance: ‹Hago versos, señores...› In: Iris M. Zavala (Hg.): *Breve historia feminista de la literatura española (en lengua castellana). V. La literatura escrita por mujer (Del s. XIX a la actualidad)*. Barcelona: Anthropos 1998, S. 185–210, hier S. 193.
48 Vgl. Catherine Bellver: *Absence and Presence*, S. 14.

In der Literaturgeschichtsschreibung wurde und wird die lyrische Produktion von Frauen in der ersten Hälfte des 20. Jahrhunderts auch in Spanien immer noch weitgehend ignoriert. Dies wird besonders sichtbar im Vergleich mit der Situation hispanoamerikanischer Dichterinnen der gleichen Zeit. Lyrikerinnen wie Delmira Agustini (Uruguay, 1886–1914), Gabriela Mistral (Chile, 1889–1957), Alfonsina Storni (Argentinien, 1892–1938) und Juana de Ibarbourou (Uruguay, 1892–1979), zusammen oft als 'Kleeblatt moderner lateinamerikanischer Dichterinnen' bezeichnet, und später Autorinnen wie Rosario Castellanos (Mexiko, 1925–1975) oder Alejandra Pizarnik (Argentinien, 1936–1972) haben eine deutlich höhere Sichtbarkeit im literaturgeschichtlichen Kanon. Schlägt man hingegen einschlägige Überblicksdarstellungen zur spanischen Literaturgeschichte auf, wird deutlich, dass Lyrikerinnen, wenn überhaupt erwähnt, immer noch im Wesentlichen unter 'Ferner liefen' Eingang finden.[49] Bellver hat zusammengetragen, in welcher Form literaturgeschichtliche Nachschlagewerke Dichterinnen marginalisieren und abwerten, indem sie, wenn sie nicht ganz ignoriert werden, entweder in einer knappen, abgespaltenen Sektion zu Autorinnen erwähnt werden, in der ihr Schreiben oftmals mit Begriffen wie *elegancia*, *delicadeza sentimental* oder *ternura* bewertet wird, oder aber indem sie gemeinsam mit anderen, männlichen *poetas menores* in ergänzende Listen, etwa zum Umfeld der *Generación del 27*, der *poesía pura* o.Ä. ohne weitergehende Kommentierung aufgenommen werden.[50] Champourcin selbst fasst das vergleichbare Vorgehen in Bezug auf die Auswahl in Lyrikanthologien anschaulich zusammen: «En este aspecto existen diversas categorías de antólogos: los que nos exluyen totalmente; los que se lanzan a citarnos en el prólogo junto con otros poetas excluidos, naturalmente, por falta de espacio; los que nos sitúan aparte, en una sección femenina, una especie de Ellis Island para mujeres solas.»[51]

Ein eindrückliches Beispiel für dieses Vorgehen ist der lakonische Kommentar von Ángel del Río in seiner Literaturgeschichte aus dem Jahr 1963: «La poesía femenina está representada en esta generación por Ernestina de Champourcin y Concha Méndez.»[52] Die von Francisco Rico herausgegebene *Historia crítica de la*

---

49 Für einen Überblick über den Umgang mit Lyrikerinnen der ersten Hälfte des 20. Jahrhunderts in Literaturgeschichten und Anthologien vgl. u.a. Pepa Merlo: Introducción. In: dies. (Hg.): *Peces en la tierra. Antología de mujeres poetas en torno a la Generación del 27*. Sevilla: Fundación José Manuel Lara 2010, S. 1–78, hier S. 28–33.
50 Vgl. Catherine Bellver: *Absence and Presence*, S. 24.
51 Ernestina de Champourcin: Introducción. In: dies. (Hg.): *Dios en la poesía actual. Selección de poemas españoles e hispanoamericanos*. Madrid: Biblioteca de Autores Cristianos 1972, S. 3–26, hier S. 14.
52 Ángel del Río: *Historia de la literatura española. Desde 1700 hasta nuestros días*. Barcelona: Grupo Zeta 1998, S. 511. Vgl. auch Catherine Bellver: *Absence and Presence*, S. 225.

literatura española (1984) erwähnt Champourcin gar nicht.[53] Der *Manual de literatura española* (1993) widmet der Lyrikerin als «voz femenina más destacada del grupo del 27» dagegen einige Seiten und geht dabei auf ästhetische Kriterien wie die formale Präzision und die Nähe zur *poesía pura* ein.[54] José-Carlos Mainers *Historia de la literatura española* (2010) verweist auf Ernestina de Champourcin und Josefina de la Torre als die beiden einzigen Frauen, die in Diegos Anthologie aufgenommen wurden, stellt dann aber doch wieder ihre Eigenschaft als Ehefrau von Juan José Domenchina bzw. Schwester von Claudio de la Torre heraus.[55] In den deutschen Literaturgeschichten, etwa von Martin Franzbach, Hans-Jörg Neuschäfer und Hans-Ulrich Gumbrecht, findet sich kein einziger Eintrag zu Lyrikerinnen des ersten Drittels des 20. Jahrhunderts.[56]

Mehrere Forscherinnen und Forscher haben mögliche Gründe für die Abwesenheit von Lyrikerinnen im literarischen Kanon der spanischen Moderne diskutiert, wenngleich diese zugleich für jede Dichterin speziell zu eruieren sind. Bellver verweist auf soziale, politische sowie ästhetische Motive. Neben misogynen und sexistischen Haltungen im frankistischen Spanien (und im Anschluss daran) sieht sie die Exilsituation vieler Autorinnen als einen wichtigen Punkt für deren Ausschluss aus dem Kanon an; ein Aspekt, der gleichwohl – nach Bellver jedoch in geringerem Grade – selbstverständlich auch für die Großzahl der männlichen Autoren der *Generacion del 27* gilt. Catherine Davies verweist auf die männlich dominierten literarischen Zirkel und den entsprechenden Ausschluss aus zentralen Institutionen und Publikationsorganen.[57]

Einige Kritikerinnen und Kritiker verweisen auf die ästhetischen Strömungen im ersten Drittel des 20. Jahrhunderts als genuin 'männliche Bewegung', die mit ihrer Präferenz für das Abstrakte und die Zurücknahme direkter Emotionalität im Unterschied etwa zur vorausgehenden Romantik traditionell weibliche literarische Diskurse und Themen wie Gefühlsbetontheit, Religion etc. eher ausschließe.[58] Wenngleich dies für einen Teil von Autorinnen noch zutreffen mag, erscheint

---

53 Vgl. Víctor García de la Concha: *Historia crítica de la literatura española 7, 1. Época contemporánea 1914–1939*. Herausgegeben von Francisco Rico. Barcelona: Editorial Crítica 1984.
54 Vgl. Felipe B. Pedraza Jiménez / Milagros Rodríguez Cáceres: *Manuel de literatura española. XI. Novecentismo y vanguardia: Líricos*. Pamplona: Cénlit Ediciones 1993, S. 332–335.
55 José-Carlos Mainer: *Historia de la literatura española. 6. Modernidad y nacionalismo 1900–1939*. Madrid: Crítica 2010, S. 525.
56 Vgl. Martin Franzbach: *Geschichte der spanischen Literatur im Überblick*. Stuttgart: Reclam 1993; Hans-Ulrich Gumbrecht: Eine *Geschichte der spanischen Literatur*. Frankfurt a.M.: Suhrkamp 1990; Hans-Jörg Neuschäfer: *Spanische Literaturgeschichte*. Stuttgart: Metzler [4]2011.
57 Catherine Davies: *Spanish Women's Writing 1849–1996*. London: The Athlone Press 1998, S. 111.
58 Vgl. Catherine Bellver: *Absence and Presence*, S. 26.

diese Argumentation doch schnell verallgemeinernd, denkt man z.B. an die Ästhetik der *poesía pura* oder die moderne Technikbegeisterung, in die sich Lyrikerinnen wie Ernestina de Champourcin, Carmen Conde und Concha Méndez explizit einschreiben. So betont Bellver gerade den Anschluss prominenter Lyrikerinnen an die Ästhetik ihrer Dichterkollegen: «They rejected the prevailing image of the female poet as sentimental, sad, and sensitive and embraced instead the seductively liberating masculine modes of the Generation of 27.»[59]

Ein viel diskutierter Aspekt ist die Bedeutung der jeweiligen Ehen für die Karrieren und die jeweilige Anerkennung bzw. das Vergessen der Werke moderner spanischer Dichterinnen. Es fällt auf, dass alle bekannten Lyrikerinnen verheiratet waren, und dies jeweils mit Dichtern bzw. anderen Künstlern. Während Wilcox und Ciplijauskaité in diesem Fakt einen Grund für die Marginalisierung der Autorinnen sehen, gibt Bellver die Ambivalenz der Beziehung zu bekannten Autoren zu bedenken: Zwar habe die Ehe mit einem prominenten Künstler sicherlich dazu geführt, dass die Dichterinnen oftmals in ihrer Funktion als 'Ehefrau von...' wahrgenommen wurden und nicht in ihrer literarischen Eigenständigkeit. Gleichzeitig hätten die Beziehungen jedoch auch Kontakte, Publikationsmöglichkeiten sowie die Unterstützung durch den Ehepartner ermöglicht.[60]

Die Frage nach den persönlichen Kontakten der Dichterinnen mit (heute) etablierten männlichen Avantgarde-Autoren berührt die grundsätzliche, viel diskutierte Frage nach der literaturhistorischen Definition der *Generación del 27*.[61] Wenngleich eine strikte Einteilung entsprechend den Generationskriterien nach Petersen sicherlich heute problematisch erscheint und den literaturgeschichtlichen Konstruktcharakter deutlich zu Tage treten lässt, ist die literaturhistorische Bezugnahme auf das Paradigma der 27er-Generation für die Rezeption der Dichterinnen dennoch wichtig. So ist es bezeichnend, dass in biografischen Abrissen zu Ernestina de Champourcin immer wieder hervorgehoben wird, dass sie mit Josefina de la Torre als einzige Frau von Gerardo Diego in die zweite Fassung seiner Anthologie moderner spanischer Dichtung aus dem Jahr 1934 aufgenommen wurde, die konstitutiv für das Verständnis der Gruppe werden sollte. Dieser Hinweis wird stets als Qualitätsmerkmal verstanden, weshalb es für die literaturhistorische Wahrnehmung strategisch wichtig erscheint, die Dichterinnen im Kontext der männlichen 27er-Autoren zu betrachten. Miró, Cole und Merlo treten aus diesem Grund für die Ausweitung des Gruppen-Labels auf ausgewählte Lyrikerinnen ein, was bereits in den Titeln ihrer Anthologien und Überblicksdarstellungen

---

59 Ebda., S. 40.
60 Vgl. ebda., S. 38.
61 Vgl. zur Problematik des Gruppenbegriffs bei den 27ern erneut Francisco Javier Díez de Revenga: *Las Vanguardias y la Generación del 27*, S. 31–47.

deutlich wird.[62] Tània Balló plädiert für eine Erweiterung des Epochenbegriffs in Bezug auf die Künstlerinnen der 1920er und 1930er Jahre in Spanien: «Sin ellas, la historia no está completa.»[63]

Als 'Dichterinnen der 27er-Generation' wird meist ein Kern von fünf Autorinnen wahrgenommen, zu denen Concha Méndez, Josefina de la Torre, Rosa Chacel, Carmen Conde und Ernestina de Champourcin zählen.[64] Zu den wichtigsten Kriterien, die ihre Einbindung in die Gruppe der 27er rechtfertigen, gehören die ähnlichen Lebensdaten der Autorinnen, die zwischen 1892 und 1905 geboren wurden und die 1936 größtenteils ins Exil gingen oder die innere Immigration suchten, ihre Publikationstätigkeit in prominenten Literaturzeitschriften wie *La Gaceta Literaria*, *Héroe* und *Litoral*, ihr regelmäßiger Besuch kultureller Veranstaltungen und *tertulias*, vor allem des *Lyceum Club Femenino*, poetologische Nähe zur Avantgarde-Ästhetik sowie ihre freundschaftlichen Kontakte zu den männlichen Kollegen wie auch untereinander.[65] Nicht zuletzt legt die Qualität der zahlreichen von den fünf Lyrikerinnen ab den 1920er und 1930er Jahren veröffentlichten Gedichtbände deren Betrachtung im Kontext der *Generación del 27* nahe.

Cole nimmt in seiner Darstellung von *Spanish Women Poets of the Generation of 1927* statt Carmen Conde Pilar de Valderrama und Elisabeth Mulder als «transitional poets from an earlier period»[66] auf. Recht weit gegriffen erscheint dagegen das Vorgehen von Pepa Merlo, die in ihrer *Antología de mujeres poetas en torno a la Generación del 27* von rund 40 Lyrikerinnen spricht, die zur gleichen Zeit wie die männlichen Autoren der 27er-Generation Lyrik zu veröffentlichen beginnen. Die Problematik betrifft die Frage nach der Qualität dieser Texte, die offensichtlich nicht alle gleichermaßen das Niveau einer Carmen Conde oder Ernestina de Champourcin erreichen.

Abschließend lässt sich die literaturhistorische Situation von Lyrikerinnen der 1920er und 1930er Jahre in Spanien als folgendermaßen widersprüchlich und

---

62 Vgl. Emilio Miró (Hg.): *Antología de poetisas del 27*. Madrid: Castalia 1999; Gregory K. Cole: *Spanish Women Poets of the Generation of 1927*. Lewiston / Queenston / Lampeter: The Edwin Mellen Press 2000; Pepa Merlo (Hg.): *Peces en la tierra. Antología de mujeres poetas en torno a la Generación del 27*. Sevilla: Fundación José Manuel Lara 2010. Anders Catherine Bellver, die in ihrem Titel eine chronologische Kategorisierung bevorzugt und damit implizit auf den tatsächlichen Ausschluss der Dichterinnen aus dem offiziellen literaturhistorischen Diskurs aufmerksam macht.
63 Tània Balló: *Las sinsombrero. Las pensadoras y artistas olvidadas de la generación del 27*. Barcelona: Espasa 2016, S. 3.
64 Vgl. etwa die Auswahl von Emilio Miró: *Antología de poetisas del 27* und Catherine Bellver: *Absence and Presence*. Vgl. auch Pepa Merlo: Introducción, S. 30.
65 Vgl. u.a. Gregory K. Cole: *Spanish Women Poets of the Generation of 1927*, S. 18.
66 Ebda., S. 174.

ambivalent zusammenfassen: Zum einen wurden Dichterinnen von der männlich dominierten Literaturgeschichtsschreibung marginalisiert. Es gilt daher, moderne Autorinnen in ihrem zeitgenössischen historischen und poetologischen Kontext zu betrachten und ihre Bedeutung für die Entwicklung moderner spanischer Lyrik herauszustellen. Zum anderen waren die vorgestellten Frauen bereits in ihrer Zeit in einer marginalen Schreibsituation, die von der Forschung ebenso berücksichtigt werden muss. Das Oszillieren zwischen der Ablehnung der traditionellen weiblichen Rolle sowie dem Wunsch nach Teilhabe an einer als universal verstandenen männlich dominierten Kultur und der gleichzeitigen Erfahrung einer historischen weiblichen Lebenswelt wird besonders offensichtlich in der Frage nach der literaturhistorischen Generationszugehörigkeit. Hier zeigt sich z.B., wie die institutionellen zeitgenössischen wie aktuellen Zuschreibungen des literarischen Feldes der Segregation in Frauen- und Männerliteratur verhaftet bleiben, während die tatsächlichen persönlichen und beruflichen Kontakte und Aktivitäten der Autorinnen von der Überschreitung dieser formalen Begrenzungen erzählen. In diesem Sinne muss die Frage nach der Zugehörigkeit der modernen Lyrikerinnen zur sogenannten *Generación del 27* mit einem bewusst gesetzten 'Jein' beantwortet werden, das sowohl die poetologische und lebensweltliche Nähe als auch die historische Differenz zu den kanonischen männlichen Dichtern mitdenkt.

Eine spanische Biografie des 20. Jahrhunderts

Ernestina de Champourcin «es, probablemente, la menos convencional de las mujeres de su época en cuanto a su independencia intelectual», schreibt Federico Suárez in seinem Überblickswerk *Intelectuales antifascistas* (2002) über die Dichterin.[67] Champourcin gilt als eine der bedeutendsten, wenn nicht gar als wichtigste Lyrikerin aus dem Umfeld der *Generación del 27*.[68] 1905 in Vitoria, Baskenland geboren, wuchs sie als Tochter eines franzö-

---

[67] Federico Suárez: *Intelectuales antifascistas*. Madrid: RIALP 2002, S. 54.
[68] Vgl. u.a. José Ángel Ascunce: Prólogo. In: Ernestina de Champourcin: *Poesía a través del tiempo*. Herausgegeben von José Ángel Ascunce. Barcelona: Anthropos 1991, S. IX–LXXVII, hier S. XI; Gregory Cole: *Spanish Women Poets of the Generation of 1927*, S. 139; Joy Landeira: *Ernestina de Champourcin. Vida y literatura*. Ferrol: Sociedad de Cultura Valle-Inclán 2005, S. 48; Acacia Uceta: Ernestina de Champourcin. La voz femenina del 27. In: *El Ateneo* 11 (Dezember 2002), S. 25–30, hier S. 25. Für Jiménez Faro stellt sie sogar deren «única representante femenina» dar. Vgl. Luzmaría Jiménez Faro: Ernestina de Champourcin. Un peregrinaje hacia la luz. In: Ernestina de Champourcin: *Antología poética*. Vorwort und Auswahl von Luzmaría Jiménez Faro. Madrid: Torremozas 1988, S. 9–17, hier S. 11.

sisch-katalanischstämmigen Vaters und einer in Uruguay geborenen Mutter in wohlhabenden, aristokratischen Kreisen in Madrid auf. In ihrer Familie lernte sie Englisch und Französisch, durch die umfangreiche Bibliothek ihres Vaters wurde sie mit der modernen europäischen Literaturtradition vertraut und als Jugendliche beschäftigte sie sich insbesondere mit der französischen romantischen und symbolistischen Dichtung. Ihre Schulausbildung absolvierte die Lyrikerin in traditionellen katholischen Einrichtungen, dem *Colegio del Sagrado Corazón* und dem *Instituto Cardenal Cisneros* in Madrid.[69] Ihr Vorhaben, *Filosofía y Letras* an der Universität zu studieren, konnte Champourcin jedoch nicht umsetzen, da sie die Auflage, dies in steter Begleitung zu tun, ablehnte.

Mit der Veröffentlichung ihrer ersten Gedichtbände *En silencio* 1926 und *Ahora* zwei Jahre später wurde Champourcin Teil der literarischen Avantgarde der *Edad de Plata*. In den späten 1920er und den 1930er Jahren nahm sie intensiv am kulturellen und intellektuellen Leben der spanischen Hauptstadt teil. 1931 erschien *La voz en el viento*, 1936 *Cántico inútil*. Zu ihren Freundschaften und Kontakten gehörten Juan Ramón Jiménez und Zenobia Camprubí, Concha Méndez und Manuel Altolaguirre, Clemencia Miró, Pilar Zubiaurre und Juan de la Encina. Ein eindrucksvolles Zeugnis ihrer ausgeprägten Beschäftigung mit zeitgenössischen literarischen Entwicklungen und ihres Kontaktes mit zahlreichen Autoren und Herausgebern gibt ihr Briefwechsel mit Carmen Conde.[70] Die Dichterin kommentiert in ihren Briefen, insbesondere in den Jahren zwischen 1927 und 1932, moderne spanische und europäische Literatur, berichtet über ihre eigene Tätigkeit für verschiedene kulturelle Zeitschriften, reflektiert ihre poetische Arbeit und dokumentiert den Besuch kultureller Veranstaltungen im *Lyceum Club Femenino* und des *Cine Club Madrid*.

1930 lernte Champourcin den Dichter Juan José Domenchina kennen, der während der II. Republik als Vertrauter des republikanischen Präsidenten Manuel Azaña für die Regierung arbeitete.[71] Mit Ausbruch des Bürgerkriegs engagierte sich Champourcin zunächst als Krankenschwester in einem Kinderheim

---

[69] Für ausführliche biografische Informationen vgl. u.a. José Ángel Ascunce: Prólogo, S. XIII–XXIV; Tània Balló: *Las sinsombreros*, S. 227–250; Joy Landeira: *Ernestina de Champourcin*, S. 23–48.

[70] Vgl. Ernestina de Champourcin / Carmen Conde: *Epistolario (1927–1995)*. Herausgegeben von Rosa Fernández Urtasun. Madrid: Castalia 2007 und Kap. 4.2.

[71] «Mi última conquista es el sr. Domenchina; hombre simpático, poeta desagradabilísimo», kommentiert sie in einem Brief an Carmen Conde vom 5.2.1930. Ernestina de Champourcin / Carmen Conde: *Epistolario*, S. 348. Vgl. auch ihre anfängliche Abneigung gegenüber einer Heirat: «¡Tendríamos que cambiar mucho los dos para que eso ocurriera! Hay seres que no son matrimoniables y tal vez seamos de esos.» (19.1.1931) Ebda., S. 369. Unterstreichung im Original.

und einem Krankenhaus. Unter der Bedrohung der bevorstehenden Einnahme Madrids durch Franco heirateten Champourcin und Domenchina kurzfristig im November 1936, um umgehend Madrid zu verlassen und mit Azaña nach Valencia zu gehen. Im folgenden Jahr arbeiteten beide, zuerst in der *Casa de Cultura* in Valencia, später in Barcelona, für republikanische Publikationsorgane. Domenchina leitete das *Boletín de Información del Ministerio de Propaganda*, Champourcin schrieb u.a. für *Hora de España*. Auf Einladung von Alfonso Reyes ging das Ehepaar im Juni 1939 schließlich über Frankreich, wie so viele spanische Künstler und Intellektuelle, ins mexikanische Exil.

Champourcin passte sich, im Gegensatz zu ihrem Ehemann, offensichtlich relativ unkompliziert in das neue Leben in Ciudad de México ein, indem sie erfolgreich begann, als Übersetzerin u.a. für den *Fondo de Cultura Económica* zu arbeiten.[72] In den Jahren 1949 und 1950 reiste sie als Übersetzerin für die UNESCO nach Washington. In Mexiko unterhielt Champourcin Kontakte zu anderen republikanischen Exilanten und Exilantinnen wie León Felipe, Emilio Prados, Cipriano Rivas Cherif, Luis Cernuda, Pilar Zubiaurre und Juan de la Encina, besonders auch zu Juan Ramón Jiménez und Zenobia Camprubí, die sie während ihrer Reisen in die USA besuchte.[73] Ascunce betont in diesem Kontext die immer noch unterschätzte Rolle, die Champourcin für den intensiven spanisch-amerikanischen Kulturaustausch im republikanischen Exil spielte.[74]

Neben ihrer Übersetzungstätigkeit veröffentlichte Champourcin in den 1940er Jahren vereinzelt Gedichte in mexikanischen Zeitschriften. *Presencia a oscuras*, ihr erster Gedichtband im Exil, erschien jedoch erst 1952, 16 Jahre nach *Cántico inútil*. Nach dem Tod von Domenchina im Jahr 1956 veröffentlichte sie in Mexiko außerdem *El nombre que me diste* (1960), *Cárcel de los sentidos* (1964), *Hai-Kais espirituales* (1967), *Cartas cerradas* (1968) und *Poemas del ser y estar* (1972). Daneben gab sie die Anthologie *Dios en la poesía actual* heraus, die Gedichte moderner spanischer Lyrikerinnen und Lyriker mit religiöser Thematik umfasst.[75]

In den Lyriksammlungen des Exils wird eine Wende hin zum Katholizismus deutlich, die Champourcin in den 1940er Jahren im Zuge einer *crisis espiritual*

---

72 Unter den fast 100 Übersetzungen sind für diese Untersuchung folgende Texte besonders herauszuheben, auch wenn sie erst deutlich nach der hier im Vordergrund stehenden Lyrik der 1920er und 1930er Jahre entstanden: Gaston Bachelards *El aire y los sueños* (1958) und *La poética del espacio* (1965), Mircea Eliades *El chamanismo y las técnicas arcaicas del éxtasis* (1960) sowie *Diario V (1947–1955)* von Anaïs Nin (1982).
73 Vgl. Ernestina de Champourcin: *La ardilla y la rosa. Juan Ramón en mi memoria*. Madrid: Los libros de Fausto 1981.
74 Vgl. José Ángel Ascunce: Prólogo, S. XXI.
75 Vgl. Ernestina de Champourcin (Hg.): *Dios en la poesía actual*. Madrid: Biblioteca de Autores Cristianos 1972.

erfuhr und die einen Gegensatz zur offenen, freiheits- und lustbetonten Lyrik der Madrider Zeit darstellt. 1952 trat Champourcin in Folge ihrer neuen Nähe zum Katholizismus dem *Opus Dei* bei. Diese Tatsache irritiert bis heute und wirft neben konkreten biografischen Reflexionen allgemeinere Fragen nach dem Zusammenhang von Werk und Leben und dessen politischer Bewertung auf, die nicht wirklich aufzulösen sind.[76] In meiner Lektüre konzentriere ich mich auf die Lyrik der Zeit zwischen 1926 und 1936, also bis zum Ausbruch des Bürgerkriegs. Sicherlich wäre auch eine Lektüre der späteren Texte reizvoll, die die Mehrdeutigkeit in Kontrast zu einer vermeintlich orthodox katholischen Lektüre herauszufiltern sucht – ich werde im 'Epilog' dieses Kapitels kurz auf diese Texte eingehen.

1972 kehrte Champourcin nach Madrid zurück. Ihre Rückkehr in ein ihr fremdgewordenes Land erfuhr die Dichterin als 'zweites Exil'. Diese Wahrnehmung wird auch deutlich am Titel ihres Gedichtbandes *Primer exilio* (1978), in dem sie erstmals die Erfahrungen ihrer Ausreise während des Bürgerkriegs und der Ankunft im fremden Mexiko reflektiert. In den folgenden Gedichtbänden verarbeitete sie jedoch vorherrschend die Erfahrungen von Alter, Einsamkeit und Entfremdung im ihr fremd gewordenen Spanien: *Poemillas navideños* (1983), *La pared transparente* (1984), *Huyeron todas las islas* (1988), *Los encuentros frustrados* (1991), *Del vació y sus dones* (1993), *Presencia del pasado* (1996). Champourcin verstarb 1999 im Alter von 94 Jahren in Madrid.

Lyrisches Werk

Ernestina de Champourcins Leben reflektiert auf paradigmatische Weise die Entwicklung der spanischen Kultur und Geschichte im 20. Jahrhundert. Gleichzeitig prägten die historischen Umstände in Form von Avantgarde, der II. Republik, des Ausbruchs des Bürgerkriegs, des mexikanischen Exils und ihrer späten Rück-

---

76 Tània Balló hat diese Irrititation treffend zusammengefasst: «Me acuerdo de la primera vez que supe de ella. Cualquier información siempre iba acompañada de una cierta coletilla... ‹Acabó en las filas del Opus Dei›. Tengo que reconocer que al principio este hecho me distanciaba, provocándome cierto rechazo a enfrentarme a la figura. Pero pasado el tiempo y una vez superé mis absurdos prejuicios, no puedo sino desde estas páginas admitir mi necedad. Porque a medida que vas conociendo a la mujer, la intelectual y la poeta que fue Ernestina de Champourcin, es imposible no quitarte el sombrero, devorar su vida y su obra con absoluta fascinación [...].» Tània Balló: *Las sinsombrero*, S. 230. Einen ähnlichen Vorbehalt beobachtet Balló im Übrigen auch für Carmen Conde, die als eine der wenigen genannten Autorinnen nicht ins Exil gegangen, sondern im Frankismus in Spanien verblieben war. Vgl. Tània Balló: *Las sinsombrero 2. Ocultas e impecables*. Barcelona: Espasa 2018, S. 30.

kehr nach Spanien in wesentlicher Form die Entwicklung ihrer Lyrik. Die meisten Kritiker stimmen mit einer Einteilung ihres Werkes in drei Phasen überein, die José Ángel Ascunce vorgeschlagen hat und die stark an den geografischen und politischen Einschnitten ihrer Biografie – Avantgarde / Madrid, Bürgerkrieg und Frankismus / mexikanisches Exil, Rückkehr Exil / Madrid – orientiert ist, jedoch auch Ästhetik und Thematik ihrer Lyrik berücksichtigt.[77]

Tatsächlich differenziert Ascunce für die Zeit vor dem Bürgerkrieg noch zwischen einem Frühwerk und einem reiferen Werk. Die ersten beiden Gedichtbände *En silencio* und *Ahora* nennt er entsprechend 'Primeros ejercicios poéticos'. Andere Kritikerinnen wie Patricia A. Fitzpatrick argumentieren, dass *En silencio* mit seiner romantischen und modernistischen Tendenz als Frühwerk zu verstehen, *Ahora* jedoch bereits der Ästhetik der 27er zuzuschreiben sei und dabei schon die Originalität der Autorin beweise.[78] Übereinstimmung gibt es überwiegend darüber, *La voz en el viento* und *Cantico inútil* als die beiden besten Gedichtbände und als den Nukleus von Champourcins lyrischem Werk der 1920er und 1930er Jahre zu verstehen. Ascunce bezeichnet diese Phase als 'Poesía del amor humano'. Indem Bellver und Mabrey ihren Fokus von der formalen Perspektive auf die Frage nach der Entwicklung einer weiblichen Subjektivität in Champourcins Texten verschieben, nehmen sie die gesamte Lyrik zwischen 1926 und 1936, also bis zum Ausbruch des Spanischen Bürgerkriegs, als eine Phase in den Blick, wenngleich sie die ästhetischen und qualitativen Differenzen einbeziehen.[79]

In der folgenden Untersuchung der Rezeption mystischer Autoren und mystischer Elemente in Champourcins Lyrik werde ich an dieses Vorgehen anschließen, indem ich die gesamte Lyrik der 1920er und 1930er Jahre als Ausdruck von Champourcins Auseinandersetzung mit mystischen Figuren im Kontext einer poetischen Subjektivität verstehe. Ich werde meinen Fokus jedoch besonders auf *La voz en el viento* und *Cántico inútil* legen. Beide Werke weisen mit ihrer semantischen Mehrdeutigkeit, der originellen Bildlichkeit, ihrer präzisen poetischen Gestaltung und kontinuierlichen metapoetischen Reflexion einerseits sowie des offenen, intensiven Ausdrucks von weiblicher Erotik, Selbstverwirklichung und

---

77 Vgl. José Ángel Ascunce: Prólogo, S. XXVff.
78 Vgl. Patricia A. Fitzpatrick: Hermetismo poético en la obra de Ernestina de Champourcin. In: *Ojáncano. Revista de literatura española* 42 (Oktober 2012), S. 3–22, hier S. 6.
79 Vgl. Catherine Bellver: *Absence and Presence*, S. 172–215 und María Cristina C. Mabrey: *Ernestina de Champourcin, poeta del 27, en la oculta senda de la tradición poética femenina*. Madrid: Torremozas 2007. Auch Landeira fasst die Lyrik zwischen 1926 und 1936 als Phase der «poesía humana» zusammen. Vgl. Joy Landeira: *Ernestina de Champourcin*, S. 77.

Lebenslust andererseits sowohl ästhetisch als auch thematisch eine große Nähe zu den Texten der kanonisch gewordenen Lyrik der 27er-Generation auf.

Der offensichtliche historisch-biografische Bruch des Exils spiegelt sich bereits in der 16-jährigen Publikationspause wider, die zwischen Ausbruch des Bürgerkriegs und der Veröffentlichung von *Presencia a oscuras* liegt. Ascunce fasst die im Exil veröffentlichte Lyrik unter dem Titel 'Poesía del amor divino' zusammen, wobei er sich auf die Verschiebung der dominanten Thematik hin zu religiösen Aspekten bezieht. Ästhetisch bedeutet die Hinwendung zu einer dezidiert katholischen Dichtung überwiegend eine Auflösung der offenen poetischen Bedeutungsstrukturen der früheren Dichtung hin zu traditionelleren Formen, die zum Teil eher liturgischen als poetischen Charakter annehmen. Gleichzeitig lassen sich jedoch mit der starken Dialogizität, den mystischen Motiven und der Thematisierung von Grenzen und Schwellen auch Kontinuitäten im lyrischen Werk ausmachen.

Die Entfremdung und Isolation, die Champourcin angesichts ihrer Rückkehr nach Madrid empfand, veranlasst Ascunce, die Lyrik ab 1972 unter dem Titel 'Poesía de amor en la evocación y en el deseo' zu fassen. Wenngleich hier religiöse Aspekte, gerade in Hinblick auf die Frage nach Sinn angesichts existenzieller Einsamkeit und dem bevorstehenden Tod, weiter eine Rolle spielen, setzt sich die Dichterin gleichzeitig mit konkreten sozialen Erfahrungen ihres Exils und ihrer Rückkehr auseinander. Die Dialektik von Distanz und Nähe, die sich in der Motivik von Hindernissen und Formationen wie Mauern, Wolken, Inseln u.Ä. und dem Wunsch nach deren Überwindung manifestiert, spiegelt in vielen Texten das Oszillieren zwischen der Auseinandersetzung mit konkreten und transzendentalen Lebensaspekten wider.[80]

Ascunces Einteilung von Champourcins Lyrik anhand überwiegend biografischer wie thematischer Aspekte bietet eine sinnvolle Orientierung für eine erste Annäherung an ihr lyrisches Werk. Verschiedene Kritikerinnen und Kritiker haben jedoch darauf aufmerksam gemacht, dass die Grenzen naturgemäß nicht bruchhaft verlaufen, sondern dass es verbindende Elemente, Strukturen und Themen in der Lyrik Champourcins gibt, deren Bedeutung jedoch jeweils unterschiedlich stark ist. So macht Espejo-Saavedra als durchgehendes Charakteristikum von Champourcins Dichtung die Reflexion über die drei großen The-

---

80 Vgl. u.a. Efraín E. Garza: De luces y sombras en *Presencia a oscuras* y *Del vacío y sus dones de Ernestina de Champourcin*. In: Joy Landeira (Hg.): *Una rosa para Ernestina. Ensayos en commemoracion del centenario de Ernestina de Champourcin*. Ferrol: Sociedad de Cultura Valle-Inclán 2006, S. 153–168.

men Gott, Liebe und Poesie aus.[81] Tatsächlich ziehen sich metaphysische, metapoetische und erotische / amoröse Aspekte durch das gesamte Werk mit unterschiedlicher Akzentuierung in den verschiedenen poetischen und biografischen Phasen. Häufig überschneiden und bedingen sich diese Themen gegenseitig und sind, vor allem in den Texten der 1920er und 1930er Jahre, nicht eindeutig trennbar.

Ascunce selbst betont als übergeordnetes, verbindendes Element die Liebesthematik: «un denominador inalterable [...]: el ideal del amor como estímulo, como respuesta y como fin».[82] Wenngleich die Liebe in ihren verschiedenen Ausprägungen und Objektsetzungen (erotisch, kosmisch, metapoetisch, mystisch, katholisch) ein dominanter Aspekt in Champourcins Dichtung ist, birgt doch die Reduzierung auf die Kategorie 'Liebespoesie' die Gefahr, gerade die intellektuellen, abstrakten und philosophischen Aspekte ihrer Texte zu unterlaufen und damit ein Klischee 'weiblicher' Lyrik festzuschreiben, von dem sich Champourcin genauso wie viele weitere Lyrikerinnen der *Generación del 27* gerade abzugrenzen suchte. So distanziert sich die Dichterin in einem Artikel für die argentinische Zeitschrift *Síntesis* 1929 von dem überkommenen romantischen Konzept weiblicher Lyrikerinnen des vorangegangenen Jahrhunderts, mit Verweis auf den romantischen Typ Lyrikerin wie Marceline Desbordes, aber auch (erstaunlicherweise) einer Gertrudis de Avellaneda:

> Para ella la poesía no es libertad, evasión gozosa [...]. Esta poetisa, llamadla Marcelina [sic] Desbordes o Gertrudis Avellaneda, no sale de sí, ni siquiera entra del todo. Arrinconada en su primer rellano, sólo conoce un sentimiento fuerte que la estremece hasta el paroxismo; es el amor. [...] El amor, único motivo lírico, antiguamente, pierde su hegemonía.[83]

---

81 Vgl. Rafael Espejo-Saavedra: Sentimiento amoroso y creación poética en Ernestina de Champourcin. In: *Revista-Review Interamericana* 12, 1 (Frühjahr 1982), S. 133–139. Auch Benson sieht die religiöse Thematik nicht als radikalen Bruch mit der vorherigen Dichtung, sondern vielmehr als Fortentwicklung bereits früher angelegter Fragestellungen. Originell und für die Untersuchung der Rezeption mystischer Diskurse besonders relevant ist zudem seine Beobachtung, eine starke Intertextualität sei ein wesentliches Charakteristikum von Champourcins Werk. Vgl. Douglas K. Benson: Transtextualidad, hipertextualidad y poliglosía en la poesía religiosa de Ernestina de Champourcin. In: Joy Landeira (Hg.): *Una rosa para Ernestina*. Ferrol: Sociedad de Cultura Valle-Inclán 2006, S. 107–121, hier S. 110.
82 José Ángel Ascunce: Prólogo, S. LXV. Er fährt fort: «La poesía de Ernestina de Champourcin es una poesía amorosa, porque la poeta tiene plena conciencia de que si el hombre busca su salvación, ésta sólo se halla en la razón de amor.»
83 Ernestina de Champourcin: 3 proyecciones. In: *Síntesis* 3, 30 (November 1929), S. 329–335, hier S. 329ff.

Die Liebe ist ein übergeordnetes Motiv in Champourcins Lyrik, jedoch nicht im romantischen Sinne, sondern als Ausdruck eines kontinuierlichen, intensiven Begehrens der Selbstübersteigung und Verbindung mit dem Anderen – diese These soll in den folgenden Textanalysen exemplifiziert werden.

Bewertung in der Literaturgeschichte und Forschungsüberblick

In der Forschung besteht Einigkeit darüber, dass Champourcins Lyrik in die ästhetischen Strömungen der 27er-Generation einzuordnen ist. Sie sei «plenamente integrada [...] en el proceso estético de los años 20 y 30 [...]. Romanticismo, Simbolismo, Vanguardias estéticas, rehumanización, la trayectoria de Champourcin es rigurosamente paralela a la de todos los grandes poetas del momento»,[84] betont Serge Salaün. Ihre Poesie «encaja perfectamente en la que se ha dado en llamar generación del 27», unterstreicht auch Cano Ballesta.[85]

Ebenso wird ihre Aufnahme in Gerardo Diegos buchstäblich epochemachende *Antología* von 1934, wie erwähnt, stets hervorgehoben: zum einen als Qualitätskriterium, zum anderen, um die zeitgenössische Integration in das literarische Leben sowie ihre Anerkennung zu belegen, und schließlich als Argument für die Einordnung der Lyrikerin in die literaturhistorische Gruppierung der *Generación del 27*.[86] Champourcin selbst betont in einem Interview mit sichtbarem Stolz die große Bedeutung, die sie dieser Anthologie beimisst.[87] Dass der Ausschluss von Lyrikerinnen aus Diegos Anthologie faktisch ein Zeichen der männlich dominierten zeitgenössischen Literaturszene ist – in der Fassung von 1932 ist keine einzige Autorin genannt –, betonen dagegen heutige Kritikerinnen. Nachdem in der Forschung, mit dem impliziten Ziel der literaturgeschichtlichen Integration der Autorin, zunächst Champourcins Übereinstimmung mit zeitgenössischen poetologischen Konzepten betont wurde, zielen

---

84 Serge Salaün: Ernestina de Champourcin y Concha Méndez. Estatuto y condición del poeta moderno. In: José Ángel Ascunce / Rosa Fernández Urtasun (Hg.): *Ernestina de Champourcin. Mujer y cultura en el siglo XX*. Madrid: Biblioteca Nueva 2006, S. 37–52, hier S. 42ff.
85 Juan Cano Ballesta: Ernestina de Champourcin y la generación del 27. In: José Ángel Ascunce / Rosa Fernández Urtasun (Hg.): *Ernestina de Champourcin. Mujer y cultura en el siglo XX*. Madrid: Biblioteca Nueva 2006, S. 23.
86 Für Cano Ballesta etwa bedeutet die Inkorporation in die Anthologie von 1934 die «consagración definitiva» der Autorin. Vgl. ebda., S. 29.
87 So kommentiert sie das Fehlen von Concha Méndez und anderen Autorinnen wie folgt: «Empezamos juntas, pero no es [Concha Méndez] del veintisiete... [...] Los que no están en las dos antologías de Gerardo Diego no son del veintisiete.» Interview in Joy Landeira: *Ernestina de Champourcin*, S. 243.

jüngere Studien darauf ab, die Originalität und Individualität ihrer dichterischen Stimme innerhalb der spanischen Avantgarde herauszuarbeiten.[88]

Die zeitgenössische Kritik nahm Champourcins Lyrik der 1920er und 1930er Jahre zunächst sehr positiv auf. Auffällig ist der häufige Vergleich mit den hispanoamerikanischen Dichterinnen Delmira Agustini, Juana de Ibarbourou und Gabriela Mistral, aber auch mit spanischen Vorbildern wie Carolina Coronado und, hier besonders wichtig: mit Teresa von Ávila sowie – Anna de Noailles.[89] Gleichzeitig lässt sich jedoch eine deutlich stereotype und misogyne Wertung wahrnehmen, wie etwa im folgenden Zitat von Guillermo de Torres Besprechung von *Cántico inútil*: «Poesía íntima, ardorosa; pero directa y elemental en ambos casos [...] incapaz de elevarse a su equivalencia intelectual. Quizá en esto resida su debilidad; pero ahí también, sin duda, radica su femineidad inconfundible, ya que la mujer nunca sabrá sofisticar mentalmente sus emociones.»[90]

Während Exil und Frankismus wurde Champourcin in der literaturhistorischen Forschung weitgehend vergessen. Für die jahrzehntelange literaturhistorische Ignorierung der Autorin haben Kritikerinnen und Kritiker, neben der grundsätzlichen historischen Marginalisierung von Autorinnen, zusätzliche individuelle Gründe gefunden. Neben ihrem Geschlecht, ihrem langen Exil und der fehlenden kulturellen Wertschätzung ihrer umfangreichen Übersetzungstätigkeit sieht Ascunce Champourcins Zurückhaltung gegenüber dem Literaturbetrieb als einen weiteren Grund an. Das ästhetische Argument, ihre Lyrik sei «hondamente personal y un tanto alejada de los supuestos teóricos y formales»[91] trifft möglicherweise für die religiöse Dichtung ab dem Exil zu, ist aber nicht haltbar in Hinblick auf die Lyrik der 1920er und 1930er Jahre. Aus einer explizit feministischen Perspektive argumentierend, sucht Wilcox Champour-

---

88 Vgl. Douglas K. Benson: Transtextualidad, S. 107.
89 «[E]l tono lírico de Ernestina de Champourcin no se parece al de ninguna congénere española y ofrece, en cambio, evidentes similitudes con el de una Delmira Agustini o una Juana de Ibarbourou». Guillermo de Torre: Dos libros de Ernestina de Champourcin. In: *El Sol* (13.6.1936), S. 2. Zum Vergleich mit Teresa von Ávila, Gabriela Mistral und Anna de Noailles vgl. José Díaz Fernández: Poemas de Ernestina de Champourcin. In: *Luz* (26.1.1932), S. 4. Vgl. zur zeitgenössischen Rezeption insgesamt María Cristina C. Mabrey: *Ernestina de Champourcin*, S. 120ff. Zur Nähe Champourcins zu Agustini und Ibarbourou vgl. Jenny Haase: Otra modernidad hispánica. Poetas españolas e hispanoamericanas de principios del siglo XX. In: Herle-Christin Jessen / Stephanie Lang (Hg.): *Transkulturelle Aushandlung literarischer Modernismen zwischen Spanien, Frankreich und Lateinamerika (1890–1920)*. Berlin: Tranvía 2017, S. 157–174.
90 Guillermo de Torre: Dos libros de Ernestina de Champourcin, S. 2.
91 José Ángel Ascunce: Prólogo, S. XIII–XXIV.

cins Ausschluss aus der Literaturgeschichte vor allem durch die Subversion von patriarchalen Diskursen durch ein selbstbewusstes, weibliches lyrisches 'Ich', ein 'gynozentrisches' Vokabular und den offenen Ausdruck eines weiblichen Begehrens in ihren Texten zu erklären.[92] Besonders überzeugend erscheint mir Acacia Ucetas These, dass Champourcins Rückkehr 1972 mit einem Moment zusammenfiel, in dem die spanischen Intellektuellen aufgrund der jahrzehntelangen Unterdrückung durch den frankistischen Nationalkatholizismus nicht bereit waren, die zu diesem Zeitpunkt vor allem als religiös-katholische Lyrikerin wahrgenommene Autorin entsprechend differenziert zu rezipieren, wobei gerade ihre avantgardistische, transgressive Lyrik der 1920er und 1930er Jahre in Vergessenheit geriet.[93]

Die Rekuperation der Autorin für die spanische Öffentlichkeit begann 1975 mit einem Interview durch Arturo del Villar für *La Estafeta Literaria*.[94] Rafael Espejo-Saavedras Analyse von Sonetten aus *La voz en el viento* begründet für Mabrey literaturwissenschaftlich die «canonización de Champourcin como poeta y su introducción en el grupo del 27.»[95] Er verweist in seinem Aufsatz auf paradigmatische Aspekte von Champourcins früher Poesie wie die mehrdeutige Identität des lyrischen 'Du', ihr Transzendenzbestreben und die zentrale Bedeutung der Themen Gott, Poesie und Eros; gleichzeitig stellt er ästhetische Parallelen zu Gerardo Diego, Jorge Salinas und Jorge Guillén heraus.[96] Andrew Debicki erarbeitet 1988 in einem Artikel die visionäre Bildlichkeit in Champourcins früher Dichtung und stellt diese in die Nähe zu den surrealistischen Texten Lorcas und Albertis. Er verweist auch auf den wichtigen Aspekt der poetischen Selbstreflexivität in ihrer Lyrik.[97]

Birute Ciplijauskaité stellt in 'Escribir entre dos exilios: Las voces femeninas de la Generación del 27' 1989 die doppelte Marginalisierung Champourcins und anderer Dichterinnen wie Concha Méndez durch Exil und männerdominierten Literaturbetrieb heraus. Seiner These nach haben beide Lyrikerinnen bereits mit Eingang ihrer Ehen eine Art erste Exilerfahrung erlebt, indem sie die Priorität von der Konzentration auf ihr eigenes Werk hin zur Aufmerksamkeit für ihren

---

92 Vgl. John C. Wilcox: *Women Poets of Spain, 1860–1990. Toward a Gynocentric Vision.* Urbana / Chicago: University of Illinois Press 1997, S. 88ff.
93 Vgl. Acacia Uceta: Ernestina de Champourcin, S. 26.
94 Arturo del Villar: Ernestina de Champourcin. In: *La Estafeta Literaria* 556 (15.1.1975), S. 10–15.
95 María Cristina C. Mabrey: *Ernestina de Champourcin*, S. 220.
96 Vgl. Rafael Espejo-Saavedra: Sentimiento amoroso y creación poética en Ernestina de Champourcin.
97 Vgl. Andrew P. Debicki: Una dimensión olvidada de la poesía española de los 20 y 30. La lírica visionaria de Ernestina de Champourcin. In: *Ojáncano* 1, 1 (1988), S. 48–60.

Ehemann verschoben hätten. Die Lyrik der Dichterinnen habe jedoch eine größere chronologische Kontinuität als die der männlichen Autoren, da sie nicht von der direkten Kriegserfahrung geprägt sei. In Champourcins Lyrik erkennt er eine «nota afirmativa evidente en sus versos desde el principio» und er bescheinigt ihr durch die religiöse Thematik, besonders des Exilwerks, «una matiz totalmente original».[98] Ciplijauskaités Versuch der Rekuperation beider Dichterinnen bleibt durch die letztlich essenzialistisch wirkende Argumentation und Verhaftung in einem männlich geprägten Kanondenken schal, wie sein Fazit veranschaulicht: «Aun escribiendo a la sombra de sus maridos, no subordinan su voz creadora al modelo de éstos y continúan desarrollando una expresión artística propia para encontrar autorrealización en una poesía original, aunque menor.»[99]

Gregory Cole analysiert Champourcins Lyrik der 1920er und 1930er Jahre im Zeichen einer weiblichen 27er-Generation und verweist kursorisch auf den Einfluss von San Juan de la Cruz und Teresa von Ávila.[100] Mit der Herausgabe des bis *dato* gesammelten lyrischen Werkes unter dem Titel *Poesía a través del tiempo* und einer umfangreichen literaturhistorischen Einführung in das Werk machte José Ángel Ascunce Champourcins Lyrik 1991 einem breiteren Publikum zugänglich.[101]

Verschiedene Arbeiten beschäftigen sich früh mit der Bedeutung von Religion in Champourcins Werk. Mercedes Acillona schlägt in ihrem Aufsatz 'Poesía mística y oracional en Ernestina de Champourcin' 1990 eine katholische Lektüre von *Presencia a oscuras* vor.[102] Arturo del Villar hebt bereits im Titel seiner Monografie *La poesía de Ernestina de Champourcin. Estética, erótica y mística* (2002) drei zentrale Elemente in Champourcins Werk hervor, die im Zentrum dieser Untersuchung stehen. Seine Lektüre bleibt allerdings recht biografistisch, konservativ und wenig differenziert, wenn er die mystischen Referenzen als Weltabwendung deutet, dem lyrischen 'Ich' Entscheidungsschwäche zuschreibt und die Progressivität der erotischen Imagination

---

98 Vgl. Biruté Ciplijauskaité: Escribir entre dos exilios. Las voces femeninas de la Generación del 27. In: Marta Cristina Carbonell / Adolfo Sotelo Vázquez (Hg.): *Homenaje al profesor Antonio Vilanova*. 2. Barcelona: Universidad de Barcelona 1989, S. 119–126, hier S. 122.
99 Ebda., S. 126.
100 Vgl. Gregory Cole: *Spanish Women Poets of the Generation of 1927*, S. 139–171.
101 Vgl. Ernestina de Champourcin: *Poesía a través del tiempo*. Herausgegeben von José Ángel Ascunce. Barcelona: Anthropos 1991.
102 Mercedes Acillona: Poesía mística y oracional en Ernestina de Champourcin. In: *Letras de Deusto* 20, 48 (September–Dezember 1990), S. 103–118.

als Unterwerfung unter patriarchale Muster wertet.[103] Auch Raquel Medinas These der Desexualisierung und Rücknahme weiblicher Subjektivität zu Gunsten der *depuración poética* in 'Emancipando la voz. Ernestina de Champourcin y la desexualización del sujeto poético en el 27 femenino' (2002) läuft meiner eigenen Analyse der poetischen Erprobung pluraler, nomadischer Subjektivität unter Rückbezug auf erotische und mystische Diskurse eher entgegen.[104]

Um die Jahrtausendwende vollzieht sich ein quantitativer wie qualitativer Sprung innerhalb der Forschung, innerhalb derer besonders die Arbeiten von John C. Wilcox, Catherine Bellver und María Cristina C. Mabrey hervorzuheben sind. Die drei Untersuchungen zeichnen sich sowohl durch den Umfang ihrer genauen literaturwissenschaftlichen Analyse als auch durch einen feministischen Ansatz aus, der, aus je unterschiedlichen Perspektiven, nach dem Ausdruck einer weiblichen poetischen Stimme fragt.

Wilcox entwirft in *Women Poets of Spain 1860–1990. Towards a Gynocentric Vision* (1997) eine Traditionslinie weiblicher Lyrik von Rosalía de Castro bis Blanca Andreu, deren poetischen Eigenwert er (im Gegensatz zur These der Abhängigkeit und Minderwertigkeit) nachzuweisen sucht. Wilcox bezieht sich dabei auf eine 'gynokritische' Herangehensweise im Sinne Elaine Showalters, indem er die Unabhängigkeit von Champourcins lyrischem Diskurs hervorhebt.[105] Die Studie betont die Präsenz eines selbstbewussten lyrischen 'Ich', das sich seiner eigenen poetischen Kreativität bewusst ist und im Ausdruck seines Begehrens von Dichtern wie Lorca oder Guillén deutlich abweicht, etwa durch den Gebrauch eines weiblich konnotierten Vokabulars (z.B. Uterus-Metaphern, die Präferenz des Liquiden etc.) oder die Gestaltung der Mutterfigur.

Catherine Bellver legt in ihrem Kapitel über Ernestina de Champourcin in *Absence and Presence. Spanish Women Poets of the Twenties and Thirties* 2001 eine sehr differenzierte Analyse von Champourcins früher Lyrik von *En silencio* bis *Cántico inútil* vor. Sie beurteilt Wilcox' differenztheoretische Herangehensweise kritisch: «[C]are must be taken not to overlook the nuances and ambivalences within the general outlines of Champourcin's feminine discourse and not to turn difference into a mechanism for the gender-based marginalization

---

103 Arturo del Villar: *La poesía de Ernestina de Champourcin. Estética, erótica y mística.* Cuenca: El Toro de Barro 2002.
104 Raquel Medina: Emancipando la voz. Ernestina de Champourcin y la desexualización del sujeto poético en el 27 femenino. In: dies. / Barbara Zecchi (Hg.): *Sexualidad y escritura (1850–2000)*. Barcelona: Anthropos 2002, S. 162–180.
105 Vgl. Elaine Showalter: Feminist Criticism in the Wilderness. In: *Critical Inquiry* (Winter 1981), S. 179–205, hier S. 185f.

that women poets of her generation attempted to collapse.»[106] Bellver analysiert Champourcins Konstruktion einer weiblichen Subjektivität innerhalb eines patriarchalisch strukturierten kulturellen Ambientes als eine widersprüchliche Zwischenposition, die zwischen befreiendem Selbstausdruck und Anpassung an die bestehenden gesellschaftlichen Grenzen oszilliert: «Thus seemingly contradictory meanings co-exist with equal force in Champourcin's poetry. Eroticism and religiosity, self-assertion and denial of self, innovation and tradition all go hand-in-hand in her poetry.»[107] Dabei stellt Bellver, zusätzlich zur chronologischen Entwicklung anhand der unterschiedlichen Gedichtbände, Widersprüche etwa in Hinblick auf Dominanz / Kontrolle und Hingabe / Unterwerfung innerhalb eines Bandes, wie in *La voz en el viento*, heraus.

Bellvers Bewertung von Champourcins Einordnung in feministische Paradigmen ist entsprechend differenziert, an manchen Stellen jedoch selbst nicht ganz klar. Während sie einerseits veranschaulicht, wie die Dichterin ein weibliches Begehren artikuliert, das durch die Verbindung mit dem Anderen sowie Nähe und Gegenseitigkeit im Gegensatz zu Kontrolle und Besitz charakterisiert ist und damit männliche erotische Diskurse unterläuft, weist sie gleichzeitig immer wieder auf die Verhangenheit der Autorin in vorgegebenen sozialen Normen und Geschlechterkonzepten hin.[108] Bellver hat sich in weiteren Aufsätzen einzelnen Gedichtbänden gewidmet, wie etwa in einer Studie zu Mystikmotiven im späten Band *Poemas del ser y estar*, in der sie die Folie von Augustinus' Denken stark macht.[109]

Die von Bellver herausgestellten Irritationen, Widersprüche und Differenzen werfen Fragen nach der poetischen Subjektivität auf, die sich in der Darstellung sexuellen Begehrens kondensieren. In der Forschung stellt die Diskussion der erotischen Aspekte in Champourcins Lyrik ein kontrovers diskutiertes Thema dar, dessen Ambivalenz in hohem Maß auf deren mystischem Akzent basiert. Ist die Frage nach einer buchstäblichen, erotischen oder allegorischen, religiösen Lesart schon immer eine literaturwissenschaftliche Herausforderung bei der Interpretation christlicher mystischer Prätexte seit dem biblischen *Hohelied* gewe-

---

106 Catherine Bellver: *Absence and Presence*, S. 181.
107 Ebda., S. 174.
108 «The female persona in Champourcin becomes a speaking subject, who describes herself but, for the most part, echoes the traditional masculine conception of women. [...] Nonetheless, she significantly diverges from the phallocentrism of masculine depictions in her concentration on female self-definition and in her revelations of exuberance, self-assertion, and even aggressivity. Above all, she displays a sense of consciousness of her own desire and of her power as a woman and a poet.» Ebda., S. 203.
109 Catherine Bellver: Mysticism, Meditation, and Monologue in Poemas del ser y del estar by Ernestina de Champourcin. In: *Studies in 20th & 21st Century Literature* 36, 2 (2012), S. 220–241.

sen, so gilt dies tatsächlich auch für viele Aspekte in Champourcins Lyrik. Die sich hieraus ergebende Ambiguität wird ein zentraler Ansatzpunkt meiner Lektüre sein.

María Cristina C. Mabrey unternimmt mit *Ernestina de Champourcin, poeta de la Generación del 27, en la oculta senda de la tradición poética feminina* (2007) schließlich die erste umfassende monografische Lektüre von Champourcins lyrischem Werk, wobei auch sie sich im Wesentlichen auf die Lyrik der 1920er und 1930er Jahre konzentriert. Der Titel ihrer Untersuchung verweist auf das Vorhaben, die Autorin einerseits im kulturellen Kontext ihrer Zeit – explizit als Vertreterin der 27er-Generation – zu begreifen und andererseits ebenfalls eine weibliche spanische poetische Traditionslinie zu entwickeln. Mabrey erkennt in Champourcin eine «continuidad de una tradición femenina / feminista de la escritura» und situiert sie «dentro y fuera de esta misma tradición».[110] Die Kritikerin versteht die spanischen Autorinnen und Künstlerinnen der 1920er und 1930er Jahre als Pionierinnen eines modernen Feminismus; innerhalb dieser Gruppe sieht sie Champourcin als «mujer pionera en la defensa del sujeto femenino como agente del discurso».[111] Es handele sich dabei um einen «femenismo de resistencia íntima y no política que nos revela el ansia de subjetividad, característica de la escritura champourciniana».[112] Neben einem ausführlichen historisch-biografischen Teil arbeitet Mabrey die zeitgenössische Kritik in Form von Rezensionen und Interviews auf. Sie verweist zudem auf Parallelen zu früheren spanischen Autorinnen, insbesondere Rosalía de Castro und Teresa von Ávila, etwa in Hinblick auf den Ausdruck eines alternativen weiblichen Begehrens jenseits männlichen Besitzdenkens, der intensiven psychologischen Selbsterforschung sowie des strategischen Topos der «falsa modestia».[113] Die mystischen Elemente versteht Mabrey zu Recht keinesfalls als beschränkende Sublimierung, sondern als Ausdruck eines komplexen Begehrens nach Beziehung und Dialog, das sowohl erotische als auch metapoetische Aspekte umfasst.[114]

Anlässlich des 100. Geburtstags der Dichterin im Jahre 2005 erschienen zwei Sammelbände: *Ernestina de Champourcin. Mujer y cultura en el siglo XX* von Rosa Fernández Urtasun und José Ángel Ascunce und *Una rosa para Ernestina: Ensayos en Conmemoración del Centenario de Ernestina de Champourcin* von Joy

---

110 María Cristina C. Mabrey: *Ernestina de Champourcin*, S. 315.
111 Ebda., S. 20.
112 Ebda., S. 132.
113 Ebda., S. 347.
114 Vgl. ebda., S. 347.

4.1 Ernestina de Champourcin im Kontext der spanischen Lyrik der Moderne — 277

Landeira.[115] Joy Landeira veröffentlichte mit *Ernestina de Champourcin. Vida y literatura* 2005 zudem eine biografisch basierte Lektüre von Champourcins Werk.[116] Aus den beiden Sammelbänden möchte ich einige Beiträge herausheben, die für meine eigene Lektüre besonders interessant sind. Juan Cano Ballesta betont in seinem Beitrag 'Ernestina de Champourcin y la generación del 27' die Zugehörigkeit der Lyrikerin zur *Generación del 27* und zeigt sich skeptisch gegenüber den frühen sublimierenden Lesarten der erotischen Metaphorik. Stattdessen hebt er die soziale und ästhetische Bedeutung ihrer intimistischen und erotischen Lyrik hervor.[117] Serge Salaün verweist ebenfalls auf die ästhetischen Gemeinsamkeiten mit den 27ern. Dazu setzt er der Annahme von einem radikalen Bruch zwischen Madrider Werk und Exil die These einer grundsätzlichen Kontinuität in Champourcins Lyrik entgegen.[118] Douglas K. Benson unterstützt diese These und hebt als Gemeinsamkeit die Komplexität und Qualität der intertextuellen Querbeziehungen gerade in Champourcins religiös konnotierter Dichtung hervor.[119] Andreu Navarra Ordoño hebt auf die enorme Offenheit des angesprochenen 'Du' in Champourcins Texten ab, um die Modernität der Dichterin herauszustellen.[120] Asunción Horno-Delgado schließlich schlägt eine überzeugende Lektüre der erotischen Texte aus *La voz en el viento* und *Cántico inútil* vor, indem sie die transgressiven und abjekten Aspekte der poetisch inszenierten Sexualität herausarbeitet.[121]

2007 gibt Rosa Fernández Ortasun den Briefwechsel zwischen Ernestina de Champourcin und Carmen Conde heraus, der zum überwiegenden Teil aus Briefen Champourcins an die Freundin besteht und einen faszinierenden Einblick in ihre kulturelle und literarische Eingebundenheit in die Madrider Avantgarde-Zirkel gibt. Neben der ausführlichen Einführung der Herausgeberin ist zudem

---

115 Vgl. Rosa Fernández Urtasun / José Ángel Ascunce (Hg.): *Ernestina de Champourcin. Mujer y cultura en el siglo XX*. Madrid: Biblioteca Nueva 2006; Joy Landeira (Hg.): *Una rosa para Ernestina: Ensayos en conmemoración del centenario de Ernestina de Champourcin*. Ferrol: Sociedad de Cultura Valle-Inclán 2006.
116 Vgl. Joy Landeira: *Ernestina de Champourcin*.
117 Vgl. Juan Cano Ballesta: Ernestina de Champourcin y la generación del 27, S. 23–36.
118 Vgl. Serge Salaün: Ernestina de Champourcin y Concha Méndez.
119 Vgl. Douglas K. Benson: Transtextualidad, hipertextualidad y poliglosía en la poesía religiosa de Ernestina de Champourcin.
120 Vgl. Andreu Navarra Ordoño: ‹Seré tuya sin ti›. El interlocutor masculino en la poesía amorosa de Ernestina de Champourcin. In: Rosa Fernández Ortasun / José Ángel Ascunce (Hg.): *Ernestina de Champourcin. Mujer y cultura en el siglo XX*. Madrid: Biblioteca Nueva 2006, S. 83–92.
121 Vgl. Asunción Horno-Delgado: Desvío inescapable o persona poética. Champourcin y la libertad. In: Joy Landeira (Hg.): *Una rosa para Ernestina*. Ferrol: Sociedad de Cultura Valle-Inclán 2006, S. 73–87.

eine Studie von Isabel Gómez Sobrino zu nennen, in der diese die Lyrik beider Dichterinnen vor der Folie ihres Briefwechsels liest.[122] María Elena Antón Remírez stellt 2008 in der Zeitschrift *RILCE* zusätzliche unveröffentlichte autobiografische Fragmente zur Verfügung, die auch Auskunft über die mystischen Lektüren Champourcins geben.[123]

Für die Anthologie *Seis siglos de poesía española escrita por mujeres* (2007) legt Puente eine Lektüre der 'Poemas ausentes' vor, in der sie die neoplatonische Struktur als Verbindung von Liebesthematik und Transzendenzstreben liest.[124] In ihrer Dissertation *God, Exile and the Development of the Poetic Voice in the Poetry of Ernestina de Champourcin* (2008) widmet sich Lorraine Hanley vor allem der religiösen Lyrik Champourcins ab den 1940er Jahren. Sie hebt die Bedeutung hervor, die die Kenntnis der mystischen Lyrik San Juan de la Cruz', Teresa von Ávilas und Fray Luis de Léons für das Verständnis dieser Text hat.[125] Gleiches lässt sich, so meine Überzeugung, tatsächlich bereits für die frühe Lyrik feststellen. Dru Dougherty betont in ihrem Aufsatz 'Una poética del zigzagueo. Ernestina de Champourcin (1926–1936)' von 2009 die Pluralität der lyrischen Subjektformen in Champourcins Lyrik der Madrider Zeit.[126] Patricia A. Fitzpatrick analysiert den hermetischen Symbolismus in Champourcins Lyrik in Bezug auf mystische Motive und die grundsätzliche poetische Mehrdeutigkeit in ihrer Lyrik.[127] In ihrem 2016 erschienenen Buch *Las sinsombrero. Las pensadoras y artistas olvidadas de la generación del 27* bezeichnet Tània Balló Champourcin schließlich als «una de las personalidades artísticas más importantes, interesantes, espléndidas y... atención... modernas y transgresoras».[128] Sie nimmt hier gerade auf die scheinbare Diskrepanz zwischen Rebellion, moderner Frauenrolle sowie transgressiver Ästhetik einerseits und sichtbarer Religiosität und Spiritualität andererseits Bezug.

---

122 Vgl. Isabel Gómez Sobrino: La correspondencia epistolar y la poesía de Ernestina de Champourcin y Carmen Conde. Una habitación propia como taller de autenticidad. In: *Castilla. Estudios de Literatura* 8 (2017), S. 436–458.
123 Vgl. María Elena Antón Remírez: Diarios y memorias de Ernestina de Champourcin. Algunos fragmentos inéditos. In: *RILCE: Revista de Filología Hispánica* 24, 2 (2008), S. 239–274.
124 Vgl. Sonia Núñez Puente: Poemas ausentes. In: Dolores Romero López / Itzíar López Guil / Rita Catrina Imboden (Hg.): *Seis siglos de poesía española escrita por mujeres*. Bern: Peter Lang 2007, S. 323–329.
125 Vgl. Lorraine D. Hanley: *God, Exile and the Development of the Poetic Voice in the Poetry of Ernestina de Champourcin*. PhD, Stanford 2008.
126 Vgl. Dru Dougherty: Una poética del zigzagueo. Ernestina de Champourcin (1926–1936). In: *Hispania* 92, 4 (Dezember 2009), S. 653–663.
127 Vgl. Patricia A. Fitzpatrick: Hermetismo poético en la obra de Ernestina de Champourcin, S. 3–22.
128 Tània Balló: *Las sinsombrero*, S. 230f.

Gerade diese Reibung in Champourcins Lyrik ist es auch, die ihre Texte für eine transsäkulare Lektüre so gewinnbringend macht.

Poetik

> ¿Mi concepto de la poesía? Carezco en absoluto de conceptos. La vida borró los pocos de que disponía, y hasta ahora no tuve tiempo ni ganas de fabricarme otros nuevos. Por otra parte, cuando todo el mundo define y se define, causa un secreto placer mantenerse desdibujada entre los equívocos linderos de la vaguedad y la vagancia.[129]

Diese Selbstbeschreibung formuliert die Dichterin 1934 für Gerardo Diegos Anthologie. In ihrem Interview mit Arturo del Villar 1975, nach ihrer Rekonversion zum Katholizismus, heißt es noch deutlicher: «Soy enemiga de las teorías.»[130] Auf diesen beiden Selbstaussagen basiert im Wesentlichen ein Topos der Forschung, der vorsieht, dass Champourcin der theoretischen Reflexion über ihre Lyrik fernstand. Aus diesen beiden Aussagen lassen sich gleichzeitig aber auch zentrale Aspekte von Champourcins Poesie und Poetik herausfiltern.

Die antitheoretische (Selbst-) Einschätzung widerspricht – noch mehr als bei Anna de Noailles – den zahlreichen verstreuten Reflexionen über fremde und eigene lyrische Texte, welche die Autorin u.a. im Briefwechsel mit Carmen Conde festhält, und nicht zuletzt dem stark metapoetischen Charakter vieler ihrer Gedichte. Warum also die vehemente Ablehnung gegenüber der Formulierung einer theoretischen Position? Die Negierung eines theoretischen Bewusstseins mag als Strategie im Sinne der traditionellen *falsa modestia* (spanischsprachiger) Autorinnen gedeutet werden, des Topos der falschen Bescheidenheit, der sich, wie erwähnt, beginnend bei Teresa von Ávila und Sor Juana de la Cruz über Rosalía de Castro bis zu den modernen Autorinnen findet.[131] Als rhetorische Figur dient die *falsa modestia* historisch eben gerade dazu, durch die Negation der selbstbewussten weiblichen Autorschaft im diskursiven Rahmen stereotyper Geschlechterzuschreibungen zu verbleiben und formal die Attribute der Beschei-

---

129 Ernestina de Champourcin: Poética. In: Gerardo Diego: *Poesía española contemporánea*. Edición de Andrés Soria Olmedo. Madrid: Taurus Ediciones 1991, S. 546–547, hier S. 546f.
130 Arturo del Villar: Ernestina de Champourcin, S. 14.
131 Vgl. María Cristina C. Mabrey: *Ernestina de Champourcin*, S. 343. «Pero eso de poética sobre lo que los autores acostumbran a disertar en el umbral de un libro y que los editores suelen exigir, es algo que debe ser muy serio y que yo no acabo de ver muy claro.» Ernestina de Champourcin: *Poesía a través del tiempo*, S. 5. Vgl. auch die Aussage Champourcins, die Beurteilung der zeitgenössischen spanischen Lyrik 'autorisierten' Personen und nicht ihren eigenen 'flüchtigen Lektüreeindrücken' zu überlassen in Ernestina de Champourcin: La poesía pura. Al margen de un libro nuevo. In: *El Heraldo de Madrid* (1.2.1927), S. 4.

denheit und Sanftmut anzunehmen, um implizit tatsächlich eine eigene Position formulieren zu können.

Der zweite Absatz des Zitats aus Diegos Anthologie, die Abneigung gegenüber Definitionen im Allgemeinen, legt noch einen zweiten Aspekt nahe und verweist damit bereits auf einen zentralen Aspekt der folgenden Gedichtlektüren: die kritische Haltung der Dichterin gegenüber der logozentrischen Definitionssucht einer cartesianischen Moderne, ja letzten Endes die Kritik an einer rationalen, festschreibenden Identität, am modernen Konzept des sich selbst-identischen autonomen Subjekts.[132] Schließlich antwortet Champourcin in einem Interview mit César M. Arconada auf die Frage nach ihrer Poetik entsprechend deutlich: «Detesto las definiciones. Su pregunta es casi un atentado contra la poesía. Lo definido se pierde, se empequeñece tras la muda pared de unas cuantas palabras.»[133] Stattdessen schlägt sie eine fließende, durchlässige, offene Subjektivität vor und führt diese in der zitierten anti-poetologischen Aussage performativ vor. So verursacht es der Autorin eine 'heimliche Lust', sich der definitorischen Festschreibung ihrer Person zu entziehen, im Unbestimmten, Verschwommenen zu verbleiben – heimlich im Sinne der Argumentation deshalb, weil sie diese theoretischen Gedanken über Subjektivität und Poesie eben nicht im expliziten und logischen Modus der poetologischen Skizze formuliert, sondern performativ in ihren lyrischen Texten zur Sprache bringt. Die Präferenz für das Ambigue, das Zweideutige, das sich immer schon verdächtig macht gegenüber monologischen und hierarchischen Strukturen, ist charakteristisch für Champourcins Werk.[134]

Ein weiteres wichtiges Moment des Zitats ist die Betonung der Grenzen und des Randes. Nicht nur befindet sich die Autorin selbst in einer marginalen Situation als Frau und Lyrikerin. Auch lotet sie in ihren Texten die Bedeutung des Randständigen kontinuierlich anhand von Bildern der Grenze und Begrenzung sowie deren Überschreitung aus, sodass man geradezu von einer poetischen Exploration einer 'Subjektivität des Randes' sprechen kann.

Champourcins Selbstbezeichnung als eine 'Feindin der Theorie' im Interview mit Arturo del Villar 1975 scheint dieser früheren offenen Haltung allein schon durch den harschen Ausdruck zu widersprechen. Zudem ergänzt die Dichterin: «A mí la poesía me viene, no sé de dónde: creo en el espíritu santo y

---

132 Vgl. auch Dru Dougherty: Una poética del zigzagueo, S. 655.
133 César M. Arconada: El secreto de los poetas. Ernestina de Champourcin dice... In: *La Gaceta Literaria* (15.7.1928), S. 1–2, hier S. 1.
134 «[E]n todas las etapas poéticas de Champourcin, la característica definidora es la ambigüedad». Patricia A. Fitzpatrick: Hermetismo poético en la obra de Ernestina de Champourcin, S. 17.

en la inspiracón.»[135] Durch die radikalisierte Festigkeit der Theorie-Ablehnung löst sich das subversive poetologische Potenzial auf und mündet im ideologischen katholischen Überbau. In diesem Sinne sind die zwei Zitate bezeichnend für die Entwicklung von Champourcins Schreiben, indem sie zeigen, wie das intensive Ausloten von Ambivalenzen – in der Lyrik betrifft das besonders die Frage nach der Identität des lyrischen Subjekts und des angesprochenen 'Du', d.h. nach der inhaltlichen Ausfüllung des ausgedrückten Begehrens – ab dem Exil immer mehr in eine konfessionell geformte Eindeutigkeit mündet.

Der poetologische Aspekt, den Champourcin in ihren Aufzeichnungen und Briefen am häufigsten thematisiert, ist ihre Auseinandersetzung mit der *poesía pura*. Das wichtigste poetische Vorbild Champourcins war ohne Zweifel Juan Ramón Jiménez. Sie hat immer wieder ihre Bewunderung für ihren Freund und Mentor ausgedrückt, vor allem im Briefwechsel mit Carmen Conde und in ihrem Erinnerungsband *La ardilla y la rosa (Juan Ramón en mi memoria)* (1996). In den Briefen an Conde benutzt sie für Jiménez häufig die überhöhende Synekdoche «el Poeta». Explizit betont sie die Autorität, die der Dichter für sie hat, der sie motiviert und in ihrer literarischen Entwicklung unterstützt und dem sie sich geistig eng verbunden fühlt.[136] An verschiedenen Stellen bringt die Lyrikerin entsprechend das Ideal einer *poesía pura* zum Ausdruck, das sich deutlich an Jiménez anlehnt. Wie Jiménez vertritt sie ein gemäßigtes Konzept 'reiner Poesie', das die subjektive Erfahrung zum Ausgangspunkt macht, gleichzeitig jedoch der präzisen künstlerischen Bearbeitung unterliegt: «La razón [...] interviene en frío, cuando se trata de equilibrar, destacar las líneas del poema.»[137]

Champourcin reflektiert immer wieder den Konflikt zwischen dem Wunsch nach Ausdruck von Emotionalität, Innerlichkeit und gesellschaftlicher Erfahrung einerseits und dem ästhetischen Ideal poetischer Abstraktion und Objektivität andererseits. Dabei setzt sie sich auch kritisch mit dem französischen Kontext auseinander, insbesondere in Form der poetologischen Prämissen Valérys, Claudels und Bremonds: «[S]oy enemiga de la poesía puramente cerebral; necesito sentir para comprender. En cambio, no desdeño la sensibilidad cerebralizada,

---

135 Arturo del Villar: Ernestina de Champourcin, S. 14.
136 Vgl. u.a. Ernestina de Champourcin / Carmen Conde: *Epistolario*, S. 62: «Confío poco en mí y necesito para no desanimarme el aliento de una autoridad como la suya.» (20. Februar 1928) Am 24. Dezember 1928 berichtet sie ihrer Freundin von einem Treffen mit dem Dichter: «Creo que mi silencio, se lo dije ayer a J.R, es... miedo. Temor al tópico, a la medianía. Miedo al papel blanco en fin. Tal vez con los alientos recibidos ayer, me anime de nuevo. Me voy convenciendo de que espiritualmente estoy enamorada de Juan Ramón...» Ernestina de Champourcin / Carmen Conde: *Epistolario*, S. 257.
137 César M. Arconada: El secreto de los poetas, S. 2.

afinada por una voluntaria contención. Valéry es demasiado cerebral, frío. Prefiero a Claudel; es difícil, a veces oscuro como el anterior, pero sabe estremecerse y sentir.»[138] An mehreren Stellen drückt Champourcin ihr Einverständnis mit den Theorien Bremonds aus, dessen Bücher sie Carmen Conde eindringlich empfiehlt.[139] So verweist sie in dem Interview mit Arconada z.B. auf den «estado de gracia poética» Bremonds, den sie versteht als «una disposicón especialísima de la imaginación y de la sensibilidad [que] nos predispone a percibir los elementos del futuro poema.»[140] Ihre Affinität zu Bremonds Thesen formuliert Champourcin auch 1927 in einer Rezension der spanischen Ausgabe von *La poésie pure* und stellt dabei eine Verbindung zur zeitgenössischen spanischen Lyrik her:

> ¡Qué interesante resultaría una encuesta en las que las primeras figuras de la poesía española descorrieran el velo que cubre los misterios de la inspiración, dejándonos entrever algo de sus escondidos encuentros con la poesía pura! [...] Entre los poetas españoles hay sin duda varios cuya obra resplandece con los destellos de la poesía pura.[141]

Champourcin betont die Bedeutung lyrischer Subjektivität, die für sie die Singularität des poetischen Textes ausmacht: «Lo subjetivo hace más nuestro, más propio el poema. Lo abstracto, en un momento preciso, puede ser de todos, de nadie. El elemento subjetivo sólo puede ser nuestro.»[142] *Poesía pura* ist für die Lyrikerin damit keine weltabgewandte, geistige Abstraktion. Stattdessen soll der präzise poetische Ausdruck gerade die menschliche Erfahrung reflektieren, das Wort Materialität, 'Fleisch' werden: «Quiero palabras desnudas, en carne viva, sin adjetivos floridos. Palabras vivas, de carne. ¡Si yo pudiera moldear mis frases con las manos!»[143]

Die Dichterin ist sich gleichzeitig der traditionellen Gleichsetzung 'weiblicher Lyrik' mit ungefilterter, spontaner Sentimentalität bewusst, deren Anschein es unbedingt zu vermeiden gilt.[144] Im gleichen Brief vom 15. Juni 1929 thematisiert Champourcin noch einmal den Konflikt zwischen Emotionalität

---

138 Ernestina de Champourcin / Carmen Conde: *Epistolario*, S. 238f. (8. November 1928).
139 Vgl. ebda., S. 61, 64.
140 César M. Arconada: El secreto de los poetas, S. 2.
141 Ernestina de Champourcin: La poesía pura, S. 4.
142 Ernestina de Champourcin / Carmen Conde: *Epistolario*, S. 120 (30. Juni 1928).
143 Ebda., S. 297 (15. Juni 1929).
144 «Pero hay, tal vez, un género de verso al que nunca llamaré poesía; verso empachoso y sensiblero, que han cultivado algunas ‹soi-disant› poetas femeninos. Cierto público, ignorante y fácil de contentar, se deleita con los sollozos y los suspiros rimados de esas pseudopoetisas, extasiándose ante las delicadezas del alma femenina y otorgándonos una supremacía que no nos interesa.» César M. Arconada: El secreto de los poetas, S. 1.

und gesellschaftlicher Erfahrung auf der einen Seite und dem ästhetischen Wunsch nach Abstraktion auf der anderen Seite.

> ¡Si supieras lo humana y sensual me siento! No escribo porque mis poemas resultarían vulgares a fuerza de ser humanos y femeninos. Estoy cambiando de ‹pluma›. Los estratos superficiales debidos a los sedimientos religioso-sociales acarreados sobre mí por la fuerza del destino empiezan a descascarillarse. Tengo que reconstruirme por mi propio impulso y aprender a vivir yo sola.[145]

Das Zitat reflektiert auf gesellschaftlicher Ebene die Prozesshaftigkeit der bewussten Erarbeitung einer neuen Subjektposition durch die Autorin innerhalb des konservativen gesellschaftlichen Kontextes ihres familiären und gesellschaftlichen Umfeldes, die sie hier auch in den Zusammenhang ihrer religiösen Erziehung stellt. Der Wunsch nach dem 'nackten', ungefilterten Ausdruck betrifft nicht nur die formalpoetische Gestaltung, sondern auch den eigenen Selbst-Ausdruck – beides gehört in Champourcins Vorstellung einer *poesía pura* untrennbar zusammen. In Auseinandersetzung mit den poetologischen Prämissen Juan Ramón Jiménez', der 27er und dem von Ortega y Gasset geprägten Ideal der *deshumanización del arte* profiliert sie auf diese Weise eine eigene Position.[146]

Neben dem Vorbild Jiménez' reflektiert Champourcin explizit ihre Nähe zur mystischen Tradition: «La mayor influencia que recibí entonces era la de Juan Ramón, y desde entonces y siempre, los místicos»,[147] erinnert sie sich rückblickend. Neben den kanonischen spanischen mystischen Autoren des *Siglo de Oro*, San Juan de la Cruz, Teresa von Ávila und Fray Luis de León, nennt Champourcin das alttestamentarische *Hohelied* und bemerkenswerterweise auch die deutschen Mystikerinnen des Mittelalters sowie Meister Eckhart.[148] Champourcin kommentiert ihre Affinität zur mystischen Traditon in mehreren Briefen an Carmen Conde. «Yo seré un místico de la poesía [...], pero tú eres un místico de la sensualidad»,[149] schreibt sie 1928 an die Freundin. Und: «Mi religiosidad es más bien misticismo; cierto fondo de exaltación que aplico de un modo espe-

---

145 Ernestina de Champourcin / Carmen Conde: *Epistolario*, S. 296 (15. Juni 1929).
146 In *La deshumanización del arte* kritisiert Ortega y Gasset die gefühlsbetonte, sentimentale Ästhetik: «Alegrarse o sufrir con los destinos humanos que, tal vez, la obra de arte nos refiere o presenta es cosa muy diferente del verdadero goce artístico [...] quien en la obra de arte busca el conmoverse con los destinos de Juan y María o de Tristán e Iseo [...] no verá la obra de arte.» José Ortega y Gasset: *La deshumanización del arte*, S. 53f.
147 Ernestina de Champourcin in Arturo del Villar: Ernestina de Champourcin, S. 13.
148 Vgl. Ernestina de Champourcin in María Elena Antón Remírez: Diarios y memorias, S. 252.
149 Ernestina de Champourcin / Carmen Conde: *Epistolario*, S. 164 (12. August 1928).

cial a todas las cosas. Por ejemplo, siento a Dios más cerca al escribir un Poema que rezando ante imágenes [...] para mí Dios es la Belleza.»[150] Zunächst entwirft Champourcin hier ein Verständnis von Mystik, das in der Intensität der Wahrnehmung, im Verhältnis des Subjekts zur wahrgenommenen Welt seinen Ursprung hat, nämlich in einer bewussten, positiven, überschwänglichen Haltung zu 'allen Dingen'. Es handelt sich also nicht um die Fokussierung auf einen personalisierten, transzendenten Gott, sondern um ein immanentes, affektives Verhältnis zur sinnlich erfahrbaren Welt. Anschließend kommt die eigene schöpferische Tätigkeit ins Spiel, wenn die Lyrikerin auf die 'Heiligkeit' ihrer Schreiberfahrung verweist. 'Gott' wird dabei als Konzept mit Schönheit gleichgesetzt. Diese Form eines ästhetischen Mystizismus spiegelt deutlich Juan Ramón Jiménez' Einfluss wider.

Die Spiritualität der Schreiberfahrung lässt sich bei Champourcin auch vor der Folie einer neoplatonischen Tradition lesen, in der Gott in der Schönheit der irdischen Dinge erfahrbar wird, denen hier jedoch auch ein eigener ästhetischer Wert zukommt. Exemplarisch für die starke Präsenz neoplatonischer Elemente seien hier folgende Verse aus dem Gedicht 'Ascención' (*La voz en el viento*) zitiert: «¡Subiremos a Dios / por lo bello del mundo!»[151] Noch in der Kritik an orthodox-konventioneller liturgischer Praxis rekurriert die Dichterin mit dem Verweis auf die wenig ansprechend gestalteten katholischen Bildmaterialien und Devotionalien im Briefzitat auf ein ästhetisches Argument. Aus dieser Position heraus wäre dann das Streben nach idealer Schönheit als zentraler ästhetischer Antrieb zu verstehen. Die Spannung zwischen neoplatonischer, nach Transzendenz strebender Tradition und kosmologischer, immanent gedachter Spiritualität ist ein weiteres Charakteristikum von Champourcins Lyrik.

In jedem Fall gibt die Lyrikerin der aktiven Schreibtätigkeit den Vorrang gegenüber der ästhetischen Kontemplation. Sie hebt damit auf den kreativen Schaffensprozess ab, indem, wie sich in der Lektüre zeigen wird, die Dichterin mit Rollen experimentiert und ihr lyrisches Subjekt und sich selbst als Künstlerin in dieser Vielstimmigkeit immer wieder neu erschafft. Neben dem Ideal reiner Schönheit scheint auf diese Weise auch die selbstschöpferische, eigenständige künstlerische Tätigkeit als beglückendes, spirituelles Moment auf.

Schließlich betrifft ein letzter zentraler Aspekt Champourcins poetologischer Reflexionen ihre Haltung gegenüber einer weiblichen poetischen Traditionslinie. 1929 stellt die Autorin dem argentinischen Lesepublikum ein Panorama zeitgenös-

---

150 Ebda., S. 74f. (2. Mai 1928).
151 Verschiedene Kritiker haben neoplatonische Elemente in Champourcins Dichtung ausgemacht. Vgl. z.B. Andreu Navarra Ordoño: ‹Seré tuya sin ti›, S. 88; Sonia Núñez Puente: Poemas ausentes, S. 328.

sischer junger spanischer Lyrikerinnen vor, zu denen sie Rosa Chacel, Josefina de la Torre, Concha Méndez, Clemencia Miró und Carmen Conde zählt. Diese Dichterinnen situiert Champourcin ganz selbstverständlich in der ästhetischen Avantgarde:

> Como es lógico nuestras escritoras más jóvenes llegan adscritas, por afinidad de ideas y temperamento, al grupo de las vanguardistas. Son tan audaces y tan entusiastas como sus compañeros. Volante en mano, sin faldas que recojan el polvo del camino, sin imitar a nadie, lograrán conquistar ‹su poesía›.[152]

Die Abwertung der von Frauen geschriebenen Lyrik durch deren Bezeichnung als *poetisas* lehnt sie deutlich ab: «[N]o se llaman poetisas. Los críticos y ellas mismas rechazan este nombre. Son únicamente poetas, como sus colegas masculinos, poetas, claro está, buenos o malos, igual que ellos. Han comprendido la inútil ingenuidad que encierra esta vieja feminización del vocablo.»[153] In der Anthologie von Gerardo Diego drückt sie ihre Wut über die Bezeichnung noch deutlicher aus: «[N]o puedo oír mi nombre, acompañado por el horrible calificativo de poetisa, sin sentir vivos deseos de desaparecer, cuando no de agredir al autor de la desdichada frase.»[154] Während Champourcin somit vehement auf die Gleichwertigkeit der Literatur von Frauen und Männern abhebt, geht sie jedoch nicht von deren Gleichheit im Sinne von 'identisch' aus. So erläutert sie im Nachsatz ihres *Síntesis*-Artikels: «La feminidad honda, verdadera, impregna la obra de la poeta mujer como su esencia más íntima. No es necesaria una palabra distinta para apreciar las diferencias del sexo.»[155] Der lyrische Text ist also für Champourcin nicht geschlechtslos, die Kompetenz des Dichters / der Dichterin – des *poeta* – dagegen schon: «La auténtica poesía no prefiere al hombre o a la mujer. Prefiere, sencillamente, al Poeta.»[156] Sie nimmt damit eine Position ein, welche die Differenz nicht als eine hierarchische versteht, sondern als einen wesentlichen Aspekt lebensweltlicher Erfahrung einbezieht. Gegenüber Carmen Conde macht die Lyrikerin ihren feministischen Standpunkt deutlich: «[S]omos más que las Musas. Ellas sólo inspiraban; nosotras creamos además.»[157]

Weiterhin grenzt Champourcin, wie oben beschrieben, die junge Dichterinnen-Generation von ihren romantischen Vorgängerinnen ab, erkennt aber deren

---

152 Ernestina de Champourcin: 3 proyecciones, S. 332.
153 Ebda., S. 331.
154 Ernestina de Champourcin in Gerardo Diego: *Poesía española contemporánea*, S. 484.
155 Ernestina de Champourcin: 3 proyecciones, S. 331.
156 César M. Arconada: El secreto de los poetas, S. 1.
157 Ernestina de Champourcin / Carmen Conde: *Epistolario*, S. 202 (18. September 1928).

Bedeutung für die Möglichkeiten ihres eigenen Schreibens durchaus an, um aus dieser Argumentation ihre eigene Ästhetik der *poesía pura* stark zu machen:

> Bien estuvo la delirante embriaguez de nuestras próximas predecesoras. Había que exaltar la voz femenina, libertarla hasta la máxima ilimitación. Debíamos hablar muy alto, gritar en todos los vientes [sic] hasta borrar definitivamente el viejo y desacreditado tópico que nos presta un alma tímida, reconcentrada, temiendo el eco de sus propias vibraciones. Hemos conquistado nuestra voz. Ahora nos resta pulirla, desinfectarla, hacer de ella algo preciso, aséptico, como un instrumento de cirugía.[158]

Zuletzt verweist die Autorin noch auf den bedeutenden Einfluss, den in Südamerika Delmira Agustini, Alfonsina Storni und Juana de Ibarbourou und in Frankreich bezeichnenderweise Anna de Nouailles auf die junge spanische Dichterinnen-Generation hatten, die in Spanien keine direkten Vorgängerinnen kenne. Champourcin schreibt sich dabei in eine panhispanische, weibliche Lyriktradition ein, während sie sich gleichzeitig von einer 'sensualistischen' Poetik distanziert, die sie inzwischen als überholt einschätzt. «[E]l período de exaltación sensual que estas poetisas representan hizo aquí su labor calladamente. Ahora la novísima generación femenina, nuestras ‹moins de trente ans›, hacen sus primeras armas mejor equilibradas, fuertes de la experiencia sembradas por las plumas de sus precursoras.»[159]

'La voz en el viento'

Anhand des Eingangsgedichtes 'La voz en el viento' aus dem gleichnamigen, 1931 veröffentlichten Band möchte ich einige der angesprochenen poetologischen Reflexionen veranschaulichen.

LA VOZ EN EL VIENTO

¡Encaramada al viento!
Gritando hasta soltar
la rienda de mis voces...

---

158 Ernestina de Champourcin: 3 proyecciones, S. 330.
159 Ebda., S. 331. «Nuestras hermanas de América rompieron a cantar con Delmira Agustini; su voz apasionada fue la primera en resonar personal y valiente, segura de sí. Del movimiento así iniciado destacaron pronto las Storni y las Ibarbourou, cuyo acento pagano igualaba en Francia la inspiración lena, madura de la Noailles. En España faltan nombres paralelos a éstos.» Ebda. Vgl. zu Champourcins Verhältnis zu den südamerikanischen Autorinnen erneut Jenny Haase: *Otra* modernidad hispánica.

> Sin látigo ni espuela,
> 5   con la única fuerza
>   de este clamor lanzado
>   a cumbres inholladas,
>   con el apoyo efímero
>   de un soplo vagabundo
> 10 sin base, ni raíz.
>
>   Galoparé adherida
>   al filo de los tiempos
>   y colmará mi grito
>   vacíos insondados.
>
> 15 ¡Erguida sobre el lomo
>   de todo lo inestable,
>   derrumbaré certezas
>   en nombre del azar!¹⁶⁰

Mit seiner exponierten Stellung und seinem signifikanten Titel erhält das Gedicht eine klar expositorische Funktion. Es eröffnet den Band und gibt das poetologische Programm vor. Das Gedicht ist zudem Teil der ersten Untersektion 'A lo que ha de llevarme', einer Reihe von sieben kurzen Texten, die alle um die Themen Freiheit, Poetik, Abenteuer, Selbstentdeckung und Begehren kreisen. Der Titel der Untersektion suggeriert Neugier, Abenteuerlust und Vertrauen in die Zukunft. Formal handelt es sich um vier Strophen unterschiedlicher Länge in durchgängig ungereimten *heptasílabos*. Mit dem spielerischen Rückgriff auf das klassische Versmaß bei gleichzeitiger Aufhebung normativer Strophenformen schreibt sich Champourcin deutlich in die formale Ästhetik der 27er ein und zeigt sich «muy dentro de la estética del momento».[161]

Das Gedicht ist auf wenigstens dreifache Weise lesbar: als allgemeine Feier von Selbsterforschung und Lebenslust, als (auto-) erotische Suggestion und als metapoetischer Kommentar. Auf semantischer Ebene überwiegen Bilder und Metaphern aus den Feldern von Wind und Stimme, Selbstübersteigung, Kraft

---

[160] Ernestina de Champourcin: *Poesía a través del tiempo*, S. 115. Alle Gedichte werden im Folgenden nach dieser Ausgabe zitiert, Versangaben bei eingerückten Zitaten in 5er-Schritten markiert und im fließenden Text in Klammern angegeben.

[161] Rafael Espejo-Saavedra: Sentimiento amoroso y creación poética en Ernestina de Champourcin, S. 135. In der Forschung wird diese Anfangssektion aufgrund von Versmaß und präziser Bildsprache häufig mit Juan Ramón Jiménez', Jorge Guilléns und Pedro Salinas Lyrik verglichen. Vgl. Gregory Cole: *Spanish Women Poets of the Generation of 1927*, S. 155; Andrew P. Debicki: Una dimensión olvidada de la poesía del los 20 y 30, S. 53; Raquel Medina: Emancipando la voz, S. 169.

und Dynamik sowie Animalität und Körperlichkeit. Surreal anmutende Bilder und Metaphern dominieren die rhetorische Gestaltung.

Der Titel gibt das poetologische Thema vor. Er verbindet Stimme und Wind sowohl syntaktisch als auch klanglich über die 'v'-Assonanz und stellt damit die inhärente semantische Verbindung heraus: Wind und Stimme werden über den Luftstrom und den Atemhauch zusammengehalten. Die Frage nach der poetischen Stimme steht damit von Beginn an in Relation zum Freiheitsmotiv des Windes. Dabei ahmt der Titel schon klanglich die mal sanft wispernden, mal brausenden Geräusche des Windes nach. Luce Irigaray hat die Verbindung zwischen Atem und Wind für ihre Konzeption einer weiblichen Spiritualität stark gemacht: «Il semble que le souffle féminin reste à la fois plus lié à la vie de l'univers et plus intérieur, qu'il unisse le plus subtil du cosmos et le plus profondément spirituel de l'âme, que ce qui inspire la femme demeure lié au souffle de l'univers, apparenté au vent, à la respiration cosmique.»[162] Amy Hollywood hat, in Anschluss an Irigaray, auf den Atem als Mittel der Verbindung zum Anderen, als Symbol einer horizontalen, immanenten Transzendenz in der poetischen Sprache hingewiesen:

> Breath gives life, yet it cannot be seen. It is the concealed but still material source of a human transcendence that is horizontal and nonhierarchical, a movement out toward the other rather than of mastery over her. The silent, moving source of existence, the air requires that we take the risk of opening ourselves to the other if we are to experience presence within language. Rather than attempting to master and deny the other's absence / transcendence, experienced as a gap or wound in one's being, the poets trust in language as the means of human communication.[163]

Das für Champourcins Lyrik zentrale Motiv der Verbindung zu einem vieldeutigen 'Du', das der Geliebte, die Natur, der Kosmos, Gott, ein *alter ego* oder die Poesie selbst bezeichnen kann, wird durch das Motiv des Windes von Beginn an verankert.[164]

Der erste Vers beginnt mit einer eindringlichen Exklamation, so wie auch die letzte Strophe mit einem enthusiastischen Ausruf endet. Die lyrische Stimme zeigt sich selbstsicher 'erhoben im Wind' (1) und ruft ihr Wort gleichsam performativ 'zügellos' in die Welt hinaus (2). Die zweite Strophe führt die Reitmetaphorik wei-

---

162 Luce Irigaray: *L'epoca del respiro / Le temps du souffle*. Rüsselsheim: Christel Göttert Verlag 1999, S. 7F.
163 Amy Hollywood: *Sensible Ecstasy*, S. 64.
164 «El diálogo con un Tú, que tanto puede ser la página en blanco, la poesía, una alter ego de la hablante o un amante imaginario o real es constante, creando virtualmente una relación amorosa entre sujeto (agente) y objeto del discurso.» Joy Landeira: *Ernestina de Champourcin*, S. 357.

ter: Statt sich Peitschen und Sporen (3) oder auch sozialen und ästhetischen Zwängen, traditionellen Normen und Erwartungen zu unterwerfen, entsteht die Kraft des lyrischen 'Ich' aus dem intensiven Selbstausdruck heraus, der das Neue, Unbekannte zu entdecken sucht (4–7). Diese Offenheit für das Neue lässt sich sowohl auf ästhetische und erotische Fragen als auch auf das Leben allgemein beziehen. Halt gibt der poetischen Stimme dabei nicht die feste Verwurzelung – die Sicherheit von (ästhetischer, sozialer, geschlechterbezogener) Tradition und Gemeinschaft –, sondern der Aufbruch, die Dynamik, der nomadische Charakter des Windhauches (9–10). Hier, in der architektonischen Mitte des Gedichtes, wird ein zentrales Thema von Champourcins Lyrik der 1920er und 1930er Jahre manifest: die poetische Umkreisung einer beweglichen, nomadischen, immer wieder neu zu erschaffenden lyrischen Subjektivität.

Während die ersten zwei Strophen eine Momentaufnahme der Gegenwart entwerfen (alle Verbformen sind Partizipkonstruktionen), tritt das lyrische 'Ich' in Vers 11 mit der Verbform im Futur («galoparé») noch sichtbarer und entschlossener in Erscheinung: Die Strophe drückt Willenskraft und Dynamik aus, erneut geht es darum, unerforschte Räume zu entdecken und sich diese anzueignen (13–14). Und erneut kann es sich hier um poetische Kreativität, erotische Entdeckungen oder die freie Lebensgestaltung im Allgemeinen handeln.

Die letzte Strophe fügt das Bild des «cosmic, bareback rider»,[165] der wilden, selbstbewusst aufgerichteten Reiterin, zusammen und intensiviert die sexuelle Konnotation. Über das Bild von Aufrichtung und Lenden eignet sich die poetische Stimme männlich kodierte Zuschreibungen von Potenz und Kontrolle an. Gleichzeitig mündet hier das Vorhaben, alle vermeintlichen Gewissheiten zu durchbrechen, in der Feier von Zufall und steter Veränderung.

Das Gedicht wurde in der Forschung zu Recht als «poema-manfiesto» wahrgenommen «por cuanto recoge el espíritu de la nueva escritura de poetas femeninas del momento»[166]; «Claro anuncio de adhesión a las vanguardias, el poema proclama la independencia de la voz femenina que antepone ‹lo inestable› a las certezas aceptadas, a punto de ser derrumbadas.»[167] Champourcin eignet sich das Streben der Avantgarden nach dem Bruch mit Konventionen und neuen ästhetischen Formen an und verbindet ästhetischen Enthusiasmus und poetische Innovation mit der Auslotung neuer Möglichkeiten selbstbewusster, freiheitlicher weiblicher Subjektivität – «un plan verdaderamente subversivo».[168] Ästhetisches und erotisches Begehren gehen dabei ineinander über

---

165 Catherine Bellver: *Absence and Presence*, S. 191.
166 Dru Dougherty: Una poética del zigzagueo, S. 657f.
167 Ebda., S. 658.
168 Arturo del Villar: *La poesía de Ernestina de Champourcin*, S. 38.

und bedingen sich gegenseitig: «el deseo es tanto de la escritura como de alcanzar el goce sensual-sexual. El recorrido del poema es una cadena que liga iniciación, pasión, penetración, clímax, éxtasis».[169]

Fluchtpunkt des Textes ist in jedem Fall der Wunsch nach Grenzüberschreitung, «incansable deseo de llegar a alcanzar lo desconocido e insólito [...] un desafío a las limitaciones y un claro reto a verdades aprendidas».[170] Das Ausloten von Begrenzungen und Schwellensituationen stellt, wie erwähnt, ein zentrales Motiv in Champourcins Dichtung dar. Das Begehren nach Transgression, nach dem radikal Anderen, verweist zudem auf die mystische Schicht in ihrer Lyrik. «Su declaración es abandonarlo todo; su única resolución es la palabra. Sin claves que nos envíen a explorar nada concreto, éste es un viaje etéreo, similar a la búsqueda mística de otro ser, substancia o unidad incomparable a nada que el pensamiento anterior haya dejado plasmado»,[171] schreibt Mabrey entsprechend über die erste Untersektion des Bandes.

In den folgenden Gedichtlektüren werde ich die hier angerissenen Dimensionen von poetologischer Reflexion, erotischer Exploration, Freiheitslust und dynamischer poetischer Subjektivität im Verhältnis zur mystischen Tradition vertiefen. Zuvor wird der ausführliche Briefwechsel Champourcins mit der Freundin und Dichterin Carmen Conde auf diese Themen hin untersucht, um den breiteren zeitgenössische Kontext sichtbar zu machen.

4.2 Mystik, Ästhetik und Subjektivität im Briefwechsel mit Carmen Conde

Ernestina de Champourcins Briefwechsel mit Carmen Conde hat eine hohe kulturhistorische Bedeutung für die Erforschung der spanischen intellektuellen Kultur der 1920er und 1930er Jahre, da kaum ähnlich umfangreiche von Frauen verfasste Briefwechsel aus dieser Zeit vorliegen.[172] Die Briefe sind von sehr intimem Charakter, der sie zeitweise in die Nähe zum Tagebucheintrag rücken lässt. Vor allem in den Jahren 1928 und 1929 – der Entstehungszeit einer Vielzahl der

---

169 María Cristina C. Mabrey: *Ernestina de Champourcin*, S. 347.
170 Ebda., S. 346.
171 Ebda., S. 343.
172 Vgl. José-Carlos Mainer: *Historia de la literatura española*, S. 525. Vgl. zum Briefwechsel überblickshaft Rosa Fernández Urtasun: Introducción. In: Ernestina de Champourcin / Carmen Conde: *Epistolario (1927–1995)*. Herausgegeben von Rosa Fernández Urtasun. Madrid: Castalia 2007, S. 7–54. Auch wenn die Edition der Briefe im Titel als *Epistolario* ausgewiesen ist, sind tatsächlich im Wesentlichen Zeugnisse Ernestina de Champourcins enthalten.

4.2 Mystik, Ästhetik und Subjektivität im Briefwechsel mit Carmen Conde — 291

Gedichte aus *La voz en el viento* – schrieben sich die beiden Autorinnen, die ihren Briefwechsel im Dezember 1927 aufnahmen, zeitweise täglich. Die jungen Frauen tauschten sich vor allem über Aspekte des kulturellen Lebens und der eigenen poetischen Arbeit aus, vertrauten sich aber auch private Wünsche und Gedanken an. So macht Champourcin etwa Wünsche, Fantasien, Ideale und Konflikte persönlicher Selbstverwirklichung sichtbar, die oftmals in Diskrepanz zu den Erwartungen ihres familiären und sozialen Umfeldes stehen.[173] Der Briefwechsel hat darüber hinaus einen ästhetischen Eigenwert. Die vorliegenden Briefe weisen zahlreiche lyrische Formulierungen auf; auf separatem Papier fügten die Autorinnen zudem auch poetische Entwürfe und lyrische Notizen bei.[174]

Als Text und Kon-Text ihrer literarischen Produktion soll im Folgenden Champourcins Reflexion verschiedener Subjektpositionen im Widerstreit multipler diskursiver Strukturen in Hinblick auf Mystik und Ästhetik in den Briefen nachvollzogen werden.[175] Nachdem ich kurz auf den Briefwechsel als Ort dialogischer Selbstinszenierung und Champourcins darin reflektierte Auseinandersetzung mit sozialen und kulturellen Normen eingehe, lege ich meinen Fokus auf die Thematisierung mystischer Gedankenfiguren (Rückzug, Innerlichkeit, vertikale und horizontale Bewegungsfiguren) in Zusammenhang mit Champourcins poetologischen Überlegungen.

Brief als Medium dialogischer Selbstinszenierung

Als «Schnittpunkt zwischen dem Individuum und seinen sozio-historischen Lebensbedingungen»[176] sind Briefwechsel ein idealer Ort für die Analyse der Insze-

---

173 Vgl. Isabel Gómez Sobrino: La correspondencia epistolar y la poesía de Ernestina de Champourcin y Carmen Conde, S. 436–458.
174 Zur Problematik von Brief, Autorschaft und Werk vgl. Wolfgang Bunzel: Schrift und Leben. Formen der Subversion von Autorschaft in der weiblichen Briefkultur um 1800. In: Jochen Strobel (Hg.): *Vom Verkehr mit Dichtern und Gespenstern. Figuren der Autorschaft in der Briefkultur.* Heidelberg: Winter 2006, S. 157–176.
175 «Briefe lassen sich also auf das Œuvre in mindestens zweifacher Hinsicht beziehen: als dessen ästhetische Variante und als Kommentar.» Jochen Strobel: Vom Verkehr mit Dichtern und Gespenstern. Figuren der Autorschaft in der Briefkultur. In: ders. (Hg.): *Vom Verkehr mit Dichtern und Gespenstern. Figuren der Autorschaft in der Briefkultur.* Heidelberg: Winter 2006, S. 7–32, hier S. 13f. Vgl. auch Isabel Gómez Sobrino: La correspondencia epistolar y la poesía de Ernestina de Champourcin y Carmen Conde.
176 Mireille Frauenrath: Brief. In: Rainer Hess / Gustav Siebenmann / Tilbert Stegmann (Hg.): *Literaturwissenschaftliches Wörterbuch für Romanisten.* Tübingen / Basel: A. Francke 2003, S. 33–34, hier S. 34.

nierung des schreibenden 'Ich' vor der Folie zeitgenössischer kultureller und sozialer Normen und Diskurse. Briefwechsel teilen mit anderen autobiografischen Textsorten den parallelen Prozess des Selbst-Entdeckens und der Selbst-Konstruktion im Medium der Schrift.[177]

Als dialogische Form zeichnet sich der Brief durch seine offensichtliche Intentionalität aus; er ist stets an eine Rezipientin / einen Rezipienten gerichtet; der Verfasser oder die Verfasserin ist sich damit stets einer Außenperspektive bewusst. «Das Spannungsverhältnis von Selbst- und Fremdentwurf, das durch die Dialogizität der Briefe geschaffen wird, bietet eine Fülle von Ansatzpunkten zur Auslotung spezifisch weiblicher und männlicher Selbstvergewisserungen, Projektionen und Standortbestimmungen.»[178] Aus diesem Grund eignet sich die Analyse von Briefen – als «idealtypische Experimentierfelder moderner Subjektivität»[179] – nicht für das Offenlegen vermeintlich authentischer Wesenszüge des Schreibenden, sondern vielmehr für das Aufdecken bestimmter, gerade auch genderspezifischer Strategien der Selbstinszenierung.[180]

Fernández Urtasun versteht den literarischen Charakter des Briefwechsels der beiden Lyrikerinnen als «una ‹sinceridad elaborada›: al fin y al cabo es poética su manera de ver la realidad».[181] Beide Autorinnen reflektieren in ihren Briefen die gattungsspezifische Spannung zwischen intimer Vertraulichkeit und bewusster Literarizität. Während sich Conde aufgrund der starken lyrischen Expressivität von Champourcins Prosa zunächst um die Authentizität ihrer Kommunikation besorgt zeigt, sieht jene die poetische Sprache gerade als Bedingung dafür, einen Austausch jenseits von festgeschriebenen Gemeinplätzen zu ermöglichen:

[S]i te parece demasiado literaria nuestra amistad ¿quieres que la desnudemos? Lo malo es... que no voy a saber. Además, este desnudarla, ¿no sería realmente vestirla, con banales ropajes? ¿Prosaísmo y lugares comunes? ¡La veo así pura, fresca y limpia como un

---

[177] «Der Rekurs auf eine pragmatische Textsorte, wie sie der Brief darstellt, gestattet es dabei, auf das Element der Fiktionalität zu verzichten und dennoch sprachlich eine Möglichkeitswelt zu erschaffen, welche die Grenzen des Faktischen überschreitet. An die Stelle von erfundenen Figuren treten jeweils individuelle Rollenentwürfe, die aber immer auf das sprechende Ich bezogen und damit gleichsam in der Lebenswelt verankert bleiben.» Wolfgang Bunzel: Schrift und Leben, S. 175.
[178] Anita Runge / Lieselotte Steinbrügge: Einleitung. In: dies. (Hg.): *Die Frau im Dialog. Studien zur Theorie und Geschichte des Briefes.* Stuttgart: Metzler 1991, S. 7–11, hier S. 9.
[179] Jochen Strobel: Vom Verkehr mit Dichtern und Gespenstern, S. 13.
[180] ««Authentizität» ist ein Kriterium für die Poetizität des Briefs. Je authentischer, je glaubhafter uns ein Brief erscheint, desto besser ist sein fingiertes Referenzsystem gebaut [...] oder anders gesagt: desto größer ist seine Fiktionalität». Annette C. Anton: *Authentizität als Fiktion. Briefkultur im 18. und 19. Jahrhundert.* Stuttgart / Weimar: Metzler 1995, S. 134.
[181] Rosa Fernández Urtasun: Introducción, S. 25.

joven manzano de frutos en agraz, que inclinado en su ladera verde, resbala hacia el agua de un río desconocido! ¿Si la vestimos – desnudamos – sería la misma?[182]

Diese Überlegung lässt sich parallel zu Champourcins Verständnis ästhetischer Kreativität lesen, konkret zum Konzept des bewussten Bearbeitens einer sinnlichen Wahrnehmung oder Emotion im Sinne ihres Ideals der *poesía pura:* «Creo en el verso puro, escueto, despojado, sin el ropaje inútil de una retórica ya pasada. Yo aspiro a desnudar mi poema, reduciendo e intensificando su área emocional.»[183] In einem paradoxen Spiel mit der Gegensätzlichkeit der Verben *desnudar – vestir* argumentiert Champourcin im obigen Zitat, dass ein vermeintliches 'Entkleiden' der Sprache im Sinne des Verzichts auf lyrische Elemente keineswegs eine 'nackte', unmittelbare, intime Kommunikation zur Folge hätte und bleibt damit im semantischen Feld der Reinheit, der *pureza* und *desnudez*, das sie auch in ihren poetologischen Reflexionen benutzt. Ganz im Gegenteil bedeutete die Reduzierung auf die denotative Bedeutungsebene vielmehr eine neue 'Kleidung', eine 'Ver-Kleidung', welche das Wesentliche hinter den Konventionen der Sprache verberge.

Champourcin teilt hier die für die Moderne fundamentale Sprachkritik vieler Autorinnen und Autoren, welche in der logozentrischen Sprache ein ungenügendes Mittel sehen, die komplexe Wirklichkeit und das 'eigentliche', tiefste Wesen der Dinge auszudrücken. Mit Julia Kristeva ließe sich das Potenzial der 'poetischen Sprache' – in Analogie zu Champourcins Ablehnung eindeutiger Festschreibungen in ihren poetologischen Reflexionen – auch als Distanz zur symbolischen Ordnung einer konservativen, patriarchalischen Gesellschaft verstehen, in der es (nicht nur, aber eben auch) für Frauen keine Identifikationsmöglichkeiten außerhalb von 'Gemeinplätzen', festgezurrten Rollenklischees, gibt.[184] Der mehrdeutige Raum poetischen Sprechens eröffnet der Dichterin Raum für das Ausloten ambivalenter, heterogener Subjektpositionen, gerade auch in ihrer Beziehung zur befreundeten Autorin.

Differenz und Identifikation

Champourcins Unbehagen an ihrer gesellschaftlichen Rolle und ihr vorsichtiges Ertasten alternativer Subjektpositionen zieht sich als Thema explizit durch den

---

182 Ernestina de Champourcin / Carmen Conde: *Epistolario*, S. 127 (3. Juli 1928).
183 César M. Arconada: El secreto de los poetas, S. 1.
184 Vgl. Julia Kristeva: *Die Revolution der poetischen Sprache*. Frankfurt a.M.: Suhrkamp 1978.

gesamten Briefwechsel. «[E]sa constatación de la diferencia (que de algún modo continuaría en el primer exilio mexicano y en el segundo madrileño) sería siempre una de las características más definitorias de su mundo interior».[185] Ihr Anderssein bezieht Champourcin vor allem auf familiäre und gesellschaftliche Erwartungen, die sie nicht zu erfüllen vermag: «EXISTO pero ese yo que existe rara vez puede SER. Según los otros, no tengo derecho a ser YO. Hay que ser la sociedad, la familia a que se pertenece; y eso no lo queremos nosotras, ¿verdad?»[186]

Die Erfahrung des Andersseins wird Champourcin zum gemeinschaftsstiftenden Element in der Kommunikation mit der Freundin. «¿Por qué no podremos ser nosotras, sencillamente, sin más? No tener nombre, ni tierra, no ser de nada ni de nadie, ser nuestras, como son blancos los poemas o azules los lirios.»[187] Die Autorin wehrt sich gegen die Fremdbestimmung, das von außen auferlegte Besitzdenken und Einordnen in gesellschaftliche Kategorien. Das Thema einer beweglichen, nomadischen Identität, das sich durch ihre Lyrik zieht, scheint hier bereits auf.

Die Kommunikation mit der anderen Dichterin wird für Champourcin so zum unverzichtbaren Moment der Selbstbestätigung, die Adressatin an vielen Stellen des Briefwechsels zur Identifikationsfigur und Projektionsfläche Champourcins. Zum einen beschwört sie Gemeinsamkeiten und Parallelen, um eine Wir-Identität zu schaffen. Damit unternimmt sie den Versuch einer Subjektivitätskonstruktion, die sich durch die gegenseitige Anerkennung beider Autorinnen speist und damit dem Ideal der reziproken Fürsprache von Frauen untereinander nahekommt, das Hélène Cixous vorschlägt.[188] Zum anderen scheinen jedoch auch konfliktive Aspekte eines unterschiedlichen Umgangs mit bestimmten Elementen geschlechtlicher Identität durch, z.B. die Ehe Carmen Condes. Auf diese Weise verhandelt die Autorin im epistolaren Raum alternative Identitäten am Rande patriarchalisch geprägter gesellschaftlicher Erwartungshaltungen.[189]

---

185 Rosa Fernández Urtasun: Introducción, S. 40.
186 Ernestina de Champourcin / Carmen Conde: *Epistolario*, S. 187 (3. September 1928). Großbuchstaben im Original.
187 Ebda., S. 153 (2. August 1928). Unterstreichungen im Original. Wie wichtig es für Champourcin ist, die Empfindung des Andersseins und ihr literarisches Interesse teilen zu kennen, zeigt die Abgrenzung zu ihrer Familie und sozialen Klasse, die sie in der Gemeinschaft mit Anderen entwickelt: «Yo he sufrido mucho al principio cuando me sentí diferente. Ahora me he acostumbrado. Diferente aquí, claro. Contigo y algunos más no lo sería.» (9. Januar 1929) Ebda., S. 264.
188 Vgl. Kap. 2.3.
189 Alicia Salomone hat eine ähnliche Konstellation von spiegelnder Selbstkonstruktion und -bestätigung für den Briefwechsel zwischen Gabriela Mistral und Victoria Ocampo aufgezeigt.

4.2 Mystik, Ästhetik und Subjektivität im Briefwechsel mit Carmen Conde

Der Briefwechsel der beiden spanischen Frauen hat an vielen Stellen einen romantischen Ton. Als ein Beispiel sei hier ein Brief Champourcins an Carmen Conde vom 18. September 1928 genannt, der verschiedene Bögen Gedichte enthält, in denen die Autorin spielerisch mit den Begriffen «Amor», «Belleza» und «Locura» in Hinblick auf ihr Verhältnis zu Conde experimentiert. Die Identifizierung mit Conde geschieht insbesondere über die gemeinsame Erfahrung als schreibende, intellektuell interessierte und künstlerisch aktive Frau.

Ihre literarische Tätigkeit ist für Champourcin ein wesentlicher Grund dafür, keinen adäquaten Platz im Gesellschaftsgefüge zu finden: «Desde mi amor por los libros me sentía diferente»,[190] erinnert sich die Dichterin noch als 70-jährige Frau. Ihrem intellektuellen Interesse stehen sowohl Einschränkungen durch ihr Geschlecht als auch durch die Normen ihrer Gesellschaftsschicht entgegen.[191] Vor der Folie ihres geschlechts- und klassenbedingten Differenz-Bewusstseins und der gesellschaftlichen Restriktionen formuliert Champourcin an mehrfacher Stelle ihren Widerstand, wie in folgender Bemerkung: «Si publico es, créemelo, por reacción, ¿rebeldía? contra mi propio ambiente, o sea contra la sociedad en que vivo.»[192]

Die Dichterin ist sich des strukturellen Effektes bewusst, der aus den festgeschriebenen Geschlechterrollen hervorgeht und der nicht nur sie als Individuum betrifft, sondern eine grundsätzlich geschlechtsbedingte Maskerade von Frauen hervorruft. «No soy ninguna excepción. Hay mil muchachas como yo. Pero lo disimulan. Procuran, aunque no lo sientan, ser como todas. Es más cómodo, sin duda.»[193] Es ist unklar, auf welche gesellschaftlichen Erwartungshaltungen die

---

Vgl. Alicia N. Salomone: Subjetividades e identidades. Diálogos entre Gabriela Mistral y Victoria Ocampo. In: dies. u.a. (Hg.): *Modernidad en otro tono. Escritura de mujeres latinoamericanas: 1920–1950*. Santiago de Chile: Editorial Cuarto Propio 2004, S. 19–43.
190 Ernestina de Champourcin in María Elena Antón Remírez: Diarios y memorias de Ernestina de Champourcin, S. 252.
191 «Es tan duro sentirse siempre distinto, sobre todo entre los que se quiere. [...] Nadie cree en mí, en lo que yo pueda hacer o realizar. Dime la verdad, ¿crees tú? ¿o piensas en el fondo que soy una ‹niña bien› que por un capricho pasajero quiere penetrar en vuestro mundo de ‹escogidos›?» Ernestina de Champourcin / Carmen Conde: *Epistolario*, S. 161 (11. August 1928).
192 Ernestina de Champourcin / Carmen Conde: *Epistolario*, S. 75 (2. Mai 1928). «No quiero ser mansa ni resignada. Mientras orea mis sienes un viento de rebeldía, todo va bien. Cuando me calme ¡ah! entonces si me quieres sacúdeme sin miramientos, estaré a punto de perderme definitivamente.» Ebda., S. 161 (11. August 1928). «No quiero tener nada decorativo ni bonito. Quiero que todo lo mío sea bello, de una belleza loca, delirante. Fíjate bien, el día que mi rebeldía no haga daño a nadie, levantaré sin esfuerzo el peso que todos os obstináis en conservarme.» Ebda., S. 300 (20. Juni 1929).
193 Ernestina de Champourcin / Carmen Conde: *Epistolario*, S. 264 (9. Januar 1929). Auch 50 Jahre später bleibt die Erinnerung daran, keine gesellschaftliche Rolle für sich zu finden, prä-

Briefstelle konkret abhebt, da der vorangegangene Brief von Carmen Conde, und damit der konkrete Kontext, nicht erhalten ist. Das Zitat suggeriert jedoch in jedem Fall ein von der gesellschaftlichen Norm abweichendes Begehren, sei es auf intellektueller oder auch erotischer Ebene – ein Motiv, das sich durch Champourcins Lyrik zieht.

Rückzug, Schreiben, Mystik

Über die genderspezifischen und sozialen Konflikte hinaus artikuliert sich in Champourcins Briefen immer wieder ein allgemeineres 'Unbehagen an der Kultur' (Freud), das in Beziehung zu ihrer gender- und klassenspezifischen Differenzerfahrung sowie ihrer Intellektualität und Ernsthaftigkeit steht. In zahlreichen Passagen reflektiert sie ihre Abscheu gegenüber der oberflächlichen Kommunikationskultur und mondänen Freizeitgestaltung ihrer Umgebung. Andreas Reckwitz hat aufgezeigt, wie sich vor allem in den europäischen Metropolen im frühen 20. Jahrhundert die Kultur der Extraversion, des Massenkonsums und der Zerstreuung als dominantes gesellschaftliches Ideal durchgesetzt hat.[194] Champourcin berichtet Conde von einem Empfinden innerer Isolation, da sie sich selbst mit dieser Form nach außen gerichteter Soziabilität nicht identifiziert: «Por decir ‹mi verdad› siempre a todos he ganado la fama de chiflada que por aquí tengo. Bailo al son de una múscia interior que nadie oye. ¿Cómo van a oírla también si no cesa nunca ese jazz-band de la vulgaridad, aturdiéndolos?»[195]

Aus dieser besonderen Sensibilität für die eigene Innerlichkeit wird für die Dichterin die Einsamkeit zu einem wichtigen Raum. Alleinsein ist für die Autorin ein Mittel des Widerstands, eine Form, sich den diskursiven Erwartungen und so-

---

sent: «¿Por qué tenía uno que sentirse diferente? Era una sensación extraña, pero que no surgía de uno mismo, del interior. La producían sin un atisbo de delicadeza los otros. [...] A este próposito recuerdo a una niña, no tan niña, más bien adolescente, casi a punto de llorar exclamando: ¡yo quisiera ser como todas! Y ese todas se refería casi envidiosamente a las muchachas que sabían bordar, hacer pasteles y encaje de bolillos.» Ernestina de Champourcin in María Elena Antón Remírez: Diarios y memorias, S. 263.

194 «Die peer society [der Moderne] setzt ein extrovertiertes, sozial verfügbares und gewandtes Subjekt voraus, das den in der Gruppe akzeptierten Standards sozialer Normalität folgt.» Andreas Reckwitz: *Das hybride Subjekt*, S. 287.

195 Ernestina de Champourcin / Carmen Conde: *Epistolario*, S. 154 (3. August 1928). An anderer Stelle bekräftigt sie gleichzeitig ihre Faszination für ausgezeichnete Jazz-Musik (ebda., S. 261); als Mitglied des *Cine Club Madrid* nimmt sie ebenso enthusiastisch teil an der modernen Kultur. Es geht also weniger um die Ablehnung moderner Kunst und Musik, sondern um einen spezifisch extrovertierten Habitus, der als modern wahrgenommen wird.

zialen Rollenmodellen zu entziehen und innere Freiheit zu erlangen. Conde gegenüber spricht sie von ihrer Zerrissenheit zwischen dem existenziellen Wunsch nach Alleinsein und den Verpflichtungen gegenüber ihrem Umfeld:

> ¿No te he dicho que este año salgo sola siempre que quiero? Esto me proporciona muchos ratos de libertad. [...] Hay veces que no te escribo por miedo a [...] que no comprendas este forzoso desdoblamiento de mi vida. Antes me aislaba más completamente. Ahora comprendo que no debo hacerlo; no por mí sino por aquellos a quienes duele este alejamiento. Me hiere tanto la incomprensión que procuro no incurrir yo en el mismo defecto.[196]

Aus diesem Bedürfnis nach innerer Ruhe und Mit-sich-selbst-Sein angesichts moderner Beschleunigungserfahrung und Reizüberflutung einerseits und zeitgenössischer gesellschaftlicher und genderspezifischer Restriktionen andererseits verstehe ich einen Teil von Champourcins Beschäftigung mit Mystik. Champourcins Bedürfnis nach Alleinsein erinnert an den Rückzug schreibender Frauen ins Kloster in Mittelalter und Früher Neuzeit als einzigen möglichen Ort weiblicher intellektueller Entfaltung, wenn sie erneut über ihre Distanz zum mondänen Madrider Leben reflektiert: «‹Ellos› se divierten, bailan, flirtean. Yo callo y hago escapadas a mi cuarto para olvidar tanta tontería junto a la voz – tenue – de mis poetas.»[197] Die oberflächliche Kommunikation ersetzt die Autorin durch die stille Lektüre poetischer Texte. «El cuarto», das eigene Zimmer, erinnert sowohl an die Klosterzelle als natürlich auch an Virginia Woolfs einschlägigen, ungefähr zeitgleich entstandenen Essay *A Room of One's Own* (1929), in dem die britische Autorin das eigene Zimmer sowie die ausreichend finanzielle Absicherung als wesentliche Voraussetzungen für weibliche Autorschaft diskutiert.[198]

In Parallele zur mystischen Praxis der Meditation, der Ausschaltung der äußeren Sinnesorgane zum Zwecke der Schärfung der 'inneren' Sinne, schreibt Champourcin einige Tage später, in Hinblick auf ihren sommerlichen Aufenthalt in La Granja: «¡Quiero callar – exteriormente – un poco, verme y oírme.»[199] Und sie fährt fort: «Frente al collar de las montañas azules, sola de mí, seré aún más tuya. [...] ¿Tú me ayudarás [a verme y oírme], verdad, con la fina luz de tus escritos, tan claros? [...] [I]remos la una a la otra, jubilosamente.»[200] Die

---

[196] Ebda., S. 328 (6. November 1929). «Es más noble quedar solo, aunque sea injusto y la rebeldía nos inspire locuras, que conceder, adaptarse y por cobardía ser lo que ellos quieran.» Ebda., S. 175 (21. August 1928). Unterstreichungen im Original.
[197] Ebda., S. 139f. (17. Juli 1928).
[198] «[A] woman must have money and a room of her own if she is to write fiction». Virginia Woolf: *A Room of One's Own*. London: Hogarth Press [15]1974, S. 6. Vgl. auch die Bedeutung des Alleinseins und die Assoziation zum Klosterleben bei Anna de Noailles und Antonia Pozzi.
[199] Ernestina de Champourcin / Carmen Conde: *Epistolario*, S. 141 (20. Juli 1928).
[200] Ebda.

Freundin nimmt hier als Spiegel und Adressat leidenschaftlicher Anrede strukturell eine ähnliche Funktion ein wie ein Geliebter oder wie die Gottesfigur im mystischen Gespräch.

Im folgenden Briefabschnitt zeichnen sich kondensiert einige Aspekte der Auseinandersetzung mit Schreiben, Mystik und gesellschaftlichen sowie geschlechterbedingten Diskursen ab, die sich auch in Champourcins Lyrik finden. Zudem wird in dieser Passage der literarische Konstruktionscharakter der Korrespondenz besonders deutlich.

> Escribo junto a mi ventana abierta. Un vuelo de campanas interrumpe mis ideas, llevándome lejos. Tengo hoy una emoción íntima, sin causa, que cualquier cosa aviva. ¿Sabes tú de dónde viene ese largo estremecimiento que en algunas tardes cálidas nos hace sentir por todo la inefable caricia de un infinito amor?
>
> Tal vez Dios se reclina en nosotros, amplio y fuerte, volcando en el crepúsculo un cáliz de belleza. Nunca veo a Dios tan cerca de mí como en estos instantes de mi soledad, que se dilatan ávidos hasta el umbral quieto de lo desconocido. Sin embargo, Carmen, con estos pensamientos de aire profundo, voy a un baile esta noche. ¡El gran baile de Palacio que trastorna a estas horas unas dos mil cabezas femeninas! Mientras yo, como diría un francés poco fino ‹¡je m'en fiche pas mal!›. El golpe de vista será curioso. Como estética y armonía la cosa me interesa, pero el resto, todo lo que en una fiesta de esa categoría entusiasma a las muchachas ¡me tiene completamente sin cuidado!²⁰¹

Ausgangspunkt des intimen Moments, den die Dichterin hier für ihre Briefpartnerin inszeniert, ist der Schreibakt. Gleich einer kinematografischen Einstellung entwirft die Autorin zunächst ein selbstaffirmatives, romantisches Bild von sich als Autorin. Der Akt des Schreibens trägt von Beginn an einen 'Willen zur Transzendenz' in sich – deutet man das offene Fenster nicht nur als Bild der Sehnsucht nach Freiheit, sondern auch als Metapher für die Passage und Öffnung zu einem Außen.²⁰² Die Wahrnehmung des Läutens der Glocken als metonymisches Zeichen für Kirche und Gottesdienst überführt die profane Szene im zweiten Satz in die Beschreibung einer meditativen, spirituellen Erfahrung und anschließenden Reflexion darüber. Ein sinnlicher Reiz 'triggert' also die kontemplative Haltung.²⁰³ Bei der Verbalisierung ihrer körperlichen Empfindungen und Ergriffenheit greift Champourcin mit der 'unsagbaren Lieb-

---
201 Ernestina de Champourcin / Carmen Conde: *Epistolario*, S. 107f. (12. Juni 1928).
202 Das Bild evoziert emblematische Inszenierungen des Fensters als Sehnsuchtsmotiv wie etwa Caspar David Friedrichs romantische 'Frau am Fenster' (1822) oder Salvador Dalís moderne Umsetzung 'Noia a la finestra' (1925). Allerdings fehlt beiden visuellen Inszenierungen der Frau am Fenster das Moment des Schreibens, das ja bei Champourcin gerade als Medium der aktiven Überbrückung zwischen Außen und Innen fungiert.
203 Vgl. die Bedeutung des Glockenläutens bei Antonia Pozzi in Kap. 5.5.

kosung' und 'unendlichen Liebe' auf mystisches Vokabular zurück und betont die Leiblichkeit dieses Erlebens. Zugleich beschreibt sie die Vitalität, die in dieser Situation alle Dinge durchdringt. Das Bild des 'Kelchs der Schönheit' verweist auf die modernistische Lyrik Ruben Daríos und Delmira Agustinis, aber auch auf Juan Ramón Jiménez. All diese Formulierungen, gemeinsam mit den Bildern der Schwelle und der Passage, stellen eine intratextuelle Verbindung zu den Gedichten der Lyrikerin her und verweisen auf die Sehnsucht nach Selbstübersteigung und Verbindung.

Im nächsten Absatz umschreibt die Autorin das Erlebnis als eine Alteritätserfahrung 'an der Schwelle zum Unbekannten'. Diese Alteritätserfahrung wird als religiöse Erfahrung erlebt. Das göttliche Präsenzerleben erscheint jedoch weder als metaphysische noch als konfessionelle Sicherheit, wie die relativierende Partikel «tal vez» markiert. Champourcin betont die Körperlichkeit und Subjektivität ihres Erlebens. Dabei rekurriert sie nun auf die mystische Figur der Abstiegsbewegung Gottes in die Seele aus der stark körperlich gedachten inkarnatorischen Mystik. Dieser 'Gott' manifestiert sich sowohl auf leiblicher als auch auf ästhetischer Ebene über die Wahrnehmung von physischer Schönheit. Die Erfahrung wird ermöglicht durch die asketische Übung in Einsamkeit und Schreiben. Im Sinne von Julia Kristevas Teresa-Lektüre wird auch hier das Schreiben selbst zum eigentlichen Raum der Verhandlung innerer Alterität und Medium mystischen Erlebens: «L'écriture est le passage.»[204]

Champourcin kontrastiert nun ihre innere Fülle in der oben zitierten Passage – mit distanzierender Selbstironie – mit der Oberflächlichkeit der aristokratischen Ballgesellschaft, die sie am Abend besuchen wird. Indem sie ihre Reflexionen über die '2000 Frauenköpfe' erhebt, die erwartungsvoll der Abendgesellschaft entgegenfiebern, lehnt sie die genderspezifische Zuschreibung von Eitelkeit und oberflächlicher Vergnügung ab. Die spirituelle und intellektuelle Tiefe wird ihr dabei zum identitätsstiftenden Distinktionskriterium; sie wendet die erfahrene Differenz in ein positiv gewendetes Identitätszeichen.

«Vivir (sin vivir) en mí». Drinnen und Draußen

Neben dem vertikalen Paradigma betrifft ein weiteres zentrales Bewegungsbild in Champourcins Texten die Dialektik des Hinaus- und Hineintretens; ein horizontales Bild, das eine weitere rhetorische Figuration mystischen Schreibens darstellt. Während Champourcin in *La voz en el viento* mit Bildern des Aus-sich-

---

[204] Julia Kristeva: *Thérèse mon amour*, S. 509 und Kap. 2.3.

Heraustretens immer wieder ihren Wunsch nach Selbstüberschreitung zum Ausdruck bringt, eine Lust nach Intensität, Leben und Genuss in Verbindung mit der Welt, prägt die briefliche Reflexion hier der Wunsch nach Innerlichkeit:

> Estoy tan bien sin salir de mí. Amar es salir fuera, darse a otro; creo que no podría. Me miro, me siento florecer una ‹primavera de almendros interiores› y me envuelve una extraña e intensa felicidad que brota de mí misma, con altura y pureza de surtidor. ¡Soy mía y nada más que mía! ¿Comprendes tú esta voluptuosidad?[205]

An anderer Stelle reflektiert die Dichterin die Spannung zwischen Geschlossenheit und Öffnung des 'Ich' auf ähnliche Weise: «Llevo 24 horas viviendo en la más deliciosa vaguedad. ¿Habré alcanzado por fin ese vivir en mí que es el único modo de vivir en lo Bello?»[206]

Der intertextuelle Bezug auf den mystischen Topos des *vivir fuera de sí* in Teresa von Ávilas bekanntem Gedicht 'Vivo sin vivir en mí' ist hier deutlich. Teresa imaginiert in ihrem Gedicht, wie in Kap. 2.3 gesehen, eine leidenschaftliche mystische Beziehung, die in Form der Einwohnung Gottes in der Seele und des gleichzeitigen Lebens der Seele in Gott durch eine gleichberechtigte Reziprozität und Dynamik geprägt ist.[207] Champourcin dagegen kontrastiert das Ideal des Ganz-bei-sich-Seins mit der Vorstellung einer Liebesbeziehung, in der das Ich aus sich herausgeht, um sich einseitig dem Geliebten hinzugeben. Diese Vorstellung bedeutet für die Autorin an dieser Stelle keine positive Assoziation, wie in vielen der lyrischen Texte, sondern eine Bedrohung: einen Selbst-Verlust, wie die insistierende Wiederholung des «mía» im ersten Zitat bekräftigt. Das schreibende 'Ich' formuliert die Furcht, fremdbestimmt zu werden und die mühsam entwickelte innere Freiheit zu verlieren. Diese reiche und körperlich erfahrene Innenwelt stellt jedoch eine ganzheitliche Voraussetzung für die sinnliche Selbstwahrnehmung dar. An Stellen wie dieser scheint der restriktive, patriarchale Hintergrund der spanischen bürgerlichen Gesellschaft deutlich durch.[208]

---

205 Ernestina de Champourcin / Carmen Conde: *Epistolario*, S. 285f. (22. April 1929). Vgl. zu dieser Bewegung in Champourcins Lyrik auch Jenny Haase: ‹Salimos de nosotros para volver más nuestros›. Expansión y delimitación del yo en Ernestina de Champourcin. In: Christina Bischoff / Annegret Thiem (Hg.): *Escritura mística bajo el signo de la modernidad*. Berlin: LIT 2019, S. 183–211.
206 Ernestina de Champourcin / Carmen Conde: *Epistolario*, S. 337 (24. Dezember 1929). Unterstreichungen im Original.
207 Vgl. Santa Teresa: *Obras completas*, S. 1159–1161 ('Vivo sin vivir en mí') sowie Kap. 2.3 und Kap. 3.4.
208 Im Kontext von Autonomie und Freiheit sind auch Champourcins kritische Äußerungen zur Ehe zu lesen. Ehe ist für sie im Wesentlichen gleichzusetzen mit dem Verlust von Freiheit

4.2 Mystik, Ästhetik und Subjektivität im Briefwechsel mit Carmen Conde

Im Schreiben jedoch, im geschützten Raum der poetischen Kreation, gestattet sich die Dichterin die Hingabe, den Rausch des Selbstverlustes: «Claro que yo misma ignoro a veces por dónde voy. Desde luego, como tú, a realizarme. ¡Darme toda para mi propio goce, en la gracia del verso!»[209] So richtet sich das Begehren hier auf das Schreiben selbst. Mit Hélène Cixous ließe sich formulieren, dass Champourcin «auf erotische Weise das Schreiben zu genießen [sucht].»[210] Im Schreiben wird ihr das Spiel von Selbst-Schöpfung und Selbst-Verlust zum geradezu ekstatischen Genuss, wenn sie unter Verweis auf Baudelaire und nun in Anspielung auf das Aufstiegsparadigma und den mystischen Seelenflug bekennt: «Como me borracho de veras es leyendo versos o escribiéndolos. Entonces estoy fuera de mí. Veo mi yo lejos, volando alto, tan alto, que lo pierdo, se me escapa sin que lo pueda seguir.»[211]

Champourcin nimmt die vertikalen und horizontalen Bewegungsfiguren mystischer Literatur auf und eignet sie sich für die Diskussion der geschlechterspezifischen Frage nach individueller Selbstverwirklichung und gesellschaftlicher Unabhängigkeit an. Die Briefeschreiberin oszilliert dabei zwischen dem Wunsch nach einer abgegrenzten, unabhängigen Subjektivität und dem Begehren, die eigenen Grenzen zu übersteigen, sich in der Vielheit und Fluidität (des Schreibens) zu verlieren und sich auf diese Weise einengenden Definitionen zu entziehen. Der Rückzug in die Innerlichkeit eröffnet ihr einen Freiraum außerhalb der gesellschaftlichen Begrenzungen ähnlich jenem, den schon Teresa von

---

und eigener Identität. Conde gegenüber äußert sie, zum Teil durchaus eifersüchtig, offen ihre Vorbehalte hinsichtlich derer Verlobung: «Eres demasiado tú para casarte. Como todas, para quedar en una señora burguesa, excelente madre de familia. No te va, no... [...] Odio el matrimonio ¡de veras!» Ernestina de Champourcin / Carmen Conde: *Epistolario*, S. 165 (12. August 1928). An anderer Stelle fordert Champourcin Conde direkt auf, sich gegen den *novio* aufzulehnen, hier ebenfalls besorgt um die (auch künstlerische) Identität der Freundin: «Escápate de esa prohibición. Pero no te dejes sujetar aunque sea por el amor. Compréndelo. Es absurdo que te doblegues a esas ridículas exigencias de novio burgués. [...] Si cedes así ahora, ¿qué será luego? Perderás lentamente toda tu personalidad.» Ebda., S. 312 (31. Juli 1929). Das neu eingeführte republikanische Scheidungsrecht dagegen – wie im Übrigen, die Republik als solche – begrüßt Champourcin emphatisch als «magnífico». Ebda., S. 375 (6. Juli 1931). All diese Überlegungen sprechen gegen die Einschätzung von Kritikern wie Villar, Champourcin würde von einer passiven Haltung der Unterwerfung durch den weiblichen Part in der Liebesbeziehung ausgehen. Vgl. Kap. 4.1.
209 Ernestina de Champourcin / Carmen Conde: *Epistolario*, S. 75 (2. Mai 1928).
210 Hélène Cixous: *Die unendliche Zirkulation des Begehrens*, S. 9.
211 Ernestina de Champourcin / Carmen Conde: *Epistolario*, S. 208 (26. September 1928). Unterstreichungen im Original.

Ávila ihren Mitschwestern mit dem Bild der inneren Burg, in der es sich frei spazieren lässt, in den *Moradas* anempfahl.[212]

Auch Champourcins lyrische Auseinandersetzung mit San Juan de la Cruz, die Thema des nächsten Unterkapitels ist, steht sowohl im Zeichen der poetischen Erkundung von Innerlichkeit als auch der metapoetischen Reflexion.

4.3 Zueignungen an San Juan de la Cruz

Mystische Strukturen und Konzepte durchziehen *La voz en el viento* und *Cántico inútil*. Der Titel des letzten Bandes verweist in einer doppelten intertextuellen Bewegung sowohl auf den *Cántico Espiritual* von San Juan de la Cruz als paradigmatisches brautmystisches Gedicht als auch auf Jorge Guilléns *Cántico*, einen zentralen Text der *poesía pura*. Die Verweise auf den bekanntesten mystischen Dichter des *Siglo de Oro*, San Juan de la Cruz, funktionieren über explizite Zitate (Mottos, Gedichtfragmente), aber auch mittels impliziter Referenzen auf dessen mystische Konzeptionen und Figuren.

San Juans Präsenz in Champourcins Lyrik ist deutlich sichtbar; die Dichterin hat ihre San Juan-Lektüre zudem selbst mehrfach betont. So schreibt sie 1930 an Carmen Conde: «Leo mucho a San Juan de la Cruz. Como mis disposiciones espirituales no son místicas precisamente me hace bastante daño, pero lo adoro... Es divino y turbador.»[213] Interessanterweise wehrt die Lyrikerin hier eine 'mystische Disposition' ab, während sie gleichzeitig ihre Bewunderung für den Dichter ausdrückt. Ernestina de Champourcin reiht sich so in die allgemeine Begeisterung für die Lyrik des *Siglo de Oro* und die mystischen Dichter ein, die sie mit vielen Vertretern der 27er-Generation teilt. Wie für Jorge Guillén oder Dámaso Alonso impliziert die Auseinandersetzung mit San Juan auch bei Champourcin stets Fragen nach der eigenen Poesiekonzeption und poetischen Arbeit.[214]

In diesem Unterkapitel zeige ich beispielhaft an den Gedichten 'Huida' und 'Iniciación' (beide *La voz en el viento*), wie sich mystische und metapoetische Bedeutungsebenen der intertextuellen Verweisnahmen auf San Juan über die Figuren der Stille, der Freiheit und der Spannung von Anwesenheit und Abwesenheit zu einer transsäkularen Vieldeutigkeit überblenden und wie Champour-

---

212 Vgl. Santa Teresa: *Obras completas*, S. 996 (*Moradas*, conclusión, 1) und Kap. 2.2.
213 Ernestina de Champourcin / Carmen Conde: *Epistolario*, S. 358 (22. Mai 1930). Vgl. auch Kap. 4.1.
214 Vgl. zur Rezeption der Lyrik des *Siglo de Oro* und San Juan de la Cruz' im Konkreten u.a. Francisco Javier Díez de Revenga: *La tradición áurea*, S. 45–62.

cin durch die Referenzen auf den großen mystischen Dichter die Konfiguration ihrer eigenen lyrischen Stimme verhandelt und profiliert.[215]

'Huida'

Die Verknüpfung von intertextueller Referenz, mystischer Konnotation und poetologischer Sinngebung erscheint im kurzen Text 'Huida' besonders verdichtet. Das Gedicht ist das letzte der acht Texte der Eingangssektion von *La voz en el viento* mit dem Titel 'A lo que ha de llevarme'. Viele dieser Gedichte umkreisen das lyrische Schreiben und bilden gemeinsam einen poetologischen Auftakt für den Band, in welchem das lyrische Subjekt emphatisch sein Begehren nach poetischer Selbstexploration, künstlerischem Ausdruck und Freiheit Ausdruck gibt.

HUIDA

Salí sin ser notada.
San Juan de la Cruz

Que nada en mí se mueva.
Quiero salir sin ruido,
comprando el imposible
silencio de la hora.
5 Sujetando el menudo
chispeo de la vida
para alcanzar la voz
crecida sobre mí.

Inmóvil ya; sin manos
10 que detengan la huida,
sin pupilas que toquen
la anchura del vacío,
ni labios para anclar
el rumbo de tus besos.

15 ¡Ilimitada, única!

---

215 Weitere mit Zitaten von San Juan überschriebene Gedichte sind z.B. Gedicht '6' des Abschnitts 'Romances del camino' sowie der gesamte Gedichtzyklus 'Noche oscura' (beide *Cántico inútil*). Auch im Spätwerk finden sich zahlreiche Referenzen, vgl. hierzu Lorraine D. Hanley: *God, Exile and the Development of the Poetic Voice in the Poetry of Ernestina de Champourcin*. Vgl. zur folgenden Lektüre Jenny Haase: Augenblick des Begehrens – Begehren des Augenblicks. Lyrische Momentaufnahmen bei Ernestina de Champourcin. In: Michael Bernsen / Milan Herold (Hg.): *Der lyrische Augenblick. Eine Denkfigur der Romania*. Tübingen: De Gruyter 2015, S. 355–373.

> Buscándote en lo eterno,
> me evadiré de ti.

'Huida' ist mit einem Motto aus San Juans wohl bekanntestem Gedicht, der 'Noche oscura', überschrieben, nämlich dem 4. Vers der 1. Strophe: «Salí sin ser notada.»[216] Das Zitat von San Juan gibt also eine mystisch konnotierte Deutung des Gedichtes explizit vor. Die 'Noche oscura' gilt als eines der poetisch vielschichtigsten mystischen Gedichte spanischer Sprache und ist in mehrfacher Hinsicht transgressiv.[217] Zunächst stellt bereits der buchstäbliche Inhalt einen gesellschaftlichen Tabubruch dar, handelt es sich doch beim lyrischen 'Ich' um eine junge Frau, die in der Nacht heimlich das Elternhaus verlässt, um sich mit ihrem Geliebten zu treffen; in der patriarchalischen spanischen Gesellschaft des 16. Jahrhunderts ein undenkbarer Skandal. Die allegorische Lesart, die San Juan selbst, u.a. wohl aus strategischen Gründen, in seinem Prosakommentar verteidigt, legt dagegen eine brautmystische Deutung nahe: Das junge Mädchen stellt hiernach die Seele dar, die sich mit ihrem Bräutigam, Christus, zur liebenden Vereinigung, der *unio mystica*, zusammenfindet und in dieser Vereinigung der Seele und Gott ekstatische Zustände erlebt. Bernhard Teuber hat im Detail vorgeführt, wie San Juan profane und heilige Lesart, erotischen und religiösen Gehalt so gekonnt kreuzt, dass dieser Gegensatz letztlich im Spiel der poetischen Zeichen hinfällig wird.[218]

Die erste Strophe in San Juans Gedicht, aus der das Motto stammt, beschreibt auf buchstäblicher Ebene, wie das Mädchen nachts heimlich aus dem Haus geht, während alle Bewohner schlafen. In seinem ausführlichen Prosa-Kommentar betont San Juan dagegen, dass die Nacht allegorisch Askese, Ausschaltung der Sinne und des Verstandes sowie völlige Zurücknahme des Ich bedeutet, eine notwendige Voraussetzung, um die Seele auf die mystische Vereinigung mit Gott vorzubereiten. In der gänzlichen Aufgabe des eigenen Willens liege die Möglichkeit der Selbst- und Gotteserkenntnis.[219] Im Laufe des Gedichtes wird auf allegorischer Ebene mit der mystischen Liebes-Vereinigung, die ab Strophe 5 in eindringlichen erotischen Bildern ausgedrückt ist, ein ekstatischer Zustand erreicht, in welchem die Seele sich selbst übersteigt.

Champourcin schreibt sich mit der Setzung des San Juan-Zitates in eine äußerst prominente Tradition mystischer Lyrik ein. Der Titel 'Huida' bereitet mit-

---

216 Vgl. San Juan de la Cruz: *Obra completa 1*, S. 71–72.
217 Vgl. Kap. 2.3 sowie André Stoll: Itinerarium extaticum, S. 326; Bernhard Teuber: *Sacrificium Litterae*, S. 171ff.
218 Vgl. Bernhard Teuber: *Sacrificium litterae*, S. 141–208.
219 Vgl. San Juan de la Cruz: *Obra completa 1*, S. 441ff.

hin zunächst eine Spannung vor: Wer flieht hier vor wem oder wovor, und warum? Unter Bezugnahme auf San Juan bietet das Gedicht hierfür verschiedene Antworten an. Grundsätzlich scheint das lyrische 'Ich' dabei vor der Profanität seines Alltags Abstand zu nehmen, um sich auf eine Suche nach einem Moment von Erfüllung, Ekstase und Transzendenz zu begeben.

Formal haben wir es mit drei sich verkürzenden Strophen und einem 7-Silber ohne Reim zu tun. In der ersten Strophe beschreibt die lyrische Stimme den Wunsch nach innerer Ruhe und Stille, um aus sich selbst herauszutreten (1–4). Champourcin setzt also, im Gegensatz zum mystischen Intertext, direkt bei der innerpsychischen und körperlichen Dimension des lyrischen 'Ich' an, ohne die eigentliche physisch-spatiale Dimension der Metaphorik des Heraustretens zu thematisieren. Das lyrische Subjekt drückt den Wunsch aus, die Zeit anzuhalten, den Augenblick festzuhalten, wenngleich es mit dem Beiwort «imposible» (3) bereits die Unmöglichkeit feststellt. Die beiden Dichotomien 'Bewegung vs. Innehalten' und 'Lärm vs. Stille' ziehen sich durch das ganze Gedicht und verdeutlichen die Spannung zwischen Realität und Wunsch.[220] In der ersten Strophe spiegelt sich dieser Gegensatz im antagonistischen Spiel von zischenden Ruhe-Lauten einerseits und lautstarken Knacklauten andererseits bis in die Phonetik wider. Der Projektionscharakter des Gedichtes wird verstärkt durch den Gebrauch der Verbformen Subjunktiv, Gerundium und Futur.

Der Wunsch, das Leben anzuhalten, erhält in den folgenden Versen die Dimension eines Begehrens nach Transzendenz (5–8). Das lyrische Subjekt sucht die alltägliche Dimension des Lebens zu übersteigen und eine andere Qualität zu erfahren, versinnbildlicht in der Metapher einer anderen Stimme, die 'über dem Subjekt' (ent-) steht. Die Stimme kann in ihrer Offenheit so unterschiedliche Dinge wie Selbsterkenntnis oder Selbstverwirklichung des lyrischen Subjekts, den Geliebten oder die ideale Liebe verkörpern, aber auch das Schreiben und die Poesie und schließlich Natur, Kosmos und Gott. Diese äußerste poetische Mehrdeutigkeit stellt eine strukturelle Ähnlichkeit zur mystischen Dichtung her.

Genau die architektonische Mitte des Gedichtes markierend, beginnt die zweite Strophe mit der Feststellung absoluter Unbewegtheit (9). Die Unbeweglichkeit ist damit als Ziel und zentrale Qualität markiert, die eine Voraussetzung für das Erreichen eines Zustandes der Präsenz darstellt, wie ihn die lyrische Stimme ersehnt. Die folgenden Verse konkretisieren diesen Zustand der Ruhe,

---

[220] Vgl. zu dieser Problematik im Kontext der 27er insbesondere den programmatischen Titel des Gedichtbandes von Luis Cernuda: *La realidad y el deseo. 1924–1956*. Mexiko-Stadt: Fondo de Cultura Económica ³ª1958.

indem metonymisch Tast-, Seh- und Geschmackssinn zum Stillstand gebracht werden (9–14).

Die Kontrolle oder Ausschaltung der Sinne stellt einen weiteren konkreten Verweis auf mystische Konzepte dar. In San Juans Selbstkommentierung zur 'Noche oscura' heißt es, in Hinblick auf den von Champourcin zitierten Vers 4: «esto es: salí de los lazos y sujeción de mis apetitos sensitivos y afecciones, sin ser notada».[221] Auch bei Champourcin sind das Zur-Ruhe-Kommen und die Abkehr von Äußerlichkeiten eine Voraussetzung, um einen anderen Zustand – der inneren Tiefe, spirituellen Intimität oder kreativen Inspiration – zu erreichen, so wie sie es ähnlich im zitierten Brief an Conde formuliert. Formal erinnern im Übrigen auch die gehäuften Negationsformen, gerade in dieser zweiten Strophe, an die rhetorischen Strukturen apophatischen Sprechens und negativer Theologie.

Das Begehren nach Stille und körperlichem Rückzug kann metapoetisch als Formulierung einer wesentlichen Voraussetzung für das Schreiben selbst gelesen werden. Hélène Cixous schreibt in diesem Zusammenhang: «Eines ist sehr wichtig geworden: das Schweigen. Denn Schreiben ist für mich Höllenfahrt, der Einstieg dazu ist mein Körper. Dieser muß sich also zurückziehen können, damit jenes Sein in mir, das das Schreiben ist, eintreten kann.»[222] Ein solches Verständnis von poetischer Inspiration konnotiert mystische Bedeutungen: Die ästhetische und die kontemplative Erfahrung fallen hier im Rückzug in sich selbst zusammen. Champourcins poetische Imagination der stillen Kontemplation kann sowohl als ethopoetisches Ideal als auch als Praxis – Selbsttechnik – der Innerlichkeit gelesen werden. In den Worten von María Zambrano: «El silencio es la nota dominante de esta aceptada soledad que puede darse aun en medio del rumor y del bullicio, y que florece bajo la música que se escucha enteramente. Es el silencio que acalla el rumor interior de la psique y el continuo parlar de ese personaje que llevamos dentro, y que la exterioridad ha sido formando a su imagen y semejanza».[223]

Am Ende von Strophe 2 tritt ein unbenannter Adressat / eine Adressatin auf, der / die ganz am Rande in der Formulierung von der 'Richtung deiner Küsse' (14) eingeführt wird. Hier entsteht eine Spannung zwischen der zuvor formulierten Rücknahme der Sinne und einer gesteigerten Sinnlichkeit. In der letzten dreizeiligen Strophe kondensiert das lyrische Subjekt emphatisch seinen

---

[221] San Juan de la Cruz: *Obra completa 1*, S. 484.
[222] Hélène Cixous: *Die unendliche Zirkulation des Begehrens*, S. 13. Vgl. auch Champourcins Reflexionen im Brief an Carmen Conde, Kap. 4.2.
[223] María Zambrano: *Claros del bosque*. Herausgegeben von Mercedes Gómez Blesa. Madrid: Cátedra 2011, S. 248f.

starken Wunsch nach Freiheit und Fülle. «¡Ilimitada, única!» (15), ruft die lyrische Stimme mit Leidenschaft aus und äußert damit ein Begehren nach Intensität, Selbstverwirklichung und Ausdehnung des Selbst. Eine alternative Lesart würde diese Zeile als Charakterisierung der «voz» in Vers 7 verstehen; dann hätten wir es mit einer Lobpreisung der geliebten göttlichen, kosmischen oder poetischen Stimme und der mit ihr verbundenen Freiheit zu tun – einer Freiheit, die sich das lyrische Subjekt in der Poesie erschreibt.

Die letzten zwei Verse schließlich entwerfen eine paradoxe Spannung. «Buscándote en lo eterno / me evadiré de ti.» (16–17), heißt die kryptische Schlusssentenz des Gedichtes. Das Vokabular dieser letzten Verse suggeriert zunächst eine spirituelle Dimension und legt eine mystische Deutung nahe: den Wunsch des lyrischen Subjekts, mit dem Absoluten zu verschmelzen und dabei sowohl in seiner individuellen Einzigartigkeit anerkannt zu werden als auch gleichzeitig die eigene individuelle Begrenztheit zu übersteigen. In der Lyrik von Pedro Salinas, Vicente Aleixandre oder Jorge Guillén tauchen San Juan-Referenzen in ähnlicher Funktion einer 'unio mit dem Anderen' auf. Nach Hanley sind diese Momente jedoch überwiegend säkularer Natur.[224] Bei Champourcin bleibt die Bedeutung so in der Schwebe, dass sich von einer transsäkularen Vieldeutigkeit sprechen lässt. Je nachdem, wie man das lyrische 'Du' im gesamten Gedicht füllen mag, sind verschiedene Lesweisen denkbar, z.B. der Wunsch nach spiritueller Einheit mit Gott, Natur oder Kosmos, die romantische oder erotische Verschmelzung mit dem Geliebten oder, wenn das 'tú' als *alter ego* gedacht wird, die Einkehr bei sich selbst. Zentral scheint mir dabei vor allem die metapoetische Bedeutungsschicht zu sein. Im metapoetischen Kontext reflektiert die letzte Strophe erneut den Anspruch auf Selbstausdruck und Selbstübersteigung im poetischen Schreiben.

In jedem Fall wirft die paradoxe Formulierung Fragen auf: Warum entzieht sich das lyrische 'Ich' dem Anderen, wenn es den oder dieses doch eigentlich begehrt? Das Paradoxon – wiederum eine charakteristische rhetorische Figur mystischen Denkens – weist auf eine grundsätzliche Unmöglichkeit hin, auf eine unauflösbare Dialektik von Begehren und Erfüllung, sei diese hier nun spiritueller, intellektueller, erotischer oder künstlerischer Art. Während im ersten Halbsatz das Du in der Ewigkeit – auch phonetisch über die 'te'-Assonanz (16) –

---

[224] «In their pre-war poetry, the influence of 16th century Spanish mystics resonates most acutely in the notion and need of union with an ‹other›. Poets of the generation including Salinas, Aleixandre, and Guillén secularized San Juan's search for divine union.» Lorraine D. Hanley: *God, Exile and the Development of the Poetic Voice in the Poetry of Ernestina de Champourcin*, S. 102.

festgehalten wird, wird diese Ganzheit im zweiten Vers gleich wieder aufgelöst.[225] Die Erfahrung von Ganzheit und Fülle, von Entgrenzung und Selbstübersteigung, kann damit immer nur eine vorübergehende sein, ist grundsätzlich vergänglich und nur im Augenblick erfahrbar.[226] So ist es eigentlich gerade der Wunsch nach Ewigkeit, nach dem Festhalten der Zeit, der die Flüchtigkeit des Moments erst hervorbringt. Diesen Gedanken aufnehmend lässt die Schlusssentenz sich auch selbstreferenziell als Ansprache und Definition des lyrischen Augenblicks lesen.

'Iniciación'

'Iniciación' ist das erste von fünf Gedichten der gleichnamigen Untersektion aus *La voz en el viento*. In diesem Abschnitt geht es vornehmlich um das ambivalente, changierende Verhältnis des lyrischen Subjekts zu einem undeutlich gekennzeichneten 'Du'; eine Relation, die von der Dichotomie von Absenz und Präsenz geprägt ist und die Vorstellungskraft und Fantasie der lyrischen Stimme deutlich über die konkrete Beschaffenheit des 'Du' privilegiert.

    Iniciación

        Apártalos, Amado, que voy de vuelo.
        San Juan de la Cruz

        ¡Ni cielos trastornados ni mares imprevistos!
        Lo abrasaría todo el signo de mi frente.
        Hay sólo una belleza que trasciende los sueños
        y madura en nosotros su grávida expansión.

   5 Ya perdió su prestigio la rosa uniformada.
        En cada sien desnuda late el germen brioso
        del fruto original.

        ¡Abridme paso pronto!
        Desenfocados huyen los vértices del cielo.
  10 El que ha de venir con fuego en las entrañas
        y agua pura de amor escondida en las venas
        necesita mis labios.

---

225 Vgl. die ähnliche rhetorische Struktur in Strophe 5 der 'Noche oscura': «Amado con amada, / amada en el Amado transformada!» (24–25) San Juan de la Cruz: *Obra completa 1*, S. 72.
226 Vgl. zur Dialektik von Mangel / Begehren und Erfüllung im mystischen Diskurs u.a. Margret Bäurle / Luzia Braun: ‹Ich bin heiser in der Kehle meiner Keuschheit›, S. 7.

¡Yo acercaré a su sangre la antorcha creadora!
¡Yo os lo traeré encendido con un radiante sol!
15 ¡Abridme paso todos!
Cerrad el horizonte, los caminos abiertos.
Voy tejiendo mi ruta de ausencias enlazadas.
¡Con la brisa de un vuelo yo haré que nazca el dios!

Auch diesem Text ist ein direktes Zitat San Juans vorangestellt, das dieses Mal aus dem 'Cántico espiritual' stammt. Das Langgedicht aus 40 Strophen (in der Version B) trägt den Untertitel 'Canciones entre el alma y el esposo' und steht in direkter Tradition der brautmystischen *Hohelied*-Auslegung. Das Zitat stammt aus der 13. Strophe und steht im 'Cántico espiritual' an zentraler Position. In Strophe 12 wünscht sich die lyrische Stimme der *esposa*, die mit leidenschaftlicher Sehnsucht nach ihrem Geliebten sucht, in einem Brunnen dessen tief 'in den Eingeweiden' verinnerlichtes Antlitz statt des eigenen Spiegelbildes zu entdecken:

¡Oh cristalina fuente,
si en esos tus semblantes plateados,
formases de repente
los ojos deseados
que tengo en mis entrañas dibujados!

Strophe 13 setzt anschließend recht unerwartet mit der Bitte an den Geliebten an, seine Augen abzuwenden, und drückt dabei Überwältigung und Furcht aus: «¡Apártalos, Amado, / que voy de vuelo!» Zwischen Strophe 12 und 13 klafft eine Lücke: Es ist mit der Begegnung zwischen *esposa* und *esposo* etwas geschehen, was der Text nicht auszusagen vermag, der stattdessen nur auf das Davor und Danach verweisen kann. In diesem Sinne ist die Bedeutungslücke zwischen den beiden Strophen vielmals als performatives Verfahren zum Ausdruck des mystischen Erlebnisses und eines entrückten Taumels interpretiert wurden: Der Text verweist gleichsam durch das, was er nicht sagt, auf die Unsagbarkeit der mystischen Erfahrung.[227] Auch die Flugmetaphorik deutet auf einen ekstatischen Zustand des lyrischen Subjekts hin, dessen Intensität die kognitive Kontrolle übersteigt. San Juan selbst kommentiert: «Lo que aquí, pues, el alma dice del vuelo, hase de entender por arrobamiento y éxtasis del espíritu a Dios.»[228] Im Anschluss an den Ausruf der lyrischen Stimme der *esposa* wech-

---

[227] Vgl. u.a. Luce López-Baralt: El mejor verso de San Juan. In: *La jornada* 966 (8.9.2013). <http://www.jornada.unam.mx/2013/09/08/sem-luce.html> [22.4.2022] López-Baralt hat die Modernität dieses Textes u.a. in Bezug auf das Aufbrechen konventioneller Syntax und San Juans radikale «estética del delirio» herausgearbeitet. Vgl. Luce López-Baralt: Prólogo, S. 12.
[228] San Juan de la Cruz: *Obra completa 2*, S. 84.

selt der lyrische Sprecher und es tritt zum ersten Mal der *esposo* in Erscheinung. Das Zitat markiert damit also eine doppelte Bruchstelle, indem es sowohl den zeitlichen Bruch zwischen einem Vorher und Nachher zwischen Strophe 12 und 13 aufruft, der in seiner Performativität gleichzeitig einen ontologischen Bruch bedeutet, als auch auf den Sprecherwechsel innerhalb der Strophe 13 verweist.[229]

Auf Champourcins Text bezogen evoziert das gewählte Motto damit in erster Linie den ekstatischen, rauschhaften Zustand des *Cántico* in Bezug auf das lyrische Schaffen. Das Zitat nimmt den enthusiastischen Ton des Gedichtes vorweg, der geprägt ist durch Exklamationen, Ausrufungszeichen und Imperative. Champourcin schreibt sich hier deutlich in den jubelnden Klang der frühen Lyrik zahlreicher 27er-Dichter wie Rafael Alberti und Jorge Guillén ein. Auch in formaler Weise – der Text besteht aus vier reimlosen Strophen unterschiedlicher Länge, die überwiegend aus 14-Silbern mit Mittelzäsur und einigen 7-Silbern zusammengesetzt sind – stimmt die Dichterin mit den zeitgenössischen Autoren überein.

'Iniciación' hat ebenfalls eine starke metapoetische Komponente. Die Frage nach poetischer Kreativität wird hier in Bezug auf die Fantasien um einen abwesenden Geliebten umkreist, wobei das lyrische 'Ich' sich als ein selbstbewusstes souveränes Subjekt zu setzen sucht. In der ersten Strophe definiert es sich metonymisch als «signo de mi frente» (2), als ein denkendes und schaffendes Subjekt, das die Fantasie der Kontrolle über seine Umwelt formuliert. Das Zeichen auf der Stirn konnotiert gleichzeitig ein (biblisches) Schutzzeichen.

In der ersten Hälfte des Textes reflektiert die lyrische Stimme über die Frage nach Schönheit, die hier immer bereits ein transzendierendes Moment beinhaltet, 'eine Schönheit, die die Träume übersteigt' (3). Sie geht über die sinnliche Wahrnehmung hinaus, indem sie aus der eigenen Innerlichkeit entspringt und reift (4). Champourcins Schönheitsbegriff verweist hier auf Augustinus, der in den *Confessiones* die Erfahrung innerer Schönheit über die sinnlich wahrnehmbare Schönheit stellt.[230] In *La voz en el viento* und *Cántico inútil* preist die lyrische Stimme jedoch enthusiastisch ästhetische Wahrnehmung und innerliche Fülle zu

---

229 Vgl. zur ausführlichen Interpretation der Strophe Bernhard Teuber: *Sacrificium litterae*, S. 311–334.
230 «Sieh, / du warst innen, ich war draußen. Dort habe ich dich gesucht. Gestaltlos stürzte ich mich in die Gestaltenpracht, die du gemacht hast. Du warst bei mir, ich war nicht bei dir. Das Schöne, das es gar nicht gäbe, wäre es nicht in dir, hielt mich fern von dir.» Augustinus: *Confessiones / Bekenntnisse*. Lateinisch / Deutsch. Stuttgart: Suhrkamp 2009, S. 515ff. (Zehntes Buch, XXVII, 38).

gleichen Teilen.²³¹ Mit der «rosa uniformada» (5) als traditionellem Symbol von Schönheit und Poesie lehnt das lyrische 'Ich' weiterhin einen vorgegebenen, normierten Kunstbegriff ab. Stattdessen privilegiert es den individuellen, originellen ästhetischen Ausdruck (6). Die metonymische Betonung der kognitiven Tätigkeit («frente», «sien») steht dabei wie in vielen von Champourcins Texten in Spannung zur Isotopie der kreatürlichen Fruchtbarkeit («madura», «grávida expansión», «germen», «fruto»). Die vordergründig ausgeschlossene Körperlichkeit schreibt sich über die gewählte materielle Semantik wieder in den lyrischen Schaffensprozess ein. Stirn und Schläfe sind in diesem Sinn auch als Schnittstelle zwischen Körperlichkeit und Kognition deutbar.

In der zweiten Gedichthälfte setzt sich die poetische Stimme als ein selbstbewusstes, forderndes Subjekt. Die Aufforderung «¡Abridme paso pronto!» (8) wird in der wiederholenden Variation «¡Abridme paso todos!» (15) verabsolutiert; auch die alliterative Wiederholung des Personalpronomens und der entschlossene Gebrauch des Futurs suggerieren Willenskraft. Das lyrische 'Ich' evoziert die Ankunft seines Geliebten, dessen Beschreibung auf mystisches Vokabular zurückgreift: Er kommt mit «fuego en las entrañas» (10) und «agua pura [...] en las venas» (11).

Die *esposa* (oder Seele) hat das Bild ihres Geliebten bei San Juan in ihrem Innersten, den «entrañas», eingezeichnet.²³² In Santa Teresas 'Búscate en mí' ist es umgekehrt: Das Bild der Seele ist in Gottes 'Eingeweiden' abgebildet.²³³ Auch der Pfeil in Teresas prominenter Transverberationsszene, der an seiner Spitze im Übrigen ebenfalls Feuer trägt, trifft sie bis ins Mark bzw. die «entrañas».²³⁴ Nach María Zambrano benennt «entraña» im Spanischen «mit einer glücklichen Fügung [...] das Innere als Herz und Gemüt und als Eingeweide, heiliges Eingeweide immer».²³⁵ Diese 'Eingeweide' implizieren somit in der spanischen Tradition immer schon eine verleiblichte Innerlichkeit, die als Zusammenfall von Körper und Seele / Geist konstruiert und damit 'heilig' ist. «Agua pura» wiederum fließt im 'Cántico espiritual' am Ort der Liebesvereinigung der

---

231 «[S]he assumes a poetic voice whose vision moves between the external ‹divine pleasure of all created› and the internal enjoyment born in the very beauty of the soul». María A. Salgado: Ernestina de Champourcin. In: Janet Pérez / Maureen Ihrie (Hg.): *The Feminist Encyclopedia of Spanish Literature*. Westport / London: Greenwood Press 2002, S. 131–134, hier S. 132.
232 Vgl. San Juan de la Cruz: *Obra completa 1*, S. 109 ('Cántico Espiritual', 56).
233 Vgl. Santa Teresa: *Obras completas*, S. 1162 ('Búscate en mí', 10).
234 Vgl. ebda., S. 196 (*Vida*, XXIX, 13) und Kap. 2.3.
235 María Zambrano: *Waldlichtungen*. Frankfurt a.M.: Suhrkamp 1992, S. 40.

Liebenden, zu der die *esposa* einlädt.[236] Beide Metaphern konnotieren eine leidenschaftliche Liebe, die körperliches, seelisches und spirituelles Empfinden zusammenbringt.

Bei Champourcin ist der imaginierte Geliebte also mit den Attributen des mystischen Geliebten aufgeladen und übersteigt somit einen konkret vorstellbaren Liebhaber. Das 'Du' wird zum Anlass zahlreicher Begehrensfantasien und steht in deutlicher Abhängigkeit zum lyrischen Subjekt und dessen erotischer und kreativer Leidenschaft (12–13); das lyrische 'Ich' erst ist es, das den Geliebten erstrahlen lässt, zum Gott macht (18). So richtet die lyrische Stimme ihre Worte auch nicht an ein konkretes 'Du', sondern an eine unbestimmte Allgemeinheit. Es scheint mehr um den leidenschaftlichen Selbstausdruck zu gehen, um das Begehren nach Selbstverwirklichung, als um ein konkretes Liebesobjekt. So 'webt' sich das lyrische 'Ich' seinen Weg über miteinander verknüpfte 'Abwesenheiten' (17): Die Abwesenheit des Anderen erst ermöglicht das leidenschaftliche Begehren und generiert Raum für die (poetische) Imagination. Champourcin nimmt mit dem Abwesenheitsmotiv eine weitere zentrale Figur mystischer Rede auf, deren Struktur dort wesentlich durch die immer wieder neu ansetzende Suche nach Gott geprägt ist.[237]

Der letzte Vers nimmt die mystische Ekstase wieder auf, indem er die performative Schaffenskraft beschwört, die von der poetischen Stimme ausgeht: «¡Con la brisa de un vuelo yo haré que nazca el dios!» (18) Die enthusiastische Exklamation verweist auf die Willenskraft des lyrischen Subjekts. Im poetischen Höhen-Flug, vergleichbar der mystischen Ekstase, wird die lyrische Stimme über ihr Schreiben einen eigenen Weg schaffen. Das Windmotiv erscheint in seiner Verzahnung von Lebensatem und poetischer Rede hier als zugleich spirituelles wie ästhetisches Zeichen. Irigaray betont die spirituelle und ästhetische Kraft des Windes auch als Potenzial von Schaffenskraft und Bewegung: «D'ailleurs, dans l'histoire de l'humanité, celui qui est designé du nom de Dieu et ceux qui jouissent de pouvoirs spirituels manifestent leur puissance à travers un souffle créateur, à travers la domination des vents, la capacité de mettre ou remettre en mouvement ce qu'était immobile, figé, mort.»[238] Der Text verdichtet somit im letzten Vers noch einmal die metapoetische Aussage, indem der kreative Schaffensprozess in seiner Intensität abgebildet und das Schreiben selbst zum eigentlichen Ziel – «dios»,

---

236 «Gocémonos, Amado / y vámonos a ver en tu hermosura / al monte o al collado / do mana el agua pura; / entremos más adentro en la espesura.» San Juan de la Cruz: *Obra completa 1*, S. 113 ('Cántico Espiritual', 176–180).
237 Vgl. zur sprachschöpferischen Dimension der Mystik Kap. 2.2 und für Champourcin ausführlicher Kap. 4.5.
238 Luce Irigaray: *Le temps du souffle*, S. 6F.

kleingeschreiben wie bei Juan Ramón Jiménez – wird.[239] Auf diese Weise wird die Poesie wiederum selbst zum 'Gott' und Objekt des Begehrens.

La realidad y el deseo. **Verhandlungen lyrischer Subjektivität**

Ernestina de Champourcin entwirft in den beiden Gedichten zunächst ein sehr starkes lyrisches Subjekt, das sich durch Willensstärke, Intellektualität und Schaffenskraft auszeichnet und damit Qualitäten eines traditionell männlich kodierten, cartesianischen Modells annimmt. Beide Texte privilegieren eine geistige Askese, indem das lyrische 'Ich' bewusst die Sinne auszuschließen sucht ('Huida') und die Stirn metonymisch für den eigenen Intellekt über das Kreatürliche setzt ('Iniciación'). Gebrochen wird dieses kognitive Modell jedoch durch die Metaphorik der Körperlichkeit. Vor dem Hintergrund der männlich geprägten spanischen Gesellschaft und literarischen Welt konstruiert die Autorin hier eine selbstbewusste (poetische) Stimme, die Forderungen an ihre Umwelt stellt und sich – ganz auf sich selbst gestellt – 'ihren Weg bahnt'. Bezeichnenderweise vermeiden beide Gedichte grammatisch eine eindeutige Geschlechterzuordnung, zumindest wenn man Vers 15 in 'Huida' nicht auf das lyrische 'Ich', sondern auf die poetische / göttliche Stimme bezieht. Liest man die entschiedene Geste der lyrischen Stimme, sich einen Weg zu bahnen, in einem weiteren Sinne metapoetisch, lässt sich dieser Anspruch auf Champourcins Einschätzung beziehen, dass die modernen spanischen Dichterinnen im Avantgarde-Kontext ihre Poesie erobern: «Volante en mano, sin faldas que recojan el polvo del camino, sin imitar a nadie, lograrán conquistar ‹su poesía›.»[240]

Trotz der selbstbewusst auftretenden Stimme konnotieren die intertextuellen Verweise auf San Juan de la Cruz gleichzeitig verdeckte Brüche im stark und autonom erscheinenden lyrischen Subjekt. In beiden Gedichten projiziert die poetische Stimme ein ideales Subjekt in Futur und Möglichkeitsform («Quiero salir» (2), «me evadiré» (17) in 'Huida', «abrasaría» (2), «acercaré» (13), «traeré» (14), «haré» (18) in 'Iniciación'). Das *sujet de l'énonciation* steht damit einem *sujet de*

---

[239] Juan Ramón Jiménez schreibt rückblickend auf sein Werk: «Y pensé entonces que el camino hacia un dios era el mismo que cualquier camino vocativo, el mío de escritor poético, en este caso; que todo mi avance poético en la poesía era avance hacia dios, porque estaba creando un mundo del cual había de ser el fin un dios.» Juan Ramón Jiménez: *Lírica de una Atlántida*, S. 260.
[240] Ernestina de Champourcin: 3 proyecciones, S. 332. Vgl. Kap. 4.1. Vgl. zudem die Motivik des Weges in anderen Gedichten, besonders sichtbar in den Titeln der Untersektion 'Caminos' (*La voz en el viento*) und 'Romances del camino' (*Cántico inútil*) in Kap. 4.7.

l'énoncé gegenüber, «das ihm einen Vorsprung voraus hat, den es innerhalb der Textbewegung nie mehr wird einholen können».[241] Was Teuber hier für das asketische Subjekt in der Lyrik Fray Luis de Leóns konstatiert und als 'ethopoetisches Verhältnis' umschreibt, lässt sich auf die untersuchten Texte Ernestina de Champourcins übertragen. Das asketische Subjekt assimiliert «die Vorgaben fremder Autoren und Texte, um sich aus diesen geborgten und angeeigneten Texten dennoch ein möglichst autonomes Selbst zu fabrizieren. Hierdurch gelangt es in die Position einer unangreifbaren *enkrateia* (potestas sui), die Foucault als wesentliches Kennzeichen der gelungenen Selbstwerdung ausgemacht hat.»[242] Die Subjektposition, die aus solch einer intertextuellen, ethopoetischen Formierung entwächst, ist nicht essenzialistisch gedacht, sondern flexibel und gestaltbar, aber auch verletztlich.[243]

Indem die lyrische Stimme mit einem Ideal-Ich in Verhandlung tritt, bricht die autonome, mit sich selbst identische starke Subjektrolle auseinander. Champourcin testet in ihrer Lyrik immer wieder neue poetische Rollen aus, die zwischen dem Begehren nach Selbstbehauptung und der Sehnsucht nach Hingabe und Verbindung oszillieren.[244] Während die erste Hälfte von *La voz en el viento* zuvorderst im Zeichen von Unabhängigkeit und Selbstbewusstsein steht, thematisiert die lyrische Stimme im zweiten Teil und in *Cántico inútil* vermehrt den Wunsch nach Verbundenheit.

Die intertextuellen Referenzen auf Teresa von Ávila privilegieren ebenfalls ein Subjektmodell, das sich durch seine konstitutive Relation und Verbindung zum Anderen auszeichnet, wie im nächsten Abschnitt gezeigt werden soll.

---

241 «Das *sujet de l'énonciation* entwirft auf der Ebene des *énoncé* eine Lebensform, die es sich selber erst noch zu eigen wird machen müssen.» Bernhard Teuber: ‹Vivir quiero conmigo›. Verhandlungen mit sich und dem anderen in der ethopoetischen Lyrik des Fray Luis de León und des Francisco Aldana. In: Wolfgang Matzat / Bernhard Teuber (Hg.): *Welterfahrung – Selbsterfahrung. Konstitution und Verhandlung von Subjektivität in der spanischen Literatur der frühen Neuzeit*. Tübingen: Niemeyer 2000, S. 179–206, hier S. 192.
242 Ebda., S. 187.
243 «Eine solche Subjektivität ist nicht unwandelbarer Ursprung oder Hypostase, sondern veränderbarer Gegenstand der Übung und des Spiels (askesis, exercitium; melete, meditatio). Wie immer dann allerdings ein Subjekt aussehen mag, das solchen Selbstpraktiken entwächst, es wird nicht die starke Position des cartesischen Cogito oder des transzendentalen Subjekts einnehmen, sondern es wird essentiell ein ‹schwaches› Subjekt sein.» Ebda., S. 183.
244 Vgl. zu diesen changierenden Selbstentwürfen auch Dru Dougherty: Una poética del zigzagueo.

4.4 Poetische Echos Teresa von Ávilas

Champourcins Teresa-Lektüre hat ebenfalls konkrete poetische Spuren in der Lyrik der modernen spanischen Dichterin hinterlassen. Die expliziten Verweise auf San Juan sind großteils metapoetischer Natur und konnotieren einen meditativen Zustand erhöhter Aufmerksamkeit, Präsenz und poetischer Kreativität. Wie für zahlreiche 27er ist San Juan als großer Lyriker ein dichterisches Modell für Champourcin. Die Rezeption von Teresas Schriften dagegen ist eher in deren differenzierten psychologischen Einsichten zu sehen. Die Verweise auf Teresa von Ávila stehen im Kontext der Auseinandersetzung mit Alterität, Sinnlichkeit und Hingabe des lyrischen Subjekts. So referiert Champourcin zwar auch auf Teresas lyrische Texte, es hallen jedoch deutlich die Konzepte aus den großen Prosaschriften Teresas, den *Moradas* und der *Vida*, in Champourcins lyrischen Texten nach: die mystische Umwertung von Leben und Tod, das Konzept der gegenseitigen Gefangennahme von Seele und Gott in ihrem leidenschaftlichen Liebesverhältnis, die räumliche Bildlichkeit von Drinnen und Draußen als Ausdruck des innerpsychischen Erlebens, deren Logik immer wieder gesprengt wird, das Denken radikaler Alterität, die Transverberationserzählung.

Stellvertretend für die Vielzahl sichtbarer intertextueller Bezugnahmen auf Teresas mystisches Denken werde ich in diesem Unterkapitel das Soneto '3' aus der Serie 'Sonetos' (*La voz en el viento*) (mit Verweisen auf die Sonette '1' und '2') in einem detaillierten *close reading* analysieren. Vor der Folie von Teresas Mystikmodell lese ich Champourcins Spiel mit Aktivität und Passivität sowie Dominanz und Unterwerfung sowohl als Verhandlung erotischer Leidenschaft als auch als Bekenntnis zu einer radikalen Körperlichkeit, der gleichwohl immer schon eine Form immanenter Spiritualität eingeschrieben ist.

3 sonetos

Die drei Sonette haben eine hervorgehobene Bedeutung, da Champourcin sie als drei von elf Gedichten für die Veröffentlichung in Gerardo Diegos *Antología* ausgewählt hatte.[245] Formal folgen die Texte mit dem durchgängigen alexandrinischen Versmaß und regelmäßigem Reimschema einer traditionellen Sonettstruktur. Es sind Liebesgedichte, in denen die weibliche lyrische Stimme gegenüber einem unbenannten 'Du' ihre Hingabe und ihr Begehren formuliert.

---

[245] Vgl. Gerardo Diego: *Poesía española contemporánea*, S. 549f.

Die Sonette stehen in der Mitte des Gedichtbandes und markieren eine Grenze zwischen dem ersten und zweiten Teil des Bandes. Während in den Gedichten der Sektionen 'A lo que ha de llevarme', 'Poemas del buen amigo', 'Caminos', 'Danza blanca y danza en tres tiempos' und 'Iniciación' die Lust an der poetischen Exploration des Selbst, des Anderen und des ganzen Kosmos überwiegt, dominiert in der zweiten Hälfte der Wunsch nach Hingabe und Rücknahme des Ich.[246] Das lyrische 'Ich' der ersten Texte strebt danach, seine Umgebung zu erforschen und zu erobern, den eigenen poetischen Ausdruck zu bestärken und eine selbstbewusste poetische Stimme aufzubauen. Die lyrische Stimme der zweiten Hälfte dagegen konzentriert sich auf den geliebten Anderen und nimmt die eigene Subjektivität zum Zweck der absoluten Hingabe bewusst zurück.

In den drei Sonetten entwirft die Sprecherin ein Verhältnis zum Geliebten, das durch ein starkes Dominanzverhältnis gekennzeichnet ist. Isotopien der Hingabe und Unterwerfung sowie der Kontrolle und Dominanz determinieren die Sonette. Auf formaler Ebene unterstreicht der strenge metrische Rahmen der Sonettform den Wunsch nach Begrenzung und Bindung. So inszeniert sich die Sprecherin in *soneto* '1' zunächst als verunsichert und unschlüssig. Gleichzeitig äußert sie den Wunsch, sich der als kontingent empfundenen Freiheit zu entledigen und der beruhigenden Bestimmtheit des Angesprochenen zu unterwerfen:

1

Tu presencia me ciñe duramente
y el grito de mi vida encarcelada
sucumbre ya, rendido a la celada
que tus labios abrieron en mi frente.

5 Detén mi paso incierto. Mansamente
callará en ti mi voz desorientada.
Para ser tuya volveré a la nada.
¡Mi pulso en carne viva te presiente!

Que el silencio me anude a tu sendero.
10 Más que el llano sin límites, prefiero
el cauce luminoso de tu huella.

Cerraré con tu sombra la salida;
pero en mi mano, por tu boca ungida,
podrás beber aún la última estrella.

---

246 Vgl. Catherine Bellver: *Absence and Presence*, S. 194.

Das Feld des 'Gebundenseins', das sich wie in diesem Beispiel bei Champourcin immer wieder an der Semantik von *ceñir* abzeichnet und auch als zentrales Motiv etwa in den 'Poemas ausentes' erscheint, verweist in *La voz en el viento* und *Cántico inútil,* aber auch besonders im Exilwerk immer wieder auf ein Begehren nach Bindung, Verbindung und Gebundenheit.

Die Hingabe an den Geliebten wird im Sonett '2' explizit zur Flucht und zum Rückzugsraum angesichts einer voranschreitenden Haltlosigkeit des lyrischen Subjekts.

2

(INSOMNIO)

Surge mi mano de la trama oscura
que afelpa, silenciosa, los desvelos.
Fuga hacia ti. Navegan nuestros cielos
con rumbo a su recíproca ternura.

5 Caminos de tu acento. Senda pura
que aquieta suavemente mis anhelos.
Despojando la sombra de sus velos
llego al refugio que en tu voz perdura.

¡Cómo se adhieren a mi palma abierta
10 los ecos de ti mismo! Ya despierta,
ingrávida y ferviente, la caricia

de mi mano, que roza tu palabra,
mientras la noche con ausencias labra
el prodigio de un sueño que se inicia.

Diese Bekenntnisse stehen im starken Kontrast zum vorher wiederholt geäußerten Freiheitswunsch und der poetischen Selbstaffirmation in Texten wie 'La voz en el viento' oder 'Mirada en libertad'.

«Búscame en ti»

In *soneto* '3' schließlich verstärken sich mystische und erotische Dimension der weiblichen Hingabe in Richtung einer intensiven, ja gewaltsamen Leidenschaft.[247]

---

247 Vgl. Gegory Cole: *Spanish Women Poets of the Generation of 1927*, S. 154.

3

    Búscame en ti. La flecha de mi vida
    ha clavado sus rumbos en tu pecho
    y esquivo entre tus brazos el acecho
    de las cien rutas que mi paso olvida.

5 Despójame del ansia desmedida
    que abrasaba mi espíritu en barbecho.
    El roce de tus manos ha deshecho
    la audacia de mi frente envanecida.

    Navegaré en tus pulsos. Dicha inerte
10 del silencio total. Ávida muerte
    donde renacen, tuyos, mis sentidos.

    Ahoga entre tus labios mi tristeza,
    y esta inquietud punzante que ya empieza
    a taladrar mi sien con sus latidos.

Gleich mit dem ersten Vers verortet sich das Sonett in einer komplexen Kette mystischer Intertexte. Die Aufforderung 'Búscame en ti' variiert Teresas bekanntes und bereits mehrmals erwähntes Gedicht 'Búscate en mí', das als Verdichtung ihrer mystischen Psychologie lesbar ist und eine relationale, dynamische und dialogische Selbst-Konstitution in Szene setzt. Teresas Text kommentiert in sechs Strophen folgende vorangestellte Glosse: «Alma, buscarte has en mí, / y a mí buscarme has en ti.»[248] Das Gedicht hebt auf die reziproke Bewegung zwischen Seele und Gott als Mittel der Selbsterkenntnis und Erfahrung innerer Alterität ab. Teresa konstruiert eine Subjektrolle, die sich durch ihre Offenheit, Relationalität und Dynamik auszeichnet: Strukturell werden den beiden Wohnstätten Gottes und der Seele, die weder in eins fallen noch völlig losgelöst voneinander existieren, im Text gleichwertige Anteile zugewiesen. Das lyrische 'Ich', das mit der Stimme des Anderen spricht, reklamiert eine selbstbewusste, gleichwertige Begegnung zwischen beiden Dialogpartnern:

    Fuiste por amor criada
    hermosa, bella y así
10 en mis entrañas pintada;
    si te pierdes, mi amada,

---

[248] Santa Teresa de Jesús: *Obras completas*, S. 1162 ('Búscate en mí'). Vgl. auch Jenny Haase: Im Dialog mit dem Anderen.

alma, buscarte has en mí.

[...]

Y si acaso no supieres
dónde me hallarás a mí,
no andes de aquí para allí.
20 Si no, si hallarme quieres
a mí buscarme has en ti.[249]

Die Motivik in Teresas Gedicht geht wiederum auf Augustinus zurück, welcher das sokratische 'Erkenne dich selbst' hin zu einer Frage der Beziehung zwischen Seele und Gott, Selbst und Anderem verschiebt, wie Michel de Certeau hervorhebt. Teresas Psychologie steht in dieser sokratischen und spirituellen Tradition der Selbst-Erkenntnis, verschiebt dabei jedoch den Fokus auf die beiden Fragen: 'Wer anderer wohnt in dir?' und 'Zu wem sprichst du?':[250]

> Une problématique de l'être et de la conscience est d'emblée déportée vers l'énonciation, c'est-à-dire vers une structure dialogale de l'altération – ‹Tu es l'autre de toi-même›. L'âme devient le lieu où cette *séparation d'avec soi* est le ressort d'une *hospitalité*, tour à tour ‹ascétique› et ‹mystique›, qui *fait* place à l'autre.[251]

Das von Teresa imaginierte poetische 'Ich' ist also schon immer als ein 'Anderes seiner selbst' gedacht. Auch der Gedanke der Einwohnung Gottes in der Seele sowie die konstitutive Unruhe des Menschen und Sehnsucht nach Heimkehr sind dabei schon zentrale Denkfiguren in der augustinischen Anthropologie.[252]

Champourcin ruft insofern mit dem ersten Vers ihres Sonetts eine lange Tradition christlicher Philosophie der Innerlichkeit auf, die das Subjekt als ein genuin relationales denkt und damit immer schon quer steht zur cartesianischen Vorstellung autonomer Subjektivität. Die lyrische Stimme drückt mit der rhetorischen Aufforderung an das 'Du', sie in sich selbst zu suchen, ihre absolute Hingabe gegenüber dem Geliebten aus. Im Gegensatz zu Teresas reziprokem Modell ist die Unterwerfung unter den Anderen hier zunächst einseitig: Das lyrische Subjekt wünscht sich, seine Unabhängigkeit aufzugeben («la audacia de mi frente», 8) und sich dem Geliebten komplett zu unterwerfen; diese Vorstellung verspricht Sicherheit angesichts der Unsicherheit und Zerrissenheit eines zur (Wahl-) Freiheit und Eigenverantwortlichkeit gezwungenen modernen

---

[249] Ebda. Kursivierung im Original.
[250] Vgl. Michel de Certeau: *Mystische Fabel*, S. 317.
[251] Michel de Certeau: *La fable mystique*, S. 267. Kursivierungen im Orginal.
[252] «[U]nruhig ist unser Herz, bis es ruht in dir.» Augustinus: *Confessiones / Bekenntnisse*, S. 35 (Erstes Buch, I, 1).

Subjekts («el acecho de las cien rutas» 3–4, «ansia desmedida» 5, «tristeza» 12, «inquietud punzante» 13).

Liest man das Sonett aus der Perspektive eines weiblichen 'Ich' und eines männlichen 'Du' – was rezeptionsästhetisch naheliegen mag, sprachlich jedoch nicht zwingend ist, da in dem Sonett erneut jegliche geschlechtliche grammatische Determinierung vermieden wird –, so scheint Champourcins Text hier ein traditionelles Geschlechterverhältnis nicht nur zu bestätigen, sondern gleichsam überzuerfüllen.[253] Dies ließe sich dann als *backlash* deuten angesichts der in den 1920er und 1930er Jahren auch in Spanien ins Wanken geratenden traditionellen Geschlechterrollen.

Eine solche konservative Lektüre steht in Kontrast zur Freiheitsbetonung und zur selbstbewussten, lustvollen Erotik vieler anderer Texte in *La voz en el viento* und *Cántico inútil*. Und auch innerhalb des Gedichtes lässt sich ein Bruch im zunächst ungleichen Machtverhältnis zwischen Selbst und Anderem ausmachen. Noch vor dem geäußerten Wunsch nach Selbstaufgabe spricht die lyrische Stimme von der eigenen Aktivität in Form des Bildes eines Pfeils, der ihren eigenen 'Lebenskurs' fest an die Brust des angesprochenen 'Du' genagelt hat (1–2). Der Hingabe an den Geliebten geht also eine Entscheidung des lyrischen Subjekts voraus, wenngleich die Metapher des 'Lebens-Pfeils' abschwächend auf ein abstraktes, mittelbares Konzept – das 'Leben', im vitalistischen Sinne als Lebensenergie (Bergson) oder Willen (Nietzsche) denkbar – verweist. Zu Beginn des ersten Terzetts aber, an einer strukturell entscheidenden Umschlagstelle des Sonetts, bekräftigt die lyrische Stimme erneut ihren Willen mit dem entschiedenen, aktivisch formulierten Vorhaben «Navegaré en tus pulsos» (9). Mit der Absolutsetzung des eigenen Willens erobert das Subjekt gewissermaßen seine Souveränität, seine *agency*, zurück, lässt diese der Unterwerfung unter den Anderen letztlich sogar vorgängig erscheinen.

In Bezug auf die frühneuzeitliche Mystik betont Michel de Certeau die Vorgängigkeit des Willens als 'wesentliche Möglichkeitsbedingung' für die mystische Beziehung. Im mystischen Zwiegespräch ist die Absicht des sprechenden Subjekts zentral: «[L]a relation *ne* tolère *que* des personnes entièrement résolues, ou qui ‹en veulent›. Un ‹vouloir› constitue l'*a priori* que le savoir ne peut plus fournir.»[254] Als performatives Verb stelle das 'Wollen' einen Grenzfall dar, weil es keine Autorität für seine Aktualisierung brauche:

---

253 Im ersten Sonett wird die Weiblichkeit des lyrischen 'Ich' allerdings an einer Stelle angezeigt: «Para ser tuya volveré a la nada.» (7)
254 Michel de Certeau: *La fable mystique*, S. 227. Kursivierungen im Original.

> Sa performativité consiste à *instaurer une place* (de sujet) et l'autonomie d'une intériorité (‹mystique› par définition, échappant au labyrinthe des contrôles sociaux). [...] C'est encore un performatif mais d'une espèce étrange qui s'absente de tout contrat sinon celui, immédiat, d'un rapport de soi à soi sous la modalité de l'indéterminé (pas d'objet), du ‹sans fond› [...], du ‹sans nom› [...] c'est-à-dire de l'inconnu.[255]

De Certeaus Analyse des diskursiven Effektes des Verbes 'wollen' stellt zunächst die Souveränität des mystischen Subjekts heraus. Gleichzeitig jedoch betont der Theoretiker, dass die Beziehung zwischen Ich und Anderem in der Mystik immer eine schwankende ist. So oszilliert das Verb 'wollen' gewissermaßen zwischen beiden Gesprächspartnern und lässt das 'Pendel der Souveränität' mal auf die eine, mal auf die andere Seite ausschlagen, sodass das Machtverhältnis stets in der Schwebe gehalten wird:

> Au commencement il y a le verbe vouloir. Il pose d'emblée ce qui va se répéter dans le discours mystique avec beaucoup d'autres verbes (aimer, blesser, chercher, prier, mourir, etc.), actes itinérants au milieu d'acteurs placés tantôt dans la positon de sujets, tantôt dans la position de compléments : qui aime qui? qui blesse qui? qui prie qui? Tantôt Dieu, tantôt le fidèle... Commencement donc et centre, point de fuite et clé de voûte de la communication mystique, le *volo* est le principe de l'*opérer* (un verbe) qui va travailler tout le langage.[256]

Die Entschiedenheit des lyrischen Subjekts erhält in Champourcins Sonett durch die mystische Konnotation genau diese Dynamik. Mit ihrer absoluten Hingabe sucht die lyrische Stimme sich ihrer Subjektivität zu entledigen, der überfordernden Unsicherheit der eigenen Selbstverantwortung zu entgehen und sich dem Adressaten zu übereignen. Gleichzeitig konditioniert der subjektive Wille diese Entscheidung und macht die Beziehung zum Geliebten wesentlich von dieser Souveränität abhängig. Wie schon bei Teresa stehen so lyrisches 'Ich' und angesprochenes 'Du' in einem vielschichtigen, beweglichen Verhältnis, in welchem Machtpositionen spielerisch ausgestestet, in Frage gestellt und vertauscht werden.

Der Pfeil meines Lebens

Neben der konkreten Bezugnahme auf Teresas Gedicht hallen in Champourcins Sonett mindestens drei weitere Figuren Teresas mystischer Psychologie wider: die

---

[255] Ebda., S. 238. Kursivierung im Original.
[256] Ebda., S. 232f. Kursivierungen im Original.

prominente Transverberationserzählung, der Topos des Geliebten als Gefangener bzw. des *cárcel de amor* sowie die existenzielle Umwertung von Leben und Tod.

Das Bild des Pfeiles, der sich in die Brust des Geliebten bohrt, evoziert weitere mystisch konnotierte Bedeutungen und verstärkt den Effekt der vorausgehenden Willensfreiheit. Die Isotopie des Durchbohrens und Durchbohrtwerdens durchzieht das gesamte Sonett und beinhaltet sowohl christologische als auch erotische Konnotationen. Die Bezugnahme auf Teresas Transverberationsszene liegt nahe, wird eine teresianische Lektüre des Sonetts ja von Beginn an durch das Zitat im ersten Vers nahegelegt. «La flecha de mi vida» (1) verkettet das Gedicht im Anschluss sowohl mit dem brennenden Pfeil, den der Cherubim der Mystikerin in Teresas spektakulärer Vision mehrfach durch das Herz bohrt, als auch mit Teresas *Libro de mi vida*, in welchem die Nonne von dieser Vision erzählt.

Die von Teresa beschriebene Koppelung von Schmerz und Lust findet ihren modernen Nachhall in Champourcins Sonetten. Mit dem Verweis auf Teresa wird sowohl die erotische Bedeutungsschicht akzentuiert als auch gleichzeitig ein spirituelles Erleben sinnlicher Erfahrung nahegelegt. Champourcin lässt die Mehrdeutigkeit erotischer Sprache in der Mystik jedoch zumindest an dieser Stelle zur sinnlichen Seite hin kippen. In der Forschung betonen die meisten Interpretinnen und Interpreten die leidenschaftliche Körperlichkeit des Sonetts. Bezeichnenderweise ist das Sonett das einzige Gedicht Champourcins, das Luzmaría Jiménez Faro für ihre Anthologie spanischsprachiger erotischer Lyrik von Frauen ausgewählt hat.[257] Nicht zuletzt verkehrt sich die Aktivität vom göttlich konnotierten Engel in der *Vida* – schon dort ist er allerdings auch nicht Christus – hin zum lyrischen Subjekt bei Champourcin: So ist es hier die lyrische Stimme, die dem angesprochenen 'Du' mit äußerster Körperlichkeit ihre Leidenschaft einschreibt. Das lyrische 'Ich' reklamiert damit eine selbstbestimmte Sexualität, die es geradezu gewaltsam einfordert.

Im letzten Terzett erscheint die Perforierungssemantik erneut, nun jedoch unter gänzlich anderen Vorzeichen: nicht im erotischen Kontext, sondern demjenigen des Schmerzes. Als stechenden Schmerz empfindet die poetische Stimme ihre Orientierungslosigkeit, die sich als pochendes Kopfweh äußert.[258] Als Gegenmodell dazu bietet die Unterwerfung unter den Geliebten Befreiung an, nicht zuletzt

---

[257] Luzmaría Jiménez Faro (Hg.): *Breviario de los sentidos. Poesía erótica escrita por mujeres.* Madrid: Torremozas 2003, S. 69 sowie Francisco Javier Díez de Revenga: Tres sonetos de Ernestina de Champourin. In: *Alaluz. Revista de poesía, narración y ensayo* 29, 1 (1997), S. 7–12, hier S. 11; Ernesto Espejo-Saavedra: Sentimiento amoroso y creación lírica en Ernestina de Champourcin, S. 135.

[258] Es ist bezeichnend, dass auch Mystikerinnen von Teresa von Ávila bis Simone Weil immer wieder von quälenden Kopfschmerzen berichtet haben.

in ihrer radikalen Körperlichkeit. Das positive Körpererleben des lyrischen Subjekts nimmt den Umweg über den Körper des Anderen. Semantisch spaltet sich die Isotopie des Körperlichen in ein positives Feld, das dem 'Du' zugeordnet werden kann, und ein negatives, das dem Körper des lyrischen 'Ich' angehört. Während der Körper des lyrischen Subjekts mit Unsicherheit, Leiden und – negativ wahrgenommener – Kognitivität verbunden ist («mi frente», «mi sien»), verheißen Brust, Arme, Hände und Lippen des Geliebten Sicherheit, Lust und Erlösung. Es lässt sich damit in Champourcins sinnlichem Sonett eine geradezu religiös anmutende Erlösungsstruktur ausmachen.

Mit der aktiven erotischen Inbesitznahme des Geliebten deutet Champourcins lyrische Stimme zudem auch eine alternative Variante des Topos des *cárcel de amor* – eines zentralen Motivs der mittelalterlichen und frühneuzeitlichen Liebesdichtung – um. Wenn sich das lyrische Subjekt in soneto '1' noch als belagerte Festung entwirft und die eigene Hingabe als befreiende Ergebung inszeniert (2), so schreibt sich Champourcin in eine klassische Figur der *cancionero*-Poesie ein. In soneto '3' kehrt Champourcin diese Relation um, indem es nun die lyrische Stimme selbst ist, die den Geliebten aktiv in Besitz nimmt. Champourcin variiert den Gefangenen-Topos in zahlreichen weiteren Gedichten verschiedener Schaffensphasen.[259]

Bereits Teresa bricht in ihren mystischen Texten doppelt mit der traditionellen Variante des *cárcel de amor*, in der das (klassischerweise männliche) liebende Subjekt sich als Gefangener der Liebe begreift. In 'Vivo sin vivir en mí' imaginiert die Mystikerin, wie bereits gesehen, Gott als den Gefangenen der Sprecherin.[260] In 'Búscate en mí' radikalisiert Teresa diese Position, indem die Positionen von Seele und Gott, Subjekt und Anderem, in stetiger, gegenseitig auf sich verweisender Bewegung umeinander kreisen und dabei weder feste Gegenpositionen bilden noch ineinanderfallen, sondern sich gerade durch ihre Uneindeutigkeit und Flexibilität auszeichnen.[261]

Betrachtet man Champourcins drei Sonette als Einheit, so zeigen sich die Figuren von Gefangener/m und Gefangennehmender/m, von Aktivität und Pas-

---

[259] U.a. in 'Barricada' (*La voz en el viento*): «Eres mi prisionero.» (13) Ernestina de Champourcin: *Poesía*, S. 132. In *Cárcel de los sentidos* nimmt Champourcin die Figur unter konventionelleren religiösen Vorzeichen wieder auf. Vgl. zum Topos des *cárcel* Joy Landeira: *Ernestina de Champourcin*, S. 172ff. Espejo-Saavedra erkennt in der 'radikalen Transformation' des Gefängnis-Topos eine Befreiung, wenngleich er letztlich die Erfüllung des weiblichen Subjekts in Champourcins Gedichten eher in der poetischen Kreativität als in der erotisch-romantischen Liebe sieht. Vgl. Rafael Espejo-Saavedra: Sentimiento amoroso y creación poética en Ernestina de Champourcin, S. 136.
[260] Vgl. Santa Teresa: *Obras completas*, S. 1159–1161 ('Vivo sin vivir en mí') sowie Kap. 2.2 und 3.4.
[261] Vgl. Jenny Haase: Im Dialog mit dem Anderen, S. 75–79.

sivität, auch hier als ein poetisches Spiel beweglicher Sprecherpositionen. Noch stärker akzentuiert sich diese Dynamik, wenn man den ganzen Band in den Blick nimmt. Champourcin entwirft damit, nach dem mystischen Vorbild Teresas, ein Liebes- und Begehrenskonzept, dass anstatt hierarchischer Besitzansprüche und fester Identitäten die bewegliche Subjektivität der Beteiligten spielerisch in Szene setzt.

Ein letzter Aspekt der teresianischen Intertextualität ergänzt die sinnliche Thematik um den Aspekt der Innerlichkeit. Beide Dimensionen fallen bei Champourcin erneut zusammen. Im ersten Terzett drückt die lyrische Stimme zunächst in einer leidenschaftlichen Metaphorik ihre Entschlossenheit aus, die Vitalität des angesprochenen 'Du' in ihrer Leiblichkeit zu er-fahren: «Navegaré en tus pulsos.» (9) In Anspielung auf die mystische Einkehr stellt der Text nun anschließend ähnlich wie in 'Huida' eine innere Ruhe her, die die lyrische Stimme im 'Glück der absoluten Stille' findet. Syntaktisch wird der fließende Rhythmus der Quartette im ersten Terzett durch kurze, gereihte Syntagmen angehalten, semantisch verweisen «silencio total» und «[á]vida muerte» (10) auf das mystische Erleben der spanischen Karmeliterin zurück.

Der 'gierige Tod' – «ávida muerte» (10) –, der eine sinnliche Wiedergeburt impliziert, erinnert nicht nur phonetisch an die Nonne aus Ávila. Das Konzept der Transformation, der symbolische Prozess von Tod und Neugeburt, ist schließlich für Teresas Mystikbegriff zentral. In den *Moradas* etwa drückt die Karmeliterin dies durch das Bild der Seidenraupe aus, die sich zum strahlenden Schmetterling entwickelt.[262] Teresa veranschaulicht mit diesem Bild die Transformation der Seele durch asketische Prozesse wie «obras de penitencia, oración, mortificación»[263] – Bußübungen, inneres Beten, Einübung ins Ich-Sterben –, Selbstpraktiken also, die mit Foucault auf die Transformation der eigenen Subjektivität einwirken. Der so erfahrene psychische Transformationsprozess ist nach Teresa so umfassend, dass die Seele nicht wiederzuerkennen ist.[264] Diese Entwicklung wird hier mit einer inneren Alteritätserfahrung und gleichzeitig einsetzenden großen Ruhe assoziiert.

Wenn Champourcin im *soneto* '3' vom Tod spricht, in welchem die Sinne in Ausrichtung auf einen geliebten Anderen neu geboren werden, dann hallen die hier genannten Konzepte der spanischen Mystik nach. Die in den Quartetten leidenschaftlich formulierte Hingabe erhält im ersten Terzett eine selbstpraktische Dimension, indem sich das lyrische Subjekt in der Beziehung zum 'Du' zu transformieren sucht. Der körperliche Aspekt der erotischen Liebe wird somit überstie-

---

262 Vgl. Santa Teresa: *Obras completas*, S. 894–897 (*Moradas* V, 2, 2–8) und S. 980 (*Moradas* VII, 2, 5).
263 Ebda., S. 896 (*Moradas* V, 2, 6).
264 Vgl. ebda., S. 897 (*Moradas* V, 2, 8).

gen, die Hingabe an den Geliebten zur Erfahrung der immanenten, horizontalen Selbstübersteigung. Die spirituell konnotierte, eigentlich jedoch immer schon mehrdeutige Metapher des mystischen Todes verlagert Champourcin somit erneut hin zur Seite der erotischen Liebe, ohne jedoch ihren transzendierenden Charakter aufzugeben.

In der absoluten Hingabe kommt das Subjekt zur inneren Ruhe, es wird still (10). Champourcin erschreibt sich damit in ihrer Lyrik auch einen Raum des Rückzugs, der sich als Gegenbewegung zum dominanten kulturellen Modell einer auf Kommunikation und Extraversion ausgerichteten modernen Gesellschaft lesen lässt. Im Selbst-Erleben durch, mit, für den Anderen wird die Welt erst als sinnhaft erfahren. Romantisch-erotische Liebe erfährt dabei eine mystisch-sakrale Überhöhung, die spirituelle Meditation erhält wiederum eine sinnliche Ebene.

Ich gehe der leiblichen Dimension der Mystikreferenzen in Champourcins erotischer Lyrik im folgenden Unterkapitel weiter nach und zeige deren transgressive Effekte vor der Folie zeitgenössischer Geschlechternormen auf.

4.5 Kelche, Wunden, Hiebe. Körperszenarien

«La mystique, comme littérature, compose des scénarios de corps. De ce point de vue, elle est cinématographique»,[265] schreibt Michel de Certeau in Bezug auf die Zentralität körperlicher Imagination in der mystischen Literatur. Die Verflechtung von leiblichem und spirituellem Begehren wurde im vorherigen Kapitel bereits in Bezug auf die Rezeption Teresa von Ávilas in den '3 sonetos' angesprochen. Am Beispiel der 'Poemas ausentes' (*La voz en el viento*) vertiefe ich anhand weiterer impliziter Verweise auf Santa Teresa und San Juan de la Cruz sowie auch auf universale mystische Figuren die Rolle des Leibes und die mehrschichtigen, vieldeutigen Begehrensfigurationen in Champourcins erotischer Lyrik. Dabei wird eine Spannung zwischen neoplatonisch-metaphysischen Strukturen und zeitgenössischem vitalistisch-materialistischem Diskurs sichtbar, die sich im Motiv der Liebeswunde verdichtet und hier auf den Körper als Ort der Offenheit, der gleichzeitigen Verletzbarkeit wie Überschreitungsmöglichkeit, verweist. Schließlich wird der provokante Charakter der erotischen Motive herausgearbeitet.

---

265 Michel de Certeau: *La fable mystique*, S. 109.

Champourcins erotische Lyrik im Kontext der spanischen Avantgarden

Erotik, Sexualität und Körperlichkeit stellen zentrale Themen in der Literatur der klassischen Moderne dar. Dies gilt gleichermaßen für Autorinnen wie für Autoren: «[E]n la época de los años 20, 30 y 40 del siglo XX», unterstreicht Asunción Horno-Delgado, «el cuerpo y su respuesta sexual fueron una de las mayores preocupaciones de algunas mujeres intelectuales».[266] Rosi Braidotti betont die Bedeutung sexueller Imagination nicht nur als Ort konfliktiver Machtverhältnisse, sondern auch als Bestandteil der Konstitution neuer weiblicher Subjektmodelle.[267] Indem Autorinnen wie Ernestina de Champourcin, Concha Méndez oder Rosa Chacel in ihren Texten erstmals auf explizite Weise einem eigenen erotischen Begehren Ausdruck verleihen, schreiben sie sich in das literarische und politische Projekt der Moderne ein.[268] In diesem Kontext ordnet Serge Salaün Champourcins erotisches Schreiben gerade angesichts einer repressiven Sexualpolitik auch als eine Form der Subversion und des Widerstands gegenüber einer konservativen Gesellschaft ein, die in der katholischen Kirche ihr Symbol findet.

> El intenso erotismo de algunos poemarios de Ernestina de Champourcin va mucho más allá de la mera reivindicación, por parte de una mujer, de la legitimidad del deseo y del placer sexual. [...] [R]epresenta, para las mujeres [...] de entonces, una lucha y una conquista prioritarias, sobre todo frente a las tendencias arcaicamente represivas, nada igualitarias, de la vieja sociedad española, con una Iglesia, sobre todo, que mantiene una presión constante. En los años 20 y 30, [...] simboliza la batalla por la emancipación del hombre, por una definición moderna y abierta de la condición humana, hacia una nueva metafísica que liquide todo tipo de yugos clericales y morales. El erotismo, en poesía, es también, y sobre todo, una recuperación del lenguaje [...].[269]

Juan Cano Ballesta sieht Champourcin als «pionera en el tratamiento del tema amoroso»,[270] Juan de Villar bezeichnet sie als «gran escritora erótica».[271] Wenngleich die explizite Thematisierung erotischer Themen bei spanischen Autorinnen der Moderne ein Novum darstellt, so steht Champourcin, wie bereits angedeutet, in einer transatlantischen Tradition, die von Alfonsina Storni über Delmira Agus-

---

266 Asunción Horno-Delgado: Champourcin y la libertad, S. 75.
267 «I want to stress the importance of sexuality in feminist thought, where it is perceived critically as the site of power, struggles and contradictions. But it is re-visited creatively precisely because of its crucial importance as a site of constitution of the subject.» Rosi Braidotti: *Metamorphoses*, S. 25.
268 Vgl. María Cristina C. Mabrey: *Ernestina de Champourcin*, S. 26.
269 Serge Salaün: Ernestina de Champourcin y Concha Méndez, hier S. 45.
270 Juan Cano Ballesta: Ernestina de Champourcin y la generación del 27, S. 31.
271 Arturo del Villar: *La poesía de Ernestina de Champourcin*, S. 76.

tini zu Juana de Ibarbourou und Gabriela Mistral reicht. Champourcin hat den Vorbildcharakter der Lateinamerikanerinnen hinsichtlich der Profilierung einer weiblichen poetischen Stimme selbst im Artikel für die argentinische Zeitschrift *Síntesis* herausgestellt.[272] Es ist bezeichnend, dass etwa Agustini, Ibarbourou und Mistral in ihren Texten ebenfalls ganz wesentlich auf die europäische mystische Tradition (Teresa von Ávila, San Juan de la Cruz, Caterina von Siena) zurückgreifen.

In Bezug auf die Entwicklung lyrischer Subjektivität lässt sich also eine weibliche Genealogie feststellen, die jedoch keinesfalls die Verbindungen zu männlichen Autoren wie Juan Ramón Jiménez, Pedro Salinas, Federico García Lorca oder Luis Cernuda ausschließt. Zugleich grenzt sich Champourcin aber ästhetisch vom lateinamerikanischen *modernismo* und *posmodernismo* ab, wenn sie etwa ein Gedicht Carmen Condes folgendermaßen kommentiert: «Tu voz tiene aquí algo de la Noailles y mucho de la Ibarbourou. Lo que no te aconsejo es que vuelvas a insistir en ese mismo tono. La repetición podría hacerte caer en un erotismo vulgar de procedencia sudamericana.»[273] Signifikant ist an dieser Stelle natürlich auch der Hinweis auf Anna de Noailles, der die Unterschiede in der ästhetischen Aneignung mystischer Figuren zwischen beiden Dichterinnen profiliert.

'Poemas ausentes'

Die 'Poemas ausentes' bestehen aus einer Serie von zehn Gedichten, abermals jeweils kurze Kombinationen aus 7- und vor allem 11-Silbern ohne Reim von drei bis vier Strophen. Die Serie steht fast ganz am Ende von *La voz en el viento*. Der Titel ruft die Dialektik von Absenz und Präsenz auf, eine Denkfigur, die, wie eingangs erwähnt, charakteristisch für den ganzen Band ist und auch in Gedichten wie 'Pausa', 'Despecho', 'Danza blanca' oder 'Soneto 1' erscheint.

Für de Certeau stellt der fehlende Körper Christi im Grab das 'Gründungsverschwinden' der christlichen Religion und den Ausgangspunkt mystischen Sprechens dar:

> Dans la tradition chrétienne, une privation initiale de corps ne cesse de susciter des institutions et des discours qui sont les effets et les substituts de cette absence : corps ecclésiastiques, corps doctrinaux, etc. Comment ‹faire corps› à partir de la parole ? Cette

---

[272] Vgl. Ernestina de Champourcin: 3 proyecciones, S. 331 und Kap. 4.1 sowie Jenny Haase: Otra modernidad hispánica.
[273] Ernestina de Champourcin / Carmen Conde: *Epistolario*, S. 312 (31. Juli 1929).

question ramène celle, inoubliable, d'un deuil impossible : ‹Où es-tu?› Elles mobilisent les mystiques.[274]

Cornelia Wild unterstreicht, dass die Funktion des imaginierten Körpers, die gründende Leerstelle zu füllen, dabei schon immer zum Scheitern verurteilt ist: «Denn wie soll der Körper durch einen Sprechakt [...] je wieder zurückgewonnen werden können?»[275] Poetisches und mystisches Schreiben kann in diesem Sinne als immer wieder neu ansetzender Ausdruck des Begehrens nach Präsenz gelesen werden.[276]

Die rhetorische Verschiebungsfigur der Hypallage im Titel der Untersektion unterstreicht die Spannung zwischen Anwesenheit und Abwesenheit, indem sie eher zu Fragen als zu eindeutigen Interpretationen einlädt. Welche Gedichte sind hier abwesend? Handelt es sich um Gedichte *über* Abwesenheit? Um eine Meditation über die Unmöglichkeit von Präsenz? Auch weitere typische Themenfelder mystischer Rede werden in den Gedichten umkreist, darunter die Dichotomien von Sichtbarkeit / Unsichtbarkeit, Nähe / Ferne, Schweigen / Sprechen, Gebundenheit / Ungebundenheit, Aktivität / Passivität, Körperlichkeit / Spiritualität. Die starken Isotopien von Erotik und Gewalt verweisen sowohl auf mystische Metaphoriken als auch auf eine äußerst starke physische Körperlichkeit und Verletzbarkeit, beides sichtbar etwa in den Semantiken von Feuer und Wunde.

Es verwundert daher nicht, dass Champourcins erotische Lyrik von zeitgenössischen Kritikern sowohl buchstäblich als auch metaphorisch gedeutet wurde. Die Kritiker greifen dabei offensichtlich auf die Spannung in der traditionellen Auslegungstradition mystischer Lektüren zurück. So suchten einige zeitgenössische Kritiker die sexuelle Bildlichkeit als allegorischen Ausdruck geistiger Askese zu deuten; Arturo del Villar dagegen stellt die «[dimensión] carnal y lujoriosa» der Texte heraus. Die sexuelle Komponente bildete einen sichtbaren Tabubruch im Spanien der 1930er Jahre: «[P]or una muchacha de la alta sociedad madrileña era un desplante increíble».[277]

(Neo-) Platonische Schichten

Im Folgenden lese ich die lyrische Aneignung mystischer Figuren in den 'Poemas ausentes' in Bezug auf Körperlichkeit, Erotik und Gender-Rollen und in

---

274 Michel de Certeau: *La fable mystique*, S. 110.
275 Cornelia Wild: Mystik, S. 395.
276 Vgl. die Reflexion von Anna de Noailles in Kap. 3.4.
277 Arturo del Villar: *La poesía de Ernestina de Champourcin*, S. 76.

Relation zur poetischen Subjektivierung. Die Serie betrachte ich als eine poetische Einheit, sodass ich, mit ausgewählten Akzenten, bewusst eine gemeinsame Lektüre der zehn Gedichte vorschlage.

Das erste Gedicht führt eine Reihe von Themen und Motiven ein, die sich durch die Texte ziehen: das Motiv der Selbsterforschung, der Grenzüberschreitung und der dynamischen Subjektivität sowie die neoplatonische Parallelführung von Liebe, Schönheit und Transzendenz. Die Serie beginnt mit einer Bekräftigung des Wunsches nach Selbsterforschung und der nomadischen Identität der lyrischen Stimme (1, 1–4):

> Todo será camino, el silencio y la estrella,
> el perfume y la rosa...
> todo habrá de llevarme insospechadamente
> al cielo que cobija la sombra de tu manos.

Ein Durst nach Erfahrung wird hier deutlich, eine Lust an der Welt in all ihren Facetten immaterieller und materieller, geistiger und sinnlicher Wahrnehmung. Das lyrische Subjekt lässt sich nicht festschreiben und distanziert sich, wie im Eingangsgedicht 'La voz en el viento', von vorgeschriebenen Normen und Rollenbildern: «¡No trates de encontrarme por sendas conocidas!» (1,11)[278]

Gleichzeitig wird erneut das (neo-) platonische Motiv des Aufstiegs gesetzt, das die ganze Gedichtserie durchzieht und das unauflösbar verknüpft mit der leidenschaftlichen Beziehung zum 'Du' erscheint. Angelehnt an das neoplatonische Liebesmodell führt die Erfahrung sinnlicher Schönheit («perfume», «rosa») und romantisch-erotischer Liebe («tus manos») ebenso wie die meditative Verinnerlichung («silencio») und Wahrnehmung des Kosmos («estrella») in ihrer Ganzheitlichkeit hier zu einer tieferen Intensität und Erkenntnis.[279] Das Aufstiegsmotiv wird erneut aufgegriffen in Gedicht '3' (1–4):

> No estaré, cuando vuelvas, donde tú me dejaste.
> He subido más alto.
> Apoyada en tu impulso, traspasé el horizonte
> que me hiciste soñar.

Die Beziehung zum angesprochenen 'Du' erscheint hier als Katalysator für die Entfaltung des lyrischen Subjekts, dessen Ziel es ist, die eigenen Grenzen kontinu-

---

[278] Die Aufbruchshaltung gerade dieses ersten Sonetts trägt für den zeitgenössischen Kritiker Guillermo de Torre einen spezifischen «acento americano» und zeugt von «reminiscencias criollas». Vgl. Guillermo de Torre: Dos libros de Ernestina de Champourcin, S. 2.
[279] Navarra Ordoño spricht von «evidentes ecos de petrarquismo neoplatizante». Andreu Navarra Ordoño: ‹Seré tuya sin ti›, S. 88.

ierlich zu verschieben und zu übersteigen. In *poema* '4' (3–4) wird die Verknüpfung von erotischer Liebe, Schönheit und Transzendenz wieder aufgenommen:

> Quiero tocar en ti esa esencia impalpable
> que eterniza en lo bello la raíz de tu amor.

Georges Bataille hat das Begehren nach Ganzheit in erotischer Liebe und Mystik in diesem Kontext miteinander verglichen: «L'être aimé pour l'amant est la transparence du monde. Ce qui transparaît dans l'être aimé est ce dont je parlerai tout à l'heure à propos de l'érotisme divin ou sacré. C'est l'être plein, illimité, que ne limite plus la discontinuité personnelle.»[280] In zahlreichen Gedichten formuliert Champourcin eine solche Sehnsucht nach Verbindung mit dem Ganzen. Der in Vers 3 formulierte paradoxe Wunsch nach 'Berührung der unspürbaren Essenz' verweist gerade in seiner Widersprüchlichkeit auf die unaufhebbare Spannung zwischen (neo-) platonisch-metaphysischer Tradition und zeitgenössischem vitalistisch-materialistischem Diskurs und verhandelt damit eine verkörperte, transsäkulare Spiritualität.

Leibliche Verinnerlichung des Geliebten

In *poema* '2' verbinden sich die mystischen Motive der Wunde, des Feuers und der inneren Verkörperung des Geliebten in Bezug auf Bilder körperlichen Schmerzes und Gewalt zu einem Ausdruck leidenschaftlicher Hingabe.

2

> ¿Para qué recordarte si te siento en mí misma
> desgarrando mi carne con el garfio del viento,
> oprimiendo mis venas con el rudo cilicio
> de esa falsa presencia que alucina mi afán?
>
> 5 Voy ceñida por ti. Mi múltiple herida
> que abrió en mi paz secreta el potro de los sueños,
> por la muda zozobra de mis ojos hundidos
> en la distancia inmóvil que me roba tu voz.
> ¿Para qué rcordarte sin aún calienta mis pulsos
> 10 el fuego que encendió tu mano apasionada,
> si el deseo punzante que taladra mis sienes,
> es el mismo que seca la pulpa de tus labios?

---

[280] Georges Bataille: *Œuvres complètes X. L'érotisme. Le procès de Gilles de Rais. Les larmes d'Éros.* Paris: Gallimard 1987, S. 26. Vgl. auch Kap. 4.7.

> Circulan por mi sangre jirones de tu vida
> que ciñen a mi pecho su cálida esperanza.
> 15 ¡Puedes borrar si quieres la luz de mi memoria!
> ¡No necesito espejos para pensar en ti!

Das Gedicht beginnt mit dem Hinweis darauf, dass das lyrische 'Ich' den Geliebten so leiblich verinnerlicht hat, dass dies die kognitive Vorstellung übersteigt. Dies lässt Konzepte der Verinnerlichung Gottes bei Augustinus und den Mystikerinnen und Mystikern widerhallen. Dabei wird deutlich, dass es sich hier abermals um eine äußerst physische Verinnerlichung handelt, die das lyrische Subjekt mit aller Heftigkeit am eigenen Leib erfährt: Fleisch wird zerrissen (2), Venen mit dem Bußgürtel zerdrückt (3), Wunden geöffnet, der eigene Herzschlag ist erhitzt von der Hand des Geliebten (9). Die Verkörperung des Geliebten durch den eigenen Leib übertrifft die geistige Imagination dermaßen, dass Erinnerung und Vorstellungskraft selbst überflüssig werden (15).

Mit de Certeau erzählt Mystik, «comment un corps ‹touché› par le désir et gravé, blessé, écrit par l'autre, remplace la parole révélatrice et enseignante.»[281] Religiöses und erotisches Begehren treffen sich im schmerzvollen, körperlich erfahrbaren Sehnen nach dem abwesenden Körper des Geliebten. De Certeau sieht in Teresa von Ávila beispielhaft die Entwicklung von der Sprache zum Körper abgebildet:

> Elle caresse, elle blesse, elle monte la gamme des perceptions, elle en atteint l'extrême qu'elle excède. Elle ‹parle› de moins en moins. Elle se trace en messages illisibles sur un corps transformé en emblème ou en mémorial gravé par les douleurs d'amour. La parole est laissée hors de ce corps, écrit mais indéchiffrable, pour lequel un discours érotique se met désormais en quête de mots et d'images.[282]

In diesem Sinne steht Champourcins starke Sinnlichkeit nicht im Gegensatz zu mittelalterlichen und frühneuzeitlichen Texten. Im Gegenteil: Champourcin nimmt die mystische Bildlichkeit des verwundeten, verletzten Körpers auf, um ihr Sehnen nach Selbstüberschreitung in der Liebe auszudrücken. Alois M. Haas betont die Tendenz der mittelalterlichen und frühneuzeitlichen Mystikerinnen, «der neuplatonisch bestimmten Aufstiegsmystik der Männer eine konsequent durchgehaltene Abstiegsmystik inkarnatorischen Charakters»[283] entgegenzusetzen. Das Begehren nach Transgression der eigenen Grenzen im Sinne einer körperlich erfahrenen Lust ist bei der modernen spanischen Lyrikerin deutlich sichtbar. Wie gesehen, verweist sie jedoch gleichzeitig auf neoplatonische Denk-

---

281 Michel de Certeau: *La fable mystique*, S. 13.
282 Ebda., S. 14.
283 Alois M. Haas: *Mystik als Aussage*, S. 280f. Vgl. auch Kap. 2.3.

figuren des Aufstiegs und der Transzendenz durch Schönheit und Erotik. Die Trennung in eine weibliche, körperliche Liebesmystik und eine männliche, spekulative Mystik greift hier offensichtlich nicht. Champourcin bringt beide Linien zusammen, indem sie sowohl an eine 'weibliche' Tradition erotischer Brautmystik als auch an eine (neo-) platonisch ausgerichtete Aufstiegsmystik anknüpft. Sie entscheidet sich nicht zwischen leiblicher Erfahrung und intellektuellem Begehren, sondern lässt beides wesentlich zusammenfallen.

Julia Kristeva sieht die Überblendung von Immanenz und Transzendenz, Leiblichkeit und Geistigkeit beispielhaft im Liebesgesang der weiblichen Stimme des *Hohelieds* verkörpert: «L'aimé n'est pas là, mais j'éprouve son corps ; dans l'état de l'incantation amoureuse, je m'unis à lui, sensuellement *et* idéalment.»[284] Champourcin schreibt sich damit auch hier zum einen in eine leibliche Traditionslinie mystischer Literatur ein (eine Tradition, die u.a. mit Bernhard von Clairvaux und San Juan de la Cruz auch männliche Autoren miteinschließt), zum anderen knüpft sie aber auch an Augustinus und die männlich kodierte neoplatonische Tradition an. Dadurch gelingt es der Lyrikerin, eine eigene weibliche Stimme im Kontext eines männlich kodierten literarischen Systems zu profilieren.

Liebesmale

Neben der Metaphorik von Feuer und Hitze fällt in Gedicht '2' die Semantik der Wunde auf.[285] «[M]i múltiple herida» (5) eröffnet ein weites Feld von Assoziationen zur mystischen 'Liebeswunde'. So unterschiedliche Autorinnen und Autoren wie Catarina von Siena, Mme Guyon und natürlich Teresa von Ávila sowie San Juan de la Cruz haben die Verschränkung von Lust und Qual im Bild der Liebesverletzung in ihren Texten thematisiert und damit die mystische Erfahrung am (eigenen) Leib abgebildet. Das Motiv ist ebenfalls konstituierend für die petrarkistische Poetik und stellt damit eines der Bindeglieder zwischen mystischer und erotischer Lyrik der Renaissance dar. Für den Kontext spanischer Mystik seien hier zentrale Textstellen bei Teresa von Ávila und San Juan de la Cruz in Erinnerung gerufen.

---

284 Julia Kristeva: *Histoires d'amour*, S. 93. Kursivierung im Original. Vgl. auch Kap. 2.3.
285 Das Motiv wird in Gedicht '7' wieder aufgenommen: «Renuncio a la dulzura que la tarde me ofrece / para buscar en vano tus párpados remotos / y restañar con ellos la sangre de esta herida, / más ancha que el silencio, dónde, sola, se abrió.» (7, 9–12). In 'Espera' (*Cántico inútil*) bittet die lyrische Stimme die Liebe um Verwundung: «Si me niegas tu éxtasis, no me niegues tu herida.»

Die schon als Intertext der 'Sonetos' zitierte Transverberationssequenz aus Teresas *Vida* mag als anschaulichstes Beispiel der Liebesverletzung der Karmeliterin gelten. Insgesamt lassen sich zahlreiche intratextuelle Verbindungen der 'Poemas ausentes' zu den oben diskutierten Sonetten ziehen, insbesondere hinsichtlich der erotisch-gewaltvollen Körperlichkeit und Selbstimagination. Teresa wiederum beschreibt die mystische Liebeserfahrung bereits in den *Moradas* als körperliche Verletzung durch den *esposo*.[286]

Noch zentraler erscheint das Liebesmal in San Juans Lyrik. Bernhard Teuber hat das Motiv umfassend in dessen drei Hauptgedichten, der 'Noche oscura', dem 'Cántico espiritual' und der 'Llama viva', analysiert.[287] Gleich in der ersten Strophe des 'Cántico espiritual' wird der Geliebte mit einem Hirsch verglichen, der eine Verletzung hinterlässt, bevor er flieht:

> ¿Adónde te escondiste,
> Amado, y me dejaste con gemido?
> Como el ciervo huiste,
> habiéndome herido;
> 5 salí tras ti clamando, y eras ido.[288]

Hier wird gleich zu Beginn das erotische Spiel von Anwesenheit und Abwesenheit, Lust und Schmerz, Erfüllung und Sehnen eingeführt, das sich im Bild der Liebeswunde verdichtet. Die Wunde ist die Spur einer Berührung, verkörperte Erinnerung an die immer schon im Verschwinden begriffene Präsenz des Geliebten. Auch die paradoxe Auflösung von Aktivität und Passivität zeigt sich in der Verwundung, ist es doch bei San Juan die Verwundete, die den Geflüchteten jagt, nicht andersherum. Teuber verweist zudem auf die grundsätzliche Ambivalenz hinsichtlich des Subjekts der Handlung des Verletzens.[289] In Strophe 35 des 'Cántico espiritual', die ähnlich wie bei Teresa um das Thema der Einsamkeit / des Alleinseins («soledad») kreist, wird dann zudem noch der Geliebte ebenfalls als von der Liebe verletzt beschrieben:

---

286 «Pues vengamos con el favor del Espíritu Santo a hablar en las sextas moradas, adonde el alma ya queda herida del amor del Esposo y procura más lugar para estar sola y quitar todo lo que puede, conforme a su estado, que la puede estorbar de esta soledad.» Santa Teresa: *Obras completas*, S. 911 (*Moradas* VI, 1,1). Interessant ist hier die Verbindung zum Alleinsein als Möglichkeitsbedingung für die Einübung von Innerlichkeit.
287 Vgl. Bernhard Teuber: *Sacrificium Litterae*.
288 San Juan de la Cruz: *Obra completa 1*, S. 107 ('Cántico espiritual', 1–5).
289 Vgl. Bernhard Teuber: *Sacrificium Litterae*, S. 240. Vgl. auch die bereits oben zitierte Bemerkung Michel de Certeaus hinsichtlich der Umkehrbarkeit mystischer Verben, bei denen Subjekt und Objekt austauschbar werden.

> En soledad vivía [la paloma],
> y en soledad ha puesto ya su nido;
> y en soledad la guía
> a solas su querido
> también en soledad de amor herido.[290]

Diese Gegenseitigkeit des Verletzens und Verletztwerdens steht exemplarisch für die Auflösung eindeutiger logischer Zuordnungen in San Juans Lyrik.[291] Dies wird besonders deutlich in Teubers Interpretation der 'Llama de amor viva', die er explizit als «Allegorie der Liebeswunde»[292] versteht. Teuber arbeitet die konstitutive Verwobenheit und letztliche Ununterscheidbarkeit von Eigen- und Fremdaffektion am Beispiel der Flamme und des Brenneisens heraus.

> ¡Oh llama de amor viva,
> que tiernamente hieres
> de mi alma en el más profundo centro!
> [...]
>
> ¡Oh cauterio suave!
> ¡Oh regalada llaga!
> ¡Oh mano blanda! [...][293]

Ursache und Effekt der Liebe und des lustvollen Schmerzes sind auch hier nicht mehr klar zu bestimmen, es handelt sich um «Figur[en] der Transitivität und der Verschiebung von Einem zum Anderen».[294] Teuber hebt zudem das Unterlaufen zeitgenössischer Geschlechterrollen hervor. Während im zeitnahen Petrarkismus etwa der Frauenrolle Abwehr und Zurückhaltung und dem männlichen Sprecher Aktivität und Verlangen zugesprochen wird, ist es bei San Juan genau umgekehrt. Die weibliche Stimme fordert den Geliebten auf, seine Zurückhaltung fahren zu lassen und lädt ihn explizit zur sinnlichen Liebe ein:

---

290 San Juan de la Cruz: *Obra completa 1*, S. 113 ('Cántico espiritual', 171–175).
291 Vgl. zur lyrischen Ambigüität und Auflösung logischer Sinnstrukturen neben Teuber auch Luce López-Baralt: Prólogo, S. 28f.
292 Vgl. Bernhard Teuber: *Sacrificium Litterae*, S. 496.
293 San Juan de la Cruz: *Obra completa 1*, S. 73 ('Llama de amor viva' 1–3, 7–9).
294 «Die ‹Liebesflamme› kann als die Metonymie im Sinne einer *causa pro effectu* ausgelegt und auf den Geliebten bezogen werden, sie kann aber auch einen *effectus pro causa* bezeichnen. Dann wäre mit der ‹Flamme› die Liebe gemeint, welche die Sprecherin in ihrem Inneren verspürt; und sie stünde somit metonymisch für das Erleben der Sprecherin selbst.» Bernhard Teuber: *Sacrificium Litterae*, S. 471. Das spanische Wort *cauterio* kann sowohl das Brenneisen als Verursacher sowie das Brandmal als Ergebnis des Einbrennens sein. Vgl. ebda., S. 485.

> Pues ya no eres esquiva
> acaba ya, si quieres;
> ¡rompe la tela de este dulce encuentro!

Schließlich ist auch die Offenheit der Sprechsituation zu bemerken, die sowohl als Anrede an den Geliebten als auch als Selbstanrede verstanden werden kann.[295]

Anhand der 'Noche oscura' schließlich diskutiert Teuber Fragen von Subjektivität, Souveränität und Leiblichkeit. In Strophe 7 der 'Noche oscura' heißt es:

> El aire de la almena,
> cuando yo sus cabellos esparcía,
> con su mano serena
> en mi cuello hería
> y todos mis sentidos suspendía.[296]

Teuber betont die Spur der Gewalt, die an diesem Wundmal lesbar wird. Die Hand des Geliebten und die Kraft des Windes verweisen gleichermaßen auf die männliche erotische Aktivität. Damit werde der petrarkistische Liebesdiskurs radikal erotisiert, indem die taktile Erfahrung die traditionelle Schau ersetze und die Geliebte sich in völliger Hingabe selbst vergesse.[297] Unter Bezug auf Bataille deutet Teuber diese absolute Entäußerung an den Geliebten als Souveränität des weiblichen Subjekts:

> Indem die Geliebte in der letzten Strophe ihre Sorge fahren läßt, wird sie zu einem souveränen Subjekt im Sinne Batailles: Sie willigt ein in den Verlust und ins Vergessen ihrer selbst. Sie schlägt einen Weg ein, der geradlinig zum Fall, zum Sturz, zum Ruin führt. Sie tritt eine schwindelerregende Talfahrt an, die sie in den Abgrund reißt. Vor ihrem inneren Auge bricht jene Welt zusammen, in der man das sorgende und das erinnernde Bewußtsein vom Umsorgten und vom Erinnerten, das Subjekt vom Objekt unterscheiden konnte, und alles mündet ein in den Strom universaler Selbstauslöschung [...] Die Ohnmacht, die Selbstvergessenheit, das Sichgehenlassen kündigen den Tod der Geliebten als eines erfüllten Subjektes an. Dieses Subjekt ist tödlich getroffen durch den Riß jener Wunde, die an ihm klafft, weil der unaussprechliche Geliebte sie ihm geschlagen hat.[298]

Luce Irigaray sieht in der Wunde ebenfalls die Ambiguität von Subjekt und Objekt, Aktivität und Passivität, Innen und Außen veranschaulicht. Sie hebt dabei das Potenzial der gegenseitigen Berührung und einer Sprache hervor, die den scheinbaren Gegensatz von Körper und Geist zu unterlaufen weiß. Amy Holly-

---

295 Ebda., S. 472.
296 San Juan de la Cruz: *Obra completa 1*, S. 72 ('Noche oscura', 31–35).
297 Vgl. Bernhard Teuber: *Sacrificium Litterae*, S. 185ff.
298 Ebda., S. 189.

wood kritisiert jedoch die Vorstellung, dass das Weibliche dabei weiterhin als Mangel gedacht werde.[299]

Die angeführten Reflexionen zur (mystischen) Liebeswunde eröffnen zahlreiche Deutungsansätze für die Lyrik Champourcins und insbesondere die 'Poemas ausentes'. Zunächst ist die starke Verkörperlichung der Liebeserfahrung festzuhalten, die Schmerz und Lust zuweilen ununterscheidbar werden lässt. Hollywood betont, wie sowohl Sexualität als auch Schmerz wesentlich für die Ausbildung von Subjektivität sind und zuweilen zusammenfallen.[300] Champourcins Text reflektiert die bei San Juan entworfene mehrdeutige erotische *agency* und aktualisiert diese für einen modernen weiblichen Diskurs. Die auffällige Absolutheit der Hingabe der weiblichen *persona* in zahlreichen Gedichten lässt sich mit Bataille und Teuber – entgegen der in der Forschung zuweilen geäußerten Kritik der Unterwerfung Champourcins unter traditionelle Geschlechtermodelle – als paradoxe Souveränsetzung des Subjekts lesen. Diese Lektüre scheint mir jedoch angesichts des intratextuellen Oszillierens zwischen Bekräftigung und Rücknahme des Willens und vor der soziokulturellen Folie von Champourcins Auseinandersetzung mit zeitgenössischen Geschlechtermodellen zu kurz zu greifen. Ich möchte viel eher die Widersprüchlichkeit hervorheben, die sich aus dem Wunsch nach Hingabe und dem Ringen um Souveränität ergibt, welche Champourcin beide immer wieder thematisiert. Hierfür erweist sich ein Subjektivierungsmodell als fruchtbar, das Judith Butler in Weiterführung Foucaults entwickelt hat und das die Ambivalenz des handlungsfähigen Subjekts ins Zentrum rückt.

«[A]mbivalence is at the heart of agency»,[301] betont Butler und verweist auf die Doppelbödigkeit, die jedem Subjektivierungsprozess zu Grunde liegt. «‹Subjection› signifies the process of becoming subordinated by power as well as the process of becoming a subject.»[302] Subjektivierung ist damit immer ein zweiseitiger Prozess: Der Subjektwerdung geht auf paradoxe Weise immer schon ein Unterwerfungsprozess (z.B. unter bestehende Machtdiskurse) voraus. Diese Überlegung hat entsprechende Konsequenzen für die Vorstellungen von Macht und *agency*. Subjektivität erscheint als «Effekt gesellschaftlicher Diskurse, die als ein im Foucaultschen Sinne strukturiertes Machtgeflecht verstanden werden, das repressiv und

---

299 Amy Hollywood: *Sensible Ecstasy*, S. 201.
300 «Because the bodily ego is generated through pleasurable and painful interactions with the world, pleasure – and hence sexuality – is crucial to the constitution of the subject, yet so is pain – hence the extraordinary difficulty in separating pleasure and pain in the understanding of trauma and masochism.» Amy Hollywood: *Sensible Ecstasy*, S. 271.
301 Judith Butler: *The Psychic Life of Power*. Stanford: Stanford University Press 1997, S. 18.
302 Ebda., S. 2.

produktiv zugleich wirkt und an dem jede/r (allerdings mit unterschiedlichen Zugangsvoraussetzungen) in performativer Weise teilhat.»[303]

Butler verschiebt damit die vermeintliche Dichotomie von Macht und Unterwerfung hin zu einem differenzierteren Modell, indem sie zeigt, wie beide miteinander verwoben sind und sich gegenseitig erst hervorbringen. Hier ergibt sich wieder ein Anknüpfungspunkt an die Uneindeutigkeit von Aktivität und Passivität im mystischen Diskurs, wenn Butler fragt: Wer wird eigentlich subjektiviert, wenn das Subjekt durch diesen Prozess doch gerade erst formiert wird?[304] Die Unterwerfung unter gegebene Machtdiskurse nennt Butler «passionate attachment»: «To desire the conditions of one's own subordination is thus required to persist as oneself.»[305] Schließlich verweist sie auf Uneindeutigkeit von Widerstand und Machtverschiebungen:

> Assuming power is not a straightforward task of taking power from one place, transferring it intact, and then and there making it one's own; the act of appropriation may involve an alteration of power such that the power assumed or appropriated works against the power that made that assumption possible. Where conditions of subordination make possible the assumption of power, the power assumed remains tied to those conditions, but in an ambivalent way; in fact, the power assumed may at once retain and resist that subordination.[306]

Im Oszillieren zwischen Selbstermächtigung einerseits und leidenschaftlicher Hingabe andererseits zeichnet sich die unauflösliche Verknüpfung von Macht und Unterwerfung in Champourcins Lyrik anschaulich ab. Gerade Butlers Hinweis auf die Ambivalenz der Aneignung eigener Machtpositionen im letzten Zitat lässt sich dabei als Argument gegen eine verabsolutierende (verurteilende oder idealisierende) Bewertung von Champourcins Haltung in Bezug auf feministische Positionen ins Feld führen. Diese Lektüre entspricht Braidottis und Mahmoods Perspektive, Subjektivität nicht negativ als *counter-subjectivity* zu denken, sondern als einen Prozess des kontinuierlichen Werdens, der positive Gestaltungsmöglichkeiten von Affekt, Imagination und Kreativität stark macht.[307]

Die grundsätzliche Ambivalenz der Redesituation findet ihre Entsprechung bei Champourcin auch in der offenen Dialogstruktur: Die Texte können, wie gesehen, als Ansprache des Geliebten, zugleich aber auch als Selbstgespräch, als An-

---

303 Margot Brink: *Ich schreibe, also werde ich. Nichtigkeitserfahrung und Selbstschöpfung in den Tagebüchern von Marie Bashkirsteff, Marie Lenéru und Catherine Pozzi*. Königsstein / Ts.: Ulrike Helmer Verlag 1999, S. 22.
304 Vgl. Judith Butler: *The Psychic Life of Power*, S. 4.
305 Ebda., S. 9.
306 Ebda., S. 13.
307 Vgl. Kap. 2.4.

rede von Poesie, Natur, Kosmos oder der Liebe selbst gelesen werden. Schließlich wird eine Verschränkung von Liebeswunde und Selbstsorge sichtbar, insofern es sich in beiden Fällen um eine komplexe Relation von Selbst- und Fremdaffektion handelt, deren Möglichkeitsbedingung der Rückzug, das Alleinsein mit sich selbst, darstellt. Die lyrische Stimme der 'Poemas ausentes' schreibt ja – wie der Mystiker und die Mystikerin – gerade aus einer Situation der Abwesenheit des Geliebten, eine Situation, die die leidenschaftliche Imagination und Selbstaffektion erst ermöglicht (*poema* '6'):

> 5 [...]. Mi silencio desnudo
> recoge entre sus ondas tu ausente acercamiento.
> Escucha; en el vacío que ahondan las palabras
> desciende tu presencia, resucitada en mí.

In Gedicht '9' (1–4) spricht das lyrische 'Ich' die Stille sogar als eigentlichen Akteur an, welche die verkörperte Präsenz des Geliebten am eigenen Leib erst hervorbringt:

> Acércame, silencio, la sombra de sus manos
> en la paz envolvente de una larga caricia.
> Esparce en torno mío su íntima presencia
> y ensancha los minutos para colmarlos de él.

Beide Textstellen können wieder metapoetisch gelesen werden, als Reflexion über die Voraussetzung von Rückzug und Alleinsein für Schreiben und poetische Kreativität.

Die Liebeswunde verweist bei Champourcin auf die Immanenz leiblicher Überschreitungs- und Grenzerfahrungen. Sinnliche Lust und körperlicher Schmerz führen beide zu einer spirituellen Haltung des lyrischen Subjekts. Die spirituelle Disposition als Streben nach Ganzheit und Fülle ist, wie aktuelle kognitionswissenschaftliche Forschungen hervorheben, tatsächlich wesentlich durch die leibliche Wahrnehmung geprägt:

> Spirituality might be understood as the ‹different conduct› required to achieve the kind of harmonious relation with this ‹more› that will bring a sense of fulfillment or well-being. There are [...] a variety of ways that such spirituality arises from the flesh. Altered brain chemistry, pain, sexuality, and various discrete emotions are among the many bodily sources of humanity's spiritual quests.[308]

Das Liebesmal umschreibt eine Offenheit und Verletzbarkeit des wahrnehmenden Körpers, der hier nicht als geschlossener 'Container' fungiert, sondern sich als in

---

[308] Robert C. Fuller: *Spirituality in the Flesh*, S. 20.

konstituierender Weise geöffnet erweist. «This is a moment in which bodies in their openness, woundedness, and mortality are recognized to be the site of divinity, and hence the limitations of humane existence are sacralized»,[309] schreibt Hollywood. In der Erotik und ihrer mystischen Variante wird sich das Subjekt seiner eigenen Unabgeschlossenheit bewusst, betont auch Constance M. Furey: «Mystical sexuality – the physical abandon caused by fantasmatic or sensory contact with other bodies – viscerally conveys that we are never wholly self-contained, never fully bounded, never fully in control of bodies or of language.»[310] Die Erkenntnis, dass der Körper sowohl Ort der Begrenzung als auch Ort von deren möglicher Überschreitung ist, stellt die dichotome Vorstellung vom essenziell geschlossenen, autonomen oder offenen, durchlässigen Subjekt in Frage und eröffnet neue Möglichkeiten der Selbstwahrnehmung jenseits des modernen 'gepufferten Selbst'.[311] In der Literatur

> taucht die Wunde als zentrale Metapher immer wieder da auf, wo der Mensch nicht als cartesianisch selbstgewisse Größe verstanden, sondern im Gegenteil menschliche Subjektivität als etwas zutiefst Fragwürdiges herausgestellt wird. Als verwundet bzw. als Wunde wird der Mensch aufgerufen, wenn angezeigt werden soll, dass er in sich gespalten und abgründig ist.[312]

Wie im oben besprochenen Sonett '3' wird in den 'Poemas ausentes' somit eine weibliche Subjektposition inszeniert, die sich durch die Hingabe an den Geliebten auf paradoxe Weise gleichzeitig sowohl zurücknimmt als auch souverän setzt. «Erotic subjectivity has the potential to flow outward into new social [...] patterns that express our desire for union and connectedness rather than separation or discontinuity»,[313] betont Fuller. Unter Rückgriff auf die mystische Figur der Liebeswunde setzt Champourcin dem modernen, cartesianischen Subjekt eine Alternative entgegen. An Carmen Conde schreibt die Dichterin

---

309 Amy Hollywood: *Sensible Ecstasy*, S. 201.
310 Constance M. Furey: Sexuality. In: Amy Hollywood / Patricia Z. Beckman (Hg.): *Cambridge Companion to Christian Mysticism*. Cambridge: Cambridge University Press 2012, S. 328–340, hier S. 337.
311 «[A] recognition that the body is the site both of limitations and of transcendence of some of those limitations [...] radically reconfigures the conditions and possibilites of subjectivity itself.» Amy Hollywood: *Sensible Ecstasy*, S. 190.
312 Sophie Wennerscheid: *Das Begehren nach der Wunde*, S. 13. Wennerscheid bezieht sich vordergründig auf das Schreiben Søren Kierkegaards, stellt dabei jedoch grundsätzliche Überlegungen zum Motiv der Wunde an. «Wundenförmig ist der Einzelne, weil er weiß, daß ‹das Negative im Dasein vorhanden ist› [Kierkegaard] und dementsprechend auch der Mensch nichts in sich Geschlossenes, Ganzes und Seiendes ist, sondern etwas Werdendes, der Erfahrung der Kontingenz Unterworfenes und insofern etwas immer Zweifelhaftes.» Ebda., S. 12.
313 Robert C. Fuller: *Spirituality in the Flesh*, S. 115.

1928: «Yo corregiría perfectamente a Descartes: ‹Siento, luego soy.›»[314] Im Gegensatz zu Autonomie und Allmacht betont Champourcin Sensibilität, Relationalität und Verletzlichkeit des Subjekts in ihrer Lyrik.

«Un látigo de niebla». Transgressives Begehren

Ich habe dieses Kapitel mit der herausgehobenen Bedeutung von Erotik und Sexualität im Schreiben von Autorinnen und Autoren im Spanien der Zwischenkriegszeit begonnen und möchte abschließend den transgressiven Charakter der erotischen Lyrik Champourcins am Beispiel des letzten Gedichtes der 'Poemas ausentes' explizit machen. Landeira sieht in dem Gedicht den Höhepunkt der erotisch-spirituellen Überblendung erreicht.[315] Der Text ist vor allem deshalb bemerkenswert, weil er – unter Rückgriff auf die Sakralisierung der erotischen Szenerie – ein selbstbewusstes weibliches lyrisches 'Ich' in Szene setzt, das sich den bürgerlichen Normen von Sexualität entzieht. Horno-Delgado hat subtil den Transgressionscharakter des Textes herausgearbeitet. Sie zeigt, wie Champourcin sich einen poetischen Freiraum erschreibt, indem sie Aspekte einer (weiblichen) Erotik formuliert, die das Dunkle, Abjekte und Gewaltvolle ins Zentrum stellen, und sie damit einen absoluten Tabubruch angesichts der konservativen Erwartungen an junge Frauen in der bürgerlichen und aristokratischen spanischen Gesellschaftsschicht begeht.[316]

10

Te esperaré apoyada en la curva del cielo
y todas las estrellas abrirán para verte
sus ojos conmovidos.

Te esperaré desnuda.
5 Seis túnicas de luz resbalando ante ti
deshojarán el ámbar moreno de mis hombros.

Nadie podrá mirarme sin que azote sus párpados
un látigo de niebla.

---

314 Ernestina de Champourcin / Carmen Conde: *Epistolario*, S. 190 (6. September 1928). Vgl. auch Julia Kristevas in Kap. 3.4 erwähnte alternative Formulierung in Bezug auf Teresa von Ávilas Subjektkonzeption: «J'aime parce que je suis aimée, donc je suis». Julia Kristeva: *Thérèse mon amour*, S. 453.
315 Vgl. Joy Landeira: *Ernestina de Champourcin*, S. 175.
316 Vgl. Asunción Horno-Delgado: Champourcin y la libertad.

Sólo tú lograrás ceñir en tus pupilas
10 mi sien alucinada
    y mis manos que ofrecen su cáliz entreabierto
    a todo lo inasible.

    Te esperaré encendida.
    Mi antorcha despejando la noche de tus labios
15 libertará por fin tu esencia creadora.
    ¡Ven a fundirte en mí!
    El agua de mis besos, ungiéndote, dirá
    tu verdadero nombre.

Das Gedicht imaginiert eine Szene erotischer Hingabe, die von heiliger Erwartung und kosmischer Fülle durchdrungen ist. Ausdrücke wie «cielo», «estrella», «túnicas», «luz», «cáliz», «ámber» und «verdadero nombre» formen eine Isotopie des Sakralen. Sie verweisen gleichzeitig auf den Intertext modernistischer Lyrik der hispanoamerikanischen Tradition. Insbesondere das Lexem «cáliz», «imagen a la vez religiosa y vaginal»,[317] ruft die erotisierende Lyrik Rubén Daríos und Delmira Agustinis auf. Agustini kann mit ihrem Rückgriff auf die Mystik, ihrer kühnen Erotik und ihrer vehementen Forderung nach poetischem und intellektuellem Selbstausdruck insgesamt als eines der zentralen Vorbilder für die Entwicklung der poetischen Stimme Champourcins gelten.[318]

Die poetische Stimme zeigt sich zunächst passiv, als Wartende. Mit Hilfe einer anaphorischen und klimatischen Struktur steigert sich darauf die erotische Spannung (1, 4, 13). Wenngleich das 'Du' hier dreifach an erster Stelle genannt wird («Te esperaré»), scheint doch tatsächlich das weibliche Subjekt im Zentrum zu stehen. Über den angesprochenen Geliebten erfahren wir erneut wenig, er bleibt eine mehrdeutige Leerstelle.

Ein hohes Maß an Pathos überhöht die erotische Szene: «Seis túnicas de luz resbalando ante ti / deshojarán el ámbar moreno de mis hombros.» (5–6) Die Beto-

---

317 Ebda.
318 Vgl. etwa 'Íntima': «Yo te diré los sueños de mi vida / En lo más hondo de la noche azul... / Mi alma desnuda temblará en tus manos, / Sobre tus hombros pesará mi cruz. / / [...] Vamos más lejos en la noche, vamos / Donde ni un eco repercuta en mí, / Como una flor nocturna allá en la sombra / Yo abriré dulcemente para ti.» (Delmira Agustini: *Poesías completas*, S. 163); 'La copa del amor': «¡Ah, yo me siento abrir como una rosa! / Ven a beber mis mieles soberanas: / ¡Yo soy la copa del amor pomposa / Que engarzará en tus manos sobrehumanas!» (ebda., S. 170) oder '¡Oh Tú!': «En mi debes ser Dios! / De tus manos quiero hasta el Bien que hace mal... / Soy el cáliz brillante que colmarás, Señor; / Soy, caída y erguida como un lirio a tus plantas, / Más que tuya, mi Dios!» (ebda., S. 230). Vgl. auch Jenny Haase: *Otra modernidad hispánica*.

nung der dunklen Haut legt eine Identifizierung mit der Sprecherin des *Hohelieds* als mystisch-sinnlichem Architext nahe, welche ihre dunkle Haut selbstbewusst in Szene setzt: «Morena soy, oh hijas de Jerusalén, pero codiciable.»[319] In diesem Zusammenhang ist die Inszenierung der weiblichen Stimme im *Hohelied* als selbstbewusste, gleichberechtigte Liebende relevant.[320] Auch Champourcin entwirft eine selbstbewusste Liebhaberin, die ihren Geliebten mit starken sinnlichen Metaphern zur Liebe auffordert und sich diesem gleichzeitig uneingeschränkt hingibt (11, 13).

Kristevas Reflexion zur poetischen Subjektivität im *Hohelied* ist an dieser Stelle noch weiter fruchtbar. Sie führt Liebesrede und christlichen Diskurs parallel, um zwei Bewegungen herauszustellen: diejenige der gegenseitigen Unterwerfung (und damit: Subjektivierung) und diejenige der Öffnung und Gastfreundschaft gegenüber dem Anderen.[321] Beide von Kristeva identifizierten Bewegungen des Subjekts lassen sich bei Champourcin ausmachen. Die Isotopie der Hingabe überlappt mit derjenigen der Öffnung und Aufnahme des Geliebten («Te esperaré desnuda», «tú lograrás ceñir», «mis manos que ofrecen su cáliz entreabierto», «¡Ven a fundirte en mí!») und beide laufen im Motiv des (Er-) Wartens zusammen. Die Struktur des Wartens verweist gleichzeitig auf die 'permanente Flucht' und Bewegtheit der Liebenden, auf die Unabgeschlossenheit und in steter Bewegung befindlichen poetischen Sprecherrollen.

Weiterhin imaginiert der Text ein Spiel um Zeigen und Verbergen, das in der nächsten Strophe intensiviert wird und sich im semantischen Feld der Visualität manifestiert («verte», «ojos conmovidos», «resbalando ante ti», «deshojarán», «nadie podrá mirarme», «párpados», «pupilas»). Das poetische 'Ich', das sich jedem anderen Betrachter entzieht, zeigt sich dem Geliebten in völliger Entblößtheit. Dabei wird dem Liebhaber Dominanz zugeschrieben, indem es ihm allein gelingt, die Sprecherin zu binden (9–10): Erneut verweist hier das Verb *ceñir* auf den Wunsch nach Gebundenheit, Umgrenzung und Halt. Gleichzeitig wird aber auch der Geliebte von 'allen Sternen' (2) liebevoll betrachtet. Im Gegensatz zur männlich tradierten Logik des Besitzens ist das gegenseitige Sehen hier viel eher ein gegenseitiges Berühren und (An-) Erkennen.[322]

---

319 *La Santa Biblia. Antiguo y nuevo testamento. Con referencias. Antigua versión de Casiodoro de Reina (1569) revisada por Cipriano de Valera (1602). Otras revisones: 1862, 1909 y 1960.* Asunción: Sociedades Bíblicas Unidas 1960, S. 646 (*Cantar de los Cantares de Salomón* 1, 5).
320 Vgl. Julia Kristeva: *Histoires d'amour*, S. 97 und Kap. 2.3.
321 Vgl. ebda., S. 92f. und Kap. 2.3.
322 «Il faut mettre de la lumière d'âme dans chaque regard, et mélanger la lumière extérieure et la lumière intérieure. [...] Voir avant la vision, voir pour voir et voir, avant le récit des yeux, ce n'est pas une magie. C'est la science de l'autre !» Hélène Cixous: *Entre l'écriture*. Paris: Des femmes 1986, S. 123.

Nur der angesprochene Geliebte vermag das lyrische Subjekt in seiner Unverstelltheit, Tiefe und Sensibilität zu erkennen, während andere durch einen verschleiernden 'Nebelschlag' (8) auf Distanz gehalten werden. In der folgenden letzten Strophe übernimmt jedoch die weibliche Stimme die Aktivität: Sie ist es, welche mit der Fackel in der Hand Licht in die Nacht bringt (14) und die Schaffenskraft des Geliebten befreit. Auch ist sie die Einzige, die den Geliebten erkennt, indem sie ihn benennt («dirá / su verdadero nombre», 17–18). Gerade durch ihr Potenzial, auf das angesprochene 'Du' einzuwirken, erhält die weibliche Stimme damit eine eigene Form von *agency*. «Although oriented toward the other, the persona [in this poem] is both liberated and liberating, self-aware and self-actualizing. This combination of the female as the custodian of the pleasure of the other and the agent of transformation is constant throughout the book.»[323]

Die Anspielung auf die 'kreative Essenz' (15) legt nun wie so häufig eine metapoetische Lektüre nahe. Der Akt des Benennens, der hier als Schlusspunkt gesetzt und mit dem Thema von Liebe und Sinnlichkeit enggeführt wird, ruft Assoziationen ritueller Magie, des magischen Beschwörens, hervor. Damit wird eine Parallele zwischen Liebes-Akt, mystischer Kommunikation und visionärem dichterischen Sprechen geschaffen. Auf poetologischer Ebene stellen die Verweise auf Reinheit und Nacktheit erneut einen Bezug zur *poesía pura* her. So kann es sich im Grunde auch um einen Selbstdialog der poetischen Stimme mit einem künstlerischen *alter ego* handeln. Das Begehren des lyrischen Subjekts mag sich damit nicht nur auf einen imaginären idealen Geliebten, sondern auch auf den *verdadero nombre*, den wahrhaften Namen der Dinge, richten, im Sinne einer *pureza expresiva* (exakter Ausdruck, ungeschmückte Form).[324]

Schließlich ruft der 'wahrhaftige Name' am Ende des Gedichtes auch Assoziationen an den (unaussprechlichen) Namen Gottes der hebräischen Tradition hervor, wodurch eine religiöse Dimension aufscheint. «La unión sexual conlleva una comunión a la vez carnal y eucarística, un verdadero misticismo erótico», kommentiert Landeira und verweist auf eine kosmische Dimension, die deutlich über den konfessionell-religiösen Charakter hinausgeht: «Todo el cosmos participa de su sexualidad provocadora».[325] Wie im Fall von Anna de Noailles lässt sich Champourcins Text hier vor der Folie von Braidottis feministischer nomadischer Imagination lesen, die eine Form von leiblich verwurzelter, immanenter

---
[323] Catherine Bellver: *Absence and Presence*, S. 198.
[324] Vgl. Antonio Blanch: *La poesía pura española*, S. 12f. Vgl. zur Bedeutung des exakten 'Namens' auch Jorge Guilléns programmatisches Gedicht 'Los nombres' in Jorge Guillén: *Cántico*. Herausgegeben von José Manuel Bleca. Madrid: Biblioteca Nueva 2000, S. 130.
[325] Joy Landeira: *Ernestina de Champourcin*, S. 176.

Transzendenz und erotischer Verbindung mit allem Sein – *through and not away from the flesh* – beschreibt.[326]

Der Text gestaltet Intimität, gegenseitige Hingabe und Erkenntnis. Obwohl, ähnlich wie in *soneto* '3', zunächst der angesprochene Geliebte aktiv Handelnder zu sein scheint, wird deutlich, dass das weibliche Subjekt sich in der Rolle der sakralen Priesterin eigene Handlungskraft verschafft. Das poetische 'Ich' eignet sich die im katholischen Ritus Männern vorbehaltene Rolle der Hohepriesterin an und inszeniert damit eine eher heidnische, magisch konnotierte Spiritualität – auch dies eine Parallele zu Noailles, die die Tänzerin in 'Danseuse persane' zur Priesterin macht.[327] Horno-Delgado fasst die Semantik dieser sakralen Erotik zusammen:

> La voz poética se presenta al lector en actitud de sagrado ofrecimiento erótico a un tú que, aunque agente, es objeto del poder femenino. Esta voz sacerdotisa de Eros en su función sexual tiene el poder divino de nombrar, de alumbrar la identidad del tú. Los sentidos se presentan maximizados por el léxico elegido para nombrarlos. La actitud de espera de la voz poética introduce al lector en la ruptura temporal y sacra de lo erótico donde la medida es otra y otra son sus consecuencias. El verso inicial superpone las imágenes de la carretera y el cuerpo de la mujer [...]. La anáfora de la espera resalta la desnudez como altar del encuentro y condición indispensable para el acercamiento.[328]

Die gewaltvolle Semantik («látigo», 8; «azote», 7) lässt sich jedoch als «niebla sexualmasoquista» auch wörtlich lesen.[329] Eine Isotopie des Gewaltvollen zieht sich durch *La voz en el viento* und ist Teil des inszenierten erotischen Spiels um Dominanz und Unterwerfung. Unter Rückgriff auf Bataille kommentiert Horno-Delgado:

> [L]a agencia de la voz poética se magnifica sugiriendo elegantemente una sexualidad pretendidamente masoquista. [...] Tal transgresión encamina la significación del poema hacia una lectura surrealista del amor loco ya que la ‹niebla› – o pérdida de la razón – que el azote erótico efectúa en la racionalidad humana eleva ‹la sien alucinada› fruto de aquellas fuerzas primarias animales en el individuo.[330]

Die gewählte Unterwerfungshaltung wird zum Instrument der eigenen Lust.[331] Horno-Delgado vergleicht die spanische Lyrikerin in Bezug auf den freien Ausdruck nicht heteronormativer Sexualität mit modernen angelsächsischen Au-

---

326 Vgl. Kap. 3.6.
327 Vgl. Kap. 3.5.
328 Asunción Horno-Delgado: Champourcin y la libertad, S. 83.
329 Joy Landeira: *Ernestina de Champourcin*, S. 176.
330 Asunción Horno-Delgado: Champourcin y la libertad, S. 84.
331 Vgl. ebda., S. 80f.

torinnen wie Djuna Barnes oder Gertrude Stein.[332] Champourcin, so betont sie, erschreibt sich mit der Inszenierung subtiler erotischer Transgressivität «espacios de otredad para la mujer contemporánea.»[333] Auch Landeira sieht im vorliegenden Text «uno de los poemas que mejor ilustra la franqueza y libertad femenina de disfrutar de la sexualidad abierta sin ser prisionera del amor».[334]

Affinitäten zeigen sich dabei im Übrigen nicht nur zu feministischen Ansätzen, sondern auch zu anderen nicht-normativen Geschlechterdiskursen der Zeit, z.B. in Bezug auf die homosexuellen Begehrensstrukturen in Federico García Lorcas *Sonetos del amor oscuro*. Die in den Jahren 1935 und 1936 entstandenen, im Gegensatz zu Champourcins Texten jedoch erst posthum 1984 erschienenen leidenschaftlichen Liebessonette teilen die zentrale Referenz auf die Lyrik San Juans mit Champourcins Lyrik der gleichen Zeit. Insbesondere die spannungsreiche Verwobenheit von Anwesenheit und Abwesenheit, Dominanz und Unterwerfung sowie Lust und Schmerz sowie auch das Motiv der Liebeswunde und der leiblichen Verinnerlichung des Geliebten auch bei Lorca stellen fruchtbare Vergleichsmomente zu den erotischen Gedichten Champourcins und hier insbesondere zu den *Poemas ausentes* dar.[335]

In der Forschung wird die Einordnung der weiblichen Stimme in Champourcins Lyrik in Bezug auf traditionelle Geschlechterrollen, wie erwähnt, kontrovers diskutiert. So sehen einige Kritiker die Inszenierung von Passivität, Unterwerfung und Hingabe auch als Zeichen des Festhaltens an traditionellen Weiblichkeitsmodellen. Arturo del Villar etwa, in seiner biografistischen Lesart, die lyrisches 'Ich' und Autorin kaum differenziert parallel setzt, befindet: «Lo que desea Ernestina es que bese y muerda sus ojos el amante, para encerrarse en sí misma y ver únicamente por medio del hombre, lo que él quiera. Es una entrega sumisa y total, que anula a la mujer como persona. [...] No es una actitud progresista esa intención de anularse en el amado».[336] Und er fasst seine Lektüre zusammen: «Ernestina de Champourcin puede ser catalogada como escritora que abordó el erotismo sin tabú, pero con un escrúpulo lanzado desde

---

332 Vgl. ebda., S. 81.
333 Ebda., S. 74.
334 Joy Landeira: *Ernestina de Champourcin*, S. 175.
335 Ich danke Jörg Dünne und Bernhard Teuber für diesen Hinweis. Zur Zentralität von San Juan und der spanischen Mystik in Lorcas Sonetten vgl. Verónica Leuci: La mística del amor. Horst Weich hat die erotische Spannung von Schmerz und Lust in Bezug auf die homoerotischen Begehrensstrukturen in den *Sonetos* herausgearbeitet. Vgl. Horst Weich: Obskure Begierden. Blumenmetaphorik und kodierte Körperlichkeit in Lorcas Sonetos del amor oscuro. In: Bernhard Teuber / Horst Weich (Hrsg.): *Iberische Körperbilder im Dialog der Medien und Kulturen*. Frankfurt a.M. / Madrid: Vervuert / Iberoamericana 2002, S. 187–200.
336 Arturo del Villar: *La poesía de Ernestina de Champourcin*, S. 85.

su anhelo del amor espiritual [...] en excelentes poemas que describen la historia de un alma indecisa.»[337] Dieser Argumentation wäre – neben der oben ausgeführten grundsätzlichen Ambivalenz von Macht und Subjektivierung – entgegenzuhalten, dass Champourcin das Experimentierfeld der Lyrik gerade für das Austesten verschiedenster Rollen und Identitäten nutzt – diese These wird im nächsten Unterkapitel noch weiter ausgeführt.

Bellver stellt die Widersprüchlichkeit und Komplexität von Champourcins weiblicher Stimme differenzierter heraus. Sie sieht diese zwar überwiegend konform zu traditionellen Geschlechterrollen, jedoch betont sie gleichzeitig auch deren Innovationscharakter:

> In her expression of desire, the poetic persona of Champourcin's poems projects the gender dynamics in force during the poet's era; but at the same time her articulation of sexuality – the feelings and emotions connected with erotic desire – negates the alienation from pleasure imposed on women by patriarchal society.[338]

Bellver betont die auch von Horno-Delgado und Landeira hervorgehobene Aneignung und Umdeutung traditionell Frauen zugeschriebener Eigenschaften: «What is noteworthy in Champourcin is her ability to transform traditional feminine qualities into positive motifs of empowerment, presence, and plenitude.»[339] In diesem Sinne unterläuft die Umwertung von Hingabe und Unterwerfung als ein Verhältnis der Nähe und des Vertrauens anstatt von Macht und Kontrolle traditionell männlich geprägte Vorstellungen von Sexualität.

> Champourcin's gynocentric perspective of desire implicitly undermines patriarchal assumptions on domination and autonomy [...] she stresses connection over seperation and focuses almost exclusively on communion with the other. In this way, surrender acquires positive meanings for her; and she precludes the self-containment, detachment from the other, and singularity that coincide with autonomy. [...] Then, she displaces the associations made in male literature between desire and capture, possession and domination, by placing her accent on giving, sharing, and transcending.[340]

Eine zentrale Rolle spielt bei dieser Neuformulierung weiblicher Erotik die subtile Verschiebung der Bedeutung des männlichen Partners in Champourcins Lyrik. So erhält dieser zwar die Rolle des Initiators und scheinbar aktiven Parts in der

---

337 Ebda., S. 88.
338 Catherine Bellver: *Absence and Presence*, S. 174. «In the poetry of Ernestina de Champourcin, the female speaker is conscious of her erotic desires and her body, but she speaks with restraint and euphemisms demanded of women in Spain until recent years. Lacking, however, is the ingredient of shame implicit in the concept of pudor [...] with which Catholicism conditioned women to abnegation.» Ebda., S. 200.
339 Ebda., S. 195.
340 Ebda., S. 203.

erotischen Beziehung, gleichzeitig erscheint das angesprochene 'Du' jedoch auch formbar durch das lyrische Subjekt.[341] Bellver erinnert an die männliche Konnotation von Metaphern wie etwa der des Feuers, des Lichtes etc., derer sich das lyrische 'Ich' bedient.[342] In Gedicht '8' kehrt Champourcin die Rollen von Aktivität und Passivität tatsächlich einmal vollständig um, indem sie der weiblichen Stimme in starken körperlichen Bildern den aktiven Part zuschreibt:

8

Voy a arragar en ti. Mis fuerzas más oscuras
remueven lentamente la tierra de tu alma.
Quisiera penetrarte y enraizar mi esencia
sobre la carne viva que nutre tu fervor.

Ahondaré en ti mismo y abrasará tu sangre
5 el fuego de la mía rebelde y soñadora.
Invadido por mí, derribarás la cumbre
que te aleja del cielo.

Generell bleibt das angesprochene 'Du', mehr als ein konkreter Gesprächspartner, ein Abstraktum, eine Funktionsstelle im Diskurs, eine Ansprache oder 'Adresse': «Es una sexualidad que borra todo sujeto masculino del enunciado, pero no del imaginario poético.»[343] Hier zeichnet sich wieder eine Parallele zum mystischen Sprechen ab, dessen Adressat ja ebenfalls ungreifbar bleibt und dessen 'Zentrum des Aussageaktes' mit de Certeau das *ego* bildet.[344] Der performative Sprechakt verhandelt in der Mystik weniger eine faktische dialogische Situation als den Ort des Subjekts selbst, eine dialogische Innerlichkeit, «un rapport de soi à soi».[345] Bei Champourcin bildet das poetische 'Du' eine Anredeposition für ein dialogisches poetisches Sprechen, Ausgangspunkt für die Imagination immer neuer lyrischer Bilder für das Begehren nach Fülle, Verbundenheit und Kontinuität. Das 'Du' ist dabei erneut von äußerster poetischer Offenheit gezeichnet und kann wieder, neben der Rolle des Geliebten, auch als *alter ego*, Natur, Schreiben, Poesie oder eben auch Gott gelesen werden. Ausschlaggebend ist nicht die Frage nach der Identität des Dialogpartners und Liebes-Objekts, sondern vielmehr die

---

341 Vgl. ebda., S. 199f.
342 Vgl. ebda., S. 212. «In der Dialektik von Hingabe und Gewalt, Liebe und Tod wird das Feuer zur Grenzgestalt», schreibt Gabriele Brandstetter in Bezug auf Bachelard. Gabriele Brandstetter: *Tanzlektüren*, S. 283.
343 Joy Landeira: *Ernestina de Champourcin*, S. 357.
344 Vgl. Michel de Certeau: *La fable mystique*, S. 223.
345 Ebda., S. 238.

Relation zwischen sprechendem Ich und angesprochenem Du, die gleichzeitig immer auch eine Form von Selbstverhältnis darstellt.

Die Verhandlung eines lyrischen Selbstverhältnisses ist auch Thema des nächsten Unterkapitels, in dem mystische Figuren in Bezug auf das Tanzmotiv als Ausdruck einer dynamischen poetischen Subjektivität gelesen werden.

4.6 «Al margen de mí misma.» Verhandlungen einer Subjektivität des Randes

Neben den Motiven von Askese, Rückzug, Erotik und metapoetischer Reflexion, die in den vorangegangenen Kapiteln vor der Folie der spanischen Mystik gelesen wurden, finden sich in Champourcins Lyrik noch weitere Echos mystischer Denkfiguren wieder. Dazu gehört die Auseinandersetzung mit dem Verhältnis von Selbst und Anderem, Innen und Außen, Körper und Seele, Immanenz und Transzendenz, die im Folgenden anhand von Champourcins Text 'Danza en tres tiempos' betrachtet werden soll.[346] Ich werde mich dabei u.a. auf Jean-Luc Nancys Reflexionen zum Tanz als profiliertem Ort der Auseinandersetzung mit Selbst und Anderem beziehen, um die Frage der lyrischen Inszenierung einer grundlegenden Alteritätserfahrung und liminalen Subjektivität zu beleuchten. Gleichzeitig werde ich Verbindungen zu zeitgenössischen theoretischen Auseinandersetzungen um Tanz und *poésie pure* ziehen, um die metapoetischen Implikationen des Gedichtes im Zusammenhang mit den Mystikreferenzen in den ästhetischen Kontext einzuordnen.

Der Welt entgegen tanzen

'Danza en tres tiempos' bildet gemeinsam mit 'Danza blanca' eine Untersektion in *La voz en el viento*, die zwischen den Texten (positiv erlebter) moderner Beschleunigungswahrnehmung und Technik in 'Caminos' und den Fantasien um einen poetisch geformten und verinnerlichten Anderen in 'Iniciación' platziert ist. Der Text, der eines der Lieblingsgedichte Champourcins gewesen sein soll,[347] inszeniert die Lust an der poetischen Selbsterforschung und thematisiert die Frage nach den Grenzen von Innen und Außen, von Begrenzung und

---

346 Für eine frühere, hier stark überarbeitete und ergänzte Analyse des Gedichtes vgl. Jenny Haase: ‹Salimos de nosotros para volver más nuestros›.
347 Vgl. Joy Landeira: *Ernestina de Champourcin*, S. 114.

4.6 «Al margen de mí misma.» Verhandlungen einer Subjektivität des Randes

Entgrenzung. In drei Teilen unterschiedlicher Länge, die sich erneut aus einer freien Kombination von 7- und 11-Silbern ohne Reim zusammensetzen, werden verschiedene Möglichkeiten des Verhältnisses des lyrischen 'Ich' zur Welt und zu sich selbst durchgespielt, die anhand von drei räumlichen Metaphern – des Außer- oder Ohne-sich-Seins, des Am-Rande-Stehens und des Eingeschlossenseins – spezifiziert werden.

DANZA EN TRES TIEMPOS

1

¡Danzo roja y sin mí!
A fuerza de pisarlo,
mi círculo maldito se abre en puntas de estrella.

- La música del tiempo
5   gira leve y pausada
bajo mi planta ebria -.

¿Es mío el pie desnudo con la rosa de sangre
que dibuja perfiles en el silencio azul?

Der erste Vers setzt ein diesmal explizit weibliches lyrisches Subjekt ein, das sich von Beginn an durch eine paradoxe Bewegung formiert: «¡Danzo roja y sin mí!» (1) Das Verb in der 1. Person Singular entwirft eine starke physische Präsenz. Die Tänzerin genießt die leidenschaftlich erfahrene eigene Bewegung. Gleichzeitig ist die ekstatische Tanzbewegung jedoch durch einen essenziellen Selbstverlust gekennzeichnet: Der Tanz geschieht außerhalb der individuellen Kontrolle, 'ohne mich'. Das lyrische Subjekt berührt im Rausch des Tanzes die eigenen physischen und psychischen Begrenzungen der zirkulären egozentrischen Selbstumkreisung und öffnet sich auf diese Weise einem *más allá*, das durch den Verweis auf die 'Sterne' eine kosmische Dimension erhält (3). Das konkrete Bild der Tänzerin wird damit gleich zu Beginn in eine surreal-visionäre Szenerie überführt.

Mit Jean-Luc Nancy bedeutet das Tanzen «ein Sich-der-Welt-Öffnen», «das zugleich die Eröffnung einer Welt darstellt»:[348] «Je sors et je m'ouvre au monde, et je l'ouvre aussi.»[349] Tanzen ver-körpert damit eine charakteristische Bewegtheit des Subjekts, das immer schon durch seine wesentliche Öffnung gekennzeichnet ist: «Denn ‹Existieren› bedeutet aus sich herausgehen (ex-ire), (sich) exponieren oder auch (sich) entschreiben ((s')éx-crire). Der Tanz exponiert diese

---

348 Miriam Fischer: *Denken in KörperN*. Freiburg / München: Albert Thesen 2010, S. 339.
349 Véronique Fabbri: Entretien avec Jean-Luc Nancy. In: *Rue Descartes* 44 (Juni 2004), S. 62–79, hier S. 68f.

Heraus-Bewegung(en) (ex-ire) der Existenz [...] Der Tanz exponiert folglich die Entstehungsbewegung, das Werden, die ‹endlose Vollendung› des Sinns und des Subjekts.»[350] Die Tanzbewegung der ersten Strophe lässt sich in diesem Sinne als Ausdruck eines dynamischen Subjektivitätsverständnisses und einer Disposition der Offenheit lesen.

Die Kreisfigur in Vers 3 ruft eine drehende, spiralförmige Bewegung auf. Die rotierende Tänzerin erinnert damit – wie Noailles' 'Danseuse persane' – an den Drehtanz der türkischen Sufi-Tradition, in dem sich die Tänzer minutenlang um die eigene Achse drehen, um einen Zustand mystischer Ek-stase zu erreichen. «Im unentwegten Drehen um die eigene Achse werden die alltäglichen Realitätswahrnehmungen labil. Die Grenzen der Umwelt wie auch die Grenzen des Subjekts verlieren sich im überpersönlichen Erlebnis der Trance»,[351] erklärt Gabriele Brandstetter das mystische Potenzial dieser Bewegung.

Die Lust an der eigenen Bewegung wird bei Champourcin zum Katalysator eines leiblich grundierten Transzendenzerlebens. Das lyrische 'Ich' erfährt sich durch seine Trunkenheit sowohl seiner selbst entledigt als auch außerhalb, oder in der räumlichen Logik des Gedichtes eher oberhalb der physischen Gesetze von Zeit und Raum. Während die Zeit ruhig und gleichmäßig voranschreitet (4–5), scheint das lyrische Subjekt regelrecht über der physischen Verfasstheit der Welt zu schweben. Im Trancezustand hallt so erneut eine Aufstiegssemantik nach, die sowohl eine charakteristische Bewegungsfigur christlicher Mystik als auch ein beliebtes Modell der Avantgarde-Ästhetik darstellt.[352]

Die lyrische Stimme vermag die materiellen Grenzen des eigenen Körpers nicht mehr zu bestimmen, Subjekt und Objekt sind nicht mehr eindeutig zu trennen: «¿Es mío el pie desnudo [...]?» (7–8) Kognitive Forschungen zeigen, dass meditative und mystische Praktiken tatsächlich nachweislich den Bereich im Gehirn ausschalten, der für räumliche Orientierung und damit auch für die Grenzen des Selbst zuständig ist.[353] Der Fuß malt hier weiterhin Zeichen in die 'blaue Stille' – in ein Blau also, das durch die Assoziation mit Himmel und Wolken einen Zustand des Schwebens, des Dazwischens, assoziiert und zudem einen Moment der (romantischen) poetischen Inspiration evoziert: Im Rauschzustand der Bewegung hinterlässt der tanzende Fuß eine Körper-Schrift (7–8).

---

350 Miriam Fischer: *Denken in KörperN*, S. 338.
351 Gabriele Brandstetter: *Tanz-Lektüren*, S. 262. Vgl. auch ausführlich zum Tanzdiskurs in der Moderne Kap. 3.5.
352 Vgl. ebda., S. 264ff.
353 Vgl. Robert C. Fuller: *Spirituality in the Flesh*, S. 76f.

Tanz und *poesía pura*

Stéphane Mallarmé bezeichnet den Tanz in einem Text über Loïe Fuller als eine «écriture corporelle».[354] Die Sprache des Tanzes ähnele der poetischen Sprache, da beide nicht-referenziell seien, nicht-erzählend und selbstreflexiv. Tanz und Poesie, so Mallarmé in Hinblick auf sein Konzept der *poésie pure*, bedeuten aus sich selbst heraus, vergleichbar mit Hieroglyphen, ihr Sinn liege allein in ihrer Gestalt selbst begründet. Der synästhetische Charakter weise eine weitere Parallele zwischen Tanz und Gedicht auf.[355] Champourcin setzt hier über verschiedene synästhetische Figuren vor allem Farben in Beziehung zu Bewegung (Tanz) und Hörsinn (Musik) (1, 8, 14, 18).

Paul Valéry führt Mallarmés Gedanken über Tanz und Poesie fort. Champourcin verfolgte die kontroverse Debatte um die *poésie pure* in Frankreich, die sich zwischen den Positionen Valérys und des Abbé Bremond entzündete, wie gesagt, aufmerksam. Der 'vergeistigten' Konzeption Valérys stand sie kritisch gegenüber.[356] Tatsächlich scheint es mir jedoch an dieser Stelle fruchtbar, Champourcins poetische Inszenierung des Tanzes mit Valérys theoretischen Überlegungen engzuführen. So scheint Valérys Verständnis des Tanzes als Körper-Schrift in 'Danza en tres tiempos' widerzuhallen, wenn er in *L'Âme et la Danse* (1923) über die antiken Tänzerinnen schreibt: «Leurs mains parlent, et leurs pieds semblent écrire.»[357] Auch verbindet Valéry Tanz und Poesie mit dem Hervorbringen eines 'anderen' Zustandes, der außerhalb (überhalb?) der alltäglichen physischen Welt ein 'eigenes Universum' darstellt:

> Was ist eine Metapher, wenn nicht eine Art Pirouette der Vorstellung, der man verschiedene Bilder oder Bezeichnungen näherbringt? Und was sind alle diese Figuren, die wir verwenden, alle diese Mittel, wie Reime, Inversionen, Antithesen, wenn nicht Gebrauchsformen aller Möglichkeiten der Sprache, die uns von der praktischen Welt lösen und auch uns unser eigenes Universum, den bevorzugten Ort des geistigen Tanzes [danse spirituelle], schaffen?[358]

Valéry nimmt an, «dass der Tanz nicht nur die Dichotomien von Innen und Außen, von Passivität und Aktivität sowie von Körperbeherrschung und Sponta-

---

354 Stéphane Mallarmé: Ballets. In: ders.: *Divagations*. Paris: Eugène Fasquelle 1897, S. 171–178, hier S. 173.
355 Vgl. Stéphane Mallarmé: Autre étude de danse. In: ders.: *Divagations*. Paris: Eugène Fasquelle 1897, S. 179–186.
356 Vgl. Kapitel 4.1.
357 Paul Valéry: *L'Âme et la Danse*, S. 114.
358 Zitiert nach Miriam Fischer: *Denken in KörperN*, S. 308.

neität in sich vereint, sondern vor allem die von Körper und Geist.»[359] Valérys moderner Tanz ruft damit ähnliche Effekte hervor wie die mystische Praxis des Drehtanzes. Champourcins Gedicht situiert sich entsprechend in einem Feld zwischen mystischen Figuren und Avantgarde-Ästhetik. Bemerkenswert ist die Transformation, die die Tänzerin – wie auch schon bei Anna de Noailles – als ästhetische Reflexionfigur bei Champourcin erfährt: Wo bei Mallarmé und Valéry die Tanzende als Projektionsfigur und Muse auftritt, eignet sich Champourcin die Tänzerin als weibliche Identifikationsfigur für ihr eigenes Selbstverständnis als Künstlerin an.

Poetik des Randes

Die mittlere Strophe der 'Danza' reflektiert nun genau jenes Spiel mit Trennung und Aufhebung von Innen und Außen, Stillstand und Bewegung sowie Stimme und Stille. Strukturell die Mitte des Textes markierend, stellt dieser Teil explizit einen Zwischenraum her: Sowohl auf Ebene der Textkomposition als auch auf Ebene der lyrischen Subjektivität haben wir es mit einem Transitionsmoment zu tun.

> 2
> Danzo inmóvil,
> 10   parada al margen de mí misma.
> Quietud vertiginosa...
> Libre de voz y gesto, soy, lejana de todo.
> ¡Soy yo, en mis orillas!

Das lyrische 'Ich' befindet sich nicht (mehr) außerhalb seiner selbst, wie in der ek-statischen Rotationsbewegung in der ersten Strophe, und auch nicht in sich eingeschlossen wie im folgenden Abschnitt, sondern 'am Rande meiner selbst' (10), 'an meinen Ufern' (13).

Im Experimentierraum des Gedichtes entwirft die lyrische Stimme hier also ganz wörtlich eine marginale Subjekt-Position. Diese Kondition entspricht weder der Geste des fordernden 'Ich', das sich die Welt in erotischer Lust anzueignen sucht (wie etwa in vielen der Gedichte des ersten Teils in *La voz en el viento*), noch dem Begehren, als undifferenzierter Teil in ein Ganzes aufzugehen (wie in vielen späteren Texten). Vielmehr stehen wir einem Modell gegenüber, in welchem das poetische Subjekt de-zentralisiert, ver-rückt erscheint, auf der Schwelle (seiner selbst) und in der Schwebe, außen und innen zugleich: «¡Soy yo, en mis

---

[359] Miriam Fischer: *Denken in KörperN*, S. 306.

orillas!» (13) Die Tänzerin erlebt ihr Sein gerade 'am Rande' als erfüllt, «off-centre in relation to the flow of affects that invest it.»[360]

Für Nancy ist die Grenzerfahrung im Tanz zentral. Die Tänzerin oder der Tänzer erfährt eine «immer wieder neu beginnende Annäherung an seine eigene Körpergrenze [...]. Er berührt seine Grenze, er geht über seine Grenze hinaus, er entgrenzt sich.»[361] Es ist gerade die Erfahrung des unabschließbaren Berührens der eigenen Grenze(n), die mit Nancy Lustempfinden hervorruft.[362] Diese Lusterfahrung kann sowohl körperlich als auch psychisch-emotional und spirituell verstanden werden, ja überschreitet im Grunde auch diese analytische Unterscheidung.

In Champourcins gesamtem lyrischen Werk zeugt das semantische Feld der Grenze, der Schwelle und des Übergangs von einer anhaltenden Suche und Lust an der poetischen (Selbst-) Erforschung. Immer wieder auftretende Substantive wie *límite, umbral, puerta, ventana, margen, orilla* etc. verweisen auf eine besondere Sensibilität für Phänomene der Transgression und Transformation gesellschaftlicher, geschlechterbezogener, ästhetischer oder spiritueller Art. Adjektive wie *permeable, transparente, disperso* oder *flexible* unterstreichen die Durchlässigkeit einer fließenden, offenen, weiblichen Subjektivität im Sinne Braidottis und auch Irigarays. «[In this sense] femininity is defined as an openness and fluidity to the other that both upholds subjectivity and enables women to experience the other, not as a threat to their own being, totality, and mastery, but as the site of an ec-static movement out of subjectivity and into alterity.»[363]

Diese genuine Durchlässigkeit lässt sich mit Taylor auch als 'poröses Selbst' denken: Im Gegensatz zum modernen Ideal des autonomen, geschlossenen, rationalen Subjekts – dem 'abgepufferten Selbst'– erfährt sich das lyrische 'Ich' als geöffnet, fließend, verletzlich und verbunden zugleich.[364] Insgesamt wird an der Semantik von Schwelle und Grenzraum Champourcins Präferenz für das Undefinierte und Uneindeutige sichtbar. Das Verharren an der Schwelle weist auch auf eine grundlegende Sensibilität für die Ambiguität und Flüchtigkeit von Sinnstrukturen hin. Das Motiv der Schwelle lässt sich damit schließlich auch als Metapher eines transsäkularen Denkens lesen, in der die klare Unterscheidung von säkularer und religiöser Semantik kontinuierlich überschritten wird.

Nebenbei mag die Semantik der Grenze und deren Überschreitung auch auf den soziokulturellen Ort der Autorin selbst zurückverweisen, die sich im

---

360 Rosi Braidotti: *Metamorphoses*, S. 97.
361 Jean-Luc Nancy: *Ausdehnung der Seele*, S. 26.
362 Vgl. ebda., S. 28.
363 Amy Hollywood: *Sensible Ecstasy*, S. 203.
364 Vgl. Charles Taylor: *A Secular Age*, S. 36 und Kap. 2.1.

Kontext ihres traditionellen aristokratischen Familienumfeldes, aber auch in der männlich dominierten Kultur- und Literaturszene Madrids in den 1920er und 1930er Jahren immer wieder an den Rändern gesellschaftlicher Konventionen und Möglichkeiten bewegte und sich damit einen Zwischenraum weiblicher Subjektivität erschrieb.[365]

Formal wird die Übersteigung fester Grenzzuschreibungen durch die Dichte an Oxymora unterstützt. So ist etwa die Tanzbewegung unbeweglich (9) und die Ruhe schwindelerregend (10). Das Oxymoron stellt das wahrscheinlich prominenteste Mittel paradoxer Rede in der apophatischen Mystik dar. Der widersprüchliche Zusammenfall nicht vereinbarer Eigenschaften hat dabei stets ein besonders starkes selbstreflexives, metasprachliches Potenzial, verweist die Figur doch immer schon performativ auf das, was sie nicht ist und nicht zu sagen vermag – eine zentrale Problematik mystischer wie moderner poetischer Texte. Das Oxymoron konnotiert damit jenen Zwischenraum, jenes Andere, das den logischen Grenzen menschlicher Sprache und Kognition entgleitet.[366]

Im vorliegenden Gedicht ver-körpert die 'unbewegliche Tänzerin' jene paradoxe Subjektposition, die sich prominent in einer Konstellation des Dazwischens befindet: zwischen Aktivität und Passivität, zwischen Innen und Außen, Beweglichkeit und Stillstand, Körper und Geist, stets jedoch an die eigenen Grenzen rührend. Die Aktivität des 'bewegungslosen Tanzens' konnotiert eine innere Bewegung, die 'schwindelnde Ruhe' einen Zustand gesteigerter Wahrnehmung, der wiederum – ähnlich wie in 'Huida' – an den Zustand meditativer Entrückung erinnert.

Der selbstreflexive Charakter der paradoxen Figuren unterstreicht das metapoetische Bedeutungspotenzial, das Champourcins Texten inne ist und in diesem Text Reflexionen über die *poesía pura* nahelegt. Dabei ist der metapoetische Aspekt eng mit der Praxis lyrischer Subjektivität verbunden. Die Sprecherin sucht sich hier poetisch jeder sprachlichen Bedeutung zu entledigen, um sich der körperlichen Bewegung hinzugeben und sich vor-sprachlich neu zu (er-) finden: «Libre de voz y gesto, soy, lejana de todo.» (12) Für Nancy ist Tanz «le geste qui précède le sens», «l'avant-geste».[367] Champourcin setzt das Verb

---

365 Vgl. Julia A. Lamms Beobachtung zur Semantik des Marginalen in mittelalterlichen und frühneuzeitlichen mystischen Texten: «The matter of boundaries and margins is not infrequently recognizable in the socio-political lives of the mystics themselves in that they not infrequently – whether by choice or not – live on the margins of society.» Julia A. Lamm: A Guide to Christian Mysticism, S. 14.
366 Vgl. Kap. 2.2.
367 Jean-Luc Nancy: *Alliterations*. Zitiert nach Miriam Fischer-Geboers: La mutation du sens de la danse. In: *Les Cahiers pilosophiques de Strasbourg* 44 (2017), S. 215–225, hier S. 221. «Der

4.6 «Al margen de mí misma.» Verhandlungen einer Subjektivität des Randes — 355

ser in der 1. Person Singular gleich zweimal in die Mitte des Textes. Das Begehren nach einem 'puren' Sein und jenes nach einer 'puren' Poesie fallen zusammen und bedingen sich gegenseitig. Poesie und Tanz werden jeweils zum semiotischen Feld, in welchem der feste Sinn symbolischer Sprache und die Trennung von Subjektivität und Objektivität ins Wanken geraten. Champourcin zeigt mit der präzisen poetischen Komposition und Aufnahme der Tanzmetaphorik eine Affinität zu Valérys *poésie pure,* mit dem Fokus auf Affektivität und Körperlichkeit jedoch neigt sie eher in die Richtung Bremonds. Zwischen diesen beiden Polen entwickelt sie eine eigene liminale Poetik.

Ab-Grenzung

In der letzten Strophe des Gedichtes nun spielt die lyrische Stimme anhand der Figur der Tänzerin einen Zustand individueller Eingeschlossenheit durch:

3

¡Danzo gris y cansada!
15 Pesadamente busco – sin puerta –
    los umbrales.
    ¿Quién se empeñó en borrarlos
    encerrándome en mí?

    ¡Danzo gris y cansada!
    Mi pie jadea, muere,
20 estilizado en ala...

    Fuera de mí – ya siempre – danza el compás eterno.

Wiederholt wird die Tanzbewegung nun als 'grau' und 'müde' (14, 18) beschrieben. Im Gegensatz zum ekstatischen Jubel der ersten Strophe und der gelassenen Gewissheit liminaler Subjektivität in der zweiten wirkt der Ton nun schwer, fast resigniert, die Situation ist buchstäblich auswegslos. Das lyrische 'Ich' scheitert beim Versuch, sich dem Anderen, dem Außen zu öffnen (15–16). Das Subjekt findet nunmehr keine 'Türen', keine 'Schwelle', um in Verbindung mit der Welt zu treten. Es ist (in) sich selbst verschlossen – nun also ein 'abgepuffertes Selbst' im

---

Tanz jedoch scheint zu beginnen, bevor er überhaupt sinnlich wahrnehmbar ist, oder vielmehr, bevor wir mit sensiblen Organen ausgestattet sind. Er scheint vor der Sinneswahrnehmung zu beginnen, vor jedem Sinn überhaupt, in welchem Sinn des Wortes ‹Sinn› auch immer.» Ders.: *Ausdehnung der Seele*, S. 32.

Sinne Taylors. Erneut geht die subjektive Wahrnehmung mit der metapoetischen Reflexion einher: «Mi pie jadea, muere, / estilizado en ala...» (19–20). Die Tänzerin vermag nicht mehr im Raum der Wörter zu tanzen. Die innere Geschlossenheit fällt mit dem Ausbleiben künstlerischer Ausdruckskraft zusammen, die poetische Körper-Schrift erfriert zur statischen, konventionellen Geste.

Der letzte Vers ist durch seine visuelle Abgesetztheit isoliert wie das lyrische Subjekt und setzt das abgetrennte Subjekt erneut in ein Verhältnis zum absolut Anderen, Unendlichen, diesmal jedoch in negativer Weise (21). Dem lyrischen 'Ich' gelingt es hier nicht, sich der Kontinuität der Welt, dem Unendlichen – oder dem Heiligen – zu öffnen. Es verbleibt eingeschlossen in seiner 'individuellen Diskontinuität'.[368] Während die Disposition der Öffnung als eine genuin religiöse Haltung beschrieben werden kann, ließe sich diese zuletzt entworfene vollkommene Geschlossenheit als eine 'atheistische' Position bezeichnen: «On peut appeler athéisme cette séparation si complète que l'être séparé se maintient tout seul dans l'existence sans participer à l'Être dont il est séparé – capable éventuellement d'y adhérer par la croyance. [...] On vit en dehors de Dieu, chez soi, on est moi, égoisme.»[369] Gleichzeitig jedoch stellt die Trennung auch die Voraussetzung für die Möglichkeit einer Beziehung zum Anderen und für den Respekt vor dessen Alterität sowie für die Ausformung einer eigenen Individualität dar: «Der Gedanke der Trennung verweist das Ich zurück auf es selbst, doch er ermöglicht, die Innerlichkeit des Ich in seiner Individualität und Besonderheit wertzuschätzen, anstatt vom Ich nur das zu sehen, was am Universalen partitizipiert.»[370] Diese Konfliktivität zwischen dem Wunsch nach Individualität und dem Begehren nach Verbindung wird – als eine spezifisch weibliche Variante der modernen *cross-pressure* – in Champourcins ganzem Werk sehr deutlich.

Landeira versteht die dritte Strophe dagegen als ein kontemplatives Bei-sich-Sein, einen selbstgewählten asketischen Rückzug von der oberflächlichen (Vergnügungs-) Gesellschaft.[371] Allerdings entspricht die niedergeschlagene Stimmung und die negativ erfahrene Passivität (16–17) keinem positiven, selbstgewählten Rückzug, denn das lyrische 'Ich' scheint hier keine Entscheidungsmacht über seine Isolation zu haben. Insofern ist Landeiras prospektive Deutung der 'drei Zeiten' des Gedichtes als Vorwegnahme der poetischen Entwicklung der Autorin überzeugender, indem sie sich auf deren drei grobe lyrische Phasen von einer enthusiastisch-jubelnden Dichtung während der Madrider Zeit über eine mys-

---

368 Vgl. Georges Bataille: *L'érotisme*, S. 19ff.
369 Emmanuel Levinas: *Totalité et infini*, S. 52.
370 Barbara Staudigl: *Emmanuel Lévinas*. Göttingen: UTB 2009, S. 36.
371 Vgl. Joy Landeira: *Ernestina de Champourcin*, S. 119.

tisch-asketische Ausrichtung im Exil hin zur melancholisch-isolierten Erfahrung nach ihrer Rückkehr nach Spanien im Alter bezieht.

Zirkularität

'Danza en tres tiempos' lässt sich, über die biografische Reduktion auf die Person Champourcins hinausgehend, durchaus als metaphorischer Lebens-Tanz lesen.[372] Neben einer linearen Lesart wie im biografischen Fall legt der Text eine zirkuläre Deutung der Zeitstruktur nahe. Das Tanzmotiv selbst lädt dazu ein. Wiederholungsstrukturen prägen den Text, namentlich die Variation des Tanzmotivs. Auf semantischer Ebene tragen zudem Lexeme wie «círculo» (3) und «compás» (23) zu einer Isotopie des Zirkulären bei. Die Bewegung der sich drehenden Tänzerin umschreibt bildlich eine dynamische, kreisende Figur. In diesem Sinne ist die Folge verschiedener psychischer Zustände nicht als lineare Entwicklung, sondern vielmehr als eine zirkuläre Bewegung zu verstehen. Ekstatischer Jubel, kontemplative Alteritätserfahrung und asketische Zurückgezogenheit oder erlittene Isolationserfahrung stehen sich dann nicht ausschließend gegenüber, sondern sind Teil einer fließenden Struktur und bedingen sich gegenseitig in 'ewiger Wiederkehr'. Hier lässt sich eine Nähe zu den zirkulären Strukturen und der Bedeutung von Abwesenheit in Anna de Noailles' Lyrik ausmachen.[373]

Die drei 'Zeiten' der Tänzerin lassen sich hier wieder sowohl auf ein mystisch-erotisches als auch auf ein metapoetisches Verständnis beziehen. Margret Bäurle und Luzia Braun haben die zirkuläre Struktur als charakteristisch für die Texte mittelalterlicher Mystikerinnen ausgemacht und dabei die unauflösliche Verwobenheit von Liebes- und Schreibbegehren herausgestellt:

> Die ‹unio mystica› macht für Momente des empfundenen Einsseins mit Gott ein Gelingen glauben: Die ‹Entwerdung› wird gefeiert. Ihr Ende jedoch führt zum Wissen darüber, in der Überwindung der Grenzen immer wieder an diese zu stoßen; im Gelingen das Scheitern ahnen zu müssen, die Grenzen zu überwinden, sie aber letztlich nie aufheben zu können. Und dennoch ist es gerade die Endlichkeit des Zustandes, die den Grund dafür sichert, unentwegt gegen sie zu rebellieren. Im Ringen um dieses grenzenlose Sein, Einssein, tritt das Wissen um seine Voraussetzungen wie ein treuer Verbündeter mit auf das

---

372 Zum Topos des Tanzes als Metapher für das Leben vgl. im modernen Kontext u.a. Isadora Duncans 1928 veröffentlichten Aufsatz 'The Art of the Dance'. In: Sheldon Cheney (Hg.): *The Art of the Dance*. New York: Theatre Arts Books 1996, S. 47–144. Vgl. für den spanischen Kontext auch Juan Ramon Jiménez' postromantische Konzeption: «El verdadero baile es el baile de una persona sola con su alma.» Zitiert nach Joy Landeira: *Ernestina de Champourcin*, S. 119.
373 Vgl. Kap. 3.4 und 3.7.

> Spielfeld. [...] Das Schreiben und Versprachlichen des Unsagbaren bietet der Mystikerin den Ort, an dem ein Aufenthalt zwischen dem Genuß, der war, und dem, der sein wird, gewährt bleibt, und das Schreiben selbst zur Wollust gerät.[374]

Der Sehnsuchtszustand wird in der mystischen Dynamik zur Möglichkeitsbedingung für die asketische Suche, die (mystische) Liebeserfüllung wiederum geht immer schon der erneuten Erfahrung des Verlassen- und Alleinseins voraus.

Gershom Scholem hat diese Dialektik in Bezug auf die traditionelle jüdische Mystik als Prozess des Ein- und Ausatmens beschrieben: Während sich das 'Ich' bei der 'Einatmung' asketisch zurückzieht, um Platz zu machen für den göttlichen Anderen, verströmt es sich bei der 'Ausatmung' ekstatisch jubelnd aus sich heraus.[375] In 'Danza' lässt sich diese prototypische Begehrenstruktur auch in Hinblick auf die Dialektik von poetischer Inspiration (Einatmen, Askese, Rückzug) und poetischer Produktion (Ausatmen, Ekstase, Aus-sich-herausgehen) lesen.

In Bezug auf die Konstitution des lyrischen 'Ich' ist die zirkuläre Struktur ebenfalls signifikant, verweist diese doch auf eine multiple, dynamische Identität. Rückzug und Ekstase, Kontemplation und Jubel, Passivität und Aktivität, Interiorität und Exteriorität bilden dann nicht mal mehr eine Kreisstruktur, sondern existieren stets neben- und miteinander und überlappen sich gegenseitig. Im Sinne von Irigarays *sensible transcendant* ist der materielle, endliche Leib bei Champourcin sowohl Ort der Trennung als auch Potenzial der Verbindung und Selbstübersteigung.

Die inhärente Spannung zwischen einer an mystischen Vorbildern ausgerichteten weiblichen Subjektivität, die die Beziehung zum Anderen und Rücknahme des Eigenen betont, und dem modernen Anspruch auf Selbstverwirklichung und künstlerischen Ausdruck wird dabei nicht aufgelöst, sondern artikuliert sich in der fließenden Dynamik des poetischen 'Ich' immer wieder neu. «Warum nicht ein Alternieren von Entäußerung und Aneignung denken, das nicht mehr, wie die Hegelsche Dialektik, von vornherein unter dem Primat des Eigenen stünde?»,[376] fragt Lena Lindhoff in ihrer Kritik an Hélène Cixous' emphatischer Feier einer weiblichen Ökonomie der Gabe und des Sichverströmens. ««Leben› ist nicht nur Flüssigkeit, Kontinuität, Interaktion und Vernetzung, sondern eben auch Individuation und Abgrenzung.»[377]

Champourcin spielt in 'Danza en tres tiempos' die verschiedenen Aspekte einer dynamischen Konzeption des Verhältnisses von Ich und Anderem, Subjektivität und Alterität, Begehren und Erfüllung, Kontemplation und Schreiben

---

374 Margret Bäurle / Luzia Braun: ‹Ich bin heiser in der Kehle meiner Keuschheit›, S. 7.
375 Vgl. Gershom Scholem: *Die jüdische Mystik in ihren Hauptströmungen*, S. 287ff.
376 Lena Lindhoff: *Einführung in die feministische Literaturwissenschaft*, S. 118.
377 Ebda., S. 126.

durch. Die Lyrikerin inszeniert ein nomadisches poetisches Subjekt und eine vitalistische Ethik des Werdens im Sinne Braidottis, denn:

> [w]hat is crucial to becoming-Nomad is [...] arousing an affirmative passion for and desire for the transformative flows that destabilize all identities. [...] Becoming nomadic means that one learns to re-invent oneself and one desires the self as a process of transformation. It is about the desire for change, for flows and shifts of multiple desires.[378]

Die in dieser nomadischen Subjektivität implizierte vitalistische Disposition wird Thema des folgenden letzten Unterkapitels sein.

4.7 «Marcha hacia todo». Vitalismus, Werden und Poetik der Fülle

Zum Abschluss meiner Lektüre von Champourcins Mystikrezeption möchte ich die vieldeutige Ambiguität leiblich kodierter Begehrensfigurationen aus der Perspektive der zeitgenössischen Lebensphilosophie lesen und mit aktuellen Ansätzen des vitalen Materialismus und einer transsäkularen Spiritualität engführen. Im Vordergrund stehen die vitalistischen Züge in Champourcins Lyrik in Form der Motivik des Weges als Zeichen einer 'urbanen Mystik' und dynamischen Subjektivität des Werdens sowie die in Champourcins Dichtung ausgedrückten Ideale von Liebe und Fülle.

«Madre de las cosas y madre de la Vida»

Bereits Champourcins früher Gedichtband *Ahora* (1926) ist deutlich vom vitalistischen Impetus der 27er-Generation geprägt. «*Ahora* presents an atmosphere of brilliant light, technical dexterity, and a sense of affirmation attuned to the confident, animated, and playful spirit of vanguard Spanish poetry of the twenties».[379] Schon der Titel weist auf die Bedeutung von Präsenz und Gegenwärtigkeit hin. Während auch Dichter wie Jorge Guillén die Feier des Augenblicks in den Mittelpunkt ihrer Dichtung stellen, kommt bei Champourcin wesentlich das Element der Verbindung (oder 'Kommunion') mit Mensch, Gott, Natur, Kosmos und Leben dazu.

Die charakteristische Doppelbewegung von physischem und spirituellem Begehren in Verbindung mit einem hohen metapoetischen Bewusstsein zeigt

---

378 Rosi Braidotti: *Metamorphoses*, S. 84.
379 Catherine Bellver: *Absence and Presence*, S. 182.

sich in *Ahora* etwa kondensiert im letzten Gedichtzyklus des Bandes, 'Cromos vivos'. Es handelt sich hier um acht kurze, reimlose, durchnummerierte Gedichte, die hauptsächlich in einer Kombination aus *heptasílabos* und *endecasílabos*, in einem Fall auch durchgängig in *octasílabos*, verfasst und Juan Ramón Jiménez gewidmet sind. Die Texte evozieren mit allen Sinnen «la entraña jubilosa del mundo» ('6', 6):

> Estremece la tierra su manzana extasiada
> en los dedos del tiempo
> y al grito de la luz atraviesa el espacio
> 10 la fuerza que sostiene, gimiendo, al universo.
>
> ¡Instinto, gracia, amor!
> Triunfo de la vida que engendra pasión...

Die vitalistischen Anklänge sind deutlich zu spüren. Ähnlich wie bei Anna de Noailles wird der Bergson'sche *élan vital* ganz buchstäblich in Form einer Kraft aufgerufen, die den ganzen Raum durchströmt (9) und 'die Welt – seufzend, also ganz physisch und unter Anstrengung, mit Leidenschaft – zusammenhält' (10) bzw. immer wieder hervorbringt (12). Der Dreiklang in Vers 11 ruft das Ideal eines «sinnlich-affektiven Weltbezugs»[380] auf, der ganz im Sinne der spanischen Lebensphilosophie Intuition, Schönheit (oder hier auch: Gnade) und Liebe ins Zentrum stellt und somit eine Alternative zur rein kognitiv vorgestellten Vernunft bedeutet. In Gedicht '8' der 'Apuntes líricos' (*Ahora*) spricht die lyrische Stimme explizit über das reziproke, vitale Verhältnis von Subjekt und Dingen, «[e]sta vida profunda que surge de las cosas» (1–2).

Champourcin war mit den zeitgenössischen Lebensphilosophien vertraut. Im Briefwechsel mit Conde dokumentiert Champourcin ihre Auseinandersetzung mit Henri Bergson und José Ortega y Gasset.[381] Gegenüber der Freundin betont Champourcin auch ihre Faszination für André Gide. In folgendem Briefausschnitt reflektiert sie ihre «repentina humanización»[382] und stellt diese in direkte Verbindung zur Lektüre des Franzosen:

> Mi sensualidad es en efecto la que tú sentiste ante el torso visto bajo el sol. Goce desinteresado puro, pero sentido en todo mi ser, en toda mi piel... ¡o es que la ‹carne del alma› se nos sube y florece estremecida en nuestra propia epidermis! A nadie debo mi cambio;

---

[380] Stascha Rohmer: Einführung in die Lebensphilosophie Ortega y Gassets. <https://apps.carleton.edu/proyecto/assets/Einf__hrungOrtega_1.pdf > [20.4.2022].
[381] Vgl. Ernestina de Champourcin / Carmen Conde: *Epistolario*, S. 243 (14. November 1928) bzw. S. 281 (9. April 1929).
[382] Ebda., S. 298 (15. Juni 1929).

sí a la primavera que <u>siempre</u> me trastorna algo y un poco, no lo dudes, a ti. Y debo reconocerlo, a André Gide (que tanto te molesta), y a un libro suyo leído este invierno...[383]

Im Anschluss zitiert Champourcin aus den *Nourritures terrestres* und kommentiert: «Esta obra me ha excitado los ‹apetitos›.»[384] Gleich im Anschluss betont sie, dass sich ihre neue Sinnlichkeit nicht auf ein männliches Liebesobjekt beziehe, sondern – wie auch der oben genannte «goce desinteresado puro» suggeriert – vielmehr einen nicht-definierten sinnlichen Weltbezug meint: «No veas en esto ningún fenómeno anecdótico relacionado con alguien. Estos incidentes se quedan en mí, sin derivaciones exteriores.»[385]

Mit dem Begriff «carne del ama» eignet sich Champourcin einen Terminus an, der an die mittelalterliche Mystik denken lässt. Der mystische 'Seelenleib' beschreibt eine «hybride, flüchtige Körperformation [...] wo die körperliche Hülle der äußerste Ausläufer der sinnlichen Seele ist».[386] In diesem Konzept wird ein Teil des Körpers als Ort der Manifestation seelischer Regungen verstanden, sodass Champourcin eine Form des Genusses konstruiert, der seelische, geistige und körperliche Wahrnehmung zusammendenkt. Es handelt sich damit um eine dezentrierte Lusterfahrung, die einen Gegensatz zur phalluszentrierten Sexualität darstellt. Unter Berücksichtigung der intertextuellen Referenzen auf Gides Aporie des sinnlichen Genusses lässt sich Champourcins Sinneserleben als eine ekstatische, Körper, Seele und Geist umfassende und physisch erfahrene Glückserfahrung verstehen, die jedoch von ihr nicht in Bezug auf einen transzendenten Gott oder irdischen Geliebten gedeutet wird, sondern ganz in der eigenen Sinneswahrnehmung verankert ist.

Das poetische Schreiben spielt eine herausgestellte Rolle in dieser sinnlichen Zelebrierung des Lebens: «La poeta termina proclamando la plenitud vital a través de la plenitud poética.»[387] In Gedicht '7' behauptet die lyrische Stimme selbstbewusst: «Fui madre de las cosas y madre de la Vida» (12). In 'Vida-amor' (*Cántico inútil*) inszeniert sich das lyrische 'Ich' – unter Bezug auf die physischen Lebenssymbole Atem, Saft und Adern – als Schöpferin des Lebens, das sich fließend und dynamisch zeigt:

---

383 Ebda., S. 299 (20. Juni 1929). Unterstreichungen im Original.
384 Ebda.
385 Ebda.
386 Kathrina Reschka: *Zwischen Stille und Stimme*, S. 38. Vgl. auch Uta Störmer-Caysa: *Einführung in die mittelalterliche Mystik*, S. 147f. Vgl. zudem Federico García Lorcas Gedicht 'Tarde' aus *Libro de poemas* (1921): «Y me duele la carne del corazón y la carne del alma». Federico García Lorca: *Book of Poems (Selection) / Libro de poemas (Selección)*. Herausgegeben und übersetzt von Stanley Appelbaum. Mineola: Dover Publications 2004, S. 70.
387 José Ángel Ascunce: Introducción, S. XXXVIII.

10 ¡Mi vida es aliento supremo de la Vida!
    Nada logra su ser sin el zumo que fluye
    por mis venas exhaustas.

Der Atem erscheint an dieser Stelle abermals als Brücke zwischen Individuum und Umwelt. Irigaray betont den verbindenden Charakter von Luft und Atemhauch: «No doubt, *air* is the most essential element to terrestrial life, and it is also the element that has the greatest power to ensure a mediation between the different states of matter, within us and outside of us. It allows us to be both a body and a soul, and the atmosphere to undergo changes of density and temperature.»[388] Der Atem ist physisches und spirituelles Medium eines kontinuierlichen, dynamischen Austausches zwischen Subjekt und Umgebung und anschauliches Zeichen für die tatsächliche Unschärfe der Trennung beider Entitäten.

Das lyrische Subjekt beansprucht weiterhin eine ästhetische Mutterschaft oder schöpferische Autorschaft, die über den poetischen Prozess hinausweist: «[Champourcin] defiende como fundamento clave de su poetizar la plena realización del sujeto gracias al don creador de la poesía.»[389]

Die enge Verknüpfung von Vitalismus und poetischem Schreibprozess wird im letzten Gedicht aus 'Cromos vivos' besonders sichtbar:

8

   Hoja blanca de hoy, de siempre, de mañana.
   Fruta de cada día, semilla fecundada
   por un rayo de luz o una gota de agua.
   La vida fluye abajo, arrastrándose vana.
5 Encima de mi frente, los divinos fantasmas
   del sueño verdadero, los éxtasis del alma...
   cicatrices de oro, que mi pluma va abriendo
   sobre la hoja blanca.

Bereits der Beginn des Textes markiert seinen metapoetischen Charakter mit dem Aufruf eines poetologischen Topos: der Konfrontation des Dichters mit der weißen Seite, dem leeren Blatt Papier, das es durch die künstlerische Kreativität zu füllen gilt. Im Gegensatz zur verbreiteten 'Angst vor dem leeren Blatt' strahlt der Text jedoch eher Zuversicht und Glauben an das Potenzial der weißen Seite aus.[390] Die

---

388 Luce Irigaray / Michael Marder: *Through Vegetal Being*, S. 27. Kursivierung im Original.
389 José Ángel Ascunce: Introducción, S. XXXVIII.
390 Lars Schneider hat mit seiner Studie zur *page blanche* in Literatur und Kunst jüngst eine Relativierung des Topos vom *horror vacui* vorgeschlagen und die semantische Vielfältigkeit der Formel deutlich gemacht. Vgl. Lars Schneider: *Die* page blanche *in der Literatur und bil-*

«hoja blanca» umgrenzt den Text kreisförmig und bildet damit eine Art Hülle, Schutz oder Rahmen für das lyrische Subjekt. Als Metonymie für das poetische Schreiben bildet das Papier immer schon («de siempre») den Lebensgrund für die poetische Stimme. Wie in 'Iniciación' (Kap. 4.3) lässt sich eine semantische Spannung zwischen Körperlichkeit und physischer Fruchtbarkeit auf der einen Seite und Geistigkeit, Fantasie und imaginärer Schöpfung auf der anderen Seite erkennen. Diese Spannung wird durch die räumliche Opposition noch gesteigert: Das Leben 'fließt unten', während sich 'oben' Traum und Fantasien entfalten (4-5).

Trotz dieser traditionellen Architektur behauptet der Text nicht die rationale kognitive Kontrolle über körperliche Lust und Affekte; vielmehr gerät die geistige Imagination selbst außer Kontrolle in Form von 'seelischen Ekstasen' (6). Gerade die schöpferische Fantasie bringt das Subjekt also außerhalb seiner selbst, lässt es die kognitive Kontrolle verlieren. Das zu beschreibende Blatt Papier ist in diesem Prozess ein Potenzial, das durch die Inspiration von außen erst fruchtbar gemacht wird – der Blitz oder Sonnenstrahl und der Wassertropfen als mystische Symbole und Bilder poetischer Inspiration gleichermaßen (3) erinnern hier durchaus wieder an Bremonds mystisches Verständnis des poetischen Aktes. Die visionäre Bildlichkeit zu Ende des Textes bringt eine intensive Körperlichkeit hervor. So öffnet die Feder des schreibenden 'Ich' die 'Wundmale aus Gold' (7), hinter denen die Fantasien, Erinnerungen und Wünsche des lyrischen Subjekts versteckt liegen und bringt diese zur Präsenz – übrigens bricht der Vers auch genau an dieser Stelle den ansonsten regelmäßig durchgängig assonierenden Reim auf a-a auf.

Mabrey vergleicht die sinnliche Sprache und das Motiv der Ekstase in 'Cromos vivos' explizit mit Teresa von Ávilas Schreiben.[391] Ekstatisches Außer-sich-Sein und intensive sinnliche Wahrnehmung sind verbindende Motive in den Texten beider Autorinnen. Dabei ist das Schreiben immer auch eine Selbstpraxis in Form der erforschenden Annäherung an die kognitiv nicht zu fassenden, ganz physisch erfahrbaren und auch schmerzhaft hervorkehrenden Fantasien und Wünsche. Gleichzeitig wird die eigene Innerlichkeit zum kostbaren Schatz – Gold bei Champourcin, Diamant bei Teresa –, aus dem das schreibende 'Ich' sich speist und der die eigene Fülle sichtbar macht.

---

denden Kunst in der Moderne. Paderborn: Wilhelm Fink 2016. In ihrem Spätwerk *La pared transparente* konfiguriert Champourcin die unbeschriebene Seite als Mauer mit dem Potenzial der Grenzüberwindung: «¿Son paredes las páginas / mientras no las escribes?» Vgl. 'Palabra escrita', 1–2 (*La pared transparente*).
391 María Cristina C. Mabrey: *Ernestina de Champourcin*, S. 308.

«Todo será camino». Urbane Mystik und Semantik des Werdens

Das vitalistische Lebensverständnis spiegelt sich besonders in der durchgehenden Semantik des Werdens. Das rekurrente Motiv des Weges ist hier nicht nur «symbol of the poet's quest for love, light, and plenitude»,[392] sondern zeugt auch von einer dynamischen, nomadischen Subjektkonzeption und unabschließbaren Neudefinition des lyrischen 'Ich'. Stete Veränderung und Prozesshaftigkeit erscheinen bei Champourcin sowohl als grundlegendes Prinzip des Lebens als auch der Poesie. Die Metaphorik des Weges zieht sich durch Champourcins gesamtes Werk. Besonders die Abschnitte 'Caminos' (*La voz en el viento*) und 'Romances del camino' (*Cántico inútil*) laden zu einer Lektüre ein, die urbane Motivik und Mystiktradition zusammenbringt.

'Caminos' besteht aus fünf kurzen Gedichten mit den Titeln 'Génesis', 'Volante', 'Nocturno', 'Accidente' und 'Calle'. Die Texte schreiben sich in eine avantgardistische Semantik des Urbanen, der Schnelligkeit und der Mobilität ein. Mit dem Fokus auf Technik und profane Straßenszenen hebt sich der Abschnitt auf den ersten Blick von der emphatischen Affektivität der erotischen Lyrik und den mystischen und metapoetischen Motiven um Meditation, Stille und Inspiration ab. Das Motiv des Reisens verweist – wie z.B. auch prominent in der zeitgenössischen Lyrik von Concha Méndez – kulturhistorisch auf die moderne Beschleunigungserfahrung und die neuen Möglichkeiten des Erkundens fremder Länder. So betont Champourcin in einem Interview ihre eigene Reisesehnsucht: «Si yo pudiera, los trenes del mundo no tendrían secretos para mí y las carreteras más lejanas conocerían por su latido el motor de mi auto. Mi ideal consiste en correr, correr desfrenadamente y pararme un poquito todos los días a paladear hondamente, gustosamente, los kilómetros recorridos.»[393] Tatsächlich generiert die urbane Thematik eine spannungsvolle Reibung, rufen die Texte in der Evokation von Straßenszenen immer auch ein Begehren nach Sinnhaftigkeit und Fülle auf: «Even a carefree trip by automobile is converted into a search for cosmic transcendence.»[394] Gerade diese Verbindung von moderner Ästhetik, urbanem Bildmaterial, erotischer Konnotation und mystischer Texttradition macht die Originalität von Champourcins lyrischer Stimme aus.[395] Der kurze Text 'Nocturno' veranschaulicht dies:

---

392 Catherine Bellver: *Absence and Presence*, S. 193.
393 César M. Arconada: El secreto de los poetas, S. 2.
394 Catherine Bellver: *Absence and Presence*, S. 193.
395 «Tales imágenes abundan, desde luego, en las obras de varios poetas del '27. En manos de Champourcin, a diferencia de otros, adquieren a veces dimensiones cósmicas, aunque éstas

NOCTURNO

    Va la noche ceñida
    a mis pulsos calientes,
    vistiendo la desnuda
    pureza del asfalto.

5 No hay ruedas, sí faroles,
    – verdes ojos ya ebrios
    de mirar y mirar–.
    Sobra una estrella inmóvil,
    tan cuajada allá arriba
10 como su más perfecto
    y ágil simulacro.

    Llueven flores de aceite
    en pulidos charoles
    y el silenco prepara
15 con tránsito incoloro
    sus dinteles de ausencia.

Die Begriffe aus dem Feld des Autos wie Asphalt, Reifen, Öl und Lack entwerfen eine moderne urbane Szenerie. Die Beschreibung der nächtlichen Straßenszene ist zugleich von Champourcins charakteristischem mystischen Vokabular durchzogen: Die Erwähnung von «pulsos calientes», «desnuda pureza», «silencio» und «estrella» transformiert das profane Motiv in eine visionäre Bildlichkeit. Champourcins Vorgehen erinnert hier an Juan Ramón Jiménez' New York-Miniaturen in *Diario de un recién casado*.[396] Sie entwirft mit den modernen großstädtischen Motiven und der gleichzeitigen kosmischen Übersteigerung eine originelle 'urbane Mystik'.

In diesem Sinne hat jede sinnliche Wahrnehmung der Sprecherin das Potenzial der Erfahrung von Intensität und Verbindung: «¡Voy a ti desde todo!», schreibt Champurcin in den 'Poemas ausentes' (1, 12). Und, wie bereits in Kap. 4.5 in Bezug auf nomadische Subjektivität und neoplatonische Spur gestreift (1–4):

    Todo será camino, el silencio y la estrella,
    el perfume y la rosa...
    todo habrá de llevarme insospechadamente
    al cielo que cobija la sombra de tus manos.

---

quedan simultáneamente socavadas por toques irónicos.» Andrew P. Debicki: La lírica visionaria de Ernestina de Champourcin, S. 53.
396 Vgl. Juan Ramón Jiménez: *Diario de un poeta recién casado*. Madrid: Casa Ed. Calleja ³1917.

Auf synästhetische Weise werden hier verschiedene Wahrnehmungs- und Seinsebenen miteinander verbunden. Vertikale und horizontale Bewegung, Hör- und Geruchssinn sowie Kosmos und Natur werden gleichwertig nebeneinander gestellt und physische und spirituelle Dimension im Sinne von Irigarays *sensible transcendent* untrennbar miteinander verknüpft.

Während die lyrische Stimme in 'Nocturno' ausnahmsweise kein 'Du' anspricht, sondern die Intensität des Augenblicks aus der eigenen Vitalität erwächst, steht in 'Romances del camino' (*Cántico inútil*) erneut das leidenschaftliche Verhältnis zu einem vieldeutigen 'Du' im Vordergrund. (Selbst-) Vertrauen und Unsicherheit, Selbstbehauptung und Selbstrücknahme oszillieren erneut in diesen elf kurzen Meditationen über den Weg als Lebensmetapher. Der Zyklus beginnt mit dem Bekenntnis zur eigenen Unwissenheit und der Hoffnung, durch die Beziehung zum Anderen – dem Geliebten, Gott, dem Kosmos, einem *alter ego* oder der Kunst? – den eigenen Weg zu finden (1, 1–48).

1

¡Si yo viera el camino!
Pero lo nublas siempre
con tu palabra hostil
y tu silencio inerte.
5 No sé como es la ruta
ni qué árboles mecen
su ramaje sombrío
para aliviar mi frente.

Nunca sé dónde voy
10 ni sé de dónde vienes.

[...]

15 Ábreme el horizonte
y el camino que crece
ante los ojos ávidos
de recoger sus mieles.
Dame una ruta clara,
20 donde tus huellas quemen
los hierbajos sin flores,
las raíces estériles,
lo que no sea nuestro,
lo que tu amor no acepte...

[...]

¡Aunque las nubes siempre,
yo seguiré la ruta
que tus pasos encienden!

In diesem Text schwankt das lyrische 'Ich' zwischen dem Wunsch, seinen eigenen 'Weg' zu (er-) kennen und dem buchstäblich blinden Vertrauen auf diesen Pfad. Die poetische Stimme ringt mit den widerstreitenden Wünschen nach Autonomie und Kontrolle über das eigene Leben sowie dem Wunsch der Abgabe von Kontrolle und Verantwortung in der Überantwortung an Unkontrollierbarkeit und Kontingenz – wie gesehen ein Leitmotiv bei Champourcin. Das mystische Substrat wird in den zahlreichen Anspielungen auf San Juan de la Cruz und auch im Motto in Gedicht '6' («Yo sé la fuente que mana y corre, aunque es de noche») deutlich. Text '2' spielt z.B. semantisch, syntaktisch und metrisch wieder sichtbar auf die 'Noche oscura' an:

15 Me arrastrabas, dormido,
    hacia la oscura senda

    donde todo se pierde.
    Pero en tus manos lentas

    florecieron de pronto
20 las caricias aquellas...

Auch hier pendelt der Text, betont durch die adversative Konjunktion «pero» (18), zwischen der Furcht vor und dem Begehren nach Selbstverlust, der Verunsicherung angesichts der Kontingenz des Lebens und dem gleichzeitigen Vertrauen darauf, aufgefangen zu werden. Bemerkenswert ist hier die Präferenz der taktilen Wahrnehmung und der Berührung gegenüber dem Sehsinn. Während die Dunkelheit keine Orientierung ermöglicht, versprechen die Liebkosungen Nähe und Intimität. Bellver betont den feministischen Aspekt einer alternativen Bildlichkeit bei Champourcin, die Hände und Berührung in den Vordergrund rückt:

> Champourcin's poetry confirms what many feminists have seen as women's characteristic priviliging of contiguity over remoteness and continuance over division. Rather than the masculine phallic economy of appropriation of the object [...] women's patterns of desire exhibit ‹intersubjectivity›, a spatial mode grounded on a continuum that includes the space between the I and you, as well as the space within me.[397]

---

[397] Catherine Bellver: *Absence and Presence*, S. 200.

Die 'Wegromanzen' (die formal übrigens mit ihrem durchgängigen *heptasílabo* nicht der achtsilbigen Romanzenstrophe entsprechen) lassen sich durch die Offenheit des 'Du' erneut als erotische Liebesdichtung, mystische Texte und auch metapoetische Reflexionen lesen. In jedem Fall ist ihr Kennzeichen eine existenzielle, physisch erfahrbare Alteritätserfahrung, eine «otredad casi biológicamente sentida».[398]

Das Motiv der Alterität lässt an Antonio Machados Dichtung denken. Machados bekanntes Gedicht 'Caminante, son tus huellas...' aus *Campos de Castilla* (1907–1917) hallt in Champourcin als Reflexionsfolie ebenfalls nach:

XXIX

Caminante, son tus huellas
el camino, y nada más;
caminante, no hay camino,
se hace camino al andar.
Al andar se hace camino,
y al volver la vista atrás
se ve la senda que nunca
se ha de volver a pisar.
Caminante, no hay camino,
sino estelas en la mar.[399]

In Champourcins Text '9 / Soledad' der 'Romances del camino' heißt es:

Cada pájaro sabe
qué sombra da su rama,

cada huella conoce
10 el pie que la señala.

No hay sendero sin pasos
ni jazmines sin tapia...

Im Gegensatz zu Machados individueller, existenzialistischer Lebensreflexion betont Champourcin jedoch Verbindung, Zusammengehörigkeit und Intuition im Sinne einer monistischen Lebensauffassung.

Die Wegesmotivik verbindet Champourcin auch mit zeitgenössischen Dichterinnen wie Concha Méndez, Ana María Martínez Sagi oder Elisabeth Mulder.

---

[398] Rafael Espejo-Saavedra: Sentimiento amoroso y creación poética en Ernestina de Champourcin, S. 139.
[399] Antonio Machado: *Poesías completas*. Herausgegeben von Manuel Alvar. Madrid: Espasa 2011, S. 232f.

Gedicht '10' ist ein Zitat Mulders überschrieben.[400] Wenngleich das Motiv des Weges auch hier zunächst an Machado erinnert, verstärken sich die Differenzen in diesem Text noch deutlicher, indem die lyrische Stimme emphatisch die unbedingte Zweisamkeit des Weges hervorhebt und das lyrische Subjekt statt auf Autonomie und individuelle Freiheit auf Vertrauen und Hingabe setzt:

10
> *Tu camino. Mi camino.*
> Elisabet Mulder

Un camino y dos huellas,
una ruta y dos pasos.
El tuyo, firme, abriéndola,
el mío vigilando
5 la sombra de los árboles
y el agua del regato...
El tuyo creador
junto al mío, anulado
por el ímpetu austero
10 que fluye de tu rastro.
– ¡Paso mío, tan débil,
junto al tuyo, sagrado,
que ni los dioses borran!–

En todos tus decansos
15 me hallarás cerca, fiel,
tendiéndote en mis manos
la pulpa de un frutal,
brindándote en mis labios
el zumo del reposo.
20 Quiero vendar mis pasos
para que busquen, ciegos,
el surco que has dejado.

Sólo existe un camino:
el que mis pies descalzos
25 recorren en pos tuya.
Un camino. Dos pasos...
¡Quiero seguirte siempre
y recoger tu llanto!

---

400 Cole weist auf die generelle Nähe zwischen Champourcin und Mulder in Bezug auf die Offenheit des lyrischen 'Du', die religiösen Konnotationen sowie den Gebrauch von antithetischen Strukturen und suggestiven Auslassungspunkten hin. Gregory Cole: *Spanish Women Poets of the Generation of 1927*, S. 163f.

Die starke körperliche Präsenz von lyrischem 'Ich' und angesprochenem 'Du' fällt erneut auf. Das lyrische Subjekt zeigt sich in der Bildlichkeit von Frucht, Saft und nackten Füßen in äußerster Fleischlichkeit, während das Körpergewicht des 'Du' sich mit sichtbar tiefen Spuren in den Boden einschreibt. Die 'Unbeschuhtheit' des lyrischen 'Ich' stellt eine weitere Nähe zum Schreiben der *carmelitos descalzos* Teresa von Ávila und San Juan de la Cruz her.[401] Abermals überblenden sich mystische, metapoetische und erotische Bedeutung über die Figuren des Heiligen, des Kreativen und des Begehrens.

Zentral erscheint mir in den 'Romances del camino' die Nuancierung des Nomadischen, das hier nicht nur als Freiheit gefeiert wird, sondern auch von Unsicherheit und Zweifel begleitet ist. Diese Zweiseitigkeit kann als moderne *cross-pressure* gedeutet werden, deren Spannung über religiöse Zugehörigkeit hinaus allgemeine anthropologische Bedürfnisse streift. Zwischen völliger Ungebundenheit einerseits und alten religiösen Mustern andererseits entwirft Champourcin einen eigenen poetischen Weg, indem sie der kognitiv erfahrbaren Kontingenz und existenziellen Ausgesetztheit einen nicht-konfessionell gebundenen, vertrauensvollen, transsäkularen Glauben (*faith*) entgegensetzt.

Die charakteristische Undefiniertheit des lyrischen 'Du' in Champourcins Lyrik der Madrider Jahre, das sich als Geliebter, Gott, Natur, Kosmos, *alter ego* oder Poesie füllen lässt und durch seine Offenheit die Gleichzeitigkeit verschiedener Lesarten ermöglicht, legt eine Lektüre nahe, die ihren Fokus auf die verbindende Nähe und das Vertrauensverhältnis zwischen Ich und Anderem legt. Es geht weniger um die konkrete Identität eines Geliebten oder personalen Gottes als um die Selbstaffizierung der lyrischen Stimme, ihr (ver-) bindendes Verhältnis zur Welt.

«Seré tuya sin ti». Liebesweisen

Der Weg als Symbol des kontinuierlichen Werdens lässt sich somit auch als universales Liebesbegehren beschreiben. Champourcins Liebesmodell muss – zumindest in der Lyrik der 1920er und 1930er Jahre – als ein universales verstanden werden, das sich nicht auf einen Gott oder eine konkrete geliebte Person, sondern vielmehr auf den Wunsch nach Verbindung mit der materiellen und spirituellen Welt in ihrer Gesamtheit richtet: «Esta búsqueda de eternidad y de belleza se concreta en un deseo ardiente de conquista de libertad, pureza, esencialidad, origi-

---

[401] Vielen Dank an Marie Guthmüller für diesen Hinweis.

nalidad, desnudez, alegría de ser, etc. Todas estas razones de realización humana van creando un camino que se identifica con el amor.»[402]

Liebe als universales Begehren nach Einheit und Verbindung verschränkt sich in *La voz en el viento* und *Cántico inútil* dennoch aufs Engste mit der erotischen Motivik. Dabei oszilliert die lyrische Stimme unauflöslich zwischen physischem und spirituellem Begehren, beides ist eigentlich nicht zu trennen, sondern überschneidet sich und fällt zusammen. Gerade die kosmischen Elemente zielen auf eine Form immanenter, horizontaler Transzendenz ab, die in der Verbindung mit der materiellen Welt Selbstübersteigung erfahrbar machen: «¡Deja que vaya en ti más allá de lo mío!» ('Entrega', *Cántico inútil*, 9). In einem Brief an Carmen Conde bekräftigt Champourcin am Beispiel des Meeres ihr erotisches Verhältnis zur Natur: «¡El mar! ¡Si supieras! ¡Estoy enamorada de él! Es más ‹amante› aún que la tierra y más sensual si cabe. Llama, grita, ruege y nos quiere suyas, exclusivamente suyas, de su cristal turbio, de su espuma, de sus olas.»[403]

Bereits zeitgenössische Kritiker hoben Champourcins Sensibilität für die Spiritualität der materiellen Dinge hervor. So berichtet Champourcin Conde von einer Rezension ihrer Lyrik durch Benjamín Jarnés: «‹[M]e clasifica entre los poetas que aman, la pulpa de las cosas en posesión plena›. Y añade ‹amor de lo concreto. Arte sensual. El que muerde en los espíritus con más ahínco›.»[404] Andrew Debicki betont die Universalität des Liebesbegriffs bei Champourcin, der Materialität und Spiritualität zusammenführt:

> La localización del amor en lugares distintos y misteriosos del cosmos subraya la índole elemental y natural por una parte, y trascendente por otra, de esta unión anhelada. [...] Este amor, aunque individual, por una parte, evoca por otra el asunto más amplio de la compenetración de seres (el hombre y la mujer, el ser humano y el cosmos, el ser humano y Dios).[405]

Champourcin selbst unterscheidet in ihrer 'Antipoética' drei Formen der Liebe, die ihre Poesie durchziehen:

1. a Amor vago, ¿de qué o hacia quién?
2. a Amor humano. Búsqueda de fusión hacia otro.
3. a Amor trascendente. No basta el ser, es inevitable *trascender*, subir, ir más lejos.[406]

---

402 José Ángel Ascunce: Introducción, S. XLI.
403 Ernestina de Champourcin / Carmen Conde: *Epistolario*, S. 127 (3. Juli 1928).
404 Ebda., S. 120 (30. Juni 1928).
405 Andrew P. Debicki: La lírica visionaria de Ernestina de Champourcin, S. 57.
406 Ernestina de Champourcin: *Poesia a través del tiempo*, S. 5.

Drei Aspekte also hebt Champourcin hier in ihrem Liebesmodell hervor: Die grundsätzliche Unbestimmtheit des Liebesobjektes, das Begehren nach Verbindung und den Wunsch nach Selbstübersteigung. Damit knüpft die moderne Lyrikerin deutlich an die 'gigantischen Liebesentwürfe' der mittelalterlichen und frühneuzeitlichen Mystikerinnen an. Über diese schreibt Irigaray:

> Ainsi ‹Dieu› l'a-t-il créé pour briller et brûler dans son désir. Et si au-delà de cette consommation encore Il / elle, c'est qu'Il / elle n'est rien que l'adoration de cette ardeur, la passion de ce foyer inappropriable, la lumière convenante au vide de ce miroir solitaire, *et encore sa réduplication virtuelle*.[407]

Champourcin schreibt an Carmen Conde:

> ¡Qué bueno es querer, desear, porque sí! No circunscribir a nadie la elipse infinita del deseo. Quererlo, desearlo todo, no queriendo ni deseando nada... yo hace ya tiempo que pienso así. Mi amor se funda en la belleza, se une a ella, comprensivamente, en un divino acercamiento de intimidad.[408]

Liebe und Begehren konfiguriert Champourcin hier also als objektlos, denn die Fokussierung auf eine geliebte Person oder Gott würde eine Einschränkung der eigenen seelischen Weite bedeuten. Champourcin eignet sich somit – ähnlich wie Anna de Noailles – die moderne, in besonderer Form von Rilke imaginierte Idealfigur der 'weiblichen Liebenden' an und transformiert diese in ihrer Lyrik. In ihrem Roman *La casa de enfrente* (1936) zitiert sie tatsächlich aus der französischen Ausgabe von Rilkes *Aufzeichnungen des Malte Laurids Brigge*: «Être aimée veut dire se consumer dans la flamme. Aimer c'est rayonner d'une lumière inépuisable. Être aimée c'est passer, aimer c'est durer [sic].»[409] Rilke referiert in der gleichen Passage, in der Malte über das Ideal einer 'intransitiven Liebe' spricht, auch auf «eine so einfältige Liebende wie Mechthild, eine so hinreißende wie Therese von Ávila, eine so wunde wie die Selige Rose von Lima».[410] Die von Champourcin zitierte Passage, die den mystischen Topos der Flamme aufnimmt, unterstreicht die Nähe von Rilkes Liebeskonzept zur Idee des *pur amour*, insofern hier nicht Erfüllung und Belohnung, sondern

---

407 Luce Irigaray: *Speculum*, S. 246. Kursivierung im Original.
408 Ernestina de Champourcin / Carmen Conde: *Epistolario*, S. 128 (3. Juni 1928). Vgl. in Bezug auf eine ähnliche Figuration bei Anna de Noailles Kap. 3.4.
409 Ernestina de Champourcin: *La casa de enfrente. Seguido de dos capítulos de la novela Mientras allí se muere*. Herausgegeben von Carmen de Urioste-Azcorra. Sevilla: Renacimiento 2013, S. 173. Vgl. auch: «Geliebtsein heißt aufbrennen. Lieben ist: Leuchten mit unerschöpflichem Öle. Geliebtwerden ist vergehen, Lieben ist dauern.» Rainer Maria Rilke: *Sämtliche Werke. 6. Die Aufzeichnungen des Malte Laurids Brigge. Prosa 1906–1926*. Frankfurt a.M.: Insel-Verlag 1966, S. 937.
410 Ebda.

allein das bedingungslose Lieben im Fokus steht. In einer charakteristischen, paradoxalen Wendung spitzt Champourcin dieses Konzept im *poema* '5' (5, 12–13) der 'Poemas ausentes' zu:

> 5 ¡Seré tuya aun sin ti!
> [...]
> Me ceñiré a tu sombra y anulada por ella,
> te iré dando en silencio lo más puro de mí.

Champourcin setzt hier das immer wieder beschworene Ideal einer 'reinen Liebe' in Worte, dessen Unerreichbarkeit in der Literaturgeschichte zu immer neuen Figurationen aufgerufen hat: «L'amour pur dessine à travers l'histoire de la pensée occidentale une configuration paradoxale et impensable mais sans cesse pensée pour tenter d'en réduire le paradoxe. La perte de celui qui aime est son triomphe, la ruine de tout espoir et la destruction du sujet de l'amour viennent en place de récompense.»[411] Guillermo de Torre vergleicht Champourcin in dieser Hinsicht mit der leidenschaftlichen Liebenden der *Lettres portugaises*: Champourcin «va más allá del objeto amado, siendo capaz de prescindir de él y bastarse a si mismo. Como en la religiosa portuguesa, su pasión se sobrepone al sujeto inspirador.»[412] Wie gesehen, verhandelt Anna de Noailles vor allem in ihrem späteren Werk ein ähnliches poetisches Liebesmodell. Rilke hatte diese ebenfalls mit Mariana Alcoforado, der vermeintlichen Autorin der *Lettres Portugaises*, verglichen.[413] Im Gegensatz zu Rilkes Essenzialisierung weiblicher Hingabe, die Geschlechterklischees festzuschreiben droht, kann Champourcins lyrische *persona* – wie auch jene Noailles' – jedoch den Topos von liebender Frau und lieben lassendem Mann insofern aushebeln, als ihr Liebeskonzept weit über die romantische Liebe oder die religiöse Devotion gegenüber einem personalen männlichen Gott hinausgeht. Es ist gerade das mystische Substrat der poetischen Mehrdeutigkeit ihrer Lyrik, das hier einen wesentlichen Freiraum schafft, indem sich das Begehren der lyrischen Stimme gleichermaßen auf Kosmos, Natur und Poesie zu richten weiß und sich damit unabhängig von Geschlechterstereotypen macht.

---

411 Jacques Le Brun: *Le Pur amour de Platon à Lacan*, S. 341f. «Les affirmations et les suppositions par impossible qui représentent la pointe de ces avancées théoriques sont étroitement liées à un exercise de la négation : l'affirmation de l'impossible, de ce qui ne peut être, mais peut être supposé, permet à la fois d'écarter et de dire ; ce qui est objet d'effroi, l'essentielle volonté mauvaise dans l'Autre, mais qui est aussi objet de fascination, peut ainsi être écrit et posé dans le geste même qui l'écarte.» Ebda., S. 21.
412 Guillermo de Torre: Dos libros de Ernestina de Champourcin, S. 2.
413 Rainer Maria Rilke: Die Bücher einer Liebenden, S. 650 und Kap. 3.4.

'Plenitud'

Liebe kann in diesem Sinne als ein universales Begehren nach Fülle gelesen werden, schließlich kennzeichnet das Streben nach Fülle Champourcins ganzes Werk: «El camino se transforma en el vehículo, en el medio elegido para acercarse a la plenitud.»[414] Das Wort «plenitud» taucht bei Champourcin häufig auf und das Motiv zeigt ihre Nähe zur Ästhetik anderer Dichter der 27er-Generation wie etwa Jorge Guillén und Pedro Salinas. Die Besonderheit von Champourcins Lyrik liegt in der Gleichzeitigkeit des Begehrens nach physischer und spiritueller Fülle, die sich in ihren Texten stets bedingen und letzten Endes zusammenfallen. «The plenitude of being in her poems coincides paradoxically with both a transcendence of the concrete and a sensual grounding in the corporal. This dynamic interplay of sensations and spirit sets her off from her male contemporaries, as well as from her female peers.»[415]

Die Gedichtlektüren haben gezeigt, dass der Zusammenfall von körperlichem, spirituellem und auch poetischem Begehren sein literarhistorisches Vorbild ganz offensichtlich im mystischen Diskurs findet. Dies zeigt sich abschließend noch einmal in dem längeren Gedicht mit dem entsprechend signifikanten Namen 'Plenitud' (*La voz en el viento*). Der Text, bestehend aus unterschiedlich langen Strophen und einer Kombination aus reimlosen 7-, 11- und 14-Silbern, spielt erneut mit einer Vielzahl mystischer Figuren. Er überblendet die Semantik vitaler Körperlichkeit und erotischer Leidenschaft mit der Spannung zwischen Immanenz und Transzendenz, der Isotopie von Sprechen und Stimme sowie religiösen Gesten. Das lyrische 'Ich' zeigt sich zunächst in seiner nackten, physischen Präsenz (7–9):

> Desnuda, contra el cielo,
> estrellé en lo invisible el grito de mis venas.
> ¡Qué ancho clamor prendió sus ecos en la altura!

Die lyrische Stimme erwächst direkt aus den Venen, aus dem Blutkreislauf, dem zentralen Bild für die physische Vitalität. Dabei zeigt sich das poetische Subjekt unverstellt, nackt und verletzbar angesichts einer Absolutheit, die hier in der metaphysischen Tradition als «cielo» und «altura» figuriert ist. Die lyrische Stimme erfährt dabei eine Resonanz ihres leidenschaftlichen Schreis, d.h., sie erfährt eine Form der Verbindung mit ihrer Umgebung. Diese Kommunikation konkretisiert sich in den folgenden Versen:

---

[414] Sonia Núñez Puente: Poemas ausentes, S. 326.
[415] Catherine Bellver: *Absence and Presence*, S. 174.

Pulsé la tierra, el aire.
15 Iban a responderme y mi cuerpo se erguía
esperando el milagro,
la transfusión gozosa y fértil de mi instinto
en la arteria escondida que renueva los mundos.

Das lyrische 'Ich' berührt Erde und Luft und verortet sich damit über den Tastsinn auf elementare Weise im Hier und Jetzt.[416] Dabei zeigt die poetische Stimme eine besondere Sensibilität für die Lebendigkeit aller Lebewesen und Dinge und erfährt auf diese Weise erneut einen Widerhall auf ihr eigenes Sprechen – hier verstanden nicht nur als lautliche Äußerung, sondern auch als körperliche Gegenwart. Diese erhöhte Aufmerksamkeit für Lebewesen und Natur hat, wie auch bei Noailles, einen Doppeleffekt: Zum einen spricht die Dichterin der natürlichen Welt menschliche Eigenschaften wie Kommunikationsvermögen zu, zum anderen teilt das lyrische Subjekt selbst Eigenschaften mit seiner Umwelt. «La naturaleza se caracteriza por la presencia de rasgos antropomorfos y la voz poética adquiere, a su vez, rasgos propios del espacio natural.»[417]

Jane Bennett sieht in dieser Form von Doppelbewegung der Aufmerksamkeit für die Kommunikation mit der Welt einen Grundzug vitalmaterialistischen Denkens und rechtfertigt in diesem Kontext auch eine Form anthropozentrischer Projektion: «[I]n a vital materialism, an anthropomorphic element in perception can uncover a whole world of resonances and resemblances – sounds and sights that echo and bounce far more than would be possible were the universe to have a hierarchical structure.»[418] In Champourcins Gedicht ist diese besondere Aufmerksamkeit mit dem Wunsch nach Fusion verbunden, die hier ganz physisch wieder über das Bild des Blutes bzw. des Blutaustausches ausgedrückt ist. Die Semantik von Vitalität, Instinkt und Renovation ruft auch die ästhetischen Grundsätze der Avantgarden auf.

Der Wunsch nach Fusion radikalisiert sich in den nächsten Versen in dem mystisch konnotierten Begehren nach Selbstauflösung, «el afán de no ser» (21), dessen Erwartung «mi corazón en fiesta» (24) versetzt. So buchstabiert das lyrische 'Ich' das Streben nach Verbindung und Kontinuität explizit aus:

---

416 Champourcins Formulierung erinnert an García Lorcas zu Beginn von Kap. 4.1 zitierte Charakterisierung San Juan de la Cruz' als «discípulo de los elementos, el hombre que roza los montes con los dedos de sus pies.» Federico García Lorca: Imaginación, inspiración, evasión, S. 108. Auch Rhythmus und Tonalität rufen erneut deutlich die Lyrik San Juans, hier besonders die 'Noche oscura', auf.
417 Sonia Núñez Puente: Poemas ausentes, S. 326.
418 Jane Bennett: *Vibrant Matter*, S. 99.

25 ¡Tortura de existir, diferenciada, sola,
al margen de la esencia que fluye en otras vidas!
Quise hundirme en el suelo y recibió mis huellas,
diluirme en el agua y su cristal bruñido
eternizó mis ojos...

Das Gefühl der Getrenntheit löst einen Schmerz im 'Ich' aus, den es durch Selbstauflösung in der *unio* mit dem Anderen zu überwinden sucht. Georges Bataille sieht in dem Wunsch der Überwindung der konstitutiven Getrenntheit aller Lebewesen den Urgrund für Todestrieb und erotisches Begehren. Während der Tod mit der Auflösung des individuellen Seins die Diskontinuität des Lebewesens aufhebe, strebe das Individuum in der Erotik nach der Vereinigung mit dem Anderen:

> Nous sommes des êtres discontinus, individus mourant isolément dans une aventure inintelligible, mais nous avons la nostalgie de la continuité perdue. Nous supportons mal la situation qui nous rive à l'individualité de hasard, à l'individualité périssable que nous sommes. En même temps que nous avons le désir angoissé de la durée de ce périssable, nous avons l'obsession d'une continuité première, qui nous relie généralement à l'être. [...] [C]ette nostalgie commande chez tous les hommes les trois formes de l'érotisme.[419]

Als die drei unterschiedlichen Formen der Erotik nennt Bataille «l'érotisme des corps, l'érotisme des cœurs, enfin l'érotisme sacré».[420] Während die ersten beiden Modelle auf der körperlichen und romantischen Anziehung beruhen, hat die dritte Form eine spirituelle Dimension: «[L]a recherche d'une continuité de l'être poursuivie systématiquement par delà le monde immédiat désigne une démarche essentiellement religieuse: sous sa forme familière en Occident, l'érotisme sacré se confond avec la recherche, exactement avec l'*amour* de Dieu».[421] Der religiöse Charakter ist jedoch nicht auf theistische Vorstellungsmodelle zu begrenzen: «[L]'Orient poursuit une recherche similaire sans nécessairement mettre en jeu la représentation d'un Dieu. Le bouddhisme en particulier se passe de cette idée. [...] [L]'érotisme dont l'objet se situe au-delà du réel immédiat est loin d'être réductible à l'amour de Dieu.»[422] Insofern Ernestina de Champourcin, wie hier vielfalls gezeigt, alle drei Begehrensformen – des Körpers, des Herzens und des Heiligen – in ihrer Lyrik intensiv verhandelt und immer wieder überblendet, lässt sich ihre Dichtung auch aus dieser Perspektive als ein hoch erotisches Schreiben bezeichnen.

---

419 Georges Bataille: *L'érotisme*, S. 21.
420 Ebda.
421 Ebda., S. 21f. Kursivierung im Original.
422 Ebda., S. 22 und 28.

Das Begehren richtet sich bei Champourcin auch im zuletzt genannten Gedicht nicht nur auf einen geliebten Menschen oder einen personalen Gott, sondern auf die physische Verschmelzung mit Natur und Kosmos. Das lyrische 'Ich' sehnt sich danach, in den Boden einzugehen, sich im Wasser aufzulösen. Wenngleich diese Bilder traditionell als Metaphern für die mystische *unio* und aus Sicht feministischer Philosophie für eine flüssige Subjektivität lesbar sind, möchte ich an der buchstäblichen Schicht der poetischen (und auch der mystischen) Sprache festhalten, um das Begehren des lyrischen Subjekts auch als einen immanenten Wunsch nach spiritueller Einheit mit der materiellen Welt zu lesen, als «marcha hacia todo» (4). Champourcin «depicts a present that reconfirms human existence and its unity with all creation»,[423] unterstreicht Bellver. José-Carlos Mainer spricht von einer «poesía cosmológica [que] busca en el abrazo con el mundo alrededor la afirmación espiritual del ser».[424] Indem Champourcin ein Erleben immanenter Transzendenz in Szene setzt, gleichzeitig aber auch immer wieder auf christliche und neoplatonische Motive zurückkommt, poetisiert sie schließlich eine Form transsäkularer Spiritualität.

Im zweiten Teil des Gedichtes realisiert das lyrische Subjekt seinen Wunsch nach erotischer Selbstauflösung: «Un oculto poder me arrancó de mí misma.» (47) Dabei konkretisiert sich immer mehr das Bild einer Liebesbegegnung zwischen lyrischem 'Ich' und einem offen bleibenden, nicht definierten 'Du'. Die religiösen Anspielungen verstärken sich:

30 De pronto una palabra derramó su dulzura
    en el surco del aire.
    Se hizo carne tu voz y sentí que tu espíritu
    inyectaba en mis pulsos el hervor de su fiebre.
    Te escuché de rodillas.
35 Por fin apareciste
    anudando a mi alma el yugo de tu acento.

Die Gesten erotischer und religiöser Hingabe überlagern sich erneut und stehen in Anspielung auf katholische und brautmystische Diskurse in enger Verbindung

---

[423] Catherine Bellver: *Absence and Presence*, S. 183. «If she textualizes the yearnings hidden within the chambers of the soul, she can be linked as easily to Machado as to the feminine tradition; and her celebration of inner plenitude could be related to Jorge Guillén. What distinguishes her from these male poets is her specific perspective within their schemes. She readily exposes female desire through sublimate poetic transformations of religious overtones; and when she faces the other, she tends to eschew the disengagement and appropriation characteristic of masculine discourse.» Ebda., S. 181.

[424] José-Carlos Mainer zitiert nach Gregory Cole: *Spanish Women Poets of the Generation of 1927*, S. 144.

zur Idealisierung des Wortes. Das poetische Sprechen erhält so eine zentrale Rolle in diesem erotischen Verführungsprozess; Hören wird zur Chiffre für eine Disposition der sinnlichen Aufmerksamkeit, Selbstrücknahme und Verbindung mit dem Anderen. «As for *listening*, what can listening signify if it does not imply a relation to, and with, a living being here and now present to and with me?»[425]

In diesem Sinne rückt erneut die Poesie als Ziel des Begehrens und Mittel der Fülle in den Vordergrund. Rosi Braidotti bemerkt: «Schreiben ist eine Methode der Umwandlung kosmischer Intensität in (aus) haltbare Teile des Seins.»[426] Und Bataille vergleicht die Poesie mit der Erotik: «La poésie mène au même point que chaque forme de l'érotisme, à l'indistinction, à la confusion des objets distincts. Elle nous mène à l'éternité, elle nous mène à la mort, et par la mort, à la continuité : la poésie est l'éternité.»[427] Die letzte Strophe unterstreicht dies wiederum mit klaren Referenzen auf San Juan:[428]

> Se detuvo mi sangre. Me dispersé, anulada,
> en la oscura corriente que arrastran tus latidos.
> Inclinaste la boca. Yo levanté la mía,
> y un minuto de cielo
> 55 volcó sobre nosotros su cáliz asumbrado.

Wenngleich die Semantik von Hingabe und Selbstauflösung auf den ersten Blick wieder ein traditionelles, passives Weiblichkeitsmodell suggeriert, lässt sich mit Navarra argumentieren, dass das konkrete Begehrensobjekt auch hier unwesentlich für das Begehren nach Fülle wird:

> En la poesía amorosa y erótica de Champourcin toda sensación de plenitud no la otorga el objeto de deseo sino que procede de la misma mujer, de su propio interior. La presencia netamente carnal de la amante y su capacidad creadora y especulativa son las únicas potencias capaces de dar sentido a la existencia. El tú masculino es, por lo tanto, vacío y terrenal a la vez.[429]

Bellver liest Champourcins mystisch konnotierte erotische Texte in diesem Kontext aus feministischer Perspektive. In ihrer Lektüre von 'Plenitud' argumentiert sie im Sinne der hier vorgestellten feministischen Subjektivitätsmodelle der Relationalität und Verbundenheit, die die Öffnung gegenüber dem Anderen betonen:

---

[425] Luce Irigaray / Michael Marder: *Through Vegetal Being*, S. 49. Kursivierung im Original.
[426] Rosi Braidotti: *Posthumanismus*, S. 169.
[427] Georges Bataille: *L'érotisme*, S. 30.
[428] Vgl. die letzte Strophe der 'Noche oscura' (36–40) in San Juan de la Cruz: *Obra completa* 1, S. 72.
[429] Andreu Navarra Ordoño: ‹Seré tuya sin ti›, S. 84.

> This sublimation of physical desire transforms the erotic in her poetry into a mystical disposition, with the mystical understood not as a rejection of the pleasures of the world, but as the glorification of them. Champourcin's emphasis on the possibility of jouissance, on the ecstatic union that completes the self, keeps her poetry linked to physical experience and attaches feminist implications to it.[430]

Der Bezug auf mystische Konzepte der Liebe, der Hingabe und gegenseitigen Verbundenheit stützt Champourcins poetische Verhandlung einer anderen weiblichen Subjektivität. Ihre lyrische *persona* imaginiert eine allumfassende, geradezu kosmische Einheit mit der Welt, die sich mal als Geliebter, mal als Naturelement, als Ding, Poesie oder auch Gott manifestiert. Gerade das ununterscheidbare Changieren des Begehrensobjekts, die «wechselseitige[...] Verbundenheit zwischen dem Selbst und dem Anderen – einschließlich der nichtmenschlichen oder ‹erdhaften› Anderen»,[431] öffnet Champourcins Lyrik auf diese Weise für eine postanthropozentrische, transsäkulare Ethik und Ästhetik.

Epilog

Spanischer Bürgerkrieg und Exil bedeuteten einen starken Bruch sowohl in Champourcins Biografie als auch in ihrer Lyrik. Zu großen Teilen löst sich die offene Spiritualität ihrer frühen Gedichte in katholisch überformte Denkfiguren auf. Dieser Wechsel manifestiert sich am sichtbarsten in der Schreibung des Begriffs «dios» / «Dios». Ab dem im Jahr 1952 nach einer 16-jährigen Publikationspause veröffentlichten Band *Presencia a oscuras* markieren «Dios» und «Señor» eine sichtbar katholisch figurierte Gottesvorstellung. Auch zahlreiche Bibelzitate (insbesondere aus den Psalmen), marianische Bilder sowie liturgische und devote Figurationen weisen auf die Rekonversion Champourcins zum Katholizismus hin. Aus der vitalistisch-kosmischen *marcha hacia todo* wird somit zunehmend ein katholischer *camino hacia Dios*.

Dennoch lässt sich auch eine Kontinuität in der anhaltenden Präsenz einer leiblich verankerten, leidenschaftlichen Mystik und steten metapoetischen Reflexion in Champourcins Exilwerk erkennen, wenngleich sich die Akzente verschieben. Die vitalistische Verbundenheit und Feier der Natur wird nun deutlicher als neoplatonisch inspirierter Pantheismus markiert, der als materielle Spur letzen

---

430 Catherine Bellver: *Absence and Presence*, S. 203.
431 Rosi Braidotti: *Posthumanismus*, S. 55. Vgl. Kap. 2.4.

Ende immer wieder auf einen Schöpfergott zurückweist, wie hier in einem kurzen Text aus *Presencia a oscuras*:

> VIII
>
> Y no hay flor que no me huela
> a tu perfume, Señor,
> ni alegría ni dolor
> donde no encuentre tu estela.
> 5 Hasta el pájaro que vuela
> por el cielo estremecido
> parece buscar su nido
> en tu secreta morada,
> y mis ojos no ven nada
> 10 donde no estés escondido.

Formal verweist hier auch der klare 8-Silber mit dem regelmäßigem Reimschema auf den strengen umgrenzten Rahmen hin.

Die Referenzen auf San Juan und Santa Teresa nehmen in der Exillyrik noch zu. Brautmystische Figuren werden zwar seltener, grundlegende mystische Denkfiguren und Symbole wie Licht und Dunkelheit, Feuer oder Quelle verdichten sich jedoch.[432] Reflexionen über das Nichts, über Begrenzungen als Trennung und Gefangensein eher als als Potenzial der Verbindung rücken das Thema der Einsamkeit insbesondere nach der Rückkehr nach Spanien, im *segundo exilio*, in den Vordergrund. Hier liegt eine Lektüre nahe, die das politische Exil mit der ontologischen Vorstellung eines 'Exils auf Erden' verbindet und die Einsamkeitsmotivik mit der sozialen Isolation weniger während als nach dem Exil parallel führt.[433]

Mithin ist jedoch auch Champourcins später Gottesbegriff nicht nur konfessionell gefüllt und metapoetische Implikationen bleiben auch in den mystischen Referenzen des Spätwerks bestehen. In diesem Sinne hält «[su] misticismo muy humano, o humanizado, vitalista y carnal siempre, un misticismo muy del siglo XX, con ribetes de lo profano y dudoso desde el punto de vista teológico»[434]

---

[432] Vgl. Lorraine D. Hanley: *God, Exile and the Development of the Poetic Voice in the Poetry of Ernestina de Champourcin*, S. 106f.

[433] Vgl. zu dieser Thematik neben Hanley auch Iker González Allende: El mar y la pared. El exilio histórico frente al exilio existencial en la poesía final de Ernestina de Champourcin. In: Manuel Aznar Soler (Hg.): *Escritores, editoriales y revistas del exilio republicano de 1939*. Sevilla: Editorial Renacimiento 2006, S. 383–388.

[434] Serge Salaün: Ernestina de Champourcin y Concha Méndez, S. 50.

auch im Spätwerk (*Haikais espirituales*) Möglichkeiten alternativer, transsäkularer, intuitiver und materiell-vitalistischer Lektüren offen:

XXII

¿Si pudiera explicarles por qué tanta alegría?
El pájaro no explica
y la rosa tampoco.

5 Antonia Pozzi

> «Antonia Pozzi, [...] una mistica ribelle»
> Cinzia Fiori: Antonia Pozzi, i segreti di una mistica ribelle, S. 42.

Antonia Pozzis Werk wurde zu Lebzeiten nie veröffentlicht. Inzwischen jedoch gilt sie als wichtigste Lyrikerin während Zwischenkriegszeit und Faschismus in Italien. Neben ihrer Nähe zur philosophischen Mailänder Schule und den prägenden poetischen Strömungen der italienischen Moderne, wie dem *crepuscolarismo* und *ermetismo*, wird in der Forschung oft der Gegensatz zwischen Pozzis Distanzierung vom katholischen Denken und einer unspezifisch religiösen Dimension ihrer Lyrik hervorgehoben. In den mystischen Elementen, die bisher nicht systematisch untersucht wurden, sehe ich diese Spannung verdichtet.

Ich verorte Pozzis Mystikrezeption in doppelter Weise in einem größeren literaturhistorischen Kontext. Vor dem Hintergrund einer spezifisch italienischen Tradition tragen die Bezugnahmen auf mystische Denkfiguren zum einen zur Konstruktion einer vom Franziskanismus geprägten sozialen und ethischen Dimension ihrer Lyrik bei. Sie bilden damit einen sichtbaren Widerstand zur offiziellen faschistischen Ideologie. Pozzis Mystik-Referenzen verdeutlichen zum anderen Affinitäten zu zeitgenössischen Lyrikerinnen und Denkerinnen, die über den nationalen literaturgeschichtlichen Rahmen hinausgehen und vor der Folie einer Genealogie weiblichen lyrischen Sprechens lesbar sind. Die mystischen Spuren in Pozzis Dichtung verstehe ich auch als Ausdruck einer ausgeprägten transsäkularen *cross-pressure* zwischen rationaler Skepsis und dem Wunsch nach Verbindung. Gleichzeitig drückt sich in Antonia Pozzis poetischer Sensibilität für Natur und Dinge eine originelle Form materieller, immanenter Spiritualität aus.

5.1 Antonia Pozzi im Kontext der italienischen Lyrik der Moderne

Das Umfeld an der Mailänder Universität ist für Antonia Pozzis ästhetisches und philosophisches Denken in den 1930er Jahren prägend. In diesem Unterkapitel gehe ich daher zunächst auf die Auseinandersetzung mit vitalistischen Strömungen im Kontext der sogenannten *Scuola di Milano* um den Philosophen Antonio Banfi ein, in dessen Kreis sich die Lyrikerin bewegte. Im Anschluss skizziere ich wesentliche zeitgenössische lyrische Strömungen sowie die Situation von Lyrikerinnen im faschistischen Italien, um Antonias Pozzis Werk vor dieser Folie literaturhistorisch einordnen zu können. Da für die Lyrikerin, wie für Anna de Noailles und Ernestina de Champourcin, fast gar keine wissenschaftlichen Darstellungen für den deutschsprachigen Raum vorliegen, stelle ich im Anschluss entsprechend umfassend Leben, Werk und Rezeption der Dichterin vor. Abschließend gehe ich auf Pozzis poetologische Äußerungen in Bezug auf Alteritätserfahrung, Ethik und die Bedeutung der Stille ein und veranschauliche die metapoetische Bedeutungsschicht ihrer Lyrik anhand des Gedichtes 'Preghiera alla poesia'.

Ästhetik, Philosophie und Mystik im frühen *Novecento* und der *Scuola di Milano*

«Italian writers across the centuries, from Dante onwards, show a striking inclination to concentrate on this world rather than the next, generally tending towards secular attitudes and sometimes expressing strong moral criticism of the Catholic Church»,[1] schreiben Peter Hainsworth und David Robey in ihrer Einführung in die italienische Literatur unter dem Stichort 'secularism'. «Secularism in Italian literature pre-dates by a long way the impact of Freud and Darwin on Christian thinking and belief, often with a pessimistic colouring that anticipates that of Svevo and Pirandello.»[2] Die These, dass gerade in Italien, einem Land, dessen Kunst und Kultur doch in wesentlicher Weise vom Katholizismus geprägt zu sein scheint, säkulare Überzeugungen schon seit dem Mittelalter in Konkurrenz zu konfessionellen Diskursen standen, mag zunächst überraschen. Die beiden britischen Literaturhistoriker machen jedoch anschaulich deutlich, wie bereits Dante in der *Commedia* vielleicht nicht eine ausschließlich 'radikal säkulare Position' einnimmt, jedoch gerade die Spannung zwischen den Idealen von irdischem Glücksstreben und metaphysischem Heil in einer faszinierenden Schwebe belässt.[3] Der Abstand zwischen katholischer Jenseitsorientierung und enthusiastischer Zelebration der sinnlichen Welt prägt noch deutlicher die Literatur der Renaissance und der frühen Neuzeit: Der Neoplatonismus des 15. Jahrhunderts genauso wie die Texte Castigliones und Ariosts etwa richten ihren Fokus in diesem Sinn fest 'auf diese Welt'.[4] Dieser Hintergrund bereitet den Boden für die Entwicklung der Literatur der Moderne im 19. und frühen 20. Jahrhundert und bietet eine spannende literaturhistorische Folie für die transsäkulare Bedeutungsschicht von Antonia Pozzis Lyrik.

---

[1] Peter Hainsworth / David Robey: *Italian Literature. A Very Short Introduction.* Oxford: Oxford University Press 2012, S. 79f.
[2] Ebda., S. 85f.
[3] Vgl. ebda., S. 87.
[4] Vgl. ebda., S. 89.

Antonia Pozzis gesamtes Schreiben fällt in die Zeit der faschistischen Herrschaft Benito Mussolinis. Unter Tolerierung der moderaten Parteien, des Königshauses und eines großen bürgerlichen Bevölkerungsanteils gelang es Mussolini, mit dem 1921 gegründeten *Partito Nazionale Fascista* die Macht an sich zu reißen; König Vittorio Emanuele III ernannte ihn 1922 zum Ministerpräsidenten. Unter der nationalistischen, faschistischen Diktatur Mussolinis wurden alle Oppositionsparteien ausgeschlossen, politische Oppositionelle und ethnische Minderheiten verfolgt. Nach dem Bund mit den Nationalsozialisten verabschiedete Mussolini 1938 die antisemitischen 'Rassengesetze'.

Das diktatorische Regime wirkte bis tief in den Kultur- und Literaturbetrieb hinein. Viele Kritikerinnen und Kritiker heben dabei das Zusammenspiel von reaktionären und modernen Elementen in der faschistischen Ideologie hervor, die zum Ziel hatte, eine möglichst große Menge der Bevölkerung an das Regime zu binden, um Widerstand von vornhinein zu vermeiden. Während in Schule, Jugendorganisationen und Öffentlichkeit faschistische Propaganda regierte und die politische Zensur kritische Auseinandersetzungen mit Politik und Gesellschaft verhinderte, wurde zum Beispiel Benedetto Croces einflussreiche Kulturzeitschrift *La Critica* nicht verboten.

> Leitlinie der Kulturpolitik [war] ein autoritärer Synkretismus, der an die ideologischen Traditionen der Vorkriegszeit anknüpft, sie z.T. radikalisiert und in je opportune Mischverhältnisse bringt, hierüber Diskussionen im eigenen Lager in gewissen Grenzen zulässt, auch apolitische Nischen duldet, aber da mit Zensur und Verbot eingreift, wo die Autoren sich konkret auf die Widersprüche der Gesellschaft der Zeit einlassen.[5]

Aus diesem Grund war auch in einigen Bereichen des akademischen Feldes bis in die späten 1930er Jahre eine eingeschränkte wissenschaftliche Freiheit möglich.

In Mailand konnte sich in den 1930er Jahren um den marxistisch orientierten Philosophieprofessor Antonio Banfi ein Zirkel kritischer Schüler und auch Schülerinnen formieren, von denen viele später in der intellektuellen Kultur des Nachkriegsitaliens eine wesentliche Rolle spielen würden. Banfi, der in Berlin bei Georg Simmel studiert hatte und mit Edmund Husserl bekannt war, gilt als Gründer der sogenannten *Scuola di Milano* oder 'Mailänder Schule'. Er hatte 1925 ein von Benedetto Croce verbreitetes antifaschistisches Manifest unterschrieben und schloss sich in den 1940er Jahren der italienischen *Resistenza* an. Um 1931 den Lehrstuhl an der Mailänder Universität zu erhalten, legte er jedoch den Schwur auf das faschistische Regime ab. Der Banfi-Kreis umfasste zahlreiche Akademiker, Intellektuelle und Künstler, «a polyphonic though so-

---

[5] Heinz Thoma / Hermann H. Wetzel: Novecento. In: Volker Kapp (Hg.): *Italienische Literaturgeschichte*. Stuttgart: Metzler 2007, S. 300–402, hier S. 329.

metimes dissonant choir of intellectual voices», zu denen auch Antonia Pozzi gezählt wird:

> Banfi's pupils reflect the openness of his thought. [...] [H]is pupils shared a basic approach to philosophy but, instead of offering a dogmatic replication of Banfi's approach, they propagated it to different fields of culture: from philosophy (Enzo Paci, Giulio Preti and Fulvio Papi) to anthropology (Remo Cantoni), from pedagogy (Giovanni Maria Bertin) to history of science (Paolo Rossi), from politics to journalism (Aldo Tortorella and Rossana Rossanda), from philology (Maria Corti) to poetry (Vittorio Sereni, Antonia Pozzi and Daria Menicanti), from cinema to music and music criticism (Mario Monicelli, Nino Rota, Luigi Rognoni and Raffaele De Grada), from aesthetics to artistic practice (Luciano Anceschi and Dino Formaggio), and to the industry of publishing, teaching activity and cultural organization (Arnoldo Mondadori and the sisters Clelia and Ottavia Abate).[6]

Gemeinsam war vielen dieser unterschiedlichen akademischen und künstlerischen Persönlichkeiten neben dem engen Bezug zu Mailand und der Universität ihr hohes politisches Engagement, das sich überwiegend an sozialistischen und marxistischen Überzeugungen orientierte.[7]

Banfi prägte die philosophische Strömung des *razionalismo critico* in Italien, die die Vernunft als souveränes Mittel gegenüber ideologischen und dogmatischen Diskursen setzte und sie zugleich für ästhetische und zum Teil auch irrationale Phänomene zu öffnen suchte.

> Gli anni Trenta costituiscono la grande stagione dell'estetica banfiana [...]. Sono gli anni della massima apertura comprensiva alla crisi e dell'integrazione dell'irrazionalismo nelle ragioni del pensiero banfiano. [...] La ragione dev'essere ‹aperta›, perché l'esperienza verso cui comprensivamente si volge serba in sé momenti di spontaneità, imprevedibile fluidità, disponibilità semantica, che tradizionalmente connotano anche l'esperienza dell'arte.[8]

In der intensiven Beschäftigung mit dem Konzept der (historischen, philosophischen, sozialen, ästhetischen) Krise setzte Banfi grundsätzlich auf Historizität, Handlungsfähigkeit und Optimismus; nach dem II. Weltkrieg stand er entsprechend auch dem Existenzialismus nahe und engagierte sich aktiv in der Politik des Nachkriegsitaliens. Gleichzeitig weisen zahlreiche Kritiker jedoch darauf hin, dass der Philosoph angesichts der Dekonstruktion tradierter Wertsysteme keine neuen positiven Orientierungen anzubieten vermochte. Damit lief er faktisch Gefahr, bei seinen Schülern einen pessimistischen Skeptizismus und Nihilismus zu

---

[6] A.A.: Antonio Banfi. In: *Scuola di Milano* <http://sdm.ophen.org/filosofi/banfi/> [20.4.2022].
[7] Vgl. ebda.
[8] Gabriele Scaramuzza: *Crisi come rinnovamento. Scritti sull'estetica della scuola di Milano.* Mailand: Edizioni Unicoli 2000. Vgl. zu Banfis Werk im Detail auch Fulvio Papi: *Il pensiero di Antonio Banfi.* Florenz: Parenti Editore 1961, S. 14f. und 36.

verbreiten: «Il pensiero di Banfi conterrebbe dunque, almeno potenzialmente, rischi di relativismo, di scetticismo (magari addirittura di nihilismo).»[9]

Banfi verortete sich in einer vermittelnden Position zwischen Neukantianismus, Lebensphilosophie und Phänomenologie. Ein zentrales Moment im Denken der *Scuola di Milano* war das Bestreben, 'Vitalität der Erfahrung und Rationalität des Denkens in Einklang zu bringen'.[10] «Il motto che in quegli anni domina l'ambiente culturale dell'Università Statale di Milano è aderire alla vita.»[11] Von Simmels Konzept des 'Mehr-als-Leben' übernahm Banfi den Gedanken des *più che vita*, «che possiamo riferire a ciò cui si dava nome di spirito, alle forme della cultura *tout court*.»[12] Das Ziel der Kunst ist es in diesem Sinne nicht, ein technisch perfektes 'Meisterstück' zu liefern, sondern 'lebendig' zu sein.[13]

Für die Zeit zwischen 1930 und 1935 – die Zeit von Antonia Pozzis Studium an der Mailänder Universität – sind in diesem Kontext zwei akademische Kurse Banfis besonders hervorzuheben: die Einführung in die Philosophie Nietzsches im akademischen Jahr 1933/34 und die Vorlesung über Spinoza ein Jahr später.[14] Im Gegensatz zur zeitgleichen faschistischen Aneignung Nietzsches durch die Nationalsozialisten stellt Fulvio Papi Banfis alternative vitalistische Lektüre heraus:

> Era certamente importante leggere il filosofo tedesco nei primi anni Trenta in una prospettiva differente da quella che ne fece la cultura di orientamento nazi. […] Banfi certamente interpretava la filosofia di Nietzsche […] come una critica immanente alla filosofia

---

9 Gabriele Scaramuzza: Antonia Pozzi tra gli allievi di Banfi. In: Graziella Bernabò u.a. (Hg.): *...e di cantare non può più finire... Antonia Pozzi (1912–1938)*. Mailand: Viennepierre Edizioni 2009, S. 29–50, hier S. 32. Die Banfi-Schülerin Maria Corti erinnert sich, wie Banfi mit der Zerstörung aller Sicherheiten zahlreiche Schüler in die Krise stürzte. In dem Umfeld gab es tatsächlich mehrere Suizide, zu denen auch jener von Antonia Pozzi zählt. Vgl. ebda., S. 44.
10 Vgl. ebda.
11 Adele Ricciotti: Antonia Pozzi. La poesia dell'anima. In: *Cuadernos de Filología Italiana* 21 (2014), S. 213–234, hier S. 228.
12 Gabriele Scaramuzza: Antonia Pozzi tra gli allievi di Banfi, S. 31.
13 «L'arte come vivente, non come capolavoro». Gabriele Scaramuzza: *Crisi come rinnovamento*, S. 18.
14 Die Nietzsche-Vorlesung wurde vermittelt durch die Notizen des Banfi-Schülers und engen Freundes Antonia Pozzis, dem Philosophen und Kunsthistoriker Dino Formaggio, veröffentlicht. Vgl. Antonio Banfi: *Introduzione a Nietzsche. Lezioni 1933–1934*. Herausgegeben von Dino Formaggio. Mailand: ISEDI 1974. Der Spinoza-Kurs erschien in Antonio Banfi: *Spinoza. Dalle lezioni del Prof. Banfi*. Herausgegeben von J. Monarro / L. Granata. Mailand: Ravezzani Editore 1935 und Antonio Banfi: *Spinoza e il suo tempo*. Florenz: Vallecchi 1969.

> quand'essa si perde nelle astrazioni concettuali dalle quali vuole far giungere la definitività del giudizio sulla esperienza diretta del vivere.[15]

Im Vordergrund steht hier der Ansatz, die Philosophie an die konkrete Erfahrung anstelle von abstrakten Konzepten zu binden, ganz im Sinne von Banfis Bestreben, das rationale Denken zu öffnen. Auch in der ambivalenten Figur des Übermenschen sieht Banfi nicht das Ideal physischer und geistiger Überlegenheit verkörpert, sondern die irrationale Dimension des Lebens und den vitalistischen Impuls des steten Werdens, Vergehens und Neuschaffens symbolisiert:

> Nell'interpretazione di Banfi il superuomo, come colui che distrugge valori per crearne di nuovi, destinati a loro volta alla distruzione, è una figura del *divenire* in cui si manifesta l'*irrazionalità* della vita. Poiché la vita altro non è che ‹la dialettica dell'essere, il continuo distruggersi, crearsi, risolversi e ricrearsi›, l'amore per la vita sarà ‹amore di questa continua novità›, ‹sarà il carattere del superuomo›.[16]

In eine ähnliche Richtung weist Banfis Beschäftigung mit Spinoza, einem der 'geistigen Schutzpatronen' der Mailänder Schule.[17] Banfi betont die Integration von Philosophie und Leben in Spinoza und hebt die Modernität des frühneuzeitlichen Denkers hervor: «[P]ochi come Spinoza, oggi sono vicini all'anima contemporanea».[18] Im Sinne seines eigenen Denkens der Krise filtert Banfi aus Spinozas monistischer Philosophie die optimistische Haltung der Lebensakzeptanz – *amor fati* – heraus und stellt sie als Ideal den Gefahren pessimistischen Denkens gegenüber:

> Ogni modo finito è nel mondo solo per dissolversi: ma questo dissolversi del modo finito è un vivere, non un morire. Questa è la grande trasposizione spinoziana: non ci lamentiamo, nella vita, delle cose che ci distruggono; dal senso della caducità del reale nasce il pessimismo; Spinoza al contrario festeggia la caducità del reale, che è la sua stessa ragion d'essere, è l'eterna presenza di Dio nel mondo come movimento e vitalità. Qui sta tutta l'*Etica* spinoziana: l'accettazione della morte come vita, la rivalutazione di tutti i motivi positivi dell'anima. La *meditatio vitae* è la nuova sapienza e la nuova esperienza spinoziana.[19]

Aus der Betonung der Immanenz, der Fokussierung auf das Hier und Jetzt, entwickelt Banfi die ethische Konsequenz sozialer Verantwortung 'in diesem Leben'.

---

15 Fulvio Papi: *L'infinita speranza di un ritorno. Sentieri di Antonia Pozzi*. Mailand: Viennepierre Edizioni 2009, S. 96.
16 Carlo Gentili: Antonio Banfi interprete di Nietzsche. In: Simona Chiodo / Gabriele Scaramuzza (Hg.): *Ad Antonio Banfi cinquant'anni dopo*. Mailand: Unicopli 2007, S. 213–223, hier S. 219. Kursivierung im Original.
17 Vgl. Gabriele Scaramuzza: *Crisi come rinnovamento*, S. 33.
18 Antonio Banfi: *Spinoza e il suo tempo*, S. 147.
19 Ebda., S. 201.

«[S]i tratta di rispetto e di comprensione per la dignità del finito. Non c'è un altro luogo che questo mondo naturale e umano per la costruzione di una vita felice, ciò, come scriveva Banfi, rende necessaria, per il saggio, la vita in mezzo agli altri.»[20] Banfi schließt damit u.a. an Spinozas pantheistisches Modell an, wenn er die Kontinuität individuellen Lebens in der Dynamik steter Veränderung erkennt: «Vi è nel fondo dell'essere nostro la persuasione di una solidità di realtà. [...] Perciò l'uomo, che si è posto da questo punto di vista, sente la propria eternità. Spinoza nega l'immortalità dell'anima particolare, ma ciò che è indissolubile ed eterno è il fatto che in quel momento è esistita quella individualità.»[21] Göttliche Präsenz lässt sich in disem Sinne immer schon aus der Erfahrung des Endlichen und Materiellen ableiten, nicht aus der metaphysischen Spekulation.

Im Kontext seines Projektes der Öffnung der Rationalität und des Denkens der Krise beschäftigte sich Banfi gerade in den 1920er und 1930er Jahren auch mit Religion. «Sono gli anni in cui non solo più è viva in lui la sensibilità per la dimensione religiosa, ma anche si può parlare di una sorta di complicità tra il religioso e il filosofico.»[22] Dabei zeigt er eine philosophische und politische Nähe zum Protestantismus.[23] So veröffentlichte er Mitte der 1920er Jahre Artikel in der reformatorisch fundierten Zeitschrift *Conscientia. Rivista di lettere e filosofia religiosa* (1922–1927) und in Publikationen des evangelischen Doxa-Verlags. 1940 erschien sein Aufsatz 'Filosofia e religione' in der Zeitschrift *Studi Filosofici*.[24] Der germanophile Philosoph interessierte sich besonders für die Mystik Jakob Böhmes und die Theologie Karl Barths und Paul Tillichs. In seiner Kommentierung Böhmes verweist er auf die Bedeutung der Akzeptanz und Auseinandersetzung mit einer immer schon widersprüchlichen Realität anstelle der äußerlichen Verehrung eines göttlichen Ideals.[25] Die grundsätzliche Spannung zwischen Transzendenz und Immanenz sieht er in den beiden (mystischen) Erkenntniswegen

---

20 Roberto Diodato: Lo spazio della quiete. Nota sullo Spinoza di Banfi. In: Simona Chiodo / Gabriele Scaramuzza (Hg.): *Ad Antonio Banfi cinquant'anni dopo*. Mailand: Unicopli 2007, S. 248–253, hier S. 253.
21 Antonio Banfi. Zitiert nach Roberto Diodato: Lo spazio della quiete, S. 252.
22 Gabriele Scaramuzza: *Crisi come rinnovamento*, S. 35.
23 Vgl. Alessandro Sardi: ‹L'essere nella vita dello spirito›. Dialettica esistenziale tra cultura e problematica religiosa in Antonio Banfi. In: Simona Chiodo / Gabriele Scaramuzza (Hg.): *Ad Antonio Banfi cinquant'anni dopo*. Mailand: Unicopli 2007, S. 315–325, hier S. 317. 1924 veröffentlichte Banfi eine Einführung in die religiösen Schriften Böhmes. Vgl. Antonio Banfi: Introduzione. In: Jakob Böhme: *Scritti di religione*. Turin: Paravia 1924, S. III–VIII.
24 Vgl. Antonio Banfi: Filosofia e religione. In: *Studi Filosofici* 2–3, 1 (April–September 1940). Vgl. auch die Lektüre von Matteo Bianchetti: Banfi e la religione. In: Simona Chiodo / Gabriele Scaramuzza (Hg.): *Ad Antonio Banfi cinquant'anni dopo*. Mailand: Unicopli 2007, S. 326–333.
25 Vgl. Alessandro Sardi: ‹L'essere nella vita dello spirito› S. 317.

der *via negationis* und der *via eminentiae* ausgedrückt.²⁶ Banfi geht es auch um die Entwicklung einer Phämenologie der religiösen Erfahrung, die er u.a. anhand der Mystik zu entwickeln suchte. Im Sinne von Banfis Denken der Krise steht in den Reflexionen über Religion zudem immer wieder der Konflikt zwischen Individuum und Welt im Zentrum. Letzten Endes vertrat Banfi jedoch einen dezidierten Atheismus, den er, so Alessandro Sardi, der Religion gegenüber moralisch deutlich überlegen sah.²⁷

Welche Bedeutung nahmen Religion und Mystik in den Hauptströmungen der Lyrik des frühen 20. Jahrhunderts und der Zwischenkriegszeit in Italien ein?

In Dekadenz und Ästhetizismus der Jahrhundertwende spielen Katholizismus und Mystik, ähnlich wie in Frankreich, eine große Rolle; religiöse Motive werden hier in sensualistische, exzentrische Bilder überformt.²⁸ Die Lyrik des *crepuscolarismo* schlägt eine gänzlich andere Richtung ein. Der Begriff, 1910 vom Mailänder Ästhetikprofessor Giuseppe Antonio Borgese geprägt (bei dem Antonia Pozzi studierte), bezeichnet eine Dichtung des Kleinen, Zurückgenommenen, Alltäglichen. In den lyrischen Texten transportieren Verweise auf kirchliche Bauten wie Kapelle oder Friedhof eine Stimmung der Ruhe und Melancholie, religiöse Themen erscheinen stark mit poetischer Subjektivität und intimistischen Gesten verknüpft. Die futuristische Lyrik wiederum verfolgt mit ihrer Technikidealisierung, einem dezidierten Antikatholizismus, bewusst platzierter Blasphemie und Dekonstruktion traditionell bürgerlich-christlicher Werte wieder eine ganz andere Ästhetik, die kaum Raum für Themen der Innerlichkeit bietet.²⁹ Die lombardische Dichterin Ada Negri stellt eine Ausnahmefigur innerhalb der modernen italienischen Dichtung dar und ist keiner festen Strömung zuzuordnen. Ich erwähne sie hier wegen der christlich fundierten Ethik ihres Werkes. Schon ihre frühen Texte sind vom Drang nach sozialer Gerechtigkeit und dem Respekt für die Armen und Marginalisierten geprägt. Die späteren Texte wie der Band *Il*

---

26 Vgl. ebda., S. 322.
27 Vgl. ebda., S. 316.
28 Vgl. Volker Kapp: *Italienische Literaturgeschichte*. Stuttgart: Metzler ³2007, S. 306. Bei Fogazzaro etwa spiegelt der Heilige die Position des Außenseiters und marginalisierten Künstlers, Pascoli spielt dagegen mit dem ästhetischen Franziskanismus. Gabriele D'Annunzio ist der prominenteste Vertreter eines dekadenten Pantheismus, der in Absage an das traditionelle Christentum und in Affinität zu Nietzsche den steten Wandel und die Materialität des Lebens mit hohem Pathos zelebriert.
29 Vgl. für das Verhältnis von Marinetti zum Christentum jedoch Mirella Roccasalva Firenze: Filippo Tommaso Marinetti. Aeropoesia: ‹una voluttà di tocare l'infinito›. In: Francesco Diego Tosto (Hg.): *La letteratura e il sacro. II. L'universo poetico (Ottocento e prima parte del Novecento)*. Mit einem Vorwort von Pietro Gibellini. Neapel: Edizioni Scientifiche Italiane 2011, S. 181–189.

dono (1935) zeugen vom Wunsch nach Hingabe, einer «affermazione della radicalità del dono»[30] und einer dialogisch gedachten Auseinandersetzung mit dem Anderen.

Die poetische Strömung, die die italienische Zwischenkriegszeit jedoch am stärksten prägte, ist der *ermetismo*, «Italy's form of European modernism».[31] Die Definition und Zugehörigkeit zu dieser Strömung, die mit ihrer starken Bildlichkeit, komplexen Analogien und Konnotationen sowie der Konzentration auf das poetische Wort eine große Nähe zur zeitgenössischen internationalen Poesie aufweist (Paul Valéry, Rainer Maria Rilke, T.S. Eliot u.a.), ist vielfach debattiert worden.[32] Generell wird unter *ermetismo* im weiteren Sinne die dominante lyrische Stilrichtung von Beginn der 1930er Jahre bis in die frühe Nachkriegszeit verstanden. Epizentrum des *ermetismo* war Florenz, jedoch bildete neben Rom auch Mailand (mit Autoren wie Vittorio Sereni, mit dem Pozzi befreundet war) ein weiteres Zentrum. In Mailand bildeten Banfi und die Zeitschrift *Corrente* einen Referenzpunkt für die *ermetici*. Zu den prominenten Vertretern des weiteren Kreises werden häufig auch Giuseppe Ungaretti, Eugenio Montale und Salvatore Quasimodo gezählt, zum engeren Kreis gehören u.a. Mario Luzi, Alfonso Gatto, Piero Bigongiari, Alessandro Parronchi, Vittorio Bodini und Vittorio Sereni.

Im Gegensatz zum provokant agierenden Futurismus war der *ermetismo* deutlich zurückgenommener. Pautasso plädiert daher, wie auch die vorliegende Untersuchung, für einen ausgeweiteten Avantgardebegriff, der die stilleren ästhetischen Innovationen der Zwischenkriegsdichtung mit einschließt.[33] Die hermetische Lyrik stellte die Konzentration auf die Dichtung ins Zentrum ihres Schaffens mit Hilfe einer Sprache, «die die Errungenschaften der Lyrik

---

30 Gianmario Veneziano: Ada Negri. Il ritrovamento della giovinezza. In: Francesco Diego Tosto (Hg.): *La letteratura e il sacro. II. L'universo poetico (Ottocento e prima parte del Novecento)*. Neapel: Edizioni Scientifiche Italiane 2011, S. 173–180, hier S. 178.
31 Peter Hainsworth / David Robey: *Italian Literature*, S. 25.
32 Vgl. die Überblicksdarstellungen von Sergio Pautasso: *Ermetismo*. Mailand: Editrice Bibliografica 1996; Beatrice Stasi: *Ermetismo*. Mailand: La Nuova Italia 2000; Anna Dolfi (Hsg.): *L'Ermetismo a Firenze. Critici, traduttori, maestri, modelli*. I. Florenz: Firenze University Press 2016. Vgl. zum historischen Kontext im Folgenden das Kapitel ‚Il contesto storico-culturale' in Sergio Pautasso: *Ermetismo*, S. 5–26.
33 «Se non limitiamo la nozione di avanguardia allo sperimentalismo di tipo espressionistico [...], ma la intendiamo anche ad altri procedimenti di tipo diverso, analogici o simbolici, allora l'ermetismo, per la sua particolare ricerca di linguaggio, associata a una dimensione spirituale, diventa un momento essenziale del nostro rinnovamento poetico novecentesco. [...] Diventa, in sostanza, anch'esso un'avanguardia, di tipo particolare, più interiorizzata e meno clamorosa». Sergio Pautasso: *Ermetismo*, S. 39f.

der Moderne [...] mit der Suche nach dem Absoluten verbinden will.»[34] Gleichzeitig grenzte sie sich jedoch von der Bremondschen Vorstellung einer inspirierten *poésie pure* genauso wie von Croces Konzept der *poesia pura* ab.[35]

Spiritualität spielte eine wichtige Rolle und mehrere Dichter standen einem katholischen Milieu nahe.[36] Jedoch lag den *ermetici* jegliche Unterordnung der Literatur unter ein äußeres Ziel (Religion, Politik) fern. Katholische und säkulare Spiritualität existierten nebeneinander und waren weniger von konfessionellen Glaubenssätzen als von einer dominierenden Negativität gekennzeichnet: «[L]'autentica dimensione filosofica dell'ermetismo fu quella che rifletteva con i versi e con le riflessioni la condizione precaria dell'uomo, la dialettica critica e il senso tragico dell'esistenza.»[37] Pautasso führt als Veranschaulichung dieser These die Beispiele des *uomo di pena* Ungarettis, der negativen Theologie Eugenio Montales und des zentralen Begriffs der *assenza* bei Carlo Bo an. Das Konzept der Abwesenheit gilt gemeinhin als Leitmotiv hermetischer Dichtung. In *L'assenza, la poesia* (1941) formuliert Carlo Bo in Bezug auf das Verhältnis von Abwesenheit und Religion: «Non-sapere è già il nome di Dio invocato».[38] Die kontinuierliche Suche nach Sinn, die anstatt der konfessionellen Gewissheit eine anthropologische Unsicherheit setzt, hat bei Dichtern wie Quasimodo auch eine mystische Dimension.[39] Stefano Passigli weist in dieser Hinsicht auf Affinitäten zur spanischen 27er-Generation und zu französischen Autoren wie Paul Claudel und André Gide hin.[40]

Ein zentraler Aspekt in der Forschung zur Lyrik der *ermetici* ist die Frage nach ihrer politischen Situierung, ihrem Verhältnis zu Faschismus und Widerstand. Das Verhältnis der hermetischen Lyrik zum offiziellen faschistischen Dis-

---

34 Heinz Thoma / Hermann H. Wetzel: Novecento, S. 348. Der Kritiker Carlo Bo prägte in seinem Aufsatz 'Letteratura come vita' von 1938 das Motto der 'Literatur als Leben'. Vgl. Carlo Bo: *Letteratura come vita. Antologia critica.* Herausgegeben von Sergio Pautasso. Mailand: Rizzoli 1994.
35 Vgl. Beatrice Stasi: *Ermetismo*, S. 17.
36 «Le solide radici religiose della cultura e della sensibilità di molti ermetici rappresentano un dato storico acquisito.» Ebda., S. 14.
37 Sergio Pautasso: *Ermetismo*, S. 24.
38 Carlo Bo: *L'assenza, la poesia*. Rom: Storia e Letteratura 2002.
39 Vgl. Angela Maria Manenti: Quasimodo. Poeta alla ricerca di Dio. In: Francesco Diego Tosto: (Hg.): *La letteratura e il sacro. II. L'universo poetico (Ottocento e prima parte del Novecento).* Mit einem Vorwort von Pietro Gibellini. Neapel: Edizioni Scientifiche Italiane 2011, S. 269–275.
40 Vgl. Stefano Passigli: Gli anni dell'ermetismo, Una lettura politica. In: Anna Dolfi (Hsg.): *L'Ermetismo a Firenze. Critici, traduttori, maestri, modelli.* I. Florenz: Firenze University Press 2016, S. 33–37, hier S. 36.

kurs ist komplex. «Di fronte al fascismo trionfante come si pose l'ermetismo?»,[41] fragt Passigli in seinem Aufsatz 'Gli anni dell'ermetismo. Una lettura politica' und beantwortet die Frage mit dem Verweis auf die zeitgenössische Poesie als Rückzugs- und Schutzraum angesichts der lauten, dominanten faschistischen Rhetorik. Kritikerinnen und Kritiker machten den *ermetici* gerade Nichteinmischung, fehlenden Wirklichkeitsbezug und spirituell-christliche Ausrichtung zum Vorwurf. Die Mehrheit der Forschung deutet die zurückgenommene Innerlichkeit sowie den Fokus auf Poesie und Sprache jedoch eher als Praxis des Widerstands und des 'inneren Exils'. Während das Regime in Literatur und Kunst Heroismus, Fortschrittsglauben, gesellschaftlichen Optimismus und epischen Nationalismus valorierte, ermöglichte diese Form der Poesie einen Raum alternativer Werte und Ästhetik. Die Dichter lehnten zudem jede Form von hierarchischem Überbau (inklusive der institutionellen Kirche) ab.[42] Auch die alltäglichen und autobiografischen Themen sowie symbolisch chiffrierte Inhalte widersprachen der faschistischen Nützlichkeitsästhetik. Thomas Bremer deutet die hermetische Lyrik im Fall Italiens daher als dezidiert antifaschistisch im Sinne einer «zwar passiven, auch relativ folgenlosen, doch immerhin erkennbaren und rezipierbaren Opposition».[43]

Es ist offensichtlich, dass in diesem kursorischen Überblick zum Verhältnis von Ästhetik, Poesie und Religion im frühen *Novecento* und in der Zwischenkriegszeit (außer Ada Negri) keine Autorinnen und Dichterinnen genannt wurden. Dies liegt am literaturhistorischen Ausschluss vieler Lyrikerinnen aus der offiziellen Kanon- und Epochenbildung. Zur Verortung von Antonia Pozzis Schreiben nimmt der folgende Abschnitt daher speziell die historisch-politische Situation von Frauen und besonders Lyrikerinnen im ersten Drittel des 20. Jahrhunderts in den Blick.

«A lacuna around women's poetry of the 1920s and 1930s». Lyrikerinnen in Zwischenkriegszeit und Faschismus in Italien

Die Situation italienischer Autorinnen des ersten Drittels des 20. Jahrhunderts stellt sich in Literaturgeschichte und Kanon noch extremer als in Frankreich

---

41 Ebda., S. 35.
42 Vgl. Sergio Pautasso: *Ermetismo*, S. 43–45.
43 Thomas Bremer: Der doppelte Widerstand. Literatur und Kampf gegen den Faschismus in Italien 1922–1945. In: ders.: *Europäische Literatur gegen den Faschismus. 1922–1945*. München: C.H. Beck 1986, S. 53–79, hier S. 65.

und Spanien dar: Bis vor kurzem kamen Frauen in literaturhistorischen Überblicksdarstellungen so gut wie gar nicht vor.

> In fact, [...] if one looked at any history of Italian literature, one was struck by the almost total absence of women writers. [...] Even if one accepts as a possible explanation for this phenomenon the endemic misogyny of European culture, a comparison with literary traditions of other countries shows Italian literary culture to be decidedly less represented by contributions from women.[44]

In zahlreichen aktuellen literaturhistorischen Darstellungen fehlen bis heute selbst bekanntere Namen wie die von Ada Negri oder Sibilla Aleramo. Das Werk der Literaturnobelpreisträgerin von 1926, Grazia Deledda, wird häufig in nur wenigen Zeilen verhandelt.[45] Seit den 1990er Jahren gibt es zwar ein neu erwecktes Interesse an der Literatur von Frauen auch in Italien, die meisten kanonischen literaturhistorischen Werke sind jedoch immer noch an männlichen Vorbildern und Modellen ausgerichtet. Dies gilt in besonderem Maße für Zwischenkriegszeit und Faschismus. Eine Folge dieses Ausschlusses ist die viel verbreitete Annahme, diese Epoche stelle nurmehr eine 'Lücke' im Schreiben italienischer Autorinnen dar.[46]

Wie stellte sich die gesellschaftliche und politische Situation für Frauen im ersten Drittel des 20. Jahrhunderts dar und welche Rolle nahmen Künstlerinnen und Autorinnen darin ein?

Seit Beginn des 20. Jahrhunderts begannen die Bildungschancen und Berufsmöglichkeiten für Mädchen und Frauen sich langsam zu erweitern, wobei die regionalen und sozialen Unterschiede sehr groß waren.[47] Die soziale Vormachtstellung der Kirche wurde langsam von anderen gesellschaftlichen und

---

44 Ada Testaferri: Canon. In: Rinaldina Russell (Hg.): *The Feminist Encyclopedia of Italian Literature*. Westport / London: Greenwood Press 1997, S. 40–42, hier S. 40.
45 Vgl. z.B. für den deutschen Kontext Volker Kapp (Hg.): *Italienische Literaturgeschichte*.
46 Vgl. Robin Pickering-Iazzi: *Politics of the Visible. Writing Women, Culture, and Fascism*. Minneapolis / London: University of Minnesota Press 1997, S. 192f. Vgl. die in dieser Hinsicht ähnliche Situation in Frankreich, Kap. 3.1.
47 Das Analphabetentum verringerte sich und vor allem Mädchen aus der urbanen Mittel- und Oberschicht konnten eine höhere Schulbildung erlangen. Als neues Tätigkeitsfeld für Frauen eröffnete sich in erster Linie der Beruf der Grundschullehrerin. Seit der Jahrhundertwende gab es jedoch auch eine größer werdende Anzahl von Journalistinnen; der expandierende Zeitschriftenmarkt und neue Publikationen für Frauen wie *La donna* und *Vita femminile* ermöglichten auch hier neue Betätigungsfelder. Vgl. hier und im Folgenden Perry Willson: *Women in Twentieth-Century Italy*. London: Palgrave Macmillan 2010, S. 4–23. Perry führt eine Untersuchung an, nach der 1931 die Analphabetenquote in der Lombardei unter Frauen nurmehr 5% betrug, während sie im südlichen Kalabrien mehr als die Hälfte der weiblichen Bevölkerung umfasste. Vgl. ebda., S. 70.

wissenschaftlichen Instanzen in Frage gestellt, dennoch hatte diese immer noch großen Einfluss auf traditionelle Vorstellungen von Geschlecht, Familie und Sexualität. Bereits seit den 1880er Jahren hatten sich jedoch erste Frauenbewegungen gebildet. Ausgangspunkt war Mailand, «Italy's most modern and industrial city» und «heartland of the turn-of-the-century feminist movement».[48] Nach der kurz währenden Öffnung der Geschlechterrollen in Folge des I. Weltkrieges entwickelte sich die Frauenbewegung im Anschluss immer mehr in eine konservative Richtung.[49] Der faschistische Diskurs argumentierte schließlich, dass das Eintreten für individuelle Rechte wie im Feminismus anlässlich der neuen Pflichten aller Bürgerinnen und Bürger für den Staat obsolet geworden sei, wenngleich diese Pflichten jedoch explizit geschlechterspezifisch verstanden wurden.[50]

Die Zeit der faschistischen Herrschaft Benito Mussolinis stellte eine Epoche komplexer und teils widersprüchlicher Entwicklungen in Bezug auf Geschlechterverhältnis und Frauenrolle dar. Forschungen wie die von Victoria de Grazia und Robin Pickering-Iazzi haben gezeigt, wie die faschistische Ideologie entgegen des ihr zu Grunde liegenden hierarchischen, patriarchalischen Denkens neben reaktionären Frauenbildern zum Teil auch modernere Geschlechtermodelle hervorbrachte.[51] Grundsätzlich herrschte bekanntermaßen nicht nur im italienischen Faschismus ein binär gedachtes Geschlechterverständnis, in dem das männliche Ideal der heroische Soldat und das weibliche Pendant die sich aufopfernde Mutter darstellte. Im Kontext der faschistischen Erziehung wurde das Klischee der italienischen *mamma* in groß angelegten Propagandakampagnen verbreitet. Dem Ideal der *madre prolifica*, der ländlich-traditionellen, körperlich üppigen Mutter mit vielen Kindern, stand das Schreckbild der *donna-crisi* gegenüber. Mit dieser 'krisenhaften' Weiblichkeit wurde ein modernes, schlankes Erscheinungsbild mit Lippenstift, kurzen Haaren und sportlicher Kleidung assoziiert sowie Selbstbezogenheit und Hedonismus konnotiert. In der Öffentlichkeit

---

48 Ebda., S. 24. Im Zentrum der Debatte stand die Forderung nach dem allgemeinen Wahlrecht für Frauen, das jedoch erst nach dem II. Weltkrieg eingeführt wurde. Grundsätzlich standen sich sozialistisch und katholisch orientierte Gruppierungen gegenüber.
49 Vgl. ebda., S. 60.
50 «In this, men and women enjoyed a bizarre equality: both had duties, neither had rights. Their duties, however, were separate and genderspecific, for Fascism firmly upheld male privilege.» Ebda., S. 62.
51 Vgl. Victoria de Grazia: *How Fascism ruled Women. Italy, 1922–1945*. Berkeley: California University Press 1992 und Robin Pickering-Iazzi: *Politics of the Visible*. Vgl. zur Situation von Frauen im Faschismus im Folgenden auch Perry Willson: *Women in Twentieth-Century Italy*, S. 61–78.

wurde schließlich systematisch versucht, Frauen aus öffentlichen Positionen und Universitäten herauszuhalten.

Tatsächlich brachte die faschistische Herrschaft zeitgleich jedoch auch – oft entgegen der angestrebten Geschlechtervorstellung – modernere Rollenbilder für Frauen hervor. Insbesondere die faschistische Massenmobilisierung zu Zwecken der Indoktrination und ideologischen Durchdringung möglichst aller Gesellschaftsschichten und -gruppen ermöglichte gerade Mädchen und jungen Frauen, sich in größeren Gruppen außerhalb des Hauses zu treffen und in der Öffentlichkeit aktiv zu werden: «It was on girls and young women that the Fascist mobilisation had the most modernising impact.»[52] Entgegen den Zielen der faschistischen Regierung weiteten sich Bildung und Berufstätigkeit von Frauen in der Zwischenkriegszeit aus und die Natalitätsquote sank. Das Angebot an weiblichen Rollenidealen ging offenbar in teils paradoxer Wendung tatsächlich deutlich über die Mutterrolle hinaus:

> The variety of representations of woman – her ‹essence›, familial roles, social duties, and position in the Fascist nation – incorporates both acknowledgments of and solicitations to behaviors we would likely consider emancipated, along with summons to assume the demeanors and responsibilities invoked by the traditional figure of the woman – mother.[53]

Eine ähnlich paradoxe Wirkung stellen Peter Hainsworth und David Robey für die Entwicklung der Literatur von Frauen während des Faschismus fest: «Particularly in its earlier years, the Fascist revolution went against its own rhetoric and extended the possibilities open to women. One sign of this is that in the 1930s more fiction by women was published in Italy than ever before.»[54]

Matilde Serao, Grazia Deledda und Sibilla Aleramo sind die großen zeitgenössischen italienischen Vorbilder. Serao, Journalistin und Verfasserin von

---

52 Ebda., S. 91. Mädchen waren je nach Alter in unterschiedlichen faschistischen Jugendverbänden organisiert. Zu den Inhalten der Treffen gehörten, neben der ideologischen Unterweisung, vor allem die Vorbereitung auf die Mutterschaft und auf häusliche Aktivitäten, aber auch Sport und Ausflüge. Zu den weiteren modernisierenden Aspekten der Zeit gehörten die Ausbreitung von Radio, Kino und Zeitschriftenmarkt, in denen auch alternative Frauenbilder (etwa aus dem Ausland) rezipiert werden konnten, die Lockerung der Kleidung und der zunehmende zwanglose Umgang unter den Geschlechtern durch vermehrte Koedukationsangebote.
53 «Putting such diverse female images as the glamorous actress, the prolific countrywoman, the protean athlete, the factory worker, and the literary woman on exhibition, the verbal and visual registers furnished by Fascist thinkers both contest and constitute new female subject positions.» Robin Pickering-Iazzi: *Politics of the Visible*, S. 9f.
54 Peter Hainsworth / David Robey: *Italian Literature*, S. 110. Zu den Aspekten, die die literarische Tätigkeit von Frauen unterstützten, zählen die bereits genannten Punkte der Ausweitung des Buch- und Zeitschriftenmarktes, der erhöhten Alphabetisierungsquote, bessere Bildung von Frauen im Allgemeinen, aufkommende Massenkultur sowie auch internationale Vorbilder.

über vierzig realistischen Romanen und Erzählsammlungen, war eine zentrale Figur der italienischen Publizistik der Jahrhundertwende.[55] Deledda erhielt 1926 den Literaturnobelpreis für ihr umfangreiches Erzählwerk. Aleramo, «figurehead for Italian feminism in the early years of the twentieth century»,[56] wurde mit ihrem erfolgreichen Roman *Una donna* (1906) bekannt, der häufig als 'erster italienischer feministischer Roman' bezeichnet wird.

Für die Lyrik ist die Situation schwieriger. Ada Negri nimmt eine große Vorbildfunktion für die Dichterinnen des frühen 20. Jahrhunderts bis zum II. Weltkrieg ein. Auch Aleramo veröffentlichte in den 1920er Jahren mehrere Lyrikbände. Insgesamt ist es jedoch deutlich schwieriger, Lyrikerinnen für den Zeitraum von der Jahrhundertwende bis zum II. Weltkrieg auszumachen. «Indeed, of all the genres where works by women participated in constituting the interwar canon, poetry is the field where the most research – archival, theoretical, and critical – needs to be done»,[57] bestätigt Pickering-Iazzi in Bezug auf die Zwischenkriegszeit. Die meisten literaturhistorischen Werke beschäftigen sich mit dem Futurismus und dem *ermetismo* als den zwei wichtigsten poetischen Strömungen der Zeit und beziehen sich in ihren Darstellungen ausschließlich auf männliche Dichter. Die männlich kodierten, geschlossenen Genrevorstellungen mögen eine Erklärung für den Ausschluss von Dichterinnen der Zeit sein: «I would argue», schreibt Pickering-Iazzi, «that the resultant paradigm, tracing the genealogy of poetry from the anti-Fascist hermetics through the Resistance to the socially committed posthermetics, virtually shuts women poets out of the discussions about the forms of interwar poetry and their potential relations to Fascism and literary ‹resistance›.»[58] Lyrikerinnen wie Antonia Pozzi, die einen ganz eigenen poetischen Weg jenseits starrer ästhetischer Zuordnungen gehen, fallen aus dem linearen Schema heraus.

Zwei zeitgenössische Studien von italienischen Lyrikerinnen geben einen Überblick über eine Auswahl von Dichterinnen der Moderne: *Poetesse d'Italia* (1916) von Camilla Bisi und die beiden Bände *Donne d'Italia. Poetesse e scrittrici* (1941/42) von Maria Bandini Buti. Bisis Essay nimmt gleich in der Einleitung die Vorurteile und Schwierigkeiten auf, mit denen Autorinnen immer schon zu

---

55 Vgl. Franca Janowski: Ottocento. In: Volker Kapp (Hg.): *Italienische Literaturgeschichte*. Stuttgart: Metzler ³2007, S. 245–299, hier S. 291.
56 Ursula Fanning: Aleramo, Sibilla (1876–1960). In: Rinaldina Russell (Hg.): *The Feminist Encyclopedia of Italian Literature*. Westport / London: Greenwood Press 1997, S. 10–11, hier S. 11.
57 Robin Pickering-Iazzi: *Politics of the Visible*, S. 192.
58 Allerdings kann diese Erklärung nicht für futuristische Autorinnen wie Rosa Rosà oder Maria Goretti gelten, die sich explizit an die avantgardistische Ästhetik angeschlossen hatten. Ebda.

kämpfen hatten, so etwa die Unterstellung, Poesie von Frauen wäre reiner Gefühlsausdruck, die besondere Schärfe der Leserschaft in der Beurteilung der Literatur von Frauen und die verbreitete Überzeugung, Frauen sollten allein der Mutterschaft und Hausarbeit dienen.[59] Aus der Vielzahl vorgestellter zeitgenössischer Lyrikerinnen hebt Bisi Amalia Guglielminetti als repräsentativste der modernen Dichterinnen hervor und setzt diese bewusst in Relation zu Ada Negri.[60]

In der zeitgenössischen Debatte um die Poesie von Frauen dominierte im Grunde genau der Ton, den Bisi kritisch festhält. Viele Kritiker lobten die Lyrik von Ada Negri oder Sibilla Aleramo für ihren sensiblen 'weiblichen' Zugang zur Poesie. Gleichzeitig kritisierten sie jedoch ein Übermaß an biografischem oder sozialem Gehalt, das im Gegensatz zu Croces dominierendem Konzept 'reiner Poesie' stand.[61] Giovanni Boine spitzt dieses Denken 1914 auf die Aussage zu, dass Frauen des Poetischen generell ermangelten.[62]

Ähnlich wie in Frankreich und Spanien gibt es auch in Italien seit den späten 1970er Jahren ein neues Interesse an Autorinnen von feministischer Seite. In diesem Zuge erschienen mehrere Lyrikanthologien von Frauen. Der Effekt dieser Bemühungen auf den größeren akademischen Kontext hielt sich offenbar in Grenzen; dennoch geben die Publikationen einen Überblick über eine Auswahl von italienischen Dichterinnen im 20. Jahrhunderts und der Gegenwart.[63]

Donne in poesia (1976) von Biancamaria Frabotta gibt einen Überblick über das Werk von 25 Lyrikerinnen von der Nachkriegszeit bis in die Gegenwart. Im Vorwort unterstreicht die Herausgeberin die Notwendigkeit einer solchen Publikation, reflektiert aber auch kritisch die Gefahren der kontinuierlichen Abwertung der Literatur von Frauen und Ausgrenzung aus dem Kanon durch die Schaffung einer eigenen Unterkategorie der Lyrik als *poesia femminile*.[64] Hinsichtlich der oben angesprochenen Problematik der engen ästhetischen Kategorien verweist auch Frabotta auf den 'anderen Weg', den viele Lyrikerinnen einschlagen: «Tra ermetismo e neo-simbolismo le donne sembrano trovare una

---

59 Vgl. Camilla Bisi: *Poetesse d'Italia*. Mailand: Riccardo Quintieri 1916, S. 6f.
60 Vgl. ebda., S. 17.
61 Vgl. Robin Pickering-Iazzi: *Politics of the Visible*, S. 198f.
62 Vgl. Giovanni Boine: *Il peccato e altre cose*. Florenz: Libreria della Voce 1914, S. 258f.
63 «The production of these specialized anthologies has remained outside the area of academic criticism and has not affected the established canon.» Giuseppe Strazzeri / Nina Cannizzaro Byrne: Anthologies. Poetry, Modern. In: Rinaldina Russell (Hg.): *The Feminist Encyclopedia of Italian Literature*. Westport / London: Greenwood Press 1997, S. 13–15, hier S. 16.
64 Vgl. Biancamaria Frabotta: Introduzione. In: dies. (Hg.): *Donne in poesia. Antologia della poesia femminile in Italia dal dopoguerra a oggi*. Mit einem Vorwort von Dacia Maraini. Rom: Savelli 1977, S. 9–28.

strada intermedia.»[65] In *Poesie d'amore. L'assenza, il desiderio* (1986) stellen verschiedene männliche Kritiker die 'bekanntesten italienischen Gegenwartslyrikerinnen' vor.[66] Auch *Le donne della poesia* (1991) ist eine groß angelegte Zusammenstellung von Lyrikerinnen des 20. Jahrhunderts.[67] Im internationalen Kontext sind die Anthologien *Zehn italienische Lyrikerinnen der Gegenwart* (1995) und *Italian Women Poets of the Twentieth Century* (1996) hervorzuheben.[68] Zu den dezidiert feministisch angelegten Anthologien gehören *La poesia femminista* (1978), *Poesia femminista italiana* (1978) und im englischsprachigen Raum *The Defiant Muse: Italian Feminist Poems from the Middle Ages to the Present* (1986).[69]

Sowohl Biancamaria Frabotta und Catherine O'Brien als auch Jörn Albrecht und Gio Batta Bucciol eröffnen ihre Gegenwartsanthologien mit Texten von Antonia Pozzi. Frabotta bricht dafür eigens mit dem im Untertitel genannten zeitlichen Rahmen ihrer Zusammenstellung und begründet dies mit dem wegweisenden Charakter von Pozzis Poesie: «una valutazione delle sue poesie come momento di chiarezza espressiva e insieme conclusiva di una poesia femminile novecentesca che bene si permette di introdurre la nostra panoramica sugli anni successivi.»[70] Ganz ähnlich argumentiert O'Brien: «[A]lthough outside the chronology considered in this study, the substance of her poetry and its late recognition merits inclusion here.»[71] In einem anderen Zusammenhang spricht auch Lindsay Myers von der Schlüsselrolle Pozzis für die moderne Lyrik von Frauen: «Of the many poets who can be said to have

---

65 Ebda., S. 19.
66 Vgl. Francesca Pansa / Marianna Buccich (Hg.): *Poesia d'amore. L'assenza, il desiderio*. Rom: Newton Compton 1986.
67 Vgl. Domenico Cara (Hg.): *Le donne della poesia. Oltre il femminile*. Ravenna: Laboratorio delle arti 1991.
68 Vgl. Jörn Albrecht / Gio Batta Buccio (Hg.): *Zehn italienische Lyrikerinnen der Gegenwart / Dieci poetesse italiane contemporanee*. Tübingen: Narr 1995 und Catherine O'Brien (Hg.): *Italian Women Poets of the Twentieth Century*. Dublin: Irish Academic Press 1996.
69 Vgl. Nadia Fusini / Mariella Gramaglia (Hg.): *La poesia femminista*. Rom: Savelli 1974; Laura di Nola (Hg.): *Poesia femminista italiana*. Rom: Savelli 1978; Beverly Allen / Muriel Kittel / Keala Jane Jewell (Hg.): *The Defiant Muse. Italian Feminist Poems from the Middle Ages to the Present. A Bilingual Anthology*. New York: The Feminist Press 1986. Vgl. auch Giuseppe Strazzeri / Nina Cannizzaro Byrne: Anthologies. Poetry, Modern.
70 Biancamaria Frabotta: Introduzione, S. 14.
71 Catherine O'Brien: Introduction. In: dies.: *Italian Women Poets of the Twentieth Century*. Dublin: Irish Academic Press 1996, S. 15–20, hier S. 16.

shaped the development of Italian women's poetry, Antonia Pozzi undoubtedly occupies a pivotal position.»[72] All diese Bemerkungen weisen auf die Zentralität, aber auch die Besonderheit des *caso* Pozzi hin.

Antonia Pozzi, ein 'merkwürdiger Fall' der italienischen Lyrik des 20. Jahrhunderts

Während sowohl Frabotta als auch O'Brien Antonia Pozzi prominent als Eröffnerin einer modernen weiblichen Dichtung hervorheben, stellt letztere zugleich umgehend die Eigentümlichkeit des 'Falles Pozzi' heraus als «one of the most curious figures in twentieth century Italian poetry».[73] Leben und Dichtung der Autorin können tatsächlich in mehrfacher Hinsicht als außergewöhnlich gelten. Gleichwohl hat die Überbetonung der Besonderheit von Pozzis Leben und Schreiben lange Zeit die ästhetische Kontextualisierung erschwert. Der literaturgeschichtliche Topos des *caso curioso* speist sich dabei vor allem aus ihrer Biografie, insbesondere ihrem Suizid mit 26 Jahren. Zudem wurde das lyrische Werk der jungen Dichterin erst posthum publiziert; zu Lebzeiten hatte Pozzi ihr Schreiben nicht öffentlich gemacht.[74]

1912 in Mailand geboren, wuchs Antonia Pozzi in einer angesehenen und privilegierten großbürgerlichen Familie auf. Ihr Vater war ein bekannter Mailänder Rechtsanwalt, die Mutter Urenkelin des romantischen Dichters Tommaso Grossi.[75] Auf dem traditionsreichen *Liceo Manzoni* erfuhr Pozzi eine ausgezeichnete klassische Bildung; zusätzlich erlernte sie Englisch, Französisch und Deutsch. Ihr Vater förderte nicht nur ihr künstlerisches Talent durch Zeichen- und Klavierunterricht, sondern unterstützte vor allem auch sportliche Aktivitäten in der Natur: Pozzis Leidenschaft für das Bergsteigen zieht sich wie ein roter Faden durch Biografie und Werk.

---

72 Lindsay Myers: Maternal Shadows. Antonia Pozzi's Writing of the Female Body. In: Loredana Polezzi / Charlotte Ross (Hg.): *In Corpore. Bodies in Post-unification Italy*. Madison / Teaneck: Fairleigh Dickinson University Press 2007, S. 173–188, hier S. 173.
73 Catherine O'Brien: *Italian Women Poets of the Twentieth Century*, S. 21.
74 In dieser Hinsicht verweist O'Brien auf die Parallelen zu Emily Dickinson. Vgl. ebda., S. 16.
75 Für ausführliche Informationen zu biografischen Aspekten vgl. vor allem Graziella Bernabò: *Per troppa vita che ho nel sangue. Antonia Pozzi e la sua poesia*. Mailand: Viennepierre Edizioni 2004 und – für einen Überblick in deutscher Sprache – Gabriella Rovagnati: ‹Immer so unermeßlich verloren am Rande des realen Lebens›. Antonia Pozzi und ihre Gedichte. In: Antonia Pozzi: *Parole / Worte. Gedichte Italienisch / Deutsch*. Herausgegeben und übersetzt von Gabriella Rovagnati. Göttingen: Wallstein Verlag 2008, S. 270–319.

Die Spannung zwischen gesellschaftlichem und intellektuellem Leben in Mailand einerseits und der lombardischen Landschaft andererseits bestimmte Antonia Pozzis Schreiben stark. Die Familie kaufte 1917 ein Landhaus in dem kleinen Dorf Pasturo in der Valsassina, wo sie die Sommermonate verbrachte. Pasturo wurde zum existenziellen Rückzugsraum für die Dichterin und zu einer räumlichen Bedingung für die poetische Kontemplation.

Auf dem Gymnasium verliebte sich Antonia Pozzi in ihren Griechisch- und Lateinlehrer Antonio Maria Cervi, mit dem sie eine schwärmerische Beziehung einging, nachdem dieser nach Rom versetzt worden war. Der Vater versuchte jedoch, die Beziehung zu verhindern und lehnte 1930 Cervis Heiratsantrag ab. 1933 gaben beide ihre Beziehung endgültig auf. Die von Pozzi ins Sakrale erhobene Liebe zu Cervi dominiert ihre Lyrik der frühen 1930er Jahre und auch ihre Auseinandersetzung mit dem Christentum und dem Göttlichen.

Zwischen 1930 und 1935 studierte Antonia Pozzi *Filologia Moderna* an der *Facoltà di Lettere e Filosofia* der staatlichen *Università degli Studi di Milano*. Während ihrer Studienjahre hörte sie Vorlesungen bei dem Ästhetikprofessor Giuseppe Antonio Borgese, dem Germanisten und Rilkekenner Vincenzo Errante und dem Philosophen Antonio Banfi. In ihrer bei Banfi eingereichten Abschlussarbeit beschäftigte sich die Dichterin mit der 'Spannung zwischen Geist und Leben' bei Flaubert.[76] Sie hielt an der Universität außerdem zwei Vorträge über Aldous Huxley, von denen einer, 'Eyeless in Gaza', 1938 in der Zeitschrift *Vita Giovanile* veröffentlicht wurde.[77] Im Kreis um ihren Lehrer Antonio Banfi stand sie im Austausch mit einer Vielzahl junger Intellektueller, die das kulturelle Leben des Italiens der Nachkriegszeit prägen würden: dem Verleger Alberto Mondadori, dem Musikwissenschaftler Luigi Rognoni, den Philosophen Enzo Paci und Remo Cantoni sowie dem Dichter Vittorio Sereni.[78]

Nach dem Studienabschluss reiste Pozzi u.a. nach Österreich und Deutschland, wo sie sich erneut mit deutscher Literatur beschäftigte. Zurück in Mailand begann die Dichterin sich gemeinsam mit Dino Formaggio in den sozial marginalisierten Vorstädten zu engagieren. Sie unterrichtete außerdem an einer Schule Italienisch. In diese Zeit fällt auch die Arbeit an der Übersetzung eines

---

76 Vgl. hierzu Liana Nissim: ‹L'incessante tensione trattenuta›. Il *Flaubert* di Antonia Pozzi. In: Graziella Bernabò u.a. (Hg.): *...e di cantare non può più finire... Antonia Pozzi (1912–1938)*. Mailand: Viennepierre Edizioni 2009, S. 133–146.
77 Vgl. Antonia Pozzi: *Tutte le opere*. Herausgegeben von Alessandra Cenni. Mailand: Garzanti 2009, S. 639–647.
78 Zum Banfi-Kreis vgl. u.a. Gabriele Scaramuzza: Antonia Pozzi tra gli allievi di Banfi und Amber R. Godey: *Sister Souls. The Power of Personal Narrative in the Poetic Works of Antonia Pozzi and Vittorio Sereni*. Madison / Teaneck: Fairleigh Dickinson University Press 2011.

deutschen Romans und an einem eigenen Romanfragment sowie die intensive Auseinandersetzung mit der Fotografie.

In verschiedenen Briefen formulierte die Dichterin gegen Ende ihres Lebens den Wunsch nach einem einfachen, sinnerfüllten Leben. Am 3. Dezember verstarb Antonia Pozzi in Folge einer Überdosis Schlaftabletten. Die Gründe für ihren Selbstmord sind nicht klar. Neben der sich zuspitzenden politischen Situation unter dem faschistischen Regime, persönlichen Spannungen in ihren privaten Beziehungen sowie dem kontinuierlichen Ringen um Sinnhaftigkeit in Kunst und Leben war vermutlich eine familiär angelegte, anhaltende Depression ausschlaggebend. Entsprechend ihres Wunsches wurde Antonia Pozzi auf dem Friedhof von Pasturo begraben.

Lyrisches Werk

Erst nach ihrem Tod wurde bekannt, dass Pozzi eine umfangreiche und sorgfältig zusammengestellte Auswahl von Gedichten hinterlassen hatte. Ihre Eltern stellten die Gedichte, erhaltenen Briefe, Tagebuch- und Reiseaufzeichnungen sowie über 2800 originale Fotografien zusammen. Im ehemaligen Sommerhaus der Familie, das inzwischen in den Besitz der *Congregazione Suore del Preziosissimo Sangue* in Monza übergegangen ist, wurde ihr Werk bis zum Jahr 2015 durch Onorina Dino, Schwester des Ordens und Literaturwissenschaftlerin, verwaltet. Seit wenigen Jahren ist das Archiv Teil des *Centro Internazionale Insubrico* an der *Università degli Studi dell'Insubria* in Varese.

Im Archiv befinden sich drei Hefte mit handschriftlichen Gedichten, die Pozzi offenbar selbst in die vorliegende, vornehmlich chronologisch geordnete Reihenfolge gebracht und mit dem Titel *Parole* versehen hat. Die Gedichte sind fast ausnahmslos datiert und stammen aus den Jahren 1929 bis 1938. Sie sind die Grundlage für die erste Ausgabe von Pozzis Gedichten. Es ist zudem eine Sammlung von losen Texten und Gedichtentwürfen, Aufsätzen, autobiografischen Schriften, Briefen und Fotografien erhalten, die zum Teil in späteren Publikationen veröffentlicht wurden. Dazu gehören der Gedichtzyklus *La vita sognata*, den Pozzi 1933 für Cervi schrieb, sowie zahlreiche lyrische Texte, die als 'poemas inéditos' in der Gesamtausgabe von 2015 aufgenommen sind.

Der Abschiedsbrief mit Testament, den die Dichterin ihren Eltern hinterließ, wurde offensichtlich vom Vater, Roberto Pozzi, vernichtet, der jedoch eine eigene Abschrift aus dem Gedächtnis bereitstellte. Während Antonia Pozzi in diesem Brief und in Notizen an Vittorio Sereni und Dino Formaggio offenbar deutlich ihre Todesabsicht erklärte, sprach die Familie im Zusammenhang mit ihrem Tod von einem 'unerwartet aufgetretenen Unwohlsein' der Tochter. Offenbar hielt der Vater bei der Auswahl und Bereitstellung ihrer Schriften Texte zurück und vernichtete Briefe der Dichterin. Auch nahm er Eingriff in Auswahl und Gestaltung der Gedichte, die er 1939 zuerst in einer Privatausgabe und 1943 in einer erweiterten Ausgabe beim Verlag Mondadori unter dem Titel *Parole* veröffentlichen ließ.

Magdalena Maria Kubas spricht in Bezug auf die Unvollständigkeit der Hinterlassenschaft Pozzis von Zensur und Manipulation seitens Roberto Pozzis.[79] Anhand der genauen Analyse der Autographen und der von Roberto Pozzi besorgten ersten privaten Textzusammenstellung, die die Grundlage für die späteren Editionen von *Parole* war, zeigt Kubas, wie der Vater Eingriffe in Bezug auf Paratexte (wie Widmungen, Ortsangaben und Titel), sprachliche Gestaltung (Rechtschreibung, Interpunktion, Syntax und auch Titel) und Strophenanordnung vornahm. Nach Kubas ist einer der Effekte der Textveränderungen die Etablierung einer intertextuellen Nähe zur klassischen italienischen Dichtungstradition, während die Varianten der handschriftlichen Originale (sowie die Präsenz entsprechender Ausgaben in der privaten Bibliothek) viel eher eine Verortung von Pozzis Lyrik in der neuesten modernen Literatur nahelege. Die jüngste, von Graziella Bernabò und Onorina Dino besorgte Gesamtausgabe der Gedichte, auf die ich mich für meine Untersuchung beziehe, berücksichtigt die editorische Problematik und basiert vollständig auf den handschriftlichen Texten der Autorin.[80] Sie umfasst, neben den unter dem Titel *Parole* von Pozzi handschriftlich zusammengestellten Texten, sämtliche überlieferten Gedichte.

Aufgrund der sorgfältigen Datierung der Texte lässt sich die poetische Entwicklung Antonia Pozzis recht gut nachvollziehen.[81] Pozzi schrieb ihre ersten Gedichte mit nur 17 Jahren. Diese ersten Texte sind dabei überwiegend (als jugendliches Frühwerk vielleicht erwartungsgemäß) Ausdruck eines intensiven Lebensgefühls und Wunsches nach Freiheit und Intensität. Formal zeichnen sich die frühen Gedichte durch ein Experimentieren mit dem klassischen italienischen Versmaß des *endecasillabo* und dem freien Vers aus. Es klingen Echos

---

79 Vgl. Magdalena Maria Kubas: Censurare un archivio, censurare una poetica. Il caso di Antonia Pozzi. In: Anna Dolfi u.a. (Hg.): *La modernità letteraria. Archivi ideali e archivi reali.* 2. Pisa: Edizioni ETS 2013, S. 675–686.
80 Vgl. Antonia Pozzi: *Parole. Tutte le poesie.* Herausgegeben von Graziella Bernabò / Onorina Dino. Mailand: Àncora 2015. Zur Geschichte der Textedition vgl. Magdalena Maria Kubas: Censurare un archivio, censurare una poetica.
81 Ich beziehe mich hierbei u.a. auf die chronologische Darstellung in Graziella Bernabò: ‹Io vengo da mari lontani›. La poesia di Antonia Pozzi. In: Antonia Pozzi: *Parole. Tutte le poesie.* Herausgegeben von Graziella Bernabò. Mailand: Àncora 2015, S. 17–31.

auf die großen modernen Lyriker Leopardi, D'Annunzio und Ungaretti an.⁸² Eine deutliche Nähe zur Poetik der *crepuscolari* besteht zudem in einer Hinwendung zur Einfachheit und Alltäglichkeit, einer oft melancholischen Grundstimmung und prosaischen Syntax. Es fällt auf, dass Pozzis Sprache von Beginn an sowohl durch ein starkes Bewusstsein über Körperlichkeit und Materialität charakterisiert ('Canto della mia nudità') als auch durch eine existenzielle Suche nach Sinnhaftigkeit, Fülle und Selbstübersteigung geprägt ist.

Die poetische Auseinandersetzung mit dem Unendlichen verstärkt sich in den Texten der Jahre 1931 und 1932 und trägt sowohl Zeichen großer Unruhe als auch einer 'nicht-konfessionellen Spiritualität' ('Grido', 'Limiti', 'Paura', 'Preghiera', 'Giorni dei morti' u.a.).⁸³ Weitere Motive sind das spannungsvolle Verhältnis zwischen subjektivem Begehren und gesellschaftlicher Realität sowie die kontinuierliche Verhandlung von Identität, die Pozzis gesamtes Schaffen determinieren ('In riva alla vita'). Durch den Einfluss ihres Lehrers Antonio Borgese und der Lektüre der französischen Symbolisten sowie Rainer Maria Rilkes nähert Pozzi sich ästhetisch einem modernistischen Lyrikverständnis an.

Als Folge des endgültigen Bruchs mit Cervi ist ein Großteil der Lyrik aus dem Jahr 1933 geprägt von der Auseinandersetzung mit Liebe und (imaginierter) Mutterschaft sowie Einsamkeit, Schmerz und Tod. Dagegen steht eine Sehnsucht nach Leben, die sich nun vor allem in einer Sensibilität für Pflanzen und Tiere übersetzt. Natur und lombardische Landschaft spielen eine immer größer werdende Rolle in Pozzis Poesie. Poetologisch macht Bernabò sowohl eine elegisch-melancholische Richtung als auch eine vital-visionäre Ästhetik in dieser Zeit aus.⁸⁴

In den Jahren 1934 und 1935 intensiviert sich die lyrische Auseinandersetzung mit Landschaft und Natur, indem insbesondere die Berge, und damit auch eine durchgehend präsente Aufstiegssemantik, zum rekurrenten poetischen Bild werden. Ästhetisch nimmt diese Bildlichkeit zum Teil surrealistisch anmutende Qualitäten an. In der (unerfüllten) zweiten Liebe zu ihrem Kommilitonen Remo Cantoni sieht Bernabò die biografische Inspiration für eine erneute Beschäftigung mit der Liebesthematik sowie die Sichtbarkeit einer anschließenden Desillusionierung und Melancholie (etwa in 'Lieve offerta', 'Sgorgo').

---

82 Zum starken Einfluss D'Annunzios hinsichtlich der Sinnlichkeit der poetischen Sprache und lexikalischen Nähe vgl. besonders Enrico Monardi: When Gender Matters. The Language of Desire in Antonia Pozzi's Erotic Poetry. In: Elena Borelli (Hg.): *The Fire Within. Desire in Modern and Contemporary Italian Literature*. Newcastle upon Tyne: Cambridge Scholars Publishing 2014, S. 212–228.
83 Vgl. Graziella Bernabò: ‹Io vengo da mari lontani›, S. 21.
84 Vgl. ebda., S. 23.

In Antonia Pozzis poetischer Produktion ihrer letzten Lebensjahre lässt sich eine deutliche Wende in ihrem künstlerischen Interesse ausmachen. Ihr soziales Engagement in der Mailänder Peripherie spiegelt sich in ihrem Schreiben als neue gesellschaftliche, historische und ethische Sensibilität wider. Ablesbar ist der veränderte ästhetische Fokus, der u.a. auf die Begegnung mit dem späteren Philosophen und Kunstkritiker Dino Formaggio und sicher auch auf die Auseinandersetzung mit der Ästhetik und Moralphilosophie Banfis zurückzuführen ist, am Interesse an konkreten, nun auch urbanen Räumen und der sozialen Situation der Menschen ('Periferia', 'Via dei Cinquecento'). Die subjektive, metonymisch an Körper und Emotionen gebundene poetische Sprache oszilliert mit einer Affinität zu einer expressionistisch anmutenden Ausdrucksweise. Pozzis Hinwendung zu konkreten gesellschaftlichen Fragen zeigt sich besonders in der intensiven fotografischen Produktion dieser letzten Lebensjahre. Marginalisierte urbane und ländliche Personen und Orte, abgelegene Naturlandschaften sowie bauliche Denkmäler einer schwindenden populären religiösen Kultur in Form von verfallenen Kapellen und Heiligenbildern stehen im Fokus der Bilder. Die starke poetische Mehrdeutigkeit und Symbolfülle charakterisieren sowohl ihre Lyrik als auch das fotografische Werk.

Bewertung in der Literaturgeschichte und Forschungsüberblick

Wie bei zahlreichen anderen Künstlerinnen dominierte die außergewöhnliche Biografie Antonia Pozzis – insbesondere der tragische Suizid und junge Tod – lange Zeit die differenzierte literaturwissenschaftliche Wahrnehmung. Dabei lässt sich – in Parallele zu Anna de Noailles und Ernestina de Champourcin – chronologisch eine Entwicklung ausmachen, die von einer ersten intensiven zeitgenössischen Rezeption in den 1940er Jahren über eine Phase relativen Desinteresses in der zweiten Hälfte des 20. Jahrhunderts zu einer 'Wiederentdeckung' der Lyrikerin in den letzten Jahrzehnten führt.[85]

Nach der posthumen privaten Herausgabe von *Parole* durch Roberto Pozzi 1939 äußerten sich zahlreiche Kommilitoninnen und Kommilitonen aus dem Mai-

---

85 Vgl. Graziella Bernabò: Antonia Pozzi. Le ragioni di una riscoperta. In: dies. u.a. (Hg.): *...e di cantare non può più finire... Antonia Pozzi (1912–1938)*. Mailand: Viennepierre Edizioni 2009, S. 81–104. Ich beziehe mich im Folgenden auf die Ausführungen zur Rezeptionsgeschichte in diesem Artikel. Dieser unterbrochene Verlauf der Rezeptionsgeschichte zeigt auffällige Parallelen zur literaturwissenschaftlichen Wahrnehmung von Anna de Noailles und Ernestina de Champourcin. Vgl. zum überproportionalen Interesse an ihrer Biografie auch den Abschnitt zur Rezeption Anna de Noailles in Kap. 3.1.

länder Kreis, aber auch renommierte Dichterinnen und Dichter wie Ada Negri positiv zu Pozzis Texten.[86] 1943 gab Roberto Pozzi bei Mondadori die erste öffentliche Ausgabe von *Parole* heraus. Aus der Gruppe früher Kommentatoren ist der Lyriker und spätere Nobelpreisträger Eugenio Montale besonders hervorzuheben. Montale verfasste 1945 eine Rezension zu dieser Ausgabe, die als Vorwort Bestandteil der späteren Editionen von 1948 und 1964 werden sollte. Gegen das Vorurteil der biografischen Frauenlyrik plädiert er von Beginn an für die Poetizität von Pozzis Dichtung. Formal konstatiert der Dichter die Nähe zur Lyrik der Jahrhundertwende und zu Ungaretti. Er hebt zudem die Präzision von Lautlichkeit und Bildlichkeit sowie die große poetische Leidenschaftlichkeit hervor.[87] Die Inkorporation des Bandes in die prestigereiche Reihe 'Lo Specchio' durch Montale im Jahr 1964 bedeutete einen entscheidenden Schritt zur Kanonisierung Pozzis.

In der Zeit zwischen 1940 und den späten 1980er Jahren war das Interesse an Pozzis Lyrik gering. Neben einigen Übersetzungen ins Deutsche, Englische, Spanische und Rumänische sowie vereinzelten akademischen Arbeiten stellt Bernabò einen Aufsatz von Carlo Annoni heraus, der Pozzis Werk im Kontext der lombardischen Lyrik liest.[88] Biancamaria Frabotta sticht durch ihre Inkorporation der Lyrikerin in die Anthologie *Donne in poesia* (1976) hervor: Antonia Pozzi thematisiert für die Kritikerin eine spezifisch weibliche Identitätsthematik und Krisensituation und stellt eine Erneuerin weiblicher Lyrik dar jenseits der Dichotomie von *ermetismo* und Neosymbolismus. Sie eröffnet damit die erwähnte, auch in anderen Anthologien zur italienischen Lyrik von Frauen zu beobachtende Praxis, Pozzi als Initiatorin einer modernen weiblichen Lyrik im 20. Jahrhundert zu situieren.

Die sukzessive Herausgabe unverfügbarer Schriften Pozzis aus dem Archiv durch deren Verwalterin, Onorina Dino, und Alessandra Cenni stellt eine wichtige Voraussetzung für das neu erweckte Interesse an der Lyrikerin in den letzten

---

86 Bernabò hebt eine Rezension von Angelo Barile hervor, der die poetische Entwicklung von der Nähe zu den *crepuscolari* hin zur jüngeren Dichtergeneration herausarbeitet und auf die hohe poetische Sensibilität der Autorin sowie die enge Verzahnung von Leben und Werk verweist. Vgl. Angelo Barile: ‹Parole›, di Antonia Pozzi. In: ders.: *Incontri con gli amici*. Herausgegeben von G. Farris. Savona: Sabatelli 1979, S. 156–169. Zitiert nach Graziella Bernabò: Antonia Pozzi. Le ragioni di una riscoperta, S. 82.
87 Vgl. Eugenio Montale: Prefazione. In: Antonia Pozzi: *Parole*. Mailand: Mondadori 1964, S. 13–19.
88 Vgl. Carlo Annoni: ‹Parole› di Antonia Pozzi. Lettura tematica. In: Autori vari (Hg.): *Studi sulla cultura lombarda. In memoria di Mario Apollonio*. II. Mailand: Vita e pensiero 1972, S. 242–259. Zitiert nach Graziella Bernabò: Antonia Pozzi, S. 85.

drei Jahrzenten dar.[89] Hinzu kommen die biografischen Darstellungen von Graziella Bernabò und Alessandra Cenni.[90] In Bezug auf die internationale Rezeption sind die jüngsten Übersetzungen ins Deutsche, Englische und Französische hervorzuheben.[91] Die zeitgenössische literaturwissenschaftliche Beschäftigung mit Pozzis Werk ist jedoch, mit Ausnahme des US-amerikanischen Kontextes, im Wesentlichen auf die italienische Forschung beschränkt.

Die Forschung zu Antonia Pozzi fächert sich in unterschiedliche thematische Linien auf. Zu den Hauptinteressen der Forschung gehören neben allgemeinen poetologischen Fragestellungen vor allem die Frage nach der Verortung Pozzis innerhalb des philosophischen und ästhetischen Kontextes der Mailänder Schule, des Banfi-Kreises und innerhalb der modernen italienischen Lyrik, feministische Aspekte sowie die Auseinandersetzung mit Religion und Spiritualität. In den letzten Jahren haben sich verschiedene Forscherinnen außerdem gezielt mit den Fotografien der Künstlerin auseinandergesetzt. Ich werde im vorliegenden Forschungsüberblick vor allem diejenigen Arbeiten herausstellen, die für die Frage nach der Bedeutung von Mystik, Körper und Subjektivität in Pozzis Werk interessant sind.[92]

Ähnlich wie bei Ernestina de Champourcin und etwas weniger auch bei Anna de Noailles zeichnet sich eine Intensivierung der Forschung ab der Jahrtausendwende ab. Der Grund hierfür liegt einerseits in den neu erschlossenen

---

89 Vgl. Antonia Pozzi: *La vita sognata e altre poesie inedite*. Herausgegeben von Alessandra Cenni / Onorina Dino. Mailand: Scheiwiller 1986; dies.: *L'età delle parole è finita. Lettere 1927–1938*. Herausgegeben von Alessandra Cenni / Onorina Dino. Mailand: Rosellina Archinto 1989; dies. / Tullio Gadenz: *Epistolario (1933–1938)*. Herausgegeben von Onorina Dino. Mailand: Viennepierre Edizioni 2008; dies.: *Tutte le opere*; dies.: *Ti scrivo dal mio vecchio tavolo. Lettere 1919–1938*. Herausgegeben von Graziella Bernabò / Onorina Dino. Mailand: Àncora 2014.
90 Vgl. Alessandra Cenni: *In riva alla vita. Storia di Antonia Pozzi poetessa*. Mailand: Rizzoli 2002; Graziella Bernabò: *Per troppa vita che ho nel sangue*.
91 Vgl. Antonia Pozzi: *Parole / Worte*. Gedichte Italienisch / Deutsch. Herausgegeben und übersetzt von Gabriella Rovagnati. Göttingen: Wallstein Verlag 2008. Die erste deutschsprachige Übersetzung stammt bereits von 1948. Vgl. Antonia Pozzi: *Worte. Ein dichterisches Tagebuch 1930–1938*. Übertragung von Ernst Wiegand Junker. Trossingen: Weka-Verlag 1948. Vgl. außerdem die französische Übertragung von Laura Oliva (Hg.): *L'œuvre ou la vie. ‹Mots› d'Antonia Pozzi*. Übersetzung und kommentiert von Ettore Labbate. Bern u.a.: Peter Lang 2010 und die englische Übertragung Antonia Pozzi: *Poems*. Übersetzt von Peter Robinson. Richmond: Alma Classics 2011. Für weitere Übersetzungen, auch in andere Sprachen, vgl. die u.a. von Graziella Bernabò und Onorina Dino betriebene Website <http://www.antoniapozzi.it> [22.4.2022].
92 Für einen vollständigen Überblick über die Forschungsliteratur verweise ich erneut auf die Website zu Antonia Pozzi, die eine umfassende und ständig aktualisierte Bibliografie enthält. Ebda.

Texten, andererseits im anhaltenden Interesse, Literatur und Kunst aus feministischer Perspektive zu betrachten.

Graziella Bernabòs biografisch vorgehende Analyse *Per troppa vita che ho nel sangue. Antonia Pozzi e la sua poesia* (2004) bildet eine chronologisch basierte Grundlage für die Beschäftigung mit dem lyrischen Werk der Autorin.[93] Der von Graziella Bernabò, Onorina Dino, Silvia Morgana und Gabriele Scaramuzza herausgegebene Sammelband *...e di cantare non può più finire... Antonia Pozzi (1912–1938)* (2009), der auf einer Tagung 2008 in Mailand beruht, gibt zudem eine Übersicht über den Stand sowie zentrale Themen der Pozzi-Forschung bis *dato*.[94]

Die Mehrheit der Forscherinnen und Forscher sieht Pozzis Werk und Ästhetik durch Banfi und den Mailänder Kreis beeinflusst. Gleichzeitig betonen sie jedoch auch die marginalisierte Position und die Originalität Pozzis. Bernabò geht davon aus, dass die Lyrikerin von den Mailänder Kommilitonen grundsätzlich unterschätzt wurde. Als Grund dafür vermutet sie tradierte Vorstellungen von Geschlechterrollen, die sich trotz der grundsätzlichen Liberalität der Gruppe vor dem Kontext von katholischer Tradition und Faschismus fortsetzten. Pozzis Hinterfragen rein rationalen Denkens und ihre nicht-konfessionelle Spiritualität sieht Bernabò als einen weiteren Grund für ihre Marginalisierung innerhalb der akademischen Gemeinschaft.[95]

Fulvio Papi, der als Philosoph selbst der Mailänder Schule verbunden ist, skizziert in seinem Aufsatz 'Antonia Pozzi poetica e poesia 1935' Pozzis Poetik im Kontext der Auseinandersetzung mit Banfi. In seiner monografischen Studie *L'infinita speranza di un ritorno. Sentieri di Antonia Pozzi* (2009) liest er Biografie und Werk der Dichterin ebenfalls aus dieser Perspektive. Gabriele Scaramuzza untersucht in 'Antonia Pozzi tra gli allievi di Banfi' (2009) die Beziehung zu Banfi und einigen seiner Schülerinnen und Schülern; Matteo M. Vecchio analysiert Pozzis Auseinandersetzung mit zeitgenössischen ästhetischen Theorien anhand ihrer Universitätsaufzeichnungen.[96] Liana Nissim und Michela Beatrice Ferri fokussieren jeweils Pozzis Lektüre und ästhetische Auseinandersetzung

---

[93] Verschiedene weitere Vorwörter und Aufsätze geben präzise Überblicke über Pozzis lyrische Produktion. Vgl. zur Übersicht ebda.
[94] Graziella Bernabò u.a. (Hg.): *...e di cantare non può più finire... Antonia Pozzi (1912–1938)*. Mailand: Viennepierre Edizioni 2009.
[95] Vgl. Graziella Bernabò: Antonia Pozzi. Le ragioni di una riscoperta, S. 86–88.
[96] Vgl. Matteo M. Vecchio: Gli appunti universitari inediti di Antonia Pozzi. In: Graziella Bernabò u.a. (Hg.): *...e di cantare non può più finire... Antonia Pozzi (1912–1938)*. Mailand: Viennepierre Edizioni 2009, S. 333–356.

mit zeitgenössischen Autoren (Gustave Flaubert und Thomas Mann).[97] Amber R. Godey liest in ihrer Monografie *Sister Souls. The Power of Personal Narrative in the Poetic Works of Antonia Pozzi and Vittorio Sereni* (2011) Pozzis Werk parallel mit jenem des bekannten Dichters Vittori Sereni. Im ästhetischen Kontext des Banfi-Kreises und der politischen Repression unter Mussolini versteht sie die Lyrik beider als autobiografisch fundierte Narration und Strategie der Widerständigkeit gegenüber repressiven faschistischen Subjektivitätsmodellen und Geschlechterrollen.[98] Bereits 1997 hatte Robin Pickering-Iazzi das Motiv der (unerfüllten) Mutterschaft vor der Folie faschistischer Kulturpolitik in einem Unterkapitel von *Politics of the Visible. Writing Women, Culture, and Fascism* als Gegenstück zur futuristischen Ästhetik gelesen und anstatt einer Affirmation zeitgenössischer Diskurse vielmehr eine 'Poetik des Randes' in Pozzis Lyrik ausgemacht.[99]

Es ist ein Konsens der Forschung, dass Antonia Pozzis gesamtes Werk von einer tiefen Spiritualität durchzogen ist, die weit über jede konfessionelle Religiosität hinausgeht. Es sind besonders Untersuchungen der letzten zehn Jahre, die sich diesem Thema aus sehr unterschiedlicher – katholischer wie säkularer – Perspektive genähert haben.

Luca Orsenigo fragt bereits 1991 in 'La poesia religiosa di Antonia Pozzi' nach dem religiösen Gehalt von Pozzis Lyrik. Er stellt dabei ein 'konfuses religiöses Gefühl' heraus, dass sich gerade durch seine poetische Mehrdeutigkeit und Ambiguität auszeichne. Insbesondere erkennt der Kritiker ebenfalls eine 'liminale Kondition' in Pozzis Poesie, die sich sowohl im wiederkehrenden Motiv des Traumes als auch in den Figuren von Gitter, Tor, Fenster und Mauern ablesen lässt und als Oszillieren zwischen dem Begehren nach Absolutheit und dem Akzeptieren der historisch-körperlichen Verankerung lesbar ist. Hervorzuheben ist zudem die Frage nach einem ethischen Gehalt der Texte, die Orsenigo in der Bedeutung der Gemeinschaftlichkeit (*comunanza*) erkennt.[100]

Cristiana Dobner, die selbst Karmeliterin ist und auch zu Simone Weil geforscht hat, fragt in ihrer Monografie *All'altra riva, ai prati di sole. L'immaginario di Dio in Antonia Pozzi* (2008) nach der räumlichen Poetik von Innerlichkeit

---

97 Vgl. Liana Nissim: ‹L'incessante tensione trattenuta› und Michela Beatrice Ferrari: Antonia Pozzi e Enzo Paci lettori del *Tonio Kröger*. In: Graziella Bernabò u.a. (Hg.): ...e di cantare non può più finire... *Antonia Pozzi (1912–1938)*. Mailand: Viennepierre Edizioni 2009, S. 251–279.
98 Vgl. Amber R. Godey: *Sister Souls*.
99 Vgl. Robin Pickering-Iazzi: *Politics of the Visible*, S. 222–233. Vgl. die Poetik des Randes bei Ernestina de Champurcin in Kap. 4.3.
100 Vgl. Luca Orsenigo: La poesia religiosa di Antonia Pozzi. In: *Studi e Fonti di Storia Lombarda. Quaderni Milanesi* 2, 25–26 (1991), S. 151–164.

und der Konzeption von Seele und Gott bei Pozzi. Dobner findet in Pozzis Texten ein tiefes Bedürfnis nach Spiritualität, dass sich in der Auseinandersetzung mit der eigenen Innerlichkei und in der Stille ausdrücke.[101] In ihrem Aufsatz 'Eros. Bellezza ed agape. Vivo della poesia come le vene vivono del sangue' (2009) deutet sie die in Pozzis Lyrik ausgedrückte Leidenschaftlichkeit sowohl als poetisch-sinnliches Begehren wie auch als hohes ethisches Bewusstsein. Dobner verortet die Lyrikerin mit dem Verweis auf Teresa von Ávila explizit in einer karmelitischen Tradition und stellt sie in eine Genealogie weiblicher Autorinnen «come Emily Brontë, Caterina da Siena, Eloisa del Paracleto, Rabia, Emily Dickinson, Teresa d'Avila, Anna-Catarina Emmerich, Marina Cvetaeva, Simone Weil o ‹questa nostra rara Cristina Campo›».[102]

Onorina Dino, die als jahrelange Verwalterin des Pozzi-Archivs ebenfalls katholische Ordensschwester ist, untersucht in ihrem Artikel 'Il motivo ascensionale in alcune liriche di Antonia Pozzi' (2009) eine für das mystische Denken zentrale Figur: das Motiv des Aufstiegs. Dabei nimmt sie das wichtige Motiv der Berge als «luogo dello spirito, oasi di meditazione e di riflessione interiore»[103] aus katholischer Sicht in den Blick. Die binäre Gegenüberstellung von physischer Aufstiegsbewegung und spiritueller Askese, die Dino vornehmlich als Gegensätze zu begreifen scheint, möchte ich in meiner folgenden Lektüre jedoch vielmehr als gegenseitige Bedingung verstehen.[104] Besonders fruchtbar erscheint mir Dinos Hinweis auf die Anthropomorphisierung des Gebirges und die franziskanischen Elemente in Pozzis Denken, gerade auch vor dem Hintergrund der hier vorgeschlagenen postanthropozentrischen Lektüre ihrer Lyrik.

Laura Oliva sieht in der (erfolglosen) Suche nach Gott einen wesentlichen Fokus von Pozzis Lyrik in ihrem Aufsatz 'La ricerca del sacro nei versi di Antonia Pozzi' (2009). Sie nimmt ebenfalls die Bildlichkeit der Berge als traditionelles religiöses Bild in den Blick und erkennt in Pozzis poetischer Sprache eine Nähe zum Gebet. Das in den Texten ausgedrückte spirituelle Begehren liest die Kritikerin vor der Folie biblischer Intertextualität, insbesondere der alttestamentarischen Psalme. Dabei komme den biblischen Referenzen jedoch in erster

---

101 Vgl. Cristiana Dobner: *All'altra riva, ai prati di sole. L'immaginario di Dio in Antonia Pozzi*. Vorwort von Davide Rondoni. Genf / Mailand: Marietti 2008.
102 Cristiana Dobner: Eros. Bellezza ed agape. Vivo della poesia come le vene vivono del sangue. In: Graziella Bernabò u.a. (Hg.): *...e di cantare non può più finire... Antonia Pozzi (1912–1938)*. Mailand: Viennepierre Edizioni 2009, S. 191–202, hier S. 197.
103 Vgl. Onorina Dino: Il motivo ascensionale in alcune liriche di Antonia Pozzi. In: Graziella Bernabò u.a. (Hg.): *...e di cantare non può più finire... Antonia Pozzi (1912–1938)*. Mailand: Viennepierre Edizioni 2009, S. 51–79, hier S. 52.
104 Vgl. ebda., S. 77.

Linie die Funktion einer Negativfolie zu, wird das Versprechen von Gegenwärtigkeit und Erlösung doch immer wieder von Abwesenheit und Verweigerung überblendet.[105]

Das Motiv des Schweigens und der Stille ist sowohl ein weiteres fundamentales Element mystischer Rede als auch ein viel diskutiertes Problem poetologischer Reflexion. Tiziana Alteas Untersuchung *Antonia Pozzi. La polifonia del silenzio* (2010) kommt aus diesem Grund für die hier diskutierte Thematik eine wichtige Rolle zu. Altea liest die Stille in Pozzis Texten – in einer paradoxalen Bewegung – als reiche Vielstimmigkeit: als inneren Rückzugsort, Bedingung für Reflexion und Kontemplation, als Quelle lyrischer Kreativität, Raum der Einsamkeit und der Öffnung gegenüber dem Anderen, schließlich auch als Fülle, Tiefe und Moment der Präsenz und Absenz Gottes. Ich möchte besonders den Verweis auf die Rolle der Stille 'heiliger Orte', die Bedeutung innerer und äußerer Rückzugsräume sowie die untrennbaren Verflechtungen von spiritueller, poetologischer und subjektivitätsbezogener (Be-) Deutung des *silenzio* in Pozzis Lyrik herausheben.[106]

Ein zentraler Beitrag für die Frage nach einer mystisch inspirierten und zugleich körperlich verankerten Subjektivität im Sinne des hier vorgeschlagenen transsäkularen, neumaterialistischen Ansatzes ist auch der Artikel von Silvio Raffo, 'Le parole di Antonia. L'anima delle cose' (2012). Raffo stellt die Zusammenführung der beiden vermeintlich gegensätzlichen poetischen Prinzipien des Dinglichen-Konkreten und des Visionären als konstitutives poetologisches Prinzip bei Pozzi heraus. In diesem Sinne erscheint Pozzis Lyrik in erster Linie als eine Poesie der 'Beziehung zum Anderen', worin das ethische Prinzip der Empathie und des Mitleids impliziert ist.[107]

In seiner Dissertationsschrift *Spiritual Voices* (2013) untersucht Nicola di Nino Sprache und Motive der Spiritualität in Pozzis Lyrik im Vergleich zu Cristina Campo und Margherita Guidacci. Dabei geht er von einem katholisch geprägten Dualismus zwischen Materialität und Spiritualität bei Pozzi aus und kommt – in einer oftmals recht biografistischen Lesart – zu dem Ergebnis, dass Pozzi aufgrund ihres Festhaltens an menschlichen Leidenschaften an einer zufriedenstellenden Spiritualität scheitere. Überzeugend erscheint mir die Ein-

---

105 Vgl. Laura Oliva: La ricerca del sacro nei versi di Antonia Pozzi. In: Pietro Gibellini / Nicola di Nino (Hg.): *La Bibbia nella letteratura italiana. II. L'età contemporanea*. Brescia: Morcelliana 2009, S. 269–286.
106 Vgl. Tiziana Altea: *Antonia Pozzi. La polifonia del silenzio*. Mailand: CUEM 2010.
107 Vgl. Silvio Raffo: Le parole di Antonia. L'anima delle cose. In: Antonia Pozzi: *Lieve offerta. Poesie e prose*. Herausgegeben von Alessandra Cenni / Silvio Raffo. Mailand: Edizioni Bietti 2012, S. 755–769.

schätzung, dass Pozzis Lyrik weniger als 'atheistische' denn viel eher als eine romantisch-idealistische, ins Pantheistische gehende, immanente Spiritualität zu lesen ist.[108]

Adele Ricciotti legt den Fokus auf den ethischen Aspekt des Verhältnisses von Kunst und Leben. Sie liest Pozzis Schreiben in 'Antonia Pozzi. La poesia dell'anima' (2014) mit María Zambrano – in Bezug auf die Heiligung der poetischen Sprache und Wertschätzung einer 'passiven' Annäherung an das Andere (im Sinne des spanischen *padecer*) – und Simone Weil in Bezug auf einen starken moralischen Idealismus. Ricciotti deutet Pozzis aufmerksame poetische Wahrnehmung der kleinen Dinge als meditativ-spirituelle Praxis, mit der die Suche nach dem Göttlichen in die Poesie verschoben wird. Gleichzeitig hebt sie jedoch die Dominanz der leiblichen Erfahrung über die abstrakte Reflexion heraus.[109]

2015 inszenierte Ferdinando Cito Filomarino Pozzis Lebensgeschichte für das Kinopublikum in der italienischen Filmproduktion *Antonia*.[110] Ihre Geschichte wurde auch als Theaterstück inszeniert. Die Kommune Pasturo ist Mitverleiherin des internationalen Literaturpreises «Per troppa vita che ho nel sangue», der in Gedenken an die Dichterin in verschiedenen Kategorien vergeben wird.

Poetik

«Perché non per astratto ragionamento, ma per un'esperienza che brucia attraverso tutta la mia vita, per una adesione innata, irrevocabile, del più profondo essere, io credo, Tullio, alla poesia. E vivo della poesia come le vene vivono del sangue.»[111] Dieses poetische Glaubensbekenntnis formuliert Antonia Pozzi in einem Brief an ihren Vertrauten Tullio Gadenz vom 29. Januar 1933. Der Brief wird geläufig als konstitutiv für Pozzis poetologisches Programm ebenso wie für ihre religiöse Positionierung gelesen, verschränken sich Poetik und Spiritualität hier doch auf enge Weise. Das kurze Zitat wirft bereits zentrale Momente von Pozzis poetologischem Selbstverständnis auf: die Poesie als das Leben in allen seinen Bereichen durchwirkende Kraft, der ästhetische Vitalismus, die Skepsis gegenüber rein abstrakter Reflexion und die Betonung von Erfahrung

---

108 Vgl. Nicola di Nino: *Spiritual Voices*. PhD, Columbia University, 2013.
109 Vgl. Adele Ricciotti: Antonia Pozzi, S. 213–234.
110 Vgl. *Antonia*. Regie: Ferdinando Cito Filomarino. Italien 2015.
111 Brief an Tullio Gadenz. Antonia Pozzi: *Ti scrivo dal mio vecchio tavolo*, S. 160 (29. Januar 1933).

sowie die existenzielle Bedeutung poetischer Kreativität für das Subjektivitätsverständnis der Dichterin.

Pozzi reflektiert sowohl in ihren Briefen und akademischen Texten, vor allem in ihrer Auseinandersetzung mit Gustave Flaubert und Thomas Mann, als auch in ihrer Lyrik selbst immer wieder poetologische Fragestellungen. Ich werde im Folgenden drei für die Analyse zentrale Aspekte ihrer Poetik herausgreifen: das Begehren nach Öffnung zu und Verbindung mit dem Anderen in der poetischen Sprache, die Stille sowie den 'heiligen' Charakter der Poesie selbst. Dabei beziehe ich mich in erster Linie auf die expliziten Reflexionen in ihrem Briefwechsel, werde aber auch poetologische Aussagen aus anderen Texten aufgreifen. Anschließend fasse ich zentrale Aspekte ihrer Auseinandersetzung mit Flaubert zusammen, da diese in den Jahren 1935/36 eine Wende in Pozzis ästhetischen Idealen markiert.

Pozzi lässt sich keiner spezifischen poetischen Strömung zuordnen. Wenngleich offensichtlich Affinitäten zur romantischen und zur zeitgenössischen italienischen Lyrik der *crepuscolari* und *ermetici* (Leopardi, Ungaretti, Quasimodo, Saba, Ungaretti, Montale) spürbar sind und in europäischer Perspektive vor allem Rainer Maria Rilke prägend ist – ich werde auf diese Affinität immer wieder zu sprechen kommen –, lässt sich die Dichterin nicht auf eine ästhetische Position reduzieren. So weist zum Beispiel die Präzision und Reduktion der Sprache Nähe zur *poesia pura* auf, gleichzeitig setzt sich Pozzi aber in ihrem ethisch fundierten Selbstverständnis explizit von einer rein rational verstandenen poetischen Praxis und dem radikalen *l'art pour l'art*-Prinzip ab.[112] Ähnlich zeigen ihre Texte eine besondere Aufmerksamkeit für die einfachen Dinge, eine poetische Sensibilität für die Materialität der Alltagswelt, die Adele Ricciotti in den Kontext eines Realismus lombardischer Tradition stellt, während sie gleichzeitig immer wieder in eine kühne Metaphorik und visionäre Ästhetik umschlagen.[113] Ricciotti stellt die Randposition der Dichterin, die auch im Banfi-Kreis nie richtig angekommen war, heraus und verweist darauf, dass es im Italien der Zwischenkriegszeit kaum weibliche literarische Modelle gab: «Probabilmente gli anni Trenta italiani non sono pronti alla poesia intimista femminile qual è quella di Antonia Pozzi. C'è da riconoscere, infatti, e da non sottovalutare, il fatto che la cultura italiana non è ancora abituata all'apparizione di autrici donne.»[114] Auch Bernabò

---

[112] «[L]a Pozzi evita di rivestire il ruolo dell'esteta puro: dietro lo sforzo di verbalizzare l'immagine si situa un impegno etico, volto a redimerla dalla profonda lacerazione che patisce, tra arte e vita.» Adele Ricciotti: Antonia Pozzi, S. 215.
[113] Vgl. ebda., S. 214; Gabriele Rovagnati: ‹Immer so unermeßlich verloren am Rande des realen Lebens›, S. 280.
[114] Adele Ricciotti: Antonia Pozzi, S. 221.

betont eher die Affinität zu zeitgenössischen ausländischen Lyrikerinnen als die Zugehörigkeit zu einer spezifisch italienischen poetischen Strömung:

> [S]i apparentava, più che a poeti e a pensatori italiani, ad alcune grandi donne del Novecento europeo, sebbene a lei sconosciute: da Marina Cvetaeva a Etty Hillesum a María Zambrano, per fare solo qualche nome. Come loro, in un mondo che correva verso la catastrofe, dava vita a un *logos* poetico nel quale, pur nell'ambito di una forte consapevolezza culturale e letteraria, non c'era scissione tra mente e corpo, ragione e sentimento, storia personale e grande storia.[115]

Von der Lyrikerin selbst gibt es, im Gegensatz zu Champourcin und Noailles, kaum überlieferte Reflexionen über ihre Situation als Künstlerin.

Die grundsätzliche Spannung zwischen Ethik und Ästhetik, Kunst und Leben durchzieht Antonia Pozzis Reflexionen über Dichtung und Kunst. Im oben zitierten Textausschnitt offenbart die Lyrikerin eine idealistisch-romantische Kunstauffassung: Die Poesie wird hier auf emphatische Weise als Lebensgrund konzipiert, als existenzielles Lebenselixier, eine Lebensform. Der Vergleich mit dem menschlichen Blut, das die Venen nährt, hat einen vitalistischen Anklang: Kunst als fließende Energie, als *élan vital*, der den Menschen nährt, am Leben hält, «l'impulsion qui lança la vie dans le monde»,[116] in Bergsons Worten. Es ist gerade die oft leidvolle Auseinandersetzung mit und das Ringen um Überwindung dieser Spannung 'zwischen Geist und Leben', die Pozzis Lyrikproduktion und poetologische Reflexionen antreibt. So notiert sie in ihrem Tagebuch am 12. März 1935 angesichts ihrer Lektüre von Manns *Tonio Kröger*: «Il contrasto fra geist e leben non va inteso nel senso che l'artista è colui che *non arriva* alla vita, ma colui che *va oltre* la vita.»[117]

Diese Bewegung des 'Darüberhinausgehens' («va oltre») kann geradezu als Schlüsselidee von Pozzis Poetik gesehen werden: Es geht immer wieder darum, Gegensätze zu überwinden, ein Mehr an Sinn zu konstruieren, in einer kontinuierlichen Bewegung die Grenzen zwischen Subjekt und Welt zu dehnen und einer Membran gleich durchlässig werden zu lassen. Bernabò spricht von Poz-

---

115 Graziella Bernabò: Le lettere di Antonia Pozzi. Una vita «dal di dentro». In: Antonia Pozzi: *Ti scrivo dal mio vecchio tavolo. Lettere 1919–1938*. Herausgegeben von Graziella Bernabò / Onorina Dino. Mailand: Àncora 2014, S. 7–29, hier S. 9.
116 Henri Bergson: *L'évolution créatrice*, S. 84. Vgl. auch die metapoetische Bildlichkeit der Venen bei Ernestina de Champourcin in Kap. 4.7.
117 Und kurz vorher: «La nostra vita deve essere la creazione». Antonia Pozzi: *Lieve offerta. Poesie e prose*. Herausgegeben von Alessandra Cenni / Silvio Raffo. Mailand: Bietti 2012, S. 718 (12. März 1935). Kursivierungen im Original.

zis Schreiben als einer «completa e generosa apertura all'esistente»;[118] ihre Lyrik ist «poesia dell'incontro e della relazione».[119] Altea nennt die poetische Öffnung und das poetische Begehren nach dem Anderen «volontà di comunione».[120] Die religiöse Dimension dieses Begriffs ist dabei bewusst gewählt: «[V]i è in Antonia un fare esperienza di Dio nella modalità relazionale alla vita, con ‹religiosa› apertura e partecipazione. La stessa con cui si pone verso la poesia».[121] Die unbedingte Öffnung zum Anderen hat eine mystische Qualität, insofern als das Subjekt die eigenen Grenzen in seinem Wunsch nach Ganzheit und Verbundenheit zu übersteigen sucht. «[Antonia Pozzi] estrapola le essenze della propria intimità cercando [...] un valore divino, quasi mistico, nella sua tendenza all'*altrove*.»[122]

Eine weitere Affinität zur mystischen Tradition ist die zentrale Bedeutung der Stille / des Schweigens (*silenzio*) in Pozzis Poetik:

> Già nella stessa poetica pozziana [...] la dimensione di silenzio [...] rimanda a una concezione classica dell'arte (a sua volta di derivazione mistico-religiosa), e si chiude, presumibilmente, all'influsso dello spiritualismo indiano, ma traduce anche la direzione moderna, l'apertura originale, senza frontiere, alle sollecitazioni culturali. Perché questo silenzio è più ‹una finestra› [...] che ‹un muro›.[123]

Die Stille hat in Pozzis Lyrik, um es mit einem Paradox zu sagen, polyphonen Charakter.[124] Als Rückzugsraum ist sie vor allem Voraussetzung für das genaue Hinhören, das Wahrnehmen des Nicht-Sichtbaren, und damit Möglichkeitsbedingung für das poetische Schreiben. Es gilt, in der Dichtung der Unsagbarkeit der Welt beizukommen und dem Anderen – den Dingen, der Natur, dem Leid und der absoluten Alterität – eine Sprache zu leihen: «Io so che cosa vuole dire raccogliere negli occhi tutta l'anima e bere con quelli l'anima delle cose e le povere cose, torturate nel loro gigantesco silenzio, sentire mute sorelle al nostro dolore.»[125] Altea macht die Nähe des Motivs der Stille zur Mystik explizit, indem sie auf die verbrei-

---

118 Graziella Bernabò: Introduzione. In: Tiziana Altea: *Antonia Pozzi. La polifonia del silenzio*. Mailand: CUEM 2010, S. 7–20, hier S. 12.
119 Graziella Bernabò: *Per troppa vita che ho nel sangue*, S. 11.
120 Tiziana Altea: *Antonia Pozzi*, S. 144.
121 Ebda., S. 59.
122 Adele Ricciotti: Antonia Pozzi, S. 214. Kursivierung im Original.
123 Tiziana Altea: *Antonia Pozzi*, S. 145f. Altea hat die zentrale Bedeutung von Stille / Schweigen in Pozzis Poesie und Poetik umfassend untersucht.
124 Vgl. Gabriele Scaramuzza: Presentazione. In: Tiziana Altea: *Antonia Pozzi. La polifonia del silenzio*. Mailand: CUEM 2010, S. 5–6, hier S. 5.
125 Brief an Tullio Gadenz. Antonia Pozzi: *Ti scrivo dal mio vecchio tavolo*, S. 161 (29. Januar 1933).

tete etymologische Herleitung verweist: «[Il] silenzio è ‹non-detto› o mistero (dal greco myein, tacere, chiudere le labbra): da qui la suggestività delle liriche pozziane, specie quelle più mature, surreali e visionarie.»[126]

Schließlich reflektiert Antonia Pozzi immer wieder über die 'Heiligkeit' von poetischem Prozess und lyrischer Sprache. An Tullio Gadenz schreibt sie:

> Io credo che il nostro compito, mentre attendiamo di tornare a Dio, sia proprio questo: di scoprire quanto più possiamo Dio in questa vita, di crearLo, di farLo balzare lucendo dall'urto delle nostre anime con le cose (poesia e dolore), dal contatto delle nostre anime fra di loro (carità e fraternità). Per questo, Tullio, a me è sacra la poesia; per questo mi sono sacre le rinunce che mi hanno tolto tanta parte di giovinezza, per questo mi sono sacre le anime ch'io sento, al di là dalla veste terrena, in comunione con la mia anima.[127]

Die Dichterin verbindet ihre poetologischen Reflexionen mit religiösen und ethischen Überlegungen. Das Zitat ist aus diesem Grund kennzeichnend für die Verschränkung von Ästhetik, Spiritualität und Ethik in Pozzis Werk. Ich werde im nächsten Unterkapitel weiter auf Pozzis Haltung zu Religion und katholischer Konfession eingehen. Hier sei zunächst herausgestellt, wie die Lyrikerin vehement die Bedeutung von Diesseitigkeit und Gegenwärtigkeit hervorhebt («questa vita») in Abgrenzung zur traditionellen katholischen Ausrichtung auf ein ewiges Leben nach dem Tod. Der Begriff «Dio» beschreibt dabei etwas, dass erst in einem kontinuierlichen Prozess zu erschaffen ist: in der Begegnung zwischen Subjekt und Welt, erfahrbar in Poesie und Erleiden der Dinge, in der Gemeinschaftlichkeit und Solidarität mit dem Anderen. Pozzi wechselt dabei im Gegensatz zu Ernestina de Champourcin in nicht systematischer Weise zwischen Groß- und Kleinschreibung des Begriffs. Bernabò / Dino weisen in ihrer Kommentierung auf die Nähe zu Giordano Brunos Gotteskonzept hin, dessen Texte Antonia Pozzi studiert hatte.[128] Für die Frage nach dem Verhältnis von Spiritualität, Ethik und poetischem Schreiben noch interessanter scheint mir die Affinität zu María Zambrano zu sein. Parallelen liegen in der Betonung von Immanenz und Gegenwärtigkeit, der Poesie als Begegnungsraum und Möglichkeit der Öffnung zum Anderen sowie dem Verständnis von Subjektivität als gebundenem 'Erleiden' (*padecer*). Bei María Zambrano heißt es:

---

126 Tiziana Altea: *Antonia Pozzi*, S. 41. «La dimensione verticale del silenzio è quella per eccellenza dei mistici e dei religiosi.» Ebda., S. 59.
127 Antonia Pozzi: *Ti scrivo dal mio vecchio tavolo*, S. 162 (29. Januar 1933).
128 Vgl. Antonia Pozzi: *Ti scrivo dal mio vecchio tavolo*, S. 161.

La poesía se aferra al instante y no admite la esperanza, el consuelo de la razón.

Poesía es, sí, lucha con la carne, trato y comercio con ella, que desde el pecado – ‹la locura del cuerpo› – lleva a la caridad. Caridad, amor a la carne propia y a la ajena. Caridad que no puede resolverse a romper los lazos que unen al hombre con todo lo vivo, compañero de origen y creación.

La poesía ha estado siempre abierta a las cosas, arrojada entre ellas, arrojada hasta la perdición, hasta el olvido de sí, del poeta. Mas por este olvido de sí, más próxima siempre a estar abierta hacia ese último fondo o raíz de la existencia.[129]

Graziella Bernabò liest Pozzis Poetik entsprechend im Sinne Zambranos als 'sakrale Praxis'.[130]

Die intensive Auseinandersetzung mit den ästhetischen Konzepten Antonio Banfis Mitte der 1930er Jahre brachte eine Spannung in Pozzis ästhetischen Überzeugungen hervor: «L'universo banfiano dovette indurla a riflettere sui rapporti problematici della poesia con la vita.»[131] Als Studentin an der Mailänder Universität hörte die Dichterin Banfis Kurse über Nietzsche und Spinoza und schrieb 1935 ihre Abschlussarbeit bei ihm. In dieser Auseinandersetzung mit Flauberts Poetik betont sie die Bedeutung aufmerksamer stilistischer Arbeit am Text, die im Gegensatz zum Ideal des Ausdrucks ungefilterter Sensibilität steht. Pozzi grenzt sich damit deutlich von einer romantisierenden *poésie pure* im Sinne Bremonds ab. Außerdem betont sie die enge Vernetzung von Leben und Schreiben am Beispiel ihrer Flaubert-Lektüre. «Per lei non meno che per il suo Flaubert non sembra darsi pienezza di vita se da questa si esclude lo scrivere – uno scrivere che tuttavia è valore non di per sé, ma nella pregnanza di sensi etici, conoscitivi, esistenziali che lo intridono.»[132] In ihrer Studie spricht sie jedoch letzten Endes der Prosa einen höheren Wert als der Lyrik zu, was mit Banfis Präferenz für die historische Verankerung des Romans in Einklang steht. So zitiert sie Banfi:

---

129 Vgl. María Zambrano: *Filosofía y poesía*. Mexiko–Sadt: Fondo de Cultura Económica de España, S. 33, 54 und 102. Adele Ricciotti ist dieser Nähe zu María Zambranos Denken nachgegangen: «L'amore di Antonia Pozzi nei confronti della realtà è anche, e soprattutto, un *patire* le cose, un *donarsi* con la completa apertura dell'anima pronta ad accogliere, con la lucida consapevolezza che ciò che la sua poesia cerca di raccontare è spesso impossibile da dire.» Adele Ricciotti: Antonia Pozzi, S. 217. Kursivierungen im Original.
130 Graziela Bernabò: Introduzione, S. 12. Auch Adele Ricciotti betont: «La poesia è quindi interpretata, anche nel senso della sua capacità espressiva, come linguaggio sacro, direttamente generato dalla parola originaria ma mai coincidente con essa.» Adele Ricciotti: Antonia Pozzi, S. 226.
131 Gabriele Scaramuzza: Antonia Pozzi tra gli allievi di Banfi, S. 38.
132 Gabriele Scaramuzza: *Crisi come rinnovamento*, S. 86.

> [M]entre nella lirica quello spezzarsi della forma è devuto ad una sempre più viva necessità di aderire all'intuizione poetica soggettiva [...] e ha ormai solo carattere di evasione e di rifugio interiore [...], la prosa invece rompe i suoi schemi proprio per aderire sempre più liberamente e più concretamente ai multiformi aspetti che ogni giorno si moltiplicano nel reale.[133]

In der Konsequenz arbeitete Pozzi in ihren letzten beiden Lebensjahren an einem historischen Roman, der die lokale Geschichte ihrer lombardischen Herkunft und deren Bewohnerinnen und Bewohner zum Thema hatte. Auch die Hinwendung zu sozialen Themen und Motiven in Lyrik und besonders Fotografie in den Jahren 1937/38 zeugt von veränderten ästhetischen Überzeugungen.

Nach dem anfänglichen Enthusiasmus distanzierte sich die Lyrikerin nach Abschluss ihres Studiums wieder etwas von Banfis Ideen. «Sembra imporsi nella Pozzi [...] il bisogno di un pensare teoricamente meno ‹puro›, gettato urgentemente a compromettersi con l'immediatezza dell'esistere»,[134] bemerkt Scaramuzza in diesem Kontext. Der relativistische Skeptizismus eröffnete ihr letzten Endes offenbar keine positiven Anknüpfungsmöglichkeiten und irritierte sie zunehmend.[135] Persönlich war Pozzi offenbar auch von Banfis offensichtlichem Unverständnis und seiner negativen Reaktion auf ihre Lyrik enttäuscht.[136] Letztlich hielt die Dichterin an einer ganz eigenen Poetik fest: «La sacralizzazione della poesia, di segno tuttavia non confessionale né dogmatico, e la ricerca di un fondamento di fatto trascendente alla poesia stessa, sono permanenze constante anche negli anni dell'avvicinamento ad Antonio Banfi, nei quali non viene meno l'oltranza sacrale della poesia.»[137]

---

[133] Antonia Pozzi: *Flaubert. La formazione letteraria (1830–1856)*. Mailand: Garzanti 1940, S. 222.

[134] Gabriele Scaramuzza: Antonia Pozzi tra gli allievi di Banfi, S. 33.

[135] «Oggi, tutto vuol essere mobile, convertibile, aperto: siamo come in una matassa di fili sciolti e intersecantisi che vanno, certamente, verso una mèta compatta, un gomitolo sodo; ma nessuno può e vuole vedere dove esso sia», schreibt Pozzi schon in ihrem Flaubert-Text. Antonia Pozzi: *Flaubert*, S. 223.

[136] «Perché gli ho detto che scrivo degli orribili versi?», fragt sich die junge Frau sichtlich verunsichert in einem Tagebucheintrag vom 4. Februar 1935. Vgl. Antonia Pozzi: *Tutte le opere*, S. 596.

[137] Mattei M. Vecchio: *Perché la poesia ha questo compito sublime. Antonia Pozzi. Otto studi*. Borgomanero: Giuliano Ladolfi Editore 2013, S. 102.

'Preghiera alla poesia'

Das programmatische Gedicht 'Preghiera alla poesia' aus dem Jahr 1934 kondensiert die von Pozzi formulierten poetologischen Annahmen auf exemplarische Weise.

> PREGHIERA ALLA POESIA
>
> Oh, tu bene mi pesi
> l'anima, poesia:
> tu sai se io manco e mi perdo,
> tu che allora ti neghi
> 5   e taci.
>
> Poesia, mi confesso con te
> che sei la mia voce profonda:
> tu lo sai,
> tu lo sai che ho tradito,
> 10 ho camminato sul prato d'oro
> che fu mio cuore,
> ho rotto l'erba,
> rovinata la terra –
> poesia – quella terra
> 15 dove tu mi dicesti il più dolce
> di tutti i tuoi canti,
> dove un mattino per la prima volta
> vidi volar nel sereno l'allodola
> e con gli occhi cercai di salire –
> 20 Poesia, poesia che rimani
> il mio profondo rimorso,
> oh aiutami tu a ritrovare
> il mio alto paese abbandonato –
> Poesia che ti doni soltanto
> 25 a chi con occhi di pianto
> si cerca –
> oh rifammi tu degna di te,
> poesia che mi guardi.
>
> Pasturo, 23 agosto 1934[138]

---

[138] Antonia Pozzi: *Parole*, S. 320. Alle Gedichte werden im Folgenden nach dieser Gesamtausgabe zitiert, Versangaben bei eingerückten Zitaten in 5er-Schritten markiert und im fließenden Text in Klammern angegeben. Bei längeren deutschsprachigen Übersetzungen beziehe ich mich auf die von Gabriella Rovagnati herausgegebene zweisprachige Ausgabe Antonia Pozzi: *Parole / Worte*.

Die Dichotomien von Zerstörung und Verlust einerseits sowie Schutz und Geborgenheit andererseits dominieren den Text. In einer Doppelbewegung oszilliert das Gedicht zwischen der Selbstbeschreibung des lyrischen 'Ich', das sich als verunsichert und schutzbedürftig zeigt, und dem Appell an die Poesie, dem lyrischen 'Ich' erneut Kraft, Sicherheit und das Gefühl von Zuhause und Zugehörigkeit zu geben. Die poetische Stimme definiert die Poesie durch ihre Anrede als engste Vertrauensperson, aber auch als eine Art inneres Gewissen. Vor allem spricht sie die Poesie anaphorisch an als eine Wissensweise – eine *razón poética* im Sinne María Zambranos –, die über kognitive, bewusste Erkenntnis hinausgeht und die aus den psychologischen Tiefenschichten des lyrischen Subjekts heraus spricht: «tu [lo] sai» (3, 8, 9), «che sei la mia voce profonda» (7). Damit zeigt sich die Poesie als ein Unbewusstes, als eine tieferliegende, über kognitive Reflexion unzugängliche Schicht des lyrischen Subjekts; dieses Subjekt taumelt zwischen Skepsis und Vertrauen.

Titel und Anredestruktur des Gedichtes konstruieren den Gebetscharakter des Textes in Form der Sprechakte des Flehens («aiutami», 22) und Bittens um Gnade («rifammi tu degna di te», 27). An der Stelle Gottes steht jedoch die Dichtung. Die lyrische Stimme wendet sich in wiederholter Apostrophe an die «Poesia» (6) als Gesprächspartnerin und Adressatin ihrer Bitten. Poesie, Spiritualität und Innerlichkeit des lyrischen Subjekts überblenden sich genau in der Gedichtmitte mit der räumlichen Metaphorik von «cuore» (11) als Metonymie des lyrischen 'Ich' und «l'erba» (12) sowie «terra» (13–14) als physische Verortung poetischer Gewahrwerdung des Heiligen: «dove tu mi dicesti il più dolce / di tutti i tuoi canti» (15–16). Die Sprache spiegelt hier die Mystik sowie biblische Passagen, etwa die Psalme und Liebesformulierungen aus dem *Hohelied*. Hier wird auch bereits die Bedeutung der Natur als Ort der Stille, der Kontemplation und Verbindung gesetzt genauso wie die Sehnsucht nach der Überwindung der Grenzen des Subjekts («cercai di salire», 19) und innerer Verwurzelung («il mio alto paese abbandonato», 23) – Aspekte, die ich in den Textanalysen aufgreife. Die Verortung der Poesie als Innerlichkeit in der Tiefe der eigenen Seele (wenn wir das Herz bei Pozzi – wie bei Anna de Noailles und auch María Zambrano – als deren poetischen Ausdruck verstehen) verweist wiederum auf strukturell ähnliche mystische Konzeptionen der Einwohnung Gottes in der Seele. Pozzi setzt an die Stelle des katholischen Gottes die Kunst, die in der intimen Ansprache eine ähnliche Funktion einnimmt, dabei jedoch immanent gedacht ist.

In den folgenden Analysen von Pozzis lyrischen Texten werde ich die hier diskutierten poetologischen Momente vertiefen. Zur Vorbereitung meiner Lektüre möchte ich im nächsten Unterkapitel einen Blick auf Pozzis Auseinandersetzung mit Religion und Mystik im Briefwechsel und anderen Prosaschriften vorausschicken.

5.2 Religion und Mystik in den Prosaschriften (Briefwechsel, Tagebuch)

Dass die Auseinandersetzung mit Religion, Spiritualität und Sinnhaftigkeit eine Konstante in Antonia Pozzis Denken ist, zeigen die zahlreichen Reflexionen in ihren Prosaschriften, insbesondere in ihrem Briefwechsel. Diese stete Verhandlung von religiösen Fragestellungen unterstreicht die Situation moderner Säkularität als eine Situation nicht der völligen Abwesenheit des Glaubens, sondern verschiedener Optionen und Möglichkeiten im Sinne Taylors. Die Aussagen Pozzis verändern sich mit der Zeit und widersprechen sich mitunter – auch dies ein Zeichen für die von Taylor skizzierte *cross-pressure*.[139] In diesem Unterkapitel gehe ich der Distanzierung der Lyrikerin von katholischen Denkfiguren und der ins Mystische gesteigerten Idealisierung des Geliebten nach, wie sie sich in zahlreichen Briefen ablesen lässt. Zudem ordne ich zwei im Tagebuch notierte 'Engelsvisionen' in den hier verfolgten Analysekontext und den kulturgeschichtlichen Hintergrund ein.

Distanzierung von konfessioneller Religiosität

Die Dichterin hat sich stets explizit vom katholischen Glauben distanziert. Dies wird besonders sichtbar in ihrem Briefwechsel mit Antonio Maria Cervi, der sich klar zum Christentum bekannte. Pozzis kritische Bemerkungen über die katholische Glaubenspraxis sind insofern bemerkenswert, als die Diskussion um religiöse Fragen eine Distanz in die leidenschaftliche Beziehung zu Cervi einflicht, die selbst einen mystisch-religiösen Charakter hat. In ihren Briefen definiert sich Pozzi als Atheistin und argumentiert für eine ethische Haltung, die nicht an konfessionelle religiöse Werte gebunden ist. So schreibt sie etwa in einem undatierten Fragment an Cervi:

> Io non credo a quello che credi tu, lo sai. [...] E sono certa della mia vita senza pensare a Dio. Mi sembra che come molta gente viva senza intuizioni artistiche, così si può vivere senza intuizioni religiose. Io non cerco Dio perché non sento il bisogno di cercarlo; perché

---

139 Vgl. Kap. 2.1.

credo che la mia vita può essere moralissima anche se io faccio le cose per se stesse e non perché Dio lo vuole.[140]

An anderer Stelle äußert Pozzi eine aufklärerisch argumentierende Skepsis am Christentum, indem sie Jesus als historische, d.h. menschliche Figur versteht und damit jäh der zentralen Voraussetzung katholischer Lehre widerspricht. Gleichzeitig entwirft sie ein verinnerlichtes, mystisch fundiertes Gotteskonzept: «Anche se io non riuscirò mai a vedere nel vostro Cristo più che l'uomo, pure saprò farmi buona, saprò camminare, saprò crearmi dentro sempre più il mio dio: e non cercherò di conoscerlo, perché conoscerlo è rimpicciolirlo.»[141] Die Scheu vor der Erfahrung oder Erkenntnis Gottes erinnert an Anna de Noailles' Skepsis gegenüber traditionellen religiösen Praktiken als scheinbare Verfügbarmachung eines Gottes, dessen Heiligkeit sich doch – mit Agamben – gerade durch seine Unverfügbarkeit konstituiert. Ähnlich formuliert auch Rilke, dessen Echo Antonia Pozzis ganzes Werk gerade in der Überlagerung von Spiritualität und Poetik durchzieht, z.B. im *Stundenbuch*:

> Alle, welche dich suchen, versuchen dich.
> Und die, so dich finden, binden dich
> an Bild und Gebärde.[142]

Bernabò und Dino heben die Nähe zu Rilkes Gotteskonzept explizit hervor: «Di fatto riconducono fortemente a Rilke l'idea che sia l'essere umano a ‹creare› Dio nel proprio ‹cuore›».[143] Antonia Pozzi war mit Rilkes Werk durch ihren Lehrer Vincenzo Errante bestens vertraut, sie besaß ein Exemplar der von Errante ins Italienische übersetzten *Liriche*.[144]

Das Lexem «dio» durchzieht in jedem Fall Pozzis gesamtes Werk. 'Gott' stellt hier nicht eine konfessionell umschriebene Sicherheit dar, sondern eine unsagbare, polyvalente Chiffre für eine inkommensurable Alterität, eine Sehnsucht nach Sinn und Bezogenheit. Es ist eine Fülle, die das Subjekt in und aus sich selbst zu schaffen hat. Diese Vorstellung des verinnerlichten Gottes geht nun aber nicht nur auf Rilke zurück, sondern bereits auf die Mystikerinnen. Teresas 'innere Burg' ist das vielleicht eindringlichste Bild für die Innewohnung

---

140 Brief an Antonio Maria Cervi. Antonia Pozzi: *Ti scrivo dal mio vecchio tavolo*, S. 143 (undatiert).
141 Ebda., S. 99 (13. April 1930).
142 Rainer Maria Rilke: *Die Gedichte*. Frankfurt a.M. / Leipzig: Insel Verlag 1998, S. 265.
143 Graziela Bernabò / Onorina Dino: Introduzione, S. 19.
144 Vgl. Gabriella Rovagnati: ‹Immer so unermeßlich verloren am Rande des realen Lebens›, S. 302. Vgl. auch Rainer Maria Rilke: *Liriche*. Herausgegeben von Vincenzo Errante. Mailand: Alpes 1929.

'Gottes' in der eigenen Innerlichkeit; bereits Meister Eckharts 'Seelenfünkchen' weist in die gleiche Richtung. Pozzi entfernt sich dabei jedoch sichtbar vom katholischen Dogma, wenn sie von der Schaffung Gottes aus sich selbst heraus spricht. Die Chiffre «dio» verweist auf eine Suche nach Sinnhaftigkeit und Schönheit, die wie bei vielen anderen Künstlerinnen und Künstlern der Moderne in Verbindung mit ästhetischer Kreativität zu denken ist.

Allerdings erscheint es mir distinktiv, dass es sich bei Pozzis Gotteskonzept nicht allein um einen ästhetischen Mystizismus handelt, sondern vor allem um die Erfahrung einer Innerlichkeit. Ihrer Studienfreundin Elvira schreibt Pozzi 1932: «Fino ad allora, il senso del divino era stato un estetismo, per me: null'altro. Ora il divino è una calma suprema, è una frescura limpidissima che permea di sé tutta la mia vita e mi fa blando il soffrire, trasognato il cammino e chiara e amica la morte.»[145] Anlässlich der Entscheidung der Freundin, ins Kloster einzutreten, notiert Pozzi 1935 dagegen in ihrem Tagebuch:

> La Grazia, lei dice. E qui, naturalmente, non posso capirla più. Per me il divino, la divina vita – o la vita semplicemente – scaturisce solo dalle reazioni continue tra soggetto e oggetto, io e mondo. (Fichte?) Tagliare via da sé la possibilità di questo perenne rinfrescarsi nelle cose è come uccidersi vivi. Il più terribile pensiero è questo: che io alla sera potrò ancora andare in un prato sotto le stelle libere e lei starà, per tutte le sere della sua vita, in un dormitorio, vicino a dodici letti di bambine sconosciute. [...] [E] sarà, davanti a tutte le cose belle a lei tolte, la mia gioia di goderne [...].[146]

Die Dichterin äußert ihr Unverständnis über die Entscheidung für das traditionelle, katholisch reglementierte, schmucklose Klosterleben sowie das Verlangen nach konfessionell gebundener Transzendenz. Gerade aus dieser Diskrepanz heraus ist es reizvoll, die positiven poetischen Referenzen auf die monastische Kultur der Franziskaner wie etwa in 'Sogno sul colle' zu lesen.[147]

Im letzten Zitat wird erneut der aus dem Banfi-Kreis stammende vitalistische Impuls sichtbar: Die Konzepte des 'Göttlichen' und des 'Lebens' fallen zusammen. Und Pozzi betont mit Bezug auf die Philosophie Fichtes die Zentralität der Verbindung zwischen Subjekt und Welt für das Erleben von Ganzheit und Fülle: «[V]i è in Antonia un fare esperienza di Dio nella modalità relazionale alla vita, con ‹religiosa› apertura e partecipazione. La stessa con cui si pone verso la poesia».[148] Schließlich sind persönliche Freiheit und Verbindung zur materiellen Welt in Form von Dingen, Natur und Kosmos zwei weitere konstitu-

---

[145] Brief an Elvira Gandini. Antonia Pozzi: *Ti scrivo dal mio vecchio tavolo*, S.140 (5. November 1931).
[146] Antonia Pozzi: *Tutte le opere*, S. 599.
[147] Vgl. Kap. 5.5.
[148] Tiziana Altea: *Antonia Pozzi*, S. 59.

tive Momente von Pozzis spirituellem Denken. Ich werde darauf in den Gedichtlektüren, besonders in Kap. 5.7, zurückkommen.

«Mio santo compagno»

Wie bereits angedeutet, ist Pozzis Liebesbeziehung zu ihrem ehemaligen Lehrer Antonio Maria Cervi von einer «sakrale[n] Dimension»[149] geprägt, «welche die Dichterin als unio mystica verstand, auch wenn sie, im Gegensatz zu Cervi, an den Gott der Christen nicht glauben konnte.»[150] Bereits als 16-jährige Schülerin hatte sie sich, wie erwähnt, leidenschaftlich in ihren Griechisch- und Lateinlehrer verliebt. Er wurde kurze Zeit später nach Rom versetzt, jedoch behielten beide den Kontakt durch Briefe und Besuche aufrecht und gingen bald eine Liebesbeziehung ein. Cervi war ein ernster und belesener Mann, 18 Jahre älter als Pozzi und pflegte «einen zurückhaltenden, fast klösterlichen Lebensstil».[151] All dies passte nicht zu den Vorstellungen des mondänen, großbürgerlichen Vaters Roberto Pozzi, der sich gegen die Verbindung stellte. Er schickte seine Tochter zu einem Studienaufenthalt nach London, um sie von Cervi zu entfernen. Der endgültige Bruch zwischen beiden erfolgte 1933 und ging von Cervi aus, während Pozzi in Briefen und Lyrik noch lange ihre Leidenschaft aufrechterhielt.

Schon in ihren ersten Kommentaren über den Lehrer greift sie zum mystischen Vokabular von Flamme, Licht und Reinheit, um die Person Cervis und deren Eindruck auf sie zu beschreiben.[152] «Egli era, o meglio, è, uno spirito come pochi [...]. Una gran fiamma dietro una grata di nervi; un'anima purissima anelante a sempre maggior purezza [...] in una sete inesauribile di sapere, di perfezione, di luce».[153] In ihren Briefen an Cervi selbst beschwört sie entsprechend die 'Heiligkeit' ihres Geliebten, die gewissermaßen auf sie zurückstrahlt: «[A]ccanto a te è la santità della mia esistenza».[154] Komplementär zur Perfektion des Geliebten ruft Pozzi zuweilen den Topos ihrer eigenen Unwürdigkeit auf, der an die Bescheidenheitsformulierungen zahlreicher Mystiker und vor

---

[149] Gabriella Rovagnati: ‹Immer so unermeßlich verloren am Rande des realen Lebens›, S. 284.
[150] Ebda., S. 290f.
[151] Ebda., S. 285.
[152] Vgl. etwa das Bild der Flamme in San Juan: *Obra completa 1*, S. 73–74 ('Llama de amor viva') und schon in Hld 8,6.
[153] Brief an die Großmutter. Antonia Pozzi: *Ti scrivo dal mio vecchio tavolo*, S. 79 (21. August 1928).
[154] Brief an Antonio Maria Cervi. Ebda., S. 99 (13. April 1930).

allem Mystikerinnen erinnert. So bezeichnet sie sich gegenüber Cervi als arm und unwissend: «Io sono una povera cosa, che forse non comprende.»[155] Der Geliebte dagegen hilft ihr dabei, 'besser' zu sein, «diventare più buona».[156]

Auf ähnliche Weise erinnert die Beteuerung völliger Hingabe an den Geliebten an mystische Paradigmen. «[Io] non voglio se non quello che vuoi tu»,[157] versichert Pozzi Cervi. Und sie schließt einen anderen Brief mit den Worten:

> la tua...
> qual è il mio nome?
> Soltanto
> quello che vuoi tu.[158]

Die physische Liebe assoziiert und überhöht Pozzi mit dem Attribut der Reinheit, wie in den folgenden Zeilen: «L'altro giorno, mentre ti baciavo, l'anima mia era limpida come una tazza d'acqua. Così pure erano le mie labbra, che non mi sentii nemmeno impallidire. Così sicura, ero, così tranquilla: come una mamma che bacia il suo bambino malato.»[159] Hier nimmt sie eher die beschützende Rolle einer Mutter als die der hingebungsvollen Geliebten ein. An gleicher und anderer Stelle verweist die Briefeschreiberin aber auch auf ihre Leidenschaft und vergleicht diese mit einem Rausch (*ebbrezza*).

Schließlich knüpft die Autorin an brautmystische Formeln an, wenn sie Cervi wiederholt als ihren Bräutigam bezeichnet und sich selbst als seine Braut: «Perché io sono la tua sposa e tu il mio sposo dolcissimo».[160] In der lyrischen Emphase und dem hohen Pathos in diesen Formulierungen hallen das *Hohelied* und die Schriften der mittelalterlichen und frühneuzeitlichen Mystikerinnen wie Mechthild von Magdeburg, Angela Foligno, Caterina von Siena und Teresa von Ávila, aber auch San Juan de la Cruz wider. Pozzis eindringliches «Tu solo, Antonello, *tu solo*»[161] erinnert an Teresas «Sólo Dios basta».[162] Pozzi beschwört zudem immer wieder die Heiligkeit eines gemeinsamen, ungeborenen Kindes,

---

155 Ebda., S. 98 (15. März 1930). Vgl. prominent zum Bescheidenheitstopos als rhetorische Strategie bei Teresa von Ávila Alison Weber: *Teresa of Avila and the Rhetoric of Femininity*, S. 42–76.
156 Brief an die Großmutter. Antonia Pozzi: *Ti scrivo dal mio vecchio tavolo*, S. 80 (21. August 1928).
157 Brief an Antonio Maria Cervi. Ebda., S. 97 (11. Januar 1930).
158 Ebda., S. 148 (1. März 1932).
159 Ebda., S. 96 (11. Juni 1930).
160 Ebda., S. 149 (2. April 1932).
161 Ebda., S. 188 (11.–15. Februar 1934).
162 Vgl. Santa Teresa: *Obras completas*, S. 1165 ('Paciencia en las adversidades').

wenn sie dessen (un-) möglichen Namen 'wie ein Gebet' in ihrem Inneren wiederholt.[163]

Im endgültigen Trennungsbrief von Februar 1934 kulminiert die mystische Überhöhung sowohl des Geliebten als auch Pozzis eigener Leidenschaft ein letztes Mal. Liebesbeteuerungen, mystische Bilder und liturgische Semantik überblenden sich erneut: «Tu sei in me, ancora. L'unica luce, ferma come un altare, che si fa più bianca, quanto più nere sono le macchie che cadono qui intorno.»[164] Hier nimmt Pozzi das augustinische und neoplatonische Bild des verinnerlichten Geliebten und die religiös konnotierte Hell-Dunkel-Dichotomie auf. Und die religiöse Projektion wird noch deutlicher: «[S]ei l'*unico* a cui ho creduto, a cui *credo*. Sei la prova che il bene esiste, qui, oltre gli intrighi, le menzogne, il peccato.»[165] Der Geliebte nimmt hier als Objekt des Glaubens die Stelle Gottes ein und steht dabei für ein ethisches und moralisches Ideal, das nun aber im Anschluss doch wieder explizit an den Begriff 'Gott' rückgebunden wird: «[S]arà forse più che l'amore, la comprensione di Dio dentro la vita.»[166] Wieder handelt es sich um einen immanent verstandenen Gottesbegriff, der eng mit der menschlichen Liebe und Idealität verknüpft ist.

Pozzis leidenschaftliche Verehrung des Freundes und die Sakralisierung ihrer eigenen Liebe in den Briefen an Antonio Maria Cervi greift also zahlreiche mystische Denkfiguren, Paradigmen und Bilder auf. In diesem Sinne nimmt sie die buchstäbliche Bedeutungsebene der historischen Brautmystik wieder beim Wort, die in der katholischen Tradition meist allegorisch gedeutet wird. Sie schließt damit einen Bogen zurück zur ursprünglichen Bildlichkeit mystischer Texte und betont dabei die leidenschaftliche Liebesbeziehung zwischen den Dialogpartnern, wie man sie insbesondere in der Tradition der *Hohelied*-Dichtung und der Brautmystik findet. Gleichzeitig jedoch überhöht sie die romantische Liebe auf eine Weise, dass diese wiederum einen spirituellen Charakter annimmt. Damit stellt Pozzis leidenschaftliche Liebesmystik nicht das Gegenteil, sondern ein Komplement zur klassischen Brautmystik dar: Während in der konfessionell

---

163 «[D]ico dentro di me, come una preghiera, il nome che *lui* doveva avere.» Hervorhebung im Original. Ebda., S.187 (11.–15. Februar 1934). Es ist unklar, ob das Sprechen über ein ungeborenes Kind in Briefen und Lyrik rein metaphorischer Natur und Ausdruck eines großen Wunsches ist oder den Hintergrund einer tatsächlichen (abgebrochenen) Schwangerschaft oder einer Fehlgeburt hat. Vgl. Gabriella Rovagnati: ‹Immer so unermeßlich verloren am Rande des realen Lebens›, S. 289. Zum Motiv der Mutterschaft vor der Folie faschistischer Ideologie vgl. auch Robin Pickering-Iazzi: *Politics of the Visible*, S. 222–233.
164 Brief an Antonio Maria Cervi. Antonia Pozzi: *Ti scrivo dal mio vecchio tavolo*, S. 187 (11.–15. Februar 1934).
165 Ebda., S. 189. Kursivierungen im Original.
166 Ebda., S. 190.

kodierten Hingabe der mittelalterlichen und frühneuzeitlichen Mystikerinnen und Mystiker das körperliche und erotische Moment immer wesentlich bleibt, ist es bei Pozzi andersherum die spirituelle Schicht, die sich tragend durch den Liebesdiskurs zieht. Als Kippfigur sind beide Ebenen in der mystischen Sprache nicht zu trennen, verhandelt das mystische Sprechen ja doch letzten Endes immer wieder ein Begehren, dessen Objekt in den Hintergrund rückt, während die Affektivität des sprechenden Subjekts im Zentrum steht.

Engelsvisionen

Im Herbst 1937 notiert Pozzi in ihrem Tagebuch an zwei aufeinander folgenden Tagen zwei bemerkenswerte Erlebnisse. Am 9. September beschreibt sie die Erscheinung eines Engels in der Abenddämmerung, der sie bei der Hand nimmt und zum Fenster führt, wo sie auf die Knie fällt und ehrfurchtsvoll den Boden unter sich küsst.

> [I]eri sera un angelo mi ha preso per mano. Non era ancora buio. Dì là dai veli della pioggia e della sera gli alberi e le montagne erano ugualmente oscuri. L'angelo mi ha messo una mano sulle spalle, mi ha fatto salire di corsa le scale nere, fin qui nella mia stanza. Non avevo più fiato. Allora l'angelo mi ha messo una mano sul collo, sono caduta in ginocchio davanti alla finestra aperta, senza respirare ho guardato il profilo immobile della montagna. Poi giù: tre volte ho baciato la terra (il pavimento di mattonelle rosse) premendo bene le labbra – e i pugni li avevo così stretti sul petto che mi dolevano le ossa. Dopo – mi sono alzata come da un sonno di anni, leggera come una donna che ha partorito. Ho aperto gli occhi. L'angelo non c'era più.[167]

Der kurze Text setzt *in medias res* ein: Die Erscheinung des Engels wird hier zunächst in keiner Weise in den Zusammenhang gerückt, hinterfragt oder problematisiert. Die Vision ist von zahlreichen Symbolen und Motiven durchzogen. Viele davon weisen auf einen Zwischenraum, eine Schwellensituation hin: die Dämmerung als unbestimmte Zeit zwischen Tag und Nacht, das Fenster als Öffnung vom Innen zum Außen und die Berge als Verbindung zwischen Erde und Himmel. Die physischen Gesten von Kniefall und Kuss transportieren eine tiefe Hingabe und Demut, ja Unterwerfung unter die Figur des Engels. Dieser tritt mit einer auffälligen Körperlichkeit in Erscheinung, die sich im Druck seiner Hand auf Schulter und Hals der Tagebuchschreiberin zeigt. Der dreifache Kuss hat dabei auch eine mythische Qualität. Schließlich thematisiert Pozzi zu Ende des Textes die verlorene Zeitwahrnehmung – wie erwähnt auch aus kognitions-

---

167 Antonia Pozzi: *Tutte le opere*, S. 603.

wissenschaftlicher Sicht ein charakteristisches Moment meditativen und spirituellen Erlebens – und vergleicht ihre Erfahrung mit dem körperlichen Erleben nach einer Entbindung.

In intertextueller Hinsicht lässt sich der Eintrag mit zahlreichen Engelsvisionen der europäischen Literatur- und Kulturgeschichte in Bezug setzen. Zu den besonders bekannten gehören z.B. die Stigmatisierung des Franz von Assisi durch den Seraphen und natürlich Teresas bereits mehrfach kommentierte Herzdurchbohrungsszene. Besonders interessant erscheint mir auch der Vergleich mit dem fast zeitgleich von Simone Weil beschriebenem Epiphanieerlebnis in der Kirche Santa Maria degli Angeli, ausgerechnet in Assisi, im Jahr 1937. In ihrer 'Autobiographie spirituelle' schreibt diese rückblickend über ihr Erlebnis an ihren Vertrauten, den katholischen Geistlichen Père Perrin: «En 1937, j'ai passé à Assise deux jours merveilleux. Là, étant seule dans la petite chapelle romane du XIIe siècle de Santa Maria degli Angeli, incomparable merveille de pureté, où saint François a prié bien souvent, quelque chose de plus fort que moi m'a obligée, pour la première fois de ma vie, à me mettre à genoux.»[168]

Die Parallelen liegen weniger im Engelsmotiv, das bei Weil ja in dieser Form gar nicht auftritt, sondern vielmehr in der Beschreibung der unermesslichen äußerlichen Kraft, mit der die beiden Autorinnen den plötzlichen Wunsch verspüren niederzuknien. Zudem erfahren beide Frauen ein spirituelles Erlebnis außerhalb der formalen konfessionellen Praxis, wenngleich sich beide in ihren Texten in verschiedener Form mit bestimmten, vor allem sozialen und philosophischen Aspekten katholischer mystischer Tradition auseinandersetzen. In diesem Sinne verweisen beide Texte auf eine intensive spirituelle Alteritätserfahrung. Beide Autorinnen teilen zudem in ihren Schriften ein ethisch fundiertes Verantwortungsgefühl.

Schließlich bietet sich auch ein Vergleich mit Ernestina de Champourcins poetologisch konfigurierter 'Fensterszene' an. In ihrem Brief an Carmen Conde entwirft die spanische Lyrikerin 1928 eine meditative Schreibsituation am offenen Fenster, die in eine körperlich empfundene spirituelle Reflexion übergeht. Auch bei Champourcin spielen das Alleinsein und akustische Zeichen katholischer Tradition (Glockenläuten) eine wesentliche Rolle für die Exploration eigener Innerlichkeit, jedoch ist ihre Darstellung stark mit poetologischen Reflexionen verbunden.[169]

---

[168] Simone Weil: Autobiographie spirituelle. In: dies.: Œuvres. Herausgegeben von Florence de Lussy. Paris: Gallimard 1999, S. 767–780, hier S. 771. Vgl. auch Eugenio Borgna: *Le passioni fragili*. Mailand: Feltrinelli 2017, S. 174.

[169] Vgl. Kap. 4.2. Bei Pozzi deutet lediglich der Vergleich mit der postnatalen Situation eine mögliche produktionsästhetische Deutung an, die an dieser Stelle aber nicht wirklich naheliegt.

Einen Tag später berichtet Pozzi in ihrem Tagebuch von der Rückkehr der Engelsfigur, von der sie nun in eine alte Friedhofskapelle geführt wird.

> L'angelo è tornato ieri sera. Abbiamo percorso insieme la strada nuova, fino al cimitero. Dai monti minacciavano nuvole di temporale. I contadini uscivano dalle cascine con grandi tele di sacco per coprire i mucchi di fieno e difenderli dalla pioggia. La Chiesa del cimitero è proprio in disordine: quando potrò disporre del mio denaro lascerò qualche cosa perché l'aggiustino. Sono rimasta molto tempo con la testa appoggiata alle sbarre del cancello. Ho visto un pezzo di prato libero che mi piace. Vorrei che mi portassero giù un bel pietrone e vi piantassero ogni anno rododendri, stelle alpine e muschi di montagna. Pensare di esser sepolta qui non è nemmeno morire, è un tornare alle radici. Ogni giorno le sento più tenaci dentro di me. Le mie mamme montagne. Di colpo il campanile, che pare un albero anche lui, così verde, è scoppiato a suonare. E un bambino è venuto giù in volata su di una vecchia bicicletta, fischiando. Ho detto: ‹Angelo, torniamo›, e intanto cercavo di scoprire se il profilo dei Sassi Rossi non somiglia a una donna addormentata. Ma niente.[170]

Zu den Motiven der Schwelle und des Dazwischens treten nun weitere Momente, die sich ebenfalls durch die lyrische Produktion Pozzis ziehen, etwa die kirchliche Topografie (Friedhof, Kirche) oder das Glockenläuten.[171] Die Figur des Jungen, der engelsgleich 'im Flug' daherkommt, verweist auf die Präsenz von Kindern und älteren Menschen, wie sie sich auch in Pozzis Fotografien finden. In der Imagination des eigenen Todes manifestiert sich ein weiteres lyrisches Motiv. Es ist hier zum einen verbunden mit dem Wunsch nach Wurzeln, nach Geborgenheit, Aufgehobensein und Schutz. Zum anderen stellt Pozzi eine Kontinuität zwischen ihrer eigenen vergänglichen Existenz und der Natur her: Die Reflexion über den Tod ist buchstäblich von Bildern lombardischer Pflanzen und Landschaft eingefasst. Damit ist die tröstliche Vorstellung eines Eingangs in einen größeren natürlichen Zyklus verbunden, die insbesondere mit der Personifikation der Berge als mütterliche Beschützer verstärkt wird. Zugleich stellt die Engelsfantasie eine Vorwegnahme von Pozzis Freitod nur ein Jahr später dar: Nach der Einnahme einer Überdosis Schlaftabletten legte sich die junge Frau am 2. Dezember 1938 auf die Wiese neben der alten Kirche der Abtei von Chiaravalle in der Peripherie Mailands, wo sie schon fast leblos aufgefunden wurde.

Die beschriebenen Engelsnarrationen spiegeln also viele der Aspekte, mit denen sich Pozzi in ihrem künstlerischen Werk beschäftigt hat, und sie verweisen auf das ihrer Poetik wesentliche Element des Übergangs, der Schwelle und des Dazwischens. Die Figur des Engels ist jedoch nicht allein allegorischer Ver-

---

170 Antonia Pozzi: *Tutte le opere*, S. 604.
171 Vgl. Kap. 5.5.

weis auf ein Anderes oder abstraktes mythopoetisches Symbol. Pozzi selbst betont die physische Greifbarkeit der Figur:

> Questa storia dell'angelo è strana, ma è vera. Io non so come sia fatto, ma già due volte ho avuto la sensazione *fisica* di averlo vicino. [...] Forse tutti quelli che hanno molto sofferto e sono un po' deboli e malati, a un certo punto cominciano a sentire gli angeli. [...] Non so: non ho mai provato forte come in questi giorni il senso di essere trasportata da una corrente violenta, ad una tensione altissima. E, nello stesso tempo, mai avuto così solido il senso della personalità e della responsabilità. Mi sento in un *destino*. È difficile che queste intuizioni siano sbagliate.[172]

Die Diaristin hebt die Körperlichkeit und Materialität ihrer Wahrnehmung hervor. Bereits die Beschreibungen des Händedrucks und die Geste der Berührung des Bodens im ersten Eintrag machen die materiellen Bedingungen spiritueller Erfahrung sichtbar – in der Lyrik wird dies immer wieder in den Motiven von Bergen, Erde, Gebäuden und Dingen deutlich werden. Weiterhin verbindet die Dichterin die Engelsvision nun mit einer besonderen Sensibilität, die mit Verletzbarkeit einhergeht. Dieser Aspekt wirft implizit die Frage nach dem Traum- oder Halluzinationscharakter der Erzählung auf. Eugenio Borgna lehnt eine pathologische Auslegung der Szene explizit ab: «[N]ulla direi di patologico [...] e forse la febbrile liquida immaginazione che, come nella infanzia, non conosce ancora i confini fra il reale e l'irreale, fra il terrestre e il fantastico, che si confondono e si intrecciano gli uni agli altri?»[173]

María Zambrano interpretiert den Engel in *El hombre y el divino* nicht als Zeichen psychischer Krankheit, sondern als 'heiliges Bild der Einsamkeit': «El ángel se aparece siempre a los que logran la soledad; ¡es la imagen sagrada de la soledad!»[174] In diesem Sinne lässt sich auch Pozzis Beschreibung als Figur einer intensiven Innerlichkeit und inneren Alterität deuten, die bereits in ähnlicher Form zahreiche Mystikerinnen und Mystiker mit Bildern des Strudels und des Abgrunds, aber auch der intensiven Präsenz beschrieben haben. Diese Lektüre wird durch Pozzis Verweis auf den 'gewaltvollen Sog' und die 'hohe Spannung' bestärkt.[175]

Schließlich birgt Pozzis Engelserlebnis auch eine ethische Dimension: So beschreibt sie das starke Verantwortungsgefühl, das sie seit dem Erlebnis be-

---

172 Antonia Pozzi: *Tutte le opere*, S. 604. Kursivierungen im Original.
173 Vgl. Eugenio Borgna: *Le passioni fragili*. Mailand: Feltrenelli 2017, S. 174.
174 María Zambrano: *El hombre y lo divino*. Mit einem Vorwort von María Fernanda Santiago Bolaños. Madrid: Fondo de Cultura Económica 2007, S. 268.
175 Die historischen Vorbilder wurden jedoch vielmals als Wahnsinnige oder Hysterikerinnen verurteilt, sodass die psychische Problematik hier nicht ganz auflösbar ist.

gleitet und das sie innerlich in ihrem Handeln bestärkt.[176] Die Engelsvision fällt zeitgleich zusammen mit Pozzis sozialem Engagement in den Mailänder Armenvierteln. Die ethische Haltung lässt sich in diesem Kontext mit der mystischen Hinwendung zum Leben in der *vita activa* eines Franziskus, einer Caterina von Siena oder einer Teresa von Ávila vergleichen. Antonia Pozzi erlebt jedoch zu keinem Moment eine religiöse Konversion – ihre ethische Überzeugung entwickelt sie aus einer nicht-konfessionellen Ehrfurcht vor dem Leben. Dieser transsäkularen Dimension gehe ich in den folgenden Lektüren von Pozzis Lyrik nach.

5.3 «L'anima bianca della notte». Lyrische Spuren mystischer Figurationen

Zur Annäherung an die zahlreichen Spuren von Denkfiguren und poetischen Bildern aus der mystischen Tradition in Antonia Pozzis Lyrik beginne ich mit der Lektüre eines ihrer frühesten Gedichte, das bereits viele der später vertieften und hier zu diskutierenden Elemente vorwegnimmt. Mit der intertextuellen Folie San Juan de la Cruz' und Mechthild von Magdeburgs stehen die Figuren von Licht und Dunkelheit sowie des Fließens und Verströmens im Vordergrund, die eine poetische Disposition der Hingabe und Offenheit konturieren.

'Giacere'

'Giacere' beschreibt eine Szene der (Selbst-) Kontemplation in zwei Zeiten:

> GIACERE
> Ora l'annientamento blando
> di nuotare riversa,
> col sole in viso
> – il cervello penetrato di rosso
> 5   traverso le palpebre chiuse –.
> Stasera, sopra il letto, nella stessa postura,
> il candore trasognato
> di bere,
> con le pupille larghe,
> 10   l'anima bianca della notte.
>
> S. Margherita, 19 giugno 1929

---

[176] Borgna sieht in diesem Aspekt eine weitere Analogie zu Simone Weil. Vgl. Eugenio Borgna: *Le passioni fragili*, S. 174.

Das kurze Gedicht – zehn reimlose freie Verse – steckt gleich mit dem ersten Wort deiktisch die Gegenwärtigkeit des poetischen Erlebens ab: 'Jetzt' (1) ist die Zeit, die die erste Hälfte des Textes strukturiert. Diese steht einem 'Später' – 'heute Abend' (6) – symmetrisch gegenüber. Dieses erste 'Jetzt' beschreibt einen Augenblick großer Präsenz, Sinnlichkeit und Hingabe an das Naturerleben: Die lyrische Sprecherin entwirft sich lustvoll auf einem Wasser treibend, auf dem Rücken die Sonne im Gesicht spürend. Zur gleichen Zeit antizipiert das 'Ich' jedoch schon eine spätere Situation am Abend, in dem es sich in 'gleicher Haltung' (6) im eigenen Bett imaginiert und damit u.a. ein (auto-) erotisches Moment einbringt. Die parallel strukturierten Zeiten werden durch die physische Kontinuität der Sprecherin sowie die Isotopien des Lichts, der Durchlässigkeit, des Flüssigen und der Hingabe semantisch miteinander verbunden.[177] Der Text ist gleichzeitig durch eine Anzahl an paradoxen und antithetischen Kreuzstrukturen gekennzeichnet, mittels derer sich die einzelnen poetischen Figuren spiegeln und verdoppeln. Formal lässt sich die Linie zwischen den beiden Teilen, die durch die Spiegelstriche in den Versen 4 und 5 visuell vorbereitet wird, als eine solche Spiegellinie (gleich der im Gedicht aufgeworfenen Wasseroberfläche) denken.

Gleich der erste Vers konnotiert mit der 'sanften Vernichtung' des lyrischen Subjekts eine asketisch anmutende Selbstauslöschung und Rücknahme subjektiver Autonomie. Die Haltung der auf dem Rücken treibenden Schwimmerin ist physische Geste, ja eigentliche körperliche Bedingung und Performanz einer Hingabe, hier zunächst vor allem an die sinnliche Wahrnehmung von Wasser und Licht (2–3). Braidotti betont die Bedeutung körperlicher Praktiken für eine postsäkulare, vitalistische Spiritualität, wie sie auch in neuesten Forschungen der Religionswissenschaft hervorgehoben und im Gedicht ganz deutlich wird: «Spiritual practices are embodied and embedded, active and affective. They do not take place in a fight from the flesh but through it.»[178]

Der ausschließliche Gebrauch von Infinitiven und Partizipien unterstützt auf syntaktischer Ebene im ganzen Text den Effekt der Rücknahme subjektiver Aktivität. Gleichzeitig wird auf diese Weise eine Atmosphäre der Ruhe und Stille hervorgebracht. Die lyrische Stimme tritt zudem an keiner Stelle als grammatisches Subjekt hervor, sondern tritt auch formal völlig hinter dem

---

177 Vgl. eine ähnliche sinnliche Kontinuität zwischen zwei Zeitebenen erotischer Imagination in 'Canto della mia nudità' aus dem gleichen Jahr.
178 Rosi Braidotti: Conclusion, S. 266. Zur Diskussion der Zentralität von verkörperten Praktiken der Subjektivierung im religiösen Kontext vgl. auch Saba Mahmood: Agency, Performativity, and the Feminist Subject.

substantivierten, veräußerten Zustand 'sanfter Vernichtung' und 'verträumter Reinheit' zurück.

Die Verse 4 und 5 verstärken mit dem Bild des von den Sonnenstrahlen 'rot durchleuchteten Gehirns' den materiellen, physischen Aspekt und das anatomische Lexem «cervello» (4) bringt gleichzeitig ein krudes, modernes Element ein. Die Semantik des Durchdringens von Subjekt und physischer Umwelt («penetrato», 4, «traverso», 5) verdichtet sich an dieser Stelle: Die Sonnenstrahlen dringen bis in das kognitive Zentrum ein und verändern dieses, lassen es in roter Leidenschaftlichkeit 'erglühen'. Schließlich wird mit der Formulierung der «palpebre chiuse» (5) auf den etymologischen Ursprung des Begriffs 'Mystik' in Verbindung mit dem griechischen Verb 'myein', 'Mund oder Augen schließen' angespielt. Die geschlossenen Augen – bei hellem Tageslicht – konnotieren eine Innerlichkeit, die weniger die Ausschaltung der Sinne als deren äußerste Konzentration bedeutet: eine existenzielle Offenheit gegenüber dem (materiellen) Anderen und ein 'anderes Sehen' (Rilke), welche die Grenze zwischen Innen und Außen durchlässig macht. Die durchlässige Haut der Augenlider erhält dabei die Funktion einer permeablen Membran, die den kontinuierlichen Fluss von sinnlichen Wahrnehmungen, Affekten und Imaginationen ermöglicht und damit wesentlich Teil hat an der Herstellung einer spirituellen Wahrnehmung und Sinngebung.[179]

Diese Atmosphäre des intensiven Erlebens und der Hingabe wird im zweiten Teil des Gedichtes weitergeführt und auf eine andere sinnliche Ebene transponiert (die bereits in der intensiven Körperlichkeit im ersten Teil mitschwingt). Der Text führt die Anspielung auf mystische Paradigmen fort. Auch hier wird eine Veräußerung des Subjekts, ein genussvoll erlebtes Außerhalbsein kognitiver Selbstkontrolle, angedeutet: Die 'ekstatische, entrückte Reinheit' (7) erscheint so als Komplement zur 'sanften Vernichtung' im ersten Teil. In einer chiastischen Struktur spiegelt auch das Bild der 'weiten Pupillen' den vorherigen nach innen gerichteten Blick und assoziiert nun die besondere Fokussierung des Sehsinns angesichts der abendlichen Dunkelheit. Und schließlich erhält der letzte Vers mit der spielerischen, nun sogar doppelt gekreuzten

---

[179] Zur besonderen Funktion der Haut als 'religiösem' Sinnesorgan vgl. S. Brent Plate: «We begin with the skin. The liminal, semi-porous boundary between inner and outer worlds, between self and world. Here is the edge of productive space: the ebb and flow of sight, scent, sound, touch, and taste. [...] The fixed-but-still-moving point of the religious skinscape is the permeable boundary at the edge of the body, constituted by what passes in and out via the sense organs. Religion itself is, in part, produced by the experiences formed in these mediated sites betwixt and between.» S. Brent Plate: The Skin of Religion. Aesthetic Mediation of the Sacred. In: *Crosscurrents* 62, 2 (2012), S. 162–180, hier S. 162f.

Transformation der San Juan'schen Formel der 'dunklen Nacht der Seele' ein besonderes Gewicht für die mystischen Konnotationen des Gedichtes: «[B]ere [...] l'anima bianca della notte» (8–10), heißt es bei Pozzi in einer paradoxen Verkehrung als Pointe im Schlussvers, 'die weiße Seele der Nacht trinken'.

Nacht und Licht

In San Juans bekanntem und vielschichtigem Gedicht, der 'Noche oscura', stellt die Nacht die Möglichkeitsbedingung für die ekstatische Vereinigung von Liebender und Geliebtem, oder brautmystisch gewendet, von Seele und Gott dar. In dem dazu gehörigen Prosa-Kommentar erläutert der karmelitische Dichter die allegorische Bedeutung der Nacht als Figur der asketischen Praxis und Vorbereitung auf die Begegnung mit Gott.[180] Wie Ernestina de Champourcin – wenngleich weniger explizit und extensiv – knüpft Antonia Pozzi hier also an die große spanische Tradition an, indem sie sich den bekannten Topos mystischer Dichtung aneignet. Und ähnlich wie bei Champourcin steht die intertextuelle Referenz auf die 'Noche oscura' in Zusammenhang mit dem Wunsch nach Stille, Intensität und Selbstverlust. Mit der Referenz auf San Juan wird die asketisch-kontemplative Dimension des Textes betont. Während Champourcin in ihren San Juan-Referenzen immer wieder eine metapoetische Bedeutungsschicht aktualisiert, steht hier zunächst der Zusammenfall von Kontemplation und Sinnlichkeit im Vordergrund. Die kühne synästhetische Umkehr von San Juans Bild verstärkt ein ganzheitliches, verkörpertes Erleben, dessen Intensität die mystische Formel noch unterstreicht.[181] Statt Dunkelheit dominiert hier die Helligkeit als attribuierendes Adjektiv das konkrete Bild sowie auch den ganzen Text. Dabei bleibt die Dunkelheit als das Andere der Helligkeit jedoch stets latent präsent.[182]

In Bezug auf die Licht-Semantik in Pozzis poetologischen Äußerungen stellt Rovagnati den Bezug zu einer «Mystik des fließenden Lichts»[183] her. Damit spielt

---

180 Vgl. San Juan de la Cruz: *Obra completa 1*, S. 441ff. und Kap. 4.3.
181 Vgl. zur «kühne[n] Synästhesie» auch Gabriella Rovagnati: ‹Immer so unermeßlich verloren am Rande des realen Lebens›, S. 280.
182 Den Hell-Dunkel-Kontrast, der einen großen Teil von Pozzis Lyrik durchzieht, deutet Gabriella Rovagnati sowohl als «Bedürfnis nach einer metaphysischen Dimension als auch dem Willen, sich dem eigenen Leiden nicht hinzugeben». Ebda., S. 279. Vgl. u.a. auch das Bild der «notte del cuore» (9) in 'Lume di luna' oder der «nostalgia della luce» (29) in 'La voce'. Zur Semantik der Blendung vgl. auch 'Gioia'.
183 Vgl. Gabriella Rovagnati: ‹Immer so unermeßlich verloren am Rande des realen Lebens›, S. 298.

sie auf die mittelalterliche Mystikerin Mechthild von Magdeburg und ihr Hauptwerk *Das fließendes Licht der Gottheit* an.[184] Ohne eine explizite intertextuelle Bezugnahme zu beanspruchen, scheint es mir lohnenswert, dieser Affinität zur mittelalterlichen Brautmystik für das vorliegende Gedicht nachzugehen. Zum einen möchte ich auf diese Weise die genealogische Affinität Pozzis zum mystischen Schreiben weiter herausarbeiten, zum anderen verorte ich sie gleichzeitig – mit Rückgriff auf Irigarays Lektüre der Mystikerinnen – in einer weiblich kodierten literarischen Tradition.

Luce Irigaray erkennt in den Formulierungen des Lichtes und des Verströmens einen charakteristischen Aspekt im Schreiben der frühen Mystikerinnen als

> [l]ieu où ‹elle› parle – ou lui mais par recours à ‹elle› – de l'éblouissement par la source de lumière, logiquement refoulée, de l'effusion du ‹sujet› et de l'Autre dans un embras(s)ement qui les confond comme termes, du mépris de la forme comme telle, de la méfiance de cet obstacle à persévérer dans la jouissance que constitue l'entendement, de la sécheresse désolée de la raison...[185]

Irigaray denkt nicht nur in diesem Kontext weibliche Lust als «[d]ébordement indéfini où bien des devenirs pourront s'inscrire.»[186] Auch ist für Irigaray gerade das Ausloten der Grenzen des Körpers als Möglichkeit der sinnlichen, über konventionelle Vorstellungen der Sexualität hinausgehenden Begegnung mit dem Anderen zentral für die Mystik. Die mittelalterlichen und frühneuzeitlichen Mystikerinnen konfigurieren eine Subjektivität des Flüssigen und der Relationalität, wie sie sie auch Antonia Pozzi in ihrer Dichtung immer wieder poetisch verhandelt.[187]

Mechthild ist für ihre kühne erotische Dichtung, die starke Sinnlichkeit und Körperlichkeit ihrer Bilder sowie eine «Tendenz zur Gegenwärtigung»[188] bekannt. In der (keinesfalls zwingend als gegensätzlich zu verstehenden) Typologie von

---

184 Vgl. Mechthild von Magdeburg: *Das fließende Licht der Gottheit*. Nach der Einsiedler Handschrift in kritischem Vergleich mit der gesamten Überlieferung. Herausgegeben von Hans Neumann. 1. Text besorgt von Gisela Vollmann-Profe. München: Artemis 1990.
185 Luce Irigaray: *Speculum*, S. 239.
186 Ebda., S. 284.
187 «By reconfiguring subjectivity through a female morphology, the seemingly inescapable movement between ‹the all›, and the ‹not all› will be surpassed in a subjectivity of fluidity and openness to the other. [...] A recognition that the body is the site both of limitations and of the transcendence of some of those limitations – radically reconfigures the conditions and possibilities of subjectivity itself.» Amy Hollywood: *Sensible Ecstasy*, S. 182 und 190.
188 Walter Haug: Das Gespräch mit dem unvergleichlichen Partner, S. 261.

affektiver und spekulativer Mystik steht Mechthild für eine «absteigende, inkarnatorische»[189] Mystik, d.h. eine Betonung der materiellen, körperlichen Dimension. Mit Alois M. Haas sind es dabei die «Bilder aus Natur und Erotik, die einzig dazu in der Lage [sind], dieser Verleiblichung und Versinnlichung»[190] der mystischen Erfahrung Ausdruck zu verleihen. Frappierend erscheint in diesem Sinne die Durchdringung von Außen und Innen, Materialität und Innerlichkeit, wie sie konkret in Bezug auf die Lichtsemantik bei Mechthild erscheint: «Du lühtest in die sele min / als dú sunne gegen dem golde»[191], heißt es hier etwa in der Ansprache an den göttlichen Geliebten.

Bei Pozzi ist es nun das Gehirn, das an die Stelle der Seele tritt und von der Sonne durchleuchtet wird. Beide Entitäten – Subjekt und Objekt – werden also in ihrer physischen oder sogar physikalischen Dimension betont. Die Vorstellung des Gehirns als Ort des Bewusstseins verweist erneut auf eine moderne, materiell-körperliche Konzeption des Subjekts.[192]

In Mechthilds Poesie verlagern die reiche Bildlichkeit sowie die Mittel der syntaktischen Verknappung, der strukturellen Akkumulation und semantischen Opposition die Sprache von einer instrumentalen auf eine mediale Ebene.[193] Ähnliche Effekte sind im vorliegenden Gedicht erkennbar: Die Textbewegung schraubt sich von einem referenziell-narrativen Ton in der ersten Hälfte zu einer visionären Bildsprache im zweiten Teil des Textes.[194] So ist das Bild der 'weißen Seele der Nacht' hier innerhalb der Textpragmatik letztlich keinem eindeutigen Referenten mehr zuzuordnen. Es geht vielmehr ein intertextuelles Spiel mit dem San Juan'schen Topos der dunklen Seelennacht ein und ruft mit seiner chiastischen Referenz auf den Prätext auch performativ die charakteristische paradoxe Form apophatischen Sprechens auf. Dunkelheit und Helligkeit, Nacht und Seele werden nicht nur syntaktisch, sondern auch semantisch zu flotierenden Zeichenträgern, die sich gegenseitig überlagern und spiegeln. In diesem Sinne richtet sich das Begehren des Textes – wie bei den mittelalterlichen und frühneuzeitlichen Mystikerinnen und Mystikern – auch bei Pozzi immer schon auf das Schreiben selbst: auf ein Ausloten der Buchstaben und Zeichen, der Texte und Intertexte und das Umkreisen

---

189 Alois M. Haas: *Mystik als Aussage*, S. 304.
190 Ebda., S. 304.
191 Mechthild von Magdeburg: *Das fließende Licht der Gottheit*, S. 45.
192 Ähnlich, wenngleich noch expliziter, konzipiert Anna de Noailles die existenzielle Verkörperlichung der Seele: «le dernier secret physique, qui est l'âme!» (VE 116) Vgl. Kap. 3.6.
193 Vgl. Alois M. Haas: *Mystik als Aussage*, S. 302.
194 Vgl. Gabriella Rovagnati: ‹Immer so unermeßlich verloren am Rande des realen Lebens›, S. 280.

eines unstillbaren 'Durstes' («bere», 8) nach Bedeutung, die sich immer wieder entzieht und verschiebt.

Es lässt sich so aus diesem frühen Text bereits ein Hinweis auf eine poetologische Position ablesen. 'Giacere' führt eine Poetik der Offenheit und Durchlässigkeit vor, der Hingabe und Verbindung mit dem Anderen. Äußere und innere Öffnung fallen dabei zusammen. María Zambrano formuliert nur wenige Jahre später explizit ein ganz ähnliches Poetikverständnis, wenn sie die Bewegung der Hingabe im poetischen Prozess beschreibt:

> La poesía es un abrirse del ser hacia dentro y hacia fuera al mismo tiempo. Es un oír en el silencio y un ver en la oscuridad. [...] Es la salida de sí, un poseerse por haberse olvidado, un olvido por haber ganado la renuncia total [...] un salir de sí enamorado; una entrega a lo que no se sabe aún, ni se ve. Un encontrarse entero por haberse enteramente dado.[195]

Die körperliche Geste ist dabei bei Pozzi nicht sekundäre Begleitung oder Folge, sondern performative Voraussetzung der kontemplativen und der poetischen Praxis.[196] Der Titel des Gedichtes – 'Giacere', 'Liegen' oder 'Ruhen' – legt diese Zentralität der körperlichen Bedeutung der poetischen Haltung von Beginn an nahe. Mit dem Liegen verbindet sich eine meditative Verfassung des Loslassens. Meditation und achtsame Konzentration sind also keine abstrakten geistigen Tätigkeiten, die der körperlichen Dimension gegensätzlich gegenüberstehen oder vorausgehen, sondern leiblich und sinnlich verankertes Sein: «Contemplare così non è un riposo; ma è una vita intensissima e bella»[197] bekräftigt die Autorin entsprechend die Intensität meditativer Praxis in einem Brief aus dem gleichen Jahr. Anhand von Pozzis alpinen Gedichten, die im Fokus des nächsten Unterkapitels stehen, werde ich diese physische Dimension einer poetischen Praxis der Innerlichkeit vertiefen.

---

195 María Zambrano: *Filosofía y poesía*, S. 99.
196 «Nell'opera della Pozzi è sempre ribadita la superiorità della dimensione carnale rispetto al ragionamento astratto, il legame indissolubile con la terra, con il corpo, contro ogni schematismo che allontana dalla realtà per ciò che essa è.» Adele Ricciotti: Antonia Pozzi, S. 225.
197 Brief an die Großmutter. Antonia Pozzi: *Ti scrivo dal mio vecchio tavolo*, S. 85 (3. April 1929). María Zambrano betont erneut etwa zeitgleich die sinnproduzierende, vitale Aktivität der meditativen Betrachtung: «Porque no ha existido jamás una mera contemplación; cuanto más pura la contemplación, más ejecutiva, más decisiva. Se contempla para ser [...].» María Zambrano: *Filosofía y poesía*, S. 38.

5.4 Ausgesetzt auf den Bergen des Herzens oder: Wille zum Aufstieg

Das in 'Giacere' sichtbar gewordene Zusammenfallen von physischer Geste und innerlicher Haltung zeigt sich bei Antonia Pozzi besonders stark im rekurrenten Motiv des Bergwanderns. Die Berge – «la figura di più costante riferimento»[198] – stellen sowohl eine zentrale biografische Referenz als auch ein äußerst vieldeutiges poetisches Bild in ihrer Lyrik dar: «Per la Pozzi la montagna è osmosi, intersezione, contatto, scambio tra natura e cultura; e fonte d'ispirazione poetica, sorgente di forza creatrice e creativa, elemento sacro, figura materna.»[199] Immer wieder verweist die Figur des Aufstiegs, wie schon bei Anna de Noailles und Ernestina de Champourcin, auf eine weitere gründende mystische Denkfigur, die räumliche Figuration des mystischen Weges als eine systematische Aufstiegsbewegung.[200] «Antonia Pozzi war nicht religiös erzogen worden, aber ihr ganzes Wesen strebte nach dem Höchsten», bemerkt Rovagnati in diesem Zusammenhang. «Alles, was sie tat und empfand, hatte eine vertikale Spannung, [...] denn alles entsprang bei ihr dem tiefen Bedürfnis, sich nach dem Erhabenen emporzuschwingen.»[201] Nach einer kurzen kulturhistorischen Einordnung der Bergmotivik steht in diesem Unterkapitel daher die Analyse der alpinen Semantik in Bezug auf mystische Bilder und Denkfiguren im Zentrum.[202] Der Einbezug wiederkehrender intertextueller Referenzen auf die Lyrik Rainer Maria Rilkes vervollständigt meine Lektüre.

Bergwelten

In der Religions-, Kunst- und Literaturgeschichte sind Berge immer schon Räume der Meditation und Vermittlung, Orte des Heiligen.[203] Sie sind Orte der spirituellen Erfahrung und des Rückzugs, «Begegnung zwischen Menschen und Göttern,

---

[198] Silvio Raffo: Le parole di Antonia, S. 765.
[199] Ornella Spano: Fotografia e poetica nell'opera di Antonia Pozzi. In: *Portales* 11, 2 (2010), S. 64–74, hier S. 68.
[200] Vgl. Ulrich Köpf: Aufstiegsschemata.
[201] Gabriella Rovagnati: ‹Immer so unermeßlich verloren am Rande des realen Lebens›, S. 293.
[202] Vgl. zu den folgenden Überlegungen, insbesondere in Bezug auf das Gedicht 'Salire', auch Jenny Haase: ‹La solitudine di una cella›. Orte der Einsamkeit bei Antonia Pozzi. In: Ina Bergmann / Dorothea Klein (Hg.): *Kulturen der Einsamkeit*. Würzburg: Königshausen & Neumann 2020, S. 319–337.
[203] Vgl. u.a. Laura Oliva: La ricerca del sacro nei versi di Antonia Pozzi, S. 271.

Übergang zwischen Himmel und Erde».[204] Durch die horizontale Streckung ist der Berg nach Mircea Eliade ein prototypisches Bild für die *axis mundi*, die den Raum einer Öffnung und des Übergangs zwischen zwei kosmischen Regionen symbolisiert.[205] Körperliche Herausforderung der Bergbesteigung und Selbstbetrachtung verweisen seit der frühen Moderne aufeinander, sodass «der durch die Mühen des Aufstiegs errungene Ausblick vom Gipfel auch zum Einblick in sich selbst werden kann.»[206]

Aus der umfangreichen Tradition der Semantik der Berge seien hier ganz kurz einige gerade auch für den italienischen Kontext zentrale Paradigmen genannt, die eine Referenzfolie für Pozzis Lyrik darstellen. Unter den biblischen Bergen sticht in der mystischen Tradition besonders der Karmel hervor, der vor allem in der frühneuzeitlichen spanischen Tradition mit San Juan de la Cruz zum Paradigma der Stufen mystischen Erlebens wurde.[207] Für die christliche Religionsgeschichte und besonders das Mönchstum prägend sind der Montecassino und der Monte La Verna, die mit Benedikt bzw. Franziskus verbunden sind. Als Schlüsselmoment und Geburtsstunde des modernen Alpinismus gilt in der europäischen Literatur- und Kulturgeschichte schließlich Francesco Petrarcas Bericht seiner Besteigung des Mont Ventoux.[208] Für die italienische Literaturgeschichte der Moderne ist als intertextueller Referenzpunkt zudem Giacomo Leopardis Gedicht 'L'infinito' (1818/19) herauszuheben, in dem das lyrische Subjekt das Erleben der Unermesslichkeit angesichts der Bergerfahrung jenseits konfessioneller Religiosität und Metaphysik thematisiert. Ich werde auf diesen bekannten Text in meiner Lektüre von Pozzis Bergdichtung zurückkommen.

---

204 Barbara Vinken: Erfüllung auf dem Berg. Der heilige Franziskus und der La Verna. In: Susanne Goumegou u.a. (Hg.): *Über Berge. Topographien der Überschreitung.* Berlin: Kadmos 2012, S. 63–67, hier S. 63.
205 Vgl. Mircea Eliade: *Das Heilige und das Profane. Vom Wesen des Religiösen.* Aus dem Französischen von Eva Moldenhauer. Frankfurt: Insel Taschenbuch Verlag 2016, S. 36f.
206 Susanne Goumegou u.a.: Einstieg. In: dies. u.a.: (Hg.): *Über Berge. Topographien der Überschreitung.* Berlin: Kadmos 2012, S. 11–13, hier S. 13.
207 Vgl. zum gleichzeitigen Infragestellen dieser Form vertikaler Erkenntnis in San Juans *Subida del Monte Carmelo* Bernhard Teuber: Der Berg Karmel. Formationen einer mystischen Topographie. In: Susanne Goumegou u.a. (Hg.): *Über Berge. Topographien der Überschreitung.* Berlin: Kadmos 2012, S. 38–55.
208 Bei Petrarca erscheint die Bergbesteigung erstmals als ästhetischer Selbstzweck und subjektive Erfahrung: Er besteigt den Mont Ventoux «allein vom Drang beseelt, diesen außergewöhnlich hohen Berg zu sehen». Francesco Petrarca: *Die Besteigung des Mont Ventoux.* Lateinisch / Deutsch. Stuttgart: Reclam 1995, S. 5. Zur einschränkenden Kritik an dieser Sicht vgl. erneut Bernhard Teuber: Der Berg Karmel.

Der immer beliebter werdende Alpinismus und Bergtourismus in den Alpen seit Ende des 19. Jahrhunderts bildet den kulturhistorischen Rahmen für Pozzis poetische Gestaltung des Bergmotivs. Seit ihrer Jugend war Antonia Pozzi, wie erwähnt, selbst begeisterte Bergwanderin und Skifahrerin. Sie nahm Unterricht in Reiten, Schwimmen, Skifahren und Bergsteigen. Zahlreiche Fotografien zeigen sie in Wanderausrüstung vor alpiner Bergkulisse. Die Berge sind zudem eines der häufigsten Motive in ihren eigenen Aufnahmen.[209] Vom Ferienhaus der Familie in Pasturo aus, wo die Familie mehrere Monate im Jahr zu verbringen pflegte, unternahm sie ausgedehnte Wanderungen und lernte nicht nur die Natur, sondern auch das ländliche Leben wertschätzen. Neben den lombardischen Alpen unternahm sie auch in den Dolomiten immer wieder alpine Exkursionen. In ihrer Bibliothek befinden sich Texte des Alpinisten Guido Rey, «fondamentale per capire il senso di un alpinismo ascetico e puro, quindi profondamente spirituale, in antitesi con quello eroico e nazionalistico di epoca fascista».[210] In den Dolomiten lernte Pozzi auch ihren engen Vertrauten, den Dichter Tullio Gadenz kennen, dem sie ihr poetisches Programm in Briefform anvertraute.[211]

Die Berge erscheinen in Antonia Pozzis lyrischem und fotografischem Werk als semantisch vieldeutige, poetisch aufgeladene, oftmals heilige Räume. Sie sind Orte des Rückzugs, der Stille, des Alleinseins sowie der Meditation und stellen damit die räumliche Bedingung für eine ästhetische Praxis des Selbstbezugs und der Innerlichkeit dar. Die Assoziation der Berge mit Gebet, Kirche, Engeln und Gott sowie Unendlichkeit und Weite in Pozzis Texten lassen sich als vielfältige Sakralisierungen der alpinen Landschaft lesen.

'Cervino'

Von Beginn an macht die lyrische Sprecherin deutlich, dass die Berge für sie nicht leblose Objekte der Betrachtung, sondern in ihrer Massivität und des harten Gesteins zum Trotz lebendige, 'beseelte' Entitäten sind: «Non monti, anime di monti sono / queste pallide guglie» ('Dolomiti', 1–2). So ruft das lyrische Subjekt in zahlreichen Gedichten die Berge an und nennt sie beim Namen, wie im folgenden Text, der an das Matterhorn gerichtet ist:

---

[209] Vgl. Antonia Pozzi: *Nelle immagini l'anima. Antologia fotografica*. Herausgegeben von Ludovica Pellegatta / Onorina Dino. Mailand: Àncora 2007.
[210] Graziella Bernabò / Onorina Dino in Antonia Pozzi: *Ti scrivo dal mio vecchio tavolo*, S. 177.
[211] Vgl. Kap. 5.1.

5.4 Ausgesetzt auf den Bergen des Herzens oder: Wille zum Aufstieg — 441

CERVINO

Ribellione di massi –
Cervino –
volontà dilaniata.

Tu stai di contro alla notte
5   come un asceta assorto in preghiera.
Giungono a te le nuvole
cavalcando
su creste nere:
dalle regioni dell'ultima luce
10   portano doni di porpora e d'oro
al tuo grembo.
Tu affondi nei doni i ginocchi:
chiami le stelle
che t'inghirlàndino
15   nudo.

Cervino –
estasi dura –
vittoria
oltre l'informe strazio –
20   eroe sacro.

(Breil) – Pasturo, 20 agosto 1933

Der Text personifiziert den berühmten Schweizer Gipfel bereits mit der Apostrophe zu Beginn und am Ende des Gedichtes. Pozzi vergleicht den Berg zudem mit einem 'im Gebet versunkenen Asketen' (5) – «in un mistico, tacito pregare»[212]– und beschreibt ihn als 'heiligen Helden' (20). Das Gedicht ist durchzogen von einem Widerstand («ribellione», 1; «volontà dilaniata», 3; «l'informe strazio», 19), der sich in der Spannung zwischen Härte und Weichheit, Standhaftigkeit und Flexibilität manifestiert und schließlich im synästhetischen Oxymoron der «estasi dura» (17) kulminiert. Der Text beschreibt das mystische Paradox zwischen einer ausgesprochenen Sensibilität für das Körperliche und Sinnliche und dem gleichzeitigen Streben nach einem Übersteigen der alltäglichen Realität. Diese «tensione all'‹oltre›, alla verità, all'assoluto»[213] scheint hier in den «regioni dell'ultima luce» (9) auf, die zugleich physische Beschreibung des Sonnenuntergangs und symbolische Spur einer Grenze, eines Nicht-Sichtbaren sind. Die zunächst massiv erscheinende Form des imposanten Felsens löst sich letztlich in einer Haltung des Empfangens auf. Als 'betender Asket' ist der Berg in Hingabe vertieft, nimmt in seinem 'Schoß' (11)

---

212 Tiziana Altea: *Antonia Pozzi*, S. 67.
213 Ebda., S. 29.

die Gaben des Himmels auf und versinkt in dessen Licht. Der Berg nimmt damit sowohl weiblich als auch mystisch konnotierte Eigenschaften an.

Der Berg ist also nicht explizit als räumliche Voraussetzung für die Entfaltung der eigenen meditativen Praxis dargestellt, sondern vornehmlich Abbild, Spiegel der kontemplativen Wahrnehmung des Subjekts. Die lyrische Sprecherin trifft über sich keine Aussage, sondern geht ganz in der Form der Kontemplation auf. Lyrisches Subjekt und kompliertes Objekt überblenden sich dabei in der Art, dass deren Unterscheidung zeitweise aufgehoben wird.[214] In diesem Sinne lässt sich der in der Poesie erlebte Augenblick des Aufgehens des Subjekts im Objekt als mystischer Moment beschreiben.

Aus der Konstellation der Verkettung, Spiegelung und Überblendung von Sprecherin und Bergmassiv ergibt sich eine Form der *mise en abyme*. Wie der Monte Cervino in unauflöslicher Spannung zwischen materieller Präsenz und symbolischer Bedeutung sowie Stillstand und Aufstiegsbewegung oszilliert, so pendelt der Text zwischen denotativer Bedeutung und uneinholbarem poetischem Sinn. Die asketische Haltung des Berges spiegelt das ästhetische Selbstverhältnis der lyrischen Instanz wider, die sich im Schwindel, «il vertice della contemplazione»[215] verliert und eine Poetik – eine Ethik – des Empfangens und der Offenheit gegenüber dem Anderen praktiziert. Ähnlich reflektiert dies erneut María Zambrano: «La poesía es encuentro, don, hallazgo por gracia. [...] [Es] la palabra puesta al servicio de la embriaguez.»[216]

'La Grangia'

Eine spezifische Form der Personifizierung stellt die Gleichsetzung der Berge mit Engeln dar. In einer Steigerung der bisher betrachteten Sakrifizierung erscheint das Gebirge in folgendem Gedicht als betender Engel:

LA GRANGIA

Concentrica una frangia
d'erbe recise
circonda la grangia –
pare che voglia

---

[214] María Zambrano zitiert in diesem Kontext aus Platons *Timaios*: «[E]l que contempla se hace semejante al objeto de su contemplación». María Zambrano: *Filosofía y poesía*, S. 50.
[215] Onorina Dino: Il volto nuovo ovvero il tradimento di Antonia Pozzi. In: *Otto / Novecento. Rivista quadrimestrale di critica e storia letteraria* 26, 3 (2002), S. 71–108, hier S. 97.
[216] María Zambrano: *Poesía y filosofía*, S. 15 und 32.

5   rispecchiare in terra
    il cerchio di cime
    che serra
    il cielo –

    Presso la nera soglia
10 due bambine
    guardano un bricco di latte –
    una ride –

    La montagna – davanti a loro
    nella quieta sera –
15 sembra un grand'angelo
    con chiuse le ali
    e il viso nascosto in preghiera –

    12 settembre 1933

Der Text stellt mit seiner klaren Syntax und Lexik eine Atmosphäre der Ruhe, Einfachheit und Andacht her. Zwei Mädchen sitzen mit einem Milchkrug vor der Tür eines alten Gehöfts, eingefasst von Wiese und Berg, eines lacht. Strukturell fasst der Rahmen aus Gräsern in Strophe 1 und Gipfel in Strophe 3 das Bild der zwei Kinder ein. Das Gedicht reproduziert damit in seinem Aufbau die Spiegelung von Himmel und Erde, die es in den Versen 5–8 entwirft, wobei oben und unten entsprechend verkehrt werden. Die erste Hälfte des Textes ist von einer Semantik des Kreises geprägt, die eine zirkuläre Verbundenheit und Einheit von Naturelementen, Menschen und Dingen nahelegt. Die konzentrischen Kreise rufen ein universales Motiv mystischer und spiritueller Reflexion auf, das die Aufstiegssemantik komplettiert: Geht es beim Aufstiegsschema um die Imagination einer spirituellen Qualitätsveränderung auf einer horizontalen Achse nach oben, so verweist die Konzentrik in fast allen großen Religionen auf ein immer tieferes Vordringen in sich selbst hin zu einem inneren göttlichen Kern.[217] In jedem Fall kommt das lyrische Subjekt hier als solches wie in anderen, bereits besprochenen Gedichten nicht zur Sprache, sondern steht ganz hinter der betrachtenden Wahrnehmung der Szene zurück. Die suggestiven Spiegelstriche am Ende mehrerer Verse einschließlich des Gedichtschlusses verweisen auf ein Mehr an Bedeutung, das über die referenzielle Beschreibung der ländlichen Szenerie hinausgeht.

---

217 Aufstieg und Abstieg, entkörpernde und inkarnatorische, ekstatische und enstatische Mystik bilden hier die Pole, wie sie in ihrer Komplementarität auch bei Ernestina de Champourcin sehr präsent sind. Vgl. zur Bewegung nach Innen das vielleicht prominenteste Beispiel der Vorstellung der Seele als 'Innerer Burg' bei Teresa von Ávila: *Obras completas*, S. 837 (*Moradas*, I, 1, 1). Vgl. auch Kap. 4.7.

In der Mitte des Gedichtes, semantisch und strukturell an der 'Schwelle' zwischen erster und zweiter Hälfte also, markiert «la nera soglia» (9) einen ästhetischen Schlüsselbegriff in Antonia Pozzis Werk:

> L'immagine ‹illumina› la fenditura che origina l'io e il mondo, svelando la loro infinita prossimità e, nello stesso tempo, la loro infinita dissonanza. L'arresto dell'instante segna il riconoscimento, in Antonia Pozzi, della profonda essenza di questo limite, di quel varco in cui la vita trapassa nella morte e la morte trapassa nella vita [...] è su questa soglia che [...] si dà a vedere l'oltre della vita. [...] La sua è la fondazione di una poetica di *soglia*.[218]

In der Tradition Mircea Eliades steht die Schwelle explizit für die Markierung eines Übergangs nicht nur zwischen profanem und heiligem Raum, sondern profaner und heiliger 'Seinsweise'.[219] Der poetische Text lotet hier diese Grenze zwischen Immanenz und Transzendenz, Sagbarem und Unsagbarem, Sichtbarem und Unsichtbarem aus. Indem sich die poetische Stimme ganz auf die Kontemplation der sichtbaren Dinge konzentriert, wird sie offen für das Nicht-Sichtbare. Mit seiner zurückgenommenen Haltung – angelegte Flügel, verstecktes Gesicht (16–17) – verweist die Figur auf ein Mögliches, ein Potenzial, aber auch auf ein Stillwerden. Der Berg / Engel markiert eine spirituelle Wahrnehmungsebene in dieser Welt und verkörpert gleichzeitig eine Offenheit gegenüber dem gänzlich Anderen, gegenüber einer inkommensurablen Alterität – «l'ouverture du monde à – l'altérité inaccessible».[220] Die Figur verweist damit sowohl zurück auf die Disposition des lyrischen Subjekts als auch auf die Erfahrung des Lesers und der Leserin, welche/r in der poetischen Lektüre diese Annäherung an die immanente Schönheit und ihr gänzliches Anderes zu aktualisieren vermag.

Rilkes Engel

Die mythopoetische Figur des Engels lässt neben offenkundigen biblischen Referenzmöglichkeiten in intertextueller Perspektive an Rilkes Gestaltung des Motivs in den *Duineser Elegien* (1912–1922) denken. Im Kreis der Mailänder Universität galt Rilke – «einer der großen Mystiker der Literatur des vergangenen Jahrhun-

---

218 Ludovica Pellegatta: L'incanto della soglia. In: Antonia Pozzi: *Nelle immagini l'anima. Antologia fotografica*. Herausgegeben von Ludovica Pellegatta / Onorina Dino. Mailand: Àncora 2007, S. 9–15, hier S. 15. Vgl. zum Motiv der Schwelle auch 'La vita' und Kap. 4.6. Kursivierung im Original.
219 Vgl. Mircea Eliade: *Das Heilige und das Profane*, S. 26f.
220 Jean-Luc Nancy: *La Déclosion*, S. 21. Vgl. auch die im Tagebuch beschriebenen Engelsvisionen in Kap. 5.2.

derts»[221]– als «*il poeta* per eccellenza».[222] Ich möchte hier auf einige wesentliche Affinitäten zwischen Pozzis Lyrik und Rilkes Werk aufmerksam machen, die für die Analyse der modernen mystischen Semantik im Werk der Italienerin erkenntnisbringend sind.

In Rilkes Gedichtzyklus nimmt die Figur des Engels eine zugleich vielschichtige wie zentrale poetische Position ein.[223] Der Engel konstituiert sich durch seine existenzielle Doppelstruktur, die *tremendum* und *fascinosum*, Schrecken und Anziehung zugleich umfasst, und insofern, in der Tradition Rudolf Ottos, charakteristisch für das Heilige angesehen werden kann.[224] In der zweiten Elegie figuriert der Dichter die Engel als «Höhenzüge, morgenrötliche Grate / aller Erschaffung»[225](11–12) und bedient sich damit ebenfalls einer Metapher aus dem Wortfeld des Gebirges. In diesem Kontext lässt sich die Figur ähnlich wie bei Pozzi als «Personifizierung eines [...] Erahnens des Unendlichen» lesen:

> Es ließe sich auch als Verweis auf jene Grenzregion verstehen, in der sich die Unendlichkeit des Kosmos (bzw. des Seins) mit dem Fassungsvermögen des menschlichen Geistes berührt. Gerade durch ihr Hineinragen ins Unendliche würden die Gipfel dabei vor Augen führen, dass die ganze Fülle des Seins für den Menschen nie nachvollziehbar sein wird: Auf das Wesen ‹Gottes› hindeutend, entziehen (‹verweigern›) sie sich doch zugleich dem Verständnis.[226]

Auch in diesem Rilke-Kommentar scheint das Bild einer Schwelle auf, die zwar berührt, nicht aber langfristig übertreten werden kann. Auch bei Rilke verweist die sichtbare Welt entsprechend auf ihr Anderes, wie der Dichter selbst in Bezug auf die Engelsfigur bemerkt hat: «Der Engel der *Elegien* ist dasjenige Geschöpf, in dem die Verwandlung des Sichtbaren in Unsichtbares, die wir leisten, schon

---

[221] Victor Otto: ‹Diarische Mystik 1910/1930›. Rilke, Reventlow, Ernst Jünger, Breton. In: Wiebke Amthor / Hans R. Brittnacher / Anja Hallacker (Hg.): *Profane Mystik? Andacht und Ekstase in Literatur und Philosophie des 20. Jahrhunderts*. Berlin: Weidler 2002, S. 227–253, hier S. 232.
[222] Adele Ricciotti: Antonia Pozzi, S. 228.
[223] Die Figur wurde u.a. aus der Perspektive von Christentum, Islam und Existenzphilosophie sowie als poetologische Chiffre gedeutet. Vgl. u.a. Britta A. Fuchs: *Poetologie elegischen Sprechens. Das lyrische Ich und der Engel in Rilkes ‹Duineser Elegien›*. Würzburg: Königshausen & Neumann 2009.
[224] Vgl. Rudolf Otto: *Das Heilige. Über das Irrationale in der Idee des Göttlichen und sein Verhältnis zum Rationalen*. München: Beck 1991, S. 13f. Vgl. auch Britta A. Fuchs: *Poetologie elegischen Sprechens*, S. 133.
[225] Rainer Maria Rilke: *Die Gedichte*, S. 633.
[226] Dieter Hoffmann: *Arbeitsbuch Deutschsprachige Lyrik 1880–1916*. Tübingen / Basel: A. Francke Verlag 2001, S. 365. Kursivierung im Original.

vollzogen erscheint.»[227] Pozzi nähert sich ganz deutlich Rilkes Verständnis des Engels als 'Chiffre ästhetischer Produktivität' an. Gleichzeitig hat der Engel in ihrem Schreiben eine sehr viel stärkere materielle Dimension, wie die Autorin in Bezug auf die Engelsvision in ihrem Tagebuch bekräftigt («ho avuto la sensazione *fisica* di averlo vicino») und wie es sich in den steinernen Manifestationen niederschlägt. In ihrem Tagebucheintrag betont Pozzi, wie ich in Kap. 5.2 herausgearbeitet habe, das gesteigerte Gefühl der Verantwortung und Bestimmung, das sie erlebt. Aus diesem Grund stellt Eugenio Borgna hier eher eine Nähe zu Simone Weils Vision in der Kirche von Santa Maria degli Angeli in Assisi als zu Rilkes Poetik her.[228] Tatsächlich denke ich, dass sich beide Dimensionen nicht ausschließen, sondern in Pozzis Lyrik als ästhetisches und ethisches Moment zusammenfallen.

Martina Wagner-Egelhaaf hat die mystische Dimension von Rilkes Denken herausgearbeitet und gezeigt, wie die moderne Sicht auf einen abwesenden Gott «sowohl eine extreme religiöse Haltung, eine mystische nämlich, als auch eine skeptische, von modernem Daseinspessimismus getragene in sich schließen kann.»[229] Das Bild des Engels trägt bei Rilke immer auch diese andere Seite in sich, wie es gleich von Beginn an in der ersten Elegie prominent deutlich wird:

Die erste Elegie

Wer, wenn ich schriee, hörte mich denn aus der Engel
Ordnungen? Und gesetzt selbst, es nähme
einer mich plötzlich ans Herz: ich verginge von seinem
stärkeren Dasein. Denn das Schöne ist nichts
als des Schrecklichen Anfang, den wir noch gerade ertragen,
und wir bewundern es so, weil es gelassen verschmäht,
uns zu zerstören. Ein jeder Engel ist schrecklich.[230]

Bei Pozzi ist es mehr noch als der Engel die Metaphorik des Gebirges, die diese Ambivalenz einer unermesslichen und bisweilen unerträglichen Alterität aus-

---

227 Aus der Spannung zwischen Sichtbarkeit und Unsichtbarkeit leitet Rilke entsprechend die 'Schrecklichkeit' des Engels ab: «Daher ‹schrecklich› für uns, weil wir, seine Liebenden und Verwandler, doch noch am Sichtbaren hängen.» Brief an Witold Hilewicz. Rainer Maria Rilke: *Briefe*. 2. 1919–1926. Herausgegeben von Horst Nalewski. Frankfurt a.M. / Leipzig: Insel Verlag 1991, S. 377f. (13. November 1925).
228 «L'angelo delle elegie duinesi di Rilke non ha nulla a che fare nella sua incorporea astrattezza con l'angelo, con la sua figura fisica, che Antonia Pozzi ha descritto». Eugenio Borgna: *Le passioni fragili*, S. 174. Vgl. erneut auch die Affinitäten zwischen Pozzis Engelsvisionen im Tagebuch und Weils Text in Kap. 5.2.
229 Martina Wagner-Egelhaaf: *Moderne Mystik*, S. 217f.
230 Rainer Maria Rilke: *Die Gedichte*, S. 629.

drückt. «Dio non è lontano» (27), schließt etwa 'Alpe': Das absolut Andere ist nah, erahnbar, aber nicht kognitiv erkennbar. Giorgio Agamben reflektiert in *Die Erzählung und das Feuer* über die Spannung zwischen greifbarer Nähe und schwerer Zugänglichkeit des 'göttlichen Reiches' in der neutestamentarischen Tradition und entwickelt daraus eine metapoetische und ethische Disposition der Sprache: «Das Wort ist uns als Gleichnis gegeben, nicht um uns von den Dingen zu entfernen, sondern um ihnen nah, näher zu sein».[231] In diesem paradoxen Sinne lässt sich auch Pozzis Schreiben als eine kontinuierliche Annäherung an das Unbegreifliche, an eine greifbar nahe, materiell spürbare Alterität lesen.

In 'Distacco dalle montagne' werden die Berge zu christlich konnotierten Heilsträgern:

DISTACCO DALLE MONTAGNE

    Questa è la prova
    che voi mi benedite –
    montagne –
    se nell'ora del distacco
5 la vostra chiesa m'accoglie [...]

In 'Minacce' (6–8) dagegen sind die Berge nicht mehr in Stille und Andacht Betende, sondern Riesenschatten,

    ombre di
    giganti, come opprimono
    il mio piccolo cuore.

Angst, Einsamkeit und Melancholie prägen hier die 'Nebeltäler' (4), die das Zeichen der Vergänglichkeit tragen:

    [...] E la vita che fugge
10 come un torrente torbido
    per cento rivi.

Die Texte verweisen auch deutlich auf das 1914 entstandene und auf die *Elegien* vorwegweisende 'Ausgesetzt auf den Bergen des Herzens' Rilkes, in dem die Allegorie des Berges als ein «Hinausschreiten [...] über das Sagbare und dem menschlichen Gefühl Zugängliche bzw. Erträgliche»[232] figuriert ist.

---

231 Giorgio Agamben: *Die Erzählung und das Feuer*. Frankfurt a.M.: S. Fischer Verlag 2017, S. 36.
232 Dieter Hoffmann: *Arbeitsbuch Deutschsprachige Lyrik 1880–1916*, S. 360.

'Dolomiti'

Die intertextuelle Nähe zu Rilke zeigt sich besonders in den Texten Pozzis, die den Berg-Aufstieg zum Thema haben. In diesen Gedichten geht es zunächst ganz konkret um die physische Betätigung des Bergsteigens. Die Texte haben mit der alpinen Geografie einen konkreten Referenten, der häufig sogar titelgebend ist, wie in dem bereits zitierten frühen Gedicht 'Dolomiti', in dem Pozzi die Aufstiegsthematik erstmals entfaltet:

> DOLOMITI
>
> Non monti, anime di monti sono
> queste pallide guglie, irrigidite
> in volontà d'ascesa. E noi strisciamo
> sull'ignota fermezza: a palmo a palmo,
> 5   con l'arcuata tensione della dita,
> con la piatta aderenza delle membra,
> guadagnamo la roccia; con la fame
> dei predatori, issiamo sulla pietra
> il nostro corpo molle; ebbri d'immenso,
> 10 inalberiamo sopra l'erta vetta
> la nostra fragilezza ardente. In basso,
> la roccia dura piange. Dalle nere,
> profonde crepe, cola un freddo pianto
> di gocce chiare: e subito sparisce
> 15 sotto i massi franati. Ma, lì intorno,
> un azzurro fiorire di miosotidi
> tradisce l'umidore ed un remoto
> lamento s'ode, che'è come il singhiozzo
> rattenuto, incessante, della terra.
>
> Madonna di Campiglio, 13 agosto 1929

Der Text beschreibt die physische Anstrengung des Bergsteigens erneut als eine Auseinandersetzung zwischen der Härte (des Berges) und der Weichheit (des Menschen). Der kinematografisch anmutende Blick richtet sich dabei in der ersten Hälfte auf die körperlichen Details, die die Bewegung plastisch spürbar machen: die Krümmung der Hände, die den Fels umklammern, das langsame Klettern der Körper (3–7).[233] Die Bergsteigenden – im Plural, die gemeinschaftliche Unternehmung ist eine Ausnahme im vorliegenden Korpus – sind von

---

[233] In einem Brief an die Großmutter berichtet Pozzi 1929 von ihrer ersten «ascensione di roccia» und benutzt dabei einige der im Gedicht verwendeten Ausdrücke und Bilder. Vgl. Antonia Pozzi: *Ti scrivo dal mio vecchio tavolo*, S. 94f. (25. August 1929).

einem Wunsch nach Intensität, einer animalischen Leidenschaft angetrieben («con la fame / dei predatori», 7–8). Sie sehen ihr Begehren in der Ansicht des Bergmassivs gespiegelt, das gleich zu Beginn des Textes das Motiv des 'Willens zum Aufstieg' (3) etabliert. Während die Felsen sich jedoch durch ihre Stabilität und Unbeweglichkeit charakterisieren («irrigidite», 2; «fermezza», 4; «la roccia dura», 12), zeichnen sich die Bergsteigenden durch Weichheit und Verletzlichkeit aus («il nostro corpo molle», 9; «la nostra fragilezza ardente», 11). Die Spannung zwischen Stabilität und Flexibilität, die semantisch in Vers 5 aufscheint («l'arcuata tensione»), wird auch metrisch von der Gleichförmigkeit des durchgehenden 11-Silbers einerseits und der gleichzeitigen reimlosen, prosaischen Versform sowie zahlreichen Enjambements andererseits unterstützt.

Genau in der Mitte des Gedichtes, mit der erfolgreichen Erklimmung des Gipfels nämlich, kommt diese Opposition jedoch ins Wanken. Die Kletternden erheben ihre Körper auf die Bergspitze und bezwingen damit vorerst den Fels. An Stelle einer Fahne als traditionellem Zeichen der Besitznahme stellen sie jedoch ihre Verletzlichkeit zur Schau (8–11). Jene physische Fragilität und Endlichkeit ist Voraussetzung und Konsequenz der Erfahrung der geschauten Unermesslichkeit und Unendlichkeit, die sich als Rausch der Weite – «ebbri d'immenso» (9) – auf dem Gipfel eröffnet.

Mit diesem Topos der Grenzenlosigkeit ruft der Text einen Zustand mystischer Verschmelzung und Ekstase auf. Gleich im Anschluss wird das lyrische Subjekt von der Ernüchterung eingeholt, wenn es sich mit dem Blick nach unten die Leidensaspekte der materiellen Existenz vergegenwärtigt («In basso, / la roccia dura piange.» (11–12). Aufstieg und Abstieg bedingen sich hier, wie es Alois M. Haas auch für die mystische Philosophie festhält. Dem (Höhen-) Rausch folgt die Ernüchterung: «Erhebung ist Erniedrigung. Aufstieg ist Abstieg».[234]

Es ist gerade die sich aus dem Blick in die Tiefe generierende Stimmung der Melancholie und Einsamkeit, die die intertextuelle Bezugnahme zu Rilkes 'Ausgesetzt...' markiert:

AUSGESETZT AUF DEN BERGEN DES HERZENS

Ausgesetzt auf den Bergen des Herzens. Siehe, wie klein dort,
siehe: die letzte Ortschaft der Worte, und höher,
aber wie klein auch, noch ein letztes
Gehöft von Gefühl. Erkennst du's?
Ausgesetzt auf den Bergen des Herzens. Steingrund
unter den Händen. Hier blüht wohl

---

[234] Alois M. Haas: *Mystik als Aussage*, S. 83.

einiges auf; aus stummem Absturz
blüht ein unwissendes Kraut singend hervor.²³⁵

Ganz ähnlich wie später Pozzi referiert Rilke auf die sinnliche Wahrnehmung des Felsens durch die Hand des / der Kletternden (5–6) und kontrastiert den harten Stein ebenfalls mit dem Erblühen einer Pflanze (8). Die Bergsemantik verweist hier mit ihren «furchtsam-melancholische[n] Elemente[n]»²³⁶ auf die Konfrontation mit einer Unermesslichkeit, die das poetische Fassungsvermögen übersteigt. Dieter Hoffmann spricht für Rilke von einer «Zweipoligkeit des dichterischen Empfindens»²³⁷ das zwischen den beiden Enden der Isolation und existenziellen Einsamkeit sowie der Allverbundenheit schwanke. Eben diese Zerrissenheit zieht sich auch durch Pozzis Werk, das zwischen einem 'Willen zum Aufstieg' (Begehren nach Selbsttranszendierung, Einheitserfahrung und Verbundenheit mit der umgebenden Umwelt) und einem 'melancholischen Blick ins Tal' (Getrenntheit, Kommunikationslosigkeit, Depression) oszilliert. «La montagna sacra di Antonia Pozzi è il rifugio dalle contrarietà dell'esistenza; è la supplica di un afflitto, la speranza di una via di fuga, la certezza di allentare le angustie e la malinconia».²³⁸

In Bezug auf die italienische Literaturgeschichte schreibt sich Pozzi auch in eine romantische Tradition ein, die allen voran Leopardis bekanntestes Gedicht 'L'infinito' – «de[n] vermutlich meist interpretierte[n] Text der italienischen Literaturgeschichte»²³⁹ – zitiert (das u.a. von Rilke ins Deutsche übertragen wurde).

L'INFINITO

Sempre caro mi fu quest'ermo colle,
E questa siepe, che da tanta parte
Dell'ultimo orizzonte il guardo esclude.
Ma sedendo e mirando, interminati
5   Spazi di là da quella, e sovrumani
Silenzi, e profondissima quiete
Io nel pensier mi fingo; ove per poco
Il cor non si spaura. E come il vento
Odo stormir tra queste piante, io quello

---

235 Rainer Maria Rilke: *Die Gedichte*, S. 88.
236 Dieter Hoffmann: *Arbeitsbuch Deutschsprachige Lyrik 1880–1916*, S. 362.
237 Ebda., S. 363.
238 Laura Oliva: La ricerca del sacro nei versi di Antonia Pozzi, S. 272.
239 Vittoria Borsò: Auf der Schwelle von Sichtbarkeit und Sagbarkeit. Zum Ereignis der Sichtbarkeit in der Materialität des Bildes. In: Sieglinde Borvitz / Mauro Ponzi (Hg.): *Schwellen. Ansätze für eine neue Theorie des Raumes*. Düsseldorf: Düsseldorf University Press 2014, S. 29–46, hier S. 38.

10 Infinito silenzio a questa voce
    Vo comparando: e mi sovvien l'eterno,
    E le morte stagioni, e la presente
    E viva, e il suon di lei. Così tra questa
    Immensità s'annega il pensier mio:
15 E il naufragar m'è dolce in questo mare.[240]

Bereits metrisch greift Pozzi den 11-silbigen Blankvers aus Leopardis *canto* auf, der einer «Meditation, einer Selbstbesinnung, einer geistigen Sammlung und Kontemplation»[241] gleicht. Schon Leopardi besingt einen «Höhenrausch»,[242] den das lyrische Subjekt bei der Kontemplation der «interminati / spazi» (4–5) auf einem Hügel erfährt, wo ihm 'die Gedanken im Unermesslichen versinken' (13–14). Leopardis lyrisches 'Ich' oszilliert dabei zwischen Furcht und Genuss angesichts der Meditation der inkommensurablen Weite, wobei das Subjekt außerhalb jeglicher religiöser Erlösungsvorstellungen auf sich selbst zurückgeworfen ist. Vittoria Borsò stellt in diesem Zusammenhang eine Nähe zur mystischen Ich-Nichtung her: «Genau diese innere Erfahrung lässt das Ich in der Immanenz der Welt versinken. Die durch das Gedicht postulierte Bedeutung [ist] nicht die Kraft der Einbildung, sondern die auch dem Erotismus und der Mystik inhärente Erfahrung der Entmächtigung des Subjekts.»[243]

In zeitgenössischer Perspektive erinnert der Topos der Unermesslichkeit schließlich auch an Ungarettis berühmtes, 1917 verfasstes Kurzgedicht 'Mattina', das nur aus zwei Versen besteht: «M'illumino / d'immenso».[244] Eine Nähe zu Ungaretti liegt besonders auch in der hier kennzeichnenden und schon für Leopardi und Rilke festgestellten Doppelung von «existenzielle[r] Verzweifeltheit» und «Verlangen nach Unendlichkeit und Ewigkeit».[245]

---

240 Giacomo Leopardi: *Canti*. Kritische Edition von Franco Gavazzeni. Herausgegeben von Cristiano Animosi u.a. Florenz: Accademia della Crusca 2006, S. 267.
241 Frank Rutger-Hausmann: Giacomo Leopardi. ‹L'Infinito›. In: Vera Alexander / Monika Fludernik (Hg.): *Romantik*. Trier: Wissenschaftlicher Verlag Trier 2000, S. 201–215, hier S. 210.
242 Ebda., S. 206.
243 Vittoria Borsò: Auf der Schwelle zwischen Sichtbarkeit und Sagbarkeit, S. 39f.
244 Giuseppe Ungaretti: *Vita d'un uomo. Poesie 1. 1914–1919. L'allegria*. Mailand: Mondadori 1957, S. 80. Vgl. auch Onorina Dino: Il motivo ascensionale in alcune liriche di Antonia Pozzi, S. 78.
245 Giuseppe Petronio: *Geschichte der italienischen Literatur 3*. Tübingen / Basel: A. Francke Verlag 1993, S. 232.

«La materia, viva e amica»

Pozzis poetische Stimme teilt die kontemplative Haltung Leopardis. Während dessen Sprecher-Ich im Sitzen zum Stillstand kommt, betont Pozzis Text jedoch die Leiblichkeit mit der Anstrengung der physischen Bewegung. Und wenn bei Leopardi der Blick auf das Tal verstellt ist und die Möglichkeit der Kontemplation des (Welt-) Raumes ermöglicht, lenkt Pozzis Stimme den Blick wieder bewusst auf das Irdische, *la terra* (19). Bei Antonia Pozzi steht der Wunsch nach Selbst-Übersteigung im Vordergrund, der als kontinuierlicher Prozess stete Bewegung verlangt. Gleichzeitig lenkt sie den Blick auf die materielle Beschaffenheit des Menschen und alles Natürlichen. Metapoetisch gelesen wird bei Leopardi als Gegenpol zum unendlichen Schweigen die lyrische Stimme geboren.[246] Pozzis poetische Stimme scheint sich besonders aus ihrer Disposition zum (Zu-) Hören zu entwickeln: Indem das lyrische Subjekt sich emphatisch in die es umgebenden Dinge versetzt und das 'Weinen des Felsens' und 'Schluchzen der Erde' besingt, erschreibt es sich durch diese poetische Anthropomorphisierung eine postanthropozentrische Ethik des Respektes vor dem nicht-menschlichen Anderen. Sie zeigt damit Affinitäten zum ethischen Verständnis des *vital materialism*, wie es Jane Bennett nahelegt:

> The political goal of a vital materialism is not the perfect equality of actants, but a polity with more channels of communication between members. [...] Maybe it is worth running the risks associated with anthropomorphizing (superstition, the divinization of nature, romanticism) because it, oddly enough, works against anthropocentrism: a chord is struck between person and thing, and I am no longer above or outside a nonhuman ‹environment›.[247]

Nach Bennett hat die Anthropomorphisierung von Tieren, Planzen und Dingen bei aller Problematik den positiven Effekt der Bewusstwerdung einer geteilten Erfahrungswelt zwischen Mensch und Umwelt, die über traditionelle hierarchische anthropozentrische Denkweisen hinausweist. Pozzi feiert nicht die Bezwingung des Berges, sondern thematisiert vielmehr eine radikale Öffnung des Subjekts.[248] Diese Haltung der Öffnung ermöglicht die Wahrnehmung der umgebenden Natur als belebt und gleichgeordnet. «Eppure, là in alto, anche la materia, la colossale materia che ci attornia, non sembra inerte ed ostile, ma

---

246 Vgl. die poetologischen Aussagen Anna de Noailles' in Kap. 3.7.
247 Jane Bennett: *Vibrant Matter*, S. 104 und 120. Vgl. Kap. 2.4. Mit der 'Fürsprache' für Fels und Erde zeigt Pozzi gleichzeitig Affinitäten zur *écriture féminine* im Sinne Cixous'. Vgl. Kap. 2.3.
248 Es ist gerade diese Öffnung, die Jean-Luc Nancy als eine Haltung der 'Anbetung' (*adoration*) definiert. Jean-Luc Nancy: *L'adoration*, S. 19. Vgl. Kap. 3.5.

viva ed amica»,[249] schreibt Pozzi zeitnah in einem Brief an ihre Großmutter. Die affektive Beziehung und kommunikative Offenheit gegenüber Pflanzen- und Dingwelt und die damit einhergehende Wertschätzung des nicht-menschlichen Anderen zeichnet Antonia Pozzis Lyrik aus. Ich werde diese postanthropozentrische Bedeutungsschicht insbesondere im letzten Unterkapitel in Hinblick auf mystische Affinitäten weiter entwickeln.

Um noch einmal auf die Bewegungsstruktur des Gedichtes zurückzukommen: Vom Gipfel aus richtet sich der poetische Blick klassisch wieder 'nach unten' (11). Hier nun löst sich die Dichotomie von hart und weich im 'Weinen des harten Felsens' (12) weiter auf, die Vorstellung der scheinbar undurchdringlichen, unbelebten Materie wird buchstäblich 'rissig' (13). Das Ende des Textes ist von einer Melancholie gezeichnet, die die gesamten Naturerscheinungen einschließt. Die Textstruktur ist damit von zwei Bewegungen geprägt. Zum einen inszeniert das Gedicht eine klassische Aufstiegsbewegung, die in der Mitte des Textes mit dem Erreichen des Gipfels kulminiert und in der zweiten Hälfte im Blick der Wanderer wieder nach unten führt. Entgegen der traditionellen triumphierenden visuellen Inbesitznahme ist die Schau jedoch durch ein Bewusstsein über die eigene Verletzlichkeit und Melancholie angesichts der Erfahrung einer unermesslichen Alterität gekennzeichnet. Zum anderen haben wir es von Beginn an mit einer nach unten verlaufenden Geraden zu tun, die von den Bergzinnen im Titel und den ersten Versen bis hinunter ins Tal zur Erde («terra», 19) als letztem Wort verläuft und den Text nicht nur zwischen oben und unten rahmt, sondern auch 'erdet'. Auch diese zwei gebrochenen poetischen Bewegungen, deren Abstiegsbewegungen sich gegenseitig verstärken, weisen wieder auf die grundsätzliche Spannung zwischen Sehnsucht nach Selbst-Übersteigung und materieller, immanenter Verankerung des lyrischen Subjekts hin.

Die Dichterin fasst das sich daraus ergebende Paradox zusammen, wenn sie auf die asketische Dimension der Bergbesteigung hinweisend formuliert: «[La] montagna è una palestra insuperabile per l'anima e per il corpo.»[250] Der Berg ist zugleich die bestmögliche, unübertroffene Möglichkeitsbedingung für die Arbeit an sich selbst als auch in dieser Funktion ein genuin unüberwindbarer Ort, der auf die grundsätzliche Unabschließbarkeit dieses Prozesses hindeutet. Pozzi beschreibt das Klettern am Berg als zugleich körperlichen wie geistig-seelischen Übungsraum, d.h. als die räumliche Bedingung für eine asketische Selbstpraxis.

---

249 Antonia Pozzi: *Ti scrivo dal mio vecchio tavolo*, S. 94 (25. August 1929). In diesem Brief spricht Pozzi allerdings auch vom Bezwingen der Materie.
250 Ebda.

Bergwanderung und Selbstformung, Leib und Seele, l'*ascesa* und l'*ascesi* sind damit unauflöslich ineinander verschränkt.[251]

Als letztes Beispiel für die Pozzis Werk prägende Semantik des Aufstiegs möchte ich das Gedicht 'Salire' betrachten, in welchem sich die *volontà d'ascesa* vielleicht am ausgeprägtesten verdichtet.

SALIRE

Saliremo sugli altipiani,
dove vola la rondine dell'alba
che bagna nelle fonti
le ali d'oro
5   ed intesse il nido
sulle case immense
dei monti.

Saliremo sugli altipiani
dove passan le nubi ad una ad una
10 lente a fior della neve
come velieri
su di un lago pallido.

Saliremo oltre i cembri, oltre i pini,
dove si è soli sotto il cielo nudo,
15 soli – se gridi nel silenzio il vento
il nostro nome
detto da Dio
e sia l'ora di andare.

19 dicembre 1933

Der Titel ist Programm: 'Aufsteigen', 'Hochgehen' ist der ausdrückliche Wunsch der lyrischen Sprechinstanz, die diesen mit Nachdruck vorträgt.[252] Während der Titel in der Infinitivform gehalten ist und damit ein universales Ideal anspricht, steht das die drei Strophen anaphorisch verbindende «Saliremo» (1, 8, 13) im Futur der ersten Person Plural. Es handelt sich also um eine Projektion in die Zukunft, um ein Vorhaben (erneut ein Potenzial), und es handelt sich zunächst

---

251 Anders Onorina Dino, die die symbolische, spirituelle Komponente über die leibliche Dimension stellt: «[I]l cammino ascensionale della lirica, che ha l'apparenza di una vera ascesa fisica sui monti, ma è, in realtà, un cammino di ascesi, di salita spirituale.» Onorina Dino: Il motivo ascensionale in alcune liriche di Antonia Pozzi, S. 77.
252 «Il titolo è già un indizio e un progetto, una promessa e un impegno. Salire? Sì: movimento, dinamicità, scomodità, rischio; scrollarsi la zavorra e dire la proprio corpo: abbandona la tua materialità o, meglio, osa tutta la tua materialità». Ebda., S. 65.

wieder um einen gemeinschaftlichen Aufstieg (eine weitere Referenz an die Gemeinschaftlichkeit alpiner Exkursionen).

In der ersten Strophe wird mit der Assoziation zur 'Morgenschwalbe' (2) und der goldenen Tönung (4) ein positives Bild der Freiheit, Weite und Möglichkeit entworfen, das Bewegung und Sesshaftigkeit im Bild der auf der Berghöhe nistenden Vögel zusammenführt. Die zweite Strophe variiert die Beschreibung der *altipiani*, indem Elemente des Himmels (Wolken, Schnee) hinzugefügt werden. Die vorbeigleitenden Wolken entwerfen eine Atmosphäre der Langsamkeit und Ruhe, die sich durch die Assoziation mit blassen, weißen Farbelementen noch verstärkt (9–12). Im Vergleich der Wolken mit vorbeiziehenden Segelschiffen (11) entsteht die Vorstellung eines ruhig dahinfließenden Lebensflusses, einer stoischen Akzeptanz, oder, im Anschluss an Friedrich Nietzsche, auch die Haltung eines akzeptierenden *amor fati*.[253] «Destino per la poetessa non significa fato, bensì *amor fati*, necessità di radicamento nella vita, poiché l'uomo, come pensa Nietzsche, deve attingere la volontà di volere all'indietro tutto ciò che è accaduto, di volere in avanti tutto ciò che accadrà»[254] schreibt Pellegatta in Bezug auf Pozzis Fotografien und verortet sie damit in der modernen philosophischen Tradition des Vitalismus. 'Salire' weist tatsächlich besonders viele Affinitäten zu Pozzis fotografischen Arbeiten auf, in denen Wolken, Fischerboote und Bergmassive rekurrente Motive sind.[255]

In der dritten Strophe wird das Aufstiegsmotiv gesteigert und damit die Ruhe gestört, denn die lyrische Stimme begehrt, über die Bäume 'hinaus' zu gehen. Die Wiederholung von «oltre» (13) verstärkt den Eindruck, dass es bei der Bergbesteigung um ein *più oltre* geht, um den Wunsch nach einem Über- und Hinausgehen im Sinne einer existenziellen Erfahrung. Dieses 'mehr als' aktualisiert sich nun am Ort der Wahrnehmung einer Einsamkeit – eines existenziellen Ausgesetztseins – 'unter dem nackten Himmel' (14). Diese Einsamkeit ist gekennzeichnet durch absolute Stille, die «letzte Ortschaft der Worte» (Rilke) nunmehr längst überstiegen. Auch phonetisch verbinden sich Aufstieg («saliremo»), Einsamkeit («soli») und Stille («silenzio») über die Alliteration der stimmlosen s-Laute. Und es ließe sich für diese klangliche Verbindung noch die Präposition «sotto» (14) dazu nehmen: Denn es erscheint mir ganz wesentlich, dass das Erleben eine immanente Erfahrung ist, die die Sprechinstanz 'unter dem Himmel', also gebun-

---

[253] Vgl. das gleichnamige Gedicht von 1937 in Antonia Pozzi: *Parole*, S. 422, das zwar ebenfalls auf das Motiv des Segels rekurriert, in diesem Fall aber entgegen der durch den Titel geweckten Erwartung durch Leidenschaft und Gewalt gekennzeichnet ist.
[254] Ludovica Pellegatta: Amor fati. Poesia e fotografia di Antonia Pozzi. In: *Materiali di estetica* 6 (2002), S. 231–240, hier S. 231.
[255] Vgl. Antonia Pozzi: *Nelle immagini l'anima* und Kap. 5.6.

den an die irdische Existenz, in Erahnung und Nähe einer Schwelle und Grenze erfährt. Nancy beschreibt dieses Berühren der Grenze als paradoxe Figur, die immer schon die Wahrnehmung und Beziehung zu einem Anderen, und sei es eben dem steinernen Felsen, impliziert:

> parce que je suis au comble de l'intériorité, au plus près de ‹moi-même› ou bien au plus près, au plus secret aussi, de ‹ce monde›, de ‹la terre›, je touche à plus encore: à cela qui, dès lors, me touche depuis un ailleurs que je peux indifféremment considérer comme ‹en› moi ou ‹hors› de moi, comme en ce monde ou hors de lui, puisque je touche à la limite. [...] Et je ne la passe qu'en touchant à un autre – autre personne, autre étant, autre vivant, et même la pierre dure, dont la résistance opaque m'emporte plus loin hors de moi.[256]

Als Ort der Grenze, des Alleinseins und der Stille stellt der Berg erneut eine wesentliche räumliche Bedingung für die Herstellung von Innerlichkeit und für das poetische Schreiben dar. Wie schon angesichts der poetologischen Reflexionen gesehen, haben Einsamkeit und Stille / Schweigen in Antonia Pozzis Schreiben als «filo conduttore di tutta la sua poesia»[257] – ähnlich wie bei Ernestina de Champourcin und Anna de Noailles – eine zentrale Bedeutung. Die Stille / das Schweigen markieren ein Moment der mystischen Einkehr und des Selbstbezugs, einen «spazio di raccoglimento»[258] sowie auch ein metapoetisches Element.[259] Stille und Einsamkeit sind bei Pozzi besonders häufig an eine räumliche Praxis, hier an jene des Bergwanderns, gebunden: «[I]l silenzio diviene, per lei, un ambiente da cercare, un'atmosfera di quiete, evasione e raccoglimento: la natura – specie le montagne –, i luoghi spirituali, di culto, i cimiteri.»[260]

Im vorliegenden Gedicht handelt es sich um eine beunruhigende, ambivalente Stille. Die letzten, hermetisch wirkenden Verse lösen angesichts der mysteriösen Anrufung des lyrischen Subjekts durch den Wind ein Gefühl des Schreckens und der (Ehr-) Furcht aus – ein *tremendum-fascinosum*, wie es Rudolf Otto als konstitutiv für das religiöse Erleben definiert hat.[261] Die Pluralform bewirkt, dass die Leserin / der Leser im Prozess der Lektüre in diese Anrede mit hineingezogen wird, sich selbst in der Lektüre der existenziellen

---

256 Jean-Luc Nancy: *L'adoration*, S. 110.
257 Graziella Bernabò: Introduzione, S. 19.
258 Tiziana Altea: *Antonia Pozzi*, S. 24.
259 «È questo uno spazio di continua metamorfosi, dove il poeta traduce ‹il visibile in invisibile›, dove la presenza diviene assenza, dove interiore e esteriore convergono.» Tiziana Altea: *Antonia Pozzi*, S. 29.
260 Ebda., S. 27. Vgl. zur Poetik des *silenzio* auch Kap. 5.1. Auf die hier genannten 'heiligen Orte' werde ich im nächsten Kapitel eingehen.
261 Vgl. Rudolf Otto: *Das Heilige*.

Ausgesetztheit an Stille und Nichts als eine *conditio humana* gewahr wird. Das referenzielle 'Wir' der ersten beiden Strophen, das man mit einer Gruppe von Bergsteigenden identifizieren mag, erhält nunmehr eine universale, existenzielle Bedeutung. Die paradoxe Widersprüchlichkeit von Schreien und Stille und die Doppelung des Rufenden in 'Wind' (15) und 'Gott' (17) verstärken den mystischen Charakter: Das Zur-Ruhe-Kommen äußerer menschlicher Stimmen ermöglicht die Wahrnehmung einer Innerlichkeit und spirituellen Sensibilität, die sprachliche und religiöse Konventionen buchstäblich übersteigt.[262]

Hermetisch und irritierend wirken die letzten Verse auch deshalb, weil hier die traditionelle apostrophische Struktur lyrischen Sprechens und die weiter oben gesehene Anrede der lyrischen Sprechinstanz an ein Anderes verkehrt werden.[263] Hier nun ist es der Wind, der den vorher bereits von 'Gott' vergebenen Namen des lyrischen Subjekts ausspricht. In welchem Verhältnis stehen hier 'Wind' und 'Gott'? Was ist dies für ein Name, der genannt wird? Wieso wird er 'geschrien'? Die Fragen, die der poetische Text aufwirft, bleiben unbeantwortet und führen damit performativ das Erleben des Ausgesetzseins an ein Ungewisses vor.

Erneut bietet Jean-Luc Nancy einen fruchtbaren Ansatz, um die poetische Rede hier als eine Haltung der *adoration* zu lesen, die er deutlich vom konfessionellen Gebet abgrenzt und die letztlich metapoetisch auf die Möglichkeiten der Poesie selbst verweist:

> L'adorant se tient dans l'adresse qui lui vient à lui-même d'ailleurs que d'une imposition de puissance, et qui va ailleurs que vers l'hommage au puissant et vers la quête de ses faveurs. Son adresse est déjà une réponse, et celle-ci ne répond ni à un ordre ni même à une autorité. Elle est la parole qui ne répond qu'à elle-même en quelque sorte : à sa propre ouverture, à la possibilité donnée dans le langage d'aller jusqu'à la limite des significations et jusqu'au silence – et plus loin que le silence, jusqu'au chant, jusqu'à la musique.[264]

Michel de Certeau wiederum diskutiert die 'Problematik des Aussageaktes' und die dialogische Struktur als prominentes Reflexionsfeld mystischen Sprechens. Dabei arbeitet er die konstitutive Alterität des mystischen Subjekts heraus.[265] Charakteristisch für die mystische Rede ist die Verwendung von Verben, deren Subjekt und Objekt in der Schwebe verbleiben.[266] In diesem Sinne zeigt sich auch das

---

262 «Attraverso il ‹silenzio› è possibile andare oltre il visibile e ascoltare quanto di solito non è percepibile». Tiziana Altea: *Antonia Pozzi*, S. 86.
263 Vgl. zur lyrischen Anrede u.a. Jonathan Culler: *Theory of the Lyric*, S. 186–243.
264 Jean-Luc Nancy: *L'adoration*, S. 95f.
265 Michel de Certeau: *La fable mystique*, S. 267 und Kap. 4.4.
266 Vgl. ebda., S. 232f. und Kap. 4.4.

Subjekt der Aussage flexibel: «Contradictoire donc, le *je* parleur (ou écrivain) prend le relais de la fonction énonciative, mais au nom de l'Autre.»[267] Pozzis poetische Stimme spricht im Namen einer doppelten Alterität, deren Identität unergründlich bleibt, und umkreist damit vor allem auch die eigene innere Fremdheit: «Si le sujet est une réponse à la recherche de ce à quoi elle répond, ce parler intérieur se nomme ‹l'âme›. C'est un parler qui ignore ce dont il est l'écho.»[268] In 'Vicenda d'acque' preist Pozzi entsprechend die Stille als Echo und Zur-Ruhe-Kommen des lyrischen Subjekts «poi che una culla e un'eco / ho trovate nel vuoto e nel silenzio» (19–20).

Voraussetzung für den mystischen Dialog ist die Disposition zum (Zu-)Hören: «Apprendre à écouter : autre thème des mystiques.»[269] Gerade in der Poesie werden nun Dinge hörbar, die nicht lesbar sind, so wie hier in der Unartikuliertheit der Naturgeräusche, im Rauschen des Windes. Es wird etwas wahrnehmbar, dass die kognitive Logik übersteigt, indem die Sprache über ihre referenzielle Funktion hinausgeht und über Laute, Rhythmus und bildliche Assoziationen wirkt. «Au commencement, [...] il y a un rythme.», schreibt de Certeau und verweist explizit auf das Rauschen des Windes und den Vogelgesang als modellhafte Laute mystischer Wahrnehmung. «Semblables à des fragments de refrains, les sons forment une mémoire insolite, antérieure à la signification et dont on ne saurait dire de quoi elle est le souvenir : elle rappelle quelque chose qui n'est pas un passé; elle réveille du corps ce qu'il ignore de lui-même.»[270] Bei Pozzi ist die klangliche Dimension zentral. Vor allem das Zuhören ist sowohl Voraussetzung für den Kontakt zum Anderen als auch Praxis des Selbstbezugs.[271]

Ein letztes Mal möchte ich die Nähe zu Rilkes erster Elegie stark machen, in der die Motive des (Zu-)Hörens, des Unermesslichen / Schrecklichen, des Heiligen / Mystischen und des Paradoxes von Stimme und Stille auf komplexe Weise verdichtet sind:

> Stimmen, Stimmen. Höre, mein Herz, wie sonst nur
> Heilige hörten: daß sie der riesige Ruf
> aufhob vom Boden; sie aber knieten,

---

267 Ebda., S. 257.
268 Ebda., S. 258.
269 Ebda., S. 218.
270 Ebda., S. 408. «[L]a musique venue d'on ne sait où inaugure une autre rythmique de l'exister – certains disent : un nouveau ‹respir›, une nouvelle façon de marcher, un autre ‹style› de vie.» Ebda.
271 «L'ascolto può estrinsecarsi nel contatto con gli altri, o come pausa e recupero.» Tiziana Altea: *Antonia Pozzi*, S. 84.

5.4 Ausgesetzt auf den Bergen des Herzens oder: Wille zum Aufstieg — 459

Unmögliche, weiter und achtetens nicht;
So waren sie hörend. Nicht, daß du Gottes ertrügest
die Stimme, bei weitem. Aber das Wehende höre,
die ununterbrochene Nachricht, die aus Stille sich bildet.[272]

Gerade die ambivalente, 'schreckliche' Seite der Gewahrwerdung einer unermesslichen Alterität ist als Echo Rilkes lesbar. Pozzis letzter Vers deutet eine Todesgewissheit an, ein Vergehen und Überwältigtsein angesichts dieses inkommensurablen Außen.[273] Wie bei Rilke stehen sich die nicht zu ertragende 'Stimme Gottes' und der Wind als «Wehende[s] », Atem und Hauch gegenüber. Die enge Verbindung zwischen Wind, Atem und Leben hatte sich bereits in der Lektüre von Noailles' und Champourcins Dichtung gezeigt. Der Wind ist in zahlreichen Religionen Symbol des Geistes und des kosmischen (Lebens-) Atems: Metonymisch ist der Wind bei Pozzi wieder eng mit der Stimme, dem poetischen Sprechen, aber eben auch dem Hören verbunden.[274]

Graziella Bernabò hat auf die Nähe zwischen Pozzis Spiritualität und Rilkes nicht-konfessionellem, monistischem Gotteskonzept hingewiesen.[275] Insbesondere denkt Rilke Gott nicht in der christlich-orthodoxen Tradition als transzendent, personal und 'seiend', sondern als immanente, elementare Kraft und 'werdend'.[276] Adele Ricciotti betont das enge Verhältnis von Poesie und Spiritualität bei beiden: «Come per Rilke, anche per la Pozzi il divino è inevitabilmente intrecciato al senso della poesia: il poeta si misura con l'estremo, con ciò che trascende l'artista, ma il sacrificio sancisce il compito del nominare, e con esso la salvezza delle cose trasfigurate nell'immagine poetica.»[277]

Auf diese Weise möchte ich am Ende dieses Unterkapitels wiederum den Bogen zu einer metapoetischen Bedeutungsebene schlagen. Antonia Pozzi betont in 'Salire' erneut die Bedeutung des Zuhörens, der Aufnahmebereitschaft

---

272 Rainer Maria Rilke: *Die Gedichte*, S. 631.
273 «Il binomio morte-silenzio, associato sia alla notte, all'oscurità, sia alla luce, all'oro, alla bianchezza, è uno degli elementi più tipici della poesia della Pozzi.» Tiziana Altea: *Antonia Pozzi*, S. 110.
274 Vgl. vor allem das Motiv bei Ernestina de Champourcin sowie die entsprechenden Reflexionen von Luce Irigaray in Kap. 4.1, 4.3 und 4.7.
275 «Chiaramente questo poeta, in quel periodo, era ormai entrato nell'immaginario di Antonia Pozzi, con la sua tensione verso una religiosità non riconducibile a precisi confini confessionali, ma fortemente toccante nel rendere lo strazio della creatura umana condannata all'infelicità sulla terra e la necessità di una forma, peraltro molto dilemmatica, di affidamento a Dio.» Graziela Bernabò: *Per troppa vita che ho nel sangue*, S. 116.
276 Vgl. Manfred Engel: Jahrhundertwende. In: Daniel Weidner (Hg.): *Handbuch Literatur und Religion*. Stuttgart: Metzler 2016, S. 175–180, hier S. 179.
277 Adele Ricciotti: Antonia Pozzi, S. 228.

und Öffnung gegenüber dem Anderen als Voraussetzung für das poetische Schaffen. Der Wind – das «Wehende» mit Rilke – nimmt dabei die Funktion der lyrischen Inspiration, des Unsagbaren, Nicht-Rationalen ein und ist poetische Vermittlungsinstanz. Im Sinne der hier verfolgten Argumentation ist es dabei die Haltung der Öffnung, der Hingabe, der *adoration* (Nancy) oder des *padecer* (Zambrano), die die Voraussetzung für das poetische Sprechen schafft.

Im Motiv des Berges und des Aufstiegs umkreist Pozzis Lyrik schließlich immer wieder ein Suchen nach Selbstübersteigung. Der physische Akt des Bergsteigens erhält eine asketische Funktion und einen existenziellen Sinn, indem er die Voraussetzung für die Aussetzung des lyrischen Subjekts an ein unbegreifbar Anderes stellt, «una completa e generosa apertura all'esistente».[278] Die leibliche Erfahrung bleibt dabei konstitutiv und wird nicht von der geistigen, symbolischen Ebene ersetzt. Gerade das Erleben der physischen Grenzen ist es, das dem lyrischen Subjekt die Erfahrung einer existenziellen 'Schwelle' aufzeigt. Pozzi imaginiert das Bergsteigen als physische, geistige, seelische und auch poetische Praxis. Es geht dabei immer wieder um die dynamische Bewegung des Aufsteigens selbst, nicht um Ankommen und Verweilen. Dabei impliziert der Aufstieg gleichzeitig Abstieg, die meditative Praxis der Bewegung betont das leibliche, 'inkarnatorische' Element.

Das Aufstiegsmotiv verhandelt damit allem voran ein unabschließbares Begehren, eine ständige Bewegung und ein kontinuierliches Überschreiten, so wie es Michel de Certeau im Bild des Wanderers formuliert hat: «Est mystique celui ou celle qui ne peut s'arrêter de marcher et qui, avec la certitude de ce qui lui manque, sait de chaque lieu et de chaque objet que ce n'est pas ça, qu'on ne peut résider ici ni se contenter de cela. Le désir crée un excès. Il excède, passe et perd les lieux, il fait aller plus loin, ailleurs.»[279] Pozzis lyrische Stimme setzt diese nomadische Begehrensfigur in buchstäblicher Weise in Szene. Die Figur des Bergwanderns vereint die vertikale Aufstiegsbewegung, die Sehnsucht nach Transzendenz, mit einer horizontalen Dynamik der immanenten Suche nach Kommunikation und Verbindung. Die spannungsvolle Bewegungskonstellation lässt sich wiederum als plastischer Ausdruck einer transsäkularen *cross-pressure* lesen, wie sie Taylor im Anschluss an William James' ganz ähnliches Bild des im offenen Wind an die zentrifugalen Gegenkräfte ausgesetzten Subjekts entwickelt hat.[280]

---

[278] Graziella Bernabò: Introduzione, S. 12.
[279] Michel de Certeau: *La fable mystique*, S. 411.
[280] Vgl. Kap. 2.1.

Michel de Certeau betont, wie das Objekt dieses unabschließbaren Verlangens mit zunehmender Säkularisierung in der Moderne immer namenloser, unsicherer wird:

> Dès lors, ce désir ne peut plus parler à quelqu'un. Il semble devenu *infans*, privé de voix, plus solitaire et perdu qu'autrefois, ou moins protégé et plus radical, toujours en quête d'un corps ou d'un lieu poétique. Il continue donc à marcher, à se tracer en silence, à s'écrire.[281]

Antonia Pozzis lyrische Stimme identifiziert sich nicht (mehr) mit katholischen Paradigmen, ihr Begehren nach Sinnhaftigkeit und Transzendenz 'kann daher zu niemandem mehr sprechen'. Die in der Lyrik ausgedrückte Suche hat als Fluchtlinie eine Sehnsucht nach immanenter Verbindung mit dem Anderen («un corps») und lotet die (Un-) Möglichkeit eines eigenen 'poetischen Orts' («un lieu poétique») aus.

Im folgenden Abschnitt schließe ich an die Analyse der räumlichen Dimension transsäkularer Semantik in Antonia Pozzis Lyrik an, indem ich die Bedeutung klerikaler Orte in den Blick nehme.

5.5 Heilige Orte und franziskanischer Traum

In diesem Unterkapitel steht Antonia Pozzis poetische Inszenierung sakraler Räume im Zentrum. Damit knüpft der Abschnitt insofern an den vorherigen an, als die Unterscheidung von alpiner Umgebung und heiligen Räumen tatsächlich brüchig ist: Schließlich hat die Analyse gezeigt, dass die Berge als Grenze und Schwelle in den Gedichten fast immer einen heiligen Aspekt tragen; andersherum sind aber auch die nun zu untersuchenden Orte wie Kirche, Kapelle, Kloster und Friedhof bei Pozzi häufig in den lombardischen Voralpen lokalisiert. Es geht also im Folgenden um Räume, denen in gesellschaftlicher und kultureller Tradition eine sakrale Bedeutung zugeschrieben wird, d.h. vor allem um Gebäude und Orte, die mit der katholischen Andacht und religiösen Liturgie in Verbindung stehen. Ausgehend vom Klostermotiv entwickle ich zum Ende des Unterkapitels Pozzis ethische Disposition, die eng mit der mystischen Tradition des Franziskanismus verwoben ist.

---

[281] Michel de Certeau: *La fable mystique*, S. 411.

Sakrale Räume

Raum ist in der Religionsanthropologie neben Körperlichkeit zu einer der wichtigsten Analysekategorien aufgestiegen. Religionswissenschaftler heben im Anschluss an den *spatial turn* in den Kultur- und Sozialwissenschaften die konstitutive Bedeutung des Raumes für das religiöse Empfinden hervor. So versteht S. Brent Plate etwa das religiöse Erleben als solches räumlich definiert, als «the sensual sacred experiences of the human in her / his physical spaces».[282] Veiko Anttonen dagegen bezieht sich in seiner Theorisierung des Heiligen wesentlich auf räumliche Aspekte. Im Gegensatz zu früheren phänomenologischen Ansätzen wie jenen von Rudolf Otto und Mircea Eliade versteht er das Heilige nicht mehr als ontologischen, sondern als relationalen Begriff:

> Ethnographic evidence suggests that the human body and its locative dimensions, the notion of place, forms the cultural grammar on which sacred-making behavior is based. From this perspective the sacred can be defined as a relational category of thought and action, which becomes actualized in specific value-loaded situations when a change in the contextually interpreted boundaries of temporal, territorial or corporeal categories takes place.[283]

Die Bedeutung des Raumes für die Konstruktion des Heiligen begründet Anttonen mit dem Verweis auf die griechische und vor allem lateinische Etymologie: 'Sacer' und 'sanctus' verweisen beide in diachroner Hinsicht auf eine räumliche Abgrenzung.

> Ethnographic accounts, folklore genres, as well as religious texts, are pregnant with explicit or implicit references to boundaries of space and territory as well as of human body as prime locations of the discourse of the ‹sacred›. It is these boundary zones that are invested with such properties of the ‹sacred› as anomaly, transformation or conceptual change.[284]

Insgesamt erlaubt die Abkoppelung des Begriffs des Heiligen von einer religiösen Ontologie zu Gunsten seines Verständnisses als kulturell-soziale Konstruktion die Anwendung auf Phänomene, die sich außerhalb konfessioneller Religiosität bewegen, so wie hier die Verhandlung heiliger Räume in den Gedichten Pozzis. Die genannten Überlegungen zu Raum und Religion möchte ich für die mystischen Figuren in den Gedichten fruchtbar machen.

---

282 S. Brent Plate: The Skin of Religion, S. 161.
283 Veiko Anttonen: Sacred. In: Willi Braun / Russell T. McCutcheon (Hg.): *Guide to the Study of Religion*. London / New York: Cassell 2000, S. 271–282, hier S. 278.
284 Veiko Anttonen: Space, Body, and the Notion of Boundary. A Category-Theoretical Approach to Religion. In: *Temenos. Nordic Journal of Comparative Religion* 41, 2 (2005), S. 185–201, hier S. 190.

Poetische Glockenschläge

Die Zeichen der katholischen Liturgie und ihrer Sakralgebäude ziehen sich wie ein roter Faden durch Pozzis Werk. Die zentrale Präsenz von Kirchtürmen und Glockenschlag in Pozzis poetischer Bildwelt ruft erneut Rilke als Intertext auf, hier vor allem das *Stundenbuch* (1899), das mit dem Verweis auf den «metallene[n] Schlag»[285] der Kirchuhr einsetzt. Das Läuten der Kirchenglocken kann geradezu als der poetische *sound* von Pozzis Lyrik bezeichnet werden, als 'heiliges Geräusch'[286], das den Texten unterliegt und zu einem aufmerksamen, genauen Hinhören einlädt. Wie zu Beginn dieses Antonio Maria Cervi gewidmeten Gedichtes:

> PACE
>
> a A.M.C.
>
> Ascolta:
> come sono vicine le campane!
> Vedi: i pioppi, nel viale, si protendono
> per abbracciare il suono. Ogni rintocco
> 5 è una carezza fonda, un vellutato
> manto di pace, sceso dalla notte
> ad avvolger la casa e la mia vita. [...]

In zahlreichen synästhetischen Bildern wird der Klang der Glocken hier buchstäblich greifbar und 'auf der Haut' spürbar. Das Geräusch bringt eine Stimmung der Ruhe und Geborgenheit hervor, die sich in der Isotopie des Umhülltseins manifestiert ('umarmen', 'Liebkosung', 'Mantel', 'einhüllen', 4–7). Der Aufforderungsgestus, die Einladung zum Hören und Sehen, die erneut an Rilkes erste Elegie erinnert, richtet sich auf der Ebene des Textes an den Geliebten, der im Verlaufe des Textes in sakraler Überhöhung angesprochen wird.[287] Mit den Glocken handelt es sich um ein Zeichen, das, im Sinne Agambens, nah und sinnlich wahrnehmbar, «buchstäblich ‹zum Greifen› nah»[288] ist und auf eine achtsame Wahrnehmung, letztlich auch auf das poetische Sprechen verweist. Die Aufforde-

---

[285] Rainer Maria Rilke: *Die Gedichte*, S. 199. Ein weiteres prominentes lyrisches Bild des *Stundenbuchs* ist, neben der allgemeinen Kloster- / Mönch-Referenz, der 'uralte Turm' als Metapher Gottes. Vgl. zur intertextuellen Nähe zum *Stundenbuch* allgemein Graziella Bernabò: *Per troppa vita che ho nel sangue*, S. 109; Gabriella Rovagnati: ‹Immer so unermeßlich verloren am Rande des realen Lebens›, S. 302.
[286] Vgl. Tiziana Altea: *Antonia Pozzi*, S. 83.
[287] «Ma vieni: camminiamo: anche l'ignoto / non mi spaventa, se ti son vicina. / Tu mi fai buona e bianca come un bimbo / che dice le preghiere e s'addormenta.» (20–23)
[288] Giorgio Agamben: *Die Erzählung und das Feuer*, S. 28.

rung zum Hören betrifft zugleich die Leserin / den Leser, die / der sich des liturgischen Klangs mittels der poetischen Rede gewahr wird: «Denn dessen Nähe ist eine Forderung, dessen Ähnlichkeit ein Aufruf, denen wir entsprechen müssen.»[289] Jonathan Culler nennt diese spezifische Dreiecksfiguration lyrischer Ansprache, in welcher die Rezipientin / der Rezipient vermittelt über ein lyrisches 'Du' mitangesprochen wird, «triangulated address».[290] Im vorliegenden Fall trägt die doppelte Anrede zur Affizierung und Übertragung der meditativen Stimmung auf die Leserinnen und Leser bei.[291]

Es handelt sich hier insofern um ein heilig anmutendes Geräusch, als dieses eine bewusste Distanznahme zum Alltag impliziert und über die sinnliche Verankerung der akustischen Wahrnehmung eine Erfahrung von Frieden und Unermesslichkeit hervorruft. So auch in dem schwermütigen Text 'L'ora di grazia' – bereits der Titel verweist auf eine Zeit außerhalb der Zeit –, wenn der Klang der Glocken allein es vermag, die Wahrnehmung angesichts der düsteren abendlichen Atmosphäre in einem von Leid und Mühe geprägten Innenhof auf den Glanz der Sterne zu projizieren. Die sinnliche, ästhetische Wahrnehmung des religiös kodierten Klangs löst ein Gefühl der Ruhe und Ehrfurcht aus. Pate kommentiert: «Aesthetics, as discussed here, is about the ways human bodies sense their religious worlds around them through sight, sound, taste, touch, and smell, among other possible senses.»[292]

Ganz im Sinne der im vorherigen Kapitel gezeigten Doppelnatur des Heiligen als Alterität, die sowohl Jubel als auch Schrecken auslöst, fungiert der Glockenklang ebenfalls als Umschlagsfigur. In 'Ritorno vespertino' lösen die 'unaufhaltsam schlagenden Glocken' mit ihrem 'tönendem Hämmern' (1–3) Beklemmung aus angesichts der Gewahrwerdung der Vergänglichkeit der materiellen Existenz, indem das Läuten stakkatohaft auf den unaufhaltsamen Verlauf der Zeit aufmerksam macht. Und in 'Come albero d'ombra' wird der Glockenschlag zum 'Schrei' («il gridìo dei campanili», 5) gegenüber der gefühlten Ungewissheit und Düsternis des Abends in den Bergen. In beiden Texten wird das lyrische Subjekt durch den Klang auf die eigene Ausgesetztheit, die Negation subjektiver Autonomie, verwiesen. Das Schlagen der Welt scheint wiederum sinnlich greifbar zu sein in der Uhr des Kirchenturms in 'Pianura'. In 'Sera sul sagrato' schließlich

---

[289] Ebda., S. 36.
[290] Jonathan Culler: *Theory of the Lyric*, S. 186ff.
[291] Vgl. analog Bernhard Teubers Reflexion zur Funktion mystischer Texte als einer «Übertragungsrede» in Kap. 2.3.
[292] S. Brent Plate: The Skin of Religion, S. 163. Plate verweist als ein Beispiel darauf, wie die typischen Gerüche in einer Moschee als 'Trigger' für eine meditative Haltung fungieren.

ersetzt der Glockenschlag den individuellen Herzschlag. Das lyrische 'Ich' findet in der Hingabe an den Schlag der Welt subjektive Ruhe:

> Io penso che ormai possa il cuore
> sostare
> se per lui laggiù battono
> 25 i grandi cuori invisibili
> dei campanili – [...]

In allen diesen Fällen markiert oder 'triggert' der akustische Reiz des Glockenklangs eine Disposition: die Disposition zur erhöhten Sensibilität für das Andere, zur inneren Sammlung, zu einer poetischen Wahrnehmung. Der rhythmische Glockenschlag bedingt dabei die meditative Haltung sowohl der lyrischen Sprechinstanz als auch derjenigen der Leserin / des Lesers.

'Largo'

Wenn diese performative Dimension für den Glockenklang als akustische Metonymie des Kirchenbaus gilt, so gilt dies ebenfalls für das ganze Gebäude. Immer wieder rufen fragmentarische Kirchenbilder einen Ort der Ruhe und des Friedens auf, der eng mit dem Wunsch nach Hingabe und Auflösung individueller Subjektivität verbunden ist. So etwa exemplarisch im folgenden Text:

> LARGO
>
> O lasciate lasciate che io sia
> una cosa di nessuno
> per queste vecchie strade
> in cui la sera affonda –
>
> 5 O lasciate lasciate ch'io mi perda
> ombra nell'ombra –
> gli occhi
> due coppe alzate
> verso l'ultima luce –
>
> 10 E non chiedetemi –non chiedetemi
> quello che voglio
> e quello che sono
> se per me nella folla è il vuoto
> e nel vuoto l'arcana folla
> 15 dei miei fantasmi –
> e non cercate – non cercate
> quello ch'io cerco
> se l'estremo pallore del cielo

>   m'illumina la porta di una chiesa
> 20 e mi sospinge a entrare –
>
>   Non domandatemi se prego
>   e chi prego
>   e perché prego –
>
>   Io entro soltanto
> 25 per avere un po' di tregua
>   e una panca e il silenzio
>   in cui parlino le cose sorelle –
>
>   Poi ch'io sono una cosa –
>   una cosa di nessuno
> 30 che va per le vecchie vie del suo mondo –
>   gli occhi
>   due coppe alzate
>   verso l'ultima luce –
>
>   Milano, 18 ottobre 1930

Das Gedicht ist vom ersten Vers an von einem starken Wunsch nach Selbstaufgabe durchzogen. Mystische Topoi wie das Begehren nach Selbstverlust und Hingabe, das paradoxale Zusammenfallen der Gegensätze von Fülle und Leere sowie die Lichtmetaphorik verweisen auf eine innere Suchbewegung. Hier ist es die Kirchentür, die als räumliches Symbol der Schwelle hin zu einer inneren Einkehr fungiert. Dabei treten konfessionelle Inhalte und religiöse Bedeutungen in den Hintergrund. Stattdessen stellt der kirchliche Raum einen Ort der Stille dar, der den Rahmen für eine meditative Praxis eröffnet: 'Ich trete nur ein / um ein wenig Ruhe zu haben / und eine Bank und die Stille' (24–26). In gleichem Maße liegt der Schwerpunkt im Gebet hier nicht auf dem göttlichen Gesprächspartner, sondern auf der performativen Praxis des Betens, welche erst die Vorstellung des Heiligen hervorbringt, wobei die Bezeichnung des Betens dabei selbst brüchig wird (21–23).[293] Schließlich fällt auf, wie sich das lyrische 'Ich' selbst zum 'Ding' macht (1–2, 28–29) und sich damit jeder herkömmlichen Subjektivität beraubt, sich gleichzeitig jedoch auch mit der Dingwelt in einem positiven Sinne 'verschwistert' (27). Denn die Stille des Kirchenraums stellt erneut die Voraussetzung für eine andere Wahrnehmung – hier ein 'anderes Hören' – dar, in der das Subjekt 'die verschwisterten Dinge reden' hört (27), also eine neue Sensibilität für die Präsenz nicht-menschlicher Aktanten entwickelt.

In dieser Wahrnehmung des Materiellen, genauso wie in der Aufmerksamkeit für die spirituelle Potenzialität sakraler Bauten (ausgehend von architekto-

---

[293] Vgl. die gebrochene Gebetsstruktur in Anna de Noailles' 'La prière' in Kap. 3.7.

nisch-ästhetischen Aspekten, jedoch über diese hinausgehend), zeigt sich ein weiteres Mal Pozzis Rilke-Affinität: Pozzi teilt mit Rilke dessen poetische Sensibilität für eine mystische Wahrnehmung der sinnlichen, materiellen Welt.[294] Das Beispiel zeigt darüber hinaus, wie die einfachen, zum Teil im Verfall begriffenen katholischen Bauten in Pozzis Lyrik – und auch Fotografie – als Denkmäler einer schwächer werdenden konfessionellen Dogmatik fungieren, gleichzeitig aber ein anhaltendes Bedürfnis nach heiligen Räumen und Zeiten, nach Glauben (im Sinne von *faith*) in der Moderne artikulieren.

'Sogno sul colle'

Am Beispiel eines letzten Textes, des Gedichtes 'Sogno sul colle', möchte ich das Kloster als Ort eines immanenten mystischen Begehrens und als ethischen Reflexionsraum in Pozzis Lyrik beleuchten und hierbei besonders die Bedeutung der franziskanischen Spiritualität herausarbeiten.[295]

SOGNO SUL COLLE

Sotto gli ulivi vorrei
in un mattino fresco
salire
e salutare
5 di là dalle lievi
chiome d'argento
il pallore del sole ed il volo
delle nuvole lente
verso il mare.
10 Vorrei cogliere un mazzo di pervinche
fiorite
nei cavi tronchi
e camminare per il viale oscuro
dei lecci
15 con il mio dono azzurro presso il cuore.

Rasentare così
le antiche mura
ricoperte dall'edera
vorrei

---

294 Vgl. zu Rilkes Verhältnis zur Mystik etwa Gerhard Wehr: ‹Nirgends, Geliebte, wird Welt sein als innen›. *Lebensbilder der Mystik im 20. Jahrhundert*. Gütersloh: Gütersloher Verlagshaus 2011, S. 99–111.
295 Vgl. zur folgenden Analyse Jenny Haase: ‹La solitudine di una cella›, S. 330–337.

20 e bussare alla porta del convento.

   Vorrei essere un frate silenzioso
   che va con i suoi sandali di corda
   sotto gli archi di un chiostro
   e attinge acqua all'antica
25 vera del pozzo
   e disseta
   le lavande e le rose.

   Vorrei
   dinnanzi alla mia cella
30 avere
   quattro metri di terra
   ed ogni sera
   al lume delle prime stelle
   scavarmi
35 lentamente una fossa
   pensando a tramonto dolcissimo
   in cui verranno
   salmodiando
   i fratelli
40 e in mezzo ai cespi delle lavande
   mi coricheranno
   ponendomi sul cuore
   come fiori
   morti
45 queste mie stanche mani
   chiuse in croce.

   Assisi, 24 gennaio 1933

Der Titel dieses Gedichtes verweist auf einen unspezifischen 'Hügel', der die oben diskutierte italienische Tradition der Kontemplation auf dem Berg von Franziskus bis Leopardi aufruft, aber auch an mystische Texte wie San Juans *Monte Carmel* denken lässt. Die nachgestellte Orts- und Datumsangabe setzt den Text dagegen explizit in Bezug zu einem konkreten geografischen Raum – dem italienischen Ort Assisi, Geburtsort, Wirk- und Grabstätte des Heiligen Franziskus und bedeutender christlicher Pilgerort. Die zentralen Motive aus alpiner Bildlichkeit, Aufstiegssemantik und Kirchenarchitektur fallen in diesem Gedicht zusammen und verdichten auf diese Weise die mystische Bedeutungsebene.

Das aus vier unterschiedlich langen Strophen reimloser, freier Verse bestehende Gedicht beschreibt die Fantasie vom Erklimmen des im Titel genannten Hügels und des einfachen Lebens in einem (Franziskaner-) Kloster bis zu seinem friedvollen Tod. Inhaltlich ist der Text zweigeteilt: Die ersten drei Strophen beschreiben den imaginierten Aufstieg am Berg, die letzten beiden das

Klosterleben. Das Gedicht vollzieht damit wieder eine Bewegung von unten nach oben und von außen nach innen. Als symbolische Figur dieses doppelten Umschlags dient ungefähr in der Textmitte, in Vers 20, das Klostertor. Zeitlich streckt sich der Text vom Morgen bis zum Abend, wobei er sich von der Spezifizität 'eines frischen Morgens' bis zur Dauerhaftigkeit 'jedes Abends' wandelt und schließlich auch den Lebensverlauf bis zum Tod umspannt. Die elementare Lexik, der einfache, syndetische Satzbau, die harmonische Lautlichkeit und der ruhige Rhythmus stellen eine friedvolle Stimmung der Andacht und Einkehr her. So kann bereits die Sprache in ihrer Einfachheit und Klarheit als Indiz einer franziskanischen Ästhetik gelesen werden. Diese Ruhe wird jedoch durch die intensive Sehnsucht der poetischen Stimme immer wieder durchbrochen. Erst die Imagination des eigenen Todes im letzten Vers kann die Rastlosigkeit des lyrischen 'Ich' zum Stillstand bringen.

Das Begehren der poetischen Stimme strukturiert den gesamten Text und zeigt sich konstitutiv für die hier verhandelte lyrische Subjektivität. Iterativ durchzieht die Formel «vorrei» jede Strophe des Gedichtes vom ersten Vers an und unterstreicht die existenzielle Dringlichkeit des Wunsches nach Fülle und Sinnhaftigkeit. Verben des Bewegens und Wanderns dominieren die ersten vier Strophen, während zu Ende des Textes das lyrische Subjekt die eigene Handlungsfähigkeit an die Gemeinschaft der «fratelli» abgibt. Die Bewegung von der Aktivität zur Passivität, von der scheinbaren Selbstbestimmtheit des Subjekts, der «Illusion einer menschlichen Autonomie»[296] hin zur Akzeptanz einer grundlegenden Ausgesetztheit an das Leben, die der Tod wie kein anderer Moment sichtbar werden lässt, beschreibt eine weitere Kippfigur des Textes.

Es liegt damit eine Lektüre nahe, die den beschriebenen Traum in der Tradition des mystischen Weges deutet. Durchaus ließe sich hier an den klassischen Dreischritt der *praeparatio* (des Aufstiegs), der *illuminatio* (in der Praxis des Klosterlebens) und der *unio* (im Tod) denken. Im Gegensatz zu den alpinen Gedichten Pozzis steht die physische Askese des Aufstiegs hier nicht im Vordergrund. Die Möglichkeit asketischer Transformation ist jedoch auch hier über die Wahrnehmung von Kosmos (Sonne, Wolken, Meer) und Natur (Efeu, Rosen, Lavendel) zunächst an die sinnliche Erfahrung geknüpft. Die mystische Imagination wird sowohl durch die physischen Bedingungen des Raums als auch durch die kulturelle Bedeutungsgebung motiviert ('getriggert').

Neben der vertikalen Bewegung nach oben, welche eine metaphysische Dimension konnotiert, hat die horizontale Bewegung des immer tiefer Hereintretens (Klostertor, Zelle) Gemeinsamkeiten mit der räumlichen Metaphorik der

---

296 Alois M. Haas: *Mystik als Aussage*, S. 69.

teresianischen Mystik (der 'Seelenburg' und ihrer immer tiefer liegenden Kammern in den *Moradas*). Schließlich schlägt auch die Aufstiegssemantik wiederum in eine Abstiegssemantik der Versenkung um, den «tramonto dolcissimo» (36), und betont damit die Leiblichkeit und Materialität einer körperlich verankerten mystischen Dimension. Mit dem Wunsch nach «quattro metri di terra» (31) erdet sich das lyrische Subjekt ganz buchstäblich. Jedoch ist diese Erdung – im Gegensatz zu Champourcin und Noailles – nur um den Preis des Lebens zu haben. Das Ausheben der Erde nimmt die imaginierte Be-Erdigung vorweg.

Deutlich wird dieses Dilemma anhand der Verkehrung eines zentralen Symbols im Text, dem 'Herzen'. Während im ersten Teil das lyrische 'Ich' einen 'Strauß von blühendem Immergrün' als Ausdruck von Sehnsucht und Vitalität ans Herz drückt, erinnern die 'zum Kreuz geschlossenen müden Hände' in den letzten Versen nurmehr an tote Blumen. Das Herz, «cuore» (15), wird schließlich durch das Kreuz, «croce» (46), ersetzt oder eher ausgekreuzt: Die phonetische Nähe beider Lexeme ist bezeichnend. Das Herz bleibt im Kreuz immer noch enthalten, so wie es selbst auf das Kreuz vorwegweist. Das Kreuz kann zudem als Symbol einer franziskanischen *unio passionalis* gedeutet werden. Der Ersatz der *volontà d'ascesa* durch das *amor fati* zeigt sich hier in seiner größten Radikalität.

Franziskanische Ethik

Wie verhält sich Pozzis mystische Spur hier nun zur traditionellen christlichen Tradition? Ganz offensichtlich unterscheidet sie sich von der mittelalterlichen und frühneuzeitlichen Mystik zuallererst durch den Verzicht auf metaphysische Hoffnung und Erlösung. Pozzis poetische Imagination verbleibt deutlich in der Körperlichkeit und Materialität dieser Welt. Zudem gibt es hier auch kein immanentes Epiphanieerlebnis, keine Aussicht auf eine weltbezogene *unio mystica*. Das intratextuelle Umfeld verstärkt den Eindruck von Resignation (vgl. etwa die auf den gleichen Tag datierten Gedichte 'Disperazione' und 'Sterilità', die schon in ihren Titeln Hoffnungslosigkeit verbreiten). Das in der Formel der zum Kreuz geschlossenen Hände angedeutete zentrale christliche Symbol der Hoffnung auf Auferstehung fungiert hier nur mehr in Form der Beendigung menschlicher Unruhe als Zeichen von Erlösung. Diese Figur lässt sich bei Pozzi weniger als christologische Wendung denn als melancholische Variante einer vitalistischen Philosophie des Werdens und Vergehens lesen.

Wird die Vorstellung einer metaphysischen Heimkehr hier also deutlich angezweifelt, so scheint unter der durchgestrichenen christlichen Dogmatik jedoch die spezifische Ethik franziskanischen Denkens durch. Im ganzen Ton des Gedichtes hallt – trotz (oder vielleicht sogar gerade wegen) seiner Haltung zum Tod hin – mit seinen elementaren Bildern aus Kosmos und Natur und seiner meditativen, an Psalm und Gebet erinnernden Sprache die Spiritualität des Heiligen Franziskus wider.[297] Im *Cantico delle creature* preist Franziskus die Gestirne, Elemente, Tiere und Pflanzen als seine 'Geschwister'. In Pozzis Gedicht hallt besonders Franziskus' bemerkenswerte Wertschätzung von 'unserer Schwester, Mutter Erde' nach. Auch Onorina Dino stellt den Bezug zum *Sonnengesang* her: «[A]nche qui, come nel Cantico delle creature, la terra è ‹sorella madre›, nelle cui zolle fiorite Antonia Pozzi sogna di poter essere accolta come in un abbraccio, offrendole in dono, per ricambiarlo, i suoi fiori [...] quasi a consacrare l'abbraccio, il gesto vicendevole dell'accoglienza e del dono».[298] Der Mönch in 'Sogno sul colle' widmet sein Leben der Aufgabe, sich um das 'Stillen des Durstes' von Rose und Lavendel zu kümmern; die Pflanzen werden durch diese Personifizierung anthropomorphisiert und damit im Sinne Bennetts in ihrer Lebendigkeit und Gleichwertigkeit geachtet. Im *Cantico delle creature* gehört schließlich zugleich auch die Akzeptanz des Todes, «nostra morte corporale»[299] wesentlich zum Leben dazu.

Mehr noch als die Wertschätzung von Umwelt und Natur zeugt in diesem Gedicht jedoch die Sehnsucht nach einem einfachen, zurückgezogenen Leben von einem franziskanischen Denken. Das Gedicht ruft die Vorstellung eines bescheidenen, in Ruhe und Routine sowie in unmittelbar sinnstiftender Arbeit verankerten Lebensrhythmus hervor, der im starken Gegensatz zur urbanen Mondänität Mailands steht. Ihr Studierzimmer in Pasturo vergleicht Pozzi in einem Brief an ihre Großmutter von 1927 mit einer Mönchszelle, in der sie die Einsamkeit und Stille genießt und produktiv werden kann: «[I]l mio studietto, qui in alto, è ben riparato e, mentre gode del silenzio e della solitudine di una cella, ha pure tutta l'apparenza ed il tepore di un nido. Da tre o quattro giorni, mi vi ritiro a studiare [...].»[300] Wie bei Noailles und Champourcin stellt der gesellschaftliche Rückzug, der die Erwartung des modernen Ideals von Extraversion und Soziabilität unterwandert, eine wesentliche Möglichkeitsbedingung für das Schreiben und damit auch für eine Praxis der Selbstgestaltung dar.

---

[297] Vgl. Onorina Dino: Il motivo ascensionale in alcune liriche di Antonia Pozzi, S. 55.
[298] Ebda.
[299] San Francesco d'Assisi: Cantico delle creature. In: Massimo Bontempelli: *Lirica italiana. Dal Cantico delle Creature al Canto notturno d'un pastore errante dell'Asia*. Mailand: Bompiani 1943, S. 5.
[300] Brief an die Großmutter. Antonia Pozzi: *Ti scrivo dal mio vecchio tavolo*, S. 68 (16. September 1927).

In ihren Briefen und Tagebucheinträgen hat Antonia Pozzi vor allem in ihren letzten Lebensjahren aus ethischer Perspektive immer wieder über die Frage nach dem 'richtigen' Leben reflektiert, das für sie in erster Linie Abkehr von den Äußerlichkeiten der modernen bürgerlichen Lebensweise bedeutet. In einem programmatischen Brief an Dino Formaggio hält sie ihr Lebensideal fest, das starke Affinitäten zu den franziskanischen Werten von radikaler Besitzlosigkeit, Bescheidenheit und Gemeinschaft aufweist:

> [S]pogliarmi di tutto il superfluo, dimenticare i volti ben rasi, le labbra dipinte, gli alberghi di lusso, rinunciare alle comodità di cui – grazie a Dio – non mi sono mai fatta delle schiavitù andare della povera gente, imparare il dialetto, ricominciare. Senza cavalli, senza auto, senza troppi vestiti, senza troppe posate [...] pur che alla sera mi sia dato di aspettare un volto caro e mettere sul fuoco una minestra che non sia soltanto per me [...].[301]

Pozzi entwirft hier die Vorstellung eines einfachen gemeinschaftlichen Lebens abseits bürgerlicher Erwartungshaltungen. Giorgio Agamben definiert das Franziskanertum als «de[n] Versuch, ein den Bestimmungen des Rechts völlig entzogenes menschliches Leben und Handeln zu verwirklichen».[302] In diesem Sinne lässt sich der Traum vom mönchischen Leben in Assisi auch als Wunsch nach einem alternativen Lebensmodell lesen, das zentrale Paradigmen der Moderne – Individualismus, Extraversion, Konsum, Marktgesellschaft – in Frage stellt und stattdessen Gemeinschaftlichkeit, Innerlichkeit und Fürsorge setzt. In biografischer Hinsicht spiegelt sich dieses Ideal in Pozzis Engagement für die sozial marginalisierten Kinder in den Mailänder Vorstädten in den Jahren 1937 und 1938. In künstlerischer Hinsicht zeigt sich das soziale Interesse in späten Gedichten wie 'Periferia in aprile' und 'Via del Cinquecento', besonders aber in der Hinwendung zu den vergessenen Alten und Kindern der lombardischen Dörfer im fotografischen Werk Pozzis. Im Sinne einer ethischen Zusammenführung von *vita activa* und *vita contemplativa* widerhallt das franziskanische Substrat damit nicht nur in Pozzis Poesie, sondern auch in ihrem gesellschaftlichen Engagement.[303]

---

[301] Brief an Dino Formaggio. Ebda., S. 276 (28. August 1937). Dies stellt eine weitere Affinität zu Rilke dar, bei dem sich ebenfalls (z.B. im *Stundenbuch*) immer wieder eine poetische Auseinandersetzung mit dem franziskanischen Armutsideal findet. Vgl. zuletzt Wolfgang Braungart: *Literatur und Religion in der Moderne. Studien*. Paderborn: Fink 2017, S. 280f.
[302] Giorgio Agamben: *Höchste Armut. Ordensregeln und Lebensform. Homo Sacer IV, 1*. Frankfurt a.M.: S. Fischer 2012, S. 152. Vgl. außerdem Gabriella Rovagnati: ‹Immer so unermeßlich verloren am Rande des realen Lebens›, S. 311.
[303] Vgl. auch Teresa von Ávilas vehementen Einsatz für ein aktives gesellschaftliches Leben: «Obras quiere el señor». Santa Teresa: *Obras completas*, S. 905 (*Moradas*, V, 3, 11).

Die Frage nach Rückzug einerseits und sozialer Aktivität andererseits spiegelt sich auch in ihrem fotografischen Werk. Im folgenden Exkurs betrachte ich daher die mystische Dimension in Pozzis Fotografie in enger Verbindung zu ihren lyrischen Texten. Dabei steht die Spannung zwischen Sichtbarkeit und Unsichtbarkeit im Zentrum, die auch in ihrer Lyrik aufscheint, im Medium der Fotografie jedoch buchstäblich sichtbar wird.

5.6 «Un vedere più che vedere». Zur Spannung von Sichtbarkeit und Unsichtbarkeit in Antonia Pozzis Fotografie

Antonia Pozzi entdeckte die Fotografie 1929, zur gleichen Zeit, als sie auch zu schreiben begann. Poesie und Fotografie sind bei ihr von Beginn an zwei miteinander verbundene Kunstformen, die sich ergänzen und einen komplementären ästhetischen Zugang zur Welt bieten. So sind Pozzis Fotografien, die von einer Faszination für die visuelle Dimension der Dinge zeugen, häufig mit lyrischen Bildunterschriften versehen; ihre Lyrik hingegen ist selbst von visuellen Strukturen und einer starken Bildlichkeit gezeichnet.[304] Manche Fotos und Gedichte scheinen sich geradezu direkt aufeinander zu beziehen, so etwa der Text 'Morte di una stagione' und die Fotografie 'Le rondini sotto la pioggia, si chiamano per partire. Pasturo, settembre 1937'.[305]

Ich betrachte Pozzis Fotografie hier aus der Spannung her, die sich zwischen der sichtbaren Realität und einem Mehr an Sinn, einer inhärenten poetischen Disposition in den fotografischen Bildern zeigt. Strukturen des Zeigens und des Verbergens, des Offenen und Geschlossenen, des Sichtbaren und Unsichtbaren erweisen sich als konstitutiv für Pozzis Ästhetik. Davon ausgehend frage ich nach dem Verhältnis von Religion, Mystik und Säkularität in Pozzis Bilderwelt, um dieses wiederum in Bezug zur Modernität ihres Werkes zu setzen. Ich konzentriere mich dafür vor allem auf ihre Arbeiten aus den Jahren 1937 und 1938.

---

304 Vgl. Ludovica Pellegatta: Amor fati, S. 235.
305 Vgl. Silvio Raffo: Le parole di Antonia, S. 765; Ornella Spano: Fotografia e poetica nell'opera di Antonia Pozzi, S. 69.

Ein 'spirituelles Vermächtnis'

Drei Monate vor ihrem Tod schenkte Pozzi ihrem Freund und häufigen Begleiter bei fotografischen Exkursionen, Dino Formaggio, ein Fotoalbum mit rund 300 Bildern. In dem begleitenden Brief wird die große symbolische und emotionale Bedeutung sichtbar, die Antonia Pozzi mit der Fotografie verband: «Caro Dino», schreibt sie hier, «l'altro giorno hai detto che nelle fotografie si vede la mia anima: e allora eccotele.»[306] Sie legt dem Freund also mit den ausgewählten Arbeiten buchstäblich ein Bild ihrer Seele in die Hand. In dem Brief lässt sich bereits deutlich der Verlust des Lebensmutes ausmachen. Ihrem Vertrauten hinterlässt sie die Fotografien explizit als ein persönliches 'Erbe' («in eredità») und 'spirituelles Vermächtnis' («lascito spirituale»).[307] Neben dieser Auswahl befinden sich insgesamt rund 2800 Fotografien aus den Jahren 1929 bis 1938 im Archivo Antonia Pozzi. Pozzi hatte daraus selbst zwölf Alben in chronologischer Ordnung zusammengestellt und die meisten, so wie auch im Album für Dino Formaggio, mit kurzen autobiografischen oder poetischen Bildunterschriften versehen. Fast alle Negative der Bilder sind verloren.

Die Mehrzahl der frühen Fotografien hat vorwiegend dokumentarische und autobiografische Funktion. Die junge Lyrikerin machte Aufnahmen ihrer Reisen, ihrer Wanderungen sowie von Freunden und Familie. Um 1936 herum lässt sich dann eine Wende in Motiven und Ästhetik feststellen: In den letzten beiden Jahren ihres Lebens widmete sich Pozzi fast ausschließlich Aufnahmen von entlegenen und einsamen Orten. Dazu gehören auf der einen Seite Naturaufnahmen von Bergen, Meer, Vögeln, Bäumen etc., auf der anderen Seite Bilder von verlassenen lombardischen Ortschaften und vom Alltag der Menschen in den Armenvierteln der Mailänder Peripherie. Ein Grund für die Hinwendung zu diesen sozialen Themen liegt vermutlich in der Beschäftigung mit Banfis Moralphilosophie.[308]

Dabei fällt die gänzliche Abwesenheit des urbanen Großstadtlebens mit großangelegter Architektur und Verkehrssystemen, Konsum- und Werbeartikeln und den Zeichen der Unterhaltungskultur auf. Das Motiv der Metropole, das die Ästhetik der 1920er und 1930er Jahre in ganz Europa prägte, beschäftigt

---

306 Antonia Pozzi: *Ti scrivo dal mio tavolo*, S. 290 (5. Mai 1938).
307 Dino Formaggio: Una vita più che vita in Antonia Pozzi. In: Antonia Pozzi: *Poesia che mi guardi. La più ampia raccolta di poesie finora pubblicata e altri scritti*. Herausgegeben von Graziella Bernabò / Onorina Dino. Mailand: Luca Sossela 2010, S. 537–545, hier S. 538 (7. Mai 1938).
308 «Antonia ebbe invece un vero rinnovamento quanto all'orizzonte morale, che la impegnò verso nuove direzioni sociali del mondo ampliando proprio in questa prospettiva la sua stessa creatività». Fulvio Papi: *L'infinita speranza di un ritorno*, S. 236.

Pozzi kaum.[309] Stattdessen scheint sie vielmehr die andere Seite der Moderne zu interessieren: die marginalisierten, vergessenen Aspekte moderner Lebenswelt. In diesem Sinne beziehen die Fotografien auch eine ethische Position, indem sie denjenigen Raum geben, die von der modernen Gesellschaft nicht gesehen werden.[310] Zu den weiteren Motiven in Pozzis Fotografie gehören viele, die sich auch in ihrer Lyrik finden, wie Wolken, Nebel und Schleier, vertikale und horizontale Linien, Vögel, Meer, See und Ufer sowie Grenze und Rand.

Jenseits des Sichtbaren

Die Spannung zwischen Sichtbarem und Unsichtbarem ist, wie erwähnt, ein zentrales Moment sowohl in der Lyrik als auch in der Fotografie Pozzis und zudem eine wesentliche Figur mystischer Ästhetik. Ich möchte dies am Beispiel einer Aufnahme aus dem Jahr 1938 mit dem Titel 'Da Portofino a Ruta, aprile 1938' (Abbildung 1) verdeutlichen. Dabei sollen vor allem die Fluchtlinien, die Diagonalen sowie die vertikale Spannung in den Blick genommen werden.

Das Foto zeigt einen verlassenen, ländlichen, unregelmäßig gepflasterten Weg, der sich in einem Olivenhain verläuft. Als Betrachter oder Betrachterin befinden wir uns am Anfang oder eigentlich vielmehr bereits in der Mitte dieses Weges, denn er öffnet sich zu uns hin und lädt uns ein, ihn zu gehen. Das Ende des Pfades ist dagegen nicht erkennbar: weder auf Ebene des dargestellten Motivs, da dieser Teil von dichten Baumkronen bedeckt ist, noch auf Ebene der Repräsentation, denn der Fortgang des Weges befindet sich außerhalb des Bildausschnitts. So imaginieren wir uns den Verlauf anhand des Fluchtpunkts der beiden Linien, die den Weg markieren und sich an einem ungewissen Ort zu treffen versprechen. Wir stehen vor einem breiten und hell ausgeleuchteten Pfad, dessen Ziel jedoch verborgen bleibt.

Die organischen Strukturen der Wellenformen von Straße und Bäumen produzieren in Verbindung mit dem sanften Licht eine harmonische, friedliche

---

309 Vgl. Chiara Cappelletto: L'immagine fotografica in Antonia Pozzi. In: Graziella Bernabò u. a. (Hg.): *...e di cantare non può più finire... Antonia Pozzi (1912–1938)*. Mailand: Viennepierre Edizioni 2009, S. 179–190, hier S. 183. Eine Ausnahme bilden die Bilder einer Mailänder Kirmes, die jedoch eher den volkstümlichen Charakter des Festes als die moderne Vergnügungskultur hervorheben. Vgl. Antonia Pozzi: *Nelle immagini l'anima*, S. 86–91.
310 Pellegatta weist auf den Zusammenhang von Dokumentation / Erinnerung und Gerechtigkeit hin. Vgl. Ludovica Pellegatta: Ora intatta, Ora sospesa. Antonia Pozzi e la fotografia. <http://www.antoniapozzi.it/wp-content/uploads/2011/10/pellegatta-ludovica-antonia-pozzi-ora-intatta-ora-sospesa-atti-conv-viennepierre.pdf> [22.4.2022].

Abbildung 1: Antonia Pozzi: Da Portofino a Ruta, aprile 1938. © Centro Internazionale Insubrico / Università degli studi dell'Insubria.

Stimmung. Obwohl das Straßenende nicht einsehbar ist, vermittelt das Bild des Waldweges das Gefühl von Geschütztheit und der offenen Möglichkeiten. Es entsteht der Eindruck eines organischen Ganzen. Ziel und Ende des Weges sind ungewiss, scheint uns die Fotografie zu sagen, aber wir können oder müssen sogar Vertrauen in diesen Weg haben. Die hervorgehobene Materialität und die Sinnlichkeit des abgebildeten Motivs verstärken die Haltung des *amor fati*, die sich auch in der späten Lyrik Pozzis findet.[311]

Jedoch ergibt sich eine Spannung aus der Form 'stoischer' Akzeptanz der Wirklichkeit und der starken Aufstiegsdynamik, die sowohl Fotografie als auch Poesie Pozzis so sehr prägt. Konkret fallen hier die vertikalen Bewegungsflüsse der Komposition auf. Nicht nur der Pfad erstreckt sich in den oberen Teil des Bildes und bis darüber hinaus. Auch die Bäume streben in die Höhe, in den Himmel, und auch sie verlieren sich irgendwo außerhalb des Bildausschnitts. Diese Aufstiegsbewegung bedingt eine starke metaphysische Spannung: Trotz oder vielleicht gerade wegen der starken materiellen Präsenz scheint hier alles nach einer Form der Transzendenz zu streben – nach dem, was sich nicht mehr mit den physischen Sinnen wahrnehmen lässt. Die förmlich greifbare Gegenwärtigkeit der Natur in Form von Geäst, Wurzeln, Blättern und Steinen auf dem Foto

---

311 Vgl. Ludovica Pellegatta: Amor fati.

transportiert eine sinnlich erfahrbare Liebe zum Leben. Dagegen verweisen die vertikalen Linien auf eine Bedeutung jenseits des Sichtbaren, eine Alterität, die sich nicht mit dem physisch-rationalen Denken be-greifen lässt. Insofern lässt sich hier wieder von einem immanenten Transzendenzbegehren sprechen: einer starken Erdung und Bindung an die Gegenwart, an die physische Schönheit, die zur gleichen Zeit den Weg hin zu einer inkommensurablen und unzugänglich bleibenden Alterität offenlässt.

Eine solche Lektüre oder Betrachtungsweise ließe sich auch als 'mystisch' beschreiben, markiert der Begriff doch mit de Certeau «la limite entre l'interminable description du visible et la nomination d'un essentiel caché».[312] An genau dieser Schwelle zwischen Sichtbarkeit und Unsichtbarkeit entfaltet sich die Fotografie. Insgesamt ist die Semantik des Sehens in der Mystik zentral.[313] Kunst dient in einer modernen mystischen Variante in diesem Sinne nicht nur als vermittelndes Medium, sondern als eigentliches Mittel (immanenten) Transzendenzerlebens:

> The aesthetic domain may thus be conceived as *modes of experimental knowing the world that point beyond merely cognitive or discursive knowledge*. Poetry, music, the visual arts and bodily ritual actions are capable of sustaining an imaginative beholding of reality beyond what immediately appears to the senses. In this way, certain modes of aesthetic reflection link with various ideas of transcendence.[314]

In Pozzis Fotografie zeigt sich eine Haltung des Staunens gegenüber der Präsenz und Schönheit dieser Welt. Saliers sieht in der Haltung des Staunens ein verbindendes Moment zwischen Kunst und Mystik: «‹Affective knowing› and wonderment mark the aesthetic domain of poetry, music and gesture – and of mystical theology.»[315] Pozzis Wahrnehmung teilt Aspekte dieses staunenden Weltbezugs, neigt sich jedoch im Gegensatz zur Mystik stark der Seite der Immanenz und Materialität zu.

Das Foto war Teil der Auswahl, die Pozzi dem Freund überlassen hatte. Dazu hatte sie einen Text gefügt, der das Bild einerseits in einem biografischen Kontext situiert, der andererseits aber auch eine Reflexion über die vergängliche Schönheit des Lebens darstellt. Darin heißt es: «E a chi tocchi di camminare a lungo da solo per una strada così bella, capita magari di trovarsi ad un tratto disteso per terra tutto in un pianto, perché ci sono soavità così perfette che fanno orribilmente soffrire e gridare il nome di tutte le cose e le persone

---

312 Michel de Certeau: *La fable mystique*, S. 132.
313 Vgl. Kap. 2.2.
314 Don E. Saliers: Aesthetics, S. 76. Kursivierung im Original.
315 Ebda., S. 75.

perdute...»³¹⁶ Die Spannung zwischen Heiterkeit und Melancholie, zwischen *amor fati* und Begehren nach (Selbst-) Transzendenz, wird durch diesen textuellen Bezug noch verstärkt und bewegt sich hin zur Sehnsucht nach Verbindung mit der sinnlich erfahrbaren Welt.³¹⁷ Schmerz und Leiden erscheinen dabei als ein unabtrennbarer Teil des Lebens-Weges.

Die spirituelle Dimension von Pozzis Fotografie wird besonders sichtbar in den zahlreichen Abbildungen, die als Thema religiöse Motive des norditalienischen ruralen Lebens haben. Dies sind oftmals sorgfältig ausgewählte und komponierte Szenen und Details von kleinen Bergkapellen, Schutzhütten und Friedhöfen, die den populären Glauben – la «fede umile»,³¹⁸ in den Worten der Fotografin – der alpinen Region dokumentieren.

Ein Foto mit der Unterschrift 'Baite a Champlan, Val d'Ayas, ottobre 1937' (Abbildung 2) zeigt eine Berghütte im Aostatal. Es handelt sich um einen Ausschnitt eines einfachen Natursteingebäudes mit einer Darstellung der Madonna mit Kind im Zentrum. Die ganze Aufnahme strahlt eine einfache und demutsvolle Gläubigkeit aus und assoziiert die Ästhetik mittelalterlicher Ikonen. Die Gottesmutter hält das Kind mit ihrem linken Arm auf dem Oberschenkel, beide Figuren sind mit einer Krone und Maria zusätzlich mit einem Zepter ausgestattet.

Die Mariendarstellung hat Patina angesetzt und ist von einem einfachen Holzrahmen eingefasst. Eine steinerne Mauer umfasst diesen noch einmal. Auf diese Weise haben wir es mit einer dreifachen Rahmung (Bilderrahmen, Mauer, Fotoumgrenzung) zu tun, welche den darstellenden Charakter der Malerei hervorhebt: «Wird er derart hervorgehoben, vernichtet der Bilderrahmen die Illusion der Ähnlichkeit beziehungsweise der Identität, indem er den die mimetische Illusion naturalisierenden Mechanismus demontiert».³¹⁹ Wir sehen hier offensichtlich eine Repräsentation der Madonna, keine 'Realität'. Diese Vorstellung ist bereits in der traditionellen orthodoxen Ikonografie impliziert, die immer schon auf das ausschließlich repräsentative Moment heiliger Bilder bestanden hat. Man kann die betonte Rahmung daher als einen Hinweis auf die säkulare Interpretation des Heiligenbildes lesen, die jedoch die Heiligkeit der Szene in

---

316 Antonia Pozzi: *Nelle immagini l'anima*, S. 36. Die Anspielung auf das plötzliche Hinstrecken auf der Erde verweist zurück auf die im Tagebuch notierten Engelsvisionen aus dem Herbst des vorangegangenen Jahres. Vgl. Kap. 5.2.
317 «Come se nell'infinito instante fotografico la Pozzi volesse dare voce a un profondo desiderio di radicamento, l'immagine testimonia il suo dialogo con un mondo disperatamente amato». Ludovica Pellegatta: Ora intatta, Ora sospesa, S. 6.
318 Vgl. das Foto mit dem gleichen Titel in Antonia Pozzi: *Nelle immagini l'anima*, S. 48.
319 Vittoria Borsò: Auf der Schwelle zwischen Sichtbarkeit und Sagbarkeit, S. 30.

Abbildung 2: Antonia Pozzi: Baite a Champlan, Val d'Ayas, ottobre 1937. © Centro Internazionale Insubrico / Università degli studi dell'Insubria.

keiner Weise ausstreicht, denn der Respekt für den im Bild festgehaltenen Glauben bleibt erhalten.

Zugleich lässt sich die mehrfache Rahmung jedoch auch als ein metafotografischer Kommentar über die moderne Fotografie selbst deuten. 'Ceci n'est pas une icone réligieuse traditionnelle', ließe sich in Anschluss an René Magritte formulieren. Denn auf Ebene der künstlerischen Darstellung handelt es sich nicht um eine Ikone, sondern um deren fotografische Abbildung, die – im Sinne Roland Barthes' – viel eher die Abwesenheit als die Anwesenheit des fotografierten Objektes markiert.[320] Auf Ebene des Glaubenssystems haben wir es auch nicht mit einem religiösen Heiligenbild zu tun: Die fotografische Perspektive nimmt nicht die gemalte Madonna als Rückversicherung konfessionellen Glaubens in den Blick, sondern fokussiert Elemente im Bild, die Zweifel und Unwissenheit betonen, so etwa die Leiter, die sich wie der Weg auf der vorher besprochenen Fotografie nach oben im Nichts verliert.

---

320 Vgl. Roland Barthes: *Die helle Kammer. Bemerkungen zur Photographie*. Übersetzt von Dietrich Leube. Frankfurt a.M.: Suhrkamp 1985, S. 97ff. Vgl. jedoch auch Ludovica Pellegatta: Amor fati, S. 234, die die Möglichkeit einer selbstreferenziellen Bedeutungsschicht für Pozzis fotografisches Werk ausschließt.

Die vertikalen und horizontalen Linien, die sich über die organische Materialität der Mauer legen, haben einen widersprüchlichen Effekt. Sie durchkreuzen den Frieden und die Ruhe, welche das Marienbild ausstrahlt. Die Leiter, die nicht nur die Mauer, sondern die gesamte Fotografie von unten nach oben schräg durchquert, fällt besonders ins Auge. Der Ast am rechten Bildrand verdoppelt den Effekt der zwei parallel geführten Linien der Leiter. Erneut liegt das Ende des Weges – hier: der Leiter – außerhalb des Ausschnitts. Die vertikale Bewegung entwickelt aber eine starke Dynamik. So lenkt sie die Aufmerksamkeit von Betrachterin und Betrachter gerade auf das, was eben nicht mehr in der Fotografie eingefangen ist, was sich den Blicken entzieht, unsichtbar und nicht darstellbar ist. Das Foto lässt uns auf diese Weise mit einer Unsicherheit zurück. Bedeutet die Leiter die religiös konnotierte Hoffnung auf Aufstieg und Erlösung? Oder ist der metaphysische Weg ein für alle Mal abgeschnitten? Wie in der zuvor besprochenen Fotografie befindet sich das Ziel außerhalb des Bildes, jenseits des Sichtbaren: Der Weg hingegen verweist auf das Hier und Jetzt, auf dieses Leben.

Überlagerungen, Schleier, Spiegeleffekte

Die Spannung zwischen der Fokussierung der materiellen Gegebenheiten auf der einen Seite und der skizzierten spirituellen Dynamik der Formsprache auf der anderen Seite findet sich in zahlreichen weiteren Bildern der Fotografin wieder. So dominieren vertikale Strukturen etwa in den alpinen Landschaften, den Aufnahmen verlassener Bergkapellen sowie den Fotografien von Bäumen, Feldern und Wiesen. Andere Fotografien spielen mit der Überlagerung und Uneindeutigkeit von Sinn in Form von transparenten Strukturen, wie etwa mehrere Fotografien von Fischerbooten und Netzen, aufgenommen in der Bucht von San Fruttuoso in Ligurien.

Die Klosteranlage des Ortes ist im Bild 'Trasparenze, San Fruttuoso, aprile 1938' (Abbildung 3) nicht zu sehen, dennoch verweist die Bildunterschrift den Betrachter / die Betrachterin auf den religiös konnotierten Ort. Die durchscheinenden, in die Höhe gezogenen Netze füllen fast das ganze Bild aus. Die Holzboote am unteren Rand erscheinen dagegen klein und verletzbar und suggerieren eine Ausgesetztheit an die Weite des Meeres, die durch den offenen Horizont markiert ist. Der hoch gewachsene Baum als Zeichen der pflanzlichen Welt am rechten Rand überragt die Boote als Symbole menschlicher Kultur und fasst diese ein. Das Bild spielt mit dem Motiv des transparenten Stoffes erneut mit der Dichotomie von Sehen und Verbergen, Wissen und Nicht-Wissen sowie den Möglichkeiten verschiedener, vernetzter Sinnschichten. In selbstreferenzieller Weise macht die

Abbildung 3: Antonia Pozzi: Trasparenze, San Fruttuoso, aprile 1938. © Centro Internazionale Insubrico / Università degli studi dell'Insubria.

Fotografie so auch auf die eigene Bedeutungsvielfalt im Sinne der Gleichzeitigkeit von materiellen und spirituellen Deutungsmöglichkeiten aufmerksam.

In Form eines Schleiers tritt das Transparenzmotiv explizit im Wolkenbild '‹Si chiude il velario›. Cime di Lavaredo, agosto 1938' (Abbildung 4) auf. Das Foto wirkt fast wie eine Luftaufnahme, es muss vom Berggipfel mit Blick ins Tal aufgenommen sein. Vor die Sicht schieben sich jedoch Wolken, die einen starken Kontrast zu den dunklen Felsen bieten. Die Dichotomie von Transparenz und Opazität, Durchlässigkeit und Verdichtung, Weichheit und Härte wird auf diese Weise betont, durch die grundsätzliche Bewegung der Wolken jedoch gleichzeitig wieder zurückgenommen. Durch den von Pozzi vergebenen Titel entsteht weiterhin ein Kontrast von oben und unten: Die Wolken bilden eine Art Riegel, der das alltägliche materielle Dasein von einer anderen Bedeutungsschicht trennt, aber in der

Abbildung 4: Antonia Pozzi: ‹Si chiude il velario›. Cime di Lavaredo, agosto 1938. © Centro Internazionale Insubrico / Università degli studi dell'Insubria.

erneuten Öffnung potenziell auch wieder zu verbinden mag. Auch hier verläuft sich, nur von Weitem sichtbar, ein Weg im Tal in eine unbekannte Spur.

In anderen Aufnahmen verweisen Spiegeleffekte auf die Vielschichtigkeit sinnlicher Wahrnehmung, die Pluralität von Lebensdeutungen und die Existenz einer Dimension jenseits rational-logischer Erkenntnis, so etwa in den Bildern von Bergseen in den Dolomiten und Fotografien aus den Mailänder Vorstädten. Die Aufnahmen aus der Peripherie bieten einen Kontrast zur harmonischen alpinen Fotografie und bergen ein Moment der Hinterfragung sozialer Hierarchien. In der Aufnahme 'Lago di Misurina, agosto 1938' (Abbildung 5) hingegen stehen existenziell-philosophische Fragen im Vordergrund. Das Spiegelmotiv ist hier kombiniert mit jenem des Ruderbootes und des Ufers. Das Bild zeigt im Vordergrund zwei leere Boote, die Ruder sind an das Geländer eines Stegs angelehnt. Im Hintergrund erkennt man das andere Ufer und ein Haus. Der Schatten eines Bergmassivs, das selbst nicht im Bild zu sehen ist und das sich auf der Wasseroberfläche spiegelt, dominiert die mittlere Ebene des Fotos.

Die Aufnahme lädt zur vieldeutigen Interpretation ein. Zunächst fällt das dynamische Verhältnis von Stille und potenzieller Bewegung auf, welche die Boote und das Wasser implizieren. Der Schatten verweist die Betrachterin oder den Betrachter wieder auf ein Außerhalb und lenkt den Blick auf ein imaginäres Oben, das sich außerhalb des Bildausschnittes befindet. Die Bergreflexion im Wasser erhält den prekären Status eines Sichtbaren, das nicht ist, was es scheint. In diesem Sinne könnte man das Motiv fast als platonischen Hinweis

Abbildung 5: Antonia Pozzi: Lago di Misurina, agosto 1938. © Centro Internazionale Insubrico / Università degli studi dell'Insubria.

auf eine ideale Existenzebene lesen, von der die Naturerscheinungen nur Reflexe, vergängliche Abbilder wären.

Jedoch würde eine solche Betrachtungsweise zu kurz greifen. Die aus Holz gefertigten Dinge wie die Boote und der Steg, die sich ebenfalls im See spiegeln, treten tatsächlich mit einer fokussierten Schärfe hervor, die den Objekten eine eigene Bedeutung verleiht. Aus diesem Grund scheint mir das Wasser eher einen Zwischenbereich des Sowohl-als-auch zu markieren, einen Ort transsäkularer Gleichzeitigkeit materieller und spiritueller Reflexion. Schließlich stehen See und Ufer auch für eine Grenz- und Transitzone, die in der Tradition zwischen Leben und Tod vermittelt. Ähnlich kommentiert auch Pellegatta die Gleichzeitigkeit von Nostalgie und Lebensbejahung: «La visione del varco è per sua essenza nostalgica, in quanto visione del punto in cui vita e morte s'intrecciano, ma il suo significato ultimo non è il portarsi fuori della vita, bensì la necessità di radicamento nella vita: è sul limite che si dà a vedere l'oltre della vita (il più che vita).»[321] Auch Dino Formaggio unterstreicht diese Deutung, wenn er die Fotografie als Begegnung mit dem Schatten des Todes beschreibt, um das Leben selbst zu feiern, «per dire la vita, per riconoscere in un estremo saluto

---

[321] Ludovica Pellegatta: Amor fati, S. 236.

amoroso la gioia svariata del vivente».[322] In diesem Sinne bilden Wasser, Spiegelung und Schatten mehrdeutige Schwellenmotive, die auf verschiedenen Ebenen lesbar sind. Das Bild der Schwelle kann insgesamt als ein Leitmotiv von Pozzis spätem fotografischem Werk und im Übrigen auch eines Großteils ihrer Lyrik gelten.[323] Wie bei Ernestina de Champourcin steht das Motiv der Schwelle dabei auf metapoetischer Ebene auch für eine transsäkulare Ästhetik, die den Gegensatz von Glauben und Nicht-Glauben, Spiritualität und Materialität, immer wieder hinterfragt und aufbricht.

Kippfiguren der Modernität

Der Konflikt zwischen Kunst und Leben, Innerlichkeit und Äußerlichkeit, Begehren nach spiritueller Sinnhaftigkeit und laizistischem Denken prägt die künstlerische Praxis Antonia Pozzis. Dies unterstreicht die Ästhetik der Schwelle: Die Fotografien erzählen von einer metaphysischen Zerrissenheit; sie zeugen von der Suche nach Sinnhaftigkeit und dem ungestillten Wunsch nach Glauben. Indem sie metaphysische Sicherheiten und religiöse Konventionen in Frage stellen, schlagen sie die Möglichkeiten konfessionellen Trosts aus. Das Ende des Weges, das Ziel, ist immer schon außerhalb (des fotografischen Rahmens) lokalisiert, jenseits unserer Fähigkeiten der Sinneswahrnehmung und rationalen Logik. Pozzis Aufnahmen verhandeln immer wieder die von Taylor beobachtete *cross-pressure* zwischen religiöser Sehnsucht und rational-säkularem Denken, das gerade Künstlerinnen und Künstler der Moderne auszeichnet. Dino Formaggio hat für Pozzis visuelle Ästhetik die Formel eines 'Mehr-als-Sehens', «un vedere più che vedere»,[324] gefunden.

Pozzis Fotografien geben keine Antworten, sondern sie werfen Fragen auf. Sie verweisen gleichzeitig auf die physische Präsenz der Natur, der Menschen und Dinge wie auch auf ein Unsichtbares, das nicht mit den körperlichen Sinnen zu fassen ist. Auch dies erscheint als Ausweis moderner Sensibilität, so wie sie Jean-Luc Nancy beschreibt: «‹[M]oderne› signifie un monde toujours en attente de sa vérité de monde, un monde dont le propre sens n'est pas donné,

---

322 Vgl. Dino Formaggio: La funzionalita progettuale diffusa e le arti artigianali. In: Mikel Dufrenne / Dino Formaggio (Hg.): *Trattato di estetica*. Mailand: Mondadori 1981, S. 337–359, hier S. 357f. Zitiert nach Ludovica Pelegatta: Amor fati, S. 236f.
323 Vgl. Ludovica Pellegatta: L'incanto della soglia sowie Amor fati, S. 236.
324 Dino Formaggio: Una vita più che vita in Antonia Pozzi, S. 543.

n'est pas disponible, est en projet ou en promesse, et peut-être au-delà : un sens qui consiste à n'être pas donné, mais seulement à être promis.»[325]

Die Poetik der Materialität, die in Pozzis Fotografie sichtbar wird, steht auch im Zentrum des letzten Unterkapitels, dessen Fokus auf der poetischen Auseinandersetzung mit der Umwelt und den Dingen liegt.

5.7 «L'anima delle cose». Mystik und Poetik der Materialität

Die Sensibilität für die physische und materielle Dimension zeigt sich in Antonia Pozzis Poesie als eine besondere Aufmerksamkeit für die Dinge. Abschließend werde ich daher die Wertschätzung für die materielle Welt in Bezug auf ein mystisches Verhältnis zu den Dingen, belebter und unbelebter Umwelt, aus einer postanthropozentrischen Perspektive untersuchen. In Pozzis Dichtung steht das lyrische Subjekt nicht einer objektiven Dingwelt gegenüber, sondern lyrische Stimme und Umwelt gehen ein kommunikatives, affektives Verhältnis ein. Mit den 'Dingen' ist hier, in Anlehnung an den Begriff der 'Dingmystik', die Walter Rehm in Bezug auf Rilke entwickelt hat, «der ganze Bereich des Seins verstanden: Gegenstände des alltäglichen Lebens, Landschaften, Menschen, Stimmungen.»[326]

Literaturhistorisch verortet sich Pozzi in ihrer Aufmerksamkeit für die alltägliche Ding- und Naturwelt in einer Spannung zwischen einem Realismus lombardischer Tradition und einem symbolischen Lyrikverständnis, das nach einem der rationalen Sinngebung sich entziehenden Mehr an Bedeutung fragt.[327] Für Silvio Raffo zeigt sich dieses Verhältnis in zwei Schlüsselbegriffen von Pozzis Lyrik, die nur scheinbar als Gegensätze fungieren: den 'Dingen' und der 'Magie' oder dem 'Zauber'.

> [L]e motivazioni più profonde della poesia di Antonia si possono riassumere in effetti nella coppia di termini apparentemente antinomici ‹cose› e ‹magie›. Corrispondenti ai due filoni più fecondi della ‹tradizione› romantico-decadente: da un lato il realismo del quotidiano, del visibile, dell'oggetto, dall'altro la tensione al metaempirico, al trascendente, al soggettivo-visionario.[328]

---

325 Jean-Luc Nancy: *La déclosion*, S. 54.
326 Heinrich Brinkmann: Dingmystik. In: *Historisches Wörterbuch der Philosophie online*. <https://www.schwabeonline.ch/schwabe-xaveropp/elibrary/start.xav?start=%2F%2F*%5B%40attr_id%3D%27verw.dingmystik%27%5D> [22.4.2022].
327 Vgl. zu dieser Spannung und der literaturhistorischen Verortung in der *Linea Lombarda* Adele Ricciotti: Antonia Pozzi, S. 214.
328 Silvio Raffo: Le parole di Antonia, S. 755.

Weitere Spannungsfelder betreffen das Verhältnis von Präsenz und Flüchtigkeit der Dinge sowie jenes von Immanenz und Transzendenz. Schließlich stehen die Objektivierung der lyrischen Stimme im Sinne einer Dingwerdung und die Subjektivierung der Dinge als kommunizierende Aktanten in einem dialektischen Verhältnis.

'Cose'

Das Gedicht 'Cose' von 1933 kann in Bezug auf Pozzi Poetik der Materialität als programmatisch gelesen werden. Raffo sieht in dem Text gar den 'Lektüreschlüssel' für Pozzis gesamtes dichterisches Werk.[329]

> Cose
>
> Questo pugno di terra
> che raccolse
> per me – sul Palatino
> la tua mano pura
>
> 5   io verserò nell'urna
> di smorta argilla
> che sul rosso lido di Selinunte
> un pescatore mi donò, sporgendo
> il braccio fra i cespugli di lentischio.
>
> 10   E tu non dire
> ch'io perdo il senso e il tempo
> della mia vita –
> se cerco nella sabbia
> il sole e il pianto
>
> 15   dei mondi –
> se getto nelle cose la mia anima
> più grande – e credo
> ad immense magie...
>
> 10 dicembre 1933

Das Gedicht stellt mit dem deiktischen Beginn – «questo pugno di terra» (1) – eine Gegenwärtigkeit her und lenkt gleichzeitig den semantischen Fokus auf die Erdhaftigkeit des Textes. Die Isotopie elementarer Erdhaftigkeit durchzieht dabei alle drei Strophen in unterschiedlichen Varianten als 'Boden', 'Lehm' und 'Sand'. Ein lyrisches 'Ich' spricht ein 'Du' an, das diese Erde auf dem archäologisch und

---

[329] Ebda.

historisch bedeutsamen Hügel Roms für das 'Ich' gesammelt hat. Die zweite Strophe stellt einen Gegensatz zu dieser empfangenden Haltung dar, wenn die lyrische Stimme – nun in der Zukunftsform sprechend – bestimmt ankündigt, diese Erde (auf-) zu bewahren. Das Gefäß dafür, das Geschenk eines Fischers, eine Urne aus Lehm, konnotiert sowohl eine elementare als auch eine rituelle Bedeutung. Der Übergang zur dritten Strophe, genau in der Gedichtmitte, markiert wieder ein Kippmoment: Die lyrische Stimme wendet sich gegen die rationalen Vorbehalte des 'Du' und stellt einen alternativen Weltbezug her, der auf einem Austausch von 'Ich' und Welt beruht und dabei Affektivität und Relationalität anstelle von Effizienz und Logik setzt. Hier schlägt die achtsame Wahrnehmung der materiellen Welt wieder in eine visionär-symbolische Ebene um und macht der existenziellen Betrachtung von Sinn und Zeit und dem Glauben an das Wunderbare Platz.

Autobiografisch lässt sich der Text auf die Romreise mit Antonio Maria Cervi und die schwärmerische, ins Sakrale steigende Verehrung Pozzis für ihren Geliebten beziehen. Über diese konkrete biografische Referenz hinaus scheint mir jedoch die Reflexion über das Weltverhältnis des lyrischen Subjekts interessanter. So zeichnet sich das Verhältnis der lyrischen Instanzen zuallererst durch eine Beziehung des Verschenkens und Empfangens aus, in die nicht nur die Gabe des Geliebten und des Fischers («raccolse / per me», 2–3; «mi donò», 8), sondern auch die Hin-Gabe des lyrischen Subjekts an die 'Dinge' eingeht. So wie das lyrische 'Ich' die gesammelte Erde in die Urne vergießt, so entäußert es auch die Seele an die materielle Welt. Die Seele scheint hier immer schon als etwas gedacht, das über die engen Grenzen des individuellen Selbst hinausgeht und Teil hat an einem größeren, auch physisch verbundenem Ganzen: «la mia anima / più grande» (16–17). In einem undatierten Brief an Cervi, in dem sie ihre Ablehnung konfessioneller christlicher Religion als eine ethische Position verteidigt und dabei von einer großen inneren Ruhe berichtet, schreibt die Lyrikerin: «Io so che mai come ora io ho sentito la mia vita nelle cose fuori di me: ed è un dissolversi soavissimo.»[330]

Diese 'Kommunion mit den Dingen' hat eine mystische Qualität, indem die Grenzen von Subjekt und Objekt in der 'Umarmung der Dinge mit mir'[331] verschwimmen und dabei ein Erahnen des Heiligen (im Sinne des Wunders) zu Tage tritt. Der Akt der Entäußerung an die Dinge lässt sich an dieser Stelle auch als ein poetischer Schaffensakt lesen. Die magisch-andächtige Stimmung im

---

[330] Antonia Pozzi: *Ti scrivo dal mio vecchio tavolo*, S. 144 (undatiert).
[331] «[P]rofondo / sarà l'abbraccio / delle cose con me», formuliert Pozzi in dem einige Wochen früher entstandenem Gedicht 'Riconciliazione'.

zweiten Teil des Textes (die mit ihrem Pathos erneut an die Rilke'sche Tonalität erinnert) wird über die Lexeme 'rein', 'Urne', 'Leben', 'Welten', 'Seele', 'Zauber' / 'Magie' / 'Wunder' hergestellt. Es zeigt sich hier in der Öffnung gegenüber den Dingen eine Praxis poetischer Subjektivität, die dem dominanten modernen 'abgeschlossenen Selbst' ein 'poröses Selbst' im Sinne Taylors entgegensetzt. Das Gedicht zelebriert die Zauberhaftigkeit der Welt («immense magie», 18) und bringt diese in der poetischen Praxis performativ hervor.

Wenn Taylor das poröse Selbst einer Vormoderne zurechnet, in der Glauben keine Option, sondern 'alternativlos' war, so ist dies bei Pozzis Lyrik offensichtlich nicht der Fall. Viel eher stellt ihre transsäkulare Spiritualität eine moderne Alternative sowohl zu konfessioneller Dogmatik als auch zur rationalistischen 'Entzauberung' dar. Modern ist Pozzis Haltung nicht zuletzt dadurch, dass sie weder katholisch gebunden noch gott-bezogen ist. Dazu kommt die starke selbstreflexive, von Zweifeln und Skepsis durchzogene Betrachtungsweise.

Es widerspricht dieser Beobachtung nicht, dass am Ende des Gedichtes ein Glaubensbekenntnis steht: «[C]redo / ad immense magie...» (17–18). Die lyrische Stimme bekennt sich hier zum Glauben, zum Vertrauen auf das Wunderbare, das sich Logik und Kognition entzieht. Dies ist zugleich auch als metapoetische Aussage zu verstehen. Formal über die weiche Assonanz auf 'm' bestimmt Pozzi sprachmagisch-performativ Magie, Fantasie, letztlich Poesie als Lebensgrund. Das Gedicht 'Cose' ist damit ein poetisches Echo von Pozzis hinsichtlich Poetik und Spiritualität programmatischen Brief an Tullio Gadenz, in dem sie einige Monate zuvor die Nähe ihres poetologischen Verständnisses der Heiligkeit der Poesie zu ihrem ethischen Ideal von Verbindung und Relationalität beschreibt: «[S]e un raggio di sole, fra la nebbia, può ancora farsi strada, esso nasce soltanto là dove io sento che il mio cuore ha toccato un altro cuore [...]. Ed anche nasce [...] là dove riesco ad evocare con occhi intenti l'anima delle cose ad a far sì che le cose versino il loro pianto intorno e sopra al mio stesso dolore».[332] Den Dingen, der Welt zuhören und Raum in der Dichtung geben, mit ihnen in Verbindung treten und sie berühren und sich berühren lassen: Dies ist Antonias Pozzis ästhetisches wie ethisches Programm.

Mit dem Glauben an das Verzauberungspotenzial der Lyrik schreibt sich die Dichterin in eine lange Tradition europäischer Ästhetik ein, die gerade die Dichtung immer schon als Ersatzraum für den Verlust religiöser Strukturen verstanden hat.[333] Jonathan Culler korrigiert diese Vorstellung überzeugend dahingegen, dass

---

[332] Antonia Pozzi: *Ti scrivo dal mio vecchio tavolo*, S. 162 (29. Januar 1933). Vgl. auch Kap. 5.1.
[333] Charles Taylor nennt hier explizit die Lyrik von Dichtern wie Hölderlin, Wordsworth und wieder Rilke als Versuche der Wiederverzauberung. Vgl. Charles Taylor: Afterword. Apologia pro Libro suo. In: Michael Warner / Jonathan Van Antwerpen / Craig Calhoun (Hg.): *Varieties*

eines der Kennzeichen von Lyrik eigentlich immer schon die Spannung zwischen Ver-Zauberung und Ent-Zauberung gewesen sei: «In fact, one of the central features of the lyric is the tension between enchantment and disenchantment, or between the presumption to involve the universe in one's desires and doubts about the efficacy of such poetic acts.»[334] Diese selbstreflexive Skepsis zeichnet tatsächlich auch Pozzis Begehren nach Fülle und Ganzheit aus. Ihr lyrisches Werk ist gekennzeichnet von der Spannung zwischen Faszination und Hingabe an die Dinge, dem Wunsch nach Verbundenheit einerseits und dem grundlegenden Zweifel, der modernen Skepsis hinsichtlich der tatsächlichen Möglichkeit von Ganzheit und Erfüllung andererseits, die sich in radikaler Resignation und Ausgesetztheit äußert.

'Grido'

Am sichtbarsten wird diese andere Seite der Sensibilität für die Dinge im paradigmatischen Gedicht 'Grido' von 1932. Hier wird die stete Transformation der materiellen Welt und das Bewusstsein um die physische Vergänglichkeit zum Anlass äußerster Verzweiflung:

> GRIDO
>
> Non avere un Dio
> non avere una tomba
> non avere nulla di fermo
> ma solo cose vive che sfuggono –
> 5 essere senza ieri
> essere senza domani
> ed accecarsi nel nulla –
> – aiuto –
> per la miseria
> 10 che non ha fine –
>
> 10 febbraio 1932

Der Titel markiert von Beginn an die Mutlosigkeit eines haltlosen, metaphysisch heimatlosen Subjekts, die in diesem kurzen, schmucklosen Text in jedem Vers variiert und intensiviert wird. Und er lässt an das für die Moderne ikonisch gewordene Bild 'Der Schrei' des norwegischen Malers Edward Munch denken,

---

of Secularism in a Secular Age. Cambridge, MA.: Harvard University Press 2010, S. 300-321, hier S. 304.
334 Jonathan Culler: *Theory of the Lyric*, S. 229f.

das wie nur wenige andere Kunstwerke für die existenzielle Angst des Menschen in der Moderne steht. Entsprechend erkennt Graziella Bernabò in Pozzis Lyrik der frühen 1930er Jahre, mit Verweis auf Kierkegaard, «una angoscia certamente personale, ma anche tutta novecentesca».[335]

Die Negativität des Textes, auf semantischer wie grammatischer Ebene, lässt sich tatsächlich kaum steigern. In jedem Vers dominieren Partikeln, Pronomen und Präpositionen der Negativität («non», 1–3, 10; «nulla», 7; «senza», 5–6), deren Effekt sich durch Wiederholung und Variation noch verstärkt, wie mittels der anaphorischen Strukturen in den Versen 1–3 und 5–6. Das lyrische Subjekt verschwindet vollständig hinter dieser Sprache der Negativität 'im Nichts' (7); die verbalen Infinitivformen verweigern jede Suche nach einer konkreten Zeitlichkeit und poetischen Identität. In Form einer (Anti-) Klimax stellt die lyrische Stimme fest, weder 'Gott' noch 'Grab' noch irgendetwas 'Festes' zu haben. Anfangend bei religiöser Überzeugung und metaphysischem Schutz bis zu jeder Form von greifbarer Sicherheit wird hier jede Art von Heimat, Geborgenheit, Sinn und Ziel ausgeschlossen. In paradoxer Weise lässt sich eine positive Aussage über die Identität der Welt nur über deren Wandelbarkeit treffen: Es sind 'lebendige Dinge die verfliegen'. Formal betont der verlängerte, 11-hebige Vers das unaufhaltsame Vorandrängen dieser Flüchtigkeit; die Gedankenstriche suggerieren Ratlosigkeit und radikale Verlorenheit.

Der Text ist somit exemplarisch lesbar für eine charakteristisch moderne 'metaphysische Heimatlosigkeit', heideggersche Geworfenheit und existenzielle Ausgesetztheit an ein unbekanntes, sich stets entziehendes radikal Anderes. Er illustriert in seiner Verzweiflung auch die inhärente Problematik eines Materialismus, der über die Physis der Dinge keinen Sinn mehr zu schaffen weiß und damit immer auch buchstäblich am Abgrund zum Nihilismus steht. Zugleich veranschaulicht er ein anthropologisches Bedürfnis nach Sinn, Fülle und Aufgehobenheit. Noch in der Negativität des Textes scheint die Auseinandersetzung mit dieser radikalen Alterität als eine *conditio humana* auf.

'Preghiera'

Die Dialektik von Negativität und Positivität, von Absenz und Präsenz wird besonders in der intratextuellen Lektüre deutlich, wenn wir 'Grido' das im selben Jahr entstandene Gedicht 'Preghiera' gegenüberstellen.

---

[335] Graziella Bernabò: *Per troppa vita che ho nel sangue*, S. 115.

5.7 «L'anima delle cose». Mystik und Poetik der Materialität — 491

PREGHIERA

Signore, tu lo senti
ch'io non ho voce più
per ridire
il tuo canto segreto.
5   Signore, tu lo vedi
ch'io non ho occhi più
per i tuoi cieli, per le nuvole tue
consolatrici.

Signore, per tutto il mio pianto,
10 ridammi una stilla di Te
ch'io riviva.

Perché tu sai, Signore,
che in un tempo lontano
anch'io tenni nel cuore
15 tutto un lago, un gran lago,
specchio di Te.
Ma tutta l'acqua mi fu bevuta,
o Dio,
ed ora dentro il cuore
ho una caverna vuota,
20 cieca di Te.

Signore, per tutto il mio pianto,
ridammi una stilla di Te,
ch'io riviva.

20 ottobre 1932

Die 'Abwesenheit Gottes' schlägt hier vom Schrei um in Gebet.[336] Beide Aussageweisen umkreisen das Problem der Abwesenheit auf verschiedene Weise. In paradoxer Weise beklagt die lyrische Stimme hier, Gott nicht mehr wahrnehmen zu können. Indem das lyrische 'Ich' das lyrische 'Du' mit «Signore» (1, 5, 8, 11, 21) anredet und um Unterstützung bittet, konstituiert es jedoch zur gleichen Zeit die Möglichkeit einer Anwesenheit. Während der Modus des Schreis von Verzweiflung durchzogen ist, ist dem Gebet eine inhärente Hoffnung inne. Wir haben es also mit zwei unterschiedlichen inneren Haltungen gegenüber der Abwesenheit zu tun, die sich in gewisser Weise auf die Spannung zwischen einer (modernen?) 'Hermeneutik des Verdachts' und einer (zeitlosen?) Praxis des Vertrauens beziehen lassen.

---

336 Vgl. Tiziana Altea: *Antonia Pozzi*, S. 62.

Isotopien des Sehens und Sprechens sowie die Motive von Wasser und Spiegel dominieren 'Preghiera'. Im Text geht es vor allem um die Wahrnehmungsweise des lyrischen Subjekts. Dieses beklagt letztlich die eigene Unfähigkeit, die physische Welt in ihrer Wunderbarkeit (Heiligkeit oder Göttlichkeit) sehen und besingen zu können – nicht aber deren grundsätzliche Inexistenz. Es geht eher um die Frage nach der individuellen Verfügbarkeit von Fülle und Schönheit. Dabei konstatiert das lyrische 'Ich' mittels der poetischen Bildlichkeit einen Bruch zwischen Gegenwart und Vergangenheit: Während die Sprecherin früher im Herzen einen See trug, in dem sich 'Gott' spiegelte, zeigt sich hier nun nur noch eine öde Höhle. Die eigene Sensibilität und Aufmerksamkeit für das Wunderbare, Heilige, das sich in der materiellen Welt nicht nur offenbart, sondern dieser immanent ist, ist hier also über die Herz und Wasser-Metaphorik wesentlich mit Vitalität verbunden. 'Gott' wird damit zur Chiffre für eine psychische Haltung, einen Lebenswillen oder eine Öffnung zum Leben, «une disposition vers le dehors».[337] Die Bitte um 'Wieder-Belebung', die in den zwei kurzen, refrainartigen Strophen wiederholt wird («ch'io riviva», 11 und 24), erscheint damit sowohl als Selbstansprache als auch als Anerkennung der eigenen psychischen Ausgesetztheit, Verletzbarkeit und Offenheit.

Gerade die Motive der Spiegelung und des Wassers verweisen – neben dem naheliegenden Motiv der Selbsterkenntnis – zurück auf die großen mystischen Texte der mittelalterlichen und frühneuzeitlichen Mystikerinnen wie Mechthild von Magdeburg und Teresa von Ávila. Bei Mechthild steht der Spiegel u.a. für die Reziprozität der Liebe zwischen Seele und Gott. Beide spiegeln sich im je Anderem, brauchen sich also gegenseitig für die subjektive Anerkennung.[338] Die Konstitution des Selbst durch den Anderen ist ebenfalls zentral für Teresas mystische Psychologie. Im *Libro de la Vida* und in den *Moradas* benutzt Teresa zudem eine ausgeprägte Wassermetaphorik, um sowohl die Liebe und Anerkennung durch den Anderen als auch eine Quelle der seelischen Zufriedenheit aus der eigenen Innerlichkeit zu benennen.[339]

---

337 Jean-Luc Nancy: *La Déclosion*, S. 201. Vgl. Kap. 3.7.
338 Bei Mechthild bezeichnet sich die Sprecherin auf der einen Seite als Spiegel Gottes: «Herre, du bist min trut, min gerunge, min vliessender brunne, min sunne und ich bin din spiegel.» Mechthild von Magdeburg: *Das fließende Licht der Gottheit*, S. 11. Auf der anderen Seite bezeichnet Mechthild in der leidenschaftlichen Liebesrede aber auch Gott als Spiegel: «Du bist min spiegelberg, min ogenweide, ein verlust min selbes, ein sturm mines hertzen, ein val und ein verzihunge miner gewalt, min hohste sicherheit!» Ebda., S. 15.
339 Vgl. etwa die Bewässerungsmetaphorik in Santa Teresa: *Obras completas*, S. 60–111 (*Vida* XI–XVIII) und das Brunnenbild ebda., S.876–880 (*Moradas* IV, 2).

In Pozzis Text gibt es einen Bruch dieser positiven Spiegelung und flüssigen Vitalität. Es ist ein Ungleichgewicht zu spüren, das es dem lyrischen 'Ich' unmöglich macht, sich selbst im Anderen (an-) zu erkennen und aus inneren Quellen zu schöpfen. Gleichwohl hallt in dem Text eine Sehnsucht hiernach nach. Der Unterschied zu den positiven Modellen Mechthilds und Teresas, die im Gegensatz zu Pozzi durch ihre Religion jeweils auf ihrer vertrauensvollen inneren Einstellung, einem grundsätzlichen Glauben an das Leben, aufbauen können, verweist wieder auf eine moderne Skepsis, die in diesem Fall stets am Rande des Umschlags zu Nihilismus und Depression steht.

'Prati'

Pozzi verhandelt die Spannung zwischen Vertrauen und Verdacht nicht nur in der Konstruktion poetischer Subjektivität und im Verhältnis des lyrischen 'Ich' zur materiellen Welt, sondern auch in ihren poetologischen Reflexionen. Abschließend möchte ich daher die Betrachtungen zu Subjektkonstitution, materiellem Weltverhältnis und Poetik am Beispiel der Lektüre von 'Prati' und 'Radici' zusammenführen.

PRATI

Forse non è nemmeno vero
quel che a volte ti senti urlare in cuore:
che questa vita è,
dentro il tuo essere,
5 un nulla
e che ciò che chiamavi la luce
è un abbaglio,
l'abbaglio supremo
dei tuoi occhi malati –
10 e che ciò che fingevi la meta
è un sogno,
il sogno infame
della tua debolezza.
Forse la vita è davvero
15 quale la scopri nei giorni giovani:
un soffio eterno che cerca
di cielo in cielo
chissà che altezza.

Ma noi siamo come l'erba dei prati
20 che sente sopra sé passare il vento
e tutta canta nel vento

e sempre vive nel vento,
eppure non sa così crescere
da fermare quel volo supremo
25 né balzare su dalla terra
per annegarsi in lui.

Milano, 31 dicembre 1931

In der Auseinandersetzung mit Menschsein und Welt verdichtet 'Prati' bereits 1931 Pozzis Poetik. Die lyrische Stimme wendet sich in drei unterschiedlich langen, reimlosen Strophen an ein lyrisches 'Du', das identitätslos bleibt und im Sinne eines inneren Dialogs als *alter ego* des lyrischen Subjekts lesbar ist. In der ersten Strophe formuliert das lyrische 'Ich' seine skeptische Haltung gegenüber der eigenen Existenz, die jegliche Vorstellung von Essenz unter Verdacht stellt. Zwar relativieren die vorausgeschickten ersten beiden Verse diese nihilistische Haltung ('Vielleicht ist es gar nicht wahr', 1); die durch das «Forse» (1) als erstes Wort des Textes markierte Unsicherheit verstärkt jedoch den grundsätzlichen Eindruck von radikaler Relativität und existenzieller Verunsicherung.

Der Text rekurriert auf die barock anmutenden Motive von 'Blendung' und 'Traum', die hier jedoch nicht nur auf die Eitelkeit der physischen Welt, sondern ebenfalls auf eine mögliche meta-physische Realität sowie die eigene Innerlichkeit verweisen. So kann auch die eingangs positionierte Relativierung der Gedanken die trostlose Wucht von Formulierungen wie 'Daß dieses Leben in deinem innern ein Nichts ist' (3–5) nur gering abschwächen; die Verse vermitteln eine Position äußerster Skepsis und Negation.

Erst zu Mitte des Textes, mit Beginn der zweiten Strophe, entsteht – wieder durch ein skeptisches 'Vielleicht' (14) relativiert – eine mögliche positive, hoffnungsvolle Sichtweise auf das Leben als 'ein ewiger Hauch der von Himmel zu Himmel wer weiß nach welchen Höhen sucht' (16–18). Die Suchbewegung und Aufstiegsmotivik vieler anderer Gedichte findet sich hier wieder: Leben als eine kontinuierliche Bewegung, Streben nach Selbstübersteigung im geistigen und spirituellen Sinne. Phonetisch wird die Beziehung zwischen Suchbewegung und Himmel über den Anlaut («cerca / di cielo in cielo», 16–17) verstärkt.

Der «soffio eterno» (16) verweist erneut auf das religiös-spirituelle Motiv des Atems als Lebens-Hauch, wie er in den unterschiedlichen religiösen Traditionen als 'Heiliger Geist' (im Christentum) oder 'Atman' (im Buddhismus) auf unterschiedliche Weise in Erscheinung tritt. Dabei betont das Bild des Atmens oder Hauchs zur gleichen Zeit die stoffliche Verbindung zwischen Subjekt und Umwelt, die in kontinuierlichem materiellem Austausch miteinander stehen. Schließlich konnotiert der «soffio» auch die kreative Inspiration. Luce Irigaray betont diesen Zusammenhang zwischen der stofflichen und spirituellen Dimension des Atems und einer immanent gedachten Spiritualität aus feministischer Perspektive: «Pour la femme, le monde, à commencer par elle-même, ne se rachète ou ne se ressuscite pas seulement demain, dans le ciel comme on dit, mais dès aujourd'hui, sur la terre. La femme aurait à unir sans cesse la terre au ciel à travers le souffle, ce véhicule de l'âme, avec la volonté d'accomplir toujours mieux ce passage, sans autre médiation.»[340]

Die lyrische Stimme tritt gleichsam als 'alte Seele' in Erscheinung. Denn in der dritten Strophe wird deutlich, dass das lyrische Subjekt den uneingeschränkten jugendlichen Enthusiasmus der «giorni giovani» (15) nicht teilt. Adversativ mit einem einschränkenden 'Aber' (19) eingeleitet, stellen diese Verse das anthropologische Selbst-Verständnis des lyrischen 'Ich' heraus, das zwischen Resignation und Glauben – einer Hermeneutik des Verdachts und einer Hermeneutik des Vertrauen – changiert.

Aus der Perspektive eines über-individuell zu verstehenden 'Wir' heraus vergleicht das lyrische 'Ich' den Menschen mit Gras, das über sich den Wind (-hauch) spürt, jedoch selbst unwiederbringlich der Erde verhaftet ist. Es lohnt sich, dieses Bild genauer zu betrachten, das mir für Antonia Pozzis Weltverständnis paradigmatisch erscheint. Zunächst identifiziert sich das lyrische 'Ich' mit der organischen Welt. Die Vorstellung eines sich im Wind wiegenden Halms löst dabei das cartesianische Modell eines autonomen, selbstbestimmten Subjekts völlig auf. Stattdessen sehen wir, wie sich das Gras im Rhythmus des Windes bewegt, einer größeren Dynamik (u.a. von Wetter und Jahreszeiten) ausgesetzt. Der Text betont zudem die leibliche, sinnliche Komponente durch die taktile Wahrnehmungsweise des Windes («sente», 20).

Nach 'oben' hin also ist das Gras einer Alterität ausgesetzt, in die es eingebunden ist, nach deren Rhythmus es sich bewegt und an die es sich hingibt. Nach 'unten' ist das Subjekt gebunden an die Erde: Obgleich es den Wunsch nach Loslösung verspürt, nach oben 'hochwachsen', 'fliegen', 'springen' möchte, bleibt es doch in dieser vertikalen Spannung zwischen Erde und Himmel verharrt. Das Bild liest sich wie eine poetische Figur von María Zambranos Konzept der Ausgesetztheit im Sinne eines existenziellen 'Erleidens' (*padecer*) der Welt. Es transportiert – erneut – ein Subjektmodell, das durch seine radikale leibliche Gebundenheit ausgezeichnet ist. Die Lyrikerin denkt Subjektivität als Teil eines Netzes verschiedener miteinander verbundener organischer und physischer Rea-

---

340 Irigaray hebt in diesem Kontext die Bedeutung der Dynamik von Extraversion und Introversion hervor: «Cela demande de se mouvoir, mais aussi de demeurer en soi, d'avoir des échanges avec l'extérieur puis de se recueillir, de communiquer avec l'âme du monde, parfois avec celle des autres, et de retourner ensuite à la solitude et au silence de son âme.» Luce Irigaray: *Le temps du souffle*, S. 90f.

litäten. Dies unterscheidet sie stark von einer anthropozentrischen Denkweise, in der der Mensch souverän die organische Welt dominiert.[341]

Hier ist der intertextuelle Verweis auf das Buch Hiob, auf den Nicola di Nino aufmerksam macht, als äußerst mehrdeutig zu lesen.[342] Mit der Referenz auf das 'Gras auf den Wiesen' ruft Pozzi Hi 5, 25 auf:

> Denn dein Bund wird sein mit den Steinen auf dem Felde, und die wilden Tiere werden Frieden mit dir halten, und du wirst erfahren, dass deine Hütte Frieden hat, und wirst deine Stätte überschauen und nichts vermissen, und du wirst erfahren, dass deine Kinder sich mehren und deine Nachkommen wie das Gras auf Erden sind.[343]

An dieser Stelle der biblischen Weisheitsdichtung tröstet Elifas den von Leid geplagten Hiob mit Verweis auf die Güte und Allmacht Gottes und der letztendlichen Rekompensation des Glaubens.

Das Buch Hiob zeigt ein Menschenbild an, das sich nicht durch souveräne Selbstbestimmtheit auszeichnet, sondern im Gegenteil den Menschen durch eine existenzielle Abhängigkeit gegenüber einem allmächtigen Gott bestimmt. Hiob erleidet als 'Unschuldiger' unermessliches Leid. Eine Beschäftigung mit der Erzählung mündet damit stets in der Theodizee-Frage: Wie lässt sich ein guter Gott denken, der Leid und Gewalt unter (unschuldigen) Menschen zulässt? Es ist nicht verwunderlich, dass das Buch Hiob gemeinsam mit den Psalmen die häufigste biblische Referenz in Pozzis Lyrik darstellt. Die Kontingenz menschlichen Leids, die Unbeantwortbarkeit des 'Warum' von Krankheit und Gewalt bietet einen Resonanzraum für zentrale Motive ihrer Poesie.

Gleichzeitig lässt sich der intertextuelle Verweis auf den hier zitierten Abschnitt auf der Folie von 'Prati' auch aus einer der traditionellen Theologie entgegengesetzten Perspektive lesen. Nämlich dann, wenn das in Hi 5, 23–25 erwähnte Zusammenleben mit Natur und Tieren und die Gleichsetzung des Menschen mit dem Gras ganz buchstäblich verstanden wird, als Ausdruck einer unauflösbaren Ein-Gebundenheit des Menschen in das komplexe Netz von Kosmos und Natur. Diese Lesart stände dann dem traditionellen Menschenbild des Herrschers über die Erde diametral entgegen. Beide Konnotationen schließen sich dabei in der konkreten Gedichtlektüre nicht aus, sondern überblenden sich: Gerade die völlige Ausgesetztheit des Menschen an die Alterität Gottes in der biblischen Erzählung entspricht ja Pozzis Vorstellung vom gebundenen Subjekt.

---

341 Vgl. hier insgesamt auch die dem Gedicht eng verwandte Fotografie 'Tramonto, Pasturo, luglio 1938' in Antonia Pozzi: *Nelle immagini l'anima*, S. 39.
342 Vgl. Nicola di Nino: *Spiritual Voices*, S. 26.
343 Hi 5, 23–25.

Um auf die anthropologische und poetologische Fragestellung zurückzukommen: Pozzis poetisches Subjekt kennzeichnet sich also durch eine Spannung, die es zwischen horizontaler Erd-Verbundenheit und vertikalem Himmels-Streben verortet. Gerade weil das Subjekt sich nicht von der Erde lösen kann, aber nach Selbstübersteigung strebt, drückt es dies in Kunst, Religion, Ethik und Philosophie aus. Der dreimal wiederholte 'Wind' (20–22) als Metonymie von Himmel, Lebens-Hauch und Stimme nimmt in diesen letzten Versen eine herausgehobene Stellung ein. So scheint es, dass gerade aus der Spannung, aus diesem unüberbrückbaren Abgrund zwischen Erde und Himmel, Materialität und Sinn, Gebundenheit und Begehren die poetische Stimme erwächst: «e tutta canta nel vento» (21).[344]

'Radici'

Die in 'Prati' ausgedrückte gebrochene Sehnsucht wird auch in 'Radici' schon im Titel angesprochen. Mit diesem letzten Text möchte ich meine Gedicht-Lektüren abschließen.

> RADICI
>
> Gronda di neve disciolta
> la casa. Trasale
> l'anima al tonfo delle gocce fitte.
>
> Così sfacendosi
> 5   dolorano le cose.
>
> Ma lontano,
> oltre i veli del sole e gli insicuri riflessi,
> oltre il trascolorare delle ore,
> vive un esiguo mondo
> 10 d'erba di terra.
>
> Radici
> profonde nel grembo di un monte
> a Primavera votate
> si celano.
>
> 15 E conosco
> io sola

---

[344] «Il permanere, l'aderire all'elemento terrestre dello stelo non è una condanna, ma una condizione addirittura privilegiata, che gli permette di continuare a ‹cantare nel vento›; [...] i due elementi della terra e dell'aria posti in energico, appassionato contrasto.» Silvio Raffo: Le parole di Antonia, S. 756f.

il nome d'ogni fiore
che fiorirà,
la luce ed il pezzo di zolla
20 in cui prima riappaia la tenera
esistenza delle foglie.

Radici
profonde nel grembo di un monte
conservano un sepolto segreto
25 di origini –
e quello per cui mi riapro
stelo
di pallide certezze.

15 febbraio 1935

Das Gedicht ist zweigeteilt. Die Verse 1–14 entwerfen das Bild von Schmelzschnee, der tropfenweise auf ein Haus fällt und eine Vorahnung vom nahenden Frühling gibt. Die meditative Beobachtung des winterlichen Details wird verknüpft mit Reflexionen über die Vergänglichkeit und Wandelbarkeit der Dinge, die ihre Auflösung 'erleiden' («dolorano le cose», 5). Vers 15 setzt dagegen ein mit einem starken lyrischen Subjekt, das sich über die genaue, eher intuitive als kognitive, geradezu seherische Kenntnis seiner Umwelt definiert: 'Nur ich kenne den Namen jeder Blume, die blühen wird'. Refrainartig verweist die lyrische Stimme auf die titelgebenden 'Wurzeln', die auf einem nahen Hügel versteckt liegen und die, mit 'blasser Gewissheit' (28), auf einen Ursprung verweisen.

Die lyrische Beschreibung einer winterlichen Szene wird in einem visionären Gestus poetisch verwandelt und auf diese Weise sowohl zu einer Reflexion über das Weltverhältnis des lyrischen 'Ich' als auch zu einer metapoetischen Figur. Bernabò weist daraufhin, dass sich Leben, Poesie und Poetik in Pozzis Texten aus dem Jahr 1935 angesichts ihrer ästhetischen Diskrepanzen in Bezug auf den Banfi-Kreis in der Spannung zwischen realistischer und symbolistisch-visionärer Ästhetik verdichten: «Questo progressivo arricchimento, da una parte realistico e [...] fisico e carnale, dall'altra, simbolico e visionario delle immagini poetiche di Antonia Pozzi [...] arriva al suo culmine nel 1935, proprio nel momento della massima negazione nei suoi confronti da parte dell'ambiente banfiano.»[345]

Das lyrische Subjekt konstituiert sich über seine Verbindung und seine Empathie mit den 'Dingen'. Es dominiert hier wieder eine Isotopie der Erde und Bodennähe ('Gras', 'Erde', 'Wurzeln', 'Scholle', 'Laub', 'Halm'), die, im Gegensatz zur Semantik des Aufstiegs in vielen anderen Texten, hier wieder eine starke 'Bodenhaftung' herstellt. Der Titel gibt ja bereits das Moment der Ver-

---

[345] Graziella Bernabò: Antonia Pozzi. Le ragioni di una riscoperta, S. 92.

wurzelung vor, das im Text als ein existenzielles Bedürfnis des lyrischen Subjekts aufscheint. Die Semantik der organischen Herkunft, die in den «radici» enthalten ist, wird verstärkt durch die zweifache Nennung des 'Berg-Schoßes' (12) und den expliziten Hinweis auf das 'Geheimnis der Ursprünge' oder der 'Herkunft' (25), mit der der Text endet. Diese Verwurzelung ist jedoch nicht statisch, stellt keinen einholbaren Beginn dar. Vielmehr zeichnet sich das Gedicht durch eine Semantik der Transformation aus, die eher eine zirkuläre Struktur suggeriert und für die die Aggregatveränderung des Schnees sinnbildlich lesbar ist. Verflüssigung, Auflösung, stete Veränderung zeichnen die Dinge aus, die die Ausgesetztheit an ein Anderes im Sinne des Zambrano'schen *padecer* erleiden. Das lyrische Subjekt ist in diesen Lebenszyklus eingeschlossen.[346] An anderer Stelle ('Sogno nel bosco', 16.01.1933) entwirft Pozzi ihr lyrisches 'Ich' explizit als ein 'Erd-Ding' und vergleicht es mit dem Heidekraut, das dem Zyklus von Schnee, Eis und Tau ausgesetzt ist:

> Io
> sotto l'abete
> in pace
> 20 come una cosa della terra,
> come un ciuffo di eriche
> arso dal gelo.

Das lyrische 'Ich' nimmt sich somit ganz in seiner physischen (Ein-) Gebundenheit wahr und verweist gleichzeitig mit dem Verweis auf Seele und Ursprung immer wieder über sich selbst hinaus.

Dieses Subjekt- und Weltverständnis hat eine ästhetische Parallele in der metapoetischen Struktur des Textes. Die Hinweise auf ein Mehr an Bedeutung durchziehen das Gedicht in der wiederholten Formulierung von «oltre» (7, 8) sowie dem Verweis auf 'Schleier' (7), 'versteckte Wurzeln' (11–14), 'Wiedererscheinen' (20), 'vergrabenes Geheimnis' (24) und schließlich den 'blassen Gewissheiten' (28). Die Dichotomie von Sichtbarkeit und Unsichtbarkeit, Aufdecken und Verbergen stellt eine ästhetische Kontinuität zu Pozzis Fotografie her. So, wie die Fotografin die einfachen Dinge in ihrer Materialität wahrnimmt und wertschätzt und diese gleichzeitig auch immer auf ein Anderes verweisen, so changiert der poetische Text stets zwischen seiner konkreten referenziellen Bedeutung und einem visionär-poetischen Sinnpotenzial.

---

[346] In ihrem Tagebuch notiert Pozzi: «[L]a vita cambia ad ogni instante, ogni forma dell'essere nasce con un principio di morte, l'eterno è in tutte le cose, è nell'incessante variare di tutte le cose, ma nessuna cosa è l'eterno.» Antonia Pozzi: *Tutte le opere*, S. 601 (21. März 1935).

Damit kommentiert Pozzi hier exemplarisch ihre eigene poetische Verfahrensweise. Zwischen referenzieller Bedeutung und potenziell unabschließbarem Sinn klafft eine Lücke, ein Abgrund, in dem der poetische Text – vieldeutig, prekär, verborgen – entsteht. Zweifel, Verzweiflung, Ambiguität und Unsicherheit, aber ebenso Offenheit, Potenzialität, Wunder und Hoffnung fallen letztlich in der 'blassen Gewissheit' zusammen, die die Poesie in ihrer materiellen, transsäkularen Dimension sowohl dem schreibenden Ich als auch Leserin und Leser eröffnet.

6 Vitale Mystik

Subjektivität, Körperlichkeit und Poetik in Mystikrezeption und mystischem Schreiben moderner Lyrikerinnen der Romania (Schlussreflexionen)

> «Intimacy with the world speaks of our ability to recollect
> it and reconnect to it and hence of our capacity to find our
> ‹homes› within it, in the pursuit of nomadic sustainable relations.»
> Rosi Braidotti: Conclusion, S. 256.

Die vorangegangenen Lektüren lyrischer, aber auch diaristischer, epistolarischer, essayistischer und narrativer Texte von Anna de Noailles, Ernestina de Champourcin und Antonia Pozzi haben exemplarisch die Vielfalt und Breite der poetischen Aneignung mystischer Denkfiguren und Intertexte in je unterschiedlichen, spezifischen ästhetischen und kulturhistorischen Kontexten im ersten Drittel des 20. Jahrhunderts gezeigt. Aus der parallelen Lektüre der drei Lyrikerinnen lassen sich grundsätzliche Erkenntnisse über das Verhältnis von poetischer Subjektivität, Körperlichkeit und Poetik unter den sich kontinuierlich verändernden Bedingungen von Glauben und Säkularisierung in der Moderne gewinnen. Aufgrund der Nähe zu zeitgenössischen vitalistischen Strömungen und den Affinitäten zum gegenwärtigen Denken des *vital materialism* im Sinne Rosi Braidottis möchte ich die Mystikrezeption und das mystische Schreiben der untersuchten Lyrikerinnen als *vital mysticism* oder 'vitale Mystik' bezeichnen.

In den folgenden Schlussreflexionen werde ich zunächst die drei großen Linien der Mystik-Rezeption auffächern, die aus meiner Analyse sichtbar geworden sind. Dabei fasse ich die wesentlichen Charakteristika der Bezugnahme auf mystische Diskurse und der mystischen Schreibformen der drei Lyrikerinnen zusammen. Im Anschluss führe ich Gemeinsamkeiten, Ambivalenzen und Differenzen der Texte zusammen, wobei ich besonders der Frage nach einer anderen literarischen Moderne, dem Bezug zu Religion und Säkularisierung, einer Poetik der Liminalität sowie dem Verhältnis von Materialität, Körperlichkeit, Subjektivität und Spiritualität nachgehe. Ich verdeutliche zudem Kontinuitäten und Affinitäten zwischen den Referenzen auf frühneuzeitliche Mystik, der von mir untersuchten modernen Lyrik und aktuellen Positionen aus dem Feld des *new materialism*. Abschließend thematisiere ich, wie die Autorinnen ihr eigenes Schreiben in metapoetischer Weise als Raum der Innerlichkeit und der transsäkularen Kontemplation reflektieren.

Dimensionen der Mystik-Rezeption und des mystischen Schreibens moderner Lyrikerinnen

– Im Rausch dionysischer Mystik: Anna de Noailles

Anna de Noailles' Mystikrezeption schreibt sich deutlich in das Lebensgefühl und die Ästhetik der *Belle Époque* ein. Die aristokratische Dichterin und Drehfigur der literarischen Kultur der Jahrhundertwende in Frankreich machte die Mystik buchstäblich salon-fähig. Dabei knüpft sie mit ihrer eher traditionellen Form, der ausgeprägten Klanglichkeit und der Präferenz für sinnliche und vegetale Thematiken und Ästhetiken an die Strömungen von *néo-romanticisme, sensualisme, naturisme* und *l'Art pour l'Art* an. Noailles' Mystikverständnis zeugt außerdem von einer starken Auseinandersetzung mit zeitgenössischen vitalistischen Diskursen. Ihr Werk ist sichtbar von mystischen Figuren verschiedenster Herkunft geprägt: Die Autorin greift auf ein breites Arsenal spiritueller und kontemplativer Traditionen aus der persischen und türkischen Literatur über die christlichen Mystikerinnen des Mittelalters und der Frühen Neuzeit bis hin zur abendländischen Philosophie zurück.

Die Sufi-Mystik, die Figur Teresa von Ávilas und allen voran die Schriften Friedrich Nietzsches prägen ihre Mystikrezeption besonders. Dabei lassen sich die intertextuellen Referenzen oft nicht eindeutig bestimmen. Dies liegt zum einen daran, dass die aufgerufenen mystischen Konzepte und Symbole verschiedener religiöser Traditionen selbst Überschneidungen und Affinitäten aufweisen. In der überkonfessionellen Zusammenführung von zahlreichen literarischen, philosophischen und religiösen Texten der westlichen und östlichen Tradition zeigen sich verbindende Affinitäten zwischen mystischen Praktiken und Texttraditionen unterschiedlichen kulturellen Ursprungs. Zum anderen arbeitet Noailles oftmals mit Topoi spiritueller und philosophischer Diskurse, die sie bereits vermittelt rezipiert und poetisch überformt. In diesem Sinne lässt sich der Bezug auf mystische Figuren auch als ein Aspekt ihres literarischen *self fashioning* verstehen.

Die Modernität von Noailles' Mystikaneignung liegt vor allem in deren radikaler Immanenz. Körper, Erotik, Natur und Erdnähe ersetzen metaphysische Glaubensmodelle. Skepsis dominiert insbesondere die Auseinandersetzung mit katholischen Modellen der Transzendenz und die Hoffnung auf metaphysische Erlösung. Gleichwohl greift die Autorin trotz oder gerade angesichts ihrer ausgeprägten Haltung des Zweifelns in ihrem lyrischen Spätwerk auf lyrische Gebetsformen zurück. Die Texte öffnen auf diese Weise einen Raum für die transsäkulare Auseinandersetzung mit der Erfahrung inkommensurabler Alterität.

– In den erotischen Spuren karmelitischer Mystik: Ernestina de Champourcin

Ernestina de Champourcins Schreiben und Denken sind wesentlich durch die Tradition der spanischen Mystik geprägt. Damit schreibt sie sich auf eigene Weise in die Faszination der Dichterinnen und Dichter der 27er-Generation für die Autoren des *Siglo de Oro* ein. Auch ästhetisch teilt sie mit der präzisen Architektur, der originellen Bildlichkeit und poetischen Präsenz ihrer Texte Kennzeichen der Dichtergruppe. Sowohl die Referenzen auf die Texte San Juan de la Cruz' als auch auf jene Teresa von Ávilas sind strukturbildendes Prinzip. Der große spanische Dichter ist für Champourcin literarisches Vorbild einer asketischen und kontemplativen Mystik und metapoetische Reflexionsfigur. Mit dem poetischen Ausloten dynamischer weiblicher Subjektpositionen in Anlehnung an Teresas relationales, dialogisches Subjektverständnis profiliert die Lyrikerin hingegen eine spezifisch weibliche Diskurstradition. Dabei ist die explizite Körperlichkeit und intensive erotische Leidenschaft im Spannungsfeld von Lust und Schmerz gerade vor dem Hintergrund der konservativen gesellschaftlichen Normen im zeitgenössischen Spanien als transgressives Moment zu lesen.

Champourcins Lyrik ist von Spannungen und Ambivalenzen geprägt, für die die konstitutive Offenheit und Mehrdeutigkeit mystischer Denkfiguren eine ideale poetische Struktur bieten. Hier sind z.B. das Oszillieren der lyrischen Stimme zwischen Hingabe und Kontrolle, Freiheit und Sicherheit, Abenteuerlust und Rückzug, Sinnen und Geist sowie Abstraktion und Materialität zu nennen. Auch das Verhältnis von Immanenz und Transzendenz bleibt in der Schwebe, die Spannung wird nicht aufgelöst. Champourcins Sprecherin ist zentriert im Hier und Jetzt, fest in ihrem Körper verankert, und doch zeigen vertikale und horizontale Bewegungen immer wieder ein Streben nach spiritueller Selbstübersteigung an, das in einer neoplatonischen Tradition steht. Dabei wird das undefiniert bleibende lyrische 'Du' zum Platzhalter für ein fluides Begehren, das sich neben dem Geliebten oder Gott auch auf die Natur, den Kosmos, das Leben oder die Poesie selbst richtet. Neben der ganz eigenen weiblichen poetischen Stimme und der urbanen Motivik, die an einigen Stellen in die elementare Semantik einbricht, profiliert diese hohe poetische Uneindeutigkeit den modernen Charakter der Texte.

– In der ethischen Tradition franziskanischer Mystik: Antonia Pozzi

Antonia Pozzis lyrische Aneignung mystischer Paradigma situiert sich literaturhistorisch zwischen der poetischen Aufmerksamkeit der *crepuscolari* für das Dingliche und Alltägliche sowie der späteren Negativität und Skepsis der *ermetici*. Ihre Lyrik ist von der spezifischen Diskussion vitalistischer Philosophie im akademischen Umfeld der Mailänder Schule geprägt, jedoch beschreitet auch Pozzis intimistische Lyrik einen eigenen Weg.

Vor der Folie des italienischen Faschismus lassen sich Antonia Pozzis Texte nicht nur als eine Form des inneren Widerstands lesen, so wie viele der zeitgenössischen Texte der *ermetici*. Es ist vielmehr gerade die mystische Dimension, die Fragen nach dem Verhältnis zwischen Individuum und Gemeinschaft sowie nach ethischer Verantwortung aufwirft. In Pozzis Lyrik finden sich mit der Semantik des fließenden Lichtes und der dunklen Nacht Affinitäten zu zentralen Texten der christlichen Mystik wie jenen Mechthild von Magdeburgs und San Juan de la Cruz'. Andere Referenzen auf mystische Figuren wie die Aufstiegsthematik oder die Zentralität von innerer Einkehr und Stille sind universellerer Natur. Die Nähe zur spirituellen Tradition des Franziskanismus wird jedoch in Pozzis späteren Texten sehr konkret und ist ein zentrales Charakteristikum ihrer Poetik. Sie schlägt sich sowohl in einer Offenheit gegenüber Tier- und Pflanzenwelt, der Präferenz für das einfache Leben und der Empathie für die Marginalisierten der Gesellschaft als auch in der Klarheit und Reduziertheit des sprachlichen Ausdrucks nieder.

Die spirituelle Semantik von Pozzis Lyrik findet ihre materiellen Voraussetzungen in der alpinen Bergwelt und der physischen Bewegung. Gesten des Aufstiegs und der körperlichen Hingabe stellen die performativen Bedingungen einer kontemplativen Praxis. So zieht die Spannung zwischen Oben und Unten, Geist und Körper, Transzendenz und Immanenz sich wie bei Anna de Noailles und Ernestina de Champourcin als ein Leitfaden durch Pozzis lyrisches Werk. Mittels ihrer zweiten künstlerischen Ausdrucksform, der Fotografie, macht sie die auch für ihre Lyrik geltende Spannung zwischen Sichtbarkeit und Unsichtbarkeit explizit.

Die poetische Verhandlung eines verinnerlichten, schöpferischen, heterodoxen Gotteskonzeptes steht in intertextueller Nähe zu Rilkes moderner Spiritualität. Während die Autorin sich in Brief und Tagebuch explizit von katholischen Denkmodellen abgrenzt, nehmen kirchliche Orte in Pozzis Poesie eine zentrale Stelle für die transsäkulare Neuinterpretation heiliger Räume ein. Die Skepsis gegenüber dem katholischen Heilsversprechen und Fokussierung auf das materielle Werden und Vergehen kippt an einigen Stellen in Melancholie und Resignation. Schließlich nimmt Pozzis lyrisches wie fotografisches Werk eine weniger beachtete Seite der Moderne in den Blick: jene der Armen, Alten, Kinder sowie Landbewohnerinnen und -bewohner, jener der von der Ökonomie und Kultur der modernen urbanen Zentren Vergessenen. Mit ihrem Rückzug in das Schreiben einerseits und dem sozialen Engagement andererseits verbindet sie *vita contemplativa* und *vita activa* in einer modernen Variante.

Eine andere literarische Moderne

Das mystische Substrat bietet allen drei Autorinnen eine profilierte Struktur, um Zwischenräumen verschiedenster Art – epistemologischen, philosophischen, religiösen, geschlechtlichen, etc. – in ihrer Lyrik Ausdruck zu verleihen. Diese Beobachtung lässt sich auf literaturhistorischer Ebene für die Frage nach der Verortung der Texte in Bezug zur männlich dominierten Literaturtradition fruchtbar machen. So schreiben sich die untersuchten Dichterinnen in die dominanten ästhetischen Strömungen ihrer Epoche ein. Gleichzeitig entwickeln sie je eigene Stimmen und erweitern das Korpus moderner Literatur auf diese Weise um bisher kaum gehörte poetische Erfahrungswelten, Themen, Begehrensfigurationen und ästhetische Strukturen.

In diesem Sinne ließe sich von einem «double-voiced discourse»[1] sprechen, wie ihn Elaine Showalter als charakteristisch für die Literatur von Frauen beschrieben hat. Der offen liegende männlich dominierte Diskurs der Moderne wird von weiblichen Traditionslinien in einer tiefer liegenden Schicht durchkreuzt und unterwandert. Strategisch hilft die intertextuelle Referenz auf und die poetologische Affinität zu kanonischen männlichen Autoren – Nietzsche, Schopenhauer, Pascal, Spinoza und die Sufi-Mystiker bei Noailles, San Juan de la Cruz und Juan Ramón Jiménez bei Champourcin und San Franziskus und Rilke bei Pozzi – sicherlich der Profilierung der eigenen Autorschaft sowie der literaturhistorischen Anerkennung der Autorinnen. Gleichzeitig konturieren die Lyrikerinnen mit der Herausstellung der Figur Teresa von Ávilas, der Auslotung ganzheitlichen Begehrens und der Profilierung von Verbundenheit und Nähe eine weiblich konnotierte literarische Genealogie.

Allerdings wird das immer noch binär gedachte Modell einer doppelbödigen Diskursstruktur den mehrstimmigen Texten nicht gerecht.[2] Stattdessen ließe sich hier eher von einem *multiple-voiced discourse* sprechen: Die Lyrikerinnen nehmen jeweils auf ein komplexes intertextuelles Gewebe von literarischen, philosophischen und religiösen Texten und Traditionen Bezug, das nicht in der zweigeteilten Einteilung von männlicher und weiblicher Traditionslinie aufgeht. Stattdessen überschreiten die Texte ganz generell binäre Denkweisen, nicht nur in Bezug auf Geschlechtermodelle, sondern auch in Hinblick

---

[1] «Women's writing is a ‹double-voiced discourse› that always embodies the social, literary and cultural heritages of both the muted and the dominant». Elaine Showalter: Feminist Criticism in the Wilderness, S. 201.
[2] Schon Showalter weist freilich daraufhin, dass die Kategorie 'Frau' nicht homogen zu verstehen ist und dass heterogene Einflüsse und Diskurse in die Textanalyse einbezogen werden müssen. Vgl. ebda., S. 202.

auf die Gegenüberstellung von Körper und Geist, Immanenz und Transzendenz, Modernität und Tradition. Die mystische Texttradition als zentrale intertextuelle Referenz und Fluchtlinie der analysierten Lyrik unterstützt die Mehrdeutigkeit und Ambivalenz auf all diesen Ebenen, ziehen doch bereits die literarischen Vorbilder aus Mittelalter und Früher Neuzeit Ambivalenzen und Widersprüchlichkeiten gegenüber Eindeutigkeit und Einförmigkeit vor.

Es erscheint mir in diesem Kontext bedeutsam, dass alle drei Autorinnen sich auch in der literaturwissenschaftlichen Kritik einer eindeutigen Zuordnung entziehen. So fällt es auf, dass die Dichterinnen nicht nur vom dominanten Kanon ausgeschlossen sind, sondern auch von Seiten der feministischen Kritik widersprüchlich bewertet werden. Neben anderen, in den Einzelanalysen erörterten Gründen, liegt dies offenbar besonders am Ausbleiben einer explizit 'subversiven' feministischen Positionierung im Sinne einer widerständigen *counter-subjectivity*.

Die Texte der Autorinnen lassen sich nicht widerspruchslos in einen negativ begründeten feministischen Gegendiskurs einspeisen, da sie sich nicht durchgehend gegen dominante zeitgenössische weibliche Rollenbilder stellen, sondern dynamisch zwischen verschiedenen Subjektpositionen und Geschlechteridentitäten oszillieren. Diese Beobachtung gilt wohl am stärksten für Anna de Noailles, die über ihre Texte hinaus in der Öffentlichkeit bewusst mit ihrer exotisierenden, erotischen Selbstinszenierung spielte und diese in Hinblick auf die Etablierung ihrer Autorschaft strategisch einsetzte. Aber auch in der Lyrik von Ernestina de Champourcin und den Texten Antonia Pozzis stehen vermeintlich weibliche Qualitäten wie das Begehren nach sinnlicher und emotionaler Hingabe neben der selbstbewussten Artikulierung poetologischer und spiritueller Ansprüche, die meist einer männlichen Tradition zugeordnet werden. Mit der Verhandlung dominanter ästhetischer und gesellschaftlicher Normen und der gleichzeitigen Aufwertung von Imagination, Körperlichkeit und Affektivität gestalten die untersuchten Texte eine poetische Praxis weiblichen lyrischen Sprechens jenseits einengender Zuschreibungen.

Moderne *cross-pressures*

Alle Autorinnen schreiben in einem säkularen Kontext. Religion und Glaube sind hier keine absoluten gesellschaftlichen Gewissheiten mehr, sondern eine hinterfragbare und wählbare Option unter vielen. In den künstlerischen Zirkeln der Pariser *Belle Époque*, dem Madrid der 1920er Jahre und der II. Republik sowie dem Mailänder Umfeld der Zwischenkriegszeit, in denen die Dichterinnen sich jeweils bewegten, wurde Religion entsprechend distanziert und kontrovers bewertet. Anna de Noailles und Antonia Pozzi machen ihre Distanz gegenüber dem katholischen Glaubenssystem in ihren Texten explizit; Ernestina de Champourcins Haltung ist uneindeutiger und neigt sich in ihrem Exil wieder dem katholischen Dogma zu.

Die untersuchten Texte zeugen von einer Suche nach Sinn, Verbundenheit und Fülle vor der Folie zunehmend pluralistisch werdender Weltdeutungsmöglichkeiten. Das Korpus aller drei Dichterinnen ist dabei von einem konstitutiven Spannungsverhältnis zwischen kognitiver Skepsis und affektivem Begehren gekennzeichnet, welches die charakteristische *cross-pressure* reflektiert, die Taylor als wesentliche Kondition moderner Subjektivität, gerade auch jener besonders sensibler Künstlerinnen und Künstler, ausmacht. Die immer wieder neu ansetzende poetische Suche nach Selbsttranszendenz bei gleichzeitiger kritischer Reflexion ihrer (Un-) Möglichkeit verweist auf die Verschiebung von einem unproblematischen, naiven Zugang zur Religion hin zu einem modernen reflektierten, individuellen, immer wieder neu auszuhandelnden transsäkularen Ansatz.

In diesem Kontext knüpfen die Lyrikerinnen an religiöse und besonders mystische Modelle, Orte und Sprachfiguren an und interpretieren diese unter modernen Vorzeichen neu. Gleichwohl wird der spirituelle, meditative und transzendierende Charakter der religiösen Spuren dabei nicht vollständig ausgestrichen, sondern bleibt latent präsent. In diesem Sinn ist das mystische Substrat nicht nur als reine Struktur zu verstehen, die in ihrer Ambivalenz und Mehrdeutigkeit exemplarisch auf ein modernes, zerrissenes Subjekt verweist. Vielmehr bleibt in der Aneignung mystischer Figuren die Möglichkeit, ja die Hoffnung auf eine Erfahrung der Selbstübersteigung, der Begegnung mit dem inkommensurablen Anderen – dem Heiligen – jenseits konfessioneller Konventionen offen. Gleichzeitig birgt die genuine Offenheit der modernen Denkbewegungen jedoch auch immer schon das Risiko von Scheitern, Nihilismus und Haltlosigkeit, das sich in den Texten in poetischen Reflexionen über Kommunikationslosigkeit, Einsamkeit und Melancholie vor allem bei Anna de Noailles und Antonia Pozzi reflektiert.

Poetik der Liminalität

Es fällt auf, dass alle drei Lyrikerinnen gehäuft Figuren der Grenze, der Schwelle und des Randes benutzen. Diese Liminalität ist ein strukturierendes Prinzip der räumlichen Semantik in den analysierten Texten. Anna de Noailles sucht in leidenschaftlicher Form nach einer ekstatischen Ent-Grenzung im sinnlichen Verhältnis zu Natur und Menschen; dies reflektiert sich in Ausdrücken wie *ivresse*, *délir, ekstase, sans bords* etc. Ernestina de Champourcin verhandelt in ihren Gedichten eine Subjektivität des Randes, die sich im häufigen Gebrauch der Lexeme *umbral, límite, orillas, puerta, ventana, margen* usw. niederschlägt. Antonia Pozzi thematisiert mit ihrer *poetica della soglia* sowohl in ihrer Lyrik als auch in ihrer Fotografie räumliche Übergangs- und Schwellensituationen anhand von Ufern, Türen, Wegen und Bergen, aber auch mittels zeitlicher Figuren wie etwa dem Bild der Dämmerung.

Die genannten Semantiken des Übergangs möchte ich hier zunächst auf fünf verschiedenen Ebenen deuten. Der liminale Charakter verweist erstens auf eine Form de-zentrierter poetischer Subjektivität, die sich in Bezug auf Geschlecht und soziale Zugehörigkeit an den Rändern heteronormer Modelle bewegt. Die Randthematik deutet zweitens auf die soziale und (literatur-) historische Marginalisierung der drei Autorinnen selbst hin. Drittens lässt sich die Semantik der Schwelle epistemologisch als Ausdruck einer modernen Umbrucherfahrung verstehen. Das Motiv der Liminalität lässt sich viertens auch als Chiffre einer überzeitlichen transsäkularen Disposition denken, die Fragen nach Säkularität und Religion sowie Immanenz und Transzendenz auf bewusst paradoxe Weise in einer dynamischen Spannung zu halten weiß. Schließlich ergibt sich hieraus zuletzt eine Poetik, die einengende Kategorisierungen und vermeintliche Gewissheiten in Bezug auf Gender, Gesellschaft, Religion und Ästhetik insgesamt zurückweist und an deren Stelle das Paradoxe, Assoziative und Vieldeutige setzt.

«Spirituality through the flesh»

Die Analysen haben gezeigt, dass Körperlichkeit, Materialität und Sinnlichkeit eine herausgehobene Rolle im untersuchten Textkorpus einnehmen. Damit weisen die modernen Texte auf eine mystische Tradition zurück, die immer schon die Sinne ins Zentrum religiöser Erfahrung gestellt hat – gleichwohl diese zumindest in der christlichen Variante stets auf eine letztlich metaphysische Instanz ausgerichtet gewesen ist. In jedem Fall charakterisiert die Spannung zwischen erhöhter sinnlicher Wahrnehmung und Sinnesausschaltung viele mystische Texte.

Diese Ambivalenz zieht sich auch durch die untersuchte moderne Lyrik, jedoch neigt sich die Spannung hier überwiegend der Seite der Materialität zu. Spirituelles Begehren, ekstatischer Rausch, die Verbindung zum Anderen und intensiver Affekt sind an die körperliche Wahrnehmung gebunden. Anna de Noailles betont die stoffliche Präsenz und gleichzeitige Vergänglichkeit des lyrischen Subjekts und allen Lebens im Zeichen eines vitalistischen *élan vital* und stellt eine sinnliche Relation zur Pflanzenwelt her. Die starke lyrische Körperlichkeit schlägt sich bei Ernestina de Champourcin in erotischen Bildern und der Figur der Wunde nieder. Antonia Pozzis Betonung der materiellen Voraussetzungen spiritueller Wahrnehmung findet sich besonders in der Rekurrenz des Bergwanderns, alpiner Landschaften sowie kirchlicher Räume wieder.

Alle drei Dichterinnen ver-körpern eine sinnlich fundierte Spiritualität, eine *spirituality through the flesh* (Braidotti). Diese Denkfigur schließt nicht nur an die mystischen Vorbilder an, sondern schreibt sich auch deutlich in den modernen Zeitgeist ein. Unter Einfluss von Vitalismus und Avantgarden stehen Sinnlichkeit und Körperlichkeit auch bei vielen zeitgenössischen männlichen Autoren im Vordergrund. Indem die Autorinnen ein explizit körperlich grundiertes weibliches Begehren thematisieren und starke erotische Bilder benutzen, begründen sie jedoch eine weibliche literarische Linie. Dabei grenzen sie sich bewusst vom Klischee weiblicher Sentimentalität ab, wie es Romantik und Realismus im 19. Jahrhundert hervorgebracht haben. Die enge Verknüpfung weiblicher poetischer Subjektivität mit Körperlichkeit, Sinnlichkeit, Natur und Materialität birgt immer auch die Gefahr einer erneuten Festschreibung traditioneller Geschlechterzuschreibungen. Jedoch brechen die Texte mit dieser eindeutigen Zuordnung von scheinbar weiblichen und männlichen Eigenschaften, indem die sichtbare Leiblichkeit in den Texten untrennbar mit philosophischen Diskursen, intertextuellen Referenzen und metareflexiven Elementen verwoben ist, die traditionell einer männlichen Tradition zugerechnet werden.

Vieldeutiges Liebesbegehren

Die Affinität von körperlichem Begehren und spirituellem Diskurs läuft im emphatischen Liebeskonzept der drei Lyrikerinnen zusammen. Die Liebesthematik dominiert insbesondere bei Anna de Noailles und Ernestina de Champourcin. Beide Autorinnen schreiben sich in eine transsäkulare Tradition des *pur amour* ein, die sich durch die absolute Hingabe an das Liebesobjekt auszeichnet. Der Akt des Liebens nimmt dabei eine größere Bedeutung ein als die Identität des Liebespartners. Es geht um die Selbstaffizierung und emotionale Selbstformung durch den intensiven Affekt der verschwenderischen Hingabe.

Im Gegensatz zum Topos der 'großen Liebenden', wie er sich bei zeitgenössischen Autoren wie Rainer Maria Rilke findet – Rilke ist eine intertextuelle Referenz im Korpus jeder der drei Lyrikerinnen –, gehen die lyrischen Sprecherinnen nicht in der passiven Rolle der Geliebten auf, die sich dem männlichen Partner einseitig unterwirft. Vielmehr zeichnen die Texte im Widerhall der mystischen Psychologie Teresa von Ávilas ein dynamisches Liebesmodell, in dem Selbstermächtigung und leidenschaftliche Unterwerfung keine Gegensätze darstellen, sondern in einem kontinuierlichen Prozess immer wieder spielerisch neu verhandelt werden. Besonders Champourcins erotische Imagination, aber auch Anna de Noailles' offensive Sinnlichkeit haben vor der Folie zeitgenössischer Weiblichkeitsdiskurse provozierenden Charakter. Alle drei Autorinnen gehen schließlich über heteronorme Liebeskonzepte hinaus, indem das Liebesbegehren ihrer poetischen Sprechinstanzen sich nicht ausschließlich auf einen männlichen Partner richtet. Die Polysemie mystischen Sprechens steht auch hier Modell für ein vielfältiges Begehren, das sich in besonderer Weise auf die Kommunikation und Verbindung mit der Natur und der materiellen Welt richtet.

Ethik und Ästhetik der Verbundenheit

Die Offenheit und Durchlässigkeit der poetischen Subjektpositionen ist ein weiteres gemeinsames Charakteristikum der analysierten lyrischen Texte. In diesem Zusammenhang kann die Semantik des Liminalen zusätzlich zu den fünf bereits genannten Punkten sechstens als Ausdruck einer Subjektivität gedeutet werden, die sich als existenziell offen, unabgeschlossen und durchlässig versteht. Die Texte entwerfen poetische Alternativen zum geschlossenen, autonomen, cartesianischen Subjektideal der Moderne, indem sie immer wieder die Grenzen des Selbst thematisieren, in Frage stellen und zu überschreiten suchen. Als 'poröse' Subjekte im Sinne Taylors verfügen diese poetischen Sprechinstanzen über eine besondere Sensibilität für die Wahrnehmung von und den Kontakt mit anderen menschlichen oder nicht-menschlichen Lebewesen und auch Dingen. Sie zeigen sich gleichzeitig in besonderer Weise verletzlich. Bei allen drei Lyrikerinnen, insbesondere aber aus den Texten Antonia Pozzis, lässt sich in diesem Kontext eine Ästhetik des Empfangens und eine Poetik des Zuhörens ablesen.

Diese differenzierte und sensible poetische Wahrnehmung des Anderen hat eine ethische Dimension. Statt hierarchischem Denken und Abgrenzung stehen Empathie und Verbundenheit im Vordergrund. Mystische Philosophien und Praktiken sind hierfür ein wichtiges Referenzmodell, sind die Beziehung zum (göttlichen) Anderen und das Streben nach Verbundenheit doch wesentliche Inhalte mystischer Texte. Während dieses Einheitsbegehren in der Mystik durch die christliche Theologie geformt wird und damit Gott Adressat vieler Texte ist, ist die Auseinandersetzung mit einer kognitiv nicht beizukommenden Andersheit in den modernen Texten mehrdeutiger. Insofern mag die poetische Sensibilität für die materielle und spirituelle Verbundenheit mit der umgebenden Welt bei gleichzeitigem Bewusstsein um Trennung und Differenz auf eine spezifisch moderne Form der Erfahrung von Heiligkeit verweisen: «Est sacré ce qui, depuis l'expérience de l'incompatible, fait lien.»[3]

Transsäkulare Affinitäten. Mittelalterliche und frühneuzeitliche Mystik, Vitalismus der Moderne und neumaterialistische Philosophien der Gegenwart

Das Denken der Verbundenheit ist ein Motiv, das die Texte der modernen Lyrikerinnen in einem überzeitlichen Kontext mit Autorinnen und Autoren der Vergangenheit und Gegenwart in Relation setzt. In der parallelen Lektüre von mystischer Literaturtradition, vitalistischer Philosophie und Lyrik der Moderne sowie aktuellen philosophischen Ansätzen aus dem Bereich des *vital materialism* zeigen sich Affinitäten, die eine faszinierende Genealogie des Denkens affektiver und materieller Relationalität sichtbar machen.

Unter verschiedenen Voraussetzungen nähern sich alle drei historischen Perspektiven einem Modell ontologischer Verbundenheit und dynamischen Werdens, das quer zur dominanten cartesianischen Tradition westlicher Philosophie steht. Die Mystik stellt mit ihrer Privilegierung von Intimität und Offenheit sowie der Sensibilität für die Verletzbarkeit und Ausgesetztheit des Menschen insofern ein Referenzmodell für ein postanthropozentrisches Denken dar, als diese immer schon das cartesianische Verständnis autonomer Subjektivität in Frage stellt. Während in der katholisch geformten Mystik der Bezugspunkt mit einer monotheistischen Gottesvorstellung verbunden ist, alterniert der Begriff 'Gott' in der untersuchten Lyrik als Fluchtlinie des Begehrens nach Verbindung mit der Vorstellung eines Geliebten, dem Kosmos, der Natur, dem Leben oder der Poesie.

Vor dem Hintergrund der restriktiven zeitgenössischen Geschlechtermodelle ist den analysierten Texten eine Spannung zwischen der poetischen Erforschung sowie performativen Erschaffung einer eigenen weiblichen Subjektivität und der Sehnsucht, die Trennung von lyrischem Subjekt und umgebender Welt zu überwinden, gemeinsam. Dieses Spannungsverhältnis spiegelt sich auch in den Affinitäten zu (neo-) vitalistischen Diskursen wider. In den Werken der Lyrikerinnen changiert der Wunsch nach Selbstentgrenzung dabei in unterschiedlichem Maße zwischen der Skepsis gegenüber jeglicher Selbsttranzendierung und der grundsätzlichen Hoffnung auf Verbindung und In-Kontakt-Sein mit dem (göttlichen, kosmischen, menschlichen, vegetalen oder dinglichen) Anderen. Die Autorinnen verharren dabei weder in einer Fantasie originärer Einheit noch in einem von

---

3 Catherine Clément / Julia Kristeva: *Le féminin et le sacré*. Paris: Stock 1998, S. 220.

Mangel und Verlust geprägten Diskurs der Negativität, sondern sie setzen dagegen in affirmativer Weise Körperlichkeit, Affekt und Imagination.

In der Mystik treten die Signifikanten in ihrer buchstäblichen, materiellen und körperlichen Bedeutung in den Vordergrund, da das Signifikat sich als uneinholbar und unverfügbar erweist. Aus diesem Grund, so hat sich gezeigt, ist eine genealogische Lektüre besonders reizvoll, die mystische Texttraditionen in Verbindung zu neumaterialistischen Ansätzen setzt. In den untersuchten lyrischen Texten lassen sich dabei, eher als ein metaphysisches Bestreben, poetische Verhandlungen einer Form horizontaler Transzendenz und immanenter Spiritualität, einer vitalen Mystik oder auch eines mystischen Vitalismus, ablesen.

Die Lyrikerinnen profilieren ein Subjektivitätsmodell, das mit seiner konstitutiven Durchlässigkeit physische Kondition, Affektivität und Verletzbarkeit ins Zentrum stellt und den Menschen, im Sinne Rosi Braidottis, in «einem lebendigen Netz komplexer Wechselbeziehungen mit den vielfältigen ‹Anderen›»[4] denkt. Mit ihrer Referenz auf Philosophie, Theologie, Psychologie und Poetik mittelalterlicher und frühneuzeitlicher Mystik setzen die Lyrikerinnen ein transsäkulares, monistisches Weltverhältnis in Szene, das sich als eine poetische 'Intimität mit der Welt' beschreiben lässt.[5]

Die ethischen Konsequenzen, die sich aus der Betonung von Relationalität, Verwundbarkeit, Empathie und Wertschätzung des Anderen ergeben, weisen – zum Teil auch gegen den Strich gelesen – ein Überschneidungsfeld mit christlichen Werten auf. Sie gehen jedoch gleichzeitig weit über sowohl anthropozentrische als auch theozentrische Modelle hinaus, indem sie immer wieder poetisch eine Form ontologischer Relationalität und ein monistisches Kontinuum zwischen Subjekt und Welt thematisieren. Hierdurch eröffnen sich Anschlussfelder zu aktuellen postanthropozentrischen Debatten, insbesondere im Feld der Ökokritik und der feministischen Theorie.

Poetisches Schreiben als transsäkulare, ethische Selbstgestaltung

Alle drei Lyrikerinnen reflektieren schließlich immer wieder Verlauf, Effekt und Sinn des Schreibens selbst. Die Auseinandersetzung mit mystischen Strukturen ist Anlass für die metapoetische Reflexion. Die Motive des Schweigens, der Einkehr und des Rückzugs, die Dynamik von Aktivität und Passivität, das para-

---

4 Rosi Braidotti: *Posthumanismus*, S. 104.
5 Vgl. Rosi Braidotti: Conclusion, S. 255f.

doxe Verhältnis von Begehren und Erfüllung sowie die stete Präsenz von Erotik und Tod verweisen kontinuierlich auf den poetischen Prozess zurück. Das poetische Schreiben stellt dabei in performativer Weise eine Innerlichkeit her, die sich durch die dynamische Verhandlung innerer Alterität genauso wie durch die kontinuierliche Bezugsetzung des lyrischen Subjekts zur äußeren Welt auszeichnet.

Das poetische Schreiben lässt sich auf diese Weise bei allen drei Dichterinnen als eine Form der Kontemplation lesen. Der Akt des Schreibens, so reflektieren es die Autorinnen, bedarf des Momentes der Ruhe und Stille. Andersherum aber ermöglicht der räumliche Rückzug zum Schreiben erst das Allein- und Für-sich-Sein. Die Lyrikerinnen knüpfen hier an die Praxis mystischen Schreibens als Technik des Selbstbezugs und der Selbstsorge an. Die zahlreichen intertextuellen Referenzen auf mystische Traditionen und Praktiken machen dabei die unauflösbare Bezogenheit von Lesen, Schreiben und Meditation im Sinne einer ethischen Selbstsorge deutlich. Hinzuzufügen ist die besondere Relevanz des Hörens, die sich in den Texten in einer Sensibilität nicht nur für die innere Vielstimmigkeit, sondern auch für die zahlreichen anderen menschlichen und nicht-menschlichen Stimmen abzeichnet.

Das Schreiben als eine ethische Selbstpraxis ist damit nicht nur auf das lyrische Subjekt selbst gerichtet, sondern schließt grundsätzlich die Frage nach dem Verhältnis zum Anderen und zur Gemeinschaft ein – auch hierfür stehen die Mystikerinnen und Mystiker Modell. Im untersuchten Textkorpus zeugen davon die Semantik von Gebundenheit und Verbindung sowie der Wunsch nach Selbstübersteigung und nach einer materiell gedachten, immanenten oder horizontalen Transzendenz. Die Vorstellung von Gemeinschaftlichkeit öffnet sich hier über den menschlichen Rahmen hin zu einer ontologischen Vielfältigkeit. In der Lektüre schließlich eröffnet sich ein weiteres Feld der Verbindungen, Affinitäten und Resonanzen, wenn Leserinnen und Leser von den Texten berührt werden. Dann wird nicht nur der Schreib-, sondern auch der Leseprozess zu einer Erfahrung von Innerlichkeit und Praxis transsäkularer poetischer Meditation.

7 Bibliografie

7.1 Untersuchungskorpus

Anna de Noailles

Arnyvelde, André: Une heure chez Mme de Noailles. In: *Les Annales politiques et littéraires* 1555 (13.4.1913), S. 310–311.
Goula-Mitacou, Polyxene Ant.: *Lettres inédites à Anna de Noailles. Reflets de littérature et d'histoire*. Athen: Société des archives helléniques, littéraires et historiques 1996.
Lefèvre, Frédéric: Une heure avec la Comtesse de Noailles. In: *Les Nouvelles Littéraires* (18.9.1926), S. 1–2.
Noailles, Anna de: Enquête sur le romantisme et le classicisme. Réponses. In: *La Renaissance* (8.1.1921), S. 2–3.
— Préface. In: Saâdi / Franz Toussaint: *Le jardin des roses*. Übersetzt aus dem Persischen. Mit einem Vorwort von Anna de Noailles. Paris: Stock 1923, S. 1–24.
— Enquête sur la poésie contemporaine. In: *Le Figaro* (21.5.1925), S. 1.
— Être envers soi-même. In: *Vogue* (Juli 1926), S. 31.
— La renommée d'Henri Bergson. In: *Les Nouvelles Littéraires, Scientifiques et Artistiques* (15.12.1928), S. 1.
— *La Nouvelle Espérance*. Roman. Paris: Calmann-Lévy ⁹1976.
— *Le Livre de ma vie. Suivi de ‹Ici finit mon enfance›. Avant-propos aux Poèmes d'enfance et de ‹La Lyre naturelle›* : Conférence. Herausgegeben und kommentiert von François Broche. Paris: Bartillat 2008.
— *Œuvre poétique complète*. Herausgegeben und kommentiert von Thanh-Vân Ton-That. 1–3. Paris: Sandre 2013.
— *Le Visage émerveillé*. Roman. San Bernardino: Books on Demand 2016.
— / Barrès, Maurice: *Correspondance 1901–1923*. Herausgegeben und kommentiert von Claude Mignot-Ogliastri. Paris: L'Inventaire 1994.
— / Cocteau, Jean: *Correspondance*. Herausgegeben und kommentiert von Claude Mignot-Ogliastri. Paris: Gallimard 1989.
— / Gide, André: *Correspondance 1902–1928*. Herausgegeben und kommentiert von Claude Mignot-Ogliastri. Lyon: Centre d'Études Gidiennes 1986.
Puget, Claude André: Chez la Comtesse de Noailles à propos des Souvenirs qu'elle écrit pour ‹Les Annales›. In: *Les Annales politiques et littéraires* (15.2.1931), S. 173–174.

Ernestina de Champourcin

Antón Remírez, María Elena: Diarios y memorias de Ernestina de Champourcin. Algunos fragmentos inéditos. In: *RILCE. Revista de Filogía Hispánica* 24, 2 (2008), S. 239–274.
Arconada, César M.: El secreto de los poetas. Ernestina de Champourcin dice… In: *La Gaceta Literaria* (15.7.1928), S. 1–2.
Bachelard, Gaston: *El aire y los sueños*. Übersetzt von Ernestina de Champourcin. Mexiko-Stadt: Fondo de Cultura Económica 1958.

— *La poética del espacio*. Übersetzt von Ernestina de Champourcin. Mexiko-Stadt: Fondo de Cultura Económica 1965.
Champourcin, Ernestina de: La poesía pura. Al margen de un libro nuevo. In: *El Heraldo de Madrid* (1.2.1927), S. 4.
— 3 proyecciones. In: *Síntesis* 3, 30 (November 1929), S. 329–335.
— (Hg.): *Dios en la poesía actual*. Madrid: Biblioteca de Autores Cristianos 1972.
— Introducción. In: dies. (Hg.): *Dios en la poesía actual. Selección de poemas españoles e hispanoamericanos*. Madrid: Biblioteca de Autores Cristianos 1972, S. 3–26.
— *La ardilla y la rosa. Juan Ramón en mi memoria*. Madrid: Los libros de Fausto 1981.
— *Poesía a través del tiempo*. Herausgegeben von José Ángel Ascunce. Barcelona: Anthropos 1991.
— Poética. In: Gerardo Diego: *Poesía española contemporánea*. Edición de Andrés Soria Olmedo. Madrid: Taurus Ediciones 1991, S. 546–547.
— *La casa de enfrente*. Seguido de dos capítulos de la novela *Mientras allí se muere*. Herausgegeben von Carmen de Urioste-Azcorra. Sevilla: Renacimiento 2013.
— / Conde, Carmen: *Epistolario (1927–1995)*. Herausgegeben von Rosa Fernández Urtasun. Madrid: Castalia 2007.
Eliade, Mircea: *El chamanismo y las técnicas arcaicas del éxtasis*. Übersetzt von Ernestina de Champourcin. Mexiko-Stadt: Fondo de Cultura Económica 1960.
Nin, Anaïs: *Diario V (1947–1955)*. Übersetzt von Ernestina de Champourcin. Barcelona: Bruguera 1982.
Villar, Arturo del: Ernestina de Champourcin. In: *La Estafeta Literaria* 556 (15.1.1975), S. 10–15.

Antonia Pozzi

Oliva, Laura (Hg.): *L'œuvre ou la vie. ‹Mots› d'Antonia Pozzi*. Übersetzt und kommentiert von Ettore Labbate. Bern u.a.: Peter Lang 2010.
Pozzi, Antonia: *Flaubert. La formazione letteraria (1830–1856)*. Mailand: Garzanti 1940.
— *Worte. Ein dichterisches Tagebuch 1930–1938*. Übertragung von Ernst Wiegand Junker. Trossingen: Weka-Verlag 1948.
— *La vita sognata e altre poesie inedite*. Herausgegeben von Alessandra Cenni / Onorina Dino. Mailand: Scheiwiller 1986.
— *L'età delle parole è finita. Lettere 1927–1938*. Herausgegeben von Alessandra Cenni / Onorina Dino. Mailand: Rosellina Archinto 1989.
— *Nelle immagini l'anima. Antologia fotografica*. Herausgegeben von Ludovica Pellegatta / Onorina Dino. Mailand: Àncora 2007.
— *Parole / Worte. Gedichte Italienisch / Deutsch*. Herausgegeben und übersetzt von Gabriella Rovagnati. Göttingen: Wallstein Verlag 2008.
— *Tutte le opere*. Herausgegeben von Alessandra Cenni. Mailand: Garzanti 2009.
— *Poems*. Übersetzt von Peter Robinson. Richmond: Alma Classics 2011.
— *Lieve offerta. Poesie e prose*. Herausgegeben von Alessandra Cenni / Silvio Raffo. Mailand: Bietti 2012.
— *Ti scrivo dal mio vecchio tavolo. Lettere 1919–1938*. Herausgegeben von Graziella Bernabò / Onorina Dino. Mailand: Àncora 2014.

— *Parole. Tutte le poesie*. Herausgegeben von Graziella Bernabò / Onorina Dino. Mailand: Àncora 2015.
— / Gadenz, Tullio: *Epistolario (1933–1938)*. Herausgegeben von Onorina Dino. Mailand: Viennepierre Edizioni 2008.

7.2 Sekundärliteratur zu den untersuchten Autorinnen

Anna de Noailles

Anna de Noailles. <www.annadenoailles.org> [22.4.2022].
Allard, Marie-Lise: *Anna de Noailles. Entre prose et poésie*. Paris: L'Harmattan 2013.
Asya, Ferdâ: The Orientalism of Anna de Noailles. In: Anne Quinney (Hg.): *Paris-Bucharest, Bucharest-Paris. Francophone Writers from Romania*. Amsterdam / New York: Rodopi 2012, S. 37–70.
Bargenda, Angela: *La poésie d'Anna de Noailles*. Paris: L'Harmattan 1995.
Blum, Léon: L'œuvre poétique de Madame de Noailles. In: *La Revue de Paris* (Januar 1908), S. 225–247.
Broche, François: *Anna de Noailles. Un mystère en pleine lumière*. Paris: R. Laffont 1989.
Cocteau, Jean: *Anna de Noailles, oui et non*. Paris: Librairie Académique Perrin 1963.
Engelking, Tama Lea: ‹La mise en scène de la femme-écrivain›. Colette, Anna de Noailles, and Nature. In: *Modern Language Studies* 34, 1–2 (Frühling / Herbst 2004), S. 52–64.
Goula-Mitacou, Polyxene Ant: *Lettres inédites à Anna de Noailles. Reflets de littérature et d'histoire*. Athen: Société des archives helléniques, littéraires et historiques 1996.
Guha, Chinmoy: ‹In Silence we Recline›. Tagore and Anna de Noailles. In: Sanjukta Dasgupta / Chinmoy Guha (Hg.): *Tagore. At Home in the World*. Neu Delhi: Sage 2013, S. 38–46.
Haase, Jenny: ‹Je ne vis plus d'être vivante, / Et ne mourrai pas d'être morte!› Teresa von Ávila in der Lyrik Anna de Noailles'. In: Martina Bengert / Iris Roebling-Grau (Hg.): *Santa Teresa. Critical Insights, Filiations, Responses*. Tübingen: Narr Francke Attempto 2019, S. 193–211.
— L'amour et la crainte de la foule. Autorschaft in der ‹Belle Époque› zwischen Nähe und Distanz zur Menge. In: Hermann Doetsch / Cornelia Wild (Hg.): *La foule / Die Menge. Ästhetik und Epistemologie*. Paderborn: Wilhelm Fink Verlag 2020, S. 93–108.
— Écrire en retraite. Les mises en scène de la solitude créatrice au début du s. XX. In: dies. / Sophie Houdart / Beatrice Trînca / Xenia von Tippelskirch (Hg.): *Rückzug. Produktivität des Solitären in Kunst, Religion und Geschlechtergeschichte. / En retrait/e. La solitude créatrice au prisme du genre dans les arts et la religion*. Würzburg: Königshausen & Neumann [in Vorbereitung].
Higonnet-Dugua, Elisabeth: *Anna de Noailles, cœur innombrable. Biographie-correspondance*. Paris: M. De Maule 1989.
Larnac, Jean: *Comtesse de Noailles. Sa vie, son œuvre*. Paris: Éditions du Sagittaire 1931.
La Rochefoucauld, Edmée de: *Anna de Noailles*. Paris: Mercure de France 1976.
Levy, Gayle A.: *Refiguring the Muse*. New York: Peter Lang 1999.
Martinez, Frédéric: *Anna de Noailles*. Paris: Gallimard 2018.
Masson, Georges-Armand: *La comtesse de Noailles*. Paris: Éditions du Carnet-Critique 1922.
Mignot-Ogliastri, Claude: *Anna de Noailles, une amie de la Princesse Edmond de Polignac*. Paris: Méridiens Klincksieck 1986.

O'Brien, Mari H.: Passion, Power, Will, Desire. Gender Trespassing in the Poetry of Anna de Noailles. In: *Cincinnati Romance Review* 15 (1996), S. 7–105.
Ortega y Gasset, José: El rostro maravillado. In: *El Imparcial* (25.7.1904), S. 4.
Perry, Catherine: In the Wake of Decadence. Anna de Noailles' Revaluation of Nature and the Feminine. In: *L'Esprit créateur (Women of the Belle Époque / Les Femmes de la Belle Époque)* 37 (Winter 1997), S. 94–105.
— Flagorneur ou ébloui? Proust lecteur d'Anna de Noailles. In: *Bulletin Marcel Proust* 49 (1999), S. 37–53.
— *Persephone Unbound. Dionysian Aesthetics in the Works of Anna de Noailles*. Lewisburg: Bucknell University 2003.
— Anna de Noailles, muse and creator. In: dies. (Hg.): *A Life of Poems, Poems of a Life. Comtesse Anna de Noailles (1876–1933)*. Übersetzt von Norman R. Shapiro. Boston: Black Widow Press 2012, S. 16–25.
— Anna de Noailles et Rilke. Des affinités électives? In: Michel Itty / Silke Schauder (Hg.): *Rainer Maria Rilke. Inventaire – Ouvertures*. Villeneuve d'Ascq: Presses Universitaires du Septentrion 2013, S. 201–216.
Piquer Desvaux, Alicia: Narcisimo, alteridad y vitalismo en la poesía de Anna de Noailles. In: Marta Segarra / Àngels Carabí (Hg.): *Amor e identidad*. Barcelona: PPU 1996, S. 77–86.
Proust, Marcel: Les Éblouissements. In: *Le Figaro. Supplément littéraire* (15.6.1907), S. 1.
Rageot, Gasteon: Les Poètes par les Poètes. La poésie de Mme de Noailles. In: *Conferencia* (1.6.1921), S. 498–504.
Rilke, Rainer Maria: Die Bücher einer Liebenden (Anna de Noailles). In: ders.: *Werke*. Herausgegeben von Manfred Engel / Horst Nalewski. 4: Schriften. Frankfurt a.M.: Insel Verlag 1996, S. 647–650.
Thérive, André: Le ‹Poème de l'amour›. In: *L'Opinion* (15.8.1924), S. 10.
Ton-That, Thanh-Vân: Guerre et paix. In: Anna de Noailles: *Œuvre poétique complète*. 2. Herausgegeben und kommentiert von Thanh-Vân Ton-That. Paris: Éditions du Sandre 2013, S. 313–317.
— Introduction générale. In: Anna de Noailles: *Œuvres complètes*. 1. Herausgegeben und kommentiert von Thanh-Vân Ton-That. Paris: Éditions du Sandre 2013, S. 7–32.
— Les poèmes d'une amante. Un nouvel art d'aimer ou les métamorphoses de l'amour. In: Anna de Noailles: *Œuvre poétique complète*. 3. Herausgegeben und kommentiert von Thanh-Vân Ton-That. Paris: Éditions du Sandre 2013, S. 9–13.
— Le stoïcisme d'une épicurienne. In: Anna de Noailles: *Œuvre poétique complète*. 3. Herausgegeben und kommentiert von Thanh-Vân Ton-That. Paris: Éditions du Sandre 2013, S. 215–217.
— Orphée au féminin. In: Anna de Noailles: *Œuvre poétique complète*. 2. Herausgegeben und kommentiert von Thanh-Vân Ton-That. Paris: Éditions du Sandre 2013, S. 9–15.
— Un cœur innombrable mis à nu. In: Anna de Noailles: *Œuvre poétique complète*. 1. Herausgegeben und kommentiert von Thanh-Vân Ton-That. Paris: Éditions du Sandre 2013, S. 41–46.
Verona, Roxana M.: *Parcours francophones. Anna de Noailles et sa famille culturelle*. Paris: Honoré Champion 2011.
Weiss, Louise: Une reine de la IIIe république. In: *Les Nouvelles Littéraires* (2.10.1969), S. 10.

Ernestina de Champourcin

Acillona, Mercedes: Poesía mística y oracional en Ernestina de Champourcin. In: *Letras de Deusto* 20, 48 (September–Dezember 1990), S. 103–118.
Ascunce, José Ángel: Prólogo. In: Ernestina de Champurcin: *Poesía a través del tiempo*. Herausgegeben von José Ángel Ascunce. Barcelona: Anthropos 1991, S. XIII–XXIV.
Benson, Douglas K.: Transtextualidad, hipertextualidad y poliglosía en la poesía religiosa de Ernestina de Champourcin. In: Joy Landeira (Hg.): *Una rosa para Ernestina*. Ferrol: Sociedad de Cultura Valle-Inclán 2006, S. 107–121.
Bellver, Catherine: *Absence and Presence. Spanish Women Poets of the Twenties and Thirties*. Lewisburg: Bucknell University Press 2001.
— Mysticism, Meditation, and Monologue in Poemas del ser y del estar by Ernestina de Champourcin. In: *Studies in 20th & 21st Century Literature* 36, 2 (2012), S. 220–241.
Cano Ballesta, Juan: Ernestina de Champourcin y la generación del 27. In: José Ascunce Ángel / Rosa Fernández Urtasun (Hg.): *Ernestina de Champourcin. Mujer y cultura en el siglo XX*. Madrid: Biblioteca Nueva 2006, S. 23–36.
Ciplijauskaité, Biruté: Escribir entre dos exilios. Las voces femeninas de la Generación del 27. In: Marta Cristina Carbonell / Adolfo Sotelo Vázquez (Hg.): *Homenaje al profesor Antonio Vilanova*. 2. Barcelona: Universidad de Barcelona 1989, S. 119–126.
Cole, Gregory: *Spanish Women Poets of the Generation of 1927*. Lewiston / Quenston / Lampeter: The Edwin Mellen Press 2000.
Debicki, Andrew P.: Una dimensión olvidada de la poesía española de los 20 y 30. La lírica visionaria de Ernestina de Champourcin. In: *Ojáncano. Revista de literatura espanola* 1, 1 (1988), S. 48–60.
Díaz Fernández, José: Poemas de Ernestina de Champourcin. In: *Luz* (26.1.1932), S. 4.
Díez de Revenga, Francisco J.: Tres sonetos de Ernestina de Champourcin. In: *Alaluz. Revista de poesía, narración y ensayo* 29, 1 (1997), S. 7–12.
Dougherty, Dru: Una poética del zigzagueo. Ernestina de Champourcin (1926–1936). In: *Hispania* 92, 4 (Dezember 2009), S. 653–663.
Espejo-Saavedra, Rafael: Sentimiento amoroso y creación poética en Ernestina de Champourcin. In: *Revista-Review Interamericana* 12, 1 (Frühjahr 1982), S. 133–139.
Fernández Urtasun, Rosa: Introducción. In: Ernestina de Champourcin / Carmen Conde: *Epistolario (1927–1995)*. Herausgegeben von Rosa Fernández Urtasun. Madrid: Castalia 2007, S. 7–54.
— / Ascunce, José Ángel (Hg.): *Ernestina de Champourcin. Mujer y cultura en el siglo XX*. Madrid: Biblioteca Nueva 2006.
Fitzpatrick, Patricia A.: Hermetismo poético en la obra de Ernestina de Champourcin. In: *Ojáncano. Revista de literatura española* 42 (Oktober 2012), S. 3–22.
Garza, Efraín E.: De luces y sombras en *Presencia a oscuras* y *Del vacío y sus dones* de Ernestina de Champourcin. In: Joy Landeira (Hg.): *Una rosa para Ernestina*. Ferrol: Sociedad de Cultura Valle-Inclán 2006, S. 153–168.
Gómez Sobrino, Isabel: La correspondencia epistolar y la poesía de Ernestina de Champourcin y Carmen Conde. Una habitación propia como taller de autenticidad. In: *Castilla. Estudios de Literatura* 8 (2017), S. 436–458.
González Allende, Iker: El mar y la pared. El exilio histórico frente al exilio existencial en la poesía final de Ernestina de Champourcin. In: Manuel Aznar Soler (Hg.): *Escritores, editoriales y revistas del exilio republicano de 1939*. Sevilla: Editorial Renacimiento 2006, S. 383–388.

Haase, Jenny: Augenblick des Begehrens – Begehren des Augenblicks. Lyrische Momentaufnahmen bei Ernestina de Champourcin. In: Michael Bernsen / Milan Herold (Hg.): *Der lyrische Augenblick. Eine Denkfigur der Romania*. Tübingen: De Gruyter 2015, S. 355–373.
— Otra modernidad hispánica. Poetas españolas e hispanoamericanas de principios del siglo XX. In: Herle-Christin Jessen / Stephanie Lang (Hg.): *Transkulturelle Aushandlung literarischer Modernismen zwischen Spanien, Frankreich und Lateinamerika (1890–1920)*. Berlin: Tranvía 2017, S. 157–174.
— ‹Salimos de nosotros para volver más nuestros›. Expansión y delimitación del yo en Ernestina de Champourcin. In: Christina Bischoff / Annegret Thiem (Hg.): *Mística bajo el signo de la modernidad. Paradigmas poéticos del siglo XX*. Berlin: LIT 2019, S. 183–211.
Hanley, Lorraine D.: *God, Exile and the Development of the Poetic Voice in the Poetry of Ernestina de Champourcin*. PhD, Stanford, 2008.
Horno-Delgado, Asunción: Desvío inescapable o persona poética. Champourcin y la libertad. In: Joy Landeira (Hg.): *Una rosa para Ernestina*. Ferrol: Sociedad de Cultura Valle-Inclán 2006, S. 73–87.
Jiménez Faro, Luzmaría: Ernestina de Champourcin. Un peregrinaje hacia la luz. In: Ernestina de Champourcin: *Antología poética*. Vorwort und Auswahl von Luzmaría Jiménez Faro. Madrid: Torremozas 1988, S. 9–17.
Landeira, Joy: *Ernestina de Champourcin. Vida y literatura*. Ferrol: Sociedad de Cultura Valle-Inclán 2005.
— (Hg.): *Una rosa para Ernestina. Ensayos en conmemoración del centenario de Ernestina de Champourcin*. Ferrol: Sociedad de Cultura Valle-Inclán 2006.
Mabrey, María Cristina C.: *Ernestina de Champourcin, poeta del 27, en la oculta senda de la tradición poética femenina*. Madrid: Torremozas 2007.
Medina, Raquel: Emancipando la voz. Ernestina de Champourcin y la desexualización del sujeto poético en el 27 femenino. In: dies. / Barbara Zecchi (Hg.): *Sexualidad y escritura (1850–2000)*. Barcelona: Anthropos 2002, S. 162–180.
Navarra Ordoño, Andreu: ‹Seré tuya sin ti›. El interlocutor masculino en la poesía amorosa de Ernestina de Champourcin. In: Rosa Fernández Ortasun / José Ángel Ascunce (Hg.): *Ernestina de Champourcin. Mujer y cultura en el siglo XX*. Madrid: Biblioteca Nueva 2006, S. 83–92.
Núñez Puente, Sonia: Poemas ausentes. In: Dolores Romero López / Itzíar López Guil / Rita Catrina Imboden (Hg.): *Seis siglos de poesía española escrita por mujeres*. Bern: Peter Lang 2007, S. 323–329.
Salaün, Serge: Ernestina de Champourcin y Concha Méndez. Estatuto y condición del poeta moderno. In: José Ángel Ascunce / Rosa Fernández Urtasun (Hg.): *Ernestina de Champourcin. Mujer y cultura en el siglo XX*. Madrid: Biblioteca Nueva 2006, S. 37–52.
Salgado, María A.: Ernestina de Champourcin. In: Janet Pérez / Maureen Ihrie (Hg.): *The Feminist Encyclopedia of Spanish Literature*. Westport / London: Greenwood Press 2002, S. 131–134.
Torre, Guillermo de: Dos libros de Ernestina de Champourcin. In: *El Sol* (13.6.1936), S. 2.
Uceta, Acacia: Ernestina de Champourcin. La voz femenina del 27. In: *El Ateneo* 11 (Dezember 2002), S. 25–30.
Villar, Arturo del: *La poesía de Ernestina de Champourcin. Estética, erótica y mística*. Cuenca: El Toro de Barro 2002.
Wilcox, John: *Women Poets of Spain, 1860–1990. Toward a Gynocentric Vision*. Urbana / Chicago: University of Illinois Press 1997.

Antonia Pozzi

Altea, Tiziana: *Antonia Pozzi. La polifonia del silenzio*. Mailand: CUEM 2010.
Antonia. Spielfilm. Regie: Ferdinando Cito Filomarino. Italien 2015.
Antonia Pozzi. <www.antoniapozzi.it> [22.4.2022].
Bernabò, Graziella: *Per troppa vita che ho nel sangue. Antonia Pozzi e la sua poesia*. Mailand: Viennepierre Edizioni 2004.
— Antonia Pozzi. Le ragioni di una riscoperta. In: dies. u.a. (Hg.): *...e di cantare non può più finire... Antonia Pozzi (1912–1938)*. Mailand: Viennepierre Edizioni 2009, S. 81–104.
— (Hg.): *...e di cantare non può più finire... Antonia Pozzi (1912–1938)*. Mailand: Viennepierre Edizioni 2009.
— Introduzione. In: Tiziana Altea: *Antonia Pozzi. La polifonia del silenzio*. Mailand: CUEM 2010, S. 7–20.
— Le lettere di Antonia Pozzi. Una vita ‹dal di dentro›. In: Antonia Pozzi: *Ti scrivo dal mio vecchio tavolo. Lettere 1919–1938*. Herausgegeben von Graziella Bernabò / Onorina Dino. Mailand: Àncora 2014, S. 7–29.
— ‹Io vengo da mari lontani›. La poesia di Antonia Pozzi. In: Antonia Pozzi: *Parole. Tutte le poesie*. Herausgegeben von Graziella Bernabò. Mailand: Àncora 2015, S. 17–31.
Cappelletto, Chiara: L'immagine fotografica in Antonia Pozzi. In: Graziella Bernabò u.a. (Hg.): *...e di cantare non può più finire... Antonia Pozzi (1912–1938)*. Mailand: Viennepierre Edizioni 2009, S. 179–190.
Cenni, Alessandra: *In riva alla vita. Storia di Antonia Pozzi poetessa*. Mailand: Rizzoli 2002.
Dino, Onorina: Il volto nuovo ovvero il tradimento di Antonia Pozzi. In: *Otto / Novecento. Rivista quadrimestrale di critica e storia letteraria* 26, 3 (2002), S. 71–108.
— Il motivo ascensionale in alcune liriche di Antonia Pozzi. In: Graziella Bernabò u.a. (Hg.): *...e di cantare non può più finire... Antonia Pozzi (1912–1938)*. Mailand: Viennepierre Edizioni 2009, S. 51–79.
Dobner, Cristiana: *All'altra riva, ai prati di sole. L'immaginario di Dio in Antonia Pozzi*. Vorwort von Davide Rondoni. Genf / Mailand: Marietti 2008.
— Eros. Bellezza ed agape. Vivo della poesia come le vene vivono del sangue. In: Graziella Bernabò u.a. (Hg.): *...e di cantare non può più finire... Antonia Pozzi (1912–1938)*. Mailand: Viennepierre Edizioni 2009, S. 191–202.
Ferrari, Michela Beatrice: Antonia Pozzi e Enzo Paci lettori del Tonio Kröger. In: Graziella Bernabò u.a. (Hg.): *...e di cantare non può più finire... Antonia Pozzi (1912–1938)*. Mailand: Viennepierre Edizioni 2009, S. 251–279.
Fiori, Cinzia: Antonia, Pozzi, i segreti di una mistica ribelle. In: *Corriere della Sera* (15.7.1999), S. 42.
Formaggio, Dino: Una vita più che vita in Antonia Pozzi. In: Antonia Pozzi: *Poesia che mi guardi. La più ampia raccolta di poesie finora pubblicata e altri scritti*. Herausgegeben von Graziella Bernabò / Onorina Dino. Mailand: Luca Sossela 2010, S. 537–545.
Godey, Amber R.: *Sister Souls. The Power of Personal Narrative in the Poetic Works of Antonia Pozzi and Vittorio Sereni*. Madison / Teaneck: Fairleigh Dickinson University Press 2011.
Haase, Jenny: ‹La solitudine di una cella›. Orte der Einsamkeit bei Antonia Pozzi. In: Ina Bergmann / Dorothea Klein (Hg.): *Kulturen der Einsamkeit*. Würzburg: Königshausen & Neumann 2020, S. 319–337.

Kubas, Magdalena Maria: Censurare un archivio, censurare una poetica. Il caso di Antonia
    Pozzi. In: Anna Dolfi u.a. (Hg.): *La modernità letteraria. Archivi ideali e archivi reali*. 2.
    Pisa: Edizioni ETS 2013, S. 675–686.
Monardi, Enrico: When Gender Matters. The Language of Desire in Antonia Pozzi's Erotic
    Poetry. In: Elena Borelli (Hg.): *The Fire Within. Desire in Modern and Contemporary Italian
    Literature*. Newcastle upon Tyne: Cambridge Scholars Publishing 2014, S. 212–228.
Montale, Eugenio: Prefazione. In: Antonia Pozzi: *Parole*. Mailand: Mondadori 1964, S. 13–19.
Myers, Lindsay: Maternal Shadows. Antonia Pozzi's Writing of the Female Body. In: Loredana
    Polezzi / Charlotte Ross (Hg.): *In Corpore. Bodies in Post-unification Italy*. Madison /
    Teaneck: Fairleigh Dickinson University Press 2007, S. 173–188.
Nino, Nicola di: *Spiritual Voices*. PhD, Columbia University, 2013.
Nissim, Liana: ‹L'incessante tensione trattenuta›. Il *Flaubert* di Antonia Pozzi. In: Graziella
    Bernabò u.a. (Hg.): *…e di cantare non può più finire… Antonia Pozzi (1912–1938)*. Mailand:
    Viennepierre Edizioni 2009, S. 133–146.
Oliva, Laura: La ricerca del sacro nei versi di Antonia Pozzi. In: Pietro Gibellini / Nicola Di Nino
    (Hg.): *La Bibbia nella letteratura italiana. II. L'età contemporanea*. Brescia: Morcelliana
    2009, S. 269–286.
Orsenigo, Luca: La poesia religiosa di Antonia Pozzi. In: *Studi e Fonti di Storia Lombarda.
    Quaderni Milanesi* 2, 25–26 (1991), S. 151–164.
Papi, Fulvio: *L'infinita speranza di un ritorno. Sentieri di Antonia Pozzi*. Mailand: Viennepierre
    Edizioni 2009.
Pellegatta, Ludovica: Amor fati. Poesia e fotografia di Antonia Pozzi. In: *Materiali di estetica*
    6 (2002), S. 231–240.
– L'incanto della soglia. In: Antonia Pozzi: *Nelle immagini l'anima. Antologia fotografica*.
    Herausgegeben von Ludovica Pellegatta / Onorina Dino. Mailand: Àncora 2007, S. 9–15.
– *Ora intatta, Ora sospesa. Antona Pozzi e la fotografia*. <http://www.antoniapozzi.it/wp-
    content/uploads/2011/10/pellegatta-ludovica-antonia-pozzi-ora-intatta-ora-sospesa-atti-
    conv-viennepierre.pdf> [22.4.2022].
Raffo, Silvio: Le parole di Antonia. L'anima delle cose. In: Antonia Pozzi: *Lieve offerta. Poesie e
    prose*. Herausgegeben von Alessandra Cenni / Silvio Raffo. Mailand: Edizioni Bietti 2012,
    S. 755–769.
Ricciotti, Adele: Antonia Pozzi. La poesia dell'anima. In: *Cuadernos de Filología Italiana* 21
    (2014), S. 213–234.
Rovagnati, Gabriella: ‹Immer so unermeßlich verloren am Rande des realen Lebens›. Antonia
    Pozzi und ihre Gedichte. In: Antonia Pozzi: *Parole / Worte. Gedichte Italienisch / Deutsch*.
    Herausgegeben und übersetzt von Gabriella Rovagnati. Göttingen: Wallstein Verlag 2008,
    S. 270–319.
Scaramuzza, Gabriele: Antonia Pozzi tra gli allievi di Banfi. In: Graziella Bernabò u.a. (Hg.): *…e
    di cantare non può più finire… Antonia Pozzi (1912–1938)*. Mailand: Viennepierre Edizioni
    2009, S. 29–50.
– Presentazione. In: Tiziana Altea: *Antonia Pozzi. La polifonia del silenzio*. Mailand: CUEM
    2010, S. 5–6.
Spano, Ornella: Fotografia e poetica nell'opera di Antonia Pozzi. In: *Portales* 11, 2 (2010), S. 64–74.
Vecchio, Matteo M.: Gli appunti universitari inediti di Antonia Pozzi. In: Graziella Bernabò u.a.
    (Hg.): *…e di cantare non può più finire… Antonia Pozzi (1912–1938)*. Mailand: Viennepierre
    Edizioni 2009, S. 333–356.

— *Perché la poesia ha questo compito sublime. Antonia Pozzi. Otto studi*. Borgomanero: Giuliano Ladolfi Editore 2013.

7.3 Weitere Literatur

A.A.: Antonio Banfi. In: *Scuola di Milano*. <http://sdm.ophen.org/filosofi/banfi/> [22.4.2022].
Agamben, Giorgio: *Profanierungen*. Frankfurt a.M.: Suhrkamp 2005.
—*Höchste Armut. Ordensregeln und Lebensform. Homo Sacer IV, 1*. Frankfurt a.M.: S. Fischer 2012.
— *Die Erzählung und das Feuer*. Frankfurt a.M.: S. Fischer 2017.
Agustini, Delmira: *Poesías completas*. Herausgegeben von Magdalena García Pinto. Madrid: Cátedra ³2006.
Albrecht, Jörn / Bucciol, Gio Batta (Hg.): *Zehn italienische Lyrikerinnen der Gegenwart / Dieci poetesse italiane contemporanee*. Mit einem Vorwort von Bianca Tarozzi. Tübingen: Narr 1995.
Allen, Beverly / Kittel, Muriel / Jewell, Keala Jane (Hg.): *The Defiant Muse. Italian Feminist Poems from the Middle Ages to the Present. A Bilingual Anthology*. New York: The Feminist Press 1986.
Alonso, Dámaso: *La poesía de San Juan de la Cruz (Desde esta ladera)*. Madrid: Aguilar 1946.
— Poética. In: Gerardo Diego: *Poesía española contemporánea*. Herausgegeben von Andrés Soria Olmedo. Madrid: Taurus Ediciones 1991, S. 424–425.
Amthor, Wiebke / Brittnacher, Hans R. / Hallacker, Anja: Einleitung. In: dies. (Hg.): *Profane Mystik? Andacht und Ekstase in Literatur und Philosophie des 20. Jahrhunderts*. Berlin: Weidler 2002, S. 9–21.
Andreas-Salomé, Lou: *Friedrich Nietzsche in seinen Werken*. Wien: Konegen 1911.
Ansell-Pearson, Keith / Urpeth, Jim: Bergson and Nietzsche on Religion. Critique, Immanence, and Affirmation. In: Alexandre Lefebvre / Melanie White (Hg.): *Bergson, Politics, and Religion*. Durham / London: Duke University Press 2012, S. 246–264.
Anton, Annette C.: *Authentizität als Fiktion. Briefkultur im 18. und 19. Jahrhundert*. Stuttgart / Weimar: Metzler 1995.
Anttonen, Veiko: Sacred. In: Willi Braun / Russell T. McCutcheon (Hg.): *Guide to the Study of Religion*. London / New York: Cassell 2000, S. 271–282.
— Space, Body, and the Notion of Boundary. A Category-Theoretical Approach to Religion. In: *Temenos. Nordic Journal of Comparative Religion* 41, 2 (2005), S. 185–201.
Asad, Talal: *Formations of the Secular. Christianity, Islam, Modernity*. Stanford: Stanford University Press 2003.
Asensi Pérez, Manuel: Teresa de Ahumada. Vivo sin vivir en mí. In: Dolores Romero López u.a. (Hg.): *Seis siglos de poesía española escrita por mujeres. Pautas poéticas y revisiones críticas*. Bern u.a.: Peter Lang 2007, S. 63–73.
Augustinus: *Confessiones / Bekenntnisse*. Lateinisch / Deutsch. Stuttgart: Suhrkamp 2009.
Balló, Tània: *Las sinsombrero. Las pensadoras y artistas olvidadas de la generación del 27*. Barcelona: Espasa 2016.
— *Las sinsombrero 2. Ocultas e impecables*. Barcelona: Espasa 2018.
Banfi, Antonio: Introduzione. In: Jakob Böhme (Hg.): *Scritti di religione*. Turin: Paravia 1924, S. III–VIII.

– *Spinoza. Dalle lezioni del Prof. Banfi*. Herausgegeben von J. Monarro / L. Granata. Mailand: Ravezzani Editore 1935.
– Filosofia e religione. In: *Studi Filosofici* 2–3, 1 (April-September 1940), S. 165–195.
– *Spinoza e il suo tempo*. Florenz: Vallecchi 1969.
– *Introduzione a Nietzsche. Lezioni 1933–1934*. Herausgegeben von Dino Formaggio. Mailand: ISEDI 1974.

Barad, Karen: *Meeting the Universe Halfway. Quantum Physics and the Entanglement of Matter and Meaning*. Durham / London: Duke University Press 2007.

Barbieri, William A.: Sechs Facetten der Postsäkularität. In: Matthias Lutz-Bachmann (Hg.): *Postsäkularismus. Zur Diskussion eines umstrittenen Begriffs*. Frankfurt a.M. / New York: Campus Verlag 2015, S. 41–78.

Barthes, Roland: *Die helle Kammer. Bemerkungen zur Photographie*. Übersetzt von Dietrich Leube. Frankfurt a.M.: Suhrkamp 1985.

– Der Tod des Autors. In: Fotis Jannidis u.a. (Hg.): *Texte zur Theorie der Autorschaft*. Stuttgart: Reclam 2000, S. 185–193.

Barrès, Maurice: *Une enquête aux pays du Levant*. Mit einem Vorwort von Jacques Huré. Paris: Éditions Manucius 2005.

Baruzi, Jean: Introduction à des recherches sur le langage mystique. In: Marie-Madeleine Davy (Hg.): *Encyclopédie des mystiques*. Paris: Robert Laffont 1972, S. IXI–XXX.

Bataille, Georges: *Œuvres complètes X. L'érotisme. Le procès de Gilles de Rais. Les larmes d'Éros*. Paris: Gallimard 1987.

– *La notion de dépense*. Paris: Lignes 2011.

Baudelaire, Charles: De l'essence du rire. In: ders.: *Œuvres complètes*. II. Herausgegeben und kommentiert von Claude Pichois. Paris: Gallimard 1976.

Bäurle, Margret / Braun, Luzia: ‹Ich bin heiser in der Kehle meiner Keuschheit›. Über das Schreiben der Mystikerinnen. In: Hiltrud Gnüg / Renate Möhrmann (Hg.): *Frauen Literatur Geschichte*. Stuttgart / Weimar: Metzler 1998, S. 1–11.

Beauvoir, Simone de: *Le deuxième sexe. II. L'expérience vécue*. Paris: Gallimard 1949.

Bengert, Martina / Roebling-Grau, Iris (Hg.): *Santa Teresa. Critical Insights, Filiations, Responses*. Tübingen: Narr Francke Attempto 2019.

Bennett, Jane: *Vibrant Matter. A Political Ecology of Things*. Durham / London: Duke University Press 2010.

Berensmeyer, Ingo: Aufbrüche nach Anderswo. Zum Verhältnis von Rationalität und Mystik in der Literatur der Moderne. In: Ludwig K. Pfeiffer / Klaus Vondung (Hg.): *Jenseits der entzauberten Welt. Naturwissenschaft und Mystik in der Moderne*. München: Fink 2006, S. 139–155.

Bergson, Henri: *L'évolution créatrice*. Paris: Classiques Garniers 2001. <http://classiques.uqac.ca/classiques/bergson_henri/evolution_creatrice/evolution_creatrice.pdf> [22.4.2022].

– *Les deux sources de la morale et de la religion*. Paris: Flammarion 2012.

Beutin, Wolfgang: *ANIMA. Untersuchungen zur Frauenmystik des Mittelalters. 2: Ideengeschichte, Theologie und Ästhetik*. Frankfurt a.M.: Lang 1998.

– *ANIMA. Untersuchungen zur Frauenmystik des Mittelalters. 3: Ideengeschichte, Theologie und Tiefenpsychologie – Mystikerinnen*. Frankfurt a.M.: Lang 1999.

Bianchetti, Matteo: Banfi e la religione. In: Simona Chiodo / Gabriele Scaramuzza (Hg.): *Ad Antonio Banfi cinquant'anni dopo*. Mailand: Unicopli 2007, S. 326–333.

Bianquis, Geneviève: *Nietzsche en France. L'influence de Nietzsche sur la pensée française*. Paris: Félix Alcan 1929.
Bisi, Camilla: *Poetesse d'Italia*. Mailand: Riccardo Quintieri 1916.
Blanch, Antonio: *La poesía pura española. Conexiones con la cultura francesa*. Madrid: Gredos 1976.
Bo, Carlo: *Letteratura come vita*. Antologia critica. Herausgegeben von Sergio Pautasso. Mailand: Rizzoli 1994.
— *L'assenza, la poesia*. Rom: Storia e Letteratura 2002.
Bogner, Daniel: Das Religiöse weiter denken. Mystik als heuristische Kompetenz. In: Michel de Certeau: *Die Mystische Fabel. 16. bis 17. Jahrhundert*. Aus dem Französischen von Michael Lauble. Mit einem Nachwort von Daniel Bogner. Frankfurt a.M.: Suhrkamp 2010, S. 491–532.
Boine, Giovanni: *Il peccato e altre cose*. Florenz: Libreria della Voce 1971.
— *L'esperienza religiosa e altri scritti di filosofia e di letteratura*. Herausgegeben von Giuliana Benvenuti / Fausto Curi. Bologna: Edizioni Pendragon 1997.
Bonaudo, Krizia: Teresa de Ávila entre los siglos XIX y XX en Francia. Modelos de recepción. In: Esther Borrego / José Manuel Losada (Hg.): *Cinco siglos de Teresa. La proyección de la vida y los escritos de Santa Teresa de Jesús*. Madrid: Fundación María Cristina Masaveu Peterson 2016, S. 113–128.
Borgna, Eugenio: *Le passioni fragili*. Mailand: Feltrinelli 2017.
Borsò, Vittoria: Auf der Schwelle von Sichtbarkeit und Sagbarkeit. Zum Ereignis der Sichtbarkeit in der Materialität des Bildes. In: Sieglinde Borvitz / Mauro Ponzi (Hg.): *Schwellen. Ansätze für eine neue Theorie des Raumes*. Düsseldorf: Düsseldorf University Press 2014, S. 29–46.
Bourbon Busset, Jacques de: *Paul Valéry ou le mystique sans Dieu*. Paris: Plon 1964.
Bradley, Arthur: *Negative Theology and Modern French Philosophy*. London / New York: Routledge 2014.
Braidotti, Rosi: *Nomadic Subjects*. New York: Columbia University Press 1994.
— *Metamorphoses. Towards a Materialist Theory of Becoming*. London: Blackwell 2002.
— In Spite of the Times. The Postsecular Turn in Feminism. In: *Theory, Culture & Society* 25, 6 (2008), S. 1–24.
— Conclusion. The Residual Spirituality in Critical Theory. A Case for Affirmative Postsecular Politics. In: dies. u.a. (Hg.): *Tranformations of Religion and the Public Sphere*. London: Palgrave Macmillan 2014, S. 249–272.
— *Posthumanismus. Leben jenseits des Menschen*. Frankfurt a.M.: Campus 2014.
Brandstetter, Gabriele: *Tanz-Lektüren. Körperbilder und Raumfiguren der Avantgarde*. Freiburg: Rombach ²2013.
Braungart, Wolfgang: *Literatur und Religion in der Moderne. Studien*. Paderborn: Fink 2017.
Bremer, Thomas: Der doppelte Widerstand. Literatur und Kampf gegen den Faschismus in Italien 1922–1945. In: ders. (Hg.): *Europäische Literatur gegen den Faschismus. 1922–1945*. München: C.H. Beck 1986, S. 53–79.
Bremond, Henri: *La poésie pure. Avec un débat sur la poésie de Robert Souza*. Paris: Grasset 1926.
— Préface. In: Frédéric Lefevre (Hg.): *Entretiens avec Paul Valéry, précédés d'une préface de Henri Bremond*. Paris: Le livre 1926.
— *Prière et poésie*. Paris: Grasset 1926.

— *Histoire littéraire du sentiment religieux en France. Depuis la fin des guerres de religions jusqu'à nos jours.* Grenoble: Millon 2006.
Brink, Margot: *Ich schreibe, also werde ich. Nichtigkeitserfahrung und Selbstschöpfung in den Tagebüchern von Marie Bashkirsteff, Marie Lenéru und Catherine Pozzi.* Königstein / Ts.: Ulrike Helmer Verlag 1999.
Brinkmann, Heinrich: Dingmystik. In: *Historisches Wörterbuch der Philosophie online.* <https://www.schwabeonline.ch/schwabe-xaveropp/elibrary/start.xav?start=%2F%2F*%5B%40attr_id%3D%27verw.dingmystik%27%5D> [22.4.2022].
Brockhusen, Gerda von: Dichtung. In: Peter Dinzelbacher (Hg.): *Wörterbuch der Mystik.* Stuttgart: Alfred Kröner Verlag ²1998, S. 114–116.
Buber, Martin: *Ekstatische Konfessionen.* Leipzig: Insel Verlag 1923.
Bucur, Maria: *Gendering Modernism. A Historical Reappraisal of the Canon.* London / New York: Bloomsbury 2017.
Bungard, Ana: La razón poética. Ética y estética. In: Pedro Cerezo (Hg.): *Filosofía y literatura en María Zambrano.* Sevilla: Fundación José Manuel Lara 2005, S. 55–76.
Bunzel, Wolfgang: Schrift und Leben. Formen der Subversion von Autorschaft in der weiblichen Briefkultur um 1800. In: Jochen Strobel (Hg.): *Vom Verkehr mit Dichtern und Gespenstern. Figuren der Autorschaft in der Briefkultur.* Heidelberg: Winter 2006, S.157–176.
Butler, Judith: *The Psychic Life of Power.* Stanford: Stanford University Press 1997.
Cara, Domenico (Hg.): *Le donne della poesia. Oltre il femminile.* Ravenna: Laboratorio delle arti 1991.
Casanova, José: Secularization Revisited: A Reply to Talal Asad. In: David Scott / Charles Hirschkind (Hg.): *Powers of the Secular Modern. Talal Asad and his Interlocutors.* Stanford: Stanford University Press 2006, S. 12–30.
Castro, Américo: *España en su historia. Cristianos, moros y judíos.* Buenos Aires: Editorial Losada 1948.
Cernuda, Luis: *La realidad y el deseo. 1924–1956.* Mexiko-Stadt: Fondo de Cultura Económica ³ᵃ1958.
Certeau, Michel de: *La fable mystique. 1. XVI-XVIIe siècle.* Paris: Gallimard 1982.
— *Mystische Fabel. 16. bis 17. Jahrhundert.* Aus dem Französischen von Michael Lauble. Mit einem Nachwort von Daniel Bogner. Frankfurt a.M.: Suhrkamp 2010.
Charensol, Georges: *Comment ils écrivent.* Paris: Éditions Montaigne 1932.
Chaumeix, André: La philosophie de M. Bergson. In: *Le Journal des Débats* (25.5.1908), S. 1.
Cixous, Hélène: Le sexe ou la tête. In: *Les Cahiers du GRIF* 13 (1976), S. 5–15.
— *Die unendliche Zirkulation des Begehrens.* Berlin: Merve Verlag 1977.
— *Weiblichkeit in der Schrift.* Berlin: Merve Verlag 1980.
— *Entre l'écriture.* Paris: Des femmes 1986.
— *L'heure de Clarice Lispector.* Précédé de *Vivre l'orange.* Paris: Des femmes 1989.
Clément, Catherine / Kristeva, Julia: *Le féminin et le sacré.* Paris: Stock 1998, S. 220.
Coles, Elizabeth: Thérèse mon amour. Julia Kristeva's St. Teresa of Avila. In: *Feminist Theology* 24, 2 (2016), S. 156–170.
Costa, René de: San Juan en vanguardia. In: *Revista Chilena de Literatura* 39 (1992), S. 143–149.
Culler, Jonathan: *Theory of the Lyric.* Cambridge / London: Harvard University Press 2015.
Cupitt, Don: *Mysticim after Modernity.* Oxford: Blackwell 2000.
Davies, Catherine: *Spanish Women's Writing 1849–1996.* London: The Athlone Press 1998.

Debicki, Andrew P.: *Historia de la poesía española del siglo XX. Desde la modernidad hasta el presente*. Madrid: Gredos 1997.
Decker, Henry W.: *Pure Poetry, 1925–1930. Theory and Debate in France*. Berkeley / Los Angeles: University of California Press 1962.
Díez de Revenga, Francisco J.: *La tradición áurea. Sobre la recepción del Siglo de Oro en poetas contemporáneos*. Madrid: Biblioteca Nueva 2003.
— *Las Vanguardias y la Generación del 27*. Madrid: Editorial Síntesis 2004.
Diodato, Roberto: Lo spazio della quiete. Nota sullo Spinoza di Banfi. In: Simona Chiodo / Gabriele Scaramuzza (Hg.): *Ad Antonio Banfi cinquant'anni dopo*. Mailand: Unicopli 2007, S. 248–253.
Dolfi, Anna (Hg.): *L'Ermetismo a Firenze. Critici, traduttori, maestri, modelli*. I. Florenz: Firenze University Press 2016.
Douglass, Paul: Bergson, Vitalism, and Modernist Literature. In: Paul Ardoin / S. E. Gontarski / Laci Mattison (Hg.): *Understanding Bergson, Understanding Modernism*. New York / London: Bloomsbury 2013, S. 107–127.
Dünne, Jörg: *Asketisches Schreiben. Rousseau und Flaubert als Paradigmen literarischer Selbstpraxis in der Moderne*. Tübingen: Günter Narr 2003.
Duncan, Isadora: The Art of the Dance. In: Sheldon Cheney (Hg.): *The Art of the Dance*. New York: Theatre Arts Books 1996, S. 47–144.
DuPont, Denise: *Writing Teresa. The Saint from Ávila at the fin-de-siglo*. Lewisburg: Bucknell 2012.
Eisenstadt, Shmuel N.: Multiple Modernities. In: *Daedalus* 129, 1 (Winter 2000), S. 1–29.
Eliade, Mircea: *Das Heilige und das Profane. Vom Wesen des Religiösen*. Aus dem Französischen von Eva Moldenhauer. Frankfurt a.M.: Insel Taschenbuch Verlag 2016.
Engel, Manfred: Nachwort. In: Rainer Maria Rilke: *Die Aufzeichnungen des Malte Laurids Brigge*. Herausgegeben von Manfred Engel. Stuttgart: Reclam 1997, S. 319–350.
— Jahrhundertwende. In: Daniel Weidner (Hg.): *Handbuch Literatur und Religion*. Stuttgart: Metzler Verlag 2016, S. 175–180.
Engler, Winfried: *Französische Literatur im 20. Jahrhundert*. Tübingen: Francke 1994.
Fabbri, Véronique: Entretien avec Jean-Luc Nancy. In: *Rue Descartes* 44 (Juni 2004), S. 62–79.
Fanning, Ursula: Aleramo, Sibilla (1876–1960). In: Rinaldina Russell (Hg.): *The Feminist Encyclopedia of Italian Literature*. Westport / London: Greenwood Press 1997, S. 10–11.
Farmer, Julia: ‹You Need But Go To Rome›. Teresa of Avila and the Text / Image Power Play. In: *Women's Studies* 42, 4 (2013), S. 390–407.
Fest, Racheal: Julia Kristeva's New Humanism. Imagining Teresa of Ávila for the Twenty-First Century. In: Martina Bengert / Iris Roebling-Grau (Hg.): *Santa Teresa. Critical Insights, Filiations, Responses*. Tübingen: Narr Francke Attempto 2019, S. 269–286.
Feustle, Joseph A.: *Poesía y mística. Darío, Jiménez y Paz*. Xalapa: Universidad Veracruzana 1978.
Fischer, Miriam: *Denken in KörperN*. Freiburg / München: Albert Thesen 2010.
Fischer-Geboers, Miriam: La mutation du sens de la danse. In: *Les Cahiers pilosophiques de Strasbourg* 44 (2017), S. 215–225.
Flat, Pau: *Nos femmes de lettres*. Paris: Perrin 1909.
Foucault, Michel: *Le souci de soi (Histoire de la sexualité 3)*. Paris: Gallimard 1984.
— L'écriture de soi. In: ders.: *Dits et écrits. IV. 1980–1988*. Paris: Gallimard 1994, S. 415–430.
— Les techniques de soi. In: ders.: *Dits et écrits. IV. 1980–1988*. Paris: Gallimard 1994, S. 783–813.

— L'éthique du souci de soi comme pratique de la liberté. In: ders.: *Dits et écrits. IV. 1980–1988*. Paris: Gallimard 1994, S. 708–729.
— Über sich selbst schreiben. In: ders.: *Schriften zur Literatur*. Frankfurt a.M.: Suhrkamp 2003, S. 350–367.
Frabotta, Biancamaria: *Donne in poesie. Antologia della poesia femminile in Italia dal dopoguerra a oggi*. Mit einem Vorwort von Dacia Maraini. Rom: Savelli 1977.
— Introduzione. In: dies. (Hg.): *Donne in poesie. Antologia della poesia femminile in Italia dal dopoguerra a oggi*. Mit einem Vorwort von Dacia Maraini. Rom: Savelli 1977, S. 9–28.
Frankenberry, Nancy: Feminist Approaches. In: Pamela Sue Anderson / Beverley Clack (Hg.): *Feminist Philosophy of Religion. Critical Readings*. London / New York: Routledge 2004, S. 3–27.
Franzbach, Martin: *Geschichte der spanischen Literatur im Überblick*. Stuttgart: Reclam 1993.
Frauenrath, Mireille: Brief. In: Rainer Hess / Gustav Siebenmann / Tilbert Stegmann (Hg.): *Literaturwissenschaftliches Wörterbuch für Romanisten*. Tübingen / Basel: A. Francke 2003, S. 33–34.
Freud, Sigmund: Das Unheimliche. In: ders.: *Psychologische Schriften*. Studienausgabe. IV. Herausgegeben von Thure von Uexküll / Ilse Grubrich-Simitis. Frankfurt a.M.: Fischer Verlag 1989, S. 241–274.
Friedrich, Hugo: *Die Struktur der modernen Lyrik. Von der Mitte des neunzehnten bis zur Mitte des zwanzigsten Jahrhunderts*. Reinbek bei Hamburg: Rowohlt 1985.
Frohlich, Mary: *The Intersubjectivity of the Mystic. A Study of Teresa of Avila's ‹Interior Castle›*. Atlanta: Scholars Press 1993.
Fuchs, Britta A.: *Poetologie elegischen Sprechens. Das lyrische Ich und der Engel in Rilkes ‹Duineser Elegien›*. Würzburg: Königshausen & Neumann 2009.
Fuller, Robert C.: *Spirituality in the Flesh. Bodily Sources of Religious Experience*. Oxford: Oxford University Press 2008.
Furey, Constance M.: Sexuality. In: Amy Hollywood / Patricia Z. Beckman (Hg.): *Cambridge Companion to Christian Mysticism*. Cambridge: Cambridge University Press 2012, S. 328–340.
Fusini, Nadia / Gramaglia, Mariella (Hg.): *La poesia femminista*. Rom: Savelli 1974.
García de la Concha, Víctor: *Historia crítica de la literatura española 7, 1. Época contemporánea 1914–1939*. Herausgegeben von Francisco Rico. Barcelona: Editorial Crítica 1984.
García Lorca, Federico: Imaginación, inspiración, evasión. In: ders.: *Obras completas III. Prosa*. Herausgegeben von Miguel García-Posada. Barcelona: Galaxía Gutenberg 1997, S. 98–112.
— *Book of Poems (Selection) / Libro de poemas (Selección)*. Herausgegeben und übersetzt von Stanley Appelbaum. Mineola: Dover Publications 2004.
— *Sonetos del amor oscuro*. Illustriert von Alba Pérez Mansilla und einem Vorwort von Carlos Sonrune. Madrid: Amistades Particulares 2017.
Gentili, Carlo: Antonio Banfi interprete di Nietzsche. In: Simona Chiodo / Gabriele Scaramuzza (Hg.): *Ad Antonio Banfi cinquant'anni dopo*. Mailand: Unicopli 2007, S. 213–223.
Gide, André: *Les nourritures terrestres*. Paris: Société du Mercure de France 1897.
Goumegou, Susanne u.a.: Einstieg. In: dies. u.a.: (Hg.): *Über Berge. Topographien der Überschreitung*. Berlin: Kadmos 2012, S. 11–13.
Grazia, Victoria de: *How Fascism ruled Women. Italy, 1922–1945*. Berkeley: California University Press 1992.

Griffin, Roger: Series Editor's Preface. In: Erik Tonning (Hg.): *Modernism and Christianity*. New York: Palgrave / Macmillan 2014, S. ix–xiv.
Guillén, Jorge: Carta a Fernando Vela. In: Gerado Diego: *Poesía española contemporánea*. Herausgegeben von Andrés Soria Olmedo. Madrid: Taurus Ediciones 1991, S. 403–404.
— *Cántico*. Herausgegeben von José Manuel Bleca. Madrid: Biblioteca Nueva 2000.
Gumbrecht, Hans-Ulrich: Eine *Geschichte der spanischen Literatur*. Frankfurt a.M.: Suhrkamp 1990.
Haas, Alois M.: *Mystik als Aussage. Erfahrungs-, Denk- und Redeformen christlicher Mystik*. Frankfurt a.M.: Suhrkamp 1996.
— Paul Valérys *Monsieur Teste*. Testfall eines ‹mystique sans Dieu›. In: Wiebke Amthor / Hans R. Brittnacher / Anja Hallacker (Hg.): *Profane Mystik? Andacht und Ekstase in Literatur und Philosophie des 20. Jahrhunderts*. Berlin: Weidler 2002, S. 211–226.
Haase, Jenny: Im Dialog mit dem Anderen. Subjektivität, Alterität und Didaktik in der Lyrik Teresa von Ávilas. In: Matthias Hausmann / Marita Liebermann (Hg.): *Inszenierte Gespräche. Zum Dialog als Gattung und Argumentationsmodus in der Romania vom Mittelalter bis zur Aufklärung*. Berlin: Weidler 2014, S. 65–82.
— Writing Oneself as Another – Writing Another as Oneself. Julia Kristeva and Teresa of Ávila. In: Joan Ramon Resina (Hg.): *Inscribed Identities. Writing as Self-Realization*. London: Routledge 2019, S. 141–156.
Habermas, Jürgen: Glauben und Wissen. Dankesrede zur Verleihung des Friedenspreises des deutschen Buchhandels 2001. <https://www.friedenspreis-des-deutschen-buchhandels. de/alle-preistraeger-seit-1950/2000-2009/juergen-habermas> [22.4.2022].
— *Auch eine Geschichte der Philosophie. 1: Die okzidentale Konstellation von Glauben und Wissen. 2: Vernünftige Freiheit. Spuren des Diskurses über Glauben und Wissen*. Frankfurt a.M.: Suhrkamp 2019.
Hainsworth, Peter / Robey, David: *Italian Literature. A Very Short Introduction*. Oxford: Oxford University Press 2012.
Haraway, Donna: A Manifesto for Cyborgs. Science, Technology and Socialist Feminism in the 1980ies. In: Linda Nicholson (Hg.): *Feminism, Postmodernism*. New York: Routledge 1990, S. 190–233.
— *The Companion Species Manifesto. Dogs, People, and Significant Otherness*. Chicago: Prickly Paradigm Press 2003.
— *Staying with the Trouble. Making Kin in the Chthulucene*. Durham: Duke University Press 2016.
Haug, Walter: Das Gespräch mit dem unvergleichlichen Partner. Der mystische Dialog bei Mechthild von Magdeburg als Paradigma für eine personale Gesprächsstruktur. In: Karlheinz Stierle / Rainer Warning (Hg.): *Das Gespräch*. München: Wilhelm Fink 1996, S. 251–279.
Helfrich, Cornelia: *Die Rezeption von Gestalt und Werk der hl. Therese von Ávila in der französischen Literatur des 19./20. Jahrhunderts*. Frankfurt a.M: Peter Lang 2000.
Hillebrand, Bruno: Literatur und Dichtung (deutschsprachig). In: Henning Ottmann (Hg.): *Nietzsche-Handbuch. Leben – Werk – Wirkung*. Stuttgart: Metzler 2011, S. 444–466.
— Literatur und Dichtung (fremdsprachig). In: Henning Ottmann (Hg.): *Nietzsche-Handbuch. Leben – Werk – Wirkung*. Stuttgart: Metzler 2011, S. 466–478.
Hoffmann, Dieter: *Arbeitsbuch Deutschsprachige Lyrik 1880–1916*. Tübingen / Basel: A. Francke Verlag 2001.

Hollywood, Amy: *Sensible Ecstasy. Mysticism, Sexual Difference, and the Demands of History.* Chicago / London: The University of Chicago Press 1999.
Holmes, Diana: *French Women's Writing 1848–1994.* London / Atlantic Highlands, NJ: Athlone 1996.
Hugo, Victor: *Œuvres complètes. Odes et Ballades. Essais et poésies diverses. Les Orientales.* Paris: Ollendorf 1912.
Irigaray, Luce: *L'epoca del respiro / Le temps du souffle.* Rüsselsheim: Christel Göttert Verlag 1999.
— *Ce sexe qui n'en est pas un.* Paris: Les Éditions de Minuit 2003.
— *Speculum de l'autre femme.* Paris: Les Éditions de Minuit 2015.
— / Marder, Michael: *Through Vegetal Being. Two Philosophical Perspectives.* New York: Columbia University Press 2016.
Izquierdo, Patricia: *Devenir poétesse à la Belle Époque. Étude litteraire, historique et sociologique.* Paris: L'Harmattan 2009.
Jakobson, Roman: Linguistik und Poetik. In: ders.: *Poetik. Ausgewählte Aufsätze 1921–1971.* Frankfurt a.M.: Suhrkamp 1971, S. 267–292.
James, William: *The Varieties of Religious Experience.* New York / London: Longmans, Green & Co 1902.
Janowski, Franca: Ottocento. In: Volker Kapp (Hg.): *Italienische Literaturgeschichte.* Stuttgart: Metzler [3]2007, S. 245–299.
Jantzen, Grace M.: *Power, Gender and Christian Mysticism.* Cambridge: Cambridge University Press 1995.
Jiménez, Juan Ramón: *Diario de un poeta recién casado.* Madrid: Casa Ed. Calleja [3]1917.
— Notas al prólogo y la dedicatoria. In: ders.: *Segunda antolojía poética (1898–1918).* Madrid / Barcelona: Calpe 1920, S. 321–324.
— Sencillo y espontáneo. In: ders.: *Segunda antolojía poética (1898–1918).* Madrid / Barcelona: Calpe 1920, S. 5.
— Invitación a un juicio sobre la poesía actual. In: ders.: *La Corriente infinita.* Madrid: Aguilar 1961, S. 218.
— *Lírica de una Atlántida. 1936–1954.* Herausgegeben von Alfonso Alegre Heitzmann. Barcelona: Galaxia Gutenberg / Círculo de lectores 1999.
— Poesía y literatura. In: *Revista de Santander* 10 (2015), S. 212–225.
Jiménez Faro, Luzmaría (Hg.): *Breviario de los sentidos. Poesía erótica escrita por mujeres.* Madrid: Torremozas 2003.
Joas, Hans: *Die Macht des Heiligen. Eine Alternative zur Geschichte von der Entzauberung.* Frankfurt a.M.: Suhrkamp 2017.
Joy, Morny / O'Grady, Katherine / Poxon, Judith L. (Hg.): *French Feminists on Religion. A Reader.* Mit einem Vorwort von Catherine Clément. London / New York: Routledge 2002.
— Introduction. In: dies. (Hg.): *French Feminists on Religion. A Reader.* Mit einem Vorwort von Catherine Clément. London / New York: Routledge 2002, S. 1–12.
— (Hg.): *Religion in French Feminist Thought. Critical Perspectives.* Mit einer Einleitung von Luce Irigaray. London / New York: Routledge 2003.
Kalifa, Dominique: ‹Belle Époque›. Invention et usage d'un chrononyme. In: *Revue d'histoire du XIXe siècle* 52 (2016), S. 119–132.
Kapp, Volker (Hg.): *Italienische Literaturgeschichte.* Stuttgart: Metzler [3]2007.
Katz, Steven T. (Hg.): *Mysticism and Philosophical Analysis.* London: Sheldon 1978.

Klinger, Judith: ‹Als sei Ich ein Anderer›: Mystisches Subjekt, Geschlecht und Autorisierung bei Caterina von Siena. In: dies. / Susanne Thiemann (Hg.): *Geschlechtervariationen. Gender-Konzepte im Übergang zur Neuzeit.* Potsdam: Universitätsverlag Potsdam 2006, S. 83–129.
Klinkenberg, Michael F.: *Das Orientbild in der französischen Literatur und Malerei vom 17. Jahrhundert bis zum fin de siècle.* Heidelberg: Universitätsverlag Winter 2009.
Köhler, Hartmut: Paul Valéry, ‹Les pas›. In: Hans Hinterhäuser (Hg.): *Die französische Lyrik. Von Villon bis zur Gegenwart.* 2. Düsseldorf: August Bagel Verlag 1975, S. 234–245.
Köpf, Ulrich: Aufstiegsschemata. In: Peter Dinzelbacher (Hg.): *Wörterbuch der Mystik.* Stuttgart: Kröner Verlag ²1998, S. 35–37.
Koschorke, Albrecht: ‹Säkularisierung› und ‹Wiederkehr der Religion›. In: Helen Basu u.a. (Hg.): *Moderne und Religion. Kontroversen um Modernität und Säkularisierung.* Bielefeld: Transcript 2013, S. 237–260.
Kristeva, Julia: *Die Revolution der poetischen Sprache.* Frankfurt a.M.: Suhrkamp 1978.
— *Étrangers à nous-mêmes.* Paris: Fayard 1988.
— *Histoires d'amour.* Paris: Denoël 1983.
— *Geschichten von der Liebe.* Frankfurt a.M.: Suhrkamp 1993.
— *Thérèse mon amour. Récit.* Paris: Fayard 2009.
— The Passion According to Teresa of Avila. In: Richard Kearney / Brian Treanor (Hg.): *Carnal Hermeneutics.* New York: Fordham University Press 2015, S. 251–262.
Kruse, Elisabeth: *La recepción creadora de la tradición mística en la lírica de Dámaso Alonso. ¿Un poeta metafísico moderno?* Tübingen: Narr Francke Attempto 2016.
Lacan, Jacques: *Le séminaire, XX. Encore: 1972–1973.* Paris: Seuil 1975.
Lacher, Walter: *L'amour et le divin.* Genf: Perret-Gentil 1961.
Lamartine, Alphonse de: *Ausgewählte Gedichte.* Metrisch übersetzt von Gustav Schwab. Mit beigefügtem französischem Texte. Stuttgart / Tübingen: Cotta'sche Buchhandlung 1826.
Lamm, Julia A.: A Guide to Christian Mysticism. In: dies. (Hg.): *The Wiley-Blackwell Companion to Christian Mysticism.* Oxford: Blackwell 2013, S. 1–23.
Lang, André: *Voyage en zigzags dans la république des lettres.* Paris: Renaissance du livre 1919.
Larnac, Jean: *Histoire de la littérature féminine en France.* Paris: Éditions Kra ²1929.
La Santa Biblia. Antiguo y nuevo testamento. Con referencias. Antigua versión de Casiodoro de Reina (1569) revisada por Cipriano de Valera (1602). Otras revisones: 1862, 1909 y 1960. Asunción: Sociedades Bíblicas Unidas 1960.
Latour, Bruno: *Reassembling the Social.* Oxford: Oxford University Press 2005.
— *Nous n'avons jamais étés modernes. Essai d'anthropologie symetrique.* Paris: La Decouverte 2006.
Le Blond, Maurice: *Essais sur le naturisme.* Paris: Édition du Mercure de France 1896.
Le Brun, Jacques: *Le Pur amour de Platon à Lacan.* Paris: Seuil 2002.
Lemke, Thomas: An Alternative Model of Politics? Prospects and Problems of Jane Bennett's Vital Materialism. In: *Theory, Culture & Society* 35, 1 (Mai 2018). <https://journals.sagepub.com/doi/10.1177/0263276418757316> [22.4.2022].
Leonard, Philip: Introduction. In: ders. (Hg.): *Trajectories of Mysticism in Theory and Literature.* London: Macmillan 2000, S. x–xviii.
Leopardi, Giacomo: *Canti.* Kritische Edition von Franco Gavazzeni. Herausgegeben von Cristiano Animosi u.a. 1. Florenz: Accademia della Crusca 2006.
Le Rider, Jacques: *Nietzsche in Frankreich.* München: Wilhelm Fink 1997.

Lesueur, Daniel: *Nietschéenne*. Paris: Plon, Nourrit et Cie 1907.
Leuci, Verónica: *Eros y Thanatos*: La mística del amor en los *Sonetos del amor oscuro* de Federico García Lorca. In: *Espéculo. Revista de estudios literarios* 40, 2008. <https://webs.ucm.es/info/especulo/numero40/glorca.html> [22.4.2022].
Levinas, Emmanuel: *Totalité et infini. Essai sur l'extériorité*. Paris: Kluwer Academic 2015.
Lindhoff, Lena: *Einführung in die feministische Literaturwissenschaft*. Stuttgart / Weimar: Metzler ²2003.
Lira, Osvaldo: *Poesía y mística en Juan Ramón Jiménez*. Santiago de Chile: Centro de Investigaciones Estéticas 1969.
Lochrie, Karma: Mystical Acts, Queer Tendencies. In: dies. (Hg.): *Constructing Medieval Sexuality*. Minneapolis: University of Minnesota Press 1997.
López-Baralt, Luce: *Huellas del Islam en la literatura española. De Juan Ruíz a Juan Goytisolo*. Madrid: Hiperión 1985.
— *San Juan de la Cruz y el Islam. Estudio sobre las filiaciones semíticas de su literatura mística*. Mexiko-Stadt: El Colegio de México 1985.
— Prólogo. In: San Juan de la Cruz: *Obra completa*. 1. Herausgegeben von Luce López-Baralt / Eulogio Pacho. Madrid: Alianza Editorial 2010, S. 7–50.
— El mejor verso de San Juan. In: *La Jornada* 966 (8.9.2013). <http://www.jornada.unam.mx/2013/09/08/sem-luce.html> [22.4.2022].
Machado, Antonio: ¿Cómo ven la nueva juventud española? In: *La Gaceta Literaria* (1.3.1929).
— *Poesías completas*. Herausgegeben von Manuel Alvar. Madrid: Espasa 2011.
Mahmood, Saba: Agency, Performativity, and the Feminist Subject. In: Ellen T. Armour / Susan St. Ville (Hg.): *Bodily Citations. Religion and Judith Butler*. New York: Columbia University Press 2006, S. 177–209.
Mainer, José-Carlos: *La Edad de Plata (1902–1939). Ensayo de interpretación de un proceso cultural*. Barcelona: Los libros de la frontera 1975.
— *Historia de la literatura española. 6. Modernidad y nacionalismo 1900–1939*. Madrid: Crítica 2010.
Maître, Jacques: *Mystique et Féminité. Essai de psychanalyse sociohistorique*. Paris: Les Éditions du Cerf 1997.
Mallarmé, Stéphane: Autre étude de danse. In: ders.: *Divagations*. Paris: Eugène Fasquelle 1897, S. 179–186.
— Ballets. In: ders.: *Divagations*. Paris: Eugène Fasquelle 1897, S. 171–178.
Manenti, Angela Maria: Quasimodo. Poeta alla ricerca di Dio. In: Francesco Diego Tosto: (Hg.): *La letteratura e il sacro. II. L'universo poetico (Ottocento e prima parte del Novecento)*. Mit einem Vorwort von Pietro Gibellini. Neapel: Edizioni Scientifiche Italiane 2011, S. 269–275.
Marcussen, Marlene / Pultz Moslund, Sten (Hg.): *How Literature Comes to Matter. Post-Anthropocentric Approaches to the Study of Literature*. Edinburgh: Edinburgh University Press 2020.
Margaroni, Maria: Julia Kristeva's Voyage in the Thérèsian Continent. The Malady of Love and the Enigma of an Incarnated, Shareable, Smiling Imaginary. In: *Journal of French and Francophone Philosophy / Revue de la philosophie française et francophone* 21, 1 (2013), S. 83–103.
Martín Alcoff, Linda / Caputo, John D.: Introduction. In: dies. (Hg.): *Feminism, Sexuality, and the Return of Religion*. Bloomington / Indianapolis: Indiana University Press 2011, S. 1–16.

Mazzoni, Cristina: *Saint Hysteria. Neurosis, Mysticism, and Gender in European Culture.* Cornell: Cornell University Press 1992.
McGuinn, Bernhard: *Die Mystik im Abendland. 1: Ursprünge.* Freiburg: Herder 1994.
Mechthild von Magdeburg: *Das fließende Licht der Gottheit.* Nach der Einsiedler Handschrift in kritischem Vergleich mit der gesamten Überlieferung. Herausgegeben von Hans Neumann. 1. Text besorgt von Gisela Vollmann-Profe. München: Artemis 1990.
Meredith, Fionola: A Post-Metaphysical Approach to Female Subjectivity. Between Deconstruction and Hermeneutics. In: Pamela Sue Anderson / Beverley Clack (Hg.): *Feminist Philosophy of Religion. Critical Readings.* London / New York: Routledge 2004, S. 54–72.
Merlo, Pepa: Introducción. In: dies. (Hg.): *Peces en la tierra. Antología de mujeres poetas en torno a la Generación del 27.* Sevilla: Fundación José Manuel Lara 2010, S. 9–88.
— (Hg.): *Peces en la tierra. Antología de mujeres poetas en torno a la Generación del 27.* Sevilla: Fundación José Manuel Lara 2010.
Mesch, Rachel: *The Hysteric's Revenge. French Women Writers at the Fin de Siècle.* Nashville: Vanderbilt University Press 2006.
Milligan, Jennifer E.: *The Forgotten Generation. French Women Writers of the Inter-War Period.* Oxford / New York: Berg 1996.
Miró, Emilio (Hg.): *Antología de poetisas del 27.* Madrid: Castalia 1999.
Moisan, Clément: *Henri Bremond et la poésie pure.* Abbeville: Paillart 1967.
Moore, Henrietta L.: Subjectivity. In: Mary Evans / Carolyn H. Williams (Hg.): *Gender. The Key Concepts.* London / New York: Routledge 2013, S. 203–208.
Mugnier, Abbé: *Journal (1879–1939).* Herausgegeben von Marcel Billot. Mit einem Vorwort von Ghislain de Diesbach und Anmerkungen von Jean d'Hendecourt. Paris: Mercure de France 1985.
Nancy, Jean-Luc: *La Déclosion (Déconstruction du christianisme, 1).* Paris: Galilée 2005.
— *Ausdehnung der Seele. Texte zu Körper, Kunst und Tanz.* Ausgewählt und übersetzt von Miriam Fischer. Berlin / Zürich: Diaphanes 2010.
— *L'adoration (Deconstruction du christianisme, 2).* Paris: Galilée 2010.
Neuschäfer, Hans-Jörg: *Spanische Literaturgeschichte.* Stuttgart: Metzler ⁴2011.
Nietzsche, Friedrich: *Sämtliche Werke. Kritische Studienausgabe. 3. Morgenröte. Idyllen aus Messina. Die fröhliche Wissenschaft.* Herausgegeben von Giorgio Colli / Mazzino Montinari. München: Deutscher Taschenbuchverlag 1980.
— *Sämtliche Werke. Kritische Studienausgabe. 6. Der Fall Wagner. Götzen-Dämmerung. Der Antichrist. Ecce homo. Dionysus-Dithyramben. Nietzsche contra Wagner.* Herausgegeben von Giorgio Colli / Mazzino Montinari. München: Deutscher Taschenbuchverlag 1980.
— *Sämtliche Werke. Kritische Studienausgabe. 13. Nachgelassene Fragmente 1887–1889.* Herausgegeben von Giorgio Colli / Mazzino Montinari. München: Deutscher Taschenbuchverlag 1980.
— *Sämtliche Werke. Kritische Studienausgabe. 1. Die Geburt der Tragödie. Unzeitgemäße Betrachtungen 1–4. Nachgelassene Schriften 1870–1873.* Herausgegeben von Giorgio Colli / Mazzino Montinari. München: Deutscher Taschenbuchverlag 1988.
— *Sämtliche Werke. Kritische Studienausgabe. 4. Also sprach Zarathustra 1–4.* Herausgegeben. von Giorgio Colli / Mazzino Montinari. München: Deutscher Taschenbuchverlag 1988.
Nobus, Dany: The Sculptural Iconography of Feminine Jouissance. Lacan's Reading of Bernini's Saint Teresa in Ecstasy. In: *The Comparatist* 39 (2015), S. 22–46.

Nola, Laura di (Hg.): *Poesia femminista italiana*. Rom: Savelli 1978.
O'Brien, Catherine: Introduction. In: dies. (Hg.): *Italian Women Poets of the Twentieth Century*. Dublin: Irish Academic Press 1996, S. 15–20.
– (Hg.): *Italian Women Poets of the Twentieth Century*. Dublin: Irish Academic Press 1996.
Ortega y Gasset, José: *La deshumanización del arte*. Madrid: Espasa Calpe 1987.
Otto, Rudolf: *West-Östliche Mystik. Vergleich und Unterscheidung zur Wesensdeutung*. Gotha: Leopold Klotz 1926.
– *Das Heilige. Über das Irrationale in der Idee des Göttlichen und sein Verhältnis zum Rationalen*. München: Beck 1991.
Otto, Victor: ‹Diarische Mystik 1910/1930›. Rilke, Reventlow, Ernst Jünger, Breton. In: Wiebke Amthor / Hans R. Brittnacher / Anja Hallacker (Hg.): *Profane Mystik? Andacht und Ekstase in Literatur und Philosophie des 20. Jahrhunderts*. Berlin: Weidler 2002, S. 227–253.
Padel, Ruth: Tigers in Western Literature. ‹https://www.ruthpadel.com/article/emblem-prisoner-and-fiction-the-tiger-in-western-literature/› [22.4.2022].
Pansa, Francesca / Buccich, Marianna (Hg.): *Poesia d'amore. L'assenza, il desiderio*. Rom: Newton Compton 1986.
Papi, Fulvio: *Il pensiero di Antonio Banfi*. Florenz: Parenti Editore 1961.
Pascal, Blaise: *Pensées*. Herausgegeben von Léon Brunschvicg. Mit einem Vorwort von Dominique Descotes / Marc Escola. Paris: Flammarion 2015.
Passigli, Stefano: Gli anni dell'ermetismo. Una lettura politica. In: Anna Dolfi (Hg.): *L'Ermetismo a Firenze. Critici, traduttori, maestri, modelli*. I. Florenz: Firenze University Press 2016, S. 33–37.
Pautasso, Sergio: *Ermetismo*. Mailand: Editrice Bibliografica 1996.
Pedraza Jiménez, Felipe B. / Rodríguez Cáceres, Milagros: *Manuel de literatura española. XI. Novecentismo y vanguardia: Líricos*. Pamplona: Cénlit Ediciones 1993.
Pelissier, Georges: *Études de littérature et morale contemporaines*. Paris: E. Cornély et Cie 1905.
Petrarca, Francesco: *Die Besteigung des Mont Ventoux*. Lateinisch / Deutsch. Stuttgart: Reclam 1995.
Petronio, Giuseppe: *Geschichte der italienischen Literatur 3*. Tübingen / Basel: A. Francke Verlag 1993.
Peylet, Gérard: *La littérature fin de siècle de 1884 à 1898. Entre décadentisme et modernité*. Paris: Librairie Vuibert 1994.
Pfeiffer, K. Ludwig / Vondung, Klaus: Einleitung. In: dies.: (Hg.): *Jenseits der entzauberten Welt. Naturwissenschaft und Mystik in der Moderne*. München: Fink 2006, S. 7–16.
Pick, Anat: *Creaturely Poetics. Animality and Vulnerability in Literature and Film*. New York: Columbia University Press 2011.
Pickering-Iazzi, Robin: *Politics of the Visible. Writing Women, Culture, and Fascism*. Minneapolis / London: University of Minnesota Press 1997.
Planté, Christine: La place problématique des femmes poètes. In: Martine Reid (Hg.): *Les femmes dans la critique et l'histoire littéraire*. Paris: Honoré Champion 2011, S. 55–72.
Plate, S. Brent: The Skin of Religion. Aesthetic Mediation of the Sacred. In: *Crosscurrents* 62, 2 (2012), S. 162–180.
Pritsch, Sylvia: *Rhetorik des Subjekts. Zur textuellen Konstruktion des Subjekts in feministischen und anderen postmodernen Diskursen*. Bielefeld: Transcript 2008.
Proust, Marcel: *Lettres à la Comtesse de Noailles 1901–1919. Présentées par la Comtesse de Noailles et suivies d'un article de Marcel Proust*. Paris: Plon 1931.

— *Contre Sainte Beuve, précédé de Pastiches et mélanges et suivi de Essais et articles*. Herausgegeben von Pierre Clarac in Zusammenarbeit mit Yves Sandre. Paris: Gallimard 1971.
— *Correspondance*. T. VIII: 1908. Paris: Plon 1981.
— *À l'ombre des jeunes filles en fleur. À la recherche du temps perdu II*. Herausgegeben von Pierre-Louis Rey. Paris: Gallimard 1988.
— *Le Côté des Guermantes. À la recherche du temps perdu III*. Herausgegeben von Thiery Laget. Paris: Gallimard 1988.
— *Correspondance. Choix de lettres et présentation*. Herausgegeben von Jérôme Picon. Paris: Garnier Flammarion 2007.
Quance, Roberta: ‹Hago versos, señores...› In: Iris M. Zavala (Hg.): *Breve historia feminista de la literatura española (en lengua castellana). V. La literatura escrita por mujer (Del s. XIX a la actualidad)*. Barcelona: Anthropos 1998, S. 185–210.
Ramanathan, Geetha: *Locating Gender in Modernism. The Outsider Female*. London / New York: Routledge 2012.
Reckwitz, Andreas: *Das hybride Subjekt. Eine Theorie der Subjektkulturen von der bürgerlichen Moderne bis zur Postmoderne*. Weilerswist: Velbrück Wissenschaft 2006.
Reschka, Kathrina: *Zwischen Stille und Stimme. Zur Figur der Schweigsamen bei Madeleine Bourdouxhe, Marguerite Yourcenar, Marguerite Duras, Clarice Lispector, Emmanuèle Bernheim und in den Verfilmungen der Romane*. Frankfurt a.M.: Peter Lang 2012.
Ricœur, Paul: The Nuptial Metaphor. In: Jo Carruthers / Mark Knight / Andrew Tate (Hg.): *Literature and the Bible. A Reader*. London / New York: Routledge 2014, S. 221–228.
Ries, Wiebrecht / Kiesow, Karl-Friedrich: Von *Menschliches, Allzumenschliches* bis zur *Fröhlichen Wissenschaft*. In: Henning Ottmann (Hg.): *Nietzsche-Handbuch. Leben – Werk – Wirkung*. Stuttgart: Metzler 2011, S. 91–119.
Rilke, Rainer Maria: *Liriche*. Herausgegeben von Vincenzo Errante. Mailand: Alpes 1929.
— *Sämtliche Werke. 6. Die Aufzeichnungen des Malte Laurids Brigge. Prosa 1906–1926*. Frankfurt a.M.: Insel-Verlag 1966.
— *Briefe. 2. 1919–1926*. Herausgegeben von Horst Nalewski. Frankfurt a.M. / Leipzig: Insel Verlag 1991.
— *Die Gedichte*. Frankfurt a.M. / Leipzig: Insel Verlag 1998.
Río, Ángel del: *Historia de la literatura española. Desde 1700 hasta nuestros días*. Barcelona: Grupo Zeta 1998.
Roccasalva Firenze, Mirella: Filippo Tomasso Marinetti. Aeropoesia: ‹Una voluttà di tocare l'infinito›. In: Francesco Diego Tosto (Hg.): *La letteratura e il sacro. II. L'universo poetico (Ottocento e prima parte del Novecento)*. Mit einem Vorwort von Pietro Gibellini. Neapel: Edizioni Scientifiche Italiane 2011, S. 181–189.
Rohmer, Stascha: Einführung in die Lebensphilosophie Ortega y Gassets. <https://apps.carleton.edu/proyecto/assets/Einf__hrungOrtega_1.pdf> [22.4.2022].
Rossi, Rosa: Juan de la Cruz. La ‹voz› y la ‹experiencia›. In: Iris M. Zavala (Hg.): *Breve historia feminista de la literatura española (en lengua castellana)*. 2. Barcelona: Anthropos 1993, S. 215–234.
Runge, Anita / Steinbrügge, Lieselotte: Einleitung. In: dies. (Hg.): *Die Frau im Dialog. Studien zur Theorie und Geschichte des Briefes*. Stuttgart: Metzler 1991, S. 7–11.
Rutger-Hausmann, Frank: Giacomo Leopardi. ‹L'Infinito›. In: Vera Alexander / Monika Fludernik (Hg.): *Romantik*. Trier: Wissenschaftlicher Verlag Trier 2000, S. 201–215.

Salomone, Alicia N.: Subjetividades e identidades. Diálogos entre Gabriela Mistral y Victoria Ocampo. In: dies. u.a. (Hg.): *Modernidad en otro tono. Escritura de mujeres latinoamericanas: 1920–1950*. Santiago de Chile: Editorial Cuarto Propio 2004, S. 19–43.

Saliers, Don E.: Aesthetics. In: Julia A. Lamm (Hg.): *The Wiley-Blackwell Companion to Christian Mysticism*. Oxford: Blackwell 2013, S. 74–88.

San Francesco d'Assisi: Canto delle creature. In: Massimo Bontempelli (Hg.): *Lirice italiana. Dal Cantico delle creature al Canto notturno d'un pastore errante dell'Asia*. Mailand: Bompiani 1943, S. 5.

San Juan de la Cruz: *Obra completa*. 1 und 2. Herausgegeben von Luce López-Baralt / Eulogio Pacho. Madrid: Alianza Editorial 2010

Santa Teresa: *Obras completas*. Madrid: Editorial de la Espiritualidad ^{4}1994.

Sardi, Alessandro: ‹L'essere nella vita dello spirito›. Dialettica esistenziale tra cultura e problematica religiosa in Antonio Banfi. In: Simona Chiodo / Gabriele Scaramuzza (Hg.): *Ad Antonio Banfi cinquant'anni dopo*. Mailand: Unicopli 2007, S. 315–325.

Sauter, Caroline: Liebe. In: Daniel Weidner (Hg.): *Handbuch Literatur und Religion*. Stuttgart: Metzler 2016, S. 385–390.

Scaramuzza, Gabriele: *Crisi come rinnovamento. Scritti sull'estetica della scuola di Milano*. Mailand: Edizioni Unicoli 2000.

Schimmel, Annemarie: *Mystische Dimensionen des Islams*. Aalen: Qalandar 1979.

— (Hg.): *Gärten der Erkenntnis. Texte aus der islamischen Mystik übertragen von Annemarie Schimmel*. Düsseldorf / Köln: Eugen Diederichs Verlag 1982.

— *Stern und Blume. Die Bilderwelt der persischen Poesie*. Wiesbaden: Otto Harrassowitz 1984.

— ‹I take off my dress of the body›. Eros in Sufi literature and life. In: Sarah Coakley (Hg.): *Religion and the Body*. Cambridge: Cambridge University Press 1997, S. 262–288.

— *Sufismus. Eine Einführung in die islamische Mystik*. München: C.H. Beck 2000.

Schlimgen, Erwin: *Nietzsches Theorie des Bewußtseins*. Berlin / New York: De Gruyter 1999.

Schneider, Lars: *Die page blanche in der Literatur und bildenden Kunst in der Moderne*. Paderborn: Wilhelm Fink 2016.

Scholem, Gershom: *Die jüdische Mystik in ihren Hauptströmungen*. Frankfurt a.M.: Suhrkamp 1993.

Schüle, Christian: Apollinisch-dionysisch. In: Henning Ottmann (Hg.): *Nietzsche-Handbuch. Leben – Werk – Wirkung*. Stuttgart: Metzler 2011, S. 187–190.

Scott, Joan Wallach: *Sex and Secularism*. Princeton / Oxford: Princeton University Press 2018.

Showalter, Elaine: Feminist Criticism in the Wilderness. In: *Critical Inquiry* (Winter 1981), S. 179–205.

Simonis, Annette / Simonis, Linda: Literaturwissenschaften. In: Friedrich Jaeger / Wolfgang Knöbl / Ute Schneider (Hg.): *Handbuch Moderneforschung*. Stuttgart: Metzler 2015, S. 154–165.

Somigli, Luca: Italy. In: Pericles Lewis (Hg.): *The Cambridge Companion to European Modernism*. Cambridge: Cambridge University Press 2011, S. 75–93.

Spinoza, Baruch de: *Éthique*. Mit einer Einleitung, Übersetzung und Kommentaren von Robert Misrahi. Paris / Tel Aviv: Éditions de l'éclat 2005.

Spörl, Uwe: *Gottlose Mystik in der deutschen Literatur um die Jahrhundertwende*. Paderborn u.a.: Schöningh 1997.

Stasi, Beatrice: *Ermetismo*. Mailand: La Nuova Italia 2000.

Staudigl, Barbara: *Emmanuel Lévinas*. Göttingen: UTB 2009.

Stauffer, Marianne: *Der Wald. Zur Darstellung und Deutung der Natur im Mittelalter*. Bern: Juris-Verlag 1959.

Steinmetz-Jenkins, Daniel: Do secularism and gender equality really go hand in hand? In: *The Guardian* (30.12.2017). <https://www.theguardian.com/commentisfree/2017/dec/30/secularism-gender-equality-joan-wallach-scott> [22.4.2022].
Stoll, André: Itinerarium extaticum oder Kryptische Durchquerung der Liebesgärten. San Juan de la Cruz: ‹En una noche oscura›. In: Manfred Tietz (Hg.): *Die spanische Lyrik von den Anfängen bis 1870*. Frankfurt a.M.: Vervuert 1997, S. 326–354.
Störmer-Caysa, Uta: *Einführung in die mittelalterliche Mystik*. Stuttgart: Reclam 2004.
Strazzeri, Giuseppe / Cannizzaro Byrne, Nina: Anthologies. Poetry, Modern. In: Rinaldina Russell (Hg.): *The Feminist Encyclopedia of Italian Literature*. Westport / London: Greenwood Press 1997, S. 13–15.
Strobel, Jochen: Vom Verkehr mit Dichtern und Gespenstern. Figuren der Autorschaft in der Briefkultur. In: ders. (Hg.): *Vom Verkehr mit Dichtern und Gespenstern. Figuren der Autorschaft in der Briefkultur*. Heidelberg: Winter 2006, S. 7–32.
Súarez, Federico: *Intelectuales antifascistas*. Madrid: RIALP 2002.
Sudbrack, Josef: Mystik. In: Peter Dinzelbacher (Hg.): *Wörterbuch der Mystik*. Stuttgart: Alfred Kröner Verlag ²1998, S. 367–370.
Taylor, Charles: *A Secular Age*. Cambridge, MA: Harvard University Press 2007.
— Afterword: Apologia pro Libro suo. In: Michael Warner/ Jonathan Van Antwerpen/ Craig Calhoun (Hg.): *Varieties of Secularism in a Secular Age*. Cambridge, MA.: Harvard University Press 2010, S. 300–321.
Teresa von Ávila: *Gedanken zum Hohelied, Gedichte und kleinere Schriften*. Vollständige Neuübertragung. 3. Freiburg / Basel / Wien: Herder 2004.
Testaferri, Ada: Canon. In: Rinaldina Russell (Hg.): *The Feminist Encyclopedia of Italian Literature*. Westport / London: Greenwood Press 1997, S. 40–42.
Teuber, Bernhard: ‹Vivir quiero conmigo›. Verhandlungen mit sich und dem anderen in der ethopoetischen Lyrik des Fray Luis de León und des Francisco Aldana. In: Wolfgang Matzat / Bernhard Teuber (Hg.): *Welterfahrung – Selbsterfahrung. Konstitution und Verhandlung von Subjektivität in der spanischen Literatur der frühen Neuzeit*. Tübingen: Niemeyer 2000, S. 179–206.
— *Sacrificium litterae. Allegorische Rede und mystische Erfahrung in der Dichtung des heiligen Johannes vom Kreuz*. München: Fink 2003.
— Von der Lebensbeichte zur kontemplativen Selbstsorge. Autobiographisches Schreiben als Ästhetik mystischer Existenz bei Teresa von Ávila. In: Maria Moog-Grünewald (Hg.): *Autobiographisches Schreiben und philosophische Selbstsorge*. Heidelberg: Winter Verlag 2004, S. 57–72.
— Selbstgespräch – Zwiegespräch – Seelengespräch. Zur Ökonomie spiritueller Kommunikation. In: Béatrice Jakobs / Volker Kapp (Hg.): *Seelengespräche*. Berlin: Duncker & Humblot 2008, S. 57–79.
— Der Berg Karmel. Formationen einer mystischen Topographie. In: Susanne Goumegou u.a. (Hg.): *Über Berge. Topographien der Überschreitung*. Berlin: Kadmos 2012, S. 38–55.
The Immanent Frame. Secularisms, Religion, and the Public Sphere <https://tif.ssrc.org/> [22.4.2022].
Thoma, Heinz / Wetzel, Hermann H.: Novecento. In: Volker Kapp (Hg.): *Italienische Literaturgeschichte*. Stuttgart: Metzler 2007, S. 300–402.
Tuncel, Yunus (Hg.): *Nietzsche and Transhumanism. Precursor or Enemy?* Newcastle upon Tyne: Cambridge Scholars Publishing 2017.
Underhill, Evelyn: *Mysticism*. London: Methuen 1911.

Ungaretti, Giuseppe: *Vita d'un uomo. Poesie 1. 1914–1919. L'allegria*. Mailand: Mondadori 1957.
Valéry, Paul: *Eupalinos. L'Âme et la Danse. Dialogue de l'Arbre*. Paris: Gallimard 1945.
— Au sujet d'Adonis. In: ders.: *Œuvres, I*. Paris: Gallimard 1957, S. 474–495.
Veneziano, Gianmario: Ada Negri. Il ritrovamento della giovenezza. In: Francesco Diego Tosto (Hg.): *La letteratura e il sacro. II. L'universo poetico (Ottocento e prima parte del Novecento)*. Neapel: Edizioni Scientifiche Italiane 2011, S. 173–180.
Vinken, Barbara: Erfüllung auf dem Berg. Der heilige Franziskus und der La Verna. In: Susanne Goumegou u.a. (Hg.): *Über Berge. Topographien der Überschreitung*. Berlin: Kadmos 2012, S. 63–67.
Wagner-Egelhaaf, Martina: *Mystik der Moderne. Die visionäre Ästhetik der deutschen Literatur im 20. Jahrhundert*. Stuttgart: Metzler 1989.
— Die mystische Tradition der Moderne. Ein unendliches Sprechen. In: Moritz Baßler / Hildegard Châtelier (Hg.): *Mystique, mysticisme et modernité en Allemagne autour de 1900 / Mystik, Mystizismus und Moderne in Deutschland um 1900*. Straßburg: Presses Universitaires de Strasbourg 1998, S. 41–57.
Walsh Hokenson, Jan: Comedies of Error. Bergson's Laughter in Modernist Contexts. In: Paul Ardoin / S.E. Gontarski / Laci Mattison (Hg.): *Understanding Bergson, Understanding Modernism*. New York / London: Bloomsbury 2013, S. 38–53.
Warner, Michael / Van Antwerpen, Jonathan / Calhoun, Craig: Introduction. In: dies. (Hg.): *Varieties of Secularism in a Secular Age*. Cambridge, MA: Harvard University Press 2010.
Weber, Alison: *Teresa of Avila and the Rhetoric of Femininity*. Princeton: Princeton University Press 1996.
Wehr, Gerhard: ‹Nirgends, Geliebte, wird Welt sein als innen›. *Lebensbilder der Mystik im 20. Jahrhundert*. Gütersloh: Gütersloher Verlagshaus 2011.
Weich, Horst: Obskure Begierden. Blumenmetaphorik und kodierte Körperlichkeit in Lorcas Sonetos del amor oscuro. In: Bernhard Teuber / Horst Weich (Hg.): *Iberische Körperbilder im Dialog der Medien und Kulturen*. Frankfurt a.M. / Madrid: Vervuert / Iberoamericana 2002, S. 187–200.
Weil, Simone: Autobiographie spirituelle. In: dies. (Hg.): *Œuvres*. Herausgegeben von Florence de Lussy. Paris: Gallimard 1999, S. 767–780.
Weinmann, Martin: Einleitung. In: Gilles Deleuze: *Henri Bergson zur Einführung*. Hamburg: Junius 2007, S. 7–21.
Weiss, Andrea: *Paris was a Woman. Portraits from the Left Bank*. London: Pandorra 1995.
Wennerscheid, Sophie: *Das Begehren nach der Wunde. Religion und Erotik im Schreiben Kierkegaards*. Berlin: Matthes & Seitz 2008.
Wild, Cornelia: *Göttliche Stimme, irdische Schrift. Dante, Petrarca, Caterina da Siena*. Berlin: De Gruyter 2016.
— Mystik. In: Daniel Weidner (Hg.): *Handbuch Literatur und Religion*. Stuttgart: Metzler 2016, S. 395–398.
Willson, Perry: *Women in Twentieth-Century Italy*. London: Palgrave Macmillan 2010.
Woolf, Virginia: *A Room of One's Own*. London: Hogarth Press [15]1974.
Yore, Sue: *The Mystic Way in Postmodernity. Transcending Theological Boundaries in the Writings of Iris Murdoch, Denise Levertov and Annie Dillard*. Bern: Peter Lang 2009.
Zambrano, María: *Waldlichtungen*. Frankfurt a.M.: Suhrkamp 1992.
— *El hombre y lo divino*. Mit einem Vorwort von María Fernanda Santiago Bolaños. Madrid: Fondo de Cultura Económica 2007.
— *Claros del bosque*. Herausgegeben von Mercedes Gómez Blesa. Madrid: Cátedra 2011.

— *Filosofía y poesía*. Mexiko-Stadt: Fondo de Cultura Económica de España 2016.
Zimmermann, Hans Dieter: *Die Entstehung der Moderne aus dem Geist der Mystik und der Rationalität*. Buch mit Audio-Volltextlesung. Schwalmtal: Onomato 2019.

7.4 Abbildungen

Abbildung 1: Antonia Pozzi: Da Portofino a Ruta, aprile 1938. In: dies.: *Nelle immagini l'anima. Antologia fotografica*. Herausgegeben von Ludovica Pellegatta / Onorina Dino. Mailand: Àncora 2007, S. 37. © Centro Internazionale Insubrico / Università degli studi dell'Insubria.

Abbildung 2: Antonia Pozzi: Baite a Champlan, Val d'Ayas, ottobre 1937. In: dies.: *Nelle immagini l'anima. Antologia fotografica*. Herausgegeben von Ludovica Pellegatta / Onorina Dino. Mailand: Àncora 2007, S. 47. © Centro Internazionale Insubrico / Università degli studi dell'Insubria.

Abbildung 3: Antonia Pozzi: Trasparenze, San Fruttuoso, aprile 1938. In: dies.: *Nelle immagini l'anima. Antologia fotografica*. Herausgegeben von Ludovica Pellegatta / Onorina Dino. Mailand: Àncora 2007, S. 45. © Centro Internazionale Insubrico / Università degli studi dell'Insubria.

Abbildung 4: Antonia Pozzi: ‹Si chiude il velario›. Cime di Lavaredo, agosto 1938. In: dies.: *Nelle immagini l'anima. Antologia fotografica*. Herausgegeben von Ludovica Pellegatta / Onorina Dino. Mailand: Àncora 2007, S. 20. © Centro Internazionale Insubrico / Università degli studi dell'Insubria.

Abbildung 5: Antonia Pozzi: Lago di Misurina, agosto 1938. In: dies.: *Nelle immagini l'anima. Antologia fotografica*. Herausgegeben von Ludovica Pellegatta / Onorina Dino. Mailand: Àncora 2007, S. 29. © Centro Internazionale Insubrico / Università degli studi dell'Insubria.

Namenregister

Das folgende Register versteht sich als Auswahlregister; es führt die für die Argumentation zentralen Namen auf.

Abbé Mugnier 146, 219, 220, 222
Agamben, Giorgio 84, 238, 239, 243, 422, 447, 463, 464, 472
Agustini, Delmira 6, 168, 223, 259, 271, 286, 299, 326, 327, 341
Alberti, Rafael 252, 272, 310
Alcoforado, Mariana 189, 373
Aleixandre, Vicente 307
Aleramo, Sibilla 394, 396–398
Alonso, Dámaso 40, 248, 254, 302
Altolaguirre, Manuel 247, 264
Andreas-Salomé, Lou 214
Andreu, Blanca 274
Apollinaire, Guillaume 121, 254
Areopagita, Pseudo-Dionysius 51–54, 68
Asad, Talal 22, 23, 26
Augustinus 182, 188, 275, 310, 319, 331, 332
Azaña, Manuel 264, 265
Azorín 250, 251

Bachelard, Gaston 265, 347
Badinter, Elisabeth 34
Banfi, Antonio 13, 19, 383, 385–391, 401, 405, 407–409, 413, 417, 418, 423, 474, 493
Barad, Karen 90, 91
Barnes, Djuna 121, 345
Barney, Nathalie 123
Barrès, Maurice 127, 134, 146, 153, 154, 159, 176, 192, 193, 197, 207
Barthes, Roland 216, 479
Baruzi, Jean 44, 45, 57, 58, 117
Bataille, Georges 10, 41, 42, 65, 73, 223, 330, 335, 336, 344, 356, 376, 378
Baudelaire, Charles 58, 132, 137, 151, 171, 189, 301
Beauvoir, Simone de 30, 66, 172
Bécquer, Gustavo Adolfo 248, 257
Benjamin, Walter 26
Bennett, Jane 16, 17, 90–99, 102, 106, 112, 222, 229, 375, 452, 471
Bergamín, José 253–255

Bergson, Henri 13, 17, 94–97, 106, 110, 112–114, 117, 127, 128, 152, 171, 175, 177, 227–229, 320, 360, 414
Bernhard von Clairvaux 52, 332
Bernini, Gian Lorenzo 75, 76, 158–160, 166, 168–170, 172, 207
Bisi, Camilla 397, 398
Blum, Léon 141, 147, 150, 220, 222
Böhme, Jakob 389
Bonaparte, Marie 40, 75, 159, 161
Borgese, Guiseppe Antonio 390, 401, 404
Braidotti, Rosi 16, 17, 21, 22, 32, 34–36, 90, 97–104, 106, 107, 148, 162, 218, 224, 225, 233, 326, 337, 343, 353, 359, 378, 379, 432, 501, 509, 512
Bremond, Henri 10, 13, 40, 55, 117–121, 140–142, 145, 254–257, 281, 282, 351, 355, 363, 392, 417
Breton, André 121
Bruno, Giordano 59, 416
Buber, Martin 40
Bulteau, Augustine 127, 128
Butler, Judith 8, 68, 90, 336, 337

Campo, Cristina 410, 411
Camprubí, Zenobia 264, 265
Cantoni, Remo 386, 401, 404
Castro, Américo 167, 251
Castro, Rosalía de 251, 274, 276, 279
Cernuda, Luis 252, 265, 305, 327
Certeau, Michel de 1, 5, 16, 39, 41–44, 50–54, 56–60, 86, 173, 198, 236, 243, 319–321, 325, 327, 328, 331, 333, 347, 457, 458, 460, 461, 477
Cervi, Antonio Maria 401, 402, 404, 421, 422, 424–426, 463, 487
Chacel, Rosa 258, 262, 285, 326
Cixous, Hélène 16, 17, 31, 32, 41, 67, 72–74, 78, 81, 84, 105, 162, 223, 294, 301, 306, 342, 358, 452
Clarín, Leopoldo 250, 251

Namenregister

Claudel, Paul 111, 132, 281, 282, 392
Clément, Catherine 31, 172, 511
Cocteau, Jean 127, 134, 135, 142, 163, 254
Colette 121, 123, 127, 132, 133, 137, 193, 219
Conde, Carmen 18, 245, 247, 258, 261, 262, 264, 266, 277, 279, 281–285, 290, 292–298, 300–302, 306, 327, 339, 340, 360, 361, 371, 372, 428
Coronado, Carolina 248, 251, 271
Corti, Maria 386, 387
Croce, Benedetto 385, 392, 398
Culler, Jonathan 221, 222, 457, 464, 488, 489
Cvetaeva, Marina 410, 414

D'Annunzio, Gabriele 65, 249, 390, 404
Dante, Alighieri 44, 241, 384
Darío, Rubén 299, 341
Darwin, Charles 94, 384
Dauguet, Marie 123, 124
Delarue-Mardrus, Lucie 123, 124
Deledda, Grazia 394, 396, 397
Deleuze, Gilles 94, 95, 97, 99, 113
Demokrit 94
Derrida, Jacques 41, 42
Desbordes-Valmore, Marceline 132, 189, 269
Descartes, René 27, 87, 340
Dickinson, Emily 400, 410
Diderot, Denis 84, 94, 153
Diego, Gerardo 247, 248, 252, 254, 255, 260, 261, 270, 272, 279, 280, 285, 315
Domenchina, Juan José 255, 260, 264, 265
Driesch, Hans 95
Dschāmi 212
Dumas, Alexandre 167
Duncan, Isadora 357
Duras, Marguerite 15

Eisenstadt, Shmuel N. 5, 23
Eliade, Mircea 265, 439, 444, 462
Eliot, T.S 113, 391
Emmerich, Anna-Catarina 410
Encina, Juan de la 264, 265
Epikur 94, 111, 213
Eros 152, 168, 190, 224, 234, 272, 344

Felipe, León 265
Fénélon, François 150
Fichte, Johann Gottlieb 423
Flaubert, Gustave 151, 401, 409, 413, 417, 418
Foligno, Angela 425
Foucault, Michel 17, 22, 24, 38, 45, 46, 48, 90, 100, 104, 139, 225, 314, 324, 336
Franziskus, Heiliger *Siehe* Franz von Assisi
Franz von Assisi 12, 428, 431, 439, 446, 468, 471, 472, 505
Freud, Sigmund 35, 40, 75, 84, 159, 208, 224, 237, 296, 384
Friedrich, Hugo 55, 57, 58, 119, 120
Fuller, Loïe 193, 206, 351

Gadenz, Tullio 407, 412, 415, 416, 440, 488
García Lorca, Federico 246, 248, 252, 255, 272, 274, 327, 345, 361, 375
Gide, André 115, 127, 128, 133, 135, 159, 161, 254, 360, 361, 392
Goethe, Johann Wolfgang 55
Gómez Avellaneda, Gertrudis de 269
Góngora, Luis de 246–248
Guattari, Félix 97
Guillén, Jorge 247, 248, 252, 254–256, 272, 274, 287, 302, 307, 310, 343, 359, 374, 377

Habermas, Jürgen 21
Hadewijch von Antwerpen 67
Hafiz 195, 198, 200, 212
Haraway, Donna 91, 233
Héloïse 189
Hernández, Miguel 247
Hiob 496
Hirsi Ali, Ayaan 34
Hobbes, Thomas 94
Hofmannsthal, Hugo von 206
Hölderlin, Johann Christian Friedrich 29, 488
Hollywood, Amy 7, 8, 10, 42, 66, 68, 79, 80, 158, 162, 172, 288, 336, 339, 353, 435
Hugo, Victor 128, 132, 136, 139, 167, 192–194
Huntington, Samuel 33
Husserl, Edmund 385
Huxley, Aldous 401

Ibarbourou, Juana de 6, 259, 271, 286, 327
Ibn-al-'Arabī 203
Irigaray, Luce 10, 16, 17, 31, 32, 41, 66, 67, 72–81, 84, 90–92, 99, 105, 150, 162, 170, 172, 187, 202, 223, 288, 312, 335, 353, 358, 362, 366, 372, 378, 435, 459, 494, 495

Jakobson, Roman 55, 56
James, William 29, 40, 42, 43, 460
Jammes, Francis 111, 128
Jarnés, Benjamín 371
Jesus Christus 8, 49, 67, 69, 77, 84, 85, 156, 176, 178, 304, 322, 327, 422
Jiménez, Juan Ramón 65, 245, 248, 249, 252, 255–257, 264, 265, 281, 283, 284, 287, 299, 313, 327, 357, 360, 365, 505
Joas, Hans 11
Johannes vom Kreuz *Siehe* San Juan de la Cruz
Jouve, Pierre Jean 65
Jung, Carl Gustav 40

Kafka, Franz 85, 94, 183
Katz, Steven T. 42
Kierkegaard, Søren 339, 490
Kristeva, Julia 16, 17, 31, 32, 35, 41, 67, 72, 73, 81–89, 99, 105, 149, 153, 177, 179, 182, 183, 188–191, 293, 299, 332, 340, 342, 511
Krysinska, Marie 123

Labé, Louise 132, 189
Lacan, Jacques 35, 41, 75, 76, 160, 170
Lamartine, Alphonse de 128, 192, 213
Larnac, Jean 123, 132–134, 138, 147, 163, 164, 194, 224, 228, 234
Latour, Bruno 28, 91, 92, 221, 222
Le Brun, Jacques 150, 180, 373
Leibniz, Gottfried Wilhelm 84
León, Fray Luis de 246, 278, 283, 314
Leopardi, Giacomo 64, 404, 413, 439, 450–452, 468
Levinas, Emmanuel 41, 177, 186, 356
Lispector, Clarice 15, 74
Lope de Vega Carlio, Félix 246

López-Baralt, Luce 71, 73, 201, 309, 334
Loti, Pierre 192, 193
Lukacs, Georg 62
Lukrez 94

Machado, Antonio 250, 255, 368, 369, 377
Magritte, René 479
Mahmood, Saba 30, 32, 101, 337, 432
Mallarmé, Stéphane 119, 132, 254, 351, 352
Mann, Thomas 409, 413, 414
Mansfied, Katherine 121
Maraini, Dacia 398
Marder, Michael 91, 92, 362, 378
Maria Magdalena 69, 152, 156, 478
Maritain, Jacques 111
Mark Aurel 220
Martínez Sagi, Ana María 368
Mechthild von Magdeburg 10, 19, 44, 49, 67, 78, 223, 425, 431, 435, 436, 492, 504
Meister Eckhart 53, 68, 157, 283, 423
Méndez, Concha 258, 259, 261, 262, 264, 270, 272, 285, 326, 364, 368
Menicanti, Daria 386
Miró, Clemencia 261, 264, 285
Miró, Emilio 262
Mistral, Gabriela 259, 271, 294, 327
Mondadori, Alberto 401
Mondadori, Arnoldo 386
Montaigne, Michel de 87, 128
Montale, Eugenio 391, 392, 406, 413
Mugnier, Arthur, abbé *Siehe* Abbé Mugnier
Mulder, Elisabeth 262, 368, 369
Munch, Edward 489
Musil, Robert 2, 211
Musset, Alfred de 128, 189
Mussolini, Benito 385, 395, 409

Nancy, Jean-Luc 163, 202, 237–240, 243, 348, 349, 353, 354, 444, 452, 456, 457, 460, 484, 485, 492
Negri, Aga 390, 393, 394, 397, 398, 406
Neruda, Pablo 253
Nietzsche, Friedrich 13, 62, 63, 65, 94, 109, 110, 112, 114–117, 127, 133, 136, 138, 149–152, 159, 171, 177, 192, 206, 210,

211, 214–218, 224, 228, 232, 233, 239, 241, 320, 387, 390, 417, 455, 502, 505
Nin, Anaïs 121, 265
Noailles, Matthieu de 126

Ocampo, Victoria 294
Origenes 68
Ortega y Gasset, José 145, 147, 252, 254, 255, 283, 360
Otto, Rudolf 38, 40, 445, 456, 462

Paci, Enzo 386, 401, 409
Papi, Fulvio 386–388, 408, 474
Pardo Bazán, Emilia 250, 251
Pascal, Blaise 128, 188, 232, 505
Peguy, Charles 111
Petrarca, Francesco 439
Pizarnik, Alejandra 259
Platon 142, 198, 442
Porète, Marguerite 10, 49, 59, 67
Pozzi, Catherine 127
Pozzi, Roberto 402, 403, 405, 406, 424
Prados, Emilio 247, 265
Proust, Marcel 113, 126, 128, 137, 142, 143, 146, 147, 154, 189, 193, 223, 254

Quasimodo, Salvatore 391, 392, 413
Quevedo, Francisco de 246

Rabia 410
Racine, Jean 128, 189
Reckwitz, Andreas 7, 143, 296
Reyes, Alfonso 265
Ricœur, Paul 83, 177
Rilke, Rainer Maria 29, 127, 129, 135, 137, 150, 188, 189, 206, 249, 372, 373, 391, 401, 404, 413, 422, 433, 438, 444–451, 455, 458–460, 463, 467, 472, 485, 488, 504, 505, 509
Rimbaud, Arthur 132
Ríos, Blanca de los 250, 251
Ronsard, Pierre de 128, 151
Rosa von Lima 372
Rumi 197, 200, 201, 203, 207

Saâdi *Siehe* Sa'di
Sa'di 195, 197–199
Salinas, Pedro 248, 252, 255, 287, 307, 327, 374
San Francesco d'Assisi *Siehe* Franz von Assisi
San Franziskus *Siehe* Franz von Assisi
San Juan de la Cruz 10, 12, 18, 19, 46, 49, 58, 59, 68, 70, 71, 73, 84, 150, 180, 199, 229, 245–249, 252, 273, 278, 283, 302–309, 311–313, 315, 325, 327, 332–336, 345, 367, 370, 375, 378, 380, 424, 425, 431, 434, 436, 439, 468, 493, 503–505
Santa Teresa *Siehe* Teresa de Ávila
Sappho 189, 251
Schimmel, Annemarie 200, 201, 203, 207, 209–212
Scholem, Gershom 37, 38, 358
Schopenhauer, Arthur 127, 136, 157, 505
Scott, Joan Wallach 17, 22, 32–34
Serao, Matilde 396
Sereni, Vittorio 386, 391, 401, 402, 409
Showalter, Elaine 274, 505
Siena, Caterina von 12, 109, 158, 166, 176, 184, 223, 327, 332, 410, 425, 431
Simmel, Georg 385, 387
Sokrates 87
Sor Juana Inés de la Cruz 251, 279
Spinoza, Baruch de 84, 94, 97, 102, 235, 387–389, 417, 505
Storni, Alfonsina 259, 286, 326

Taylor, Charles 17, 22, 24–30, 36, 39, 90, 106, 208, 353, 356, 421, 460, 484, 488, 507, 510
Teresa de Ávila 3, 12, 14, 18, 19, 35, 43, 46–49, 53, 66–70, 75–78, 81, 83–89, 105, 109, 113, 130, 139, 147, 155, 156, 158–161, 163, 166–183, 185, 187–191, 201, 207, 217, 223, 240, 245, 249–252, 271, 273, 276, 278, 279, 283, 299–302, 311, 314, 315, 317–319, 321–325, 327, 331–333, 340, 363, 370, 372, 380, 410, 422, 425, 428, 431, 443, 472, 492, 493, 502, 503, 505, 509

Teresa de Jesús *Siehe* Teresa de Ávila
Teuber, Bernhard XIII, 14, 41, 43, 46–48, 58, 68–71, 73, 76, 150, 304, 310, 314, 333–336, 345, 439, 464
Thanatos 190, 224
Torre, Claudio de la 260
Torre, Josefina de la 258, 260–262, 285

Unamuno, Miguel de 250, 251
Ungaretti, Giuseppe 391, 392, 404, 406, 413, 451

Valderrama, Pilar de 262
Valera, Juan 251, 252
Valéry, Paul 64, 65, 115, 119–122, 127, 132, 141, 145, 157, 182, 206, 211, 215, 249, 254–257, 281, 282, 351, 352, 355, 391

Vega, Garcilaso de la 246
Vittorio Emanuele III 385
Vivien, Renée 123

Wagner-Egelhaaf, Martina 1, 3, 10, 15, 49, 50, 51, 53, 55, 56, 61–64, 196, 249, 446
Weber, Max 1, 4, 23, 39, 62
Weil, Simone 322, 409, 410, 412, 428, 431, 446
Wigman, Mary 207
Wittgenstein, Ludwig 62, 63
Wittig, Monique 31
Woolf, Virginia 113, 297
Wordsworth, William 29, 488

Zambrano, María 13, 59, 306, 311, 412, 414, 416, 417, 420, 430, 437, 442, 460, 495
Zubiaurre, Pilar 264, 265

www.ingramcontent.com/pod-product-compliance
Lightning Source LLC
Chambersburg PA
CBHW031719230426
43669CB00007B/182